# Smith Wigglesworth

# DEVOCIONAL

WHITAKER
HOUSE

*Nota de la casa editorial:*
Con mucho agradecimiento, Whitaker House reconoce a Glenn Gohr y
a todo el personal de *Flower Pentecostal Heritage Center* en Springfield,
Missouri, y al Rev. Desmond Cartwright del *Donald Gee Centre for
Pentecostal and Charismatic Research* en Mattersey, Inglaterra, por
amablemente ayudarnos a compilar las obras de Smith Wigglesworth
para la publicación de este libro.

Todas las citas de las Escrituras son tomados de la versión *Santa Biblia,
Reina-Valera 1960* (RVR) © 1960 Sociedades Bíblicas en América Latina;
© renovado 1988 Sociedades Bíblicas Unidas. Usado con permiso.

Traducción al español realizada por:
Sara Raquel Ramos de Cartersville, Georgia

## SMITH WIGGLESWORTH DEVOCIONAL

Publicado originalmente en inglés bajo el título:
*Smith Wigglesworth Devotional*

Compilado por Patricia Culbertson, Editora, Whitaker House

ISBN: 978-1-60374-234-4
Impreso en los Estados Unidos de América
© 2010 por Whitaker House

Whitaker House
1030 Hunt Valley Circle
New Kensington, PA 15068
www.whitakerhouse.com

Para comentarios sobre este libro o para información acerca de otros
libros publicados por Whitaker House, por favor escriba vía Internet a:
publisher@whitakerhouse.com

1 2 3 4 5 6 7 8 9 10    17 16 15 14 13 12 11 10

# Contenido

# Contenido

# Contenido

# Contenido

# Contenido

# Introducción

$\mathcal{U}$n encuentro con Smith Wigglesworth era una experiencia inolvidable. Esta parece ser la reacción universal de todos los que le conocieron o le escucharon. Smith Wigglesworth fue un hombre de Dios, sencillo pero excepcional que fue usado de manera extraordinaria por un Dios extraordinario. Él tenía una fe inspiradora y contagiosa. Bajo su ministerio, miles de personas llegaron a la salvación, se comprometieron a llevar una fe más profunda en Cristo, recibieron el bautismo con el Espíritu Santo, y fueron milagrosamente sanados. El poder que trajo estos resultados fuel la misma presencia del Espíritu Santo que llenó a Smith Wigglesworth y lo usó para llevar las buenas nuevas del evangelio a las personas de todo el mundo. Wigglesworth le dio la gloria a Dios por todo lo que había logrado en su ministerio, y quiso que todos entendieran su obra solamente en este contexto, pues su mayor deseo fue el de que la gente viera a Jesús y no a él.

Smith Wigglesworth nació en Inglaterra en 1859. Inmediatamente después de su conversión, siendo todavía un niño, él se preocupaba por la salvación de los demás y por ganarlos para Cristo, incluyendo a su propia madre. Aun de joven, se le dificultaba expresarse lo suficientemente bien como para dar su testimonio en la iglesia, mucho más para dar un sermón. Wigglesworth solía decir que su madre tenía la misma dificultad que él. Este rasgo familiar, junto con el hecho de que él no tuvo una educación formal, pues comenzó a trabajar doce horas al día desde la edad de siete años para ayudar al soporte de su familia, contribuyeron al poco elocuente estilo de hablar. Wigglesworth era plomero de profesión; sin embargo, continuó dedicándose a ganar muchas personas para Cristo de manera individual.

En 1882, él se casó con Polly Featherstone, una joven vivaz que amaba a Dios, y tenía el don de predicar y de evangelizar. Fue ella quien le enseñó a leer, y pasó a ser su más cercana confidente y seguidora. Ambos tenían compasión por los pobres y los necesitados en su comunidad, y, abrieron una misión, en la cual Polly predicaba. Significativamente, la gente era milagrosamente sanada cuando Wigglesworth oraba por ellos.

En 1907, las circunstancias de Wigglesworth cambiaron dramáticamente cuando, a la edad de cuarenta y ocho años, fue bautizado con el Espíritu Santo. Repentinamente, él tenía un nuevo poder que lo capacitaba para predicar e incluso su esposa estaba asombrada de la transformación.

# Introducción

Este fue el comienzo de un ministerio mundial de evangelismo y sanidad que alcanzó a miles. Con el tiempo, él ministro en los Estados Unidos, Australia, África del Sur, y por toda Europa. Su ministerio se extendió hasta el momento de su muerte en 1947.

Varios énfasis en la vida y ministerio de Smith Wigglesworth le caracterizaron: una profunda y genuina compasión por los que no eran salvos, y, por los enfermos; una determina creencia en la Palabra de Dios; un deseo para que Cristo aumentara y nosotros disminuyéramos (véase Juan 3:30); una creencia en que él estaba llamado a exhortar a la gente para aumentar su fe y confianza en Dios; un énfasis en el bautismo con el Espíritu Santo con la manifestación de los dones del Espíritu al igual que lo hizo la iglesia primitiva; una creencia en sanidad completa para todos y de toda enfermedad.

A Smith Wigglesworth se le llamó "El Apóstol de la Fe" porque una confianza absoluta en Dios era el tema constante tanto de su vida como de sus mensajes. En sus reuniones, él citaba pasajes de la Palabra de Dios, y dirigía cánticos animados para ayudar a edificar la fe de las personas e instarles a actuar en ella. Él hacía hincapié en el creer que Dios podía hacer lo imposible. Él tenía gran fe en lo que Dios podía hacer, al punto que Dios hizo grandes cosas por medio de él.

Los métodos poco ortodoxos de Wigglesworth fueron cuestionados. Como persona, se decía que Wigglesworth era cortés, amable y gentil. No obstante, él se volvía indisoluble cuando lidiaba con el diablo, quien él creía causaba todas las enfermedades. Wigglesworth decía que la razón por la cual él hablaba tan francamente, y, actuaba tan indisolublemente con las personas era porque él sabía que debía captar la atención de ellos para que así ellos se enfocaran en Dios. Él también tenía tanta ira contra el diablo y las enfermedades que actuaba de manera similarmente dura. Cuando él oraba por las personas para que fueran sanadas, a menudo él golpeaba el área del problema o de la enfermedad. Con todo, nadie salía herido por ese trato sorprendente. Más bien esas personas eran maravillosamente sanadas. Cuando se le preguntaba por qué trataba a la gente de esta manera, él decía que él no estaba golpeando a las personas sino al diablo. Él creía que Satanás nunca debe ser tratado gentilmente o permitírsele que se saliera con la suya en nada. Se reporta que cerca de veinte personas fueron levantadas de entre los muertos después que él oró por ellas. Wigglesworth mismo fue sanado de apendicitis, y, de cálculos en los riñones, después de lo cual su personalidad suavizó, y, él era más gentil con los que venían a él para orar por sanidad. Su manera abrupta de ministrar puede ser atribuida al hecho de que tomaba muy en serio su llamado y entraba en acción rápidamente.

# Introducción

Aunque Wigglesworth creía en la sanidad completa, él se enfrentó a enfermedades y muertes difíciles de comprender. Esas incluyeron las muertes de su esposa e hijo, la sordera durante toda la vida de su hija, y, sus propias batallas con los cálculos renales y la ciática.

Con frecuencia era una paradoja: compasivo pero indisoluble, franco pero gentil, un caballero elegante cuya oratoria era a menudo poco gramatical y confusa. Sin embargo, él amó a Dios con todo lo que tenía, estaba firmemente comprometido a Dios y a su Palabra, y no descansaba hasta no ver a Dios moverse en las vidas de aquellos que necesitaban del Señor.

En 1936, Smith Wigglesworth profetizó acerca de lo que sabemos del movimiento carismático. Con precisión, él predijo que las denominaciones principales y establecidas experimentarían un avivamiento y la llegada de los dones del Espíritu de tal forma que superaría incluso al movimiento pentecostal. Wigglesworth no vivió para ver ese avivamiento, pero fue un evangelista y profeta con extraordinario ministerio de sanidad, él ejercía una tremenda influencia tanto en el movimiento pentecostal como en el carismático, y, su ejemplo e influencia en los creyentes se siente hasta en la actualidad.

Sin el poder de Dios, el cual estaba obviamente presente en su vida y ministerio, probablemente no estuviéramos leyendo estos extractos de sus sermones, ya que por lo general sus mensajes enunciados eran deshilvanados y nada gramaticales. No obstante, verdaderas gemas de perspicacia espiritual brillan en ellos debido a la revelación que él recibió por medio del Espíritu Santo. Su vida de devoción plena, su creencia en Dios, y su dependencia en el Espíritu Santo fueron los que brindaron a sus mensajes ese poder de Dios para cambiar vidas.

A medida que usted lea este libro, es importante que recuerde que las obras de Wigglesworth se extienden en un período de varias décadas, desde principios de 1900 hasta los 1940. Originalmente, estos mensajes fueron enunciados y no escritos. Debido al estilo peculiar de Wigglesworth los devocionales en este libro han sido editados para claridad, y, las expresiones arcaicas han sido actualizada, pues serían poco familiares para los lectores modernos. Estos devocionales han sido tomados de siete libros de sermones de Wigglesworth publicados entre 1998 y 1999 por Whitaker House. Temáticamente listados, estos libros incluyen *Smith Wigglesworth on Faith* [Smith Wigglesworth habla acerca de la fe], *Smith Wigglesworth on Spirit-Filled Living* [Smith Wigglesworth habla acerca de la vida llena del Espíritu], *Smith Wigglesworth: Only Believe* [Smith Wigglesworth: Sólo crea], *Smith Wigglesworth on Heaven* [Smith Wigglesworth habla acerca del cielo], *Smith Wigglesworth on Healing* [*Smith Wigglesworth habla acerca de la Sanidad*], *Smith Wigglesworth*

# Introducción

*on the Holy Spirit* [*Smith Wigglesworth habla acerca del Espíritu Santo*] y *Smith Wigglesworth on Spiritual Gifts* [Smith Wigglesworth habla acerca de los dones espirituales].

En conclusión, esperamos que al leer estas palabras de Wigglesworth, usted pueda verdaderamente sentir la confianza y fe inquebrantable que él tenía en Dios, y tomar a pecho una de sus expresiones favoritas: "¡Solamente crea!".

## 1 de enero

# El plan de Dios es mejor

*Como son más altos los cielos que la tierra, así son mis caminos más altos que vuestros caminos, y mis pensamientos más que vuestros pensamientos* (Isaías 55:9).

*Lectura de las Escrituras:* Génesis 28:10–22

Mirando hacia atrás en nuestros viajes espirituales, veremos que hemos hecho las cosas a nuestra propia manera por demasiado tiempo. Cuando llegamos al final de nosotros mismos, Dios puede empezar a tomar el control. Las Escrituras preguntan: *"¿Andarán dos juntos, si no estuvieren de acuerdo?"* (Amós 3:3). No podemos entrar en las verdades profundas de Dios hasta que no entreguemos el control total, ya que *"la carne y la sangre no pueden heredar el reino de Dios, ni la corrupción hereda la incorrupción"* (1 Corintios 15:50).

El nombre de Jacob significa "suplantador". Cuando Jacob llegó al final de sus planes, Dios ya tenía un plan mejor. Qué lento somos en ver que hay una mejor manera.

La gloria no es tan maravillosa como cuando nos damos cuenta de nuestra impotencia, arrojamos nuestra espada, y entregamos a Dios nuestra autoridad. Jacob era un trabajador diligente que pasaría por cualquier dificultad si podía salirse con la suya. En numerosas situaciones, se salió con la suya; mientras tanto, él ignoraba cómo Dios le había gloriosamente conservado de la calamidad.

Dios tiene un plan más allá de lo que hemos conocido. Él tiene un plan para cada vida individual, y si tenemos otro plan a la vista, nos pasaremos por alto el más grandioso plan de todos. Nada del pasado es igual al presente, y nada del presente puede ser igual a las cosas del mañana. Mañana debería ser tan lleno de santa expectativa que viviremos en llamas por Él. Dios nunca quiso que su pueblo fuera ordinario o común. Sus intenciones eran que ellos debían estar en fuego por Él, consciente de su poder divino, dándose cuenta de la gloria de la cruz que anuncia la corona.

Jacob y su madre tenían un plan para garantizar el derecho de primogenitura y la bendición, pero Dios planeó la escalera y los ángeles. Isaac, el padre de Jacob, acordó que Jacob debía ir *"a Padan-aram, a casa*

# 1 de enero

*de Betuel, padre de tu madre"* (Génesis 28:2). En el camino, Jacob reclinó su cabeza sobre una piedra; en su sueño, vio una *"escalera que...su extremo tocaba en el cielo"* (versículo 12). Por encima de la escalera, Jacob vio a Dios y le oyó decir: *"La tierra en que estás acostado te la daré a ti y a tu descendencia"* (versículo 13). También escuchó a Dios decirle: *"He aquí, yo estoy contigo, y te guardaré por dondequiera que fueres, y volveré a traerte a esta tierra; porque no te dejaré hasta que haya hecho lo que te he dicho"* (versículo 15). ¡Qué bueno para Jacob que en el medio de llevar a cabo su propio plan, Dios lo encontró en el lugar correcto! El truco para obtener el derecho de primogenitura no había sido de lo más honorable, pero aquí en Betel, se encontró con que Dios estaba con él.

Muchas cosas pueden ocurrir en nuestras vidas, pero cuando el velo es quitado y vemos la gloria de Dios, su tierna compasión nos cubre todo el tiempo. ¡Qué maravilloso es estar donde Dios está! Jacob experimentó veintiún años divagando, peleando y luchando. Escuche la conversación que tuvo con sus esposas: *"Vuestro padre me ha engañado, y me ha cambiado el salario diez veces; pero Dios no le ha permitido que me hiciese mal"* (Génesis 31:7). A su suegro, Jacob dijo:

> *Si el Dios de mi padre...no estuviera conmigo, de cierto me enviarías ahora con las manos vacías; pero Dios vio mi aflicción y el trabajo de mis manos.* (Génesis 31:42)

Hay un camino que Dios establece. En nuestra planificación humana, podremos experimentar un tipo de bendiciones, pero también pasamos por pruebas, dificultades, y la esterilidad de la que Dios nos habría alejado si hubiéramos seguido su camino. A través de la unción del Espíritu Santo me doy cuenta que hay una frescura, un resplandor, una seguridad en Dios donde se puede saber que Dios está con usted todo el tiempo. Hay un lugar por alcanzar donde todo lo que Dios tiene para nosotros puede fluir todo el tiempo a través de nosotros a un mundo necesitado.

**Pensamiento para hoy:** Hay uno bueno, hay uno mejor, pero Dios tiene todo lo mejor, un estándar más alto para nosotros el cual no hemos logrado todavía. Es algo mejor si es el plan de Dios y no el nuestro.

## 2 de enero

# Facultados con poder

*Buscad, pues, hermanos, de entre vosotros a siete varones de buen testimonio, llenos del Espíritu Santo y de sabiduría, a quienes encarguemos de este trabajo* (Hechos 6:3).

*Lectura de las Escrituras:* Hechos 6:1–10

*D*urante el tiempo de la inauguración de la iglesia, los discípulos eran presionados por muchas responsabilidades. Las cosas prácticas de la vida no podían ser atendidas, y muchos se quejaban concernientes al dejar abandonadas a las viudas. Por lo tanto, los discípulos decidieron elegir a siete hombres para hacer el trabajo de cuidar de las necesidades de estas viudas—hombres que estaban *"llenos del Espíritu Santo"*. ¡Qué pensamiento tan divino! No importa qué tipo de trabajo había que hacer, aunque fuera algo sin mucha importancia como pudo haber sido, la persona elegida tenía que ser lleno del Espíritu Santo. El plan de la iglesia era que todo, incluso las rutinas diarias, debía ser santificado a Dios, ya que la iglesia tenía que ser una iglesia del Espíritu Santo. Amado, Dios no ha ordenado algo menos.

El patrimonio de la iglesia es que seamos tan facultados con poder que Dios pueda imponer su mano sobre cualquier miembro en cualquier momento para hacer cumplir su voluntad perfecta. No hay punto de parada en la vida llena del Espíritu. Comenzamos en la cruz, el lugar de la desgracia, la vergüenza y la muerte, y esa misma muerte trae el poder de la vida de resurrección. Entonces, una vez llenos del Espíritu Santo, vamos *"de gloria en gloria"* (2 Corintios 3:18). No olvidemos que la posesión del bautismo con el Espíritu Santo significa que debe haber una santidad cada vez mayor. La gente sabe cuando la marea sube, también saben cuando está bajando. Cuánto necesita la iglesia de la unción divina. Necesita ver la presencia y el poder de Dios tan evidente que el mundo pueda reconocerlo.

*Pensamiento para hoy:* Cuando agradamos a Dios en nuestro servicio diario, siempre vamos a encontrar que todo el que es fiel en las pequeñas cosas, Dios lo pondrá sobre mucho. (Véase Mateo 25:21).

## 3 de enero

# Por encima de lo común y corriente

*Y eligieron a Esteban, varón lleno de fe y*
*del Espíritu Santo* (Hechos 6:5).

*Lectura de las Escrituras:* Hechos 6:8–15; 7:55–60

*D*ios nos ha dado prioridad en Cristo Jesús para vivir por encima de lo común y corriente del plano de la vida humana. Aquellos que quieren ser ordinarios y vivir en un plano inferior pueden hacerlo, pero en cuanto a mí, no lo haré. La misma unción, el mismo celo, el mismo poder del Espíritu Santo se encuentra a nuestro comando como lo estuvo al comando de Esteban y los apóstoles. Tenemos el mismo Dios que Abraham y Elías tenían, y no necesitamos estar a la zaga de recibir cualquier don o gracia. Es posible que no poseamos todos los dones como dones permanentes, pero a medida que somos llenos del Espíritu Santo y recibimos la unción divina, es posible, cuando haya una necesidad, que Dios haga evidente todos los dones del Espíritu a través de nosotros como Él elija.

Esteban, un hombre ordinario, se convirtió en extraordinario bajo la unción del Espíritu Santo hasta que, en muchos sentidos, se le aprecia como supremo entre los apóstoles. "*Y Esteban, lleno de gracia y de poder, hacía grandes prodigios y señales entre el pueblo*" (Hechos 6:8). A medida que caminamos más profundo con Dios, Él aumenta nuestra capacidad de comprensión y coloca frente a nosotros una puerta abierta. No es de sorprenderse que este hombre elegido para servir mesas más tarde fuera llamado a un plano superior.

Usted puede preguntar: "¿Qué quiere decir? ¿Dejó él de cuidar de sus responsabilidades?". No, pero se perdió en el poder de Dios. Perdió de vista todo lo natural y firmemente fijó su mirada en Jesús, "*el autor y consumador de la fe*" (Hebreos 12:2), hasta que fue transformado en una luminaria en el reino de Dios. Que podamos ser despertados para creer en su Palabra y para entender la mente del Espíritu, porque hay un lugar interior de pureza en el que podemos ver a Dios. Esteban era una persona corriente, pero él estaba en el lugar donde Dios podía moverse para que, a su vez, éste pudiera afectar a los que le rodeaban. Él comenzó en un lugar humilde y terminó en un resplandor de gloria. Atrévase a creer en Cristo.

**Pensamiento para hoy:** Elegido para un servicio de ínfima importancia, Esteban se convirtió en poderoso para Dios.

# 4 de enero

# Oportunidad para tomar acción

*Hacedlo todo para la gloria de Dios* (1 Corintios 10:31).

*Lectura de las Escrituras:* Proverbios 15:28–16:9

En un barco un día, algunas personas me dijeron: "Vamos a tener un programa. ¿Participaría usted en el entretenimiento?".

Les respondí: "Vuelvan en un cuarto de hora, y les dejaré saber".

Llegaron de nuevo y preguntaron, "¿Está listo?".

Me preguntaron, "¿Qué puede hacer usted?".

"Puedo cantar", respondí.

Ellos entonces dijeron, "¿Cuándo le gustaría que le programáramos para el entretenimiento? Vamos a tener un baile también".

Les contesté, "Prográmenme para antes del baile".

Fui a la fiesta, y cuando vi a los clérigos tratando de complacer a la gente, fui instado a orar. Llegó mi turno, y me fui hasta el piano con mis "Cánticos de Redención". Cuando la mujer vio la hoja de música, ella me dijo: "No puedo tocar a este tipo de música".

Le dije, "Quédese tranquila, joven. Llevo la música y la letra por dentro". Entonces canté:

> Si pudiera decirle a Él cómo conozco
> A mi Redentor quien ha iluminado todo mi camino;
> Si pudiera decirle cuán preciada es su presencia,
> Estoy seguro que usted le haría suyo hoy también.
> Puedo contarle, puedo contarle,
> Cómo el rayo de luz de su presencia ilumina mi camino.
> Se lo diría, se lo diría,
> Estoy seguro que usted le haría suyo hoy.

Yo cantaba el cántico, cuando terminé, la gente dijo, "Ha echado a perder el baile". Bueno, yo estaba allí con ese propósito, para echar a perder el baile. Desde el menor hasta el mayor, todos lloraban. Nunca tuvieron e baile, pero tuvieron una reunión de oración. En mi camarote, seis jóvenes varones fueron salvos por el poder de Dios.

# 4 de enero

Un predicador vino a mí después y dijo: "¿Cómo te atreves a cantar eso?" "Por qué", le dije, "¿cómo no me atrevería a cantarlo?". Esa era mi oportunidad. Él iba a la India, y cuando llegó allí, él escribió una carta y la envió a Inglaterra. Él dijo: "Yo no parecía tener ninguna oportunidad de predicar el evangelio, pero había un plomero a bordo que parecía tener un montón de oportunidades para predicarle a todos. Dijo cosas que siguen en mi mente. Me dijo que el libro de Hechos fue escrito sólo porque los apóstoles tomaron acción".

Como puede ver, yo estaba en el drama de tomar acción en el nombre de Jesús. Y es así como se abrió la puerta, dándome lugar para que yo pudiera hablar todo el tiempo. La puerta estaba abierta en todo sentido. ¡Gloria a Dios!

**Pensamiento para hoy:** Usted está en la posición correcta cuando permite que la gloria de la nueva vida le haga tomar acción. Viva en los Hechos de los Apóstoles, y todos los días podrá ver algún milagro realizado por el poder del Dios vivo.

# A solas con Dios

*Así se quedó Jacob solo; y luchó con él un varón hasta que rayaba el alba* (Génesis 32:24).

### Lectura de las Escrituras: Salmos 62:5–63:4

*A* Jacob le fue dado tiempo para pensar. ¡Oh, qué lindo ser dejado a solas con Dios! En el contexto del pasaje leemos que varias cosas había precedido a su soledad. Sus esposas y sus hijos habían sido enviados antes. Sus ovejas, bueyes, camellos y burros habían sido enviados antes. Estaba solo.

A menudo, usted encontrará que lo han dejado solo. Le guste o no, usted estará solo al igual Jacob se quedó solo. Sus mujeres no podían hacer expiación por él, sus hijos no podían hacer expiación por él, el dinero era inútil que lo ayudara.

¿Qué le hizo a Jacob llegar a ese lugar de soledad, debilidad y conocimiento de sí mismo? Recordó la gracia con que Dios le había cumplido veintiún años antes, cuando vio la escalera y los ángeles y oyó la voz de Dios: *"He aquí, yo estoy contigo, y te guardaré por dondequiera que fueres, y volveré a traerte a esta tierra; porque no te dejaré hasta que haya hecho lo que te he dicho"* (Génesis 28:15). Se acordó de la misericordia y la gracia de Dios.

Él volvía para encontrarse con su hermano Esaú, quien se había vuelto muy rico. Esaú había sido bendecido abundantemente en las cosas de este mundo. Él tenía la autoridad y el poder para tomar todo lo que Jacob tenía y para tomar venganza sobre él. Jacob lo sabía. También sabía que había un solo camino a la liberación. ¿Cuál era? Solamente Dios podía mantener a Jacob seguro. Dios le había cumplido veintiún años antes, cuando había salido de casa con las manos vacías. Ahora, él regresaba con sus esposas, hijos y bienes, pero él tenía un alma delgada y un espíritu empobrecido. Jacob se dijo a sí mismo: "Si no consigo una bendición de Dios, nunca podré encontrarme con Esaú", y decidió que no iría hasta que él sabía que tenía el favor de Dios. Jacob se quedó solo. A menos que logremos quedarnos a solas con Dios, sin duda pereceremos. Dios interviene cuando exista un conflicto. El camino a la revelación es claro. El plan del Espíritu Santo es tan claro que, después de todo, tenemos que decir que Dios estaba en él.

# 5 de enero

Jacob se quedó solo. Se arrodilló solo. La imagen es tan real para mí. ¡Solo! Él empezó a pensar. Pensó en la escalera y en los ángeles. Creo que cuando comenzó a orar la lengua se le quedó pegada al paladar. Jacob tuvo que deshacerse de un montón de cosas. ¡Todo había sido cosas Jacob! A medida que se quedó a solas con Dios, él lo sabía. Si usted se va a solas con Dios, usted encontrará que ese es un lugar de revelación. Jacob se quedó solo, a solas con Dios. Nos quedamos demasiado tiempo con nuestras relaciones, nuestros camellos, y nuestras ovejas. Jacob se quedó solo. Pasaron horas tras horas. Él empezó a sentir la presencia de Dios, pero él todavía no había recibido la bendición deseada.

Jacob dijo: *"No te dejaré, si no me bendices"* (Génesis 32:26). Y Dios lo bendijo: *"No se dirá más tu nombre Jacob, sino Israel"* (versículo 28). ¡El cambio de Jacob a Israel fue maravilloso! ¡Israel! ¡En victoria todo el tiempo! Dios está edificando todo el tiempo. Dios es suficiente todo el tiempo. Ahora Jacob tenía poder sobre el ganado, poder sobre Esaú, poder sobre el mundo. Todo quedó bajo sujeción al salir de la gran noche de prueba. Él salió y el sol con él. ¡Oh, que Dios nos puede asir en la misma manera!

**Pensamiento para hoy:** Dios quiere que la gente sea separada por la fuerza de su poder, aférrese a ello; Él nunca lo dejará. Si no nos aferramos a Él nos quedaremos cortos.

# 6 de enero

# Camino a la victoria

*Mas a Jehová vuestro Dios seguiréis* (Josué 23:8).

*Lectura de las Escrituras:* Génesis 32:24–33:11

*S*i Dios alguna vez se decepciona cuando usted espera en su presencia, será porque usted no es ferviente. Si usted no es serio e intenso, usted decepcionará a Dios. Si Dios está con usted y usted lo sabe, sea ferviente. Ore y crea, manténganse: *"Firme hasta el fin la confianza y el gloriarnos en la esperanza"* (Hebreos 3:6). Si no lo hace, usted decepcionará a Dios.

Jacob era de esa manera. Dios le dijo: "¡No eres muy real; no estás en fuego; eres muy ordinario; no eres muy bueno para Mí a menos que no seas lleno de celo—blanco y ardiente!". El Ángel del Señor dijo, *"Déjame, porque raya el alba"* (Génesis 32:26). Jacob sabía que si Dios se iba sin darle la bendición, él no podría encontrarse con Esaú. Si le dejan a solas con Dios y usted no puede llegar a un lugar de victoria, ese es un momento terrible. Usted nunca debe dejar ir su bendición, lo que sea que esté buscando—una revelación fresca, luz para su camino, solución para alguna necesidad en particular—nunca lo deje ir. La victoria es nuestra, si somos lo suficientemente fervientes.

Usted siempre debe dominar aquello con lo que usted está luchando. Si la oscuridad le cubre, si una nueva revelación es lo que necesita, o si su mente necesita ser aliviada, siempre consiga la victoria. Dios dice que usted no es lo suficientemente ferviente. Usted dice: "La Palabra no dice eso". Pero estaba en la mente de Dios. En lucha libre, la fuerza está en el cuello, el pecho y el muslo; la cadera es la mayor fuente de fortaleza. Así que Dios tocó el muslo de Jacob. Con esa fuerza ida, la derrota era segura. ¿Qué hizo Jacob? Se mantuvo firme.

Jacob dijo: *"No te dejaré, si no me bendices"* (versículo 26). Y Dios lo bendijo: *"No se dirá más tu nombre Jacob, sino Israel"* (versículo 28). ¡El cambio de Jacob a Israel fue maravilloso! Ahora Jacob tenía poder.

¿Qué pasó después? Lea cómo Dios lo bendijo y honró. Esaú se reunió con él. No hubo pleito ahora. ¡Qué bendito estado de gracia! Se besaron mutuamente: *"Cuando los caminos del hombre son agradables a Jehová, aun a sus enemigos hace estar en paz con él"* (Proverbios 16:7).

# 6 de enero

"¿Qué con todo este ganado, Jacob?"

"Oh, es un presente".

"Tengo un montón; yo no quiero tu ganado. ¡Qué alegría es ver tu rostro otra vez!".

¡Qué cambio maravilloso! ¿Quién lo causó? Dios.

¿Podría Jacob asirse de Dios? ¿Puede usted asirse de Dios? Sí, puede. La sinceridad puede captar su atención, la dependencia puede llamar su atención, la debilidad puede captar su atención, pues "*cuando* [usted es] *débil, entonces* [usted es] *fuerte*" (2 Corintios 12:10). Le diré lo que no puede captar su atención: la santurronería no puede captar su atención, el orgullo no puede captar su atención; la suposición no puede captar su atención; la mente altiva no puede captar su atención—el pensar que usted es algo cuando no es nada hace que su imaginación se vuelva engreída. Usted puede captar su atención por medio de la oración, en la reunión de oración, en todas partes: "*Si alguno oye mi voz y abre la puerta, entraré a él, y cenaré con él, y él conmigo*" (Apocalipsis 3:20).

¿Puede usted captar su atención? Algunas veces puede que usted piense que Él lo ha abandonado. ¡Oh, no! Él no abandonó Jacob, Israel. ¿Por qué el cambio de nombre? Jacob recibió la bendición por el favor de Dios y su entrega a la voluntad de Dios. El Espíritu de Dios estaba obrando en él para llevarlo a una posición de impotencia. Dios obró para llevarlo a Betel, al lugar de la victoria. Jacob recordó Betel, y, a lo largo de todas las circunstancias de prueba, él mantuvo su voto. (Véase Génesis 28:20–22). Cuando hacemos votos y los cumplimos, Dios nos ayuda y nos guía hacia la victoria.

*Pensamiento para hoy:* Procuremos en todo lo que buscamos recibir el favor de Dios. Guardemos sus mandamientos. Caminemos en el Espíritu. Seamos benévolos y amorosos. Si hacemos todas estas cosas, nuestro ministerio será de bendición a otros.

# 7 de enero

# La Palabra viva

*Cuando descendió Jesús del monte, le seguía mucha gente. Y he aquí vino un leproso y se postró ante él, diciendo: Señor, si quieres, puedes limpiarme. Jesús extendió la mano y le tocó, diciendo: Quiero; sé limpio. Y al instante su lepra desapareció* (Mateo 8:1–3).

*Lectura de las Escrituras:* Isaías 53:1–11

Cuando leo estas palabras, mi corazón se conmueve, porque me doy cuenta de que Jesús está tan presente con nosotros como lo estuvo en Jerusalén, cuando Él estuvo en la tierra. ¿Cómo cambia toda nuestra naturaleza a medida que comprendemos lo que Jesús quiso decir cuando dijo: *"Escudriñad las Escrituras; porque a vosotros os parece que en ellas tenéis la vida eterna; y ellas son las que dan testimonio de mí"* (Juan 5:39)? Esta Palabra viva, no nos es dada sólo por los relatos o las parábolas maravillosas que Jesús enseñó, sino para que, a través de ella, pudiéramos ser cambiados. Amado, su presencia es tan real y maravillosa que si tan sólo clamáramos su nombre, creyendo que Él tiene el poder para dar vida eterna a su mando, seremos cambiados en cuerpo, alma y espíritu.

Cuando Jesús estaba en la tierra y vio el sufrimiento de la humanidad, Él tuvo compasión. Él se encontró con los problemas más difíciles, una de las más duras condiciones a enfrentar fue la lepra. En el momento en que la lepra era pronunciada sobre una persona, eso significaba que dicha personas estaba condenada. Así como no había remedio en ese momento para un leproso, no hay poder terrenal que pueda librarnos del pecado. La lepra era la enfermedad que tenía una sentencia de muerte y el pecado significa la muerte del hombre espiritual a menos que sea limpiado por la sangre de Jesús. He aquí había un leproso con el sello de muerte en él, y había solamente una esperanza. ¿Cuál era? Si pudiera ir a Jesús, sería sanado. Pero ¿cómo podría un leproso ir a Jesús? Cuando un leproso se acercaba a otras personas, tenía que gritar: *"¡Inmundo! ¡Inmundo!"* (Levítico 13:45), así que ¿cómo podría un leproso acercarse a Jesús?

La dificultad era enorme, pero cuando la fe se aferra, las imposibilidades deben ceder el paso. Cuando tocamos lo Divino y creemos en Dios, los pecados serán perdonados; las enfermedades se irán; las circunstancias cambiarán. Casi puedo leer los pensamientos de la gente al pasar por el leproso: "¡Pobre leproso! Si hubieras estado donde nosotros estábamos, habrías visto ocurrir las cosas más notables, ya que hoy las personas fueron libertadas de todo tipo de enfermedades". El leproso podría haber preguntado: "¿Dónde estaban?". "Ellos habrían contestado, "¡Hemos estado con Jesús!". ¡Oh, la emoción de la vida cuando hemos estado con Jesús!".

Permítame presentarle un pequeño cuadro. Cada noche cuando Jesús dejaba a los discípulos y se dirigía hacia la montaña, ellos lo observaban tan lejos como sus ojos se los permitían, hasta que Él desaparecía. Al día siguiente, las multitudes se reunían y esperaban hasta que Él aparecía. Estaban tan absortos esperando verlo bajar de la montaña que no se podían guardar silencio. Sus corazones estaban tan llenos del pensamiento de querer verlo a Él, pero, ¿dónde estaba el leproso? El leproso también había venido, pero los ojos de las personas no estaban en el leproso. Ellos esperaban a Jesús. El leproso estaba cerca de la multitud, y, a medida que Jesús se acercaba, él comenzó su canto: "¡Inmundo! ¡Inmundo!".

La multitud inmediatamente se alejó de él, dejando el paso libre para que el leproso fuera el primero en llegar a Jesús. Nadie podía hacerlo volver atrás. Nadie podía detener a un hombre cuyo corazón había determinado alcanzar a Jesús. Ningún poder sobre la tierra puede detener a un pecador de alcanzar el lado del Maestro, si tiene fe, eso no le será negado. Quizás algunos tengan horribles enfermedades, o sus almas estén muy lejos de Dios. Se ha orado por ellos, pero esa cosa todavía no ha sido removida, y ellos se encuentran en el lugar en que estaba el leproso. Él sabía que Jesús podía sanarlo. Todo lo que tenía que hacer era acercarse a Jesús lo suficiente.

Jesús hace una tremenda declaración desde ese día hasta hoy al decir, "*Quiero; sé limpio*". Inmediatamente, la lepra del hombre fue limpiada.

**Pensamiento para hoy:** Cuando usted está en el lugar que Dios quiere que esté, usted será sanado.

## 8 de enero

# La fe en posición de vanguardia

*Es, pues, la fe la certeza de lo que se espera,*
*la convicción de lo que no se ve* (Hebreos 11:1).

*Lectura de las Escrituras:* Salmo 20

*P*ablo relató su conversión muchas veces, y yo creo que es bueno ensayar lo que Dios ha hecho por nosotros. He tenido el privilegio de viajar a todas las partes del mundo y he visto que Dios ha dispuesto un plan para mí. Le dije a mi congregación, "El Señor me está llamando para ir a todos los Estados Unidos y Canadá". Cuando el Señor me lo ordenó, yo le dije, "Señor tienes tres cosas por hacer: Debes hallar dinero para mi casa y dinero para que yo vaya, y, debes darme un verdadero cambio, pues tú sabes que a veces mi mente o memoria no siempre es muy buena".

Enseguida vino el dinero de todas partes, y dije: "Es cierto que Dios me está enviando. Ya tengo cincuenta libras". Mi hijo George dijo: "Padre, la madre se ha ido al cielo, y tú ahora nos estás dejando, ¿qué haremos?". Me dijo, "George, abre la siguiente carta". En ella había veinticinco libras. Él vio que Dios proveería.

Fui a Liverpool, y un hombre dijo: "Aquí hay cinco libras para usted". Cuando estaba en el barco, una dama pobremente vestida me dio una bolsa de azúcar de color rojo y había veinticinco monedas de oro en ella. Justo antes de abordar, un hombre se acercó y me dio un libro y le dijo: "Hay una página para cada día del año". Y el Señor me dijo: "¡Escribe todo lo que se lleva a cabo en el mes!". Lo hice así, y tuve una memoria como la de una enciclopedia. Ya ve, nunca estudié la geografía, pero Dios me envió por todo el mundo para verla.

No deje de reclamar su posición santa—la posición de autoridad de la fe—de modo que usted pueda vencer el poder del diablo. El mejor momento que usted tiene es cuando está en una posición difícil.

**Pensamiento para hoy:** Pídale a Dios que le dé la gracia de usar la fe que usted tiene. Dios obrará el milagro si usted se atreve mantenerse firme en la Palabra.

## 9 de enero

# Testimonio de fe

*¿Qué debemos hacer para poner en práctica las obras de Dios?*
*Respondió Jesús y les dijo: Esta es la obra de Dios, que creáis en el*
*que él ha enviado (Juan 6:28–29).*

*Lectura de las Escrituras:* Salmo 4

Fui sanado de apendicitis debido a la fe basada en el conocimiento de la experiencia de la fe. Cuando he ministrado a otros, Dios ha contestado de acuerdo a su voluntad. Sabemos que Dios no nos fallará cuando creemos y confiamos en su poder. El centurión tuvo este tipo de fe cuando le dijo a Jesús, *"solamente di la palabra, y mi criado sanará"* (Mateo 8:8). Jesús le contestó, *"'Ve, y como creíste, te sea hecho. Y su criado fue sanado en aquella misma hora"* (versículo 13).

En un lugar donde me hospedaba, un joven se acercó a decirnos que su novia estaba muriendo; no había esperanza. Le dije, "Solamente crea". Este fue la fe basada en el conocimiento. Yo sabía que lo que Dios había hecho por mí Él podía hacer por ella. Fuimos a la casa. Era terrible ver los sufrimientos de ella. Dije: "En el nombre de Jesús, sal de ella". Ella gritó: "¡Madre, Madre, estoy bien!". Entonces yo le dije que la única manera de hacernos creer era que ella se levantara y se y vistiera. Pronto bajó ya vestida. El médico entró y la examinó con atención. Él dijo: "Esto es de Dios, este es el dedo de Dios". Esa era la fe basada en el conocimiento.

Si yo fuera a recibir un cheque por mil libras y supiera que sólo de manera imperfecta el carácter del hombre que los envió, yo tendría mucho cuidado con él. Yo no confiaría en el dinero hasta que el cheque fuera depositado y aceptado. Jesús, en cambio, hizo grandes obras debido a lo que él conocía de su Padre. Él sabía que podía contar con el carácter de Dios. La fe engendra conocimiento, compañerismo y comunión. Si usted ve una fe imperfecta, llena de dudas, una condición vacilante, esa siempre se da debido al conocimiento imperfecto.

**Pensamiento para hoy:** Dios está más ansioso por contestar de lo que nosotros estamos por pedir.

## 10 de enero

# Victoria sobre circunstancias difíciles

*Puede también sujetar a sí mismo
todas las cosas* (Filipenses 3:21).

**Lectura de las Escrituras:** Mateo 4:16–25

*M*e he encontrado con muchos casos mentales. Naturalmente son muy difíciles, pero cuán fáciles son para Dios. Una señora llegó diciendo, "Allá hay un jovencito con una terrible aflicción; no descansa ni de día ni de noche". Fui con un conocimiento muy imperfecto en cuanto a lo que tenía que hacer, pero en los lugares débiles, Dios nos ayuda en nuestra debilidad. Reprendí al demonio en el nombre de Jesús, y luego dijo: "Vendré otra vez mañana". Al día siguiente, cuando, él estaba muy bien y acompañando a su padre en el campo.

A cincuenta millas de distancia, había un hermoso joven de veinticinco años de edad. Había perdido la razón, no podía tener comunicación con su madre, y siempre estaba deambulando de arriba para abajo. Yo sabía que Dios estaba esperando para bendecirlo. Yo eché fuera el poder demoníaco y escuché más tarde que había llegado a ser libertado.

Así, el bendito Espíritu Santo nos lleva de un lugar a otro. Tantas cosas suceden; yo vivo en el cielo estando todavía en la tierra. No espere a que la inspiración llegue si usted está en necesidad; el Espíritu Santo está disponible, y usted puede tener una liberación perfecta.

Me llevaron a tres personas, una en el cuidado de un asistente. Cuando entré en la habitación, había un ruido terrible y peleas. Había ruido que parecía como si todos los poderes del infierno se movieran. Tuve que esperar por el tiempo de Dios. El Espíritu Santo me tomó en el momento adecuado, y los tres fueron libertados. Esa noche, estaban cantando alabanzas a Dios.

Cristo es el mismo hoy. Cuando Él reina en usted, usted sabe cómo obedecer y cómo trabajar en conjunto con su voluntad, su poder, su luz, y su vida. Cuando tenemos la fe basada en el conocimiento, sabemos que Él ha venido. *"Pero recibiréis poder, cuando haya venido sobre vosotros el Espíritu Santo"* (Hechos 1:8). Dios está con la persona que se atreve a permanecer firme en su Palabra.

**Pensamiento para hoy:** ¡Cuán copioso es Dios cuando dependemos de Él! Él nos da suficiente para que compartamos con los demás.

# La fe basada en el conocimiento

*Respondió Jesús y les dijo: Esta es la obra de Dios, que creáis en el que él ha enviado* (Juan 6:29).

### Lectura de las Escrituras: Lucas 9:1–11

*R*ecuerdo a una persona que no había podido oler nada durante cuatro años. Le dije: "Usted va a oler ahora, si usted cree". Empezó a olerlo todo y se emocionó grandemente. Al día siguiente dio su testimonio.

Otra persona vino y preguntó, "¿Es posible que Dios sane mis oídos?". No tenía tímpanos. Le dije, "Solamente crea". Ella se fue a la audiencia con gran aflicción; otros eran sanados, pero ello no podía oír. La siguiente noche, ella vino otra vez y dijo, "Esta noche creeré". La gloria cayó. La primera vez ella vino sintiendo; la segunda vez ella vino creyendo.

En cierto lugar, había un hombre ungido con aceite por una ruptura. La noche siguiente vino y se levantó en medio de la reunión diciendo, "Este hombre es un impostor. Él está engañando a la gente. Él me dijo anoche que yo había sido sanado; me siento peor que antes". Yo le hablé al poder maligno y lo reprendí, diciéndole al hombre que realmente había sido sanado. Él era un albañil. Al otro día, él testificó que había levanto cargas pesadas y que Dios lo había tocado. *"Por su llaga fuimos nosotros curados...mas Jehová cargó en él el pecado de todos nosotros"* (Isaías 53:5–6). Él estaba en contra de la Palabra de Dios no de mí.

*"¿Qué debemos hacer para poner en práctica las obras de Dios? Respondió Jesús y les dijo: Esta es la obra de Dios, que creáis en el que él ha enviado"* (Juan 6:28–29). ¿Algo más? Sí. Él tomó nuestras dolencias y sanó todas nuestras enfermedades. Yo mismo son un milagro de la sanidad. Si fallo en glorificar a Dios, las piedras hablarán por mí. (Véase Lucas 19:37–40). La salvación es para todos. La sanidad es para todos. El bautismo con el Espíritu Santo es para todos.

Considérese muerto al pecado, pero vivo en Dios. (Véase Romanos 6:11). Por su gracia usted obtendrá la victoria cada vez. Es posible vivir una vida santa.

### Pensamiento para hoy: El Espíritu Santo tienes las últimas noticias acerca de la Trinidad y ha diseñado que nosotros estemos en el lugar correcto y en el momento indicado.

## 12 de enero

# La plenitud de su Palabra

*Es, pues, la fe la certeza de lo que se espera, la convicción
de lo que no se ve* (Hebreos 11:1).

*Lectura de las Escrituras:* Hebreos 11:1–10

Puede que estemos en el lado más bajo de la marea; sin embargo, es bueno estar en el preciso lugar donde la marea sube. Todo depende de nuestra llenura con el Espíritu Santo. Si tan sólo Él pudiera tenernos listos para que su plan funcione, eso sería asombroso.

Todo depende cómo creemos en Dios. Si somos salvos, es solamente porque la Palabra de Dios así lo dice. No podemos confiar en nuestros sentimientos. No podemos hacer nada sin una fe viva. Ciertamente es Dios mismo el que llega a nosotros en la persona de su amado Hijo y nos fortalece para que nos demos cuenta que nuestros cuerpos están rodeados de su poder. Para nosotros todo es posible en Dios.

El objetivo de Dios es que podamos estar en la tierra para manifestar su gloria, que cada vez que el poder satánico sea confrontado, Dios pueda decir de nosotros lo que Él dijo de Job, "¿No has pensado en él?". (Véase Job 1:8). El gozo del Señor puede ser tan evidente en nosotros que seremos llenos de Dios y ser capaces de reprender al diablo.

Dios me ha mostrado durante las vigilias que todo lo que no es de la fe es pecado. (Véase Romanos 14:23). Dios quiere llevarnos a estar en armonía con su voluntad para que podamos ver que si no creemos en toda la Palabra de Dios, algo en nosotros no está puramente santificado para aceptar la plenitud de su Palabra. Muchas personas colocan su sabiduría humana en lugar de la de Dios, y Dios no puede darles lo mejor porque lo humano interfiere grandemente. Dios no puede darnos lo mejor sino hasta que lo humano haya sido disuelto.

Las personas dicen, "Quiero cosas tangibles. Quiero algo que apele a mi razonamiento humano". Mi respuesta es que todo lo que usted no puede ver es eterno. Todo lo que usted ve ahora se desvanecerá y será consumido; mas lo que no se puede ver, lo que es más real que usted, es la esencia de todas las cosas: Dios en el alma humana es un millón de veces mucho más poderoso que usted.

**Pensamiento para hoy:** No hay nada en lo que fallemos si el Espíritu Santo es el que principalmente se mueve en nuestros pensamientos y vidas, porque Él tiene un plan mucho más grande que el nuestro.

## 13 de enero

# La fe en acción

*Y él mismo constituyó a unos, apóstoles; a otros, profetas; a otros, evangelistas; a otros, pastores y maestros, a fin de perfeccionar a los santos para la obra del ministerio...hasta que todos lleguemos a la unidad de la fe y del conocimiento del Hijo de Dios (Efesios 4:11–13).*

*Lectura de las Escrituras:* Efesios 4:7–5:1

Un hombre viajaba conmigo de Montreal a Vancouver, y luego por barco hasta Nueva Zelanda. Él era comerciante de caballos de carrera. Al parecer no podía dejarme en paz. Era frívolo y hablaba de las carreras, pero no podía siquiera seguir su misma conversación. Yo no batallé con la mía, porque la mía tenía poder vivo. Ninguna persona que tenga a Jesús como el poder interno de su cuerpo debe temblar cuando Satanás se acerca. Todo lo que tenemos que hacer es, *"estad firmes, y ved la salvación que Jehová hará hoy"* (Éxodo 14:13).

Este hombre entró en tremenda frivolidad y hablaba de este mundo. Desembarcamos al llegar a un grupo de las Islas Fiji, y Dios me dios la grandiosa libertad de predicar. El hombre regresó luego; esta vez no se encontró son con sus amigotes de carreras y de jugar cartas. Con lágrimas en sus ojos, dijo, "Estoy muriendo. He sido mordido por una culebra". Su piel había cambiado a un color verde oscuro, y sus piernas estaban hinchadas. "¿Me puede ayudar?", preguntó.

¡Si tan sólo conociéramos el poder de Dios! Si nos encontráramos en un lugar de esencia, de realidad, de propósito ideal, eso no es humano; estaríamos lidiando con la grandeza. Tengo a un Dios presente. Tengo una fe viva, y esa es la fe vida de la Palabra. La Palabra es vida y el Señor *"es el mismo ayer, y hoy, y por los siglos"* (Hebreos 13:8). Colocando mis manos sobre la picadura de serpiente dije, "En el nombre de Jesús, ¡sal fuera!" Él me miró y se le salieron las lágrimas. La inflamación bajo ante sus propios ojos, y en un instante él quedó perfecto.

Sí, es *"la fe la certeza de lo que se espera, la convicción de lo que no se ve"* (Hebreos 11:1). Fe es lo que entró en mí cuando primeramente creí. Nací de nuevo por medio de la Palabra incorruptible por la viva virtud, vida y personalidad de Dios. Fui instantáneamente cambiado de naturaleza a gracia. Llegué a ser siervo de Dios y enemigo de la injusticia.

El Espíritu Santo quiere que entendamos claramente que somos un millón de veces más grandes de lo que sabemos. La mayoría de cristianos no tiene un concepto de lo que son. Oh, que Dios nos brinde una atracción divina por su majestuosidad para que nuestros cuerpos puedan despertar

# 13 de enero

con la fuerza de la resurrección, a la divino, con un fluir interno de poder eterno cruzando por nuestra armazón humana.

Dios le tomó a usted en su pabellón y comenzó a vestirle y a darle los dones del Espíritu. Él lo hizo así para que en ese ministerio, por medio del poder de Dios, usted lleve a toda la iglesia a una perfecta posesión de la llenura de Cristo. ¡Oh, qué maravilloso! ¡Oh, la adaptabilidad de su equipo!

Creo que Dios quiere que haya algo en usted que nunca podrá ser si usted no cesa de vivir para usted mismo. Dios quiere que usted viva para Él y para los demás. Pero, ¡oh tener el toque de Dios! Amado, el Espíritu Santo es el Consolador. El Espíritu Santo no vino a hablar de sí mismo, sino que vino para presentar a aquel que dijo, *"Llevad mi yugo sobre vosotros, y aprended de mí, que soy manso y humilde de corazón; y hallaréis descanso para vuestras almas"* (Mateo 11:29). El Espíritu Santo vino a estremecerle a usted con el poder de resurrección, Él vino para que usted fuera ungido con un aceite fresco que se desborda en el esplendor de su majestuosidad. Luego, de usted saldrá un río de unción divina que le sostendrá cuando usted esté en el más amargo de los lugares. Brindará vida a la más muerta formalidad y dirá al débil, "Sé fuerte", y a los que no tienen poder dirá, "Jehová de los ejércitos está aquí para consolarte". (Véase Isaías 40:29; Zacarías 1:17). La posibilidad es lo más grande que pueda tener en su vida.

*Pensamiento para hoy:* Dios quiere que seamos como el sol naciente, lleno de los rayos del cielo, haciendo brillar siempre el gozo del Espíritu del Altísimo.

# La fe es la victoria

*Y esta es la victoria que ha vencido
al mundo, nuestra fe* (1 Juan 5:4).

*Lectura de las Escrituras:* 1 Juan 5:4–15

Mientras ministraba a un enfermo, un hombre marchito y débil se acercó; los huesos de sus mejillas resaltaban, sus ojos estaban hundidos, su cuello estaba todo arrugado. Se miraba casi como un despojo humano. Él susurró, ya que solamente podía hablar con voz débil, "¿Me puede ayudar?".

Le pregunté, "¿Qué es?". Me dijo que él había tenido cirugía para remover el cáncer de su estómago. Como resultado, él no podía tragar.

"Hoy he tratado de beber un poco de jugo, pero no baja". Me susurró, "Tengo un hoyo en el estómago. Cuando bebo líquidos por medio de un tubo, mi estómago lo recibe. He estado viviendo así por tres meses".

Se podría decir que él estaba viviendo una sombra de vida. ¿Podía yo ayudarlo? ¡Vea! El Libro puede ayudar a cualquiera. El Libro es la esencia de la vida. Dios se mueve según usted cree. Ese Libro es la Palabra de Dios. ¿Podía yo ayudarle? Le dije, "Con la autoridad de esta Palabra, este noche usted podrá comer una buena cena".

Pero él dijo que no podía comer. "Haga lo que le digo", le contesté.

"¿Cómo puede ser?"

"Ha llegado el momento", le dije, "vaya y cómase una buena cena". Él se fue a casa y le dijo a su esposa.

Ella no podía entenderlo. Ella le dijo, "No puedes comer, no puedes tragar".

Sin embargo, él le susurró, "El hombre dijo que yo debía hacerlo". Él sintió mucha hambre y se atrevió a decir, "Lo intentaré". Su esposa preparó su cena. Él se llenó la boca tragó tan fácil como fuera posible. Él continuó comiendo hasta quedar lleno. La mañana siguiente él estaba tan lleno de gozo por haber podido comer de nuevo. Por mera curiosidad, él se buscó el hoyo en el estómago y ¡vio que Dios lo había cerrado!

Usted se preguntará, ¿Puede Él hacer eso conmigo? Sí, si usted lo cree. Permita que Dios haga lo que tenga que hacer. Toque a Dios ahora. La fe es la victoria.

**Pensamiento para hoy:** La Palabra de Dios es como el tuétano de sus huesos. Es la resurrección para toda debilidad; trae vida al muerto.

## 15 de enero

# El fundamento de la fe

*En el principio era el Verbo, y el Verbo era con Dios,*
*y el Verbo era Dios. Este era en el principio con Dios.*
*Todas las cosas por él fueron hechas, y sin él nada*
*de lo que ha sido hecho, fue hecho* (Juan 1:1–3).

**Lectura de las Escrituras:** Lucas 6:27–49

Si alguna vez vamos a progresar en la vida divina, tenemos que tener un fundamento real. Para nosotros no hay un fundamento a menos que sea el fundamento de la fe. Todas nuestras acciones y todo lo que nos ha de llegar que tenga importancia llegará porque estamos en la Roca. Si usted está en la Roca, ningún poder puede moverlo. En cualquier área o principio de su fe, usted debe tener algo ya establecido en usted para hacer que eso se cumpla. No hay nada establecido fuera de la Palabra de Dios. Todo lo demás es arena. Todo lo demás se romperá. Si usted edifica en cualquier otra cosa que no sea la Palabra de Dios—en imaginaciones, sentimentalidad, etc.—eso no tendrá importancia sin el fundamento, y el fundamento tendrá que estar en la Palabra de Dios.

En cierta ocasión viajaba por tren hacia Blackpool. Ese es un moderno centro turístico, y muchas personas van ahí por las olas altas y los bellos paisajes cuando el océano sube en cantidad masivas de agua. A medida que viajaba, vi al otro lado y le dije a un constructor, "Esos hombres construyen casas sobre la arena".

"Oh", dijo él, "ni sabe. Usted no es un constructor. ¿No sabe que podemos compactar esa arena hasta que se vuelva roca?".

"¡Pamplinas!", contesté. Vi que el argumento no sería de provecho, por lo que lo dejé así. Al fin llegamos a Blackpool donde las olas crecen como montañas. Vi una línea de casas que se habían caído, llamando la atención de este hombre le dije, "Oh, vea esas casas. Todas planas". Él se había olvidado de nuestra conversación anterior y dijo, "Sabe, nos llegan olas muy grandes, y, por estas casas se caen por estar construidas en la arena, cuando llega la inundación de las olas".

Nuestro fundamento debe ser mejor que el de la arena, y todo es arena excepto la Palabra. Nada permanecerá. Se nos dice que el cielo y la tierra serán derretidos con un gran calor. (Véase 2 Pedro 3:10). No obstante, se nos dice que la Palabra de Dios permanecerá por siempre, y ni una jota ni una tilde de la Palabra de Dios fallarán. (Véase Mateo 5:18).

# 15 de enero

Si hay algo que me satisface es que *"Permanece tu palabra en los cielos"* (Salmo 119:89). Otro pasaje es el de Salmo 138, la cual dice, *"Porque has engrandecido tu nombre, y tu palabra sobre todas las cosas"* (versículo 2). El mismo establecimiento para mí es la Palabra de Dios.

He aquí el fundamento de todas las cosas, la Palabra. Es una esencia; es un poder. Es más que una relación; es una personalidad. A toda alma que entra en este privilegio, le es requisito divino el ser nacido de esta Palabra. Lo que ésta llegue a significar para nosotros será muy importante. Sin embargo, es la *"certeza"*; es una *"convicción de lo que no se ve"* (Hebreos 11:1). Ésta hace cumplir lo que usted no ve, y hace que existe lo que todavía no existe.

Dios tomó la Palabra e hizo al mundo. Vivimos en el mundo que fue hecho por la Palabra de Dios, y es habitado por millones de personas. Usted dice que es la esencia. Jesús, la Palabra de Dios, la hizo con cosas que no se veían. Nada ha sido hecho que no haya sido por medio de la Palabra. (Véase Juan 1:3). Cuando lleguemos a la verdad de lo que esta Palabra significa, podremos no solamente edificar, sino también saber, y no solamente saber, sino también tener. Viva y opere en el hecho de la Palabra; descanse en el conocimiento de los principios del Altísimo.

**Pensamiento para hoy:** *"No sólo de pan vivirá el hombre, sino de toda palabra de Dios"* (Lucas 4:4). Haga un festín de la Palabra de Dios; descubra sus riquezas.

## 16 de enero

# Siempre avanzando

*Desead, como niños recién nacidos, la leche espiritual*
*no adulterada, para que por ella crezcáis* (1 Pedro 2:2).

*Lectura de las Escrituras:* 1 Pedro 1:13–2:5

Amado, no. olvide que cada día debe ser un día de avance. Si usted no ha hecho ningún avance desde ayer, en cualquier medida, usted es un reincidente. Solamente existe un camino entre el Calvario y la gloria, yendo hacia adelante. No hay un día para atrás. Es un avance con Dios en cooperación con el Espíritu.

Debemos ver estas cosas porque si vivimos en el mismo plano día a día, nuestra visión se vuelve viciada; los principios pierden su fervorosidad. No obstante, debemos ser como aquellos que toman la visión del Maestro día a día. Debemos incursionar en toda pasión que interfiera, y debemos aniquilar todo lo que no es santo. Ya que, en estos días, Dios quiere que sepamos que Él quiere sentarnos en lo alto.

Con frecuencia, los momentos más duros son los más beneficiosos para nuestro crecimiento cristiano. Considere a Daniel, Sadrac, Mesac y Abednego. Recuerde a Moisés y las pruebas que él enfrentó. Amado, si usted lee las Escrituras, usted nunca encontrará algo acerca de los tiempos fáciles. Todas las glorias surgieron de tiempos difíciles.

Si usted realmente debe ser reedificado, será durante un momento difícil. No se dará en una reunión de cantos, sino en un momento cuando usted crea que todas las cosas se han secado, cuando usted crea que no hay esperanza para usted y cuando usted haya dejado pasar todo. Ese es el momento en que Dios forma a la persona. Y, de su experiencia, tendremos una historia que contar acerca de lo que Dios ha hecho por nosotros. Cuando la prueba es severa; cuando usted piensa que nadie está siendo probado tanto como usted; cuando la prueba es tan dura que usted no puede dormir y usted no sabe qué hacer; tenga todo eso *"por sumo gozo"* (Santiago 1:2). Usted está en un buen lugar cuando no sabe qué hacer; busque la respuesta en Dios.

*Pensamiento para hoy:* Es cuando usted es probado por fuego que Dios lo depura, quita la escoria, y le deja como oro puro.

## 17 de enero

# Diga amén a Jesús

*Pedro...dijo: Ahora entiendo verdaderamente que el Señor
ha enviado su ángel, y me ha librado de la mano de Herodes,
y de todo lo que el pueblo de los judíos esperaba* (Hechos 12:11).

*Lectura de las Escrituras:* Hechos 12:1–17

*H*ay mucho en un amén. He hallado que usted puede tener celo sin fe. La lectura de las Escrituras muestra la diferencia entre el amén de fe y el tener celo sin fe.

Cuando Pedro fue aprisionado por Herodes, la iglesia se mantuvo en constante oración. Ellos oraban toda la noche. Ellos tenían cello, pero no tenían fe. Aunque de este pasaje hay mucho por lo que se les debe encomiar, algo falta: la fe. La joven Rode tuvo más fe que todo el resto. Cuando tocaron a la puerta, ella corrió a abrirla. En el momento que ella escuchó la voz de Pedro, ellas estaba tan emocionada por compartir la buena noticia que ella ni siquiera abrió la puerta para que Pedro pudiera entrar. Con gozo ella corrió a decirle a todos los que oraban que Pedro estaba en la puerta.

Todos le decían, "Estás loca. No puede ser". Ella insistía en que había visto a Pedro, mas la gente no tenía fe del todo. Ellos le dijeron, "Tal vez Dios ha enviado un ángel".

Mas Rode les dijo, "Es Pedro". Y Pedro continuaba tocando la puerta. Ellos tenían celo pero no tenían fe. Dios quiere llevarnos a un lugar donde podamos asirnos de Él de una manera vívida. Debemos descansar y siempre confiar en el plan de Dios.

Existía tanta diferencia entre Zacarías y María. Definitivamente, Zacarías quería un hijo, pero cuando el ángel vino y le dijo que sería padre, él estaba tan lleno de incredulidad. El ángel le dijo, *"Y ahora quedarás mudo y no podrás hablar...por cuanto no creíste"* (Lucas 1:20). Pero cuando el ángel vino a María, ella dijo, *"hágase conmigo conforme a tu palabra"* (versículo 38). Ese fue el comienzo del amén.

Dios quiere que tengamos un amén interno, un amén que se mueve poderosamente. Ese amén que diga, "Así es", porque Dios ha hablado.

**Pensamiento para hoy:** Crea que puede haber un amen real en su vida.

# Una fe divina

*Tened fe en Dios* (Marcos 11:22).

*Lectura de las Escrituras:* Salmo 9

Existe una gran diferencia entre nuestra fe y la fe de Jesús. Nuestra fe llega a un fin. La mayoría de personas llegan a un momento de decir, "Señor, he llegado hasta aquí, no puede seguir más. He usado toda la fe que tengo, ahora debo detenerme y orar pidiendo más fe".

Gracias a Dios que tenemos la fe que tenemos, pero hay otra fe. Recuerdo un día cuando estaba en el norte de Inglaterra visitando a personas enfermas. Fui llevado a la casa de una joven que estaba tendida en cama. Ella perdió la razón, y muchas cosas se manifestaban ahí, las cuales eran satánicas, yo lo sabía.

Ella era apenas una jovencita, una niña bella. Luego llegó el esposo, otro jovencito, cargando un bebé, y se inclinó para besar a su esposa. En el mismo momento que ella hizo eso, ella se tiró hacia el otro lado de la cama, tal como lo haría una lunática, sin tener consciencia de la presencia de su esposo. Eso rompía el corazón de cualquiera. Después de un rato, él puso los labios del bebé en las mejillas de la madre. Una vez más ella respondió alocadamente. Le pregunté a la hermana que la atendía, "¿Alguien más ha venido a ayudar?".

"Oh", dijo ella, "hemos tenido de todo".

Pero le pregunté, "¿No ha recibido ayuda espiritual?".

El esposo salió furioso, "¿Ayuda? ¿Usted piensa que vamos a creer en Dios después de siete semanas sin dormir y con estas condiciones maníacas? Se equivoca. Usted ha llegado a la casa equivocada".

Eso me movió a compasión, al punto que algo debía hacerse por esta joven. Entonces, con mi fe, comencé a penetrar los cielos con mis oraciones. Nunca he visto a nadie recibir nada de Dios si ora con un enfoque terrenal. Si usted ha de recibir algo de Dios, usted debe penetrar el cielo, ya que todas las respuestas están allí.

Al yo ver en la presencia de Dios las limitaciones de mi fe, entró en función otro tipo de fe, una fe que no podía ser negada, una fe que tomó la promesa, una fe que creía en la Palabra de Dios. Regresé de la presencia de Dios otra vez a la tierra, pero yo no era el mismo hombre bajo las condiciones a las que me había enfrentado antes. En el nombre de Jesús, yo era un hombre con una fe que podía conmocionar el infierno mismo.

Dije, "¡Sal fuera en el nombre de Jesús!". Ella se dio vuelta, se quedó dormida y despertó catorce horas más tarde perfectamente cuerda, perfectamente completa. Oh, hay fe, pero Cristo quiere llevarnos a un lugar donde estemos alineados con Dios, donde nosotros dejamos de existir y su fe toma control. Dios debe tener el pensamiento correcto y el propósito correcto. Dios debe tener el control.

**Pensamiento para hoy:** Usted no puede conocer a Dios en lo natural; usted llega a conocerlo a Él por la puerta abierta de la gracia. El camino a Dios es el camino de la fe; no existe otro camino.

## 19 de enero

# Confiando en las promesas de Dios

*Y se fue Abram, como Jehová le dijo* (Génesis 12:4).

*Lectura de las Escrituras:* Génesis 12:1–9

Por veinticinco años, Abraham creyó en la promesa de que Dios le iba a dar un hijo. Con esa promesa, por veinticinco años, se mantuvo cara a cara con Dios, cada año esperando tener un hijo. Sara se ponía más débil, y la resistencia y el cuerpo de Abraham mismo se volvían más frágiles. Las condiciones naturales cambiaban tanto para Sara como para él, en cuanto a lo que podían ver, sería humanamente imposible para ellos tener un vástago. Pero Abraham no se atrevía a ver a Sara ni a él mismo de esa manera. Él tenía que ver a Dios. En ningún lugar va a hallar que Dios ha fallado. Él quiere llevarnos a un bandito lugar de fe, hasta que tengamos el tipo de mente que todo lo que pidamos, creeremos que lo recibiéremos. Quiero que usted vea cómo Dios cubrió a Abraham porque él creyó.

Escuche lo que Dios le dijo a Abraham, y luego vea cómo Abraham actuó. Él estaba en medio de su propio pueblo y parentela, y Dios le dijo, "¡Vete, Abraham, vete!". Y Abraham obedeció y se fue sin saber hacia dónde iba. Usted nunca recibirá nada de Dios en ningún área si no cree en Él. Es un "Así dice el Señor" cada vez, y usted verá el plan de Dios cumplirse, cuando usted se atreve a creer. Abraham dejó su país, y Dios estaba con Él. Puesto que él creyó, Dios lo cubrió.

Cuando Dios pone su sello en usted, el diablo no se atreverá a romperlo. Usted sabe lo qué es un sello, ¿verdad? Ahora, cuando Dios pone su sello en usted, el diablo no tiene poder alguno. Él no se atreverá a romper el sello y seguir adelante, y Dios pone su sello en las personas que creen en Él.

Existen dos tipos de justicia. Está la justicia de acuerdo a la ley, el guardar la ley, pero hay una mejor justicia que esa. Usted pregunta, "¿Qué mejor que guardar la ley?". La justicia que vea a Dios y le obedece es mucho mejor. La justicia que cree que toda oración enunciada recibirá respuesta de Dios, esa es mejor. Existe una justicia que es dada a conocer solamente en el corazón de Dios. Existe un lado del hombre interior que Dios puede revelar solamente a aquel que cree en Él.

39

# 19 de enero

Tenemos muchas ilustraciones bíblicas como también personales para demostrarle cómo Dios obra con los que creen en Él. Uno de los más grandes ejemplos de todos es lo que Dios obró en Abraham. Hubo muchos puntos buenos acerca de Sara, pero ella no alcanzó el lugar de confiar plenamente en Dios. Ella se rió y negó haberlo hecho. (Véase Génesis 18:12, 15). Antes de eso, ellos esperaron un buen tiempo, ella vio que sus cuerpos se volvían frágiles, por eso dijo, "Sería igualmente bueno tomar a Hagar como esposa para que te de un heredero". (Véase Génesis 16:1–2). Mas esa no era la semilla de Abraham de la cual Dios había hablado, y eso le causó cualquier cantidad de problemas en la casa de Abraham.

El que camino con Dios puede permitirse solamente seguir la guía de Dios, y, cuando Él le guía, ese paso es directo y claro. La evidencia es tan real que cada día usted sabe que Dios está con usted, revelándole su plan. Es tan bello estar en la voluntad de Dios.

Hay un orden más alto que el del hombre natural, y Dios quiere llevarnos a ese orden superior donde creamos en Él. En primer lugar, Dios le prometió a Abraham un hijo. A no ser por la ley natural, ¿puede una criatura nacer en este mundo? Fue cuando la ley natural había cesado y cuando no había sustancia en estas dos personas, Abraham y Sara, que la ley del Espíritu les trajo un hijo. Esa era la ley de la fe en el Dios que había prometido.

***Pensamiento para hoy:*** La oración no solamente cambia las cosas, también lo cambia a usted. La persona de oración reconoce su gran herencia de fe.

## 20 de enero

# Nacido de Dios

*Mas a todos los que le recibieron, a los que creen en su nombre,*
*les dio potestad de ser hechos hijos de Dios; los cuales no son*
*engendrados de sangre, ni de voluntad de carne, ni de voluntad*
*de varón, sino de Dios* (Juan 1:12–13).

*Lectura de las Escrituras:* Romanos 4:8–5:2

Veo delante de mí rostros conocidos, y puedo distinguir que esas personas son nacidas de Dios. (Véase Juan 1:13). A veces veo que este poder de Dios dentro de nosotros es tan grande que cuando somos débiles somos fuertes, tal como Abraham se hacía más fuerte al su cuerpo volverse más débil.

Al verlo a él, movería Sara su cabeza y diría, "Nunca vi a nadie tan delgado, tan débil e impotente en mi vida. No, Abraham, te he estado observando, y al parecer vas para abajo". Pero Abraham rehusó menospreciar su cuerpo o el de Sara; él creyó que la promesa sería cumplida.

Suponga que usted ha sido sanado. Usted sabe muy bien que en la vida natural no es posible que la virtud de su cuerpo le de esa salud. Usted también sabe que las dolencias de las que sufre han drenado su vida y energía al punto que no hay ayuda en usted mismo, pero Dios dijo que usted sería sanado si usted creía. No importa cómo esté su cuerpo. Era exactamente la impotencia de Sara y Abraham la que trajo a cumplimiento el glorioso hecho de que un hijo fue nacido, y quiero que usted vea qué tipo de hijo fue ese.

Él era el hijo de Abraham. Su cimiente es la cimiente de toda la iglesia que cree—innumerable como la arena del mar. Dios quiere que sepamos que no hay límites con Él, y Él quiere llevarnos a un lugar donde no habrá limitaciones para nosotros. Este estado será dado por la obra del Omnipotente en nuestro cuerpo humano, obrando en nosotros continuamente—aquel que es más grande que cualquier ciencia o poder del mundo—llevándonos a un lugar para entender a Dios y al hombre.

Algunos de ustedes desean un toque en sus cuerpos; algunos desean un toque en sus espíritus; algunos quisieran ser bautizados con el Espíritu Santo; algunos quisieran ser llenos de todo el poder de Dios. Todo eso es suyo.

Ahora póngase en una posición de fe. Quiero que vea que usted puede ser sanado si oye la Palabra. Algunas personas quieren sanidad; quizás

# 20 de enero

algunas necesitan salvación; puede que otras quieran santificación y el bautismo del Espíritu. Romanos 5:2 dice que es por fe que tenemos acceso a la gracia. La gracia es omnipotencia; es actividad, benevolencia y misericordia. Es verdad, perfección y es la herencia de Dios en el alma que cree. La gracia es Dios. Usted abre la puerta de la fe y Dios entra con todo lo que usted necesita y quiere. No puede ser de otra manera, porque *"es por fe, para que sea por gracia"* (Romanos 4:16). No puede ser por gracias a menos que usted lo diga así.

Eso es creer, pero muchas personas quieren sanidad por lo que sienten. Eso no puede ser. De la misma manera algunos quieren salvación y dicen, "¡Oh, si tan sólo pudiera sentir que soy salvo!". Nunca ocurrirá de esa manera. Así es que Dios lo lleva a escuchar las Escrituras, las cuales pueden hacerle *"sabio para la salvación"* (2 Timoteo 3:15), las cuales pueden abrir su entendimiento y cambiarlo de tal manera que pueda escuchar la verdad, usted irá con lo que quiere. Así tendrá el poder para cerrar la puerta y el poder para abrir la puerta hacia la sanidad.

*Pensamiento para hoy:* Tres cosas obran juntas. La primera es la fe. La fe puede brindar la segunda cosas—el hecho—y el hecho puede siempre brindar la tercera—el gozo.

## 21 de enero

# ¡Atrévase a creer!

*Como está escrito: Te he puesto por padre de muchas gentes* (Romanos 4:17).

*Lectura de las Escrituras:* Génesis 15:3–6; 18:9–15

Aquí Sara—su cuerpo estaba casi muerto—y Abraham—su cuerpo estaba casi muerto. "Ahora", dice Abraham, "Dios me ha hecho padre de muchas naciones, y no hay esperanza de un hijo de acuerdo con la ley natural, no ninguna esperanza". Es aquí cuando Dios dice, *"Te he puesto por padre de muchas gentes"*, pero Abraham todavía no tenía su hijo. Durante los últimos veinticinco años de espera, las condiciones habían llegado a ser más y más desesperadas, pero la promesa había sido dada.

¿Por cuánto tiempo ha usted creído pero todavía sufre de su enfermedad? ¿Cuánto tiempo ha estado esperando por la promesa y ésta no ha llegado? ¿Tenía usted que esperar? ¡Vea! Quiero decirle que todas las personas que son salvas son bendecidas tal como lo fue el fiel Abraham. (Véase Gálatas 3:9). Abraham es la gran sustancia de la nota clave de las Escrituras; él es el hombre que, por veinticinco años, se atrevió a creer en Dios cuando todo empeoraba cada día. No conozco nada en las Escrituras que sea tan maravilloso (aparte del sacrificio de Cristo) que alcance tan, y sea lleno de la esencia de vivir una realidad que nos cambia si creemos en Dios. Esta es la bendita encarnación de la fe viva que nos cambia y nos permite conocer que Dios *"es galardonador de los que le buscan"* (Hebreos 11:6). Dios es una realidad. Dios es verdad, en Él no hay mentira *"ni sombra de variación"* (Santiago 1:17). ¡Oh, es bueno! Me encanta pensar en verdades como estas.

En toda la Biblia ningún tema enciende mi cuerpo con tanta pasión por Dios y su justicia como este tema. Veo que Él nunca falla. Él quiere que el hombre crea, y que el hombre nunca falle. ¡Oh, cuán bello es el carácter de Dios!

*"Padre de muchas gentes"*. ¡Si habla de sus enfermedades—vea esto! Después de leer y entender este capítulo, nunca más sentí que tenía alguna enfermedad. Mi copa rebosa al ver la magnitud de este Dios vivo.

Es casi como si Abraham hubiera dicho, "No veré mi cuerpo. No veré mis enfermedades. Creo que Dios hará lo correcto". Algunos de nosotros podremos decir, "¿Qué importa si no hemos oído nada por más de veinte años? Yo creo y mis oídos serán perfectos". *"Dios...da vida a los muertos, y llama las cosas que no son, como si fuesen"* (Romanos 4:17).

Dios probó a Abraham y a Sara aún más. Oh, es bendición el ser probados. Es lo más grande en el mundo el ser probado. Algunas personas dirán, "Oh, no sé por qué mi carga es tan pesada", y Dios los pasa por el fuego una vez más. Él sabe cómo hacerlo. Le digo que Él es un Dios bendito. No hay gemidos cuando Dios lo sostiene. No hay necesidad para los que confían en el Señor. Cuando realmente estamos en la voluntad de Dios, Él puede hacer que nuestros enemigos queden en paz con nosotros. (Véase Proverbios 16:7). Eso es grandioso.

Me pregunto si usted realmente cree que Dios puede resucitar al muerto. Lo he visto muchas veces. Mientras menos esperanza había, Abraham creyó en la esperanza. Algunas veces Satanás nublará su mente e interferirá con su percepción para que la condición oscura sea puesta entre usted y Dios, pero Dios puede cambiar la posición si usted le da la oportunidad. Dele la espalda a toda incredulidad y crea en Dios. Hay quienes desearían sentir la presencia y el toque de Dios; Dios se lo dará. Yo desearía que las personas llegaran a este lugar.

Abraham tuvo un buen tiempo. Mientras más comprimido era, él más se regocijaba:

> *Y no se debilitó en la fe al considerar su cuerpo, que estaba ya como muerto (siendo de casi cien años), o la esterilidad de la matriz de Sara. Tampoco dudó, por incredulidad, de la promesa de Dios, sino que se fortaleció en fe, dando gloria a Dios.*
> (Romanos 4:19–20)

Dios sabe. Él tiene un plan; Él tiene un camino. ¿Se atreve usted a confiar en Él?

**Pensamiento para hoy:** Usted no sabe de lo que está hecho hasta que no es probado.

## 22 de enero

# La promesa cumplida

*Y Sara concibió y dio a Abraham un hijo en su vejez,*
*en el tiempo que Dios le había dicho* (Génesis 21:2).

*Lectura de las Escrituras:* Génesis 21:1–20

Ahí mismo en la casa que Isaac e Ismael vivieron estaban la semilla de la promesa y la semilla de la carne. Ahí hubo contiendas y problemas porque Ismael se burlaba de Isaac. Usted verá que no hay nada que lo sostenga excepto la vida de Isaac—la cimiente de Abraham. Usted verá que la vida de la carne siempre tendrá que ser echada fuera. Así dijo Sara, *"Echa a esta sierva [Hagar] y a su hijo"* (Génesis 21:10). Fue algo difícil de hacer. Puede que usted diga, "¡Qué duro!". Sí, por pero ¿cuánto tiempo tenía que ser? Tenía que darse hasta que llegara la sumisión completa. Siempre habrá celos y contienda en su corazón y vida hasta que la carne sea destruida, hasta que Dios controle y gobierne con autoridad sobre su cuerpo. Cuando su poder reina sobre usted, usted sentirá que su vida entera está en completa paz y gozo.

Isaac creció y se convirtió en un buen joven, quizás tendría unos veinte años—no se nos dice—cuando llegó otra prueba. Dios le dijo a Abraham, "Toma a tu hijo Isaac, y ofrécemelo en la montaña que yo te mostraré". (Véase Génesis 22:2). ¿Cree usted que Abraham le contó eso a alguien? No, yo estoy seguro que no lo hizo. Isaac estaba muy cerca de su corazón, y ahora Dios le pidió que lo ofreciera en un altar; ahí estaba—Isaac, en el centro de su corazón—el cual Dios dijo que sería la semilla de todo ser viviente. ¿Qué debía hacer para creer eso, al igual que milagrosamente Isaac llegó al mundo, Dios lo resucitaría después de ser sacrificado? ¿Le dijo él a Sara? No, estoy seguro que no lo hizo; de otra forma, él no hubiera podido llevarse al muchacho. Hubiera habido tal prueba en esa casa. Creo que se guardó esa información. Cuando Dios le dice a usted un secreto, no se lo cuente a nadie. Puede que Dios le ordene ir e imponer manos sobre alguien enfermo. Vaya, hágalo y no le cuente a nadie.

Sé que Satanás no conoce mis pensamientos; él solamente conoce lo que yo digo con mi boca. Algunas veces él sugiere pensamientos para así poder saber mis pensamientos, pero puedo ver que Dios puede cautivar mis pensamientos de tal manera que sean totalmente entregados a Él. Cuando Dios gobierna en su corazón, usted verá que su pensamiento quedara cautivo, que todo lo que es entregado en obediencia y es llevado a dominio porque Cristo es coronado en su vida. (Véase 2 Corintios 10:4–5). Dios revela cosas profundas y especiales a algunas personas. Presente sus cosas a Dios.

Veo esto: Abraham pudo ofrecer a Isaac. Creo que Dios quiere que le diga cómo para usted sepa algunas cosas acerca de sus pruebas. Algunas personas piensan que son más probadas que otras personas. Las pruebas son usadas para purificarlo; es en el horno ardiente de la aflicción que Dios lo lleva al lugar donde usted debe ser usado. La persona que no tiene pruebas ni dificultades es la persona que Dios no permite que Satanás lo toque, pues dicha persona no resistirá la tentación. Pero Jesús no permitirá que nadie sea tentado más de lo que puede sobrellevar. (Véase 1 Corintios 10:13). Antes de que Abraham ofreciera a Isaac, él fue probado, y Dios sabía que él podría hacerlo. Antes de que Dios lo coloque en el horno de las aflicciones, Él sabe que usted saldrá victorioso.

Si usted sabe que necesita del bautismo con el Espíritu Santo, y conoce que eso es bíblico, no descanse hasta que Dios se lo de. Si usted sabe que es bíblico que usted sea sanado de toda debilidad, no descanse hasta que Dios lo sane. Si usted sabe que es bíblico enseñar sobre la santidad, la pureza, y la semejanza divina—sobrellevando todas las condiciones—no descanse hasta no haber vencido. Si usted sabe de hombres que han ido y visto el rostro de Dios, que visiones les han sido reveladas y que habían hecho de todas las Escrituras parte de su vida, no descanse hasta que usted lo logre también.

Debemos vivir en fuego. Debemos odiar el pecado; debemos amar la justicia. Debemos vivir con Dios, pues Él dice que debemos ser sin manchas e irreprensibles en medio de las sinuosas posiciones del mundo. (Véase Filipenses 2:15). Yo lo veo ahora a usted y dijo que Dios puede confirmar todo lo que le he estado diciendo acerca de sus pruebas, las cuales son las más grandes bendiciones que usted pueda tener.

¡Qué redención! ¡Qué bautismo! ¡Qué unción! Que vivamos y nos movamos en Él que es nuestro todo, es un éctasis de gozo más allá de toda expresión. (Véase Hechos 17:28).

**Pensamiento para hoy:** Si usted supiera el valor de las pruebas, alabaría a Dios más por ellas que por cualquier otra cosa.

## 23 de enero

# El toque del Maestro

*Haced todo sin murmuraciones y contiendas, para que seáis*
*irreprensibles y sencillos, hijos de Dios sin mancha en medio de una*
*generación maligna y perversa, en medio de la cual resplandecéis*
*como luminares en el mundo* (Filipenses 2:14–15).

**Lectura de las Escrituras:** Santiago 1:16–27

Veo muchas cosas maravillosas en la vida de Esteban. Algo me conmueve y esa es la verdad de que debo vivir por medio del poder del Espíritu a toda costa. Dios quiere que seamos como Esteban: *"lleno de fe y del Espíritu"* (Hechos 6:5). Nunca podrá usted ser el mismo después de haber recibido este maravilloso bautismo con el Espíritu Santo. Es importante que usted sea lleno del Espíritu Santo, que actúe bajo el poder del Espíritu Santo. Dios nos ha puesto aquí en estos últimos días, estos días de apostasía, y quiere que seamos llamas encendidas en medio de esta generación indecente. Dios ansía que nosotros lleguemos a dar tal fruto de nuestra posición como hijos de Dios que el marco del cielo sea y su divinidad en nosotros estalle en nuestra humanidad, para que Él pueda expresarse a sí mismo por medio de tales cosas. Él puede tomar la frágil naturaleza humana y por medio de su poder divino hacer que nuestros cuerpos sean buenos para que habite en ellos el Espíritu Santo, lavando nuestros corazones y dejándolos tan blancos como la nieve.

Nuestro Señor dice, *"Toda potestad me es dada en el cielo y en la tierra"* (Mateo 28:18). Él ansía que seamos llenos de fe y del Espíritu Santo, y declara, *"De cierto, de cierto os digo: el que en mí cree, las obras que yo hago, él las hará también; y aun mayores hará, porque yo voy al Padre"* (Juan 14:12). Él ya fue al Padre. Él está en un lugar de poder, y Él ejerce su poder no solamente en el cielo sino también en la tierra, pues Él tiene todo el poder sobre la tierra como también en el cielo. ¡Aleluya! ¡Tenemos una puerta ampliamente abierta si solamente creemos en Él!

Los discípulos eran hombres con sus propias normas, en cuanto a la carne. Dios los envió, los unió y los identificó con el Señor. ¡Cuán diferentes eran Pedro, Juan y Tomás! El impulsivo de Pedro siempre estaba listo para seguir sin parar. Juan, el amado, se recostaba en el pecho del Señor. (Véase Juan 21:20). Tomás tenía una dura naturaleza y un

47

espíritu desafiante: *"Si no viere en sus la señal de los clavos, y metiere mi dedo en el lugar de los clavos, y metiere mi mano en su costado, no creeré"* (Juan 20:25). ¡Qué carne tan extraña! ¡Cuán peculiares eran ellos! Pero el Maestro pudo moldearlos. No había ningún otro toque como el de Él.

Bajo su toque, incluso el corazón de piedra de Tomás creyó. ¡Oh, mi Dios, cómo debes tocar a algunos de nosotros! ¿No somos nosotros también un tanto peculiares y extraños? Sin embargo, cuando la mano de Dios cae sobre nosotros, Él puede hablarnos de tal manera; Él puede darnos una palabra o una mirada, y quebrantarnos. ¿Le ha hablado Él a usted? Agradezco a Dios por hablarnos. Detrás de todos sus asuntos vemos el amor de Dios por nosotros. Él ve nuestras lágrimas amargas y nuestro lloro noche tras noche. No hay nadie como Él. Él sabe; Él perdona. Nosotros no nos podemos perdonar a nosotros mismos; muy a menudo daríamos el mundo para olvidar, pero no podemos. El diablo no nos permite olvidar. ¿Cree usted en el yo, en el diablo o en Dios? ¿A quién le va a creer? Crea en Dios. Yo sé que el pasado está cubierto bajo la sangre de Cristo, y que Dios nos ha perdonado y ha olvidado nuestros pecados, porque cuando Él perdona, Él olvida. ¡Alabado sea el Señor! ¡Aleluya! Somos bautizados para creer y recibir.

**Pensamiento para hoy:** No es lo que somos lo que cuenta, sino lo que podemos ser a medida que Él nos disciplina, amonesta, transforma con sus hábiles manos.

## 24 de enero

# Llenos de fe y de poder

*Y Esteban, lleno de gracia y de poder,
hacía grandes prodigios y señales* (Hechos 6:8).

**Lectura de las Escrituras:** Lucas 4:1–19

En los primeros días de la iglesia, todo el que hacía la obra de servir debía ser lleno del Espíritu. La más grande calificación para el ministerio es el estar lleno del Espíritu.

Esteban fue hombre *"lleno de fe y del Espíritu"* (Hechos 6:5). Dios se manifestó a sí mismo en el cuerpo de Esteban, tanto que éste llegó a ser una epístola de la verdad, conocida y leída por todos. ¡Él estaba lleno de fe! Tales hombres nunca hablan dudosamente. Usted nunca los oirá decir, "Me gustaría que fuera así", o "Si es la voluntad de Dios". Usted nunca los oirá decir, "Bueno, no siempre se da". Ellos dicen, "Así será". Ellos se ríen de las imposibilidades y claman, "¡Será hecho!". Ellos gritan cuando los muros todavía están en pie y cuando son desmoronados. Dios tiene esa misma fe para nosotros en Cristo. Debemos ser cuidadosos de que no se haya ninguna incredulidad o titubeo en nosotros.

*"Y Esteban, lleno de gracia y de poder, hacía grandes prodigios y señales entre el pueblo"* (Hechos 6:8). El Espíritu Santo pudo hacer grandes cosas por medio de él porque Esteban creyó en Dios, y Dios está con el hombre que se atreve a creer en su Palabra. Cuando un hijo de Dios está lleno del Espíritu Santo, el Espíritu *"conforme a la voluntad de Dios intercede por los santos"* (Romanos 8:27). Él nos llena de deseos hasta que llegamos a un lugar de fervorosidad y brillamos como el fuego. Cuando no sabemos qué hacer, el Espíritu Santo comienza a obrar. Cuando el Espíritu Santo tiene libertad en el cuerpo, Él transmite todas las oraciones a la presencia de Dios. Dicha oración siempre es escuchada. Dicha oración siempre es contestada; nunca queda sin resultados. Cuando oramos en el Espíritu Santo, la fe se hace evidente y el poder de Dios es manifestado en medio nuestro.

Cuando algunas de las diferentes sinagogas se levantaron para disputar con Esteban, *"no podían resistir a la sabiduría y al Espíritu con que hablaba"* (Hechos 6:10). Cuando somos llenos del Espíritu Santo, se nos es dada sabiduría.

**Pensamiento para hoy:** Un hombre lleno de sabiduría esperar sin razonamiento.

# El poder del Espíritu

*Y fueron todos llenos del Espíritu Santo* (Hechos 2:4).

**Lectura de las Escrituras:** Hechos 2:1–21

Una noche se me confió dirigir una reunión. Yo estaba cuidando mi posición con Dios. Yo quería la aprobación del Señor. Vi que Dios quería hombres llenos del Espíritu Santo, con habilidad divina, llenos de vida, como llamas encendidas. En la reunión se levantó un joven. Le pregunté, "¿Qué desea joven?".

Me contestó que no podía trabajar, que apenas podía caminar. Él me dijo, "Me siento tan impotente. Tengo tuberculosis, mi corazón es débil, y mi cuerpo está lleno de dolencias".

Le respondí, "Oraré por usted". Le dije a la congregación, "Mientras oro por este joven, observen su rostro y verán el cambio".

A medida que oraba, su rostro cambiaba. Yo le dije, "Vaya, corra una milla y vuelva a la reunión".

Él regresó diciendo, "Puedo respirar libremente".

Las reuniones continuaban, y yo extrañaba al joven. Después de algunos días lo vi nuevamente. Dije, "Joven, dígale a la gente lo que Dios ha hecho por usted".

"Oh", dijo él, "he podido trabajar y ganar dinero".

Alabado sea Dios, este maravilloso manantial de la salvación nunca se seca. Usted puede tomar de él, está cerca de usted. Es como un río que corre profundamente y hay suficiente para todos.

En una reunión, un hombre se levantó y pidió, "¿Me tocaría? Estoy en una terrible situación. Tengo una familia grande, pero como tuve un accidente en una mina, no he podido trabajar por los últimos dos años. No puedo abrir mis manos". Me llené de mucha pena por este pobre hombre, y algo ocurrió que nunca antes había ocurrido. Apenas estamos en la infancia de este glorioso derramamiento del Espíritu Santo, y hay mucho más para nosotros. Extendí mis manos hacia las de él, las de él, así él fue perfectamente libertado.

Puedo imaginarme a Esteban, lleno de fe y de poder, haciendo grandes milagros entre la gente. El mismo Espíritu Santo lo puede llenar a usted hoy, y entonces todas las cosas correctas serán logradas. Dios lo otorgará. Dios está listo para tocar y transformar lo a usted ahora mismo.

# 25 de enero

En cierta ocasión, una mujer se levantó en medio de la reunión pidiendo oración. Yo oré por ella, y ella fue sanada. Ella exclamó, "¡Es un milagro! ¡Es un milagro! ¡Es un milagro!". Eso es lo que Dios quiere hacer por nosotros todo el tiempo. Tan pronto somos libertados en el Espíritu Santo, algo ocurre. Busquemos las mejores cosas, y permitamos que Dios tenga el derecho en nuestra vida.

Pueda el Señor abrir nuestros ojos para verlo a Él, para que sepamos que Él está profundamente interesado en todo lo que nos concierne. Él sabrá *compadecerse de nuestras debilidades* (Hebreos 4:15).

Todas las cosas están descubiertas ante los ojos de Él con quien nosotros estamos conectados. (Véase versículo 13). Él sabe de nuestra asma. Él sabe de nuestro reumatismo. Él sabe de nuestro dolor en la espalda, la cabeza o los pies. Él quiere libertar a todo cautivo, y quiere libertarle a usted al igual que me ha libertado a mí. Apenas si puedo creer que tengo un cuerpo. Él me ha libertado de toda dolencia humana, soy totalmente libre. Cristo nos redimió. Él tiene todo poder sobre todo el poder del enemigo, y ha planificado para nosotros una gran victoria. ¿La recibirá usted? Es suya; es una redención perfecta.

Es el deseo de Dios hacernos nuevas criaturas, con todas las cosas viejas pasadas y entregadas a Dios; para así traernos un orden nuevo y divino, un amor perfecto y una fe ilimitada. (Véase 2 Corintios 5:17) ¿Aceptará el plan de Dios para usted? La redención es gratis. Levántese en la actividad de la fe, y Dios le sanará a medida que usted se levante. Solamente crea y recíbalo por fe. Esteban, lleno de fe y del Espíritu Santo, hizo grandes señales y prodigios. (Véase Hechos 6:8). Que Dios bendiga este pasaje y nos llene del Espíritu Santo. Por medio del poder del Espíritu Santo, pueda Él revelarnos en nosotros más y más a Cristo.

El Espíritu de Dios siempre revelará al Señor Jesucristo. Sírvale; ámelo; sea lleno de Él. Es precioso escucharle cuando Él se da a conocer entre nosotros. Él es el mismo ayer, hoy y por los siglos. (Véase Hebreos 13:8). Él está dispuesto a llenarnos del Espíritu Santo y de fe, tal como Él llenó a Esteban.

**Pensamiento para hoy:** Puede que seamos muy ordinarios, pero Dios quiere hacernos extraordinarios en el Espíritu Santo.

## 26 de enero

# La Palabra de Dios es verdadera

*Porque de cierto os digo que cualquiera que dijere a este monte:
Quítate y échate en el mar, y no dudare en su corazón, sino
creyere que será hecho lo que dice, lo que diga le será hecho.
Por tanto, os digo que todo lo que pidiereis orando, creed
que lo recibiréis, y os vendrá* (Marcos 11:23–24).

*Lectura de las Escrituras:* Marcos 10:13–31

Es en estos días que necesitamos que nuestra fe sea fortalecida, necesitamos conocer a Dios. Dios ha diseñado que el justo viva por fe (véase Romanos 1:17), no importa cuán encadenado se sienta. Yo sé que la Palabra de Dios es suficiente. Una palabra de Él puede cambiar a una nación entera. Su Palabra es *"desde el siglo y hasta el siglo"* (Salmo 90:2). Es por medio de la llegada de esta Palabra eterna, esta semilla incorruptible, que somos nacidos de nuevo y llegamos a este maravilloso mundo de la salvación. *"No sólo de pan vivirá el hombre, sino de toda palabra que sale de la boca de Dios"* (Mateo 4:4). Este es el alimento de la fe. *"Así que la fe es por el oír, y el oír, por la palabra de Dios"* (Romanos 10:17).

Por todos lados las personas están tratando de desacreditar la Biblia y remover sus milagros. Un predicador dijo, "Bueno, ustedes saben, Jesús ordenó con anticipación que el asno estuviera amarrado donde estaba y que los hombres dijeran lo que dijeron". (Véase Mateo 21:2–3). Yo le digo, Dios puede ordenar cualquier cosa. Él puede planificar para usted y para mí, y, cuando Él planea para usted, todo queda en paz. Todo es posible si usted cree.

Otro predicador dijo, "Era fácil para Jesús alimentar a toda esa muchedumbre con cinco panes. Los panes eran tan grandes en ese tiempo que era un simple asunto de cortar cada uno en mil pedazos". (Véase Juan 6:5–13). Pero a este predicador se le olvida que fue un muchachito el que traía esos cinco panes en su cesta de almuerzo. No hay nada imposible para Dios.

**Pensamiento para hoy:** Toda imposibilidad está con nosotros cuando medimos a Dios con las limitaciones de nuestra incredulidad.

## 27 de enero

# Alcanzando a otros por medio de la fe

*Jesús le dijo: Si puedes creer,*
*al que cree todo le es posible* (Marcos 9:23).

*Lectura de las Escrituras:* Marcos 9:1–29

Tenemos un Dios maravilloso, un Dios cuyos caminos son *"inescrutables"* (Romanos 11:33) y cuya gracia y poder son ilimitados.

Me encontraba en Belfast un día cuando vi a uno de los hermanos de la asamblea. Él me dijo, "Wigglesworth estoy atribulado. He sentido mucha pena durante los últimos cinco meses. Había una mujer en mi iglesia; ella siempre podía orar para que la bendición del cielo fuera derramada en nuestras reuniones. Ella es una anciana, pero su presencia es siempre de inspiración. Hace cinco meses ella se cayó y se quebró la pierna. Los doctores le pusieron un yeso, pero cuando removieron el yeso, el hueso no había sanado debidamente; así es que, se cayó y se rompió la pierna nuevamente".

Él me llevó a la casa de ella; allí estaba una mujer en una cama, al lado derecho de la habitación. Le pregunté, "¿Y ahora qué?".

Ella contestó, "Me han enviado a casa incurable. Los doctores dicen que estoy tan vieja que mis huesos no sanan. No hay fuerza en mis huesos. Ellos no pudieron hacer nada por mí, y dijeron que yo tenía que quedarme en cama por el resto de mi vida".

Le pregunté, "¿Usted cree en Dios?".

"Sí", contestó ella, "desde que escuché que usted había llegado a Belfast, mi fe ha sido fortalecida. Si usted ora, yo creo. Sé que no existe poder en la tierra que pueda hacer que mis huesos y mi pierna sanen, pero sé que nada es imposible para Dios".

Le pregunté, "¿Usted cree que Él la sanará hoy?".

"Creo", dijo ella.

Es grandioso ve que la gente crea en Dios. Dios sabía que esta pierna estaba rota en dos lugares. Yo le dije a la mujer, "Cuando ore, algo sucederá".

El esposo de ella estaba sentado allí; él había estado en esa silla por cuatro años y no podía dar un paso. Él exclamó, "Yo no creo. No lo creeré. Usted no me convencerá de que crea".

"Muy bien", le dije e impuse manos sobre su esposa en el nombre del Señor Jesús.

En el mismo momento que mis manos la tocaron, ella gritó, "Estoy sana".

Le dije, "Le ayudaré a levantarse. Dios lo hará todo". Ella se levantó y caminó de arriba abajo en la habitación alabando a Dios.

El anciano estaba perplejo de lo que había sucedido con su esposa, y clamó, "Haga que yo camine, haga que yo camine".

"Pecador, arrepiéntete", le dije.

Él exclamó, "Señor, tú sabes que yo creo".

No creo que él fue sincero; de todas maneras el Señor está lleno de compasión. Si él marcara todos nuestros pecados, ¿dónde estaríamos ahora? Si nosotros cumplimos con los requisitos, Dios siempre contestará si creemos que todo es posible.

Impuse manos sobre él, y el poder corrió por el cuerpo del anciano. Por primera vez en cuatro años sus piernas estaban fuertes para cargar su cuerpo. Él dijo, "¡Oh, qué cosa tan maravillosa Dios ha hecho esta noche por nosotros!".

¿Creyó usted antes de ser salvo? Tantas personas quieren ser salvas, pero quieren sentirse salvas primero. No ha habido hombre que se sintiera salvo antes de creer. El plan de Dios siempre fue el siguiente: Si usted cree, usted verá la gloria de Dios. (Véase Juan 11:40). Yo creo que Dios quiere llevarnos a un lugar definitivo de inquebrantable fe y confianza en Él.

En nuestro texto de Marcos, Jesús usa la ilustración de una montaña. ¿Por qué habla de una montaña? Si la fe puede remover una montaña, puede remover cualquier cosa. El plan de Dios es tan maravilloso que si usted solamente cree todo será posible. (Véase Marcos 9:23).

*Pensamiento para hoy:* Desee a Dios, y usted recibirá los deseos de Dios.

## 28 de enero

# El amor no tiene dudas

*Cualquiera que...no dudare en su corazón, sino creyere...*
*lo que diga le será hecho* (Marcos 11:23).

*Lectura de las Escrituras:* Santiago 1:2–15

*I*magínese a un joven a una jovencita que se enamoran. En poco tiempo, ambos sienten un fuerte amor mutuo. ¿Cuál es el corazón del amor? Es el corazón de la fe. La fe y el amor son hermanos. En la medida que el jovencito y la jovencita se amen, ellos se mantienen verdaderos. Puede que uno vaya al Norte y el otro al Sur, pero por su amor mutuo, se mantienen fieles.

Es lo mismo cuando sentimos un amor profundo hacia nuestro Señor Jesucristo. En esta nueva vida a la que Dios nos ha llevado, Pablo nos dice que habemos *"muerto a la ley mediante el cuerpo de Cristo, para que seáis de otro, del que resucitó de los muertos"* (Romanos 7:4). Dios quiere llevarnos a un lugar de amor y fe perfectos. Una persona es nacida de Dios y llevada a la lealtad con el Señor Jesucristo, achicándose en ella todo lo que es impuro. Usted ve la pureza de un hombre o de una mujer cuando hay un profundo afecto natural entre ellos; desdeñan el pensamiento mismo de ser falsos entre sí. De la misma manera, en la medida en que la persona tiene fe en Jesús, esa persona es pura.

No podemos dudar en nuestros corazones. Cuando leemos su Palabra y creemos en las promesas que Él por medio de su gracia nos ha dado, somos hechos copartícipes de su misma esencia y vida. El Señor se vuelve nuestro Novio, y nosotros nos convertimos en su novia. Sus palabras para nosotros son vida y espíritu (véase Juan 6:63), transformándonos y cambiándonos, expulsando lo natural y trayendo lo divino.

Es imposible entender el amor de Dios si pensamos en términos humanos. Debemos tener una revelación del Espíritu de Dios. Fue el amor de Dios el que trajo a Jesús, y es ese mismo amor el que nos ayuda a usted y a mí a creer. Dios será su fortaleza en toda debilidad. Usted necesita de su toque, recuerde que Él la ama. Si se siente impotente o enfermo, vea al Dios de toda la gracia, quien se deleita en darle con liberalidad toda la fuerza y el poder que usted necesita.

**Pensamiento para hoy:** Mientras tengamos confraternidad con nuestro Señor, nuestra fe no puede acobardarse.

55

## 29 de enero

# Sea limpio hoy

*Por tanto, si traes tu ofrenda al altar, y allí te acuerdas
de que tu hermano tiene algo contra ti, deja allí tu ofrenda
delante del altar, y anda, reconcíliate primero con tu hermano,
y entonces ven y presenta tu ofrenda* (Mateo 5:23–24).

**Lectura de las Escrituras:** Mateo 5:13–26

Cuando estaba en Suiza, el Señor bondadosamente obraba sanidades en muchas de las personas. Yo me hospedaba con el hermano Reuss de Goldiwil, y dos policías fueron enviados para arrestarme. El cargo era que yo estaba sanando gente sin tener licencia. El hermano Reuss les dijo, "Lo lamento, pero él no se encuentra aquí en este momento; está en una reunión como a dos millas de aquí, pero antes de que lo arresten, quisiera mostrarles algo".

El hermano Reuss llevó a estos dos policías a una de las partes más bajas de ese distrito, a una casa con la que ellos estaban familiarizados, ya que con frecuencia habían ido a ese lugar a arrestar a cierta mujer que pasaba en prisión por constantemente enredarse en pleitos de embriaguez. Él los llevó a ver a esta mujer y les dijo, "Este es uno de los muchos casos de bendición que han llegado a través del ministerio del hombre que ustedes han venido a arrestar. Esta mujer vino a nuestra reunión en estado de ebriedad. Su cuerpo estaba roto, tenía dos partes rotas. Mientras estaba ebria, el evangelista impuso manos sobre ella y le pidió a Dios que la sanara y que la libertara".

La mujer se unió a la conversación, "Sí, y Dios me salvó, y no he tocado una sola gota de licor desde entonces".

Los policías tenían una orden de arresto, pero dijeron con disgusto, "Que los doctores hagan este tipo de cosas". Se dieron la vuelta y se fueron, eso fue lo último que escuchamos de ellos.

Servimos a un Cristo que sana los corazones roto, que permite a los cautivos ser libertados (véase Isaías 61:1), que salva a los peores. ¿Se atreve usted a rechazar este glorioso evangelio de Dios con su espíritu, alma y cuerpo? ¿Se atreve usted a rechazar esta gracia? Me doy cuenta que este evangelio ha sido escondido en gran medida, este evangelio que brinda libertad, este evangelio que saca almas de sus ataduras, este evangelio que trae perfecta salud al cuerpo, este evangelio de salvación completa. Escuche de nuevo las palabras de aquel que dejó el cielo para darnos salvación: *"Porque de cierto os digo que cualquiera que dijere a este monte: Quítate...lo que diga le será hecho"* (Marcos 11:23). ¡Lo que Él diga!

Me doy cuenta que Dios nunca podrá bendecirnos si tenemos un corazón endurecido, crítico y falto de perdón. Estas cosas impedirán que la fe crezca más que cualquier otra cosa. Recuerdo que estaba en una reunión donde algunas personas esperaban ser bautizadas y limpias, ya que en el momento en que la persona es limpia, el Espíritu cae. Había un hombre allí con ojos rojos, él había estado llorando amargamente. Él me dijo, "Tengo que irme. No me hace bien quedarme a menos que las cosas cambien. Le he escrito una carta a mi cuñado, iba llena de palabras duras, y esto debe ser resuelto". Él se fue a casa y le dijo a su esposa, "Voy a escribir una carta a tu hermano, voy a pedirle perdón por haberle escrito anteriormente de la manera que lo hice".

"¡Tonto!", dijo ella.

"No te preocupes", respondió él, "esto es entre Dios y yo, debe ser aclarado". Él escribió la carta y volvió a la reunión e inmediatamente Dios lo llenó del Espíritu.

Creo que hay gran cantidad de gente que quiere ser sanada, pero que guardan cosas que están plagando sus corazones. Remueva esas cosas. Perdone, y el Señor lo perdonará a usted. Hay tanta gente buena, gente con Buenos deseos, pero sin poder para hacer nada por Dios. Años atrás, algo pequeñito entró en sus corazones, y su fe ha sido paralizada desde entonces. Traiga todo a la luz. Dios lo limpiará todo, si usted se lo permite. Deje que la preciosa sangre de Cristo le limpie de todo pecado. Si usted solamente cree, Dios lo escuchará, y traerá a su vida el rayo de luz de su amor.

**Pensamiento para hoy:** Siempre esté en sintonía con Dios, y entonces la música llegará tan dulce como sea posible.

# La bendición de la Cena del Señor

*Esta copa es el nuevo pacto en mi sangre; haced esto todas las veces que la bebiereis, en memoria de mí* (1 Corintios 11:25).

*Lectura de las Escrituras:* Lucas 22:7–39

Ningún servicio es tan bello para mí como el servicio de compartir la Cena del Señor, la Santa Cena. Me encanta ver a los santos reunirse para recordar la muerte de Cristo, su resurrección, y su ascensión. Qué bello que Jesús instituyera este glorioso memorial para nosotros. Oh, que Dios nos permita que se den *"todas las veces"* que podamos. No es semanal, no es mensual, no es trimestral sino *"todas las veces"* que podamos. Que bendita memoria es saber que Él cargó con todos nuestros pecados.

Estoy seguro que todo cristiano tiene un gran deseo de hacer algo por Jesús, y lo que Él quiere que hagamos es seguir recordando su cruz, tumba, resurrección, y ascensión; el recuerdo de estos cuatro eventos siempre nos llevará a un lugar de bendición. Sin embargo, usted no necesita vivir continuamente en la cruz, mas lo que debe recordar de la cruz es que, *"Consumado es"* (Juan 19:30). Usted no necesita vivir en la tumba, solamente debe recordar que Él *"ha resucitado"* (Mateo 28:6) y que ahora podremos sentarnos *"con él en gloria"* (Colosenses 3:4).

La institución de la Cena del Señor es uno de los escenarios de las Escrituras, un momento en la historia de nuestro Señor Jesucristo cuando el misterio de la gloria de Cristo es revelado. A medida que el Maestro caminó en la tierra, las multitudes se reunían con entusiasmo, con ansia en sus corazones por escuchar las palabras que salían de sus labios bondadosos. Pero, también estaban allí aquellos que pasaron por alto la visión. Ellos vieron a Cristo, escucharon sus palabras, pero esas maravillosas palabras eran como cuentos vanos para ellos.

Cuando pasamos por alto la visión y no llegamos a la plenitud del ministerio del Espíritu, existe una razón. Amado, hay muerte en nosotros por lo cual debemos recibir el toque de resurrección. Hoy hemos develado la verdad, ya que la dispensación del Espíritu Santo ha llegado para revelar la plenitud de la redención para que así podamos ser revestidos con poder. Lo que nos lleva a ese estado donde Dios puede derramar su

# 30 de enero

poder sobre nosotros es un espíritu quebrantado y un corazón contrito. (Véase Salmo 51:17). Debemos examinarnos para ver en qué estado estamos, ya sea que seamos solamente religiosos o que verdaderamente estemos en Cristo.

El espíritu humano, cuando está perfectamente unido al Espíritu Santo, tiene solamente un lugar, ese lugar es la muerte, muerte, y muerte profunda. En este lugar, el espíritu humano cesará de desear lo suyo; en vez de "Mi voluntad", el clamor de su corazón será, "Que sea hecha tu voluntad, oh Señor, en mi vida".

*Pensamiento para hoy:* Jesús está intercediendo para mantenernos rectos, santos, poderosos y llenos de Él, al punto que brindemos al mundo de necesidades la fragancia grata del cielo.

## 31 de enero

# Una epístola viviente

*Nuestras cartas sois vosotros, escritas en nuestros corazones, conocidas y leídas por todos los hombres; siendo manifiesto que sois carta de Cristo* (2 Corintios 3:2–3).

*Lectura de las Escrituras:* Mateo 8:14–27

*T*odo creyente debe ser una epístola viviente de la Palabra, una que sea leída y conocida por todos. Su misma presencia debe brindar tal testimonio del Espíritu que todo aquel con el que usted entra en contacto sabrá que usted es enviado, una luz en el mundo, una manifestación de Cristo, un cristiano bíblico.

Los discípulos de Jesús tuvieron que aprender que todo lo que Él decía sería cumplido. Creo que muy lenta y pensativamente—Jesús dijo lo siguiente:

*Él les dijo: He aquí, al entrar en la ciudad os saldrá al encuentro un hombre que lleva un cántaro de agua; seguidle hasta la casa donde entrare, y decid al padre de familia de esa casa: El Maestro te dice: ¿Dónde está el aposento donde he de comer la pascua con mis discípulos?* (Lucas 22:10–11)

Amado, permítame decir eso, no había persona en Palestina que hubiera visto a un hombre cargando un pichel de agua. Eso era algo desconocido. Por consiguiente, hallamos a Jesús comenzando con una profecía que trajo el conocimiento interno de que lo que Él decía se cumplía. Este es el secreto de la vida del Maestro: profecía que nunca fallaba. No existe poder en el mundo que pueda cambiar la Palabra de Dios. Jesús estaba obrando este gran pensamiento en el corazón de sus discípulos para que ellos pudieran saber que lo que Él decía se cumplía. Después de que Jesús les dio el maravilloso mandato a Pedro y a Juan, esos discípulos caminaban por la ciudad, sin duda meditando profundamente, cuando repentinamente gritaron en asombro, "¡Mira! ¡Ahí está! Tal como el Maestro lo dijo".

Cuando estuve en Jerusalén, fui a predicar al Monte de los Olivos, y mientras miraba hacia abajo a mi derecha, observé que dos caminos se encontraban, donde el asno estaba atado. Pude ver el Mar Muerto, y mientras predicaba pude observar por lo menos a 150 mujeres que iban con sus picheles llenos de agua cargándolos en sus espaldas. Pero no vi a un hombre. No obstante, Jesús dijo que tenía que haber un hombre, y, así fue, pues nadie podía cambiar su Palabra.

Algunos han dicho que Él tenía todo arreglado para que el hombre cargara un pichel de agua. Quiero decirle que Dios no tiene que arreglarse con los mortales para cumplir sus planes. Dios tiene el poder para oír el clamor de un pobre y necesitado hijo suyo que puede estar sufriendo en Inglaterra, África, China o en cualquier otra parte, diciendo, "Oh, Dios, tú conoces mi necesidad". Y en Nueva York, Alemania, California u otro lugar hay uno de Sus discípulos de rodillas, y el Señor le dirá, "Envía ayuda a ese hermano o hermana, no te tardes". Y la ayuda llegará. Él no tenía que hacer arreglos para que ese hombre le ayudara a cargar un pichel con agua. Él obra de acuerdo a su Palabra, y Jesús dijo que un hombre cargaría el agua.

¿Qué hicieron los discípulos al ver a ese hombre? ¿Se adelantaron para conocerlo? No, ellos esperaron por el hombre, y, cuando éste se acercó, probablemente ellos caminaron a la par sin decir una palabra hasta que él estaba por entrar en la casa. Entonces, se les puede oír diciendo, "¡Por favor, señor, el Maestro quiere usar su habitación para huéspedes!". "¿La habitación para huéspedes? ¿Cómo? La estuve preparando ayer todo el día y no sabía para quién era". Con el hombre las cosas son imposibles, pero Dios es el revelador de los misterios de la vida y tiene al universo en la palma de sus manos. Lo que necesitamos saber ahora es que "*Jehová está en medio de ti, poderoso*" (Sofonías 3:17), y que Él obra de acuerdo a su Palabra.

**Pensamiento para hoy:** Necesitamos una fe que da pasos agigantados en la voluntad de Dios y dice, "¡Amén!".

## 1 de febrero

# En fe y en memoria

*Pero no les aprovechó el oír la palabra, por no ir acompañada
de fe en los que la oyeron* (Hebreos 4:2).

**Lectura de las Escrituras:** Salmo 119:41–50; Lucas 22:15–20

*L*as palabras de Jesús son vida—nunca piense que son menos. Si usted las cree, se sentirá vivificado. La Palabra es poderosa; está llena de fe. La Palabra de Dios es vital. La fe es establecida y hecha manifiesta a medida que escuchamos la Palabra. Amado, lea la Palabra de Dios en quietud, léala en voz alta también, porque, *"El que oye mi palabra"* (Juan 5:24), ésta le da vida.

Escuche estas palabras de las Escrituras: *"¡Cuánto he deseado comer con vosotros esta pascua antes que padezca!"* (Lucas 22:15); *"Vino la tercera vez, y les dijo: Dormid ya, y descansad. Basta, la hora ha venido; he aquí, el Hijo del Hombre es entregado en manos de los pecadores"* (Marcos 14:41). Desde el inicio del tiempo, no ha habido una hora como esta. Estas palabras estaban entre las más que Jesús haya hablado: *"La hora ha venido"*.

El tiempo había cesado y la eternidad había comenzado para toda alma cubierta por la sangre. Hasta esa hora, todas las personas vivían para morir, pero en el momento en que el sacrificio fue hecho, eso no marcó el final sino más bien el comienzo. El alma, cubierta con la sangre ha pasado de lo natural a un estado de eternal unión con el Señor. En vez de muerte tendrá llenura de vida divina.

Mientras estaba en Jerusalén, yo prediqué muchas semanas en las afueras de la puerta de Damasco, y Dios poderosamente bendijo mi ministerio. Es maravilloso estar en un lugar donde Dios puede usarle. Al salir de Jerusalén, unos judíos que me habían escuchado predicar querían viajar conmigo y quedarse en el mismo hotel donde yo me hospedad. Cuando estábamos sentados a la mesa, dijeron: "Lo que no podemos entender es que cuando usted predica sentimos tal poder. Usted nos conmueve. Hay algo ahí; no podía más que sentir que usted tiene algo diferente a lo que estamos acostumbrados a escuchar. ¿Qué es?".

Les contesté que eso era porque yo predicaba acerca de Jesús con el poder del Espíritu Santo, porque Él era el Mesías, y Él permitió que uno de sus hijos viviera en la realidad del claro conocimiento de sí mismo para que otros pudieran conocer y sentir su poder. Es este conocimiento que tanto necesita la iglesia de hoy en día.

No sea satisfecho con nada menos que con el conocimiento del cambio real en su naturaleza, el conocimiento de la presencia y el poder del Espíritu Santo que habita en nosotros. No sea satisfecho con una vida que no está totalmente absorta en Dios.

Hay muchos libros escritos acerca de la Palabra, y nos encanta la enseñanza clara y definitiva. Pero, vaya al Libro, y escuche lo que el Maestro dice. Usted colocará un fundamento sólido que no podrá ser movido, pues somos nacidos de nuevo por la incorruptible Palabra de Dios. (Véase 1 Pedro 1:23). Necesitamos la simpleza, el restante de la fe que nos lleva a un lugar donde estamos firmes e inmovibles. ¡Cuán maravillosa es la Palabra viva de Dios!

¿Acaso usted no puede ver que el Maestro se interesa tanto en usted que Él despreciaría la vergüenza de la cruz? (Véase Hebreos 12:2). El salón del juicio no fue nada para Él; todo la reprimenda y el desprecio no pudieron quitar de Él gozo de salvarnos a usted y a mí. Su sacrificio de amor y gozo le hicieron decir, "¡Considero como nada vil el resistir por causa de Wigglesworth; cuento como nada todo lo horrible que tuve que sobrellevar por Brown; mi alma está dispuesta a salvar el mundo entero!". ¡Cuán precioso es esto! ¡Qué emocionante es esto! Él sabía que la muerte estaba representada por la copa sagrada; no obstante, Él gozosamente dijo, "*¡Cuánto he deseado comer con vosotros esta pascua antes que padezca!*" (Lucas 22:15). Coma el pan, beba de la copa, y, tan frecuentemente como lo haga, recuérdelo a Él. (Véase 1 Corintios 11:24–25). En otras palabras, haga memoria de lo que su hogar celestial significa para usted; piense en ellos, y analice su significado.

A medida que llega el momento de partir el pan, el pensamiento debe ser, "¿Cómo participaré de ellos?". Debemos poder decir, "¡Señor, deseo comerlo para agradarte a ti, porque quiero que mi vida entera sea para ti!" A medida que el río de la nueva vida comienza a correr por su ser, permítase a sí mismo ser sumergido y continúe hasta que su vida sea vuelta un incesante manantial del río de la vida. Entonces usted dirá, "*Ya no vivo yo, mas vive Cristo en mí*" (Gálatas 2:20). Prepárese para partir el pan, y participar del vino, al hacerlo recuérdelo a él.

**Pensamiento para hoy:** Nosotros no somos mejores que nuestra fe.

## 2 de febrero

# La Palabra viva

*No sólo de pan vivirá el hombre,*
*sino de toda palabra de Dios* (Lucas 4:4).

**Lectura de las Escrituras:** Lucas 8:5–15

*L*a Palabra de Dios es:
  Sobrenatural en origen.
  Eterna en duración.
  Indescriptible en valor.
  Infinita en alcance.
  Regenerativa en poder.
  Infalible en autoridad.
  Universal en aplicación.
  Inspirada en totalidad.

Nosotros debemos:
  Leerla por completo.
  Escribirla.
  Orar con ella.
  Ponerla por obra.
  Pasarla a otra persona.

La Palabra de Dios cambia a una persona hasta que ésta se vuelve una epístola de Dios. (Véase 2 Corintios 3:3). La Palabra de Dios transforma la mente, cambia el carácter, y nos da una herencia en el Espíritu, hasta que somos moldeados—cuando Dios llega a habitar en nosotros, caminando con nosotros, y hablando por medio de nosotros. No hay Dios como nuestro Dios.

Dios es amor. *"El que permanece en amor, permanece en Dios"* (1 Juan 4:16). Dios quiere llevar hombres ordinarios por condiciones extraordinarias.

Dios tiene lugar para el hombre sediento que clama por recibir más de Él. No es lo que nosotros somos, pero es lo que Dios quiere que seamos. Amado, ¡redediquemos nuestras vidas a Dios!

**Pensamiento para hoy:** Dios ha prometido cumplir, por complete, los deseos de los que le temen a Él.

## 3 de febrero

# Una fe viva

*Por tanto, os digo que todo lo que pidiereis orando, creed que lo recibiréis, y os vendrá* (Marcos 11:24).

*Lectura de las Escrituras:* Mateo 17:14–21

¿Cómo será cuando nos deshagamos de este cuerpo de carne? Mientras tanto, Dios quiere que nos pongamos toda la armadura de Dios (véase Efesios 6:11) mientras estamos aquí. Él quiere que seamos cubiertos con la cobertura de su Espíritu y que crezcamos en la gracia y el conocimiento de Dios. (Véase 2 Pedro 3:18).

¡Oh, lo que Dios ha reservado para nosotros, y lo que podemos recibir por medio del nombre de Jesús! Oh, el valor del nombre, el poder del nombre; el mismo nombre de Jesús trae ayuda del cielo, puede atar los poderes malignos, y *"sujetar a sí mismo todas las cosas"* (Filipenses 3:21). Gracias a Dios por la victoria por medio del Señor Jesucristo.

Por salvarnos, Jesús *"sufrió la cruz, menospreciando el oprobio"* (Hebreos 12:2). Qué bellos es decir con toda nuestra voluntad, "Seré obediente a Dios". Él es amoroso; Él es bello. No recuerdo que Él me haya negado nunca algo cuando he ido ante Él; nunca me ha dejado ir con las manos vacías. Él es un Salvador tan maravilloso, un buen Amigo en el cual podemos depender con seguridad, descanso, y plena confianza. Él puede quitarnos cualquier carga.

Piense en Él como el Salvador que nunca se cansa, el Amigo eterno, aquel que lo sabe todo, aquel que puede ayudar y libertarnos. Cuando tenemos dicha Fuente como esta podemos extender nuestras manos y recibir todo lo que necesitamos de Él.

Puede que pensemos que tenemos fe en Dios, pero no debemos dudar en nuestros corazones. La fe es una interna operación del poder divino que mora en el corazón contrito y que guarda las que cosas no han sido vistas. La fe es un acto divino; la fe es Dios en el alma. Dios obra por medio de su Hijo y transforma lo natural en sobrenatural.

La fe es activa, nunca aletargada. La fe agarra; la fe es la mano de Dios; la fe es el poder de Dios. La fe nunca tiene miedo; la fe vive en medio del más grande conflicto; la fe mueve incluso las cosas que no pueden ser movidas. Dios nos llena de su poder divino y el pecado es derrocado.

# 3 de febrero

*"Mas el justo por la fe vivirá"* (Romanos 1:17). Usted no puede vivir por la sino hasta que es justo y recto. Usted no puede vivir por la fe si es impío o deshonesto.

Para poder entender su llenura, debemos ser llenos del Espíritu Santo. Dios tiene una medida para nosotros, la cual no puede ser medida. Cuando usted entra en esta relación, el pecado es derrocado, pero usted no puede purificarse a sí mismo. Es por medio de la sangre de Jesucristo, el Hijo de Dios, que usted es limpiado de todo pecado.

Nosotros somos su vida; somos miembros de su cuerpo. El Espíritu está en nosotros, y hay solamente una manera de vivir en ese lugar secreto del Señor, por medio de la santidad.

Sea lleno de la Palabra de Dios. Escuche, aquellos de ustedes que tienen rodillas y brazos tiesos, por medio de la Palabra de Dios hoy ustedes puede recibir un tonificante, el cual aflojará sus coyunturas, y dividirá sus coyunturas y la médula ósea. (Véase Hebreos 4:12).

Una de las más grandes cosas en la Palabra de Dios es que ésta discierne los pensamientos y las intenciones del corazón. ¡Oh, que pueda usted permitirle a la Palabra de Dios obtener una victoria perfecta en sus cuerpos para que éstos puedan cosquillear totalmente en el poder divino de Dios! La vida divina no pertenece a este mundo sino al reino celestial, y el reino celestial está dentro de usted. (Véase Lucas 17:21).

Dios quiere purificar nuestras mentes hasta que podamos sobrellevar todas las cosas, creer todas las cosas, y resistir todas las cosas. (Véase 1 Corintios 13:7). Dios habita en usted, pero usted no puede tener este poder divino sino hasta que usted viva y camine en el Espíritu Santo, hasta que el poder de la nueva vida sea más grande que el de la vieja vida.

Dios quiere que movamos montañas. A veces pareciera que las cosas no pudieran ser movidas, pero usted puede creer en su corazón y mantenerse firme en la Palabra de Dios, y la Palabra de Dios nunca será derrotada. Primero, crea que usted puede tenerlo, y luego lo obtendrá. Esa es la dificultad de las personas porque dicen, "Si puedo sentir que lo tengo, sabré que lo tendré". Sin embargo, usted debe creer, luego es que llegará el sentir. Usted debe creerlo por medio de la Palabra de Dios.

**Pensamiento para hoy:** Todo lo que parezca ser como una montaña puede ser movido: las montañas de la dificultad, las montañas de la perplejidad, las montañas de la depresión o de la depravación—cosas que le han atado por años.

## 4 de febrero

# Victoria por medio de la fe

*Auméntanos la fe* (Lucas 17:5).

*Lectura de las Escrituras:* Lucas 18:1–14

*L*a inactividad debe ser llevada a un lugar de victoria. La inactividad—lo que vacila, lo que duda, lo que tiene miedo en vez de tener fe—lo cierra todo, porque duda en vez de creer en Dios. ¿Qué es la fe? La fe el principio vivo de la Palabra de Dios. Es vida; produce vida; cambia vidas. Qué tan grande debe ser nuestra fe, pues no podemos ser salvos si no es por medio de la fe. No podemos ser protegidos sino por medio de la fe. No podemos ser bautizados sino por medio de la fe, y seremos arrebatados por fe; por ende, la fe en el Dios vivo es una bendita realidad.

Todas las cosas maravillosas que Jesús hizo fueron hechas para que las personas puedan ser cambiadas y hechas como Él. ¡Oh, ser como Él en pensamiento, acción, y plan! Él cumplió con los negocios de su Padre y fue consumido por el celo de su casa. (Véase Salmo 69:9). Estoy comenzando a entender 1 Juan 3:2: *"Amados, ahora somos hijos de Dios, y aún no se ha manifestado lo que hemos de ser; pero sabemos que cuando él se manifieste, seremos semejantes a él, porque le veremos tal como él es"*. A medida que me alimento con la Palabra de Dios, mi cuerpo entero será cambiado por el proceso del poder del Hijo de Dios.

El Señor habita en el corazón contrito y humillado, y, hace camino en los caminos áridos, para que usted pueda abrirse a Él, Él lo inundará con su vida. Usted nunca podrá limpiar el pecado; usted nunca podrá purificar el pecado; usted nunca será fuerte si está en pecado. La revelación se detiene donde el pecado entra. El espíritu humano debe llegar a su fin, mas el Espíritu de Cristo debe permanecer vivo y activo. Usted debe morir al espíritu humano para que Dios pueda vivificar su cuerpo mortal. (Véase Romanos 8:11). Sin santidad ningún hombre verá a Dios. (Véase Hebreos 12:14).

*Pensamiento para hoy:* Un poquito de pecado arruinará toda una vida.

# 5 de febrero

# *La esencia de la fe*

*Porque en el evangelio* [de Cristo] *la justicia de Dios*
*se revela por fe y para fe, como está escrito:*
*Mas el justo por la fe vivirá* (Romanos 1:17).

**Lectura de las Escrituras:** Romanos 1:5–20

Qué es la fe? Es la misma naturaleza de Dios. La fe es la Palabra de Dios. Es el fluir personal del favor divino, el cual se mueve en toda fibra de nuestro ser hasta que toda nuestra naturaleza es reanimada para vivir por fe, para movernos por fe, y ¡seremos llevados a la gloria por fe! La fe es el glorioso conocimiento de la presencia personal dentro de usted, cambiándole de fortalecimiento a fortalecimiento, de gloria en gloria, hasta que usted llegue al punto de caminar con Dios, y Dios piensa y le habla por medio de poder del Espíritu Santo. ¡Oh, qué grandioso; es glorioso!

Dios quiere que tengamos mucho más de lo que podemos administrar y ver; de manera que dice que *"la fe la certeza de lo que se espera, la convicción de lo que no se ve"* (Hebreos 11:1) Con un ojo de fe, podemos ver la bendición en toda su belleza y grandeza. La Palabra de Dios es *"desde el siglo y hasta los siglos"* (Salmo 90:2), y *"la fe la certeza"* (Hebreos 11:1).

Si fuéramos a darle a alguna mujer un trozo de tela, tijeras e hilo, ella con seguridad produciría una prenda de vestir. ¿Por qué? Porque ella tenía el material. Si yo le proveyera a un hombre de alguna madera y clavos, probablemente produciría una caja. ¿Por qué? Porque él tenía los materiales. No obstante, Dios, sin tener ningún material, dijo la Palabra y produjo este mundo con toda su belleza. No había ningún material ahí, pero la Palabra de Dios lo llamó a existencia por su fuerza creadora. Con el conocimiento de que usted es nacido de nuevo por esta Palabra incorruptible, la cual vive y soporta para siempre (véase 1 Pedro 1:23), usted sabe que dentro suyo se halla esa esperanza viva, definitiva, y más grande que usted mismo, más ponderosa que cualquier fuerza dinámica del mundo, ya que la fe obra en usted por medio del poder de la nueva creación de Dios en Cristo Jesús.

Por lo tanto, con la audacia de la fe, debemos entregarnos a la omnipotencia del plan divino de Dios, pues Dios debe decirnos, *"Si puedes creer, al que cree todo le es posible"* (Marcos 9:23). Es posible que el poder de Dios sea manifestado en su vida humana a tal punto que usted nunca será el mismo de antes; usted siempre seguirá de victoria en victoria, pues la fe no conoce la derrota.

La Palabra de Dios le llevará a un lugar de descanso en la fe. Dios tiene la intención de que usted tenga un concepto claro de lo que es la fe, cómo se dio la fe y cómo permanece. La fe está en el plan divino, ya que le brinda a usted una puerta abierta por la cual puede entrar. Usted debe tener una puerta abierta, pues usted no puede abrir la puerta. Es Dios quien lo hace, pero Él quiere que usted esté preparado para entrar y reclamar sus promesas de todas las manifestaciones divinas del poder del nombre de Cristo Jesús. Es sólo entonces que usted podrá enfrentarse y conquistar al enemigo, *"porque mayor es el que está en vosotros, que el que está en el mundo"* (1 Juan 4:4).

La fe viva brinda un poder y una personalidad gloriosos; da una habilidad divina, pues es por fe que Cristo es manifestado en su carne mortal por medio de la Palabra de Dios. No quiero que usted pase por alto el conocimiento de lo que usted ha escuchado de Dios, y quiero que usted se dé cuenta que Dios le ha cambiado para que toda su debilidad, miedo, inhabilidad—todo lo que le ha hecho a usted un fracasado—quede en el pasado.

**Pensamiento para hoy:** La fe tiene poder para convertirlo en la persona que Dios quiere que usted sea; sin embargo, usted debe estar listo para entrar en el plan y creer su Palabra.

## 6 de febrero

# Una posición triunfante

*Porque por [la fe] alcanzaron buen
testimonio los antiguos* (Hebreos 11:2).

*Lectura de las Escrituras:* Hebreos 11:1–13

*L*a primera manifestación del plan de Dios fue en la cruz del Calvario. Puede que usted refute; puede que se resista; pero Dios quien le ama *"con amor eterno"* (Jeremías 31:3), le ha sigo por la vida, lo ha seguido con su maravillosa gracia para que Él pueda llevarlo a un conocimiento de esta gran salvación.

Dios, en su propio plan para su bien eterno, puede que haya traído algo desagradable a su vida, algo que le está causando sentirse desesperado o sentirse que su vida no vale nada. ¿Qué significa eso? Eso significa que el Espíritu de Dios le está mostrando su propia debilidad para que usted pueda clamar a Él, y cuando lo haga, Él pueda mostrarle la cruz de redención. Entonces Dios le dará fe para creer, pues la fe es un don de Dios.

Dios, quien le ha dado esta fe, tiene un maravilloso plan para nuestras vidas. ¿Recuerda cuando Dios le llevó a ese lugar de salvación, cómo la fe que Él le dio le trajo un gran deseo para hacer algo por Él, y luego Él le mostró una gran puerta abierta? Fui salvo hace más de sesenta y siete años, y nunca he perdido el testificar del Espíritu. Si usted no permite que su naturaleza humana aplaste su fe e interfiera con el plan de Dios y su preparación divina, entonces usted volará como las águilas. (Véase Isaías 40:31). ¡Oh, cuán maravillosa es la eficacia del perfecto plan de Dios obrando en nosotros con la divina Trinidad fluyendo por medio de la humanidad, cambiando nuestra misma naturaleza al punto que no podamos ser incrédulos sino que actuemos con fe, hablemos con fe, y con fe cantemos alabanzas al Señor! No hay lugar para nada que no sea de la fe, pues ya hemos pasado más allá del plano natural a una nueva atmósfera donde Dios nos envuelve.

La fe está en posición de aumento, siempre triunfante. No es un lugar de pobreza sino de riqueza. Si usted siempre vive fructíferamente, siempre tendrá suficiente. ¿Qué dice nuestro texto? *"Alcanzaron buen testimonio los antiguos"*. El hombre que vive en fe siempre tiene un buen testimonio. Los Hechos de los Apóstoles fueron escritos porque la vida de los apóstoles daba fruto de una fe activa. Para ellos, la fe era un hecho diario. Si su vida está en el orden divino, usted no solamente tendrá una fe viva y activa, sino que también tendrá una fe que edifica a los demás.

¿Qué es de una buena prédica sin fe? Dios quiere que vivamos en esa gloriosa esfera del poder de Dios para que siempre estemos en una posición para decirles a las personas que tomen acciones que demuestren hechos. ¿Qué es de una buena prédica sin fe? Usted debe creer que Dios no se negará a sí mismo, pues la palabra de Dios no puede ser negada. Yo creo que este mensaje es dado en un orden divino para que usted ya no tenga que estar en un lugar de dudas, sino que se dé cuenta que *"es, pues, la fe la certeza"* (Hebreos 11:1). Amado, aun con toda la fe que tenemos, no estamos ni siquiera tocando el ruedo del plan de Dios para nosotros. Es como ir a la playa y meter sus dedos en el agua de la orilla cuando tiene un grande y vasto océano frente a usted. Dios quiere que nos elevemos a la cima de la ola y no que nos quedemos chapoteando en la orilla. ¡Oh, el estar conectado con ese poder sublime, para que la naturaleza humana pueda conocer a Dios y la gloria de la manifestación de Cristo!

La Palabra de Dios es eterna y no puede ser rota. Usted no puede mejorar la Palabra de Dios, ya que ella es vida y produce vida ¡Escuche! Dios ha engendrado en usted *"una esperanza"* (1 Pedro 1:3). Usted es nacido de la Palabra que creó al mundo. Si usted se atreve a creer, esa creencia es poderosa. Dios quiere que seamos poderosos, un pueblo de fe, un pueblo purificado, un pueblo que se entregará a Dios y se atreverá a confiar en Él con una fe gloriosa, la cual siempre nos llevará más allá de lo que es común hacia un lugar permanente en Dios.

*Pensamiento para hoy:* Usted debe tomar acción antes de ver el hecho.

## 7 de febrero

# La fe es un fundamento seguro

*¿Dónde está vuestra fe?* (Lucas 8:25).

*Lectura de las Escrituras:* Lucas 8:21–39

*L*a Palabra de Dios no solamente es maravillosa, sino que también es ponderosa. Cualquier condición natural puede ser cambiada por medio de la Palabra de Dios, la cual tiene poder sobrenatural. En la Palabra de Dios está el aliento, la naturaleza, y el poder del Dios vivo, y su poder obra en toda persona que se atreve a creer en su Palabra. Hay vida por medio de ese poder, y si recibimos la Palabra de fe, recibimos la naturaleza de Dios mismo.

Es a medida que asimos las promesas de Dios con una fe simple que nos volvemos copartícipes de la naturaleza divina. A medida que recibimos la Palabra de Dios, nos podemos en contacto inmediato con una fuerza viva, un poder que cambia la naturaleza en gracia, un poder que hace que las cosas muertas sean vivas, y un poder que proviene de Dios, que es manifestado en nuestra carne. Este poder solamente puede salir con su gloria para transformarnos en hijos de Dios por medio de la obra divina, para hacernos como el Hijo de Dios, por medio del Espíritu de Dios quien nos mueve de gracia en gracia y de gloria en gloria a medida que nuestra fe yace en esta Palabra viva.

Es importante que tengamos una verdad fundamental, algo más grande que nosotros mismo, algo en qué descansar. En Hebreos 12:2 leemos, *"Puestos los ojos en Jesús, el autor y consumador de la fe"*. Jesús es nuestra vida, y Él es el poder de nuestra vida. Vemos en el quinto capítulo de Hechos que tan pronto como Pedro salió de la prisión, la Palabra de Dios fue dada: *"Id...anunciad...todas las palabras de esta vida"* (Hechos 5:20).

Existe solamente un Libro que tiene vida. En esta Palabra le hallamos a Aquel que vino para que tuviéramos vida y vida abundante (véase Juan 10:10), y por fe esta vida nos es impartida. Cuando llegamos a esta vida por medio de la fe divina—y debemos darnos cuenta que es por gracia que somos salvos por medio de la fe, y que no es por nosotros mismos sino que *"es don de Dios"* (Efesios 2:8)—es entonces que nos volvemos

# 7 de febrero

copartícipes de esta vida. Esta Palabra es más grande que cualquier cosa. No hay oscuridad en ella del todo. Cualquiera que habita en esta Palabra es capaz de decir en cualquier circunstancia que está dispuesto a venir a la luz para sus obras sean vistas. (Véase Juan 3:21). Fuera de la Palabra hay oscuridad, y las manifestaciones de la oscuridad nunca desearán venir a la luz, pues sus obras son perversas. Sin embargo, en el momento que somos salvos por el poder de la Palabra de Dios, amamos la luz y la verdad. El indescriptible poder, fuerza, pasión, y fuego divino que recibimos es de Dios. Tome, mi amado, tome mucho de la Fuente de vida.

*"Es, pues, la fe la certeza de lo que se espera"* (Hebreos 11:1). Alguien me dijo un día, "Yo no creo en nada que no pueda ver o resolver". Todo lo que usted puede ver o tocar es temporal y perecerá con el uso. Pero las cosas que no se ven son eternas y no desvanecerán. ¿Está usted lidiando con cosas tangibles o con cosas que son eternas, con hechos que son reales a la fe? Gracias a Dios que por medio del conocimiento de la verdad del Hijo de Dios, tengo dentro de mí un gran poder, un poder que opera, un impacto interno de vida, de poder, de visión, y de verdad más real que nadie puede saber si vive en el reino de lo tangible.

**Pensamiento para hoy:** Dios se manifiesta a sí mismo en la persona que se atreve a creer.

## 8 de febrero

# *Autoridad divina*

*Vestíos de toda la armadura de Dios, para que podáis estar firmes contra las asechanzas del diablo* (Efesios 6:11).

**Lectura de las Escrituras:** Efesios 6:10–18

ada vez más estoy más convencido que muy pocos de los que son salvos por la gracia de Dios tienen el concepto correcto de cuán grande autoridad tienen sobre la oscuridad, los demonios, la muerte, y todo poder del enemigo. Trae un verdadero gozo darnos cuenta de nuestra herencia.

Estaba hablando así un día cuando alguien dijo, "Nunca he escuchado nada como esto antes. ¿Cuántos meses le tomó pensar en ese sermón?".

Le dijo, "Mi hermano, Dios insta a mi esposa, de vez en cuando, para que yo predique, y yo le prometo a ella que lo predicaré. Antes me costaba pensar sobre algún tema, luego dejaba el texto, me sentaba y decía, 'Terminé'. Oh, hermano, me he dado por vencido de pensar. Ahora me llegan las ideas. Y los sermones que me llegan, paran, luego vuelven, porque la Palabra de Dios dice que su Palabra no regresará a Él vacía. (Véase Isaías 55:11). Si usted recibe algo en su propio poder, eso no se quedará por mucho tiempo; cuando eso se va se lo llevará a usted también".

Los hijos de Dios se hacen manifiestos en esta tierra presente para destruir el poder del diablo. El ser salvo por el poder de Dios significa ser llevado del reino de lo ordinario a lo extraordinario, de lo natural a lo divino.

¿Recuerda usted el día cuando el Señor impuso manos sobre usted? Usted dijo, "Puedo hacerlo todo menos alabar al Señor". Bien, ese fue sólo el principio. ¿Dónde está usted ahora? El plan divino es que usted aumente hasta recibir la medida incalculable de la plenitud de Dios. Usted no tiene que decir, "Le digo que era maravilloso fue cuando fui bautizado con el Espíritu Santo". Si usted tiene que ver al pasado para dejarme saber que fue bautizado, usted es un reincidente.

Si el comienzo fue bueno, debe ser mejor día a día hasta que todos sean convencidos de que usted fue lleno del poder de Dios en el Espíritu, *"llenos de toda la plenitud de Dios"* (Efesios 3:19). *"No os embriaguéis con vino, en lo cual hay disolución; antes bien sed llenos del Espíritu"* (Efesios

# 8 de febrero

5:18). Yo no quiere nada más que no sea estar más y más lleno hasta que rebalse como un tanque grande. ¿Se da cuenta que si usted ha sido creado y nacido de nuevo por la Palabra de Dios hay en usted la palabra de poder y la misma luz de la vida que el Hijo de Dios tenía?

Dios quiere fluir en usted un poder inmensurable de divina pronunciación y gracia hasta que todo su cuerpo sea una llama encendida. Tanta gente ha sido bautizada con el Espíritu Santo; hubo un movimiento, pero ellos han llegado a ser monumentos, y no los puede mover. Dios nos despierta del sueño para que no nos volvamos indiferentes a la gloriosa verdad y al aliento de su gran poder. Debemos ser la luz y la sal de la tierra (véase Mateo 5:13–14), con toda la armadura de Dios en nosotros. (Véase Efesios 6:11). Será algo muy serio si los enemigos se acercaran y nosotros tuviéramos que regresar a ponernos los zapatos. Sería algo muy serio si no tuviéramos la coraza puesta.

¿Cómo nos podemos proporcionar de esa armadura? Tómela por fe. Salte, pase, y, nunca salga de ahí, pues este es un bautismo para perderse en él, donde usted conoce solamente una cosa, el deseo de Dios en todo momento. El bautismo con el Espíritu debe ser una dote que siempre va en aumento de poder, un continuo aumento de gracia. Oh, Padre, otórganos realmente ver la gloriosa libertad que tú has diseñado para los hijos de Dios, quienes son libertados de este mundo presente, separados, santificados, y hechos apropiados para tu servicio, a quienes tú diseñaste para ser llenos con toda tu llenura.

*Pensamiento para hoy:* Dios tiene la intención de que toda alma del Pentecostés se un cable vivo—no un monumento, sino un movimiento.

# Solamente crea

*Si puedes creer, al que cree todo le es posible* (Marcos 9:23).

*Lectura de las Escrituras:* Marcos 9:17–29

Nada me ha herido tanto que el ver a los llamados creyentes que tienen tanta incredulidad en ellos. Suponga que toda la gente del mundo no cree; eso no haría ninguna diferencia en la Palabra de Dios; ella sería la misma. Usted no puede alterar la Palabra de Dios. Ella permanece *"desde el siglo y hasta el siglo"* (Salmo 90:2).

En cierta ocasión predicaba acerca de la fe, y un hombre en la audiencia dijo tres veces, "No creeré". Yo seguí predicando porque eso no hacía ninguna diferencia para mí. Continué predicando, y el hombre seguía gritando, "No creeré". Cuando él se iba, gritó nuevamente, "No creeré".

Más tarde llegó un mensaje diciendo que tan pronto él salió del lugar, el Espíritu le dijo, "Quedarás mudo por no haber creído". Fue el mismo Espíritu el que vino a Zacarías diciendo, *"Y ahora quedarás mudo y no podrás hablar, hasta el día en que esto se haga, por cuanto no creíste mis palabras"* (Lucas 1:20).

Yo creo en el infierno ¿Quién está en el infierno? Los incrédulos. Gracias a Dios que ellos están allí, pues no le hacen bien a la sociedad. Le dije al líder de esa reunión, "Vaya y vea quién es ese hombre. Averigüe si esas cosas son ciertas".

Él fue a la casa, y la primera persona en saludarlo fue la esposa de ese hombre. Él le preguntó a ella, "¿Es cierto que su esposo declaró tres veces en una reunión que él no creería y ahora no puede hablar?".

Ella dijo, "Vaya y vea". Él fue a la habitación y vio la boca del hombre en terrible estado. El hombre tomó un trozo de papel y escribió, "Tuve la oportunidad para creer. La rehusé, y ahora no puedo hablar". Uno de los más grandes pecados en el mundo es no creer en la palabra de Dios. Nosotros no somos de los que se retiran, somos de los que creen (véase Hebreos 10:39); porque la Palabra de Dios es Palabra viva y siempre toma acción.

**Pensamiento para hoy:** Si usted quiere irse al infierno, todo lo que tiene que hacer es no creer en la Palabra de Dios.

## 10 de febrero

# Un toque divino

*El* [Señor] *sana todas tus dolencias* (Salmo 103:3).

*Lectura de las Escrituras:* Salmo 103

*U*n día llegó a nuestra reunión una dama elegantemente vestida, y se subió a la plataforma. Bajo su brazo, justo debajo de su vestido llevaba una muleta que nadie podía ver. Por veinte años, ella había tenido una pierna inmóvil, ella había escuchado de lo que Dios estaba haciendo, y quería que se orara por ella. Tan pronto oré por ella, la dama exclamó, "¿Qué le ha hecho a mi pierna?". Lo dijo tres veces, y cuando vio que la muleta estaba suelta, ella estaba de pie sobre sus pies.

La dama que estaba interpretando por mí le dijo, "No hemos hecho nada con su pierna. Si algo fue hecho, fue Dios quien lo hizo".

Ella contestó, "Yo he estado coja y usado muleta por veinte años, pero mi pierna está perfecta ahora". Nosotros no sugerimos que ella se arrodillara en el altar y agradeciera a Dios; sin embargo, ella lo hizo junto con los demás y clamó por misericordia. Encuentro que cuando Dios nos toca, ese es un divino toque de vida y de por; emociona y vivifica el cuerpo para que las personas sepan que es de Dios. Entonces llega la convicción, y ellos claman por misericordia.

Dios sana por medio del poder de su Palabra. Pero lo más importante es esto, "¿Es usted salvo?". ¿Conoce usted al Señor? ¿Está preparado para encontrarse con Dios? Puede que usted sea un inválido mientras viva, pero usted será salvo por medio del poder de la Palabra de Dios. Puede que usted tenga un cuerpo fuerte y saludable, pero se va a ir al mero infierno porque no conoce nada acerca de la gracia de Dios y su salvación. Gracias a Dios que fue salvo en un momento, en el momento en que creí, y Dios hará lo mismo por usted.

Dios quiere que por medio de ese poder divino dentro de usted, usted siga la mente del Espíritu por medio de la Palabra de Dios hasta que usted sea enteramente cambiado por ese poder. Usted dirá, "Wigglesworth, ¿hay algo en su cuerpo por lo que le pida a Dios?". Le diré que ahora tengo un cuerpo en perfecta condición y no tengo nada que pedir, y eso que tengo sesenta y cinco años. No siempre fue así. Este cuerpo era frágil, impotente, pero Dios cumplió su Palabra para mí: Él llevó mis enfermedades y mis dolencias, y por sus llagas yo fue sanado. (Véase Mateo 8:17; Isaías 53:5).

Es maravilloso ir aquí y allá sin siquiera notar que usted tiene un cuerpo que no es un obstáculo para usted. Él llevó nuestras enfermedades. Él llevó nuestras dolencias; Él vino para sanar nuestros corazones rotos. Jesús quiere que surjamos en semejanza divina, en el poder de la resurrección, en el poder del Espíritu, para caminar en fe, y entender su Palabra. Eso fue lo que Él quiso decir cuando dijo que nos daría poder sobre todo el poder del enemigo. Él subyugará todas las cosas hasta que todo llegue a estar en perfecta armonía con su voluntad. ¿Reina Él sobres sus afectos, deseos, y voluntad? Si es así, cuando Él reina usted se vuelve súbdito de su poder gobernante. Él es la autoridad sobre toda la situación. Cuando Él reina, todo queda sujeto a su plan y voluntad divino para nosotros.

Vea lo que la palabra de Dios dice, *"Nadie puede llamar a Jesús Señor, sino por el Espíritu Santo"* (1 Corintios 12:3). *"¡Señor!"* Bendiga a Dios por siempre. ¡Oh, para que Él sea el Señor y Maestro! ¡Para que Él gobierne y controle! ¡Para que Él llene todo su cuerpo con el plan de la verdad! Debido a que usted está en Cristo Jesús, todas las cosas están sujetas a Él. Eso es precioso, y Dios quiere que sea suyo. Cuando usted llegue ahí, usted hallará poder divino que obra continuamente. Absolutamente creo que ninguna persona llega al lugar de revelación y actividad de los dones del Espíritu excepto por esta promesa cumplida de Jesús que Él nos bautizará con el Espíritu Santo.

**Pensamiento para hoy:** Alabado sea Dios por todo lo que acerca a las personas al trono de la gracia.

## 11 de febrero

# Dios sabe y puede sanar

*Recorría Jesús todas las ciudades y aldeas, enseñando en las sinagogas de ellos, y predicando el evangelio del reino, y sanando toda enfermedad y toda dolencia en el pueblo* (Mateo 9:35).

*Lectura de las Escrituras:* Salmo 147

Fui llevado a ver a un precioso niño de nueve años que estaba postrado en cama. La madre y el padre estaban consternados porque yacía postrado ahí por meses. Ellos tenían que levantarlo y alimentarlo; él era como una estatua con ojos vivos. Tan pronto como entré en la habitación, el Señor me reveló la causa del problema; así es que le dije a la madre, "El Señor me mostró que algo andaba mal con su estómago".

Ella dijo, "Oh, no, ya hemos visto a dos médicos, y ellos dijeron que era parálisis cerebral".

Le dije, "Dios me reveló que el problema estaba en su estómago".

"Oh, no, no lo es. Estos médicos deben saber, ellos le hicieron rayos x".

El caballero que me llevó le dijo a la madre, "Usted mandó a llamar a este hombre; es por eso que él vino; ahora, no se ponga en contra de él. Este hombre sabe lo que tiene que hacer".

Pero el Dr. Jesús sabe mucho más que eso. Él lo sabe todo. Lo que usted debe hacer es clamar el nombre de Jesús, y Él vendrá. Las cosas divinas son mucho mejores que las cosas humanas. ¿Quién interferirá con la mente divina del Espíritu, la cual tiene toda revelación, la cual entiende toda la condición de la vida? La Palabra de Dios declara que Él conoce todas las cosas (véase 1 Juan 3:20), que está familiarizado con la manifestación de nuestro cuerpo, porque todo está al descubierto delante de él, a quien debemos rendirle cuentas. (Véase Hebreos 4:13). Al tener la mente del Espíritu entendemos cuál es la voluntad de Dios. Yo oré por el chico e impuse manos sobre su estómago. Éste se sintió mal, vomitó una lombriz de trece pulgadas, y fue perfectamente restaurado.

**Pensamiento para hoy:** ¿Cuándo llegaremos al conocimiento de Dios? Cuando cesemos en nuestras mentes y nos permitamos ser revestidos con la mente y la autoridad del poderoso Dios.

## 12 de febrero

# La incredulidad obstaculiza el poder de Dios

*Y no hizo allí muchos milagros, a causa*
*de la incredulidad de ellos* (Mateo 13:58).

*Lectura de las Escrituras:* Hebreos 3:8–19

*E*l Espíritu de Dios quiere que entendamos que no hay nada que pueda interferir con nuestra entrada a una perfecta bendición excepto la incredulidad. La incredulidad es un terrible obstáculo. Mientras estemos dispuestos a permitir que el Espíritu Santo haga conforme a su deseo, hallaremos que grandes cosas ocurrirán todo el tiempo. Pero, oh, pero de cuánto de nuestro razonamiento humano tenemos que deshacernos, de cuánta planificación humana tenemos que separarnos. ¿Qué pasaría? Me encanta el pensar en que Dios el Espíritu Santo quiere enfatizar la verdad de que si tan sólo cedemos al plan divino, Él está ahí para manifestar el misterio de la verdad.

¿Cuántos de nosotros creemos en la Palabra? Es fácil citarla, pero es más importante tenerla en nosotros que citarla. Es muy fácil para mí citar, *"ahora somos hijos de Dios"* (1 Juan 3:2), pero es más importante para mí saber que soy un hijo de Dios. Cuando el Hijo de Dios estaba en la tierra, Él fue reconocido por la gente que lo escuchaba. *"¡Jamás hombre alguno ha hablado como este hombre!"* (Juan 7:46). Su palabra tenía poder, y esa palabra se cumplía. Algunas veces usted ha citado, *"porque mayor es el que está en vosotros, que el que está en el mundo"* (1 Juan 4:4), y puede hasta encontrar la cita bíblica. Pero hermano, ¿la sabe de corazón? ¿Pueden los demonios permanecer en su presencia? Usted tiene que ser mayor que los demonios. ¿Puede la enfermedad alojarse en el cuerpo por el cual usted ya oró? Usted tiene que ser mayor que la enfermedad. ¿Se atreve usted a mantenerse firme en la Palabra de Dios, y a enfrentarse a los hechos y a las dificultades que se presenten?

*"Es, pues, la fe la certeza de lo que se espera"* (Hebreos 11:1). La fe es la Palabra. Usted fue engendrado de la Palabra; la Palabra está en usted; la vida del Hijo está en usted; y Dios quiere que usted crea.

**Pensamiento para hoy:** ¿Puede algo venir contra usted y hacerle daño si es que es un hecho que Dios, quien está con usted, es mayor que el que está en el mundo?

## 13 de febrero

# No hay derrota con Dios

*Esta es la victoria que ha vencido
al mundo, nuestra fe* (1 Juan 5:4).

**Lectura de las Escrituras:** Romanos 10:4–17

Me llamaron desde Halifax, Inglaterra, para orar por una dama misionera. Supe que era una llamada urgente. Pude ver que había ausencia de fe, y pude ver que había muerte.

Le dije a la mujer, "¿Cómo está usted?".

En un tono de voz débil, ella dijo, "Tengo fe".

"¿Fe? ¿Por qué se está muriendo? Hermano Walshaw, ¿ella se está muriendo?"

"Sí".

A un amigo que estaba cerca, "¿Ella se está muriendo?".

"Sí".

Ahora creo que hay algo en un corazón que está en contra de la derrota, y esa es la fe que Dios nos ha dado. Le dije a ella, "En el nombre de Jesús, ahora crea, y usted vivirá". Ella respondió, "Creo", y Dios le envió vida desde su cabeza hasta sus pies. Ellos la vistieron, y ella vivió.

La Biblia dice, *"Tened fe"* (Marcos 11:22). No solamente es *decir* que usted tiene fe. Es *creer* en su corazón. Es asirse de las promesas del Dios eterno. *"Esta es la victoria que ha vencido al mundo, nuestra fe"*. El que cree vence al mundo. *"Así que la fe es por el oír, y el oír, por la palabra de Dios"* (Romanos 10:17). El que cree en su corazón—¿puede imaginarse algo más fácil que eso? ¡El que cree en su corazón! Nadie que cree en su corazón puede vivir de acuerdo con el mundo. Él muere a todo lo mundano. El que ama al mundo no es de Dios. Usted puede medirlo todo y examinarse para ver si usted tiene fe. La fe lo capacita para agarrar lo que es, y apartarlo del camino para que Dios lo convierta en algo que no es.

Justo antes de salir de regreso a casa, me encontraba en Noruega. Una mujer me escribió desde Inglaterra diciendo que había sido operada de cáncer hacía ya tres años pero ahora estaba en regresión. Ella vivía en constante pavor por toda la situación, puesto que la operación fue muy dolorosa. Ella preguntó si era posible verme cuando yo regresara a Inglaterra. Le escribí que pasaría por Londres el veinte de junio. Si ella deseaba podría encontrarme en el hotel, y yo oraría por ella.

# 13 de febrero

Cuando me reuní con esta mujer, pude observar que ella estaba en gran dolor, y tengo mucha simpatía por las personas que han intentado hallar alivio, pero eso les ha fallado. Vi cuán afligida estaba. Ella vino a mí con un espíritu triste, y su rostro deprimido. Le dije, "Hay dos cosas que ocurrirán hoy. Una es que usted debe saber que es salva".

"Oh, si tan sólo pudiera saber que fui salva", exclamó.

"Hay otra cosa. Debe salir de este hotel sin ningún dolor, sin un rastro del cáncer".

Entonces comencé con la Palabra—¡oh, esta maravillosa Palabra! No tenemos que subir para que Él baje; como tampoco tenemos que ir abajo para que Él suba. (Véase Romanos 10:6–7). *"Cerca de ti está la palabra, en tu boca y en tu corazón, esta es la palabra de fe que predicamos"* (versículo 8). Le dije, "Crea que Él tomó sus pecados al morir en la cruz. Crea que cuando Él fue enterrado, lo hizo por usted. Crea que cuando Él resucitó, lo hizo por usted. Y, ahora Él está sentado a la diestra de Dios por usted. Si usted puede creer en su corazón y confesar con su boca, usted será salva".

Ella me vio y dijo, "Oh, está corriendo por todo mi cuerpo. Ahora sé que soy salva. Si Él viniera hoy, me iré al cielo. ¡Toda mi vida me daba pavor pensar en su venida! Pero si Él viniera hoy, sé que estaré lista".

Lo primero estaba listo. Ahora lo segundo. Impuse manos sobre ella en el nombre de Jesús, creyendo en mi corazón que yo podría decir lo que quisiera y sería hecho. Dije, "En el nombre de Jesús, te echo fuera".

Ella saltó. "Dos cosas han ocurrido", dijo ella. "Soy salva, y ahora el cáncer se ha ido".

> La fe permanecerá en medio de los infortunios del tiempo,
> La fe sube a las eternas glorias;
> Solamente cuenta como verdadera la promesa,
> Y el Señor estará contigo.
> ¡La fe ganará la victoria siempre!

**Pensamiento para hoy:** La fe es s Dios en una vasija humana.

## 14 de febrero

# La manera de vencer

*¿Quién es el que vence al mundo, sino el que cree que Jesús es el Hijo de Dios?* (1 Juan 5:5).

### Lectura de las Escrituras: 1 Juan 5

*L*a más grande debilidad en el mundo es la incredulidad. El más grande poder es la fe que obra por medio del amor. El amor, la misericordia, y la gracia están eternamente unidos por medio de la fe. El miedo es lo opuesto a la fe, pero *"en el amor no hay temor"* (1 Juan 4:18). Aquellos cuyos corazones están llenos de la fe y el amor divino no cuestiona en sus corazones si van a ser levantados cuando Jesús venga.

El mundo está lleno de miedo, tormento, remordimiento, y quebrantamiento, pero la fe y el amor seguramente vencerán. Dios ha establecido la tierra y la humanidad en las líneas de la fe. A medida que usted se alinea, el miedo es echado fuera, y la palabra de Dios entra en operación, y usted encuentra su cimiento. Todas las promesas son *"Sí"* y *"Amén"* para los que creen (2 Corintios 1:20).

Cuando usted tiene fe en Cristo, el amor de Dios es tan real que usted siente que podría hacer cualquier cosa por Jesús. El que cree, ama. *"Nosotros le amamos a él, porque él nos amó primero"* (1 Juan 4:19). ¿Cuándo nos amó Él? ¿Cuando estuvimos en el lodo cenagoso? ¿Qué dijo Él? *"Tus pecados te son perdonados"* (Lucas 5:20). ¿Por qué Él lo dijo? Porque Él nos amó. ¿Para qué? Para poder llevar muchos hijos a la gloria. (Véase Hebreos 2:10). ¿Cuál era su propósito? Que estuviéramos con Él para siempre.

Todo ese sendero es una educación para esta vocación y llamado. ¡Cuán glorioso es este escondido misterio del amor! Por nuestros pecados recibimos doble bendición. *"Porque todo lo que es nacido de Dios vence al mundo; y esta es la victoria...nuestra fe"* (1 Juan 5:4). Creer es vencer.

Soy heredero de todas las promesas porque creo. Esa es una gran herencia. Yo venzo porque creo en la verdad, y la verdad me hace libre. (Véase Juan 8:32). Cristo es la raíz y la fuente de nuestra fe, y debido a que Él está en nuestra fe, lo que creemos será hecho. No hay duda. Este es el principio: el que cree es definitivo. Una fe definitiva brinda una experiencia definitiva y un pronunciamiento definitivo.

# 14 de febrero

No hay límite para lo que el poder de Dios hará que ocurra sobre aquellos que claman a Él en fe, porque Dios es rico para todos los que claman a Él. Arrodrigue su reclamo por sus hijos, su familia, sus compañeros de trabajo, para que muchos hijos puedan ser llevados a la gloria. Cuando su oración descanse en ese simple principio de fe, nada será imposible para usted.

Cristo es la raíz del principio de todo lo divina fe vencedora en el corazón humano, y, cuando usted está profundamente injertado en Él, usted podrá millones de vidas para la fe. Jesús es el Camino, la Verdad, y la Vida. (Véase Juan 14:6). Él es la respuesta a todo problema difícil en su corazón.

*"En esto se ha perfeccionado el amor en nosotros, para que tengamos confianza en el día del juicio; pues como él es, así somos nosotros en este mundo"* (1 Juan 4:17). *"Y todo aquel que tiene esta esperanza en él, se purifica a sí mismo"* (1 Juan 3:3). Dios confirma esta fe en nosotros para que nosotros podamos refinar al mundo para *"que no tuviese mancha ni arruga ni cosa semejante"* (Efesios 5:27).

Es el Señor quien nos purifica y nos lleva al lugar donde el fuego quema la brocha, es ahí donde Él nos unge con aceite fresco, para que en todo momento podamos estar listos para su llegada. Dios nos está separando para sí, tal como Él separó a Enoc para que caminara con Él. Debido a la fe divinamente implantada, él pudo testificar antes de ser trasladado, pues agradó a Dios. (Véase Hebreos 11:5). A medida que el Día del Señor se acerca, nosotros también necesitamos caminar por fe hasta que venzamos todas las cosas. Por nuestro simple creer en Jesucristo, caminamos directo a la gloria.

**Pensamiento para hoy:** El ser más que vencedores es dar un grito de victoria al final de la batalla.

# 15 de febrero

# Solamente crea

*No temas, cree solamente* (Marcos 5:36).

**Lectura de las Escrituras:** Gálatas 5:16–6:10

Quiero que usted sea lleno de tanto gozo que llene un pozo profundo. Si usted tiene que hacer que eso suceda, algo anda mal. Si Dios hace que eso suceda, siempre hay algo bueno.

He pensado mucho acerca del impulso. Cuando un tren llega a cierto lugar, algunas personas se bajan, pero algunas llegan hasta el final de la fila. Vayamos lo suficientemente lejos. Solamente queda algo por hacer: manténgase siempre alerta y continúe. No será de provecho confiar en el pasado. Debemos tener la afluencia de la vida de Dios manifestada.

> Solamente crea, solamente crea,
> Todo es posible, solamente crea.

La importancia de este coro se encuentra en la palabra *solamente*. Cuando usted puede deshacerse del yo y de todo lo demás en lo que usted confía, y tiene a solamente a Dios detrás, entonces usted ha alcanzado un lugar de gran refuerzo. Si usted se ayuda a sí mismo—en la medida en que se ayuda a sí mismo—hallará que la vida de Dios y el poder de Dios disminuyen.

Muchas personas tratan de ayudarse a sí mismas. Lo que Dios quiere es que nos aferremos a Él absoluta y enteramente. Este es el gran plan que Dios tiene para nosotros: "*Solamente crea*". Si creemos, tendremos descanso absoluto y perfecta sumisión.

Las condiciones del lado de Dios siempre van más allá de su pedir o pensar. Las condiciones de su lado no pueden alcanzar el otro lado a menos que usted llegue a un lugar donde usted pueda descansar en el omnipotente plan de Dios; entonces su plan no puede dejar de ser exitoso. "*Solamente crea*" y usted tundra descanso absoluta y perfecta tranquilidad. Entonces usted podrá decir, "Dios lo ha dicho, no puede fallar". Todas sus promesas son "*Sí*" y "*Amén*" para los que creen (2 Corintios 1:20).

**Pensamiento para hoy:** Permítale a Dios tomar el control absoluto de toda la situación.

## 16 de febrero

# Fe igualmente preciosa

*A los que habéis alcanzado, por la justicia de nuestro Dios*
*y Salvador Jesucristo, una fe igualmente preciosa que la nuestra:*
*Gracia y paz os sean multiplicadas, en el conocimiento*
*de Dios y de nuestro Señor Jesús* (2 Pedro 1:1–2).

*Lectura de las Escrituras:* 2 Pedro 1:1–11

A veces somos tan nulos de comprensión porque permitimos que las preocupaciones de este mundo cieguen nuestros ojos, pero si podemos ser abiertos para Dios, veremos que Él tiene para nosotros en el futuro un plan mayor del que podríamos haber visto o soñado en el pasado. Dios se deleita en hacer posible para nosotros lo que parece imposible, y cuando alcanzamos el lugar donde solamente Él tiene derecho, entonces todas las cosas que parecían oscuras o mal interpretadas serán aclaradas.

Esta *"fe igualmente preciosa"* de la que Pedro escribía es el don que Dios está dispuesto a darnos a todos nosotros, y, yo creo que Dios quiere que lo recibamos para que subyuguemos reinos, obremos en justicia, y de ser necesario, cerremos bocas de leones. (Véase Hebreos 11:33). Deberíamos poder triunfar en cualquier circunstancia, no porque tenemos confianza en nosotros, sino porque nuestra confianza está solamente en Dios. Esas personas que están llenas de fe son las que entregan buenos reportes, nunca murmuran, están en un lugar de victoria, no están en un lugar de orden humano sino de orden divino, puesto que Dios ha llegado a habitar en ellos.

El Señor Jesús es el Autor Divino que cada vez trae a nuestras mentes el "Así dice el Señor". Debemos ver que la Palabra de Dios sea siempre una norma para todo.

Esta *"fe igualmente preciosa"* es para todos, pero puede que haya algunos obstáculos en su vida que Dios tiene que tratar con ellos. En un punto de mi vida, parecía que mucha presión había llegado a mi vida que era quebrantado como vasija de alfarero. No hay otro camino a las profundas cosas de Dios excepto por medio de un espíritu quebrantado. (Véase Salmo 51:17). No hay otro camino al poder de Dios. Dios hará por nosotros cosas mucho más abundantemente de lo que pedimos o pensamos (véase Efesios 3:20) cuando Él puede llevarnos al lugar donde podremos decir como Pablo, "Ya no vivo yo" (véase Gálatas 2:20), y el Otro, o sea Cristo, ha tomado las riendas y el control.

# 16 de febrero

No somos mejor que nuestra fe. El que cree que Jesús es el Hijo de Dios vence al mundo. (Véase 1 Juan 5:5). ¿Cómo? Este Jesús, sobre el cual su fe es colocada—el poder de su nombre, su personalidad, su vida, su justicia—es hecho suyo por medio de la fe. A medida que usted cree en Él, y, coloca su esperanza solamente en Él, usted será purificado al igual que Él es puro. Usted es fortalecido porque en Él es que su confianza es fuerte. Usted es hecho completo porque es en Él que su confianza es plena. Usted puede recibir su llenura, la indecible llenura de Cristo a medida que su fe descansa totalmente en Él.

Entiendo a Dios por medio de su Palabra. No puedo entender a Dios por medio de impresiones o sentimientos. No puede llegar a conocer a Dios por medio de sentimientos. Si he de conocer a Dios, voy a conocerlo por medio de su Palabra. Sé que iré al cielo, pero no puedo determinar por medio de mis sentimientos que he de ir al cielo. Voy al cielo porque la Palabra de Dios lo dice, y yo creo en la Palabra de Dios. Y *"la fe es por el oír, y el oír, por la palabra de Dios"* (Romanos 10:17).

**Pensamiento para hoy:** Cualquiera que sea su estimación por su habilidad, o por su justicia, usted no es mejor que su fe.

## 17 de febrero

# La verdadera obra de Dios

*Y por esto procuro tener siempre una conciencia sin ofensa ante Dios*
*y ante los hombres* (Hechos 24:16).

### Lectura de las Escrituras: 1 Corintios 2

Algo que puede obstaculizar a nuestra fe es una conciencia cauterizada. En contraste, existe una conciencia que está tan abierta a la presencia de Dios que lo más pequeño del mundo será guiado a Dios. Cuando llegamos a la presencia de Dios con consciencias claras y una fe genuina, nuestros corazones no nos condenan, entonces tenemos confianza en Dios (véase 1 Juan 3:21), "*y cualquiera cosa que pidiéremos la recibiremos de él*" (versículo 22).

El dorar la píldora no servirá. Debemos tener la realidad de la verdadera obra de nuestro Dios. Debemos conocer a Dios. Debemos ser capaces de ir y conversar con Dios. Debemos también conocer la mente de Dios para con nosotros, para que todas nuestras peticiones estén siempre alineadas con su voluntad.

A medida que esta "*fe igualmente preciosa*" (2 Pedro 1:1) llega a ser parte suya, ésta le hará atreverse a hacer cualquier cosa. Y, recuerde, Dios quiere seguidores con denuedo: personas que lo arriesguen todo, que sean fuertes en Él, y dispuestos a hacer hazañas. ¿Cómo alcanzaremos este lugar de fe? Entregue su mente. Deje ir sus pensamientos, y tome los pensamientos de Dios, la Palabra de Dios. Si usted se edificara sobre imaginaciones, usted se equivocará. Usted tiene la Palabra de Dios, y esa es suficiente.

Un hombre dio este asombroso testimonio concerniente a la Palabra: "Nunca compare este Libro con otros libros. Las comparaciones son peligrosas. Nunca piense o diga que este Libro contiene la Palabra de Dios. *Es* la Palabra de Dios. Es sobrenatural en origen, eterna en duración, indescriptible en valor, infinita en alcance, regenerativa en poder, infalible en autoridad, universal en interés, personal en aplicación, inspirada en totalidad. Léala. Escríbala. Ore con ella. Póngala por obra. Luego pásela a otra persona".

**Pensamiento para hoy:** Necesitamos una conciencia que no nos permita que algo llegue y se quede en nuestras vidas que pueda romper nuestra relación con Dios y destrozar nuestra fe en Él.

## 18 de febrero

# El poder de su nombre

*Por lo cual Dios también le exaltó hasta lo sumo, y le dio*
*un nombre que es sobre todo nombre, para que en el nombre*
*de Jesús se doble toda rodilla de los que están en los cielos,*
*y en la tierra, y debajo de la tierra* (Filipenses 2:9–10).

*Lectura de las Escrituras:* Filipenses 2:1–13

*H*ay poder para vencerlo todo en el mundo por medio del nombre de Jesús. *"Porque no hay otro nombre bajo el cielo, dado a los hombres, en que podamos ser salvos"* (Hechos 4:12).

Seis personas entraron a la casa del hombre enfermo para orar por él. Él era el líder de la iglesia Episcopal, y estaba postrado en cama totalmente impotente. Él tenía un tratado acerca de la sanidad y había escuchado de personas que oraban por los enfermos. De manera que, él llamó a algunos amigos, quienes, pensó él, podrían elevar *"la oración de fe"* (Santiago 5:15). Él fue ungido de acuerdo a Santiago 5:14, pero debido a que no tuvo una manifestación inmediata de su sanidad, él lloró amargamente. Las seis personas salieron de la habitación un tanto abatidas de ver que el hombre yacía ahí sin que su condición hubiera cambiado.

Una vez afuera, uno de los seis dijo, "Hay algo que debimos haber hecho. Desearía que todos entráramos y lo intentáramos de nuevo". Todos entraron de nuevo y se agruparon. Este hermano les dijo, "Susurremos el nombre de Jesús". Al comienzo, cuando susurraron ese valioso nombre, nada parecía haber sucedido. Pero a medida que continuaron susurrando "¡Jesús! ¡Jesús! ¡Jesús!", el poder comenzó a caer. Cuando vieron que Dios estaba comenzando a obrar, la fe y el gozo de ellos aumentaron, y ellos pronunciaban más y más en alto su nombre. A medida que lo hicieron, el hombre se levantó de su cama y se vistió. El secreto era este: Esas seis personas quitaron su mirada del hombre enfermo y la fijaron en el Señor Jesús. La fe de ellos se aferró al poder de su nombre. Oh, si las personas simplemente apreciaran el poder de su nombre, no podríamos decir lo que ocurriría.

*Pensamiento para hoy:* Por medio del nombre de Jesús, y, por medio del poder de su nombre, tenemos acceso directo a Dios.

# Resucitando a Lázaro, parte uno

*Jehová te pastoreará siempre* (Isaías 58:11).

*Lectura de las Escrituras:* Isaías 58:1–14

*U*n día mientras estaba en Gales, me fui a una montaña a orar. A medida que pasé el día con el Señor, su maravilloso poder parecía envolverme y saturarme.

Dos años antes de esto, dos jóvenes de Gales habían venido a nuestra casa. Ellos eran jovencitos ordinarios, pero tenían mucho celo por las cosas de Dios. Ellos llegaron a nuestra misión y vieron algunas de las obras de Dios. Ellos me dijeron, "No nos sorprendería si el Señor le ha traído a Gales para resucitar a Lázaro". Ellos me explicaron que el líder de su iglesia era un hombre que había pasado sus días trabajando en una mina de estaño, y sus noches predicando; el resultado fue que él colapsó y contrajo tuberculosis. Por cuatro años él había sido un inválido impotente, teniendo que ser alimentado por otros.

Mientras yo me encontraba en la cima de la montaña ese día, el Señor me dijo, "Quiero que vayas y resucites a Lázaro". Le dije al hermano que me había acompañado sobre esta palabra del Señor, y, cuando bajamos al valle, escribí una tarjeta postal. Ésta leía, "Cuando estaba en la montaña orando hoy, Dios me dijo que debía ir a resucitar a Lázaro". Cuando llegamos al lugar, nos fuimos donde el hombre a quien yo le había enviado la postal. Él me miró y preguntó, "¿Envió usted esto?". "Sí", contesté. Él dijo, "¿Usted piensa que nosotros creemos en esto? Tenga, llévesela". Y me tiró la tarjeta.

El hombre llamó a un empleado y le dijo, "Lleve a este hombre y muéstrele a Lázaro". Luego él me dijo a mí, "En el momento en que lo vea, usted estará listo para irse a casa. Nada le detendrá aquí". Todo lo que él dijo fue cierto, desde un punto de vista humano. El hombre estaba impotente. No era nada más que una masa de huesos con piel cubriéndolos. No había vida para ser vista. Todo en él hablaba de deterioro.

Le pregunté, "¿Gritaría usted? Recuerde que en Jericó el pueblo gritó mientras las paredes todavía estaban intactas. Dios tiene una victoria similar para usted, si tan sólo usted cree". Mas no podía lograr que él creyera. No había ni un átomo de fe ahí.

# 19 de febrero

Es de bendición aprender que la Palabra de Dios nunca falla. Usted no debe escuchar planes humanos. Dios puede obrar poderosamente cuando usted persiste en creer en Él a pesar del desánimo que venga del punto de vista humano. Cuando regresé al hombre a quien yo le había enviado la postal, me preguntó, "¿Está listo para irse ahora?". "Nada de lo que veo me mueve. Me mueve lo que creo. Yo sé esto: ningún hombre que cree se basa en las circunstancias o sus sentimientos. El hombre que cree en Dios recibe respuesta".

Había condiciones difíciles en esa villa de Welsh, y parecía imposible hacer que las personas creyeran. "¿Listo para irse a casa?", se me preguntó. Sin embargo, un hombre y una mujer nos pidieron llegar y quedarnos con ellos. Le dije a la gente, "Quiero saber cuánto de usted pueden orar". Nadie quería orar. Les pregunté si podía hallar a siete personas que oraran por la liberación de este pobre hombre. Les dije a las dos personas donde nos hospedábamos, "Cuento con ustedes dos, tenemos a mi amigo, y a mí. Necesitamos tres más". Le dije a la gente que yo esperaba que algunos de ellos despertaran al privilegio y llegaran la mañana siguiente para unirse en oración para levantar a Lázaro.

*Pensamiento para hoy:* No hay nada productivo en darle cabida a las opiniones humanas. Si Dios dice algo, usted tiene que creerlo.

91

# Resucitando a Lázaro, parte dos

*Jehová te pastoreará siempre* (Isaías 58:11).

*Lectura de las Escrituras:* Isaías 59:1–2, 16–21

*L*e dije a la gente que no comería esa noche. Cuando me fui a la cama, parecía como si el diablo intento poner en mí todo lo que había puesto en ese pobre hombre postrado en esa cama. Cuando desperté en medio de la noche, tenía tos y toda la debilidad de un hombre con tuberculosis. Salí rodando de la cama, caí en el suelo, y clamé a Dios que me librara del poder del diablo. Grité tanto como para despertar a todos en la casa, pero nadie fue perturbado. Dios dio la victoria, regresé a la cama tan libre como nunca antes lo había estado en mi vida. A las cinco en punto el Señor me despertó y dijo, "No comas sino hasta que comas conmigo en Mi mesa". A las seis Él me dio estas palabras: *"Y yo lo resucitaré"* (Juan 6:40). Codeé al que estaba durmiendo en la misma habitación que yo. Él dijo, "¡Ay!". Lo codeé de nuevo, y le dije, "¿Escuchaste eso? El Señor dice que Él lo resucitará".

A las ocho, ellos me dijeron, "Tenemos un pequeño refresco". Pero yo ya había encontrado que el ayuno y la oración eran de gran gozo, y siempre se sentirá así cuando usted sea guiado por Dios. Cuando llegamos a la casa, Lázaro vivía, había ocho de nosotros juntos. Nadie me puede comprobar que Dios no contesta las oraciones. Él siempre hace más que eso. Él nos da *"mucho más abundantemente de lo que pedimos o entendemos"* (Efesios 3:20).

Nunca olvidaré como cayó el poder de Dios sobre nosotros cuando fuimos a la habitación del hombre enfermo. A medida que hacíamos un círculo alrededor de la cama, le pedí a uno de los hermanos que tomara una las manos del enfermo, todos hicimos una cadena. Dije, "No vamos a orar; solamente vamos a usar el nombre de Jesús". Nos arrodillamos y susurramos una sola palabra, "¡Jesús! ¡Jesús! ¡Jesús!". El poder de Dios cayó y se fue. Cinco veces cayó el poder de Dios, para luego quedarse. Sin embargo, el hombre en la cama permanecía inmóvil. Dos años antes, alguien había tratado de levantarlo, y el diablo había usado su falta de éxito como medio para desanimar a Lázaro. Dije, "No me importa lo que el diablo diga. Si Dios dice que Él lo levantará a usted, así será hecho. Olvídese de todo lo demás excepto de lo que Dios dijo acerca de Jesús".

Seis veces cayó el poder, y los labios del hombre comenzaron a moverse, lágrimas comenzaron a rodar por sus mejillas. Le dije, "El poder de Dios está aquí; es suyo si así lo acepta". Él respondió, "He guardado amargura en mi corazón, y sé que he contristado al Espíritu de Dios. Aquí estoy impotente, no puedo ni levantar mis manos o llevarme una cuchara a la boca". Le dije, "Arrepiéntase, y Dios le escuchará". Él se arrepintió y clamó, "Oh Dios, permite que esto sea para tu gloria". Tan pronto dijo estas palabras, el poder del Señor lo envolvió.

Le he pedido al Señor que no me permita contar esta historia si no ocurrió tal cual, ya que me doy cuenta que Dios nunca bendice las exageraciones. Una vez más dijimos, "¡Jesús! ¡Jesús! ¡Jesús!", la cama y el hombre comenzaron a temblar. Les dije a todos los que estaban conmigo, "Pueden irse abajo ahora. Esto ya está en las manos de Dios. Yo no le voy a ayudar". Me senté a observar al hombre que se levantó y se vistió sólo. Cantamos una doxología mientras bajábamos las escaleras. Le dije, "Ahora cuente lo que le sucedió".

Pronto fue contado por todas partes que Lázaro había sido resucitado. Llegó gente de todos lados para verlo y escuchar su testimonio. Dios trajo salvación a muchos. Justo al aire libre, este hombre contó de lo que Dios había hecho, y, como resultado, muchos fueron convencidos y convertidos. Todo esto ocurrió por medio del nombre de Jesús, *"por la fe en su nombre"* (Hechos 3:16). Sí, la fe que viene de creer en Jesús le dio a este hombre una perfecta cordura en presencia de todos ellos.

**Pensamiento para hoy:** El Dios vivo nos ha escogido para recibir su herencia divina, y, es Él quien está preparándonos para nuestro ministerio, para que éste sea de Dios y no del hombre.

## 21 de febrero

# Un cojo es sanado

*No tengo plata ni oro, pero lo que tengo te doy; en el nombre de Jesucristo de Nazaret, levántate y anda* (Hechos 3:6).

*Lectura de las Escrituras:* Hechos 3:1–16

Pedro y Juan eran incapaces e iletrados. Ellos no tenían educación universitaria; solamente tenían entrenamiento de pesca. No obstante, ellos habían estado con Jesús. A ellos había llegado una maravillosa revelación del poder del nombre de Jesús. Ellos habían repartido el pan y los peces que Jesús multiplicó. Ellos se habían sentado a la mesa con Él, y Juan muchas veces había contemplado su rostro. Muchas veces Jesús tuvo que reprender a Pedro, pero Él había manifestado su amor todo el tiempo. Sí, Él amó a Pedro, el caprichoso. ¡Oh, Él es un Salvador amoroso! Yo he sido caprichoso y terco. En el pasado tuve un temperamento incontrolable, mas cuán paciente ha sido Él. Estoy aquí para decirle que hay poder en Jesús, y en su maravilloso nombre, para transformar a cualquier, para sanar a cualquiera.

Si tan sólo usted lo viera como el Cordero de Dios, como el amado Hijo de Dios, sobre el cual fue puesto *"el pecado de todos"* (Isaías 53:6). Si tan sólo usted viera que Jesús pagó todo el precio por nuestra redención para que nosotros fuéramos libres. Entonces, usted podría entrar a recibir su herencia de salvación, de vida, y de poder, herencia que fue comprada.

¡Pobres Pedro y Juan! Ellos no tenían dinero. No creo que haya tantos tan pobres como lo fueron Pedro y Juan. Pero ellos tenían fe; ellos tenían el poder del Espíritu Santo; ellos tenían a Dios. Usted puede tener a Dios aunque no tengan nada. Incluso si ha perdido su carácter, usted puede tener a Dios. He visto a peores hombres ser salvos por el poder de Dios.

*Pensamiento para hoy:* Él lo llevará a la nada, pero cuando usted está en la nada, usted tendrá poder. Él lo llevará a la debilidad, y, cuando usted es débil, Dios estará con usted con todo su poder. Todo lo que pareciera débil a la perspectiva humana estará bajo el control divino.

# 22 de febrero

# Cambiado por el poder de Jesús

*Trajeron a él muchos endemoniados; y con la palabra echo fuera*
*a los demonios, y sanó a todos los enfermos; para que se cumpliese*
*lo dicho por el profeta Isaías, cuando dijo: El mismo tomó nuestras*
*enfermedades, y llevó nuestras dolencias* (Mateo 8:16–17).

**Lectura de las Escrituras:** 2 Corintios 3

Me hallaba predicando un día acerca del nombre de Jesús, y había un hombre que estaba recostado en un poste de luz, escuchando. Él necesitaba del poste de luz para poder mantenerse en pie. Le pregunté, "¿Está enfermo?". Él me mostró su mano, y vi que dentro de su abrigo tenía una daga de plata. Me dijo que iba camino a asesinar a su esposa infiel, pero me había escuchado hablar acerca del poder del nombre de Jesús, y no pudo seguir su camino. Él dijo que se sentía impotente. Le dije, "Arrodíllese". Ahí en la plaza, con la gente pasando de arriba abajo, él fue salvo.

Lo llevé a mi casa y lo vestí con un traje nuevo. Vi algo en ese hombre que Dios podría usar. La mañana siguiente él me dijo, "Dios me ha revelado a Jesús. Veo que todo ha sido entregado a Jesús". Le presté dinero, y pronto pudimos comprar una pequeña casita. Su esposa infiel todavía vivía con otro hombre, pero él la invitó a vivir en la casa que él había preparado para ella. Ella vino. Donde antes había enemistad y odio, la situación entera fue transformada con amor. Dios hizo de este hombre un ministro dondequiera que iba. En todo lugar hay poder en el nombre de Jesús. Dios puede "*salvar perpetuamente*" (Hebreos 7:25).

Otra sanidad milagrosa tomó lugar en Estocolmo. Había ahí un lugar para los incurables, y uno de los pacientes fue traído a la reunión. Él tenía parálisis y temblaba por todos lados. Frente a tres mil personas, él vino a la plataforma, apoyado por otros dos. El poder de Dios cayó sobre él, yo lo ungí en el nombre de Jesús. En el momento en que lo toqué, él botó la muleta y comenzó a caminar en el nombre de Jesús. Él caminó alrededor de ese gran edificio en plena vista de toda esa gente.

**Pensamiento para hoy:** No hay nada que nuestro Dios no pueda hacer. Él hará todo si usted se atreve a creer.

## 23 de febrero

# Venga a Jesús

*Quiero; sé limpio* (Mateo 8:3).

*Lectura de las Escrituras:* Marcos 1:28–45

*H*oy en día hay tantas personas necesitadas y afligidas, aun así, no creo que la mayoría de ellos está ni la mitad de mal como lo estaba este primer caso que leemos en Mateo 8. Este hombre era un leproso. Puede que usted sufra de tuberculosis, cáncer u otras cosas, pero Dios mostrará su sanidad perfecta, y si usted tiene una fe viva en Cristo. Él es un Cristo maravilloso.

Puede que a este leproso se le haya dicho acerca de Jesús. No se sabe tanto porque las personas no están constantemente recordando lo que Jesús hará en nuestros días. Probablemente alguien se le había acercado a ese leproso y le dijo, "Jesús puede sanarte". Así que él fue lleno de expectativa al ver al Señor bajando de la montaña. A los leprosos no se les permitía acercarse a la gente; ellos debían gritar que eran inmundos. Comúnmente, hubiera sido muy difícil para él acercarse, pues había multitud rodeando a Jesús. Sin embargo, al bajar Jesús de la montaña, Él recibió al leproso; Él vino al leproso.

Humanamente hablando, no había esperanza para él; no obstante, nada es tan difícil para Jesús. El hombre clamó, "*Señor, si quieres, puedes limpiarme*" (Mateo 8:2) ¿Estaba dispuesto Jesús? Usted encontrará que Él siempre está más dispuesto a obrar de lo que nosotros estamos dispuestos a darle a Él una oportunidad para obrar. El problema es que no llegamos a Él; no le pedimos a Él, pero Él está muy dispuesto a dar.

Si usted está definitivamente con Él, usted nunca se irá desilusionado. La vida divina fluirá en usted e instantáneamente usted será libertado. Jesús es el mismo hoy, y, le dice a usted, "*Quiero; sé limpio*". Él tiene una copa rebosante para usted, una llenura de vida. Él lo encontrará cuando usted se sienta absolutamente impotente. Todo es posible, si usted solamente cree. (Véase Marcos 9:23). Dios tiene un plan real. Es muy simple: Venga a Jesús. Usted lo hallará a Él de la misma manera en que Él fue hallado en los tiempos antiguos. (Véase Hebreos 13:8).

**Pensamiento para hoy:** Usted nunca verá a Jesús dejar pasar una oportunidad para hacer bien.

## 24 de febrero

# El poder de las palabras de Jesús

*Solamente dí la palabra, y mi criado sanará* (Mateo 8:8).

*Lectura de las Escrituras:* Mateo 8:5–13

Un centurión vino a Jesús suplicando a favor de su siervo, quien estaba paralizado, y espantosamente atormentado. Este oficial romano fue tan ferviente que vino buscando a Jesús. Nótese esta certeza: no hay tal cosa como el buscar sin hallar. *"El que busca, halla"* (Mateo 7:8). Escuche las bondadosas palabras de Jesús: *"Yo iré y le sanaré"* (Mateo 8:7).

En la mayoría de lugares donde voy, hay muchas personas por las que no puedo orar. En algunos lugares hay doscientas o trescientas personas a las que les gustarían que yo los visitara, pero no puedo hacerlo. Con todo, me gozo de que el Señor Jesús siempre está dispuesto a ir y a sanar. Él ansía ayudar a los enfermos. A Él le encanta sanarlos de sus aflicciones. El Señor está sanando a muchas personas hoy por medio de pañuelos, al igual que lo hizo en los días de Pablo. (Véase Hechos 19:11–12).

En la ciudad de Liverpool, una mujer vino a mí diciendo, "Me gustaría que me ayudara a unirse conmigo en oración. Mi esposo es un borracho, y todas las noches llega a casa bajo la influencia del alcohol. ¿Se uniría a mí en oración?". Le pregunté a la mujer, "¿Tiene usted un pañuelo?". Ella sacó un pañuelo, impuse manos en él, y le dije que lo colocara en la almohada de su esposo. Él colocó su cabeza en más que un pañuelo esa noche, pues descansó su cabeza en la promesa de Dios. En Marcos 11:24, leemos, *"Todo lo que pidiereis orando, creed que lo recibiréis, y os vendrá"*.

La mañana siguiente el hombre se levantó, y, al pasar por un bar que quedaba camino a su trabajo, ordenó una cerveza. Él la probó y le dijo al camarero de la barra, "Usted puso veneno en esta cerveza". No pudiendo tomarla, siguió hacia el siguiente bar para ordenar más cerveza. Él la probó y le dijo al hombre detrás del mostrador, "Usted puso veneno en esta cerveza. Creo que ustedes se confabularon para envenenarme". El camarero de la barra estaba indignado por la acusación de ese crimen. El hombre le dijo, "Me iré a otra parte".

# 24 de febrero

Se fue a otro bar, y lo mismo ocurrió que en los otros dos bares. Hizo tanto escándalo que fue sacado del lugar.

Después de salir del trabajo esa noche, él fue a otro bar buscando cerveza, y nuevamente pensó que el camarero de la barra estaba tratando de envenenarlo. Él hizo tanto escándalo que también fue sacado de ese lugar. Se fue a casa y le contó a su esposa lo que había pasado; también le dijo, "Al parecer todos se pusieron de acuerdo para envenenarme". Su esposa le dijo, "¿No puedes ver la mano del Señor en esto, que Él está haciendo que no te guste eso que ha sido tu ruina?". Esas palabras trajeron convicción al corazón de ese hombre; él vino a la reunión fue salvo. El Señor todavía tiene poder para libertar a los cautivos.

Jesús estaba dispuesto a ir y sanar al siervo enfermo, pero el centurión le dijo, "*Señor, no soy digno de que entres bajo mi techo; solamente dí la palabra, y mi criado sanará*" (Mateo 8:8). Jesús se deleitó con esta expresión de fe, tanto que "*dijo al centurión: Vé, y como creíste, te sea hecho. Y su criado fue sanado en aquella misma hora*" (versículo 13).

Jesús es el mismo en toda ocasión. Él está esperando una oportunidad para bendecir. Él está listo para cuando se presente la oportunidad libertar las almas. Cuando recibimos a Jesús, el siguiente versículo se vuelve realidad en nosotros: "*Mayor es el que está en* [nosotros], *que el que está en el mundo*" (1 Juan 4:4). Él es mayor que todos los poderes de las tinieblas. Nadie puede enfrentarse al diablo en su propia fuerza, mas todo el que está lleno del conocimiento de Jesús, lleno de su presencia, lleno de su poder, es más que contrincante para los poderes de la oscuridad. Dios nos ha llamado a ser "*más que vencedores por medio de aquel que nos amó*" (Romanos 8:37).

**Pensamiento para hoy:** La Palabra viva es capaz de destruir las fuerzas satánicas. Hay poder en las palabras de Jesús.

# Una nueva fe

*¿Dónde está vuestra fe?* (Lucas 8:25).

*Lectura de las Escrituras:* Lucas 8:22–39

*P*ablo habló a dos clases de cristianos, al obediente y al desobediente. El obediente siempre obedece a Dios desde el primer momento que Él habla. Es a estas personas que Dios usará para que el mundo Le conozca.

Usted no debe hablar de cosas que nunca ha experimentado. Dios tiene un proceso de adiestramiento para nosotros. Usted no puede llevar a las personas a las profundidades de Dios a menos que usted mismo haya sido quebrantado. Yo he sido quebrantado uno y otra vez. Alabado sea Dios porque *"Cercano está Jehová los quebrantados de corazón"* (Salmo 34:18). Usted debe ser quebrantado para poder entrar en las profundidades de Dios.

Hay un descanso en la fe que descansa en la confianza en Dios. Las promesas de Dios nunca fallan. *"La fe s por el oír, y el oír, por la palabra de Dios"* (Romanos 10:17). La Palabra de Dios nunca se da por vencida, y nunca falla. Nosotros fallamos en darnos cuenta de lo extenso que es el suministro del Padre. Se nos olvida que Él tiene un suministro que no puede agotarse. A Él le place cuando pedimos mucho. *"Pues si vosotros, siendo malos, sabéis dar buenas dádivas a vuestros hijos, ¿cuánto más vuestro Padre que está en los cielos dará buenas cosas a los que le pidan?"* (Mateo 7:11). Es el *"cuánto más"* que el Señor me muestra.

Existen ocasiones cuando pareciera que solamente se nos presentan paredes de piedra. Otras veces no hay sentimiento, cuando todo parece tan negro como la media noche, y no queda nada más que confiar en Dios. Lo que usted debe hacer es tener devoción y confianza para creer que Él no le fallará, y no le puede fallar. Hay algo mil veces mejor que los sentimientos, eso es la ponderosa Palabra de Dios. Una revelación divina llegó dentro de usted cuando fue nacido de lo Alto, esa es una fe real. Ser nacido en el nuevo Reino es ser nacido en una nueva fe.

**Pensamiento para hoy:** Si Dios definitivamente le dice que haga algo, hágalo, pero asegúrese que es Dios el que se lo dice.

## 26 de febrero

# ¿En qué se enfoca usted?

*Y la oración de fe salvará al enfermo,*
*y el Señor lo levantará* (Santiago 5:15).

*Lectura de las Escrituras:* Santiago 5:13–20

*U*n ministro bautista vino a mí y dijo, Él doctor dice que este es el último día de la vida de mi esposa Le dije, "Ay, hermano Clark, ¿por qué no cree en Dios? Dios puede levantarla, si usted solamente cree en Él". "Lo he estado observando cuando usted habla. He llorado y he dicho, 'Padre, si tú me dieras esa confianza, yo sería tan feliz", respondió. Entonces, yo le pregunté, "¿Puede usted confiar en Dios?". Yo sentía que el Señor podía sanarla.

Envié a buscar por cierto varón, pidiéndole que viniera conmigo para orar por esta moribunda, creí que si dos de nosotros íbamos y la ungíamos de acuerdo con Santiago 5:14–15, ella sería sanada. Este hombre dijo, "Oh, ¿por qué vienes a mí? Yo no creo, aunque sí creo que el Señor seguramente la sanaría si usted va".

Luego le pedí a otro hombre que viniera conmigo. Este hombre podía orar por horas. Cuando él estaba sobre sus rodillas, podía viajar por el mundo tres veces y regresar al mismo lugar. Le dije que cualquiera que fuera su impresión, que se asegurara de ir y orar fervientemente. Entramos en la casa. Le pedí al hombre que orara primero. Él oró en su desesperación, y, oró para que el esposo fuera consolado después que esos niños quedaran huérfanos, y que él fuera fortalecido para soportar su pena. Yo ya quería que él terminara; todo mi ser se estremeció. Pensé, "Qué horrible cosa es orar por este hombre con este tipo de oración. ¿Qué le pasó?". Él estaba viendo a la mujer moribunda en vez de ver a Dios. El Señor quiere ayudarnos para que aprendamos ahora mismo esta verdad y enfoquemos nuestros ojos en Él.

Cuando este hombre terminó, le dije al hermano Clark, "Ahora usted, ore". Él siguió el hilo de la oración del otro hombre, y continuó con el mismo tipo de oración. Él se fue tan abajo de la carga que pensé que nunca iba a salir de ahí. Yo me sentí aliviado cuando él terminó; ya no lo aguantaba. Esas oraciones parecían estar totalmente fuera de lugar; toda la atmósfera estaba cargada de incredulidad. Mi alma se estremeció. Yo

100

estaba ansioso por que Dios tuviera la oportunidad de hacer a su manera. No me apuré a orar, sino que me apuré a llegar hasta la cama, casi derramé todo el contenido de la botella de aceite ungido sobre la mujer. Fue entonces que vi a Jesús, justo arriba de la cama, con la más dulce sonrisa en su rostro, y le dije a la mujer, "Mujer, Jesucristo te hace nueva". La mujer se levantó, perfectamente sanada, y todavía hoy en día es una mujer fuerte.

Oh, amado, que Dios nos ayude a quitar los ojos de las condiciones y los síntomas, no importa cuán malas estas sean. Que Dios nos ayude a fijar nuestros ojos en Él. Entonces podremos elevar "*la oración de fe*".

**Pensamiento para hoy:** Usted nunca podrá elevar "*la oración de fe*" si ve a la persona que la necesita; existe un sólo lugar donde debemos ver, ese es Jesús.

## 27 de febrero

# El propósito del poder

*Y fueron todos llenos del Espíritu Santo, y comenzaron*
*a hablar en otras lenguas, según el Espíritu*
*les daba que hablasen* (Hechos 2:4).

*Lectura de las Escrituras:* Hechos 1:4–14; 2:1–4

Antes de que Jesús se fuera al cielo, Él le dijo a sus discípulos que ellos recibirían el poder del Espíritu Santo. (Véase Hechos 1:8). Por ende, por medio de ellos, su bondadoso ministerio continuaría. Este poder del Espíritu Santo no era sólo para unos cuantos apóstoles, sino también para los que estaban lejos (véase Hechos 2:39), incluso los que estaban lejos en el pasar de este siglo. Alguien podrá preguntar, "¿No era este poder solamente para unos cuantos privilegiados del siglo primero?". No. Lea la Gran Comisión del Maestro relatada en Marcos 16:15–18, y usted verá que es para los que creen.

Después de haber recibido el bautismo con el Espíritu Santo, pensé como en la mente del Señor por qué yo había sido bautizado. Un día al llegar a casa del trabajo mi esposa me preguntó, "¿Por dónde entraste?". Le contesté que había entrado por la puerta trasera. Ella dijo, "Hay una mujer arriba, ella trajo a un hombre de ochenta años para que oráramos por él. Ese hombre está delirando, y una muchedumbre se amontonado en la puerta del frente, tocando el timbre, y queriendo saber qué está pasando en la casa". El Señor suavemente susurró, "Para esto es que te bauticé".

Cuidadosamente abrí la puerta de la habitación donde estaba el hombre, deseando ser obediente a lo que el Señor me dijera. El hombre estaba llorando y gritando en angustia, "¡Estoy perdido! ¡Estoy perdido! He cometido un pecado imperdonable. ¡Estoy perdido!". Mi esposa me preguntó, "Smith, ¿qué debemos hacer?". El Espíritu del Señor me movió a reprender, diciendo, "Sal fuera, espíritu de la mentira". En un momento el espíritu maligno salió, y el hombre fue libertado. Dios da libertad a los cautivos. Y el Señor me dijo, "Para esto es que te bauticé". Hay un lugar donde Dios, por medio del poder del Espíritu Santo, reina supremo en nuestras vidas. El Espíritu revela, descubre, y toma las cosas de Cristo para mostrárnoslas a nosotros. (Véase Juan 16:14).

*Pensamiento para hoy:* El Espíritu Santo nos prepara para ser más que contrincantes de las fuerzas satánicas.

## 28 de febrero

# La obra de Cristo continúa

*Tu salvación se dejará ver pronto* (Isaías 58:8).

*Lectura de las Escrituras:* Jeremías 33:3–16

El ministerio de Cristo no terminó en la cruz. Nuestro bendito Señor Jesús todavía está vivo y continúa su ministerio por medio de aquellos que han sido llenos de su Espíritu. Él todavía sana a los quebrantados y liberta a los cautivos por medio de aquellos a los que Él coloca su Espíritu.

Viajaba en tren por Suecia. En una estación, una anciana abordó con su hija. La expresión de la anciana era tan atribulada que le tuve que preguntar qué le pasaba. Escuché que ella iba al hospital para que le amputaran una de sus piernas. Ella comenzó a llorar mientras me contaba que los doctores le habían dicho que no había esperanza para ella excepto amputándole la pierna. Le dije a mi intérprete, "Dígale que Jesús puede sanarla". El mismo instante en que estas palabras le fueron dichas, fue como si un velo le fue quitado de su rostro. Paramos en otra estación, y el tren se llenó con gente. Un grupo grande de hombres se apuró a abordar el tren, y el diablo dijo, "Estás acabado". Mas yo sabía que yo tenía lo mejor de la situación. Las cosas difíciles son siempre oportunidades para ganar más gloria para el Señor a medida que Él manifiesta su poder.

Toda prueba es una bendición. Ha habido ocasiones en las que he estado tan presionado por las circunstancias que parecía como si una docena de aplanadoras pasaran sobre mí, pero tenemos a un Jesús tan amoroso. Él siempre se prueba a sí mismo como el gran Libertador. Él nunca falla en planificar lo mejor para nosotros.

A medida que el tren comenzó a andar, yo me agaché en el nombre del mismo Jesús que ordenó a la enfermedad salir. La anciana gritó, "¡Estoy sana! ¡Sé que estoy sana!". Ella se apoyó en su pierna y dijo, "Lo voy a comprobar". Entonces, cuando paramos en otra estación, ella marchó de arriba abajo, gritando, "No voy al hospital". Una vez más nuestro maravilloso Jesús se probó a sí mismo como el Sanador de los quebrantados, y el Libertador de los que están atados.

**Pensamiento para hoy:** Las circunstancias más difíciles con apenas lugares para elevarse y entrar en la gracia de Dios.

## 29 de febrero

# ¿Está alguno enfermo?

*Trajeron a él muchos endemoniados; y con la palabra echo fuera a los demonios, y sanó a todos los enfermos; para que se cumpliese lo dicho por el profeta Isaías, cuando dijo: El mismo tomó nuestras enfermedades, y llevó nuestras dolencias* (Mateo 8:16–17).

**Lectura de las Escrituras:** Mateo 25:14–46

Está alguno enfermo en este lugar?" Eso es lo que yo pregunto cuando entro en alguna habitación de enfermos. ¿Por qué? Le contaré una historia que servirá de explicación.

Mi hija es misionera en el África. Me interesa ayudar financieramente a los misioneros en África y en todas partes. Amo la obra misionera.

Tuvimos a una misionera en China, que por alguna razón u otra contrajo reumatismo. No tengo ninguna palabra para el reumatismo; reumatismo, cáncer, tumores, lumbago, neuralgia—todas estas cosas tienen un sólo nombre: el poder del diablo operando en la humanidad. Todas esas cosas pueden ser removidas.

Cuando Jesús fue a la casa de Pedro, donde su madre yacía enferma, ¿qué hizo Él? ¿La cubrió con una cobija y puso agua caliente en sus pies? Si Él no lo hizo así, ¿por qué no? Porque Él sabía que los demonios tenía todo el fuego del infierno en ellos. Él hizo lo correcto: Él reprendió la fiebre, y ésta salió. (Véase Lucas 4:38–39). Nosotros también debemos hacer lo correcto con esas enfermedades.

Esta misionera llegó a casa en Belfast desde China, enfurecida contra Dios, enfurecida contra todo. Ella estaba totalmente fuera del plan de Dios.

Mientras estaba en Belfast, Dios permitió que ella se cayera de las escaleras y se dislocara la columna. Otros tenían que levantarla y llevarla a su cama. Dios permitió eso.

Un día, mientras yo andaba visitando a los enfermos, ella me pidió que fuera a verla. Cuando fui a su habitación, la miré y dije, "¿Está alguien enfermo en esta habitación?". No hubo respuesta. "Bien", dije, "esperaremos hasta que alguien responda".

Después de un rato, ella dijo, "Sí, estoy enferma". Repliqué, "Bueno, entonces hemos encontrado a una. Usted está en la habitación. Ahora, la Palabra de Dios dice que cuando usted está enferma usted debe orar. Cuando usted ore, yo la ungiré y oraré por usted, no antes".

Le tomó a ella casi un cuarto de hora para ceder, el diablo tenía tal posesión de ella. Pero, gracias a Dios, ella cedió. Después ella lloró y lloró, y, por medio del poder de Dios su cuerpo fue libertado, ella quedó libre. Esto ocurrió hasta que ella se arrepintió no antes.

¡Oh, lo que sucedería si todos nos arrepintiéramos! ¡Qué bendición sería! La gloria caería. Necesitamos ver que Dios quiere que seamos bendecidos, pero primero que todo, Él quiere que estemos listos para recibir la bendición.

Dios quiere que tengamos una fe viva; Él quiere que poseamos un toque vital, que estremezcamos el fundamento de todas las debilidades. Cuando usted es salvo, usted es salvo en el momento en que creyó, y será sanado en el momento en que crea. Si usted cree, usted podrá ser sanado. Dios quiere que usted crea hoy; Dios quiere que usted reciba la ayuda hoy.

**Pensamiento para hoy:** La Palabra de Dios puede hacer que ocurran cosas hoy tal como lo hizo en el pasado.

## 1 de marzo

# Mi propia sanidad extraordinaria

*Para los hombres esto es imposible;*
*mas para Dios todo es posible* (Mateo 19:26).

*Lectura de las Escrituras:* Salmo 77

*E*n algún momento estuve tan atado que ningún poder humano podía ayudarme. Mi esposa hasta creyó que yo moriría. En ese entonces, apenas sí tenías una pequeña idea de Jesús como el Sanador. Por seis meses sufrí de apendicitis, ocasionalmente recibía alivio temporal. Fui a la misión de la cual yo era Pastor, pero caí al piso en terrible agonía, y fui traído a casa derecho a mi cama. Toda la noche oré, suplicando por liberación, pero ésta no llegó. Mi esposa envió por un médico. Él dijo que no había posibilidad de que yo sobreviviera—mi cuerpo estaba demasiado débil. Habiendo tenido apendicitis por seis meses, todo mi sistema estaba drenado. Debido a eso, él pensó que era demasiado tarde para una operación. Él dejó a mi esposa en estado de quebrantamiento.

Después que él se fue, un joven y una anciana llegaron a nuestra puerta. Yo sabía que la anciana era mujer de oración. Ellos subieron hasta mi habitación. Este joven saltó sobre la cama y le ordenó a los espíritus malignos que salieran de mí. Él gritó, "¡Sal fuera, diablo! ¡Te ordeno que salgas en el nombre de Jesús!". No hubo oportunidad para que yo le dijera que yo nunca creería que había un demonio en mí. Esa cosa tenía que salir, y salió. Fui instantáneamente sanado.

Me levanté, me vestí, y fui abajo. Yo todavía estaba en el negocio de plomería, y le pregunté a mi esposa, "¿Ha llegado trabajo? Estoy bien, me voy a trabajar". Supe que había trabajo que hacer; así es que, recogí mis herramientas y salí. Tan pronto yo salí llegó el médico, puso su sombrero en el pasillo, se encaminó a mi habitación. Pero el inválido ya no estaba ahí. "¿Dónde está el señor Wigglesworth?", preguntó. "Oh, doctor, él se ha ido a trabajar", le dijo mi esposa. "No lo verá vivo nunca más", dijo el doctor; "se lo traerán hecho cadáver".

Bueno, Dios no estaba listo para que fuera un cadáver. Desde ese día, el Señor me ha dado el privilegio de orar por las personas con apendicitis en muchas partes del mundo, he visto a cualquier cantidad de personas levantarse y vestirse en menos de un cuarto de hora desde el momento en

# 1 de marzo

que oré por ellos. Servimos a un Cristo vivo que está dispuesto a tocar a las personas en todo lugar.

Nuestro Dios es real, y Él tiene poder salvador y sanador hoy. Jesús es *"el mismo ayer, y hoy, y por los siglos"* (Hebreos 13:8). Él salva y sana hoy tal como lo hizo en el pasado, y Él quiere ser su Salvador y su Sanador.

¡Oh, si usted solamente creyera en Dios! ¿Qué pasaría? Las más grandes cosas. Algunas personas nunca han probado la gracia de Dios, nunca han probado la paz de Dios. La incredulidad les roba estas bendiciones. Es posible oír y no percibir la verdad. Es posible leer la Palabra y no compartir la vida que ésta brinda. Es necesario que nosotros tengamos el Espíritu Santo para descubrir la Palabra y que recibamos la vida que está en Cristo. No podremos nunca entender completamente las maravillas de esta redención sino hasta que seamos llenos del Espíritu Santo.

*Pensamiento para hoy:* Si Satanás fuera todopoderoso, todos tendríamos que temblar de miedo. Mas cuando sabemos que Satanás está sujeto a los poderes de Dios en todo, podemos ser más que vencedores en toda situación.

## 2 de marzo

# Recuerde la bondad de Dios

*Reconócelo en todos tus caminos,*
*él enderezará tus veredas* (Proverbios 3:6).

**Lectura de las Escrituras:** Proverbios 3:1–26

*D*espués que Jesús salió de la presencia de los fariseos, Él dijo a sus discípulos, *"Mirad, guardaos de la levadura de los fariseos y de los saduceos"* (Mateo 16:6). Los discípulos comenzaron a discutir entre sí acerca de esta advertencia, y todo lo que pudieron pensar es que aquéllos no habían traído pan. ¿Qué iban a hacer? Entonces Jesús pronunció estas palabras: *"Hombres de poca fe"* (versículo 8). Él había estado con ellos por algún tiempo, todavía ellos le decepcionaban por su falta de entendimiento y de fe. Ellos no podía asimilar la profunda verdad espiritual que Él les estaba presentando, y solamente podían pensar en haber traído pan. Entonces Jesús les dijo,

> *Hombres de poca fe...¿No entendéis aún, ni os acordáis de los cinco panes entre cinco mil hombres, y cuántas cestas recogisteis? ¿Ni de los siete panes entre cuatro mil, y cuántas canastas recogisteis?*                    (Mateo 16:8–10)

¿Se recuerdan ustedes de lo bondadoso que ha sido Dios en el pasado? Dios ha hecho cosas maravillosas por todos nosotros. Si mantenemos eso en nuestras mentes, seremos fortalecidos *"en [nuestra] fe"* (Romanos 4:20). Podremos desafiar a Satanás en todo. Recuerde que el Señor nos ha guiado por todo el camino. Cuando Josué pasó por el Jordán en tierra seca, él le dijo al pueblo que escogieran doce piedras y las colocaran en Gilgal. Éstas debían servir como recordatorio constante de que los hijos de Israel pasaron por el Jordán en tierra seca. (Véase Josué 4:20–24). ¿Cuántas veces Jesús mostró a sus discípulos la grandeza de su poder? Con todo, la fe de ellos falló en ese preciso momento.

**Pensamiento para hoy:** La diferencia entre aquellos que son guiados por el Espíritu Santo y los que son engañados por Satanás es el gozo, la alegría, y una expresión calma en vez de tristeza, pena y depresión.

# 3 de marzo

# Lección recibida de un pez

*Sin embargo, para no ofenderles, ve al mar, y echa el anzuelo, y el primer pez que saques, tómalo, y al abrirle la boca, hallarás un estatero; tómalo, y dáselo por mí y por ti* (Mateo 17:27).

*Lectura de las Escrituras:* Mateo 17:24–27; Marcos 11:22–24

Pedro había estado en el negocio de la pesca toda su vida, pero nunca había pescado a un pez que tuviera plata en su boca. No obstante, el Maestro no quiere que lo razonemos todo, ya que el razonamiento carnal siempre nos deja en una ciénaga de incredulidad. Él quiere que simplemente obedezcamos. "Esto es trabajo duro", debió haber dicho Pedro poniendo la carnada en el anzuelo, "pero como tú me lo dices, lo intentaré". Y así tiró la red al mar. Hay millones de peces en el mar, pero todos los peces debieron hacerse a un lado y permitir que ese pez con dinero en su boca mordiera el anzuelo.

¿Acaso no ve usted que las palabras del Maestro son instrucciones de fe? Es imposible que no ocurra nada de lo que Jesús dice. Todas sus palabras son espíritu y vida. (Véase Juan 6:63). Si tan sólo usted tuviera fe en Él, se daría cuenta que toda palabra que Dios da es vida. Usted no puede estar en contacto cercano con Él y recibir su Palabra en simple fe, sin sentir el efecto en su cuerpo, como también en su espíritu y en su alma.

En Cardiff, Gales, una mujer se me acercó llena de úlceras. Debido a este problema, ella se había caído dos veces ya mientras caminaba por las calles. Cuando ella llegó a la reunión, parecía como si el poder maligno dentro de ella llevaba el propósito de matarla en ese momento. Ella se cayó, y el poder del diablo la estaba atacando severamente. No solamente estaba impotente, sino que parecía que había muerte. Yo clamé, "Oh, Dios ayuda a esta mujer". Luego, en el nombre de Jesús, reprendí el poder del maligno e instantáneamente el Señor la sanó. Ella se levantó e hizo tremendo espectáculo. Ella sintió el poder de Dios en su cuerpo y quería testificar continuamente. Después de tres días, ella fue a otro lugar y comenzó a testificar sobre el poder del Señor para sanar. Ella se me acercó y dijo, "Quiero decirle a todo el mundo acerca del poder sanador del Señor. ¿Tiene usted tratados que hablen sobre esto?". Le di mi Biblia, y le dije, "Mateo, Marcos, Lucas y Juan—esos son los mejores tratados sobre la sanidad. Ellos están llenos de incidentes del poder sanador de Jesús.

# 3 de marzo

Ellos nunca fallarán en cumplir con la obra de Dios si la gente solamente leyera y creyera".

Es ahí donde el hombre falla. La falta de fe se da por no alimentarse con la Palabra de Dios. Usted la necesita cada día. ¿Cómo puede entrar en la vida de la fe? Aliméntese del Cristo vivo del cual esta Palabra está llena. A medida que usted es llevado a este glorioso hecho y a la gloriosa presencia del Cristo vivo, la fe de Dios surgirá en usted. *"Así que la fe es por el oír, y el oír, por la palabra de Dios"* (Romanos 10:17).

*"El que en mí cree"* (Juan 14:12)—la esencia de la vida divina está en nosotros por fe. A aquel que cree, le será hecho. Llegamos a ser sobrenaturales por medio del poder de Dios. Si usted cree, el poder del enemigo no puede permanecer, ya que la Palabra de Dios está en su contra. Jesús nos da su palabra para volverla en una fe eficaz. Si usted puede creer en su corazón, usted comienza a pronunciar lo que desea, y lo que usted se atreva a decir será hecho. Usted tendrá lo que usted pidió creyendo en su corazón. (Véase Marcos 11:23–24).

*Pensamiento para hoy:* Atrévase a creer, y, atrévase a hablar, pues usted tundra lo que usted diga si usted no duda.

## 4 de marzo

# Demostraciones del poder de Dios

*Y sobre esta roca edificaré mi iglesia; y las puertas*
*del Hades no prevalecerán contra ella* (Mateo 16:18).

*Lectura de las Escrituras:* Mateo 16:5–26

*D*ios se complace cuando nos mantenemos firmes en la Roca, y creemos que Él es inmutable. Si usted se atreve a creer en Dios, usted puede desafiar todos los poderes del mal. Ha habido ocasiones en mi vida en las que me he atrevido a creer en Él, y he tenido las más maravillosas experiencias.

Un día viajaba por tren, y en uno de los vagones había dos personas que estaban enfermas, una madre y su hija. Les dije, "Miren, tengo algo en este maletín que puede sanar todos los casos de este mundo. Nunca ha fallado". Ellas se interesaron mucho y continué diciéndoles acerca de este remedio que nunca ha fallado en remover enfermedades y dolencias. Al final se animaron a pedir una dosis. Entonces abrí mi maletín, saqué mi Biblia, y les leí el versículo que dice, *"Yo soy Jehová tu sanador"* (Éxodo 15:26).

La Palabra de Dios nunca falla. Él siempre le sanará, si usted se atreve a creer en Él. Hoy en día, el hombre está buscando por todos lados cosas que lo pueda sanar e ignoran el hecho de que el Bálsamo de Galaad está muy al alcance. A medida que hablaba sobre este maravilloso Médico, la fe de madre e hija aumentó, y Él las sanó a ambas ahí mismo en el tren.

Dios ha hecho su Palabra tan preciada que si no pudiera obtener ninguna otra copia, yo no dejaría mi Biblia por nada en el mundo. Hay vida en la Palabra. Hay poder en ella. Yo encuentro a Cristo en ella, y Él es aquel a quien yo necesito en mi espíritu, alma y cuerpo. Ella me dice del poder de su nombre, y del poder de su sangre para limpiar. *"Los leoncillos necesitan, y tienen hambre; pero los que buscan a Jehová no tendrán falta de ningún bien"* (Salmo 34:10).

En cierta ocasión, un hombre se me acercó, trayendo a su esposa. Le pregunté, "¿Cuál es el problema?". Ella contestó, "Él encuentra empleo, pero siempre falla. Él es esclavo del alcohol y la nicotina. Él es un hombre listo e inteligente en muchas áreas, pero tiene la atadura de estas dos cosas". Me acordé de las palabras del Maestro, dándonos poder para atar

# 4 de marzo

y desatar (véase Mateo 16:19) y le dije a él que sacara su lengua. En el nombre del Señor Jesucristo, eché fuera los poderes malignos que le dieron el sabor para estas cosas. Le dije, "Hombre, eres libre hoy". Él no era salvo, pero cuando se dio cuenta del poder del Señor para libertarlo, él comenzó a llegar a los servicios, públicamente reconoció que era pecador, y fue salvo y bautizado. Días después le pregunté, "¿Cómo van las cosas con usted?". Él respondió, "Soy libre". Dios nos da el poder para atar y el poder para desatar.

Otra persona vino y dijo, "¿Qué puede hacer usted por mí?". He tenido dieciséis operaciones y me quitaron los tímpanos". Le dije, "Dios no se ha olvidado de cómo hacer tímpanos". Ella estaba tan sorda que creo que no hubiera podido oír un cañón. La ungí y oré, pidiéndole al Señor que reemplazara sus tímpanos. Pero ella permaneció tan sorda como era posible. Sin embargo, ella vio a otras personas ser sanadas y regocijarse. "*¿Ha olvidado Dios el tener misericordia?*" (Salmo 77:9) ¿No era su poder el mismo? Ella llegó la siguiente noche y dijo, "He venido a creer en Dios esta noche". Cuide de no llegar de ninguna otra forma. Yo oré por ella nuevamente y le ordené a sus oídos ser desatados en el nombre de Jesús. Ella creyó, y, en el momento en que creyó, ella pudo oír. Ella corrió y saltó en una silla, y comenzó a predicar. Más tarde, yo dejé caer un alfiler, ella lo escuchó caer al piso. "*Mas para Dios todo es posible*" (Mateo 19:26). Dios puede sanar el peor de los casos.

Usted que está desanimado, "*Echa sobre Jehová tu carga, y él te sustentará*" (Salmo 55:22). Véalo a Él y será radiante. (Véase Salmo 34:5). Véalo a Él ahora.

**Pensamiento para hoy:** La fe es un acto; la fe es un salto; la fe entra; la fe reclama. La fe tiene un autor, y el autor de la fe es Jesús.

## 5 de marzo

# Cómo obtener poder espiritual

*¿Cómo podéis vosotros creer, pues recibís gloria los unos de los otros, y no buscáis la gloria que viene del Dios único? (Juan 5:44).*

**Lectura de las Escrituras:** Mateo 16:13–19, 21–23

En la vida de Pedro vemos evidencias del poder espiritual que él adquirió, pero también vemos el poder natural obrando. Jesús vio que Él debía sufrir si había de alcanzar la vida espiritual que Dios quería que Él alcanzara. De manera que, Jesús dijo, "Debo continuar. Pedro, tus palabras me ofenden". (Véase Mateo 16:23). Si usted busca salvarse a sí mismo, esa es una ofensa para Dios. Dios ha puesto en mí una y otra vez que si en algún momento yo he de buscar el favor del hombre o el poder terrenal, yo perdería el favor de Dios y no podría tener fe.

Dios no está hablando, a cada uno de nosotros, tratando de que dejemos la costa. Existe un único lugar donde podemos tener la mente y la voluntad de Dios; eso es a solas con Dios. Si buscamos a alguien más no las podremos obtener. Si buscamos salvarnos a nosotros mismos, nunca alcanzaremos el lugar donde seremos capaces de atar y desatar. (Véase Mateo 16:19). Existe un compañerismo cercano entre usted y Dios, algo que nadie más conocer, donde cada día usted puede escoger o rehusar.

Es el camino angosto que usted recibe el poder para atar y el poder para desatar. Sé que Jesús tuvo que separarse de su misma familia y amigos. Él se privó de los lujos de la vida. Me parece que Dios quiere que todos nosotros nos separemos para Él en una guerra santa, y no tendremos fe sino es que nos entregamos totalmente a Él. Amado, es en estos últimos días que yo no puedo tener el poder que quiero a menos que, como oveja, esté dispuesto a ser esquilado. El camino es angosto. (Véase Mateo 7:13–14).

Amado, usted podrá atar y desatar si no hay pecado en usted. No existe persona alguna que pueda lidiar con los pecados de los demás si ella misma no ha sido libertada. *"Sopló, y les dijo: Recibid el Espíritu Santo"* (Juan 20:22). Jesús sabía que el Espíritu Santo les daría tanto una revelación de ellos mismos como una revelación de Dios. Él debe revelarle a usted su propia depravación.

¿Cree usted que el Padre celestial le pondría a usted por juez de un reino si hubiera algo torcido en usted? ¿Cree que usted podría atar y

# 5 de marzo

desatar si usted mismo no estuviera libre? Mas todo el que tiene a este Cristo vivo tiene el poder para dar muerte al pecado.

Con las últimas palabras de Jesús en la tierra, Él les dio a los discípulos una comisión. (Véase Marcos 16:15–18). La necesidad de discipulado nunca ha cesado. Algunas iglesias son débiles hoy porque Cristo, la Roca, no habita en ellos ni en las manifestaciones del poder de Dios. Esto es debido a que ese don especial—ese poder para atar y desatar—es contingente a si usted tiene o no fundamento de la roca en usted. En el nombre de Jesús usted desatará, y en el nombre de Jesús usted atará. Si Él está en usted, usted debe dar evidencias de ese poder.

Se le puede ver a Pedro con gran simpatía, él no quería que Jesús fuera crucificado. Era perfectamente natural que Pedro dijera lo que dijo; sin embargo, Jesús dijo, *"Quítate de delante de mí"* (Mateo 16:23). Él sabía que no debía ser cambiado por ninguna simpatía humana. De la única forma en que podremos retener nuestra humildad es quedándonos en esa línea delgada y decir, "Apártate de mí, Satanás".

Amado, vivimos ahora en la experiencia del hecho que Jesús es la Roca. Me alegra eso porque estamos por alcanzar las maravillosas posibilidades por medio de la Roca. Tome su posición en el hecho de que la Roca no puede ser derrocada.

**Pensamiento para hoy:** Si usted trata de irse por el camino fácil, usted no puede ser un discípulo de Jesús.

## 6 de marzo

# Triunfantes en las pruebas

*Me probará, y saldré como oro* (Job 23:10).

*Lectura de las Escrituras:* 1 Pedro 1:3–21

*L*as tentaciones nos llegan a todos. En cada tentación que llega, el Señor le permite ser tentado hasta lo último, pero nunca permitirá que usted sea derrotado mientras camine en obediencia. Justo en medio de la tentación, Él siempre *"dará también juntamente con la tentación la salida"* (1 Corintios 10:13). Dios quita todo refugio de mentiras (véase Isaías 28:17) y todos los poderes de las tinieblas. Él hace que usted siempre salga triunfante en Cristo Jesús. (Véase 2 Corintios 2:14). Al Señor le encanta cubrir a sus santos con sus poderosas alas.

Que Dios nos ayude a ver esta verdad. No podremos ser *"alabanza de su gloria"* (Efesios 1:12) sino hasta que estemos listos para las pruebas y capaces de salir triunfantes de ellas. No nos podemos quitar de encima el hecho de que el pecado entró por medio de la naturaleza humana, pero Dios viene a nuestra naturaleza y pone al pecado en un lugar de muerte. ¿Por qué? Para que el Espíritu de Dios pueda entrar en el templo con todo su poder y libertad, y para que aquí mismo en este actual mundo perverso Satanás pueda ser destronado por el creyente. Usted debe llegar a ver cuán maravilloso es usted en Dios y cuán impotente es usted por sí sólo.

Quiero que sepa que el mismo poder que echó fuera del cielo a Satanás, ese mismo poder habita en cada persona nacida de Dios. Si tan sólo usted se diera cuenta de esto, usted reinaría *"en vida"* (Romanos 5:17). Cuando usted ve a personas que viven bajo el poder del maligno, cuando usted ve los poderes del mal manifestarse, siempre pregúnteles, "¿Vino Jesús en la carne?". Nunca he escuchado a un poder del mal contestar esta pregunta de manera afirmativa. (Véase 1 Juan 4:2–3). Cuando usted sepa que tiene que lidiar con algún espíritu maligno, usted tiene el poder para echarlo fuera. Crea esto y tome acción *"porque mayor es el que está en vosotros, que el que está en el mundo"* (1 Juan 4:4). Dios quiere que usted venza y tenga una fuerza interna por medio de la cual puede derrotar al diablo.

**Pensamiento para hoy:** Si usted no es digno de ser tentado, usted no vale mucho.

# 7 de marzo

# El nuevo pacto

*Esta copa es el nuevo pacto en mi sangre,*
*que por vosotros se derrama* (Lucas 22:20).

*Lectura de las Escrituras:* 2 Corintios 3:3–18

Los israelitas probaron a Moisés tremendamente. Ellos siempre se metían en problemas. Pero, cuando él subió al monte y Dios reveló los Diez Mandamientos, la gloria cayó. Él se regocijó al traer esas piedras de la montaña, y su rostro mismo relucía de gloria. Él traía ante Israel aquello que, si era obedecido, les brindaría vida.

Pienso en mi Señor bajando del cielo. Pienso en el cielo conmovido por el panorama. Las letras de la ley fueron dadas a Moisés, y fueron gloriosas, pero toda esa gloria se atenuó ante la gloria excedida que Jesús nos trajo en el Espíritu de vida. La gloria del Sinaí palideció ante la gloria del Pentecostés. El Señor ha traído un nuevo pacto, colocando su ley en nuestras mentes y escribiéndola en nuestros corazones (véase Jeremías 31:33)—esta nueva ley del Espíritu da vida. A medida que el Espíritu Santo llega, Él nos llena de amor y libertad, y nosotros podemos gritar de gozo. De ahí en adelante, hay un nuevo clamor en nuestros corazones: *"El hacer tu voluntad, Dios mío, me ha agradado"* (Salmo 40:8). Él *"quita lo primero, para establecer esto último"* (Hebreos 10:9). En otras palabras, Él se lleva *"el ministerio de muerte grabado con letras en piedras"* (2 Corintios 3:7), para así Él poder establecer *"el ministerio de justificación"* (versículo 9), esta nueva vida en el Espíritu.

Usted pregunta, "¿Puede el hombre que es lleno del Espíritu dejar de cumplir con los mandamientos?". Simplemente repito lo que el Espíritu de Dios nos ha dicho aquí, que este *"ministerio de muerte grabado con letras en piedras"* (y usted sabe que los Diez Mandamientos fueron grabados en piedras) *"perece"* (versículo 11). Sin embargo, el hombre que llega a ser una epístola de Cristo (véase 2 Corintios 3:3), escrita por el Espíritu del Dios vivo, cesa de ser un adúltero, un asesino, un codicioso; pues, hacer la voluntad de Dios es su deleite. Me encanta hacer la voluntad de Dios; no es fastidiosa. El orar no es una prueba; no tengo problemas en escudriña la Palabra de Dios; no es difícil ir al lugar de adoración. Digo como el salmista, *"Yo me alegré con los que me decían: A la casa de Jehová iremos"* (Salmo 122:1).

# 7 de marzo

¿Cómo funciona esta nueva vida? Funciona porque Dios *"en* [nosotros] *produce así el querer como el hacer, por su buena voluntad"* (Filipenses 2:13). Hay una gran diferencia entre una bomba de agua y un manantial. La ley es la bomba de agua; el bautismo con el Espíritu Santo es el manantial. La vieja bomba de agua se atrofia; las partes de desgastan, el pozo se seca. La *"letra mata"* (2 Corintios 3:6). Pero el manantial siempre brota, y hay un fluir incesante directamente del trono de Dios. Hay vida.

De Cristo se escribe, *"Has amado la justicia y aborrecido la maldad"* (Salmo 45:7). En esta nueva vida en el Espíritu, en esta nueva vida de pacto, usted ama las cosas que son buenas, puras, santas, y se estremece con todas las cosas que son malas. Jesús pudo decir, *"porque viene el príncipe de este mundo, y él nada tiene en mí"* (Juan 14:30). En el momento en que somos llenos del Espíritu de Dios, somos llevados a una maravillosa condición como esta.

**Pensamiento para hoy:** A medida que continuamos siendo llenos del Espíritu, el enemigo no puede ganar ni una pulgada de territorio en nosotros.

# 8 de marzo

# Cómo llevar convicción de pecado

*Y cuando* [el Espíritu Santo] *venga, convencerá al mundo de pecado, de justicia y de juicio* (Juan 16:8).

*Lectura de las Escrituras:* Efesios 5:8–21

Cree que usted puede estar tan lleno del Espíritu al punto que una persona que no está viviendo correctamente puede ser juzgada y convencida por su sola presencia? A medida que avanzamos en la vida del Espíritu, se dirá de nosotros que una vil persona es convencida por nuestra presencia. Jesús vivió en este reino y se movió en él, su vida era constante reproche a los perversos que Le rodeaban. "Pero Él era el Hijo de Dios", dirá usted. Dios, por medio de Él, nos ha llevado al lugar de herencia de hijos, y creo que si el Espíritu Santo se la oportunidad con nosotros, Él puede hacer algo de nosotros y llevarnos a ese mismo lugar.

No quiero jactarme. Si me glorío en algo, es solamente en el Señor (véase 1 Corintios 1:31), quien ha sido muy misericordioso conmigo. Sin embargo, recuerdo un maravilloso momento de convicción. Salí del vagón de un tren para lavarme las manos. Había estado en tiempo de oración, y el Señor me llenó de su amor rebosante. Me dirigía a una convención en Irlanda, y ya quería llegar. Mientras regresaba a mi asiento, creo que el Espíritu del Señor se miraba tan claramente en mí que puede que mi rostro brillara. (Cuando el Espíritu transforma el semblante de un hombre, éste no puede decir si es así o no). Había dos ministros sentados juntos, y, mientras entraba en el vagón, uno de ellos exclamó, "Me ha convencido de pecado". En los siguientes minutos todos en ese vagón clamaban a Dios por su salvación. Esto ha ocurrido muchas veces durante mi vida. Ese es el ministerio del Espíritu del que hablaba Pablo. La llenura del Espíritu le hará más eficaz, al punto que las personas que estén comprando en la misma tienda que usted querrán salir de su presencia porque han sido convencidas de pecado.

Debemos alejarnos de todo lo que pertenezca a la letra. Todo lo que hagamos debe hacerse bajo la unción del Espíritu. Nuestro problema ha sido que hemos estado viviendo en la letra. Crea que el Espíritu Santo dijo por medio de Pablo—todo este *"ministerio de condenación"* (2 Corintios 3:9) que ha obstaculizado su libertad en Cristo ha sido quitado. La ley ha sido removida. En lo que a usted respecta, el antiguo orden de las cosas ya no existe, y el Espíritu de Dios ha traído una nueva vida de pureza y amor. En la vida del Espíritu, los viejos encantos han perdido su poder. El diablo lo buscará en cada vuelta que usted dé, pero el Espíritu de Dios siempre *"levantará bandera contra él"* (Isaías 59:19).

Si permitiéramos que Dios hiciera con nosotros a su manera, seríamos como antorchar, purificando la misma atmósfera donde vamos, removiendo las fuerzas de la perversidad.

¿Qué es lo que quiero decir cuando digo que la ley ya fue removida? ¿Quiero decir que usted será desleal? No, usted será más que leal. ¿Murmurará cuando sea maltratado? No, usted pondrá la otra mejilla. (Véase Mateo 5:39). Usted siempre responderá de esa manera cuando Dios viva en usted. Entréguese en las manos de Dios. Entre en su descanso. *"Porque el que ha entrado en su reposo, también ha reposado de sus obras, como Dios de las suyas"* (Hebreos 4:10). ¡Oh, este es un bello descanso! La vida entera es un día de reposo. Esa es la única vida que puede glorificar a Dios. Es una vida de gozo, y cada día es un día viviendo como en el cielo aquí en la tierra.

**Pensamiento para hoy:** Cuando usted pasa a ser una nueva creación en Cristo, el Espíritu Santo deja por sentado que usted ha terminado con las cosas de la vieja vida.

## 9 de marzo

# El poder de la nueva creación

*De modo que si alguno está en Cristo, nueva criatura es; las cosas viejas pasaron; he aquí todas son hechas nuevas* (2 Corintios 5:17).

*Lectura de las Escrituras:* Romanos 8:1–39

Personas que vienen a las reuniones han visto la gloria de Dios caer, han visto que las huellas de Dios lo han tocado todo, y han visto cuerpos fortificados. A la mañana siguiente, Satanás los ataca. ¿Por qué sucede esto? La vida espiritual, el Hijo manifestado, la gloria de la nueva creación, ya está en nuestros cuerpos mortales, pero la carne, siendo el campo de batalla del enemigo, es probada. No obstante, lo que Dios está formando es más grande que el cuerpo mortal, ya que el espíritu que es despertado a la gloriosa libertad de un hijo de Dios es mayor. ¿Cómo podemos comparar esto con lo que ha de venir?

*"El espíritu es el que da vida; la carne para nada aprovecha"* (Juan 6:63). Aunque *"deshecha esta mi piel"* (Job 19:26), tengo una vida mayor que esta, la cual verá a Dios, lo verá en su perfección, verá su gloria, una vida que será cambiada para ser como Él. Por medio de la presencia de Dios, una nueva creación nos revestirá para ser como Él. Sabiendo esto, ¿he de darle lugar al diablo? ¿Dejaría que mis sentimientos cambien la experiencia de la Palabra de Dios? ¿Debería confiar en mis temores? ¡No! ¡Un millón de veces no! Nunca ha habido nada bueno en la carne (véase Romanos 7:18), mas Dios ha dado vida al espíritu hasta que vivamos una nueva vida divina, la cual sea eternamente moldeada por Dios.

*"¿Qué, pues, diremos a esto?"* (Romanos 8:31). ¿Va a permitir que su pasado, en el cual Dios ya ha obrado, le lleve a un lugar de aflicción? ¿O durante su prueba está usted citando la Palabra de Dios—*"ahora somos hijos de Dios"* (1 Juan 3:2)—y recordando que Dios ha contestado sus oraciones, llevado luz a su hogar, le ha libertado de la carnalidad, y le ha sanado cuando ningún poder en el mundo podía ayudarle? *"¿Quién acusará a los escogidos de Dios?"* (Romanos 8:33). *"Yo sé a quién he creído"* (2 Timoteo 1:12), y estoy persuadido a creer que aquel que nos escogió para Dios con toda seguridad nos llevará a un lugar donde recibiremos la corona de vida (véase Santiago 1:12) por medio de la fe que Dios nos ha dado. Dios está en usted y poderosamente está formando una nueva

# 9 de marzo

creación por medio del Espíritu para poder dejarlo listo para la gloria que será revelada en Él.

Alguien me dijo el otro día, "Me siento tremendamente atribulado, un hombre me maldice todo el tiempo". *"Si Dios es por nosotros, ¿quién contra nosotros?"* (Romanos 8:31). Dios nos ha dado a Jesús, el corazón de su amor *"y la imagen misma de su sustancia"* (Hebreos 1:3), perfecto en esplendor, pureza, justicia y gloria. Lo he visto muchas veces, y verlo a Él me cambia. El tener victoria sobre sus problemas es una de *"todas las cosas"* (Romanos 8:32) que Dios ha prometido darle. Muchas necesidades han roto mi corazón, pero puedo decirle a los atribulados, "Dios es mayor que su corazón, mayor que todo lo que le sucede. Dios le librará si usted se atreve a creer en Él". Pero tengo que enfatizar esto una y otra vez antes de que la gente pueda creer en Dios.

Una amada mujer fue maravillosamente libertada y salva, antes de eso ella me dijo, "Soy adicta al fumar. ¿Qué debo hacer?". "Oh", le dije, "fume día y noche". Ella dijo, "A veces me tomo una copa de vino, y eso tiene cierto control sobre mí". "Oh", le dije, "tome todo lo que quiera". Eso le dio cierto consuelo, pero todavía vivía en la miseria. Ella dijo, "Juego a las cartas". Le dije, "¡Siga jugando!". Después de ser salva, ella llamó a su empleada y le dijo, "Llama a Londres y detén la orden de cigarrillos". La nueva vida no quiere esas cosas. Lo viejo ha sido derrocado.

Un clérigo se me acercó. Él me dijo, "Tengo un terrible deseo por el tabaco". Le contesté, "¿Es ese el viejo hombre o el nuevo?". Él contestó, "Lo sé, es el viejo hombre". *"Habiéndoos despojado del viejo hombre con sus hechos"* (Colosenses 3:9).

Alguien me dijo, "Tengo un indebido afecto por otra persona". Le respondí, "Usted necesita revelación. Puesto que Dios le ha dado a Jesús, Él le dará todas las cosas. Él le dará el poder sobre esto, y será roto". Dios rompió ese afecto.

Permítale a Dios tocar su carne. Él ha dado vida a su espíritu. Permita que Él reine hasta que todo haya sido subyugado. Él es el Rey en su vida, y es preeminente sobre sus afectos, su voluntad, sus deseos, sus planes. Como Jehová de los ejércitos, Él reina sobre usted, en usted, le amonesta, y le lleva a perfección.

**Pensamiento para hoy:** Dios nunca es ceñido con ninguna de sus bendiciones.

## 10 de marzo

# El beneficio de una espada encendida

*Echó, pues, fuera al hombre, y puso al oriente del huerto de Edén*
*querubines, y una espada encendida que se revolvía por todos lados,*
*para guardar el camino del árbol de la vida* (Génesis 3:24).

**Lectura de las Escrituras:** Romanos 5:1–6:2

Cuando fui bautizado con el Espíritu Santo, Dios me mostró una maravillosa verdad. Después de que Adán y Eva hubieran transgredido, y fueron sacados del huerto, el Árbol de la Vida fue resguardado por una llama encendida—una llama de muerte para el que entrara en el huerto. Mas el bautismo con el Espíritu Santo puso el Árbol de la Vida justo dentro de mí, y la llama encendida justo afuera para alejar al diablo de mí, para así yo poder comer del pan eterno siempre. Estoy comiendo de este maravilloso pan de vida Nada puede separarnos de esta vida. Aumenta tremenda y perpetuamente.

"*¿[Qué] nos separará?*" (Romanos 8:35). Las tribulaciones llegan, pero ellas solamente nos acercan a la persecución—lo más grande que nos puede acontecer. Todas estas cosas obran juntas para nuestro bien. (Véase versículo 28). Nada llega a no ser que sea útil. Las pruebas lo levantan. La angustia le dan un suspiro, pero Dios hace que usted triunfe. "*Porque mayor es el que está en vosotros*" (1 Juan 4:4) que todas las fuerzas de las tinieblas.

Lo que sea que le acontezca mientras usted habita en Él, eso es la buena mano de Dios sobre usted para que usted no pierda su herencia. Toda prueba es un empuje, toda carga es un lugar para intercambiar fuerzas. Dios obrará. "*¿Quién acusará a los escogidos de Dios?*" (Romanos 8:33). La gente lo hará pero eso no hace ninguna diferencia; "*Dios es por nosotros*" (versículo 31). "*Cosas que ojo no vio, ni oído oyó, ni han subido en corazón de hombre, son las que Dios ha preparado para los que le aman. Pero Dios nos las reveló a nosotros por el Espíritu*" (1 Corintios 2:9–10). "*Ninguna arma forjada contra ti prosperará*" (Isaías 54:17).

Conozca la sabiduría y el propósito de la gran mano de Dios sobre usted. Glorifique a Dios en tiempos de angustia y persecución, porque el Espíritu de Dios se hace manifiesto en esas situaciones. Sea escarmentado. Siga hacia planos superiores, profundidades más grandes, amplitudes más extensas. La fe es la victoria. (Véase 1 Juan 5:4). La esperanza está

# 10 de marzo

dentro de usted. (Véase 1 Pedro 3:15). El gozo es puesto delante suyo. (Véase Hebreos 12:2). Dios da la paz que sobrepasa todo entendimiento. (Véase Filipenses 4:7). Sabemos que la carne se marchita en la presencia de la Palabra purificadora. Él, quien lo ha traído hasta este punto, le llevará hasta el fin. (Véase Filipenses 1:6). He llorado y sollozado amargamente cuando he necesitado revelación de Dios, pero no necesito hacerlo así.

El Señor nos exalta, nos cambia, y obra. Él reconstruye el cuerpo y el alma hasta decir, "*en ti no hay mancha*" (Cantares 4:7). Sí, fue la persecución, la tribulación y la angustia la que nos acercó a Él. Esos lugares de prueba son reanimantes, son lugares de cambio, donde Dios opera por medio del Espíritu. No circunvale, permita que Dios haga lo suyo.

Dios extendió su mano, nos cubrió con el manto de su amor, y nos trajo más y más cerca del canal de su gracia. Entonces nuestros corazones fueron conmovidos, cedieron, y se volvieron al Señor, ese preciso momento se vio el lugar divino donde Dios nos encontró estrechó sus brazos y dijo, "*Tu rostro buscaré*" (Salmo 27:8); "*Mirad a mí*" (Isaías 45:22). He aquí cuán grande amor tiene el Maestro por usted, al punto de llevarlo a la fuente de agua viva. ¡Ceda! ¡Déjese guiar! ¡Permita que Dios sea glorificado! Amén.

**Pensamiento para hoy:** Entre los que son perseguidos usted encuentra a aquellos que están más maduros, son más santos, son más puros, son más decididos, aquellos que están más llenos de la orden divina.

## 11 de marzo

# Una pesca maravillosa

*Corramos con paciencia la carrera que tenemos por delante, puestos los ojos en Jesús, el autor y consumador de la fe* (Hebreos 12:1–2).

*Lectura de las Escrituras:* Lucas 5:1–11

Mucha gente se amotinaba alrededor de Jesús, así es que Él se sentó en una barca, y les enseñaba para que todos pudieran escuchar sus palabras. Entonces, Jesús le dijo a Pedro, *"Boga mar adentro, y echad vuestras redes para pescar"* (Lucas 5:4). Pedro contestó, *"toda la noche hemos estado trabajando, y nada hemos pescado"* (versículo 5). Quizás él estaba pensando, "Señor, tú no sabes nada acerca de la pesca. El día es el peor momento para pescar". Pero dijo, *"Mas en tu palabra echaré la red"* (versículo 5). Creo que todos los peces del lago trataron de entrar en la red. Ellos querían ver a Jesús. Yo tengo que ver a Jesús.

Pedro llenó una barca, luego otra. ¿Oh, qué pasaría si usted bajara todas sus redes? ¡Crea en Dios! Él le dijo, *"Mirad a mí, y sed salvos"* (Isaías 45:22). Él también dijo, *"Venid a mí todos los que estáis trabajados y cargados, y yo os haré descansar"* (Mateo 11:28). Él dice, *"El que cree en mí, tiene vida eterna"* (Juan 6:47). ¡Crea! ¡Oh, crea! Es la Palabra de Dios.

Pedro vio la barca hundirse. Él buscó a los lados y vio a Jesús, Él cayó a los pies de Jesús, diciendo, *"Apártate de mí, Señor, porque soy hombre pecador"* (Lucas 5:8). Él y todos los que estaban con él quedaron atónitos de la cantidad de pescados que ellos atraparon. El Cordero sin manche estaba allí, y Jesús le dijo a Pedro, *"No temas; desde ahora serás pescador de hombres"* (versículo 10).

Ver a Jesús es ver un camino nuevo, ver todas las cosas de forma diferente. Eso significa una nueva vida y nuevos planes. A medida que lo contemplamos, seremos satisfechos; no hay otro como Él. El pecado se hace a un lado.

Jesús era la misma imagen del Padre. (Véase Hebreos 1:3). El Padre no podía estar en medio de ellos, por eso vistió a Jesús con un cuerpo—como también con recursos eternos. Unámonos en Él. Movámonos hacia Él. Él tiene todo lo que necesitamos. Él cumplirá los deseos de nuestros corazones, otorgándonos todas nuestras peticiones.

**Pensamiento para hoy:** Dios no tiene uso para nadie que no tenga hambre y sed por más de Él y su justicia.

## 12 de marzo

# Vigorizado por el Espíritu

*Cuando hubieron orado, el lugar en que estaban congregados tembló; y todos fueron llenos del Espíritu Santo, y hablaban con denuedo la palabra de Dios* (Hechos 4:31).

*Lectura de las Escrituras:* Efesios 3:14–21

Es una necesidad de cada uno de nosotros el ser lleno de Dios. No es suficiente tener solamente un toque o ser lleno con solamente un deseo. Únicamente una cosa suplirá las necesidades de la gente, y eso es que usted sea sumergido en la vida de Dios. Esto significa que Dios le toma y le llena con su Espíritu hasta que usted vive rectamente en Dios. Él hace esto para que, "*Si, pues, coméis o bebéis, o hacéis otra cosa, hacedlo todo para la gloria de Dios*" (1 Corintios 10:31). En ese lugar usted hallará toda su fortaleza, toda su mente, y toda su alma serán llenos con un sello, no sólo para adorar, sino también para proclamar. Esta proclamación va acompañada de todo el poder de Dios, el cual moverá los poderes satánicos e interrumpirá al mundo.

La razón por la que el mundo no ve a Jesús en el pueblo cristiano es porque no están llenos de Jesús. Ellos se satisfacen con asistir a reuniones semanales, leer la Biblia ocasionalmente, y orar algunas veces. Amado, si Dios le toma por el Espíritu, usted encontrará que en Dios hay un final para todo y un principio para todo. Su cuerpo entero será sazonado con la semejanza de Dios. Él no solamente comenzará a usarle, sino también le tomará de la mano para que usted pueda ser "*instrumento para honra*" (2 Timoteo 2:21). Nuestras vidas no son vividas por o para nosotros mismos, porque si vivimos por o para nosotros, entonces moriremos (véase Romanos 8:13); "*mas si por el Espíritu* [hacemos] *morir las obras de la carne,* [viviremos]" (versículo 13). Todo aquel que vive en el Espíritu está sujeto a los poderes de Dios, mas todo aquel que vive para sí morirá. El hombre que vive en el Espíritu vive una vida de libertad, gozo, bendición, y servicio—una vida que bendice a los demás. Dios quiere que veamos que debemos vivir en el Espíritu.

**Pensamiento para hoy:** Jesús vino para darnos de regreso lo que fue perdido en el huerto.

## 13 de marzo

# Ministrando los dones de sanidades

*Porque a éste es dada...y a otro,*
*dones de sanidades* (1 Corintios 12:8–9).

*Lectura de las Escrituras:* 1 Corintios 12:4–11

*L*os dones de sanidad son dones maravillosos. Existe una diferencia entre tener un don de sanidad y tener los *"dones de sanidad"*. Dios no quiere que nos falte nada. (Véase 1 Corintios 1:7).

Me gusta este término *"dones de sanidades"*. Para poder tener estos dones, yo debo entrar en conformidad con la mente y la voluntad de Dios. Sería imposible que usted tenga los dones de sanidades a menos que posea ese bandito fruto de la paciencia. Usted encontrará que estos dones van paralelos a los que los ponen en operación.

¿Cómo es posible ministrar los dones de sanidad considerando las peculiaridades que existen en las iglesias, y los muchos poderes malignos de Satanás que nos confrontan y poseen nuestros cuerpos? La persona que quiere seguir adelante con Dios y ejercer los dones de sanidades tiene que ser una persona con paciencia, siempre teniendo lista una palabra de consuelo. Si el que tiene angustia y se siente impotente no ve de la misma manera que nosotros sobre su asunto, y no recibe todo lo que quiere, los cristianos pacientes, le ayudarán a llevar su carga. La paciencia es una gracia con la que Jesús vivió y murió en el mundo. Él estaba lleno de compasión, y Dios no podrá movernos para ayudar al necesitado sino hasta que lleguemos a ese lugar.

Puede que usted piense que, por la forma en que prediqué acerca de los enfermos, yo algunas veces soy poco amoroso o duro, pero, amigo, usted no tiene ni idea de lo que he visto detrás de la enfermedad de alguien que está afligido. No estoy lidiando con la persona; estoy lidiando con las fuerzas satánicas que atan al afligido. En cuanto a las personas, mi corazón está lleno de amor y compasión para todos, pero fallo en ver cómo usted llegará al lugar donde Dios pueda usarle sino hasta que usted se enfurezca con el diablo.

Un día un perro mascota siguió a la señora de la casa enredándosele en los pies. Ella le dijo al perro, "No te puedo llevar conmigo hoy". El perro movió su cola e hizo jueguitos. "Vete a casa, mascota", le dijo ella, pero él no se fue. Finalmente, ella le gritó fuertemente. "¡Vete a casa!", y hasta entonces se fue.

Algunas personas juegan así con el diablo. "Pobrecito", dicen. Al diablo le gusta todo el consuelo que el mundo le pueda dar. ¡Échelo fuera! Usted no está lidiando con una persona; usted está lidiando con el diablo. Si usted dice con autoridad, "¡Salgan demonios, en el nombre del Señor!", ellos saldrán. Usted siempre estará en lo correcto cuando se atreva a tratar con la enfermedad con obra del diablo.

Los dones de sanidad son tan variados que a menudo encontrará el don de discernimiento operando en conexión con ellos. Además, las manifestaciones del Espíritu nos son dadas *"para provecho"* de todos (1 Corintios 12:7).

Usted nunca debe tratar un caso de cáncer como algo más que un espíritu inmundo que está destruyendo el cuerpo. Ese es el peor de los espíritus malignos que yo conozco. No que el diablo tenga nada bueno—toda enfermedad del diablo es mala, en pequeña o en gran escala—pero esta forma de enfermedad es una que usted debe echar fuera. Al echar fuera demonios, tenemos que ser cuidadosos acerca de quién da el mandato. El hombre puede decir, "¡Sal fuera!", pero a no ser que el mandato sea dado por medio del Espíritu de Dios, las palabras del hombre son inútiles.

Usted debe asegurarse de su fundamento; usted debe asegurarse que hay un poder mayor que el suyo destruyendo al enemigo. Tome su posición de la primera epístola de Juan al decir, *"Porque mayor es el que está en* [mí], *que el que está en el mundo"* (1 Juan 4:4). Si piensa que el poder sale de usted, estará cometiendo una gran equivocación. Proviene de usted al usted estar lleno de Él, por la obra de Él actuando en usted—en sus pensamiento, sus palabras, en todo su ser usado por el Espíritu de Dios.

*Pensamiento para hoy:* No hay equivocación cuando usted se declara en contra del diablo.

## 14 de marzo

# Ministrando al cojo

*Quiero, pues, que los hombres oren en todo lugar, levantando manos santas, sin ira ni contienda* (1 Timoteo 2:8).

*Lectura de las Escrituras:* 1 Timoteo 3

Recuerdo cuando estuve en Antwerp y Brúcelas. El poder de Dios se sentía poderosamente sobre mí. Yendo a Londres, llamé a algunos amigos. Solamente para mostrarle como Dios obra estos amigos dijeron, "Oh, Dios te envió aquí. ¡Cuánto te necesitamos!". Había en ese lugar un joven de veintiséis años que había estado postrado en cama por dieciocho años. Debido a la inactividad, su cuerpo era mucho más grande que un joven de su edad, pero sus piernas eran como de niño. Él nunca había podido vestirse sólo.

Cuando su familia recibió la noticia diciendo que nosotros llegábamos, el padre vistió al joven. Él estaba sentado en una silla cuando llegamos. Yo sentí que esa era una de las oportunidades de mi vida. Le dije a ese joven, "¿Cuál es el más grande deseo de tu corazón? "¡Oh!", dijo él, "¡ser lleno del Espíritu Santo!". Impuse manos sobre él diciendo, "Recibe; recibe el Espíritu Santo". Instantáneamente, él se embriagó con el Espíritu y se cayó de la silla sobre como un gran saco de papas. Vi lo que Dios podía hacer con este inválido impotente. Primero, su cabeza comenzó a temblar terriblemente; después su espalda comenzó a moverse muy rápido, luego sus piernas. Después de eso, él comenzó a hablar claramente en lenguas y lloró y alabó al Señor. Viendo sus piernas, observé que aparentemente estaban tal como antes; fue allí donde yo fallé.

Esas pequeñas "fallas" son a veces grandes oportunidades para que Dios nos enseñe lecciones importantes. Él nos enseñará por medio de nuestras debilidades lo que no es la fe. No fue un acto de fe para mí el observar el cuerpo o a la naturaleza humana. El hombre que quiere obrar en las obras de Dios nunca debe fijarse en las condiciones sino ver a Jesús, en quien todo es completo.

Yo vi al joven, y no había forma de ayudarlo. Fui al Señor y le dije, "Señor, dime qué hacer". Él me dijo, "Ordénale que camine, en mi nombre". Ahí también fallé porque vi su condición y le pedí al padre que le ayudara a levantarse para ver si sus piernas tenían fuerza. Hicimos lo que pudimos, pero él y yo juntos no pudimos moverlo. Luego el Señor me mostró mi error, y dijo, "Dios perdóname". Me fui de rodillas, me arrepentí, y dije al Señor, "Por favor, dímelo otra vez". Dios es tan bueno. Él nunca nos deja a nuestra propia suerte. Una vez más me dijo, "En mi nombre ordénale que camine". Entonces yo grité, "Levántate y camina, en el nombre de Jesús". ¿Lo hizo? No, le declaro que él nunca caminó; pues en un instante fue levantado en el poder de Dios, y él *corrió*. La puerta estaba abierta de par en par; él corrió hacia el otro lado de la calle a un terreno vacío donde corrió de arriba abajo, una y otra vez. ¡Oh, ese fue un milagro!

**Pensamiento para hoy:** El tener fe es activamente rehusar el poder del diablo.

## 15 de marzo

# Yo soy el Señor que te sana

*¿Está alguno enfermo entre vosotros? Llame a los ancianos de la iglesia, y oren por él, ungiéndole con aceite en el nombre del Señor. Y la oración de fe salvará al enfermo, y el Señor lo levantará; y si hubiere cometido pecado, le serán perdonados* (Santiago 5:14–15).

*Lectura de las Escrituras:* Santiago 5:7–20

Tenemos en esta preciosa Palabra una base real por la verdad de la sanidad. En estos versículos Dios da instrucciones muy definidas para el enfermo. Si usted está enfermo, su parte es llamar a los ancianos de la iglesia; es la parte de ellos ungir y orar por usted en fe. Entonces toda la situación descansa en el Señor. Cuando ha sido ungido y se ha orado por usted, puede descansar asegurado que el Señor le levantará. Esa es la Palabra de Dios.

Creo que todos podemos ver la iglesia no puede jugar con este asunto. Si los creyentes le dan la espalda a estas instrucciones bien claras, están en una posición de tremendo peligro. Aquellos que rechazan obedecer, hágalo a su indecible pérdida. Muchos se alejan del Señor como el Rey Asa que *"en su enfermedad no buscó a Jehová"* (2 Crónicas 16:12). Consecuentemente, *"murió"* (versículo 13).

¿Mira el Señor aquellos que buscan de Él para que les sane y quienes obedecen las instrucciones dichas en el libro de Santiago? Definitivamente. Él se encarga de hacer el caso más extremo.

Una mujer vino a una de mis reuniones, sufriendo terriblemente. Todo su hombro estaba lleno de veneno, y su sangre estaba tan enferma que ciertamente le iba a causar la morir. Reprendimos esa cosa, y al siguiente día ella testificó que estaba sin dolor y que había dormido toda la noche, algo que no había hecho por dos meses. ¡A Dios sea toda la gloria! Usted se dará cuenta que Él hará este tipo de cosas todas juntas.

Dios provee de doble sanidad, ya sea que el pecado haya sido la causa de la enfermedad, su Palabra declara en Santiago 5:15, *"Si hubiere cometido pecados, le serán perdonados"*.

**Pensamiento para hoy:** Si usted le da la espalda a cualquier parte de la verdad de Dios, el enemigo certeramente obtendrá ventaja sobre usted.

## 16 de marzo

# Guardado por el poder de Dios

*Cuando estaba con ellos en el mundo, yo los guardaba en tu nombre;*
*a los que me diste, yo los guardé* (Juan 17:12).

*Lectura de las Escrituras:* Juan 17

Existirán poderes malos, pero Jesús es más grande que todo los poderes. Existen tremendas enfermedades, pero Jesús es el Sanador. Ningún caso es tan difícil para Él. El León de Judá romperá cada cadena. Él vino a aliviar al oprimido y liberar al cautivo. (Véase Lucas 4:18). Vino para dar redención, para hacernos tan perfectos como el hombre fue antes de la caída.

La gente quiere saber cómo ser mantenido por el poder de Dios. Él se enfrentará por su cuerpo. Cuando usted es salvo, Satanás vendrá y dirá: "Mira, no eres salvo". El diablo es un mentiroso.

Recuerdo la historia del hombre cuya vida fue quitada y puesta en orden. El poder del mal había barrido con él. Pero el hombre no estaba lleno del Espíritu Santo. Si el Señor le sana, no se atreva a permanecer insensible a su Espíritu. El espíritu malo regresó en ese hombre, encontró su casa barrida, y llevó a siete más peores que el mismo y moró allí. El último estado de ese hombre fue pero que el primero. (Véase Mateo 12:43–45). Asegúrese de ser lleno de Dios. Tenga un Ocupante. Sea lleno del Espíritu.

El poder de Dios no puede salir de usted a menos que esté dentro de usted. Debemos tener toda la confianza interna y el conocimiento de que somos propiedad de Dios, comprados y pagados por la preciosa sangre de Jesús. Dios quiere que usted sepa cómo clamar la victoria y gritarle en la cara del demonio y decirle, "Señor, hecho está". (Véase Apocalipsis 21:6).

Dios tiene un millón de maneras para comprometerse por aquellos que se acercan a Él por ayuda. Tiene libertad para cada cautivo. Él le ama tanto que aun dice: *"Antes que clamen, responderé yo"* (Isaías 65:24). No se aleje de Él.

**Pensamiento para hoy:** Cada posición de gracia en la cual esté usted siendo guiado—perdón, sanidad y cualquier tipo de liberación—será confrontada por Satanás.

131

## 17 de marzo

# Vivir en el mundo

*En cuanto a Dios, perfecto es su camino, y acrisolada la palabra de Jehová; escudo es a todos los que en Él esperan* (Salmo 18:30).

*Lectura de las Escrituras:* Salmo 119:9–28

En los días en que la cantidad de discípulos empezó a multiplicarse, alcanzaron una situación en la que los Doce debían hacer una definición de decisión para no ocuparse en estar sirviendo las mesas. Sino para entregarse continuamente a la oración y al ministerio de la Palabra. Cuán importante es que todos los ministros de Dios estén constantemente en oración y constantemente alimentándose de las Escrituras de la Verdad. Con frecuencia ofrezco una recompensa a quien me encuentre en cualquier lugar sin mi Biblia o mi Nuevo Testamento.

Ninguno de ustedes puede ser fuerte en Dios a menos que diligentemente y constantemente escuchen lo que Dios tiene que decirles a través de su Palabra. Usted no puede conocer el poder y la naturaleza de Dios a menos que participe de su inspirada Palabra. Léala en la mañana, en la tarde, y en cada oportunidad que pueda. Después de cada comida, en vez de satisfacerse con conversaciones nada beneficiosas alrededor de la mesa, lea un capítulo de la Palabra, y luego tenga un momento de oración. Yo me esfuerzo en hacer un momento para hacer esto, no importa donde o con quién yo esté.

El salmista dijo que él había escondido la Palabra de Dios en su corazón para que no cometer pecado contra Él. (Véase Salmo 119:11). Encontrará que entre más Palabra de Dios usted esconda en su corazón, más fácil es llevar una vida santa. También testificó que la Palabra de Dios le había dado vida. (Véase versículo 50). Mientras usted recibe la Palabra de Dios, a todo su ser físico se le estará dando vida, y será fortalecido. Mientras usted recibe con mansedumbre la Palabra (véase Santiago 1:21), se dará cuenta que la fe brota de adentro. Usted tendrá vida a través de la Palabra.

**Pensamiento para hoy:** No encuentro nada más en la Biblia sino santidad, y no encuentra nada en el mundo sino mundanalidad. Por consiguiente, si vivo en el mundo, me volveré mundano; por otro lado, si vivo en la Biblia, me volveré santo.

## 18 de marzo

# Un mejor plan para usted

*Sé fiel hasta la muerte, y yo te daré
la corona de la vida* (Apocalipsis 2:10).

*Lectura de las Escrituras:* Hechos 6:1–7; Apocalipsis 2:9–11

*L*os Doce le dijeron al resto de los discípulos que buscaran siete hombre para que cuidaran el negocio de las cosas. Iban a ser hombre de buena reputación llenos con el Espíritu Santo. Los que fueron escogidos fueron hombres ordinarios, pero fueron llenos con el Espíritu Santo, y esta llenura siempre levanta al hombre al plano de estar por encima de lo común y corriente. Puede ser bautizado *"con el Espíritu Santo y con fuego"* (Mateo 3:11).

La multitud escogió siete hombres para servir las mesas. Indudablemente que eran fieles en sus tareas asignadas, pero vemos que Dios pronto tuvo un mejor plan para dos de ellos—Felipe y Esteban. Felipe estaba tan lleno del Espíritu Santo que podía tener avivamiento donde quiera que Dios lo pusiera. (Véase Hechos 8:5–8, 26–40). El hombre lo escogió para servir las mesas, pero Dios lo eligió para ganar almas.

Oh, si tan sólo yo pudiera moverlo para que usted vea que, mientras este fiel en la más humilde función, dios puede llenarle con su Espíritu, hacerlo en vasija escogida para sí mismo, y promoverlo a un lugar de poderoso ministerio en la salvación de almas y en la sanidad del enfermo. Nada es imposible para un hombre lleno del Espíritu Santo. Las posibilidades van más allá de toda comprensión humana. Cuando usted es llenado con el poder del Espíritu Santo, Dios traerá maravillosas obras donde quiere que usted vaya.

Cuando usted está lleno del Espíritu, conocerá la voz de Dios. Quiero darle una ilustración de esto. Cuando recientemente fui a Australia, nuestro barco atracó en Adén y Bombay. En Adén la gente se acercó al barco vendiendo sus mercaderías—lindas alfombras y todo tipo de cosas orientales. Un hombre estaba vendiendo plumas de avestruz. Mientras estaba mirando por el lado del barco, observando el comercio, un caballero me dijo: "¿Me acompañaría a comprar ese puño de esas plumas?". ¿Qué quería yo con esas plumas? Y no tengo uso para ese tipo de cosas, ni siquiera espacio. Pero el caballero me volvió a preguntar: "¿Me acompañaría a comprar ese puño?". El Espíritu de Dios me dijo, "Hazlo".

# 18 de marzo

Nos vendieron las plumas por tres libras, y el caballero dijo: "No traigo dinero conmigo, pero si le paga al hombre, yo le haré llegar el efectivo por medio del camarero". Pagué las plumas y le di al caballero su parte. El estaba viajando en primera clase, y yo en segunda clase. Le dije: "No, por favor no le de ese dinero al camarero. Quiero que me lo haga llegar personalmente en mi camarote". Le pregunté al Señor: "¿Qué de esas plumas?". Él me mostró que tenía un propósito en mi compra.

Un rato más tarde, el caballero llegó a mi camarote y dijo: "Le he traído el dinero". Le dije: "No es su dinero que quiero; es su alma que le estoy pidiendo para Dios". Justo allí él abrió toda la historia de su vida y empezó a buscar a Dios, y esa mañana lloró en su camino hacia la salvación de Dios.

Usted no tiene idea de lo que Dios puede hacer a través de usted cuando es llenado con su Espíritu. Cada día y en cada hora usted puede tener la guía divina de Dios. Ser llenado con el Espíritu Santo es grandioso con cada aspecto.

**Pensamiento para hoy:** Un hombre culturizado o educado no hace que ocupe una aposición en la iglesia de Dios. Lo que Dios requiere es una vida sumisa, consagrada y santa, y Él la puede hacer en una llama de fuego.

## 19 de marzo

# La bendición de la persecución

*Bienaventurados sois cuando por mi causa*
*os vituperen y os persigan, y digan toda clase*
*de mal contra vosotros, mintiendo* (Mateo 5:11).

*Lectura de las Escrituras:* Salmo 119:77–93

¿Cómo es que en el momento en que usted es lleno del Espíritu Santo empieza la persecución? Así fue con el mismo Señor Jesús. No leemos de ninguna persecución antes que el Espíritu Santo cayera sobre Él como paloma. Justo después de eso, encontramos que predicó en su ciudad natal, la gente quería tirarlo al precipicio. (Véase Lucas 4:16–30). Fue la misma manera con los doce discípulos. No tuvieron persecución antes del día de Pentecostés, sino después que fueron llenados con el Espíritu, pronto estuvieron en prisión. El demonio y los sacerdotes de la religión siempre estarán perturbados cuando un hombre está lleno del Espíritu y hace cosas en el poder del Espíritu. No obstante, la persecución es la mayor bendición de una iglesia. Cuando tenemos persecución, tenemos purificación. Si usted desea ser lleno del Espíritu, puede contar con una cosa, y esa es la persecución. El Señor vino para traer división (véase Lucas 12:51), aun en su propia casa usted puede encontrarse con *"tres contra dos"* (versículo 52).

En una reunión que estaba llevando, el Señor estaba trabajando, y muchos fueron sanados. Un hombre vio lo que estaba tomando lugar y remarcó: "Me gustaría probar eso". Se levantó para pedir oración y me dijo que su cuerpo estaba quebrado en dos partes. Puse mis manos sobre él en el nombre del Señor y le dije: "Ahora crea en Dios". La siguiente noche estuvo en la reunión, y se levantó como león. Dijo: "Quiero decirle a ustedes que este hombre está engañándolos. Puso sus manos sobre mí anoche porque estaba roto en dos lugares, pero no estoy ni un poquito mejor". Lo detuve y le dije: "Usted está sano; su problema es que no lo cree".

El estuvo en la reunión la siguiente noche, y cuando era la oportunidad para testimonios, este hombre se levantó. Dijo: "Soy un albañil a cambio. Hoy estuve trabajando con un obrero y tenía que poner una gran piedra en el lugar. Yo le ayudé y no sentí ningún dolor. Me dije: '¿Cómo hiciste eso?'. Me fui a un lugar privado donde pude quitarme la ropa, y me di cuenta que fui sanado". Yo le dije a la gente: "Anoche este hombre

135

# 19 de marzo

estaba contra la Palabra de Dios, pero ahora él la cree. Es verdad que *'estas señales seguirán a los que creen...pondrán sus manos, y sanarán'* (Marcos 16:17–18). La sanidad es a través del poder que está en el nombre de Cristo". Es el Espíritu que ha venido para reveler la Palabra de Dios y para hacerlo espíritu y vida en nosotros. (Véase Juan 6:63).

Los que están buscando del bautismo en el Espíritu Santo, están entrando a un lugar donde tendrán persecución. Su mejor amigo le dejará—o quienes usted cree son sus mejores amigos. Ningún buen amigo le dejará. Pero estése seguro que su búsqueda vale la pena. Usted entrará a un reino de iluminación, a un dominio de revelación por medio del poder del Espíritu Santo. Él revela las preciosidades y el poder de la sangre de Cristo. Yo encuentro por la revelación del Espíritu que no existe ni una cosa en mí que la sangre de no limpie. (Véase 1 Juan 1:9). Encuentro que Dios me santifica por medio de la sangre y revela la efectividad de su obra por medio del Espíritu.

*Pensamiento para hoy:* El Señor Jesús le da paz, pero tan pronto tiene paz interna, usted tiene persecución por fuera. Si usted permanece quieto, el demonio y sus agentes no le molestarán mucho. Pero cuando avanza y continúa hasta el final con Dios, el enemigo lo tiene a usted como blanco. Pero Dios lo vindicará en medio de todo.

## 20 de marzo

# Liberado del alcohol

*Y todos los que lo tocaron* [su manto],
*quedaron sanos* (Mateo 14:36).

*Lectura de las Escrituras:* Mateo 14:23–36

Esteban fue sólo un hombre ordinario, pero fue vestido con la divinidad. Él fue *"lleno de fe y de poder"* (Hechos 6:8), y grandes maravillas y milagros fueron hechos por él. ¡Oh, esta vida en el Espíritu Santo! ¡Oh, esta vida de profunda revelación interna, de transformación de un estado a otro, de crecimiento en gracia, en todo conocimiento, y en el poder del Espíritu! En este estado, la vida y la mente de Cristo son renovadas en usted, y Él da constante revelaciones de lo poderoso de su poder. Es sólo este tipo de cosas que nos permite mantenernos.

En esta vida, el Señor le coloca a usted en todo tipo de lugares y luego revela su poder. Había estado predicando en Nueva York, y un día me embarqué para ir a Inglaterra en el *Lusitania*, tan pronto entré me fui a mi camarote. Habían dos hombres allí, y uno de ellos dijo: "Muy bien, ¿lo haré por compañía?". Sacó una botella y vertió whiskey en un vaso y se lo bebió, y luego lo llenó para mí. "Nunca he tocado esa cosa", le dije. "¿Cómo puede vivir sin esto?", me preguntó. "¿Cómo puedo vivir si eso?", le respondí. Lo admitió, "He estado bajo la influencia de esta cosa por meses, y dicen que todo lo que tengo dentro se está marchitando. Se que estoy muriendo. Deseo ser liberado, pero, sólo debo mantenerme bebiendo. ¡Oh, si tan sólo pudiera ser liberado! Mi padre murió en Inglaterra y me ha dado su fortuna, ¿pero que bien puede ser para mí excepto en aligerar mi sepultura?".

Le dije a ese hombre: "Dí la palabra y serás liberado". Él me preguntó: "¿Qué quieres decir?". Le dije: "Di la palabra—muestra que estás dispuesto a ser liberado—y Dios te libertará". Pero fue como si yo estuviera hablándole a una tabla por toda la comprensión que mostró. Le dije: "Quédese quieto", y puse mis manos en su cabeza en el nombre de Jesús y maldije al alcohol demoníaco que estaba apoderándose de su vida. Él gritó, "¡Soy libre! ¡Soy libre! ¡Se que soy libre!". Agarró dos botellas de whiskey y las tiró por la borda, y Dios lo salvó, lo hizo sobrio y le sanó.

Continué predicando todo el camino cruzando el océano. Se sentó a mi lado en la mesa. Antes de eso, no había sido capaz de comer, pero ahora en cada comida iba justo al menú.

# 20 de marzo

¡Oh, el nombre de Jesús! Hacemos tan poquito uso de ese nombre. Aun los hijos claman *"Hosanna"* (Mateo 21:15). Si no dejamos llevar y alabarle a Él más y más, Dios nos dará el grito de victoria.

Usted necesita solo un toque de Jesús para tener un buen momento. El poder de Dios es el mismo hoy. Para mí, Él es amoroso. Para mí, Él es salud guardada. Para mí, Él es el Lirio del Valle. ¡Oh, este bandito Nazareno, este Rey de Reyes! ¡Aleluya! ¿Dejará que Él tome su voluntad? ¿Dejará que Él le posea? Si así es, todo su poder está a su disposición.

**Pensamiento para hoy:** Siempre existe un lugar de liberación cuando le permite a Dios que busque lo que está estropeando y empañando su vida.

## 21 de marzo

# Una visión se convierte en realidad

*Él mismo tomó nuestras enfermedades,*
*y llevó nuestras dolencias* (Mateo 8:17).

*Lectura de las Escrituras:* Isaías 53:1–12

Quiero contarle una remarcable historia. Un día, yo estaba parado al final de la calle Shanklin Road, en Belfast, Irlanda, con un pedazo de papel en mis manos, mirando las direcciones para donde debía que ir, cuando un hombre se me acercó y me pregunto: "¿Esta visitando al enfermo?". "Sí", le respondí. "Vaya allá", me dijo y apuntando hacia una casa cercana.

Toqué a la puerta. Nadie respondió. Toqué de nuevo, y luego una voz de adentro dijo: "¡Entre!". Entonces abrí la puerta y entré. Luego un hombre joven me señalaba para subir las escaleras.

Cuando subí hacia el pasillo, había una puerta bien abierta. Por lo que entré directo y encontré a una mujer sentad en la cama. Tan pronto como la vi, supe que no podía hablarme, por lo que empecé a orar. Ella se mecía para adelante y para atrás, luchando por respirar. Yo sabía que ella estaba más lejos de responderme.

Cuando oré, el Señor me dijo—el Espíritu Santo dijo claramente— "Lee Isaías 53". Por lo que abrí el Libro y empecé a leerlo en voz alta,

*¿Quién ha creído a nuestro anuncio? ¿y sobre quién se ha manifestado el brazo de Jehová? Subirá cual renuevo delante de Él, y como raíz de tierra seca.* (Isaías 53:1–2)

Cuando llegué al quinto versículo, *"Más Él herido fue por nuestras rebeliones, molido por nuestros pecados; el castigo de nuestra paz fue sobre Él, y por su llaga fuimos nosotros curados"*, la mujer gritó, "¡Estoy sanada!".

"¡Oh!", dije. "Dígame lo que ha sucedido".

"Hace dos semanas estaba limpiando la casa", me dijo. "Al mover algunos muebles, tensé mi corazón. Los doctores me examinaron y dijeron que moriría de sofocación. Pero anoche, en medio de la noche, lo vi a usted entrar en este cuarto. Cuando lo vi entrar en el cuarto. Cuando usted me miró, usted sabía que yo no podía hablar, por lo que empezó a

139

# 21 de marzo

orar. Entonces abrió Isaías 53 y leyó hasta que llegó al quinto versículo, y cuando lo leyó, yo fui totalmente sanada. Esa fue una visión; ahora es un hecho".

Así es que, yo se que la Palabra de Dios todavía es verdadera. Ahora, esa es una palabra de Dios. Usted nunca tendrá nada más claro que esa del Señor. La gente pierde el mayor plan de sanidad porque van de una cosa a otra. Estése en el suelo. Dios quiere que usted tome la Palabra, clame la Palabra, y crea la Palabra. Esa es la perfecta manera de sanidad. No vaya de la mano derecha hacia la izquierda (véase Deuteronomio 5:32), más bien, crea en Dios.

Dios quiere barrer todo la incredulidad dentro de su corazón. Él quiere que usted se atreva a creer en su Palabra. Esta es la Palabra del Espíritu. Si usted permite que cualquier cosa me meta entre usted y la Palabra, eso envenenará todo su sistema, y no tendrá esperanza. Eso es como el demonio poniendo división en usted. La Palabra de Vida es el aliento del cielo, el poder dador de vida por medio del cual su mero ser es cambiado. Por medio de eso, usted empieza a soportar la imagen del celestial.

**Pensamiento para hoy:** Una pizca de incredulidad contra la Palabra, es veneno.

## 22 de marzo

# El pan de sanidad

*¿Qué padre de vosotros, si su hijo le pide pan,*
*le dará una piedra?* (Lucas 11:11).

*Lectura de las Escrituras:* Marcos 7:24–30; Lucas 11:5–13

*S*e presenta la siguiente pregunta: ¿Es la salvación y la sanidad para todos? Son para todos los que la urgen y reclaman su porción. ¿Recuerda el caso de la mujer sirofenicia que quería que echaran fuera al demonio que estaba en su hija? Jesús le dijo: *"Deja primero que se sacien los hijos, porque no está bien tomar el pan de los hijos y echarlo a los perrillos"* (Marcos 7:27). Preste atención que la sanidad y la liberación están dichas aquí por el Maestro como *"el pan de los hijos"*; por consiguiente, si usted es un hijo de Dios, seguramente que puede urgir por su parte.

La mujer sirofenicia se propuso tener del Señor lo que andaba buscando, y dijo: *"Sí, Señor; pero aun los perrillos, debajo de la mesa, comen de las migajas de los hijos"* (versículo 28). Jesús estaba conmovido al ver la fe de esta mujer, y le dijo, *"Por esta palabra, ve; el demonio ha salido de tu hija"* (versículo 29).

Hoy, muchos hijos de Dios están rechazando su porción comprada con sangre de sanidad en Cristo y tirándola. Mientras tanto, los pecadores están urgidos y recogiendo debajo de la mesa y están alimentando la sanidad, nos sólo para sus cuerpos, sino también para sus espíritus y sus almas. La mujer sirofenicia regresó a su casa y encontró que el demonio ciertamente se había salido de su hija. Ahora hay pan—hay vida y salud—para cada hijo de Dios por medio de su poderosa Palabra.

La Palabra puede sacar toda enfermedad de su cuerpo. La sanidad es su porción en Cristo, quien Él mismo es nuestro pan, nuestra vida, nuestra salud, nuestro todo. Aunque usted esté profundo en el pecado, puede venir a Él con arrepentimiento, y Él perdonará, limpiará y le sanará. Sus palabras son espíritu y vida para quienes le reciban. (Véase Juan 6:63). Existe una promesa en el último versículo de Joel que dice: *"Y limpiaré la sangre de los que no había limpiado; y Jehová morará en Sion"* (Joel 3:21). Esencialmente dice que Él proveerá nueva vida interna. La vida de Jesucristo, el Hijo de Dios, puede purificar los corazones y las mentes de

141

las personas para que se vuelvan totalmente transformados—espíritu, alma y cuerpo.

La gente enferma estaba a la orilla de la estanque de Betesda, y un hombre en particular había estado allí por largo tiempo. Su enfermedad tenía treinta y ocho años de tenerla. De vez en cuando, la oportunidad de ser sanado vendría cuando el ángel movía las aguas, pero él estaba enfermo del corazón cuando miraba que alguien más se adelantaba para ser sanado antes que él. Entonces un día, Jesús pasaba por allí, y lo vio acostado en condición triste. Él le preguntó, "*¿Quieres ser sano?*" (Juan 5:6). Jesús lo dijo y sus palabras son "*desde el siglo y hasta el siglo*" (Salmo 90:2). Estas son las palabras de Él para usted ahora, probada y examinada. Puede que usted diga, como este pobre hombre enfermo, "He perdido cada oportunidad hasta ahora". No importa eso. "¿Quiere ser sano?"

**Pensamiento para hoy:** Un toque de fe viva en Él es todo lo que se requiere para la totalidad sea su parte.

## 23 de marzo

# ¿Por qué Ananías y Safira murieron?

*No has mentido a los hombres, sino a Dios* (Hechos 5:4).

*Lectura de las Escrituras:* Hechos 5:1–16

Ananías y Safira estaban en el maravilloso avivamiento que Dios le dio a la iglesia primitiva, pero se la perdieron. Ellos pensaron esa posibilidad que la cosa puede fallar. Querían tener una reserva para sí en caso que se tornara en un fracaso.

Hoy, muchas personas son como ellos. Muchos hacen promesas a Dios en momentos de gran crisis en sus vidas pero fallan en mantener sus promesas y al final se vuelven espiritualmente quebrados. Bendito es el hombre *"el que aun jurando en daño suyo, no por eso cambia"* (Salmo 15:4), el que mantiene la promesa que hizo ante Dios, el que esté dispuesto a dejarlo todo a los pies de Dios. El hombre que así lo hace nunca se vuelve en alma pobre. Dios ha prometido dar *"vigor a tus huesos"* (Isaías 58:11). No existe lugar árido para tal hombre. Siempre estará *"vigoroso y verde"* (Salmo 92:14), y se vuelve fuerte y más fuerte. Vale la pena confiar en Dios con todo y quedarse sin nada.

Deseo hacerle ver cuán gran Dios tenemos. Ananías y Safira realmente dudaron de Dios y cuestionaron si esta obra que Él había iniciado continuaría. Querían recibir algo de gloria por vender su propiedad, pero, por su falta de fe, se quedaron con parte de lo recaudado en caso que la obra de Dios fallara.

Muchos están dudando si este avivamiento pentecostés continuará. ¿Cree usted que esta obra pentecostés deje de existir? Nunca. Por cincuenta años he estado en constante avivamiento, y estoy seguro que nunca cesará. Cuando George Stephenson construyó su primera máquina locomotora, llevó a su hermana Mary a verla. Ella la miró y le preguntó a su hermano, "George, nunca se moverá". Él le dijo, "Entra, Mary". Ella dijo otra vez, "Esto nunca se moverá". El le respondió, "Veremos; entra". Por fin Mary entró. El silbato sonó, hubo una bocanada y un traqueteo, y la máquina empezó a encender. Entonces Mary gritó, "¡George, esto nunca parará!".

La gente está buscando el avivamiento pentecostés, y son muy críticos. Están diciendo, "Esto nunca marchará". Sin embargo, cuando son inducidos para entrar a la obra, de una vez por todas dicen: "Esto nunca terminará". Este avivamiento de Dios es demasiado, y no existe el detenerse en la vida actual, de amor, de inspiración y de poder.

Dios ha traído recursos ilimitados para todos. No dude. Escuche con el oído de fe. Dios está en medio. Vea que eso es Dios quien a determinado lo que usted mira y oye ahora. (Véase Hechos 2:33).

Quiero que usted vea que en la iglesia primitiva, controlada por el poder del Espíritu Santo, no era posible que existiera una mentira. En el momento que entró a la iglesia, hubo muerte instantánea. Y como el poder del Espíritu Santo se incrementa en estos días de lluvia tardía (véase Santiago 5:7), será imposible para cualquier hombre, el permanecer en nuestro medio con un espíritu de mentira. Dios purificará la iglesia. La Palabra de Dios será de tal poder en sanar y otras manifestaciones espirituales, que gran temor habrá en aquellos que vean estas cosas.

Para la mente natural, esto pareciera poca cosa que Ananías y Safira haberse dejado un poco, pero quiero decirle que usted puede complacer a Dios y hacer cosas para Dios sólo a través de una fe viva que le da todo a Él. Dios nunca falla. Dios nunca puede fallar.

**Pensamiento para hoy:** El poder de Dios es el mismo hoy, que como fue en el pasado. La gente necesita regresar a los viejos caminos, a la fe de viejos tiempos, para creer en la Palabra de Dios y para que esté el "Así dice el Señor".

# Manténgase en guardia

*Pero fiel es el Señor, que os afirmará*
*y guardará del mal* (2 Tesalonicenses 3:3).

**Lectura de las Escrituras:** 2 Tesalonicenses 2

Estos son los últimos días, los días de *"la apostasía"* (2 Tesalonicenses 2:3). Estos son días cuando Satanás está teniendo un buen poco de poder. Pero debemos tener presente que Satanás no tiene poder excepto que le sea permitido.

Es una gran cosa saber que Dios está liberándolo a usted del mundo, liberándole de miles de cosas. Usted debe buscar el tener la mente de Dios en todas las cosas. Si no lo hace, detendrá sus obras.

Lo sorprendente de Moisés es que le tomó cuarenta años aprender la sabiduría humana, cuarenta años para conocer su impotencia, y cuarenta años para vivir en el poder de Dios. Tomo ciento veinte años enseñarle a ese hombre y algunas veces me parece que tomará más años llevarnos al lugar donde podemos discernir la voz de Dios, la dirección de Dios, y toda su voluntad en lo que concierne a nosotros.

Veo que toda la revelación, toda la iluminación, todo lo que Dios tenía en Cristo era para llevarla hacia la perfecta luz para que pudiéramos ser capaces de vivir de la misma manera, producir las mismas cosas, y en cada actividad ser los hijos de Dios con poder. Así debe ser. No debemos limitar al Santo. Debemos ver claramente que Dios nos trajo para hacernos sobre naturales, para que podamos ser cambiados todo el tiempo a lo largo de las líneas de lo sobre natural. Él quiere que nosotros vivamos todos los días en el Espíritu para que todas las revelaciones de Dios sean justo como lienzos puestos ante nuestros ojos, en donde miremos claramente paso a paso toda la voluntad divina de Dios.

**Pensamiento para hoy:** Nunca conoceremos la mente de Dios hasta que aprendamos a conocer la voz de Dios.

## 25 de marzo

# El dulce toque del cielo

[Venga] *acercándoos a Él, piedra viva, desechada ciertamente por los hombre, más para Dios escogida y preciosa* (1 Pedro 2:4).

*Lectura de las Escrituras:* 1 Pedro 2:1–16

*S*e que muchos de ustedes piensan antes de hablar. Aquí hay una gran palabra: *"Porque vuestra obediencia ha venido a ser notoria a todos, así que me gozo de vosotros; pero quiero que seáis sabios para el bien, e ingenuos para el mal"* (Romanos 16:19). Ingenuos. Eso es, no corrupción o podredura interna, no lleno de desconfianza, sino santo, divino semejante a Jesús que se atreve a creer que el poderoso Dios seguramente cuidará de todo. ¡Aleluya! *"No te sobrevendrá mal, ni plaga tocará tu morada. Pues a sus ángeles mandará acerca de ti, que te guarden en todos tus caminos"* (Salmo 91:10–11). El hijo de Dios que está anclado en el pecho del Padre tiene el toque más dulce del cielo, y la miel de la Palabra está siempre en su vida.

Si los santos sólo supieran cuán preciosos son a los ojos de Dios (véase Isaías 43:4), escasamente serían capaces de dormir pensando en su vigilante y cuidadoso amor. ¡Oh, Él es un precioso Jesús! ¡Es un Salvador amoroso! ¡Es divino en todas sus actitudes hacia nosotros, y hace que nuestros corazones se quemen! No existe nada como eso. "Oh", dijeron los dos hombres iban viajado a Emaús con Jesús, "¿no se queman dentro de nosotros nuestros corazones mientras Él anduvo con nosotros y habló con nosotros?". (Véase Lucas 24:32). Oh, amado, así debe ser ahora.

Siempre tenga en mente que el Espíritu Santo debe traer manifestación. Debemos comprender que el Espíritu Santo es aliento, el Espíritu Santo es una persona, y es lo más maravilloso saber que este poder del Espíritu Santo puede estar en cada parte de nuestros cuerpos. Usted puede sentirlo desde la coronilla de su cabeza hasta la planta de sus pies. ¡Oh, es lindo ser quemado todo con el Espíritu Santo! Y cuando eso toma posesión, la lengua debe dar la gloria y la alabanza.

Usted debe estar en el lugar de magnificar al Señor. El Espíritu Santo es el gran Magnifico de Jesús, el gran Iluminador de Jesús. Después que el Espíritu Santo entra, es imposible mantener su lengua quieta. ¡Porque, reventará si no le da a Él su interioridad! ¿Qué de un alma con bautizo silencioso? Tal persona no se encuentra en las Escrituras. Se dará cuenta que cuando habla a Dios en nueva lengua que Él le da, usted entra en una comunicación cercana con Él nunca antes experimentada. ¡Hablando de predicación! Me gustaría saber cómo sería posible que toda la gente que es llena con el Espíritu Santo pare de predicar. Aun los hijos y las hijas deben profetizar. (Véase Joel 2:28). Después que el Espíritu entra, el hombre es una nueva orden en Dios. Se dará cuenta que es tan real que querrá cantar, hablar, reír y gritar. Estamos en un lugar extraño cuando el Espíritu Santo entra. Si la venida del Espíritu es linda, ¿qué debe ser lo que fluye? Lo que viene sólo debe ser un flujo.

Me interesan mucho los panoramas. Cuando estuve en Suiza, no estuve satisfecho hasta que me fui a la cima de la montaña, aunque también me gustan los valles. En la cima de la montaña, el sol golpea la nieve y envía el agua escurriéndose hacia debajo justo por los prados. Vaya y vea si usted puede detener el agua. Es la misma manera en el reino espiritual. Dios empieza con el flujo divino de su poder eterno, que es el Espíritu Santo, y usted no lo puede detener.

**Pensamiento para hoy:** La fe es la puerta abierta por donde entra el Señor.

## 26 de marzo

# Gigantes espirituales

*¿Por qué ponéis los ojos en nosotros, como si por nuestro poder o piedad hubiésemos hecho andar a éste?* (Hechos 3:12).

*Lectura de las Escrituras:* Hechos 3:2–26

*D*ebemos siempre ver claramente que el bautismo en el Espíritu debe hacernos espíritus ministrando. Pedro y Juan habían sido bautizados sólo por corto tiempo cuando se encontraron con el hombre cojo en el templo. ¿Sabían ellos lo que tenía? No. Le reto a pruebe saber lo que usted tiene. Nadie sabe lo que tiene en el bautismo del Espíritu Santo. Usted no tiene idea de eso. Usted no puede medirlo por medio de ningún estándar humano. Es mayor de lo que cualquier hombre puede imaginar; consecuentemente, aquellos dos discípulos no tenían idea de lo que tenían.

Por primera vez después que habían sido bautizados en el Espíritu Santo, llegaron a la Puerta la Hermosa. Allí vieron al hombre sentado que había sido cojo por cuarenta años. ¿Qué fue lo primero que sucedió después que lo vieron? Ministración. ¿Qué fue lo segundo? Operación. ¿Qué fue lo tercero? Manifestación, por supuesto. No pudo ser de otra manera. Usted siempre encontrará que este orden en las Escrituras serán llevadas en todo mundo.

Veo claramente que debemos tener gigantes espirituales en la tierra, poderosos en entendimiento, sorprendentes en actividad, siempre teniendo un testimonio maravilloso porque sus obras están llenas de fe. En cambio, encuentro que existen muchas personas que quizás tengan mejor discernimiento que el creyente promedio, mejor conocimiento de la Palabra que el creyente promedio, pero han fallado en poner en práctica su discernimiento y conocimiento, por lo que los dones están dormidos. Estoy aquí para ayudarle a que empiece a hacer hechos poderosos en el poder de Dios a través de los dones del Espíritu. Usted se dará cuenta que de lo que estoy hablando es del conocimiento personal derivado de las maravillosas experiencias en varias tierras. El hombre que está lleno del Espíritu Santo siempre está actuando. El primer versículo de Hechos de los Apóstoles dice, *"Jesús comenzó a hacer y a enseñar"*. Jesús tenía que hacerlo, también nosotros.

**Pensamiento para hoy:** Prefiero tener el Espíritu de Dios en mí por cinco minutos que recibir un millón de dólares.

## 27 de marzo

# Ayuda para el herido

*Más tú, Señor, Dios misericordioso y clemente, lento para la ira,*
*y grande en misericordia y verdad* (Salmo 86:15).

*Lectura de las Escrituras:* Lamentaciones 3:21–41

*E*n Sydney, Australia, un hombre con un bastón pasó frente a un amigo y a mí. Tenía que bajar y luego girar, y la tortura de su cara hizo una profunda impresión en mi alma. Me pregunté, "¿Es correcto adelantar a ese hombre?". Entonces le dije a mi amigo, "Hay un hombre con horrible sufrimiento, y no puedo continuar. Debo hablarle". Me fui donde ese hombre y le dije: "Pareciera que está en gran problema". "Sí", respondió, "no estoy bien y nunca lo estaré". Le dije: "¿Mira ese hotel? Estése al frente de la puerta en cinco minutos, y oraré por usted, y será capaz de pararse erguido como cualquier hombre aquí". Esta declaración ejercitó mi fe en Jesús.

Regresé después de pagar la cuenta, y allí estaba él. Nunca olvidaré su preocupación si iba a caer en una trampa, o por qué un hombre lo había detenido en la calle y le había dicho que lo haría pararse erguido. Sin embargo, lo había dicho, así es que debía serlo. Si usted dice cualquier cosa, debe estar con Dios para hacerlo. Nunca diga nada por bravuconería, a menos tenga el derecho de decirlo. Siempre esté seguro de su posición, y esté seguro que está honrando a Dios. Si existe alguna cosa acerca de la situación que le hará en cualquier cosa, le traerá tristeza. Todo su ministerio tiene que estar en las líneas de la gracia y la bendición.

Ayudamos a ese hombre a subir dos pasos, lo llevamos al elevador y hacia las escaleras. Fue difícil meterlo del elevador a mi cuarto, como si Satanás estuviera haciendo su último intento por esta vida, pero lo llevamos. En el lapso de cinco minutos este hombre salió del cuarto con su cuerpo tan erguido como cualquier hombre. Caminó perfectamente y declaró que no tenía dolor en su cuerpo.

Si Dios le estirará su poderoso poder para aflojar las piernas adoloridas, ¿qué misericordia extenderá a esa alma de ustedes que deben existir para siempre? Él le invita: *"Venid a mí todos los que estáis trabajados y cargados, y yo os haré descansar"* (Mateo 11:28). Dios está dispuesto, en su gran misericordia, a tocar miembros con su poderoso poder, y si

# 27 de marzo

Él está dispuesto a hacerlo, cuánto más está ansioso de liberarlo del poder de Satanás. ¡Cuánto más necesario es para nosotros, ser sanados de nuestra alma enferma que de nuestros achaques corporales! Dios está dispuesto a dar doble sanidad.

Amado, ¡esto es ministrar; esto es operación; esto es manifestación! Esos son los tres principios principales del bautismo en el Espíritu Santo. Debemos ver que Dios está produciendo estas tres cosas a través de nosotros.

La Biblia es la Palabra de Dios. Tiene las verdades, y lo que la gente pueda decir de ella, se queda paralizada, inmovible. Ni una palabra de todas sus promesas fallaran. (Véase 1 Reyes 8:56). Su Palabra prevalecerá. En el cielo está puesto. (Véase Salmo 119:89). En la tierra el hecho debe ser manifestado que É les el Dios del eterno poder.

**Pensamiento para hoy:** La gracia es la bendición de Dios cayendo sobre nosotros. Usted abre la puerta a Dios como un acto de fe, y Dios hace todo lo que usted quiere.

## 28 de marzo

# Empiece a actuar

*Procura con diligencia presentarte a Dios aprobado,*
*como obrero que no tiene de qué avergonzarse,*
*que usa bien la palabra de verdad* (2 Timoteo 2:15).

*Lectura de las Escrituras:* 2 Timoteo 2:1–15; 20–21

Dios quiere que su gloria sea vista. Perderemos mucho si no empezamos a actuar. Pero una vez que empecemos a actuar de acuerdo a la voluntad de Dios, nos daremos cuenta que Dios establece su fe y desde ese días, hace que su promesa sea real en nosotros.

Estaba hablando acerca de la fe y de lo que tendría lugar si creemos en Dios. Cuando me fui de ese lugar, parecía que un hombre que trabajó en la mina de carbón me había oído. Tenía problema con una rodilla rígida. Él le dijo a su esposa: "No puedo dejar de pensar todos los días que el mensaje de Wigglesworth era para movernos a hacer algo. No puedo quitármelo. Todos los hombres en la mina saben cómo camino con una rodilla rígida, y tú sabes cuánto me has envuelto en yardas de franela. Muy bien, voy a actuar. Tu tienes que ser la congregación". Puso a su esposa frente a él. "Voy a actuar y hacer justo como lo dijo Wigglesworth". Sostuvo su pierna sin misericordia, diciendo, "¡Salgan, ustedes demonios; salgan en el nombre de Jesús! Ahora, Jesús, ayúdame. Salgan demonios, salgan". Luego dijo, "¡Esposa, se fueron! ¡Se fueron!". Entonces, se fue s su lugar de adoración, y todos los mineros estaban allí. Mientras él les contaba la historia, ellos se deleitaban. Dijeron: "Jack, ven aquí y ayúdame". Y Jack iba. Tan pronto como pasaba por una casa, era invitado a ir a otra, aliviando a esta gente de los dolores de la mina de carbón.

¡No tenemos idea de lo que Dios tiene para nosotros si tan sólo empezamos! Pero, ¡Oh, necesitamos de la gracia! Si hacemos esta obra fuera de Él, si lo hacemos por nuestra propia cuenta, será un fracaso. Seremos capaces de tener éxito sólo mientras hagamos el trabajo en el nombre de Jesús. ¡Oh, el amor que el Hijo del Dios puede poner en nosotros si tan sólo fuéramos los suficientemente humildes, lo suficientemente débiles y lo suficientemente impotentes para saber que a menos que Él lo haga, no será hecho! Viva y ande en el Espíritu. Camine con Dios. Deje ir lo que terrenal, y sosténgase de los ideales de Dios. Dios le pondrá fin a su ego. Empiece con Dios en este momento.

**Pensamiento para hoy:** Dios quiere que seamos bendecidos, pero primero que todo, Él quiere que estemos listos para la bendición.

151

## 29 de marzo

# Una doble sanidad

*Recibiréis poder, cuando haya venido
sobre vosotros el Espíritu Santo* (Hechos 1:8).

*Lectura de las Escrituras:* Romanos 5:19–6:18

Mi amigo, usted necesita una doble sanidad. Primero necesita salvarse y limpiarse y luego bautizarse en el Espíritu Santo, hasta que el viejo hombre nunca más se levante, hasta que usted esté absolutamente muerto del pecado y vivo para Dios por medio de su Espíritu y sepa que las viejas cosas han pasado. Cuando el Espíritu Santo toma posesión de una persona, es totalmente un nuevo inicio—se vuelve saturado con poder divino. Nos volvemos en habitación de Él que es toda luz, toda revelación, todo poder, y todo amor. Sí, Dios el Espíritu Santo es manifestado dentro de nosotros de tal manera que es glorioso.

Cierto hombre rico en Londres, tenía un negocio floreciente. Solía contar sus tantos activos, pero seguía estando preocupado por dentro; no sabía qué hacer. Caminando por su gran edificio, llegó donde un muchacho que era el portero; encontró al muchacho silbando. Mirándolo, midió toda la situación completamente y se regresó a su oficina de nuevo y desconcertado por el asunto. Aunque continuó con su negocio, no podía encontrar paz. Su banco no le pudo ayudar; su dinero, su éxito, no le podían ayudar. Tenía un doloroso vacío. Estaba sin esperanza por dentro. Mi amigo, tener el mundo sin tener a Dios es como ser "*sepulcros blanqueados*" (Mateo 23:27).

Cuando no podía tener descanso, exclamaba: "Iré donde ese muchacho para ver que está haciendo". De nuevo fue y lo encontró silbando. "Quiero que vengas a mi oficina", le dijo. Cuando entraron en la oficina, el hombre le dijo: "Dime, ¿qué te hace tan feliz y contento?". "Oh", respondió el muchacho, "solía ser muy miserable hasta que fui a una pequeña misión y escuché de Jesús. Luego fui salvo y lleno del Espíritu Santo. Siempre estoy silbando por dentro; si no estoy silbando, estoy cantando. ¡Estoy lleno!".

El hombre rico obtuvo la dirección de la misión por medio del muchacho, fue a los servicios, y se sentaba cerca de la puerta. Pero el poder de Dios lo movió tan fuertemente que cuando se invitó para ir al altar, respondió. Dios lo salvó y, unos días más tarde, le llenó con el Espíritu Santo. El hombre se encontró en su escritorio, gritando, "¡Oh, aleluya!".

# 29 de marzo

El bendito Hijo de Dios quiere llenarnos con tal gloria hasta que todo nuestro cuerpo se inflame con el poder del Espíritu Santo. Veo que hay *"mucho más"* (Romanos 5:9). ¡Gloria a Dios! Mi hija les pidió a unos muchachos africanos que le dijeran la diferencia entre ser salvado y ser lleno del Espíritu Santo. "Ah", le respondieron, "cuando somos salvos, era muy bueno; pero cuando recibimos al Espíritu Santo, fue mucho más". Muchos de ustedes nunca han recibido de lo "mucho más".

Después que el Espíritu Santo cae sobre usted, tendrá poder. Dios poderosamente se moverá en su vida; el poder del Espíritu Santo sobreabundará en usted, moviéndole internamente hasta que sepa que hay un plan divino diferente de todo lo que antes haya tenido en su vida.

¿Ha venido Él? Él va a entrar en usted. Estoy esperando que Dios manifieste tanto su presencia y poder para que Él le muestre la necesidad de recibir al Espíritu Santo. También, Dios sanará aquellos que necesitan sanidad. Todo lo que se debe ser ahora es tener: salvación, santificación, la llenura del Espíritu Santo y la sanidad. Dios está trabajando poderosamente por medio del poder de su Espíritu, trayéndonos a la llenura de su perfecta redención hasta que cada alma pueda saber que Dios tiene todo el poder.

**Pensamiento para hoy:** Dios es la esencia del gozo para nosotros en el momento en que todo pareciera árido, cuando pareciera que nada puede ayudarnos sino la luz desde el cielo que es mucho más brillante que el son. Cuando eso le toque y le cambie, se dará cuenta nada vale la pena, sino que sólo eso.

## 30 de marzo

# La fe dadora de vida

*Y llegando a la casa, vinieron a él los ciegos; y Jesús les dijo: ¿Creéis que puedo hacer esto? Ellos dijeron: Sí, entonces les tocó los ojos, diciendo: Conforme a vuestra fe sea hecho* (Mateo 9:28–29).

**Lectura de las Escrituras:** Romanos 4:8–5:2

Qué significa que la gente tenga fe! ¡Qué significaría cuando todos tengamos fe! Sabemos que tan pronto como la fe está en perfecta operación, estaremos en el lugar donde Dios es manifestado justo delante de nuestros ojos. El puro de corazón verá a Dios (véase Mateo 5:8), y todos los pasos de la pureza son un nombramiento divino de más fe. Mientras más puro, más fe.

Cuando Lázaro murió y Jesús sabía que María, Martha y todos los que estaban alrededor habían perdido la confianza y la fe, Él volvió al Padre en oración y dijo, *"Padre,...Yo sabía que siempre me oyes"* (Juan 11:41–42). Jesús le ordenó a Lázaro que se levantara de la tumba; la muerte tenía que dejarlo, y todo debía suceder como Él lo dijo.

La fraternidad, la pureza, la unidad—estas cosas son reflejo de una cooperación viviente en donde estamos siendo cambiados de fe en fe. Permita el Señor darle a usted este pensamiento ahora: ¿Cómo me puedo abandonar más y más de lo terrenal, de la fraternidad humana, hasta que esté absolutamente muy ligado a Dios para que Dios tenga su derecho de vía hacia el trono de mi corazón, hasta que el centro de mis emociones sean benditamente purificadas, hasta que no haya espacio para nada más excepto para el Hijo de Dios, que es el Autor y Consumador de la fe? (Véase Hebreos 12:2). Entonces Cristo será manifestado en su carne, destruyendo todo lo que esté fuera de Él.

**Pensamiento para hoy:** La sangre de Jesús y su poderoso nombre son un antídoto para todas las semillas sutiles de incredulidad que Satanás tratará de sembrar en su mente.

## 31 de marzo

# Esté satisfecho

*Si alguno tiene sed, venga a mí y beba* (Juan 7:37).

*Lectura de las Escrituras:* Juan 7:37–8:12

*L*a mayoría de nosotros hemos sido bautizados en agua en acción de que sabemos lo que significa. Pero, quiero que usted vea que el mayor deseo de Dios es que sea cubierto con el bautismo del Espíritu Santo. Él quiere que usted sea sumergido con la luz y la revelación del Espíritu Santo, la tercera persona de la Trinidad, para que todo su cuerpo no sólo sea llenado sino también cubierto hasta que camine en la presencia del poder de Dios.

Jesús vio a toda la gente en la Fiesta del Tabernáculo, y Él no sólo tenía la gran capacidad de examinar, de abrir los pensamientos internos y las intenciones del corazón, sino que Él también vio cosas a lo rápido; entró en una situación justo en su momento.

No debemos olvidar que Él fuel lleno del Espíritu Santo. Él fue amoroso porque estaba lleno de divino flujo interno de la vida de Dios. Mire cómo Él trato con esta situación. Vio a la gente que había estado en Jerusalén en la festividad, y se estaban regresando insatisfechos. Mi Dios nunca estará satisfecho cuando alguien estuviera insatisfecho.

En ninguna parte de la Escritura se registra que usted debe estar hambriento, desnudo, lleno de discordia, lleno del mal, lleno de desorden, lleno de sensualidad, o lleno de carnalidad. Eso era lo que se estaba teniendo en la festividad, y se fueron más hambrientos que como estaban antes. Jesús los vio así y dijo: *"A todos los sedientos: Venid a las aguas'* (Isaías 55:1). Vengan a mí, los que estén sedientos, y les daré de beber".

¡Oh, el Maestro puede dar! El Maestro lo tiene para darlo. Amado, Él está aquí para dar, y le aseguro que Él le dará

Sí, la mano pesada de Dios está llena de misericordia. La espada de doble filo está llena de divisiones. (Véase Hebreos 4:12). Su vivificación en el Espíritu pone a morir todo lo que necesita morir para que Él pueda transformarlo por medio de la resurrección de su vida.

**Pensamiento para hoy:** La muerte de Cristo trae la vida de Cristo.

## 1 de abril

# Atrévase a creer en Dios

*Hasta ahora nada habéis pedio en mi nombre; pedid,*
*y recibiréis, para que vuestro gozo sea cumplido* (Juan 16:24).

*Lectura de las Escrituras:* 2 Crónicas 20:15–30

*D*ios tiene un plan para nosotros que es más grande que nuestros pensamientos, mayor que las palabras que se pueden decir. Usted que ha estado buscando mayores cosa de Dios por un largo tiempo, podría asombrarse si entró en la oración comprendiendo que el Maestro, Jesús, tiene tal conocimiento del poderío del poder Padre y del conjunto de la unión con Él, que puede decir: nada es imposible que pidas. Él solo puede decir: *"Hasta ahora nada habéis pedido".*

Si usted tan sólo se organizara—para nada más que usted mismo, se obstaculizará—sería hoy que Dios le transformará tanto que sería una persona totalmente diferente, como nunca antes haya sido. Más allá de la mente humana, su medida humana, su propia fuerza y todos sus recursos—esto es lo más grande que yo puedo decir—y permitir que la inspiración se haga cargo de todo usted, y le saque hacia el poder de Dios.

Crea que hoy es un nuevo principio para usted. Usted nunca ha pasado de esta manera antes. Por lo que le traigo hacia otro día de cruzar cualesquiera alturas, pasando por neblinas u oscuridad. Atrévase a creer que las nubes están sobre usted y que se abrirán con exceso de bendiciones como premio. No se asuste de las nubes—todas son terrenales. Nunca esté asustado por las cosas terrenales. Usted pertenece a una orden mayor, un orden divino, un orden espiritual. Crea que Dios quiere que usted se eleve muy alto en este día.

**Pensamiento para hoy:** Empiece a creer en pedir extravagancias, creyendo que Dios está complacido cuando usted pide cosas grandes.

# 2 de abril

# La elección de Dios

*Como escogidos de Dios, santos y amados, de entrañable
misericordia, de benignidad, de humildad, de mansedumbre,
de paciencia; soportándoos unos a otros, y perdonándoos unos
a otro si alguno tuviere queja contra otro. De la manera que Cristo
os perdonó, así también hacedlo vosotros* (Colosenses 3:12–13).

*Lectura de las Escrituras*: Colosenses 3:1–17

*T*ome nota de esto: Existe una elección de Dios. Sé que Dios tiene gente que son elegidos por Dios, y si se examina a sí mismo, podría sorprenderse de encontrar que usted es uno de ellos. La gente está tremendamente asustada de esta posición porque con frecuencia escuchan: "¡Oh, sabes que eres elegido por Dios!". Han existido grandes iglesias en Inglaterra que fueron basadas en estas cosas. Agradezco a Dios que todas se han marchitado. Si usted va a Inglaterra, se dará cuenta que estas personas fuertes que usaban apoyarse en estas cosas, casi todas se han marchitado. ¿Por qué? Porque fueron diciendo esto, si usted fue elegido, estuviera en lo correcto en cualquier cosa que hiciera. Eso está equivocado.

La elección de Dios son aquellos que están presionados a proseguir. La elección de Dios no puede quedarse quieta: Siempre están en el ala. Cada persona que tiene el conocimiento de la elección de Dios se da cuenta que es importante que prosiga. No puede resistir al pecado o cosas sospechosas. El elegido está tan serio en ser elegido por Dios que queman cada puente detrás de ellos.

Sepa que primero habrá una manera de caída. (Véase 2 Tesalonicenses 2:3). Dios sacará de sus tesoros las realidades de la verdad y las podrá lado a lado: lo falso, lo verdadero; aquellos que pueden ser movidos y aquellos que no pueden ser movidos.

**Pensamiento para hoy:** Dios quiere que seamos edificados sobre la base de la verdad para que no seamos movidos en nuestras mentes, sin importar lo que venga.

## 3 de abril

# El hombre de pecado

*Muchos engañadores han salido por el mundo,*
*que no confiesan que Jesucristo ha venido en carne.*
*Quien esto hace es el engañador y el anticristo (2 Juan 7).*

*Lectura de las Escrituras:* 1 Juan 2

Cuando estuve en Sydney, dijeron: "Haga lo que haga, debe ver que este lugar fue construido por el hombre, el nuevo hombre que vendrá".

La teosofía, que está basada en teorías de reencarnación y otras falsedades, tiene un nuevo hombre. Nada más que la teosofía puede tener un nuevo hombre. La base de esta teosofía siempre ha sido corrupta. La formación de la teosofía fue conectada a uno de los más grandes ateos de la actualidad. La teosofía dispersa el ateísmo.

El hombre de pecado, al hacerse presente, hará muchas cosas. Habrá mucho falsos Cristo, y habrá manifestaciones de la venida del hombre de pecado, pero todo terminará. El hombre de pecado será revelado.

Estas personas están determinadas en tener un hombre. Saben alguien debe venir. Nosotros los cristianos sabemos que quien es Aquel que vendrá para nosotros. Pero estas personas empiezan a hacer un hombre en esta manera: Encuentran un hombre en India, le pulen tanto como sea posible; le visten, pero se nos ha dicho por el Señor que los vestidos suaves pueden convertirse en lobos rapaces. (Véase Mateo 7:15).

Encontramos que van a traer a este hombre con gran estilo. Cuando estuve alrededor del anfiteatro de Sydney, eso fue hecho por el hombre que viene, lo vi tan claramente que todo eso era la preparación para el hombre de pecado. Pero ellos no lo creen.

¿Qué le hará saber que este es el hombre de pecado? Esto: toda secta y credo religioso que existen en el mundo se juntarán. No habrá una religión conocida que no se junte con eso.

Por que eso es exactamente lo que el demonio quiere. Quiere que todas las religiones falsas se junten, y el hombre de pecado será recibido con aplausos cuando venga.

¿Quién será salvado? ¿Quién sabrá el día? ¿Quién conoce ahora al hombre de pecado? Lo sentiremos cuando le toquemos, cuando abra su boca, cuando escriba en el periódico, cuando miremos sus acciones—sabes quién es él.

# 3 de abril

¿Qué ha dicho siempre el hombre de pecado? ¿Por qué, exactamente dicen los Testigos de Jehová? ¿Qué? No existe el infierno. El demonio siempre dijo eso. ¿Qué dice la Ciencia Cristiana? No hay infierno, no hay demonio. Están listos para él. El demonio siempre ha dicho que no hay infierno, ni mal. Y estas personas están preparando, aunque no lo sepan, para el hombre de pecado.

Debemos saber que estos días deben venir antes que el Señor pueda venir. Debe haber un *"engaño"* (2 Tesalonicenses 2:3). En estos días debe haber una manifestación tan clara, de un hecho tan innegable. Le digo, cuando ellos empiezan a construir templos para la venida del hombre de pecado (aunque no lo sepan), usted sabe que el Día está cercano.

Una persona me dijo: "Mire, los Científicos Cristianos deben estar en lo correcto. Miré los lindos edificios; mire la gente que entra en ellos". Sí, todo mundo puede pertenecer a esto. Usted puede ir a cualquier burdel que le guste, puede ir a cualquier teatro que le guste, puede ir a cualquier curso de carrera que le guste, usted se puede mezclar con el resto de la gente en su vida y seguir siendo Científico Cristiano. Usted puede tener al demonio a la derecha, la izquierda y en cualquier lado y seguir perteneciendo al Científico Cristiano.

Cuando el hombre de pecado venga, alabado por todos lados. Cuando sea ostensible, ¿Quién le faltará? ¿Por qué, el reverente, el santo, el separado le faltará? ¿Por qué le harán falta a Él? ¡Porque no estarán aquí para saludarlo!

**Pensamiento para hoy:** El que ha sido engendrado en usted es el mismo Dios de poder que le preservará y traerá luz y verdad para que su visión sea clara.

## 4 de abril

# Libertado por temor

*En el amor no hay temor, sino que el perfecto amor*
*echa fuera el temor* (1 Juan 4:18).

*Lectura de las Escrituras:* 1 Juan 4:7–21

Nunca esté asustado por nada. Existen dos cosas en el mundo: una es el temor, la otra es la fe. Una pertenece al demonio, la otra a Dios. Si usted cree en Dios, no existe temor. Si usted tambalea por cualquier engaño de Satanás, será llevado hacia el temor. El temor siempre conlleva represión. Existe un lugar de perfecto amor por Cristo en donde usted siempre está sacando todos los temores y está viviendo en el lugar de libertad. (Véase 1 Juan 4:18). Asegúrese de nunca permitir que nada le haga temer. Dios está con usted; ¿quién podrá estar contra usted? (Véase Romanos 8:31).

La razón por la que muchas personas han entrado en la Ciencia Cristiana es que la iglesia está árida; no tiene el Espíritu Santo. La Ciencia Cristiana existe porque las iglesias tienen el lugar árido donde al Espíritu Santo no se le ha permitido gobernar. No podría haber lugar para la Ciencia Cristiana si las iglesias fueran llenas con el Espíritu Santo. Pero ya que las iglesias no tienen nada, entonces la gente necesitada se fueron con el demonio para llenar el vacío, y él les persuadió que tenían algo. Ahora las mismas personas están saliendo sabiendo que no han tenido nada—sólo una experiencia desértica.

Salvémonos de todos los problemas, permitiendo que el Espíritu Santo llene nuestros corazones. No dependa en ningún tiempo pasado, en ningún momento pasado, sino permita que la unción esté sobre usted; permita que la presencia y el poder estén sobre usted. ¿Está usted sediento, ansioso, deseoso? Entonces Dios derramará de Sus tesoros todo lo que usted necesita. Dios quiere satisfacernos con su grande, abundante y santo amor, impartir amor sobre amor, fe sobre fe.

Si usted ha caído corto, es porque ha rechazado al Espíritu Santo. Permita que el Espíritu Santo sea la luz en usted para que le alumbre aun de la luz que haya en usted y ninguna oscuridad recaerá sobre usted; será mantenido en medio del camino.

Sea precavido cuando alguien se le acerque con una píldora cubierta de azúcar o con una lengua viscosa. El Espíritu del Señor siempre trata

# 4 de abril

con la verdad. Déle al demonio la mayor persecución de su vida diciéndole estas palabras: *"Si andamos en luz, como Él está en luz, tenemos comunión unos con otros, y la sangre de Jesucristo su Hijo nos limpia de todo pecado"* (1 Juan 1:7).

Busque la venida del Señor. Estése en paz; viva en paz; perdone y aprenda cómo perdonar. Nunca tenga malicia; no sostenga ningún rencor contra nadie. Perdone a todos. No importa si ellos le perdonan o no, usted debe perdonarlos. Vive en perdón; viva en arrepentimiento; viva sinceramente. Ponga su casa en orden, por que el Hijo de Dios está viniendo para agarrar lo que haya en la casa.

**Pensamiento para hoy:** La causa de todas las deterioraciones es el rechazo del Espíritu Santo.

## 5 de abril

# Gozo en esta vida

*Me mostrarás la senda de la vida; en tu presencia hay plenitud de gozo; delicias a tu diestra para siempre* (Salmo 16:11).

*Lectura de las Escrituras:* Salmo 16

La Palabra de Vida es para hacer que su gozo sea completo. Debemos recordar que lo que está ausente en el mundo es el gozo. El mundo nunca ha tenido gozo; el mundo nunca tendrá gozo. El gozo no está en los cinco sentidos del mundo. Los sentimientos están, la felicidad está, pero el gozo sólo puede ser producido donde no existe aleación. Ahora, no existe aleación en el cielo. La aleación quiere decir que hay una mezcla. En el mundo donde hay felicidad, pero es una mezcla; con frecuencia está muy cercano a la pena. Con frecuencia, en medio de las festividades, existe un lugar de felicidad, y justo por debajo hay un corazón muy pesado.

Pero lo que los cristianos tenemos es esto: es gozo, sin aleación, sin mezcla. Es expresivo internamente. Se alza alto y más alto hasta, si tuvo este perfecto orden, podremos ahogar cualquier cosa con un grito de alabanza saliendo desde esta santa presencia.

Queremos que todos reciban al Espíritu Santo porque el Espíritu Santo tiene una expresión muy bendita del Señor en su gloria, en su pureza, en su poder, y en todas sus palabras benditas. Todo esto sale de manera convincente cuando el Espíritu Santo es capaz de atestiguar por usted en Él. Y todo el tiempo que el Hijo es manifestado en sus corazones por medio del Espíritu Santo, usted tiene un hilo real de gloria celestial sobre la tierra: el gozo en el Espíritu Santo—no en el comer o beber, sino en algo más alto, algo mejor. Todos disfrutamos comer y beber, pero esto es algo más grande, algo mejor, algo más sustancia: ¡El gozo en el Espíritu Santo! Y el Espíritu Santo puede traernos este gozo.

*Pensamiento para hoy:* Nadie tiene respuesta a sus oraciones—nunca—porque Dios es quien responde abundantemente todo lo que pedimos o pensamos pedir.

## 6 de abril

# Su gloria y la nuestra

*Por tanto, nosotros todos, mirando a cara descubierta*
*como en un espejo la gloria del Señor, somos transformados*
*de gloria en gloria en la misma imagen, como por*
*el Espíritu del Señor* (2 Corintios 3:18).

*Lectura de las Escrituras:* 1 Corintios 15:35–58

*L*a venida del Señor es para la vida del Señor, no para nuestros cuerpos. Nuestros cuerpos nunca estarán en el cielo; nunca llegaran allá. Son cosas terrenales, y todo lo terrenal terminará en esta tierra.

¿Qué es lo que habrá allá? La vida del Hijo de Dios, la naturaleza del Hijo de Dios, la santidad del Hijo de Dios, la pureza. La vida estará allí, al igual que la semejanza y todo lo perteneciente a ello.

Mientras continuamos, veremos que Él está en esta vida que estará teniendo un nuevo cuerpo. Esta vida demandará un nuevo cuerpo; lo está demandando ahora. Esta es la ley de la vida. Usted tiene una ley de vida en lo natural. Pero, ahora usted debe tener una ley del espíritu de vida, la cual es libre de todo el orden natural. (Véase Romanos 8:2). Y está es la ley de vida, de la vida de Cristo que está en usted, de la cual le estoy hablando o trayéndole, para que usted esté firmemente sujeto en el perfecto conocimiento que no importa lo que suceda, usted sabe que irá. Cuando digo "usted", es correcto decir usted irá. Usted subirá, pero usted, así como ahora se conoce, no irá. Usted será disuelto mientras va. Pero la naturaleza del Hijo, la nueva vida, irá dentro de usted en su nuevo cuerpo.

Nos movemos ahora hacia otra base. En el primer capítulo de Juan, el catorceavo versículo, lo leemos, "*Y aquel Verbo fue hecho carne* [ellos lo vieron], *y habitó entre nosotros* [estuvo justo en medio de ellos, y no podían más que ver la gloria] *(y vimos su gloria, gloria como del unigénito del Padre), lleno de gracia y de verdad*".

Ahora usted tiene que recibir eso—llenura de gracia, llenura de verdad, la gloria del Señor. Debe recordar que la gloria no es una aureola sobre su cabeza. En algunos cuadros del Señor Jesús o de los santos, verá un parche dibujado justo sobre las cabezas, la idea es exhibir la gloria. La gloria nunca es de esa manera. La gloria es expresiva.

La gloria tenía dos grandes poderes en sí: no sólo tenía gracia, que era el refugio de la misericordia del alto orden de Dios, todo el tiempo prevaleciendo y cubriendo y urgiéndole a Él, sino también que tenía verdad. Cristo habló así que cada corazón fue lleno con lo que Él dijo.

Y esta gloria es lo que debemos tener. Esto es lo que estaremos atrapando hacia el cielo y expresado. ¿Podrá la expresividad ser tomada? Sí, porque es la naturaleza del nuevo nacimiento. ¿Será agarrada la verdad? Sí, porque la verdad es la mera personificación del Hijo. Al igual que esta vida se impregna a través de su cuerpo, será imposible para cualquier santo, estar alguna vez libre de dar algo sino la absoluta verdad. El santo debe volverse en la personificación de la verdad, de vida y Cristo manifestado. Debemos ser como Él, igual como fue Él, lleno con su gloria, este orden divino habla de llenura, mayor de lo que cualquier cosa que jamás hayamos tenido. Nuestras mentes y almas deben percibir las cosas de Dios para que vivamos, nos movamos y actuemos en esta gloria.

La gloria del Señor, la presencia del Señor, el poder del Señor, la vida del Señor ha sido manifestada. No es a usted quien Él busca: es lo que ha sido creado en usted.

*Pensamiento para hoy:* La gloria no es una aureola externa; la gloria es una concepción interna.

# 7 de abril

# El nuevo nacimiento

*Así como hemos traído la imagen del terrenal,*
*traeremos también la imagen del celestial* (1 Corintios 15:49).

*Lectura de las Escrituras:* Juan 3:1–21

*J*esús le habló a Nicodemo y le dijo que este nuevo nacimiento no era en la carne y la sangre; es la vida de Dios. Es una vida espiritual, tan real como Dios, tan verdadero como Dios. Somos formados en la misma imagen de Dios. Él nos ha urgido y hecho para ser como Él con vida espiritual interna. Al igual que tenemos nuestra humanidad, así la nueva naturaleza, el nuevo poder está continuamente formando un nuevo hombre en nosotros conforme el orden de Él. El primer Adán fue formado, y estamos en la visión de él; el último Adán, la nueva creación, va a tener una visión y expresión como la de Él.

Yo estuve exactamente donde Nicodemo estuvo; dije: "*¿Cómo puede hacerse esto?*" (Juan 3:9). Entonces, vino por fe un poder de regeneración que me hizo saber que fui nacido de Dios. Vino como el viento. No lo podía ver, pero lo sentí. Tuvo un tremendo efecto sobre mi naturaleza humana, y me di cuenta que era una nueva creación. Supe que quería orar y hablar acerca del Señor. ¡Oh, nunca olvidaré el decir "Padre"!

Si usted alcanza esta verdad, no importa donde usted esté. Si usted está en exilio en algún lugar—solitario de todo mundo, lejos de cualquier comodidad humana—si esta vida entra en usted, sabrá que cuando Él venga de nuevo, se reunirá con Él.

Cuando usted es nacido de Dios, la naturaleza de Dios entra. No le llamaré que es el germen de vida eterna, sino la semilla de Dios, porque somos concebidos por medio de la Palabra, somos acelerados por medio del poder, somos hechos por la orden de Él. Lo que es de arriba ha entrado abajo, y ahora usted se ha convertido en un espíritu acelerado. Usted estuvo muerto, sin aspiración y sin deseos. Tan pronto como la vida de Él entró, la aspiración, el deseo, y la oración ascendieron, levantando mucho más alto, y usted ya se ha movido hacia las cosas celestiales.

**Pensamiento para hoy:** Esta nueva creación no puede vivir atada a la tierra. Siempre vive, elevándose más alto—fuerte, más fuerte, más alto y más alto, más santo y más santo.

# El comienzo de la vida

*Todo el que quiera salvar su vida, la perderá; y todo el*
*que pierda su vida por causa de mí, la hallará* (Mateo 16:25).

### Lectura de las Escrituras: Mateo 16:13–26

*D*ios está podándonos, enseñándonos para examinar que aquellos que entran en esta vida hayan dejado sus propias obras. (Véase Hebreos 4:10). Aquellos que entran a este despertar espiritual no tienen represión. Han aprendido que *"ninguno que milita se enreda en los negocios de la vida"* (2 Timoteo 2:4). Tienen una nueva inspiración del poder divino. Es la naturaleza del Hijo de Dios.

Pero la Biblia dice: *"Esforzaos a entrar por la puerta angosta"* (Lucas 13:24). Sí, amado, esto quiere decir que usted tendrá que trabajar por ello, porque su propia naturaleza interferirá con usted; sus amigos con frecuencia estarán en el camino. Su posición muchas veces casi le llevará al lugar donde será condenado si toma esa postura.

El apóstol Pedro había entrado en esta posición divina justo antes que Jesús hiciera su declaración: *"Todo el que quiera salvar su vida, la perderá; y todo el que pierda su vida por causa de mí, la hallará"*. Pedro acababa de recibir esta nueva vida; acababa de entrar al lugar donde sabía que Jesús era el Hijo de Dios, diciendo: *"Tú eres el Cristo, el Hijo del Dios viviente"* (Mateo 16:16). Luego Jesús empezó a romper el sello de su ministerio. Dijo: *"Es necesario que el Hijo del Hombre sea entregado en manos de hombres pecadores, y que sea crucificado, y resucite al tercer día"* (Lucas 24:7).

Pedro dijo: "Esto no sucederá. ¡Veré eso! Deja ese asunto conmigo. Que alguien te toque, y me enfrentaré en tu lugar; estaré contigo". Y Jesús dijo: *"Quítate de delante de mí, Satanás; me eres tropiezo, porque no pones mira en las cosas de Dios, sino en las de los hombres"* (Mateo 16:23).

Cualquier cosa que me obstaculice para caer al suelo, todo lo que interfiera con que yo cargue mi cruz, morir a mi ego, separarme del mundo, limpiar mi vida, o entrar por la puerta angosta, todo lo que interfiera con eso es el poder de Satanás. *"Si el grano de trigo no cae en tierra y muere, queda solo"* (Juan 12:24).

Esfuércese y entre. Busque ser digno para entrar. Permita que Dios sea honrado porque usted deja atrás las cosas que sabe que están tomando su vida, obstaculizando su progreso, cegando sus prospectos, y arruinando su mente—porque nada vaciará las percepciones de la mente como el tocar las cosas terrenales que no están limpias.

Cuando Dios empezó a tratar conmigo en las líneas santas, yo trabajaba para trece salones, significando que yo iba a trece diferentes bares. Por supuesto que yo estaba dentro de los cientos de otros clientes. Dios trató conmigo en esta manera, y me limpió de toda la situación en la presencia de Dios. Eso era sólo una cosa; había miles de otras cosas.

Dios quiere que seamos santos, puros y perfectos a todo lo largo y ancho. La herencia es una herencia incorrupta; no es deshonesta, y no se destiñe. (Véase 1 Pedro 1:4). Aquellos que están entrando se juzgan a sí mismos para que no sean condenados con el mundo. (Véase 1 Corintios 11:32). Muchas personas se adormecen. (Véase versículos 27–30). ¿Por qué? Porque no escucharon la corrección de la Palabra del Señor. Algunos han estado enfermos, y Dios trató con ellos; no hacía caso, y entonces Dios los puso a dormir.

¡Oh, que Dios el Espíritu Santo tenga una elección con nosotros ahora, para que nos juzguemos a nosotros mismos y no seamos condenados con el mundo! *"Si, pues, nos examinásemos a nosotros mismos, no seríamos juzgados"* (versículo 31). ¿Qué es examinarnos a nosotros mismos? Si el Señor habla, si dice: "Déjalo ir", no importa si es tan preciado como su ojo derecho, usted debe dejarlo ir. Aun si fuera tan costoso como su pie derecho, usted debe dejarlo ir. Es mucho mejor dejarlo ir.

Esfuércese en entrar.

*Pensamiento para hoy:* La vida humana tiene un fin; la vida divina tiene sólo un principio.

# El Pan de Vida

*De cierto, de cierto os digo: No os dio Moisés el pan del cielo, más mi Padre os da el verdadero pan del cielo. Porque el pan de Dios es aquel que descendió del cielo y da vida al mundo* (Juan 6:32–33).

**Lectura de las Escrituras:** Juan 6:5–11; 26–51

Amado, quiero que Dios le de el apetito espiritual para que tenga un gran deseo interno de comer de la Palabra, donde usted lo saboreará con gozo, donde usted lo consumirá con gracia. Mientras la Palabra viene a usted—la Palabra de Dios, el Pan del Cielo, todo lo que usted necesita, la mera naturaleza de la vida del Hijo de Dios—y mientras come, usted será hecho en una nueva orden como Él le ha creado para su plan y propósito.

El proceso de la Palabra de Dios debe estimular en usted la separación del mundo. Debe traer muerte a todo excepto a la vida de la Palabra de Cristo en nuestros corazones. Quiero salvarle del juzgamiento, porque al grado que tiene no ha llegado la revelación de esta obra eterna en usted, a ese grado que tiene no saldrá creyendo en el verdadero principio de la Palabra de Vida.

La Palabra de Dios es para darle luz. El Espíritu del Señor y la Palabra del Señor—uno, es luz, y otro, es vida. Debemos ver que Dios quiere que tengamos estas dos propiedades divinas, vida y luz, para que estemos en el lugar perfecto para juzgarnos a nosotros mismos por medio de la Palabra de Dios. La Palabra de Dios permanecerá fiel, cualesquiera que puedan ser nuestras opiniones. La Escritura dice muy correctamente: *"¿Pues qué, si alguno de ellos han sido incrédulos? ¿Su incredulidad habrá hecho nula la fidelidad de Dios?"* (Romanos 3:3). ¿Cambiará eso a la Palabra?

Dios examinará al creyente. Salgase de la burla. La burla es juicio; la burla es incredulidad; la burla es temor; la burla es fracaso. Es la cobertura de la debilidad, y mientras cubra la debilidad, les obstaculiza para ir por el pan. Así es que Dios debe tratar con la burla; Él debe quitarlo para que sea pan puro, vida pura, palabra pura, y de esa manera no habrá cosa extraña en usted, ni malos entendidos.

Dios tiene que tratar con su pueblo, y si Dios trata con la casa de Dios, entonces el mundo pronto enjuiciado. (Véase 1 Pedro 4:17). El principio es

# 9 de abril

este: Todo el mundo necesita y ansia estar correcto, por lo que debemos sal y luz para guiarlos, dirigirlos, operar delante de ellos para que vean nuestras buenas obras y glorifiquen a nuestro Señor.

Usted necesita el Pan para alimentar la vida para usted. La Palabra de Dios es el Pan. No hay hambruna ahora; Dios nos está dando el Pan de Vida.

*"Yo soy el pan de vida; el que a mí viene, nunca tendrá hambre; y el que en mí cree, no tendrá sed jamás"* (Juan 6:35). Es una satisfacción constante, una expresión de gozo interno, un lugar de paz.

**Pensamiento para hoy:** La Palabra de Dios será la misma ya sea que la gente le crea o no.

## 10 de abril

# Fe—no sentimientos

*El que cree en el Hijo de Dios,*
*tiene el testimonio en sí mismo* (1 Juan 5:10).

*Lectura de las Escrituras:* 1 Juan 5:1–13

Encuentro que la gente constantemente es engañada porque miran a su derredor, y muchas han perdido todo por causa de sus sentimientos. Usted no vino a Jesús. Dios le dio a Jesús. ¿Dónde Él le encontró a usted? Él le encontró a usted en el mundo, y Él le dio a Jesús, y Jesús le dio vida eterna. Cuando Él recibió a todos los que le entregaron su vida, dijo que no perdía nada; los guardaría. (Véase Juan 17:12).

"Oh", dice usted, "eso depende". Sí, así es, depende de si usted cree o no en Dios. Yo no voy a creer que todos los que dicen ser creyentes, lo cree. Hubo un grupo que se acercó a Jesús y dijo: "Somos la semilla de Abraham; tenemos a Abraham como nuestro padre". (Véase Juan 8:39). Él dijo: "Ustedes están equivocados, ustedes son semillas del diablo". (Véase versículos 39–44).

Sabemos que somos hijos de Dios porque hacemos las cosas que le placen a Él. Sabemos que somos los hijos de Dios porque amamos guardar sus mandamientos. *"Sus mandamientos no son gravosos"* (1 Juan 5:3). Y sabemos que somos los ojos de Dios porque superamos al mundo. (Véase versículo 4).

Eso es lo que todo hijo de Dios tiene que hacer—superar al mundo. Y esta vida que recibimos de Él es eterna y duradera y no verá corrupción. Pero Dios nos está alimentando con esa maravillosa Palabra de promesa, para que sepamos que tenemos en el Espíritu, y para que podamos saber que vamos hacia el lugar de "¡Listo, Señor, listo!".

¿Está usted listo para ir? Es imposible que la vida de Dios o la ley de la vida del Espíritu estén en usted a menos que esté haciendo su trabajo. La ley de la vida del Espíritu estará poniendo a morir toda la vida natural y le acelerará continuamente con vida espiritual hasta que su vida terrenal se termine.

Cuando yo veo pelos canos y caras arrugadas, digo, "Usted tiene que ir. No importa lo que diga, no puede detenerse; tiene que ir. Usted empezará a florecer, y en corto tiempo florecerá y morirá".

# 10 de abril

Ese es un plan natural, pero estoy hablando de un plan sobre natural. Sabemos que así como hemos llevado la imagen de lo terrenal, llevaremos la imagen de lo celestial. (Véase 1 Corintios 15:49). La mortalidad será consumida en vida. (Véase 2 Corintios 5:4). La misma naturaleza del Hijo de Dios está en usted, creando vida, inmortalidad y poder. ¡El poder de la Palabra del Cristo viviente!

El evangelio de la gracia Dios tiene poder para traer inmortalidad y vida. ¿Qué es el evangelio? Es la Palabra, el Pan del Hijo de Dios. Aliméntelo en su corazón. Esto es inmortalidad; es vida por medio de la Palabra vivificadora y por la Palabra de verdad.

Usted se mira bien, usted es inspiración, pero sabe que existen muchas marcas e imperfecciones. Usted sabe que mientras pasa por los días cansados de esfuerzos, batallando con el pecado por todos lados, habrá una luz en usted, una vida en usted que se terminará, y será como Él. Será la misma cara, pero las marcas, las cicatrices y los granos desaparecerán. ¿Qué lo hará? ¡El Pan! ¡Oh, Señor, siempre danos este Pan, el Pan del Hijo de Dios!

*"De cierto os digo: El que cree en mí, tiene vida eterna. Yo soy el pan de vida"* (Juan 6:47–48). La vida eterna significa el Pan. Los hombres no pueden vivir solo del pan terrenal, sino de la Palabra del Dios viviente. (Véase Mateo 4:4).

**Pensamiento para hoy:** La Biblia es mi banco celestial. Encuentro todo lo que quiero en ella. Me trae vida, salud, paz y abundancia para nunca jamás volvamos a ser pobres.

## 11 de abril

# Probado por fuego, enriquecido por gracia

*Su nombre es: El verbo de Dios* (Apocalipsis 19:13).

*Lectura de las Escrituras:* 1 Pedro 1:3–21

*S*u nombre es la Palabra de Dios, que dio su vida por el mundo. Y de su vida, de su Espíritu, de su gracia, de su fe hemos recibido. ¿Qué quiere decir esto? Oh, usted probó uno, la gracia ha sido derramada en usted—gracia del cielo, gracia enriquecida, gracia abundante. Su gracia es para su debilidad, para que pueda ser sostenido en la prueba, en el fuego, pasando a través de este, saliendo más como el Señor.

Esto me inspira. ¿Por qué? Porque el tiempo llega su fin. Todos los lindos edificios en el mundo, las montañas, los cielos y todo, se acabará. Los cielos serán enrollados como manuscritos (véase Isaías 34:4), y todas las cosas *"los elementos ardiendo serán deshechos"* (2 Pedro 3:10). Pero una cosa no será quemada; una cosa no puede ser cambiada; una cosa puede contra el fuego, el agua, la persecución y todo lo demás. ¿Qué es? La misma cosa que entró al fuego permaneció intocable mientras los hombres afuera eran consumidos por el fuego.

Sadrac, Mesac y Abed-nego estuvieron en el fuego, y no se quemaron. El rey estaba sorprendido cuando los vio caminando. "¡Oh!", dijo. *"¿No echaron a tres varones atados dentro del fuego?"* (Daniel 3:24).

*"Es verdad, oh rey"* (versículo 24), respondieron sus hombres.

*"Y el dijo: He aquí yo veo cuatro varones sueltos, que se pasean en medio del fuego...y el aspecto del cuarto es semejante a hijo de los dioses"* (versículo 25).

No hay consumación. Hay vida en el Hijo de Dios que no puede ser quemada, no puede ver corrupción, pasa por el fuego, pasa por nubes, pasa por legiones de demonios y los sacará del camino, pasa por todo. ¡Oh, esa es vida! ¿Qué es? La vida del Hijo de Dios. Vino a dar vida; vino a dar vida abundantemente. (Véase Juan 10:10). ¡Oh, que vida, abundante vida, resurrección de vida!

¿La tiene usted? ¿Es suya? ¿Tiene miedo que la pueda perder? ¿Cree usted que Él lo pierda a usted?

"¿Qué le hace decir eso?", se pregunta.

# 11 de abril

Porque algunas veces oigo a dudosos. Esta es una maravillosa Escritura para los dudosos.

*Mis ovejas oyen mi voz, y yo las conozco, y me siguen, y yo le doy vida eterna; y no perecerán jamás, ni nadie las arrebatará de mi mano. Mi Padre que me las dio, es mayor que todos, y nadie las puede arrebatar de la mano de mi Padre.* (Juan 10:27–29)

¡Oh, esa vida—llena de deidad, llena de seguridad, llena de victoria, llena de una exclamación! ¿Estará usted listo? ¿Cómo puede ayudar? ¿Es posible no estar listo? Porque, esta no es la vida suya, es la vida de Él. Usted no le buscó a Él, fue Él quien le buscó a usted. Usted nos se puede mantener a sí mismo; Él es quien le mantiene a usted. Usted no hizo la ofrenda; fue Dios quien hizo la ofrenda. Así es que todo es por la gracia. ¡Pero qué maravillosa gracia!

¿Qué viene? La vida. Él da vida eterna, y aquellos que la reciben nunca perecerán.

¿Oh, dónde está su fe? ¿Está su fe inspirada? ¿Está usted vivificado? ¿Hay dentro de usted la verdad que está diciendo: "Lo siento, lo conozco? ¿Me mueve; lo tengo?". Sí, y usted estará allá en el cielo—tan seguro como lo está aquí, usted estará allá.

Esta cosa donde estamos entrando continuará por siempre. Alimentemos de este Pan; vivamos en esta atmósfera. Esta es naturaleza divina que Dios está haciendo que conozcamos, que perdurará por siempre.

*Pensamiento para hoy:* Mantennos Señor, en un lugar de adquirir oportunidades, quemando puentes, pagando los precios, negándonos a nosotros mismos para que podamos ser dignos de ser tuyos por siempre.

## 12 de abril

# El poder de la sangre

*Para destruir* [destruido] *por medio de la muerte al
que tenía el imperio de la muerte, esto es al diablo, y librar
[liberado] a todos los que por el temor de la muerte estaban
durante toda la vida sujetos a servidumbre* (Hebreos 2:14–15).

**Lectura de las Escrituras:** Hebreos 2:1–18

*D*ios quiere que sepa que Él tiene redención para usted por medio de la sangre de Jesús, un nuevo nacimiento en la justificación, un cambio de la oscuridad a la luz, del poder de Satanás en el Dios. Esta bendita salvación por medio de la sangre de Jesús le libertará de todos los poderes de Satanás y le hará un coheredero de Cristo. Oh, esta es una herencia gloriosa que tenemos en Jesucristo. ¡Gloria a Dios! Jesús fue manifestado en la carne, manifestado para destruir las obras del demonio. Cristo puede hacernos vencedores, destruyendo el poder y la pasión del pecado y morar en nosotros por medio su poderoso poder. Él puede tanto transformar nuestras vidas que amaremos la justificación y odiaremos la iniquidad; Él puede convertirnos en santos, porque al igual como está Dios morando en su Hijo por medio del poder del Espíritu Santo, así Dios puede morar en nosotros a través de Cristo.

Quiero que vea que podemos recibir el derecho de hijos por la obediencia a Cristo. No olvide que la Escritura dice: *"Y aunque era Hijo, por lo que padeció aprendió la obediencia"* (Hebreos 5:8). Si usted se vuelve a las Escrituras, verá cómo la gente se reveló contra Él y cómo trataron de matarlo al tirarlo al precipicio. Pero Él pasó por el centro de toda la muchedumbre, y tan pronto como salió, vio a un ciego y le sanó. Él estuvo en el mundo pero no de él.

Es lindo—es divinamente glorioso—este poder de la nueva creación, este nacimiento en la justificación por fe en la Expiación. Esto puede transformarlo para que usted pueda estar en Jesucristo y saber que es otro poder dominándole, controlándole, llenándole y haciéndole entender que aunque usted siga en el cuerpo, está gobernado por el Espíritu. ¡Oh, vivir en la belleza de la gloria y grandeza del Espíritu Santo!

**Pensamiento para hoy:** Deje la Calle Dudas; viva en la Calle Fe-Victoria.

# Cambiado por su amor

*Los sacrificios de Dios son el espíritu quebrantado; al corazón
contrito y humillado no despreciarás tú, oh Dios* (Salmo 51:17).

*Lectura de las Escrituras:* Salmo 51:1–17

𝒰n poder contrito en Cristo hace que usted sepa que su amor es diferente de todos los demás en el mundo. En la Escritura a esto se le llama *"amor no fingido"* (1 Pedro 1:22). Esto tiene un significado tremendamente profundo. ¿Qué es exactamente? Amado, Jesús le dirá lo que es. Es una censura de sí mismo mientras el poder de Cristo cae sobre usted. Él le ama cuando usted aun era pecador (véase Romanos 5:8), y Él busca su amor en retorno. Su amor es sincero, un amor que puede soportar lo ridículo, la persecución, la difamación, porque es un amor llevado in usted por medio del poder del Espíritu Santo, cambiándolo de un estado de gloria a otro. Cristo es el Rey de Reyes y Señor de Señores, y *"y su reino no tendrá fin"* (Lucas 1:33). *"Verá linaje, vivirá por largos días, y la voluntad de Jehová será en su mano prosperada"* (Isaías 53:10).

¡Oh, estimado, qué Cristo tenemos! Quiero que mire que no hay nadie como Él. Si le mira hoy, necesitando alguien, y mirando fijo a Él, usted será cambiado. Mientras le busca, usted se dará cuenta que aun su cuerpo natural cambiará. Su fuerza entrará en usted, y será transformado. Él es el Dios del pecador; es el Dios del indefenso; está lleno de misericordia. Me gusta el pensamiento de llamarse a sí mismo el Dios de Jacob. (Véase Éxodo 3:6). Cuando Él dice que es el Dios de Jacob, hay espacio para todos. Le digo, Él es su Dios, y está preparando encontrarse con usted exactamente como lo hizo con Jacob.

Jacob había engañado a todos de todas las maneras que él pudo. Había engañado a Esaú para obtener su primogenitura (véase Génesis 25:29–34) y a Labán para obtener su ganado. (Véase Génesis 30:25–43). El demonio manipuló a Jacob, pero, alabado Dios, hubo algo que Jacob sabía: sabía que Dios había cumplido su promesa. En Betel, Dios le permitió a Jacob ver la escalera—una linda escalera, que conectaba el cielo con la tierra—y Jacob vio ángeles ascendiendo y descendiendo en ella. (Véase Génesis 28:12). Betel es el lugar de oración. Es el lugar condiciones cambiantes, de la tierra entrando al cielo. Dios trajo de regreso a

# 13 de abril

Jacob justo al mismo lugar, sin importar cómo había deambulado. Jacob tenía que dejarlo todo, y se quedó solo. El mismo viejo Jacob permaneció, y mientras Dios le permitió luchar contra Él, el luchó.

Este es ejemplo del permanecer en este mundo—nunca lo dejamos ir hasta que debemos hacerlo. Dios tocó a Jacob, y tan pronto como fue tocado, se dio cuenta que no era bueno. Entonces el Hombre dijo: *"Déjame"*. Pero Jacob respondió: *"No te dejaré, si no me bendices"* (Génesis 32:26). Amigo, Dios le bendecirá si usted entra a ese punto, pero usted no es bueno mientras esté luchando. Es maravilloso cómo Dios nos encuentra en nuestras angustias. Cuando el llanto viene de corazones rotos, entonces Dios viene.

*Pensamiento para hoy:* Cuando usted viene en desesperanza y con llanto verdadero de quebrantamiento, entonces Dios se reúne con usted.

## 14 de abril

# ¿Qué hay en su corazón?

*El hombre bueno, del buen Tesoro del corazón saca buenas cosas;*
*y el hombre malo, del mal Tesoro casa malas cosas* (Mateo 12:35).

**Lectura de las Escrituras:** Mateo 12:25–45

*L*a misericordia de Dios nunca falla. Cuando Jesús bajó del Monte de la Transfiguración, puso su cara ir a la cruz por usted y por mí. Cuando bajó de la montaña, había un hombre que tenía un hijo a quien el demonio lo había tomado y tirado. El hombre gritó, diciendo: "Señor, ven y ayúdame. Aquí está mi hijo; el demonio lo toma y lo sacude hasta que saca espumarajos por la boca. Se lo llevé a tus discípulos, pero no le pudieron ayudar". (Véase Marcos 9:17–18).

Permita Dios fortalecer nuestras manos y sacar todas nuestras incredulidades. Jesús dijo: "*¡Oh generación incrédula! ¿Hasta cuándo he de estar con vosotros?...Traédmelo*" (versículo 19), y lo trajeron a Jesús, quien echó el espíritu malo. Pero aun en la presencia de Jesús, esos espíritus malos sacudían al muchacho y lo dejaban como muerto hasta que Cristo lo levantó. (Véase versículos 20–27).

Sólo piense en ese poder satánico. El demonio va casi a matar, "*buscando a quien devorar*" (1 Pedro 5:8), pero Cristo dijo: "*Yo he venido para que tengan vida, y para que la tengan en abundancia*" (Juan 10:10). Permita Dios mantenernos en el lugar donde el demonio no tenga poder, ni victoria. Oro a Dios para que los poderes del demonio salgan de las personas de las iglesias de hoy, y nunca regresen.

¡Oh, si tan sólo pudiera mostrarle lo que significa ser liberado por el poder de Jesús y lo que significa perder su liberación por su propia imprudencia! Se de casos como este. Un hombre poseído por el poder demoníaco, enfermedad y debilidad vino a Jesús, y Él se echó el espíritu malo. El hombre fue renovado totalmente. Entonces, en vez de que ese hombre buscara el Espíritu Santo y la luz de Dios, se fue a las carreras. ¡Dios nos salve! El poder de sanidad es para la gloria de Dios, y pareciera que este hombre era como la enseñanza que Jesús dio en Mateo 12. Su casa estaba "*desocupada, barrida y adornada*" (Mateo 12:44), pero no recibió a Cristo y el poder del Espíritu. Por lo que el espíritu malo regresó y encontró que podía volver a entrar porque el hombre no tenía a nadie viviendo en él. Tomó a otros espíritus malos, y el caso del hombre fue peor que antes. (Véase versículos 43–45).

Debemos asegurarnos que el poder de Dios entre a habitar en nosotros. ¿Está usted dispuesto a entregarse a Dios ahora para que Satanás no tenga dominio sobre usted?

**Pensamiento para hoy:** Si usted quiere ser sanado por el poder de Dios, significa que su vida debe ser llenada con Dios.

# Lleno del Espíritu

*No os conforméis a este siglo, sino transformaos por medio de la renovación de vuestro entendimiento, para que comprobéis cuál sea la buena voluntad de Dios, agradable y perfecta* (Romanos 12:2).

### Lectura de las Escrituras: 2 Corintios 4

Dios quiere hacernos pilares: honorable, fuertes y santos. Dios nos moverá hacia adelante. Estoy enamorado con la posibilidad de esto. Dios quiere que sepa que usted está salvo, limpiado, liberado y marchando hacia la victoria. Él le ha dado la fe para creer. ¡Dios tiene un plan para usted! *"Poned la mirada en las cosas de arriba, no en las de la tierra"* (Colosenses 3:2), y entre a los lugares celestiales con Cristo.

Usted no puede repetir el nombre de Jesús tan frecuentemente. Qué privilegio es arrodillarse y entrar directo al cielo en el momento que oramos, donde la gloria desciende, el fuego quema, la fe es activa, y la luz dispersa la oscuridad.

Jesús es la luz y la vida en los hombres; ningún hombre puede tener esta luz y seguir caminando en oscuridad. (Véase Juan 8:12). *"Cuando Cristo, vuestra vida, se manifieste, entonces vosotros también seréis manifestados con Él en gloria"* (Colosenses 3:4). Cuando su vida está, la enfermedad no puede permanecer. ¿No es Él quién mora en nosotros mayor que todos? ¿Es Él más grande? Sí, cuando Él tiene el control total. Si algo es permitido fuera de la voluntad de Dios, nos obstaculizará en nuestra posición contra los poderes de Satanás. Debemos permitir que la Palabra de Dios nos juzgue, en temor a que seamos condenados con el mundo. (Véase 1 Corintios 11:32).

*"Cuando Cristo, vuestra vida, se manifieste"* (Colosenses 3:4). ¿Puedo tener alguna vida fuera de Él, algún gozo o alguna fraternidad fuera de Él? Jesús dijo: *"El viene el príncipe de este mundo, y él nada tiene en mí"* (Juan 14:30). Todo lo que lo que sea contrario en nosotros, es marchitado por la vida morando del Hijo de Dios.

¿Estamos listos? ¿Hemos sido arropados con el Espíritu Santo? ¿Ha sido tragada la mortalidad en la vida? Si Él que es nuestra vida vino, nosotros debemos ir. Se que el Señor puso su mano sobre mí. Él me llenó con el Espíritu Santo.

# 15 de abril

El cielo ha empezado conmigo. Ahora soy feliz, y libre, desde que el Consolador ha venido. El Consolador es el gran Revelador del reino de Dios. Vino a darnos la vida más abundante. Dios ha diseñado el plan, y nada realmente importa más porque el Señor nos ama. Dios pone gran almacén en nosotros.

El camino hacia la gloria es a través de la carne siendo alejada del mundo y separada para Dios. Esta libertad de espíritu, libertad de la ley del pecado y la muerte, es causa para regocijarse cada día. La ley perfecta destruye la ley natural. La actividad espiritual entra por cada rayo penetrante, guiando en los días del cielo sobre la tierra, cuando no exista enfermedad y cuando ni siquiera recordemos que tenemos cuerpos. La vida de Dios nos cambia y nos lleva al reino celestial, donde nuestro reinado sobre rectores y sobre todos los malos es ilimitado, poderoso y sobre natural.

Si el cuerpo natural decae, el Espíritu lo renueva. El poder espiritual se incrementa hasta que, con una mente y un corazón, la gloria sea bajada sobre toda la tierra, justo en la vida divina. Cuando la totalidad de la vida es llenada, es cuando regresa el Pentecostés. La vida del Señor será manifestada donde estemos, ya sea en un bus, o en un tren. Seremos llenados con la vida de Jesús hacia la perfección, regocijo en esperanza de la gloria de Dios. (Véase Romanos 5:2). Siempre buscando nuestro traslado hacia el cielo.

Debo tener el desbordamiento de vida en el Espíritu. Dios no se complace con nada menos. Es una deshonra el estar separado de un plan ordinario después de haber sido lleno con el Espíritu Santo. Estamos para ser la sal de la tierra. (Véase Mateo 5:13). Tenemos que ser calientes, no tibios (véase Apocalipsis 3:16), lo que significa buscar de Dios con entusiasmo, libertad, movimiento y poder. ¡Crea! ¡Crea!

**Pensamiento para hoy:** La vida del Señor en nosotros nos atrae como imán, con su vida comiéndose todo lo demás.

180

## 16 de abril

# La hora indicada

*Cuando era la hora, se sentó a la mesa,*
*y con Él los apóstoles* (Lucas 22:14).

*Lectura de las Escrituras:* Lucas 22:7–53

**E**sa fue la hora más maravillosa. Nunca hubo una hora, nunca una hora como esta. ¿Cuál era esa hora? Fue cuando toda la creación pasó por la sangre, cuando todo lo que había vivido vino bajo la gloriosa cobertura de la sangre. Fue una hora de destrucción del poder demoníaco. Fue una hora indicada de la vida saliendo de la muerte. Fue una hora cuando todo el mundo estaba llegando a la emancipación por medio de la sangre. Fue una hora en la historia del mundo cuando emergió del caos oscuro. ¡Fue una maravillosa hora! ¡Alabado Dios por esa hora! ¿Fue una hora oscura? Fue una hora oscura para Él, pero una maravillosa luz nos amaneció. Fue tremendamente oscura para el Hijo del Hombre, pero, alabado Dios, Él lo pasó.

Existen algunas cosas en las Escrituras que me mueven grandemente. Me alegra que Pablo fuera un ser humano. Me alegra que Jesús se volviera en hombre. Me alegra que Daniel fuera humano, y también me alegra que Juan fuera humano. Usted se pregunta, "¿Por qué?". Porque veo que todo lo que Dios haya hecho para otras personas, lo puede hacer para mí. Y encuentro que Dios ha hecho tantas cosas maravillosas para otras personas que siempre estoy esperando que esas cosas sean posibles para mí. Piense en eso. Es un pensamiento lindo para mí.

Jesús dijo en esa hora de prueba—escuche por un momento—*"¡Cuánto he deseado comer con vosotros esta pascua antes que padezca!"* (Lucas 22.15). ¿Deseo? ¿Cuál pudo ser su deseo? Fue su deseo para la salvación del mundo. Su deseo por el destronamiento de los poderes de Satanás, su deseo porque sabía que iba a conquistar todo y hacer libre a cada hombre que haya vivido. Fue un gran deseo, pero ¿qué recae entre Él y este cumplimiento? ¡El Getsemaní, estaba entre eso y la cruz!

Algunas personas dicen que Jesús murió en la cruz. Es perfectamente correcto, pero ¿es ese el único lugar? Jesús también murió en el Getsemaní. ¡Ese fue el momento trágico! Ese fue el lugar donde Él pagó la deuda. Fue en el Getsemaní, y estaba entre Él y la cruz. Tenía el deseo de comer en esta Pascua, y sabía que estaba entre Él y la cruz.

# 16 de abril

Quiero que piense acerca del Getsemaní. Allí, solo y con el tremendo peso y el horrible efecto de todo el pecado y la enfermedad sobre ese cuerpo, Él clamó: *"Si es posible, pase de mí esta copa"* (Mateo 26:39). Él sólo podía salvar a los hombres cuando era hombre, pero aquí, como un gigante que había sido refrescado y está saliendo de un gran caos de oscuridad, se enfrentó: *"Para esto he nacido"* (Juan 18:37). Fue su propósito morir por el mundo.

Oh, creyente, ¿alguna vez pasa por sus labios o por su mente, por un momento, que usted no deseará servir a Cristo? ¿Puede usted, bajo cualquier circunstancia, agacharse para agarrar su cruz completamente, para estar en el lugar de la ridiculez, para entregar todo por el Hombre que dijo que deseaba comer la Pascua con sus discípulos, sabiendo lo que significaba? Eso puede sólo salir de las profundidades del amor que tenemos por Él que podemos decir justo ahora: "Señor Jesús, te seguiré".

**Pensamiento para hoy:** Sólo por medio del Espíritu podemos entender lo que es espiritual.

## 17 de abril

# Revelación espiritual

*Tomad, comed; esto es mi cuerpo que por vosotros es partido;*
*haced esto en memoria de mí* (1 Corintios 11:24).

*Lectura de las Escrituras:* Mateo 26:20–56

Es una maravillosa herencia de fe encontrar refugio bajo la sangre de Jesús. Él tomó la copa, tomó el pan, y agradeció. La mera actitud de dar gracias por su sangre derramada, dando gracias por su cuerpo roto, abruma el corazón. ¡Pensar que mi Señor pudo agradecer por su propia sangre derramada! ¡Pensar que mi Señor pudo agradecer por su propio cuerpo roto! Sólo la divinidad puede revelar este acto sublime del corazón.

El hombre natural no puede recibir esta revelación, sino el hombre espiritual, el hombre que ha sido creado nuevo por fe en Cristo, está abierto a ello. El hombre que cree que Dios entra como la semilla eterna de la verdad y la justificación, y la fe nacida dentro de él. Desde el momento que mira la verdad a través de la fe, usted es hecho una nueva creación. La carne muere; el hombre espiritual comienza. Una es sacada, y la otra es introducida, hasta que el hombre está en la presencia de Dios. Creo que el Señor trae un niño de fe en un lugar de descanso, hace que se siente con Él en lugares celestiales (véase Efesios 2:6), le da un lenguaje en el Espíritu, y le hace saber que ya no pertenece a la ley de la creación.

¿Mira usted el pan que representa su cuerpo roto? El Señor sabía que no podía llevarnos más cerca de su cuerpo roto, por lo que tomó los elementos naturales y dijo: "Este pan representa mi cuerpo roto". (Véase Lucas 22:19). Ahora, ¿alguna vez se convertirá en el cuerpo de Cristo? No, nunca. Usted no lo puede hacer. Es de tontos creerlo, pero lo recibo como un emblema. Cuando lo como, lo natural me lleva a lo sobre natural, e instantáneamente empiezo a ser alimentado en lo sobre natural por medio de la fe. Uno me lleva a lo otro.

Jesús dijo: *"Tomad, comed; esto es mi cuerpo"* (Mateo 26:26). Tengo un verdadero conocimiento de Cristo a través de este emblema. Podemos tomar de la mesa de las riquezas sus promesas. Las riquezas del cielo ante nosotros. No temer; solo creer, porque Dios ha abierto los tesoros de su santa Palabra.

# 17 de abril

Cuando los discípulos estuvieron reunidos con Jesús, los miró y les dijo justo a sus oídos: *"Uno de vosotros me va a entregar"* (versículo 21). Jesús sabía quién lo iba a entregar. Ellos susurraron entre sí, "¿Quién es ese?", ninguno de ellos tenía confianza verdadera que sería él. Esa es la parte seria de esto; tenían tan poca confianza en su habilidad de enfrentar la oposición que estaba frente a ellos, y no tenían confianza que no sería uno de ellos.

Jesús sabía. Puedo imaginar que Él había estado hablando con Judas muchas veces, reprendiéndolo y diciéndole que este curso seguramente traería un mal final. Jesús nunca le había dicho a ninguno de sus discípulos, ni siquiera a Juan que *"se había recostado al lado de Él"* (Juan 21:20). Ahora, si ese mismo espíritu de mantener cosas secretas estuviera en alguna iglesia, eso purificaría la iglesia. Pero me temo que algunas veces Satanás toma la ventaja, y las cosas son dichas antes que siquiera se sepa son verdaderas.

Existía conflicto entre ellos como quién debía ser el más grande de ellos, pero Él dijo: *"sino sea el mayor entre vosotros como el más joven, y el que dirige, como el que sirve"* (Lucas 22:26). Luego Él, el Maestro dijo: *"Yo estoy entre vosotros como el que sirve"* (versículo 27). ¡Él, el más noble, el más puro, era el sirviente de todos! Ejercer el liderazgo sobre otros no es de Dios. Debemos aprender en nuestros corazones que la fraternidad, la verdadera justificación, el amar uno a los otros, y preferir uno que a otro, debe entrar en la iglesia. El pentecostés debe alcanzar todo lo es sido, y sabemos que será si estamos dispuestos.

*Pensamiento para hoy:* Creo que Dios quiere santificarnos tanto, prepararnos tanto, que tendremos esa perfección de amor que no dirá incomodidades al hermano, que no difamaremos a un miembro creyente ya sea verdad o mentira.

## 18 de abril

# Moviéndose hacia la perfección

*Yo estoy entre vosotros como el que sirva* (Lucas 22:27).

*Lectura de las Escrituras:* Hebreos 6:1–20

Nunca podremos ser llenos con el Espíritu Santo mientras haya apetencia humana en nuestras propias voluntades. El egoísmo debe ser destruido. Jesús fue perfecto, el final de todo, y Dios nos llevará a todos allí. Es dar lo que compensa; es ayudar lo que compensa; es amar lo que compensa; es entregarse a sí mismo lo que compensa.

Creo que hay un día vendrá que será mayor que todo lo que cualquiera de nosotros tenga idea. Eso es el camino de prueba. Este es el lugar donde todo su cuerpo tiene que ser cubierto con las alas de Dios para que su desnudez no sea vista. A esto es que Dios le ha estado preparando, lo más maravilloso que su corazón pueda imaginarse. ¿Cómo puede entrar? Primero que todo *"vosotros...habéis permanecido conmigo en mis pruebas"* (versículo 28). Jesús había estado en pruebas; había estado en tentación. Ninguno de nosotros es tentado más allá de lo que Él fue tentado. (Véase Hebreos 4:15).

Si un joven puede ser tan puro para que no sea tentado, nunca podrá lograr ser juez, pero Dios intenta que seamos tan purificados durante estos días malos que nos puede hacer jueces den el mundo venidero. Si usted puede ser probado, si puede ser tentado en cualquier línea, Jesús dijo: *"Los que habéis permanecido conmigo en mis pruebas"* (Lucas 22:28). Tenga fe, y Dios le mantendrá puro en la tentación.

Sígalo en la constante regeneración. Cada día es una regeneración; cada día es un día de avance; cada día es un lugar de elección. Cada día usted se encuentra en necesidad de consagración fresca. Si usted en el lugar de ceder, Dios le mueve en el lugar de regeneración.

*Pensamiento para hoy:* Si usted no está con fuego, no está en el lugar de regeneración. Es sólo el fuego de Dios que quema los enredos del mundo.

## 19 de abril

# Camino hacia el cielo

*Yo, Juan vi la santa Ciudad, la nueva Jerusalén,*
*descender del cielo, de Dios, dispuesta como una esposa*
*ataviada para su marido* (Apocalipsis 21:2).

*Lectura de las Escrituras:* Apocalipsis 21:4, 10–27

Nosotros anhelamos el día eterno cuando todo sea santo, todo sea bueno, todo sea lavado en la sangre de Jesús. Pero, los pecadores culpables y no renovados no pueden entrar. No existe enfermedad en el cielo. No existe la muerte en el cielo. Nunca ha habido funeral en esa tierra. Ellos nunca han conocido lo que significa el sonar del tañer de la muerte, o tener el tambor amortiguado. Nunca ni uno ha muerto allí. No existe la muerte allí, ni enfermedad, ni tristeza.

¿Irá usted allí? ¿Se está preparando para eso?

Recuerde esto: usted fue creado por el poder de Dios para un propósito en particular. Dios no pensó en la Creación sino para pasar a la mortalidad un orden natural para que usted pueda ser acelerado en el Espíritu, sea recibido en gloria, y alabar a Dios de manera que los ángeles nunca pudieron. Pero, para que eso sea, Él nos ha pasado por la carne y acelerándonos por medio del Espíritu, para que podamos conocer el amor, la gracia, el poder y toda la perfecta voluntad de Dios.

Él es un Dios maravilloso—su inteligencia, su sobre abundancia en toda revelación. Su poder para mantener todo en perfecto orden. El sol en toda su gloria, brillando hoy tan majestuosamente sobre la tierra; es el poderoso poder de nuestro glorioso Dios quien puede hacer un nuevo cielo y una nueva tierra, en donde morará la justificación, donde ningún pecado nunca oscurecerá el lugar, donde la gloria de ese lugar celestial será maravillosa.

Esta ciudad—figurada, pero no exactamente figurativa, por su hecho luminoso—seguramente existirá, y no podemos perdérnosla. Será una ciudad más grande que cualquier otra ciudad conocida, con millones, billones, trillones todos listos para la boda del Cordero y su novia. Será una gran ciudad—arquitectura, cúpulas, pináculos, cornisas, bases—y toda la ciudad será hecha de santos entrando a la boda.

¡Oh, la gloria de eso! Yo estaré allí. Seré uno de sus habitantes. No se de cuál parte, pero será glorioso dentro de todas maneras. Todos estos

# 19 de abril

billones de personas habrán salido de tribulaciones, sufrimientos, quebrantamiento de espíritu, de tiempos difíciles, extrañas perplejidades, cansancio, y todo tipo de condiciones en la tierra. Serán acelerados y ser hechos como Él, para reinar con Él para siempre.

¡Qué pensamiento tuvo Dios cuando estuvo formando la creación y haciéndola, para que pudiéramos llevar hijos e hijas en lo natural que son vivificados por el Espíritu en lo sobre natural y recibidos en la gloria, para estar listos para una boda! Permita Dios revelarnos nuestra posición en esta orden del Espíritu Santo, para que podamos ver lo maravilloso que el Señor tiene en su mente para nosotros. Quiero que mire seguridad, absoluta seguridad, donde no habrá sacudida, ni temblor, ni temor, absoluta sensatez en toda manera, sabiendo que, tan seguro como la Ciudad Celestial está formada, que usted irá hacia esa Cuidad.

La salvación nos lleva a la gloria. La nueva vida es resurrección; la nueva vida es ascensión; y esta nueva vida en Dios no tiene espacio para sus pies en ningún lugar entre aquí y la gloria.

El Espíritu del Señor está con nosotros, revelando la Palabra. Él no nos trae vida eterna, porque ya la tenemos, y creemos y estamos en este lugar por esa vida eterna. Pero Él nos pasa por un proceso de vida eterna, mostrándonos que eso pone todo lo demás para morir. La vida eterna vino a nosotros cuando creímos, pero el proceso de la vida eterna puede empezar ahora, haciéndonos saber que ahora somos hijos de Dios.

***Pensamiento para hoy:*** El Hijo de Dios se volvió en el Pan de Vida, y al comer nosotros de ese Pan, ¡vivimos por siempre!

## 20 de abril

# Manteniendo la vida divina

*Señor, ¿a quién iremos? Tú tienes palabras*
*de vida eterna* (Juan 6:68).

**Lectura de las Escrituras:** Juan 6:63–69; 14:1–28

*D*ios dará vida divina sólo a aquellos que buscan la vida eternal. No se aleje de esto. Para que cada persona tenga vida eterna, ese es el propósito del Padre, es la lealtad del Hijo de Dios, es la congregación del primogénito (véase Hebreos 12:23), es el recién engendrado de Dios, es la nueva creación, es una raza diseñada para que el cielo lo equipe y le pase por todo. Tan seguramente como usted está buscando ahora, usted está en la gloria. Existe un puente de seguridad eterna para usted si se atreve a creer en la Palabra de Dios. No existe una gota entre usted y la gloria. Esto es divino, es eterno, es santo, es la vida de Dios; Él la da, y ningún hombre puede quitarle la vida que Dios le ha dado a usted.

Espero que nadie diga: "Wigglesworth está predicando acerca de seguridad eterna". No lo estoy. Tengo miles de cosas mejores en mi mente que eso. Mi predica es esta: Se que tengo lo que no me será arrebatado. (Véase Lucas 10:42).

Estoy morando en el amor soberano, misericordioso e ilimitado de Dios. Estoy morando en el maravilloso poder de la orden de Dios. Los cielos, la tierra y todo bajo la tierra están sumisos al Más Alto Dios. El poder de demonio debe dar espacio al reinado real del trono eterno de Dios. "*Se doblará toda rodilla*" (Isaías 45:23), todo lo malo será sometido, y Dios nos llevará algún día a la llenura del arder de la eterna felicidad. Y el brillo de su presencia echará cualquier espíritu inmundo y cualquier poder del maligno en el hoyo por siempre y para siempre. ¡Oh, Jesús!

Pero, ¿si usted elige dejar al Maestro, adónde irá? ¿A dónde podemos ir? Si necesitamos un toque en nuestros cuerpos, ¿dónde podemos ir? Si queremos vida, ¿dónde podemos ir? ¿Existe algún lugar? Este mundo es un gran mundo, pero dígame si usted puede encontrar vida fuera de Cristo o en algún lado sino en Cristo.

¿Podrá encontrar vida si usted sube a las alturas de los Alpes Suizos y mira a través de esas montañas cristalinas dónde el sol está brillando?

# 20 de abril

Una mañana, mientras miraba hacia una de esas montañas, vi once glaciares y tres lagos, como diamantes ante mí en el sol resplandeciente. Lloré y lloré, pero no recibí consuelo alguno. Entonces me arrodillé y miré a Dios—entonces encontré consuelo.

¿Dónde iremos? Toda la grandeza y las glorias de la tierra están para ser vistas, pero no me satisfacen. Todas pertenecen al momento; todas se doblaran como vestido y puestas a un lado; todas serán derretidas con calor ferviente. (Véase 2 Pedro 3:10).

¿Dónde iremos? *"Tienes palabras de vida eterna"*. Jesús, aliméntanos con pan del cielo. Jesús, danos tu vida. ¡Oh, respira en nosotros! Entonces comeremos, beberemos, respiraremos y pensaremos en el Hijo de Dios hasta que nuestra propia naturaleza sea consumada con la vida divina, hasta que estemos perpetuamente en la dulzura de su divina voluntad y en la en la gloria. De hecho, ¡ya estamos en ella! ¡Alabado sea Él! Usted siempre puede ser santo; siempre puede ser puro. Es la mente del Espíritu que hace saber de la santidad, rectitud y del rapto.

*Pensamiento para hoy:* Si nuestra fraternidad aquí es tan dulce, si los toques de la gloria eterna nos inspiran, ¡qué lindo será el cielo!

## 21 de abril

# Cambiado de gloria en gloria

*Si el ministerio de muerte grabado con letras en piedras fue*
*con gloria, tanto que los hijos de Israel no pudieron fijar la vista*
*en el rostro de Moisés a causa de la gloria de su rostro,*
*la cual había de perecer ¿cómo no será más bien con gloria*
*el ministerio del Espíritu? (2 Corintios 3:7–8).*

*Lectura de las Escrituras:* Mateo 17:1–13

*L*a gloria en la cara de Moisés tenía que acabarse. ¿Por qué tenía que haberse ido? Para que algo más que tuviera excedente gloria pudiera tomar lugar.

No tenemos idea de las profundidades y las alturas de la libertad y la bendición del *"ministerio del Espíritu"*. Debemos alcanzar la posición de divinidad y ser partícipes de la naturaleza divina. (Véase 2 Pedro 1:4). La ley fue tan gloriosa que Moisés fue lleno con gozo en la expectativa de lo que significaría. Para nosotros, aquí está la excelencia de la gloria de Cristo en el ministerio del Espíritu Santo. Ya no es más, "No deberás". Sino, es la voluntad de Dios, revelada a nosotros en Cristo. *"El hacer tu voluntad, Dios mío, me ha agradado"* (Salmo 40:8). Y, estimado, en nuestros corazones existe una gloria excedente. ¡Oh, el gozo de este toque celestial!

Cuando Pedro estuvo recordando ese maravilloso día en el Monte de la Transfiguración, dijo: *"Desde la magnífica gloria de su voz"* (2 Pedro 1:17). Si yo llegara donde usted y le digo: "Cualquier cosa que esté haciendo, debe tratar de ser santo", yo fallaría. Sería totalmente fuera del plan de Dios. Pero, tomo las palabras de la epístola, que dice por medio del Espíritu Santo: *"Se santo"* (1 Pedro 1:16). Es tan fácil como posible ser santo, pero usted nunca podrá ser santo por sus propios esfuerzos. Dios quiere que seamos totalmente comidos por este celo por Él, para que cada día andemos en el Espíritu. Es lindo andar en el Espíritu, porque Él hará que usted more en seguridad, gozarse internamente, y alabar a Dios reverentemente.

**Pensamiento para hoy:** Cuando usted pierde su corazón y Otro lo toma, y pierde el deseo de y Él lo toma, entonces usted vive en el brillo del sol de la felicidad que ningún mortal puede nuca tocar.

## 22 de abril

# La justificación de Cristo

*Mucho más abundará en gloria el ministerio de justificación* (2 Corintios 3:9).

*Lectura de las Escrituras:* Juan 2:1–21

*T*óda la magnífica gloria está en Cristo; toda justificación está en él. Todo lo que pertenece a la santidad y divinidad, todo lo que expresa y lleva a muerte lo natural, todo lo que le hace saber que usted ha dejado de ser para siempre, siempre está en un poder ilimitado en el Cristo resucitado.

Siempre que mira a Jesús, usted puede ver muchos hechos diferente de su vida. Lo veo a Él en esos cuarenta días antes de su ascensión, con maravillosa verdad, pruebas infalibles de su ministerio. ¿Cuál fue el ministerio de Cristo? Cuando usted entra en la mera esencia de su ministerio, fue la justificación de su propósito. Lo magnífico de su ministerio fue la gloria que le cubrió. Su Palabra fue convincente, inflexible y divina, con una personalidad de una resistencia eterna. Nunca falló. Él habló, y permaneció. Fue una condición fija con Él, y su justificación se atenía.

Jesús fue verdadero, internamente y externamente, Él es *"el camino, la verdad y la vida"* (Juan 14:6), y bajo esta base podemos construir. Cuando sabemos que nuestros propios corazones no nos condenan (véase 1 Juan 3:21), podemos decirle al monte: *"Quítate"* (Mateo 21:21). Pero cuando nuestros propios corazones nos condenan, no hay poder en la oración, ni poder en la predicación. Somos sólo *"metal que resuena, o címbalo que retiñe"* (1 Corintios 13:1). Permita el Espíritu Santo mostrarnos que debe existir un ministerio de justificación.

Cristo fue la justificación a todo lo largo y lo ancho. Dios quiere establecerlo en nuestros corazones para que seamos como Él—como Él en carácter. Dios quiere justificación en las partes internas, para que podamos ser puros totalmente. La Biblia es la línea vertical de todo, y a menos que estemos alineados con la Palabra de Dios, fallaremos en la rectitud. Aquí vamos de nuevo a la ley. Veo que fue verdaderamente un maestro que nos trajo a Cristo. (Véase Gálatas 3:24).

**Pensamiento para hoy:** Debemos ser gente de la Palabra, para que la gente sea capaz de depender en nuestra palabra.

191

## 23 de abril

# Divinamente usado por Dios

*Sois carta de Cristo* (2 Corintios 3:3).

*Lectura de las Escrituras:* Colosenses 3:16–4:6

*L*a ley es linda cuando está establecida en la tierra. En cada país y ciudad, usted encontrará que la ley tiene algo que ver con mantener las cosas correctamente, y en alguna medida, las ciudades tienen un tipo de moderación debido a sus leyes. Pero, amado, nosotros pertenecemos a una ciudadanía más alta y más noble, no una ciudadanía terrenal, *"está en los cielos"* (Filipenses 3:20). Si la ley natural mantendrá una ciudad terrenal de alguna manera en condiciones moderadas, ¿cuál sería la magnífica gloria de estar en relación divina con la ciudadanía a la cual pertenecemos? Lo que quiere decir por *magnífica gloria* es que eclipsa. La tierra está llena de corazones rotos, pero la magnífica gloria llena a los hombres y mujeres redimidos para que muestren la magnífica gracia de la gloria de Dios.

El hombre se mantiene con Dios no tendrá confundirá en su hablar. Será tan sencillo, preciso y divino en su conversación que todos tendrán un levantamiento hacia la gloria. Puede que use gran claridad de discurso, pero debe ser una persona que conozca su mensaje. Debe saber lo que Dios tiene en su mente en el Espíritu, no en la letra. Él está allí como vasija para honrar, una pieza hablante de Dios; por consiguiente, está en la presencia de Dios, y Dios habla a través de él y lo usa.

Si su vida no está en constante tono, nunca sonará las campanas del cielo. Debemos ser la pieza hablante de Dios, no por letra, sino por el Espíritu, y debemos estar muy en la voluntad de Dios para que Él se regocije en nosotros con cantos. (Véase Efesios 3:17). Si estamos en el Espíritu, el Señor de la vida es el mismo Espíritu. *"Porque el Señor es el Espíritu; y donde está el Espíritu del Señor, allí hay libertad"* (2 Corintios 3:17).

No hay libertad que ayude a la gente tanto como el testimonio. Conozco gente que no sabe como testificar apropiadamente. Debemos testificar sólo como el Espíritu nos da internamente. Usted no debe usar su libertad excepto para la gloria de Dios. Tantas reuniones se echan a perder por largas oraciones y largos testimonios. Si el orador se mantiene en el Espíritu, sabrá cuando debe sentarse. Cuando usted empieza a repetir, la gente se cansa, y desea que se vaya a sentar, porque ya la unción se acabó.

Es lindo orar, y es gozoso escuchar su oración cuando usted está en el Espíritu; pero si continúa después que el Espíritu haya terminado, todos se cansan de ello. Así es que Dios quiere que sepamos que no debemos usar la libertad sólo porque la tenemos para usarla, sino que debemos dejar que la libertad del Espíritu nos use. Entonces sabremos cuando terminar. Nuestros servicios deben de ser tan libres en el Espíritu para que la gente siempre se vaya el sentimiento de "Oh, deseo que la reunión continúe por otra hora", o "¡No fue esa reunión de testimonio una revelación!".

Amado, cuando tenemos la Palabra de Dios en nuestros corazones, eso nos cambia absolutamente en todo. Y mientras festejamos en la Palabra del Señor, comemos y digerimos la verdad, e internamente comemos de Cristo, somos cambiados todos los días de un estado de gloria a otro. Usted nunca encontrara nada más que es la Palabra la que le lleva allí, por lo que usted no puede permitirse poner a un lado la Palabra.

Le imploro, amado, que no se quede corto por nada de estas enseñanzas benditas. Estas grandes verdades de la Palabra de Dios deben ser su testimonio, su vida, su patrón. *"Sois cartas de Cristo"*. Dios le dice esto por medio del Espíritu. Cuando existe un nivel que todavía no ha sido alcanzado en su vida, Dios por medio de su gracia, por medio de su misericordia, y por medio de su entrega puede equiparlo para ese lugar. Usted nunca estará preparado para ello, excepto por medio de un corazón roto y espíritu contrito, y por medio de la entrega a la voluntad de Dios. Pero si usted viene con un corazón un corazón total al trono de la gracia, Dios se reunirá con usted y le edificará en su plano espiritual.

***Pensamiento para hoy:*** Usted no puede cantar una canción de victoria en clave menor.

## 24 de abril

# *Seguir el camino de Dios*

*La senda de los justos es como la luz de la aurora, que va en aumento hasta que el día es perfecto* (Proverbios 4:18).

*Lectura de las Escrituras:* Proverbios 4:5–18

Jacob iba camino a la tierra de sus padres, pero estaba muy preocupado por el pensamiento de reunirse con su hermano Esaú.

Años antes, Jacob y su madre habían hecho un plan para asegurar la bendición que Isaac le iba a dar a Esaú. ¡Cuán glorioso fue la realización de plan carnal! Resultó en el odio de Esaú hacia Jacob y diciendo en su corazón "cuando mi padre esté muerto, entonces mataré a mi hermano Jacob". (Véase Génesis 27:41). Nuestros propios planes frecuentemente nos llevan al desastre.

Jacob tuvo que salir de la tierra, pero cuán bueno fue el Señor con el fugitivo. Él le dio una visión de una escalera y ángeles ascendiéndola y descendiéndola. (Véase Génesis 28:12). ¡Cuán gracioso es nuestro Dios! Él rehusó tener Sus planes de gracia frustrada por las obras carnales de la mente de Jacob, y esa noche Él se reveló a sí mismo con Jacob diciendo: *"He aquí, yo estoy contigo, y te guardaré por dondequiera que fueres, y volveré a traerte a esta tierra; porque no te dejaré hasta que haya hecho lo que te dicho"* (versículo 15). Es la divinidad del Señor que guía al arrepentimiento. Creo que Jacob realmente se arrepintió esa noche mientras estaba consciente de su propio estado pecaminoso.

Muchas cosas pueden suceder en nuestras propias vidas que nos muestran cuán depravado somos por naturaleza, pero cuando el velo es levantado, vemos cuán misericordioso y tierno es Dios. Su tierna compasión está sobre nosotros todo el tiempo.

Para el tiempo cuando Jacob tuvo la revelación de la escalera y los ángeles, tenía veintiún años de probar y de prueba. Pero Dios había sido fiel a su promesa todos esos años. Jacob pudo decirle a sus esposas: *"Vuestro padre me ha engañado, y me ha cambiado el salario diez veces; pero Dios no le ha permitido que me hiciese mal"* (Génesis 31:7). Le dijo a su suegro:

*Si el Dios de mi padre, Dios de Abraham y temor de Isaac, no estuviera conmigo, de cierto me enviarías ahora con las manos*

# 24 de abril

*vacías; pero Dios vio mi aflicción y el trabajo de mis manos.*

(Génesis 31:42)

Ahora que Jacob estaba regresando a la tierra donde nació, su corazón estaba lleno de temor. Si alguna vez necesitó al Señor, era en ese momento. Y quería estar a solas con Dios. Sus esposas, sus hijos, sus ovejas, su ganado, sus camellos y sus burros ya se habían ido, y *"Así se quedó Jacob solo; y luchó con él un varón hasta que rayaba el alba"* (Génesis 32:24). El Señor vio la necesidad de Jacob y bajó a reunirse con él. Fue Él quien luchó con el suplantador, quebrantándolo, cambiándolo y transformándolo.

Jacob sabía que su hermano Esaú tenía poder para desaparecer todo lo que tenía, y tomar venganza sobre él. Sabía que nadie podía liberarlo sino Dios. Y allí a solas, apoyado en su alma y empobrecido en espíritu, se encontró con Dios. ¡Oh, cuánto necesitamos estar a solas con Dios, para ser quebrantado, cambiado y transformado! Y cuando nos encontramos con Él, Él intercede y toda la preocupación y conflicto son terminados.

*Pensamiento para hoy:* Estése a solas con Dios y reciba la revelación de su infinita gracia y de sus maravillosos propósitos y planes para su vida.

## 25 de abril

# Tamizado como trigo, probado como oro

*Para que tengáis que ser afligidos en diversas pruebas, para que sometida a prueba tu fe...con fuego, sea hallada en alabanza, gloria y honra cuando sea manifestado Jesucristo* (1 Pedro 1:6–7).

Lectura de las Escrituras: 1 Pedro 1:3–16

*Y*o creo que hay personas que serán puestos en el lugar donde estarán firmes ante la Palabra de Dios. Usted será tamizado como el trigo. (Véase Lucas 22:31). Será probado *"como si alguna cosa extraña os aconteciese"* (1 Pedro 4:12). Usted será puesto en lugares más difíciles, donde el infierno pareciera vencerle, pero Dios le sostendrá y dará poder, y le llevará a un lugar de fe ilimitada. Dios no le permitirá que sea *"tentado más de lo que podéis resistir, sino que dará también juntamente con la tentación la salida, para que podáis soportar"* (1 Corintios 10:13).

Seguramente que Dios le dirá cuando usted ha sido suficientemente probado para sacarlo como oro puro. Cada prueba es para prepararlo para una posición mayor para Dios. ¿Quién vivirá una oración aletargada, débil, insignificante, indolente? ¿Una vida sin Biblia cuando sabemos que debemos pasar por estas cosas? Y si usted debe *"perfeccionarse en la debilidad"* (2 Corintios 12:9), usted debe ser probado de esa manera por medio del fuego para saber ningún hombre es capaz de ganar la victoria a menos que sea por el poder de Dios que está en él. El Espíritu Santo nos guiará día con día. Usted sabrá que estas aflicciones livianas, que sólo son momentáneas, están trabajando para una pesada gloria eterna. (Véase 2 Corintios 4:17).

Debemos tener gente que reciba al Espíritu Santo; debemos tener gente que sea sanada en sus sillas; debemos ver que Dios se presente. Algunos de ustedes han estado ansiosos por el Espíritu Santo. Dios puede bautizarle donde usted esté. Existen algunos que todavía no han probado de la gracia de Dios. Cerca de usted está el agua de vida. Beba un trago, hermano, hermana, porque Dios dice: *"El que tiene sed, venga; y el que quiera, tome del agua de la vida gratuitamente"* (Apocalipsis 22:17).

**Pensamiento para hoy:** Su fe probada le hará saber que usted tendrá la fe de Dios para continuar hacia la siguiente prueba.

## 26 de abril

# Para el pobre en espíritu

*Bienaventurados los pobres en espíritu,*
*porque de ellos es el reino de los cielos* (Mateo 5:3).

*Lectura de las Escrituras:* Salmo 37:3–24

Este es uno de los lugares más ricos a donde Jesús nos lleva. El pobre tiene el derecho de todo en el cielo. *"De ellos".* ¿Se atreve a creerlo? Sí, yo sí me atrevo. Creo y se que yo era muy pobre. Cuando el Espíritu de Dios entra como poder gobernante y controlador de nuestras vidas, Él nos da la revelación de Dios de nuestra pobreza interna y nos muestra que Dios ha venido con un propósito: para traer lo mejor del cielo a la tierra. También muestra que con Jesús ciertamente nos *"dará todas las cosas"* (Romanos 8:32).

Un hombre y una mujer, viejos, han vivido juntos por sesenta años. Alguien les dijo: "Deben haber visto muchas nubes durante esos días". Ellos respondieron: "¿De dónde viene la lluvia? Nunca puedes tener la lluvia sin las nubes". Es sólo el Espíritu Santo quien puede llevarnos al lugar de comprender nuestra pobreza; pero, todo el tiempo que Él lo hace, abre las ventanas del cielo, y las lluvias de bendiciones caen.

Pero debo reconocer la diferencia mi propio espíritu y el Espíritu Santo. Mi propio espíritu pude hacer ciertas cosas en línea natural—puede aún, llorar, orar y alabar—pero todo está en el plano humano. No debemos depender de nuestros propios pensamientos humanos y actividades, o en nuestras personalidades. Si el bautismo significa todo para usted, eso le llevará a la muerte de lo ordinario, donde ya no está poniendo la fe en su propio entendimiento sino, consciente de su propia pobreza, aun usted es rendido al Espíritu. Es cuando su cuerpo se llena con el cielo en la tierra.

¿Cómo puedo acercarme más a Dios? ¿Cómo puedo estar en el lugar de impotencia—en mi propio lugar y depender de Dios? Veo una marea que se eleva. *"Bienaventurado los pobres en espíritu porque de ellos es el reino de los cielos".* Dios nos está haciendo muy pobres, pero somos ricos porque nuestras manos están enlazadas hacia Él en este santo día de su visita a nuestros corazones.

**Pensamiento para hoy:** Ejercer domino en alguien más no es de Dios.

## 27 de abril

# Un espíritu de pobreza

*Bienaventurado los pobres en espíritu,*
*porque de ellos es el reino de los cielos* (Mateo 5:3).

*Lectura de las Escrituras:* Salmo 37:25–40

Cuando tomamos esta idea de ser pobre en espíritu y nos identificamos con el Señor Jesucristo, debemos ir al lugar donde ahora vemos que todas las cosas son posible con Dios. Reconocemos que Dios tiene suministro ilimitado, y en nuestra pobreza de espíritu, estamos con derecho a todo lo que Dios tiene, *"porque [nuestro] es el reino de los cielos"*.

Cuando Jesús vino a Sicar, a la ciudad de Samaria: *"cansado del camino"* (Juan 4:6), se sentó junto al pozo. Sus discípulos no estaban con Él porque se habían ido a comprar comida a una ciudad cercana. (Véase versículo 8). Cuando regresaron, lo vieron tranquilo. No estaba buscando comida sino que estaba bastante relajado. Cuando Jesús no estaba interesado en comer lo que habían llevado, *"los discípulos decían unos a otros: ¿Le habrá traído alguien de comer?"* (versículo 33). Esto nos muestra la posibilidad del hombre viviendo en Dios, ser obediente a Dios, sin conciencia del mundo bajo ninguna circunstancia, excepto cuando le traemos ayuda. Y Él les dijo: *"He aquí os digo: Alzad vuestros ojos y mirad los campos, porque ya están blancos para la siega"* (versículo 35). Esa es su comida, la vida espiritual en Dios, que gozo en el Espíritu Santo.

Viene a ganar nuestras almas, para romper toda atadura de mera afección humana y reemplazar en nosotros lo divino en vez de lo terrenal, lo puro en vez del impuro, los ojos de fe que mira a Dios en vez de los sentimientos humanos. El divino Hijo de Dios es para nosotros, poderosamente moviéndose a través de nosotros, mientras renunciamos a ser. Esta pobreza de espíritu dicha en esta Bienaventuranza nos ayuda.

*Pensamiento para hoy:* Sin importar mi mansedumbre, humildad e impotencia, todo lo que Dios tiene es mío.

## 28 de abril

# Por los que lloran

*Bienaventurados los que lloran,*
*porque ellos recibirán consolación* (Mateo 5:4).

*Lectura de las Escrituras:* 1 Corintios 15:51–57; 1 Tesalonicenses 4:13–18

*L*a gente tiene la idea equivocada del llorar. En Suiza, tienen un día que se alejan para llevar flores a las tumbas. Puse en duda la ignorancia de la gente y dije: "¿Por qué pierden el tiempo alrededor de las tumbas? La gente que usted ama no está allí. Todo eso de llevar flores a las tumbas no es fe para nada. Aquellos que murieron en Cristo se han ido para estar con Él, 'lo cual,' dijo Pablo, 'es muchísimo mejor' (Filipenses 1:23)".

Una vez mi esposa me dijo: "Mírame cuando estoy predicando. Estoy tan cerca del cielo cuando predico que algún día desapareceré". Una noche ella estaba predicando, y cuando había terminado, se apagó. Yo iba hacia Glasgow y me había despedido de ella antes que se fuera a la reunión. Mientras me alejaba de la casa, el doctor y el policía se me acercaron en la puerta y me dijeron que se había muerto en la puerta de la iglesia. Sabía que ella había tenido lo que quería. Yo no lloré, sino que hablé en lenguas, alabando al Señor. Humanamente, ella era todo para mí; pero no podía llorar en sentido natural, y sólo me reí en el Espíritu. La casa muy pronto estuvo llena de gente. El doctor dijo: "Ella está muerta, y no podemos hacer nada". Subí para ver su cuerpo sin vida y le ordené a la muerte que la dejara, y ella volví para mí por un momento. Entonces Dios me dijo: "Ella es mía; su obra ha terminado". Yo sabía lo que Él quería decirme.

La pusieron en ataúd, y llevé a mis hijos y mis hijas en el cuarto y les dije: "¿Está ella allí?". Ellos respondieron; "No, papá". Les dije, "La cubriremos". Si ustedes van llorando la pérdida de los seres amados que se han ido para estar con Cristo—les dijo esto a con amor—nunca han tenido la revelación de lo que Pablo dijo cuando nos mostró que es mejor irnos que quedarnos. (Véase 2 Corintios 5:8). Leemos esto en la Escritura, pero el problema es que la gente no lo creerá. Cuando usted cree en Dios, dirá, "Lo que sea, está correcto. Si quieres llevarte a quien amo, está bien, Señor".

# 28 de abril

Pero el llorar del que Jesús habló en Mateo 5, es el llorar en el Espíritu. Dios le llevará al lugar donde las cosas deben ser cambiadas, y existe un llorar, un gemido interno hasta que Dios venga. Jesús lloró por Jerusalén. Vio las condiciones; vio la incredulidad; vio el final de aquellos que cerraron sus oídos al evangelio. Pero Dios dio la promesa que Él vería "*el fruto de la aflicción de su alma, y quedará satisfecho*" (Isaías 53:11) y que Él "*verá linaje*" (versículo 10).

Lo que sucedió en el día de Pentecostés en Jerusalén fue la promesa de lo que sería el resultado de sus dolores de parto, para ser multiplicado billones de veces por generaciones en todo el mundo. Y mientras entramos en el Espíritu en dolores de parte en condiciones que están equivocadas, tal llanto siempre traerá resultados para Dios, y nuestro gozo será completo en la satisfacción que está en está manera traída por Cristo.

*Pensamiento para hoy:* La remueve toda lágrima de autocompasión.

## 29 de abril

# Un espíritu de luto

*Bienaventurados los que lloran,*
*porque ellos recibirán consolación* (Mateo 5:4).

*Lectura de las Escrituras:* Salmo 23

*D*ebemos vivir en una pura atmósfera para que Dios brille dentro y a través de nuestras almas. ¡Oh, esta salvación interna! (Véase Hebreos 7:25). Estoy satisfecho que mientras llegamos a conocer al Hijo de Dios, nunca más seremos débiles. La marea girará. Miremos en Mateo 5:4, *"Bienaventurados los que lloran, porque ellos recibirán consolación"*.

¿Quiso decir Jesús luto por muerte? No, Él quiso decir llorar por nuestros hijos e hijas, que todavía no han alcanzado el cielo, que no saben nada de las cosas del Espíritu de Vida. Cuando Dios mete dentro de nosotros un llanto de tristeza para mover los poderes de Dios, entonces Él enviará avivamiento en cada hogar.

Es imposible tener este luto espiritual por las almas perdidas sin tener lo más cercano que Dios dice, "[Usted] *será consolado"*. ¡Como Dios le da un espíritu de luto sobre un alma necesitada, entonces no da victoria! Amado, es el poderoso poder de Dios en nosotros. Y cuando el Espíritu nos lleva a esta actitud de luto sobre las almas perdidas y por todos los fracasos que vemos en el proceder de los cristianos, hasta que podamos ir a la presencia de Dios con ese espíritu de luto, nada sucederá.

El avivamiento viene. El corazón de Dios está en el lugar de la intensa pasión. Dobleguémonos o rompámonos porque Dios está determinado a bendecirnos. ¡Oh, el gozo del servicio y el gozo del sufrimiento! ¡Oh, ser moldeado internamente en Jesús! Dios viene con poder. No debe haber una caído de la cruz sino una subida de fe en fe y de gloria en gloria con una creciente diligencia para que seamos encontrados en Él *"sin mancha e irreprensible"* (2 Pedro 3:14). El espíritu de luto se volverá en regocijo mientras estemos fieles ante Él.

*Pensamiento para hoy:* El final de toda la fe verdadera siempre es el regocijo.

## 30 de abril

# Para el manso

*Bienaventurados los manos,*
*porque ellos recibirán la tierra por heredad* (Mateo 5:5).

*Lectura de las Escrituras:* Isaías 11:1–10

Moisés era testarudo en su celo por su propio pueblo, y eso resultó en la muerte de un hombre. (Véase Éxodo 2:11–12). Su corazón estaba correcto en su deseo de las cosas correctas, pero estuvo apoyándose en la sabiduría humana, y cuando trabajamos en líneas naturales siempre fracasamos. Moisés tenía una poderosa pasión, y esa es una de las mejores cosas en el mundo cuando Dios tiene el control y se vuelve en una pasión por que las almas nazcan de nuevo. Pero apartado de Dios, es una de las peores cosas.

Pablo fue tremendamente celoso, y respirando amenazas, envió a la cárcel a hombres y mujeres. (Véase Hechos 8:3). Pero Dios lo cambió, y más adelante dijo que desearía ser anatema, separado de Cristo por amor a sus hermanos, sus parientes según la carne. (Véase Romanos 9:3–4).

Dios tomó la testarudez de Moisés y lo moldeó en el hombre más manso. Él tomó al fogoso Saulo de Tarso y lo hizo en el mayor exponente de la gracia. Oh, hermanos y hermanas, Dios puede transformarle de la misma manera, y plantar dentro de usted una mansedumbre divina y en cualquier otra cosa que le falte.

En nuestra Escuela Dominical, tuvimos un muchacho con cabello rojo, rojo como el fuego, y así era su temperamento. Era tal prueba. Pateaba a sus maestros y al superintendente. Simplemente, él era incontrolable. Los maestros se reunieron en donde discutieron el caso de expulsarlo. Pero pensaron que Dios de alguna manera podía trabajar en ese muchacho, por lo que decidieron darle otra oportunidad. Un día debió ser corrido, y quebró todas las ventanas de la iglesia. Él era peor afuera que adentro. Algún tiempo después, tuvimos una reunión de avivamiento por diez días. No había nada importante en esa reunión y la gente pensó que fue una pérdida de tiempo, pero hubo un resultado—el pelirrojo fue salvo.

Después que fue salvo, la dificultad fue sacarlo de nuestra casa. Se quedaba hasta la medianoche, clamando a Dios para que lo hiciera flexible y lo usara para su gloria. Dios libero al muchacho de su temperamento

# 30 de abril

y lo hizo en el muchacho más manso, más lindo que jamás haya visto. Por veinte años ha sido un poderoso misionero en China.

Puedo recordar el momento cuando solía quedarme pálido de ira y temblar por mi mal carácter. Difícilmente me calmaba. Pero en una ocasión esperé a Dios por diez días. En esos diez días, fue vaciado, y la vida del Señor Jesús había estado trabajando dentro de mí. Mi esposa testificó de la transformación que tuvo lugar en mi vida. Ella dijo: "Nunca había visto tal cambio. Nunca había sido capaz de cocinar nada desde ese momento que no le había complacido. Nada es muy caliente o muy frío; todo está en su punto". Dios debe venir y reinar intenso en su vida. ¿Le permitirá hacerlo? Él puede hacerlo, y lo hará si usted le se lo permite.

No sirve tratar de amansar al *"viejo hombre"* (Efesios 4:22). Pero Dios puede tratar con él. La mente carnal nunca estará sujeta a Dios, pero Dios la llevará a la cruz donde pertenece y la pondrá en su lugar. Con el poder transformador de Dios, podemos volvernos puros y santos, teniendo la mente mansa del Maestro.

*Pensamiento para hoy:* Dios nos toma justo de donde estamos y nos transforma por su poder.

# 1 de mayo

# Un espíritu de mansedumbre

*Bienaventurado los mansos,*
*porque ellos recibirán la tierra por heredad* (Mateo 5:5).

*Lectura de las Escrituras:* Isaías 11:1–9

*D*ios quiere que hoy nos regocijemos. El nos fue traído a este lugar santo para que podamos llorar y luego regocijarnos. Miremos el siguiente versículo en Mateo 5: *"Bienaventurado los mansos, porque ellos recibirán la tierra por heredad"*.

Usted dice: "No he hablado de ser manso: yo nunca podré ser así". Tome el caso de Moisés. Seguramente que él no era manso cuando mató al egipcio. Pero cuando Dios tomó a Moisés en sus manos en la tierra de Median, lo moldeó para que pudiera convertirse en el hombre más manso en toda la tierra. No me importa cómo es su temperamento. Si usted tiene sólo un toquecito del cielo, Dios puede moldearlo para que se vuelva manso.

Yo antes tenía tan mal carácter que me hacia temblar. Podía volverme furioso con poder maligno. Vi que este temperamento tenía que ser destruido; no simplemente ser parchado. Un día el poder de Dios cayó sobre mí. Vine a la reunión y caí ante el Señor. La gente empezó a preguntarme: "¿Qué pecado había estado cometiendo Wigglesworth?". Esto siguió por dos semanas. Cada vez que iba al altar, Dios solía arrollarme con tal manifestación de mi impotencia que caía derribado ante Dios y lloraba hasta acabarme. Luego el predicador o el líder salían y se me acercaban. Dios empezó el avivamiento de esa manera. Dios me había derribado y el avivamiento empezó a través de su avivamiento en mí. ¡Oh, eso fue maravilloso!

Sólo Dios puede corregir a la gente. Sólo el oro derretido es fundido. Sólo la arcilla húmeda acepta el molde. Sólo la cera suavizada recibe el sello. Sólo los corazones rotos, contritos reciben las marcas a medida que el Alfarero hace girar su rueda. ¡Oh Señor, danos ese estado bendito cuando somos hechos perfectamente y totalmente mansos!

*Pensamiento para hoy:* El perfecto amor nunca quiere sobresalir en nada; nunca querrá tomar el lugar de otro; siempre estará dispuesto a tomar la última silla.

## 2 de mayo

# Los hambrientos y sedientos

*Bienaventurados los que tienen hambre y sed de justicia,*
*porque ellos serán saciados* (Mateo 5:6).

*Lectura de las Escrituras:* Salmo 42

ncuentre las condiciones y Dios cumplirá su Palabra con usted. Fíjese que este versículo dice: "serán llenados". El Espíritu de Dios está gritando: "*A todos los sedientos: Venid a las aguas; y los que no tienen dinero, venid, comprad y comed*" (Isaías 55:1). El Espíritu de Dios tomará las cosas de Cristo y se las mostrará para que usted pueda tener el deseo de Cristo en su totalidad, y cuando existe ese deseo, Dios no fallará en llenarlo.

Mire la multitud de adoradores que han salido del festín. Salen totalmente insatisfechos, pero en el último día, ese grandioso día del festín, Jesús se levantará y gritará diciendo: "*Si alguno tiene sed, venga a mí y beba. El que cree en mí, como dice la Escritura, de su interior correrán ríos de agua viva*" (Juan 7:37–38).

Jesús sabía que se iban sin el agua viva, por lo que Él les dirigió hacia la fuente verdadera de suministro. ¿Está usted sediento ahora? El Cristo viviente todavía le invita para que venga a Él, y quiero testificar que Él sigue satisfaciendo al alma sedienta y llena al hambriento con buenas cosas.

En Suiza, supe de un hombre que se reunía con una congregación en particular. Asistía a las variadas reuniones, y una mañana en su servicio de Comunión, se levantó y dijo: "Hermanos, tenemos la Palabra, y siento que estamos viviendo mucho al pie de la letra, pero existe una hambre y sed en mi alma por algo más profundo, algo más real que lo que tenemos, y no puedo descansar hasta que yo entre en eso". El siguiente domingo, este hermano se levanto de nuevo y dijo, "Somos tan pobres aquí, no existe vida en esta asamblea y mi corazón está hambriento por realidad". El hizo esto por varias semanas hasta que sacó de quicio a esa gente y protestaron: "Sands, nos estás volviendo tan miserables; estás arruinando nuestras reuniones. Hay sólo una cosa que debes hacer y es que te vayas".

El se salió de la reunión en una condición verdaderamente triste. Mientras se salía, uno de sus hijos le preguntó qué sucedía y él respondió: "¡Pensar que ellos me sacaron de su medio por estar hambriento y sediento de más de Dios!". No sabía nada de esta situación, sino hasta después.

Días después, alguien se apresuró donde Sands y le dijo: "Hay un hombre de Inglaterra por aquí y está hablando de lenguas y sanidad". Sands dijo: "Yo lo arreglaré. Iré a la reunión y me sentaré justo al frente y lo retaré con las Escrituras. Lo desafiaré para que predique esas cosas en Suiza. Públicamente lo denunciaré". Fue a las reuniones. Se sentó. Estaba tan hambriento y sediento que bebió cada palabra que fue dicha. Su oposición pronto se apagó. En la primera mañana le dijo a un amigo: "Esto es lo que quiero". El bebió y bebió del Espíritu. Después de tres semanas dijo: "Dios tendrá que hacer algo nuevo o voy a reventar". El respiró en Dios, y el Señor lo llenó tanto que habló en lenguas como el Espíritu le daba que hablase. Sands ahora está predicando y está a cargo de una nueva asamblea Pentecostal.

Dios está haciendo que la gente esté hambrienta y sedienta de lo mejor de Él. Y en todo lugar Él está llenando el hambre y dándoles lo que los discípulos recibieron al mero inicio. ¿Está usted hambriento? Si lo está, Dios promete que usted será llenado.

**Pensamiento para hoy:** Si alguna vez usted mira una "promesa futura" en la Biblia, hágala suya.

## 3 de mayo

# Un espíritu de hambre y sed

*Bienaventurados los que tienen hambre y sed de justicia,*
*porque ellos serán saciados* (Mateo 5:6).

*Lectura de las Escrituras:* Hebreos 1:8–9; 2:1–18

Las bienaventuranzas del Espíritu son verdaderamente maravillosas. Debemos enfatizar que Dios no fallará en llenarnos. Ningún hombre puede tener *"hambre y sed de justicia"* a menos que Dios haya puesto el deseo en él. Esta rectitud es la rectitud de Jesús.

En 1 Juan 5:4–5, encontramos estos versículos: *"Y esta es la victoria que ha vencido al mundo, nuestra fe. ¿Quién es el que vence al mundo, sino el que cree que Jesús es el Hijo de Dios?"* La justicia es más que tener buen comportamiento. Escuchamos que alguien dice: "Oh, nunca le hago daño a nadie. Siempre me comporto". Esto es simplemente, vivir en la carne, pero existe algo más alto, una mayor *"ley del Espíritu de vida en Cristo Jesús"* (Romanos 8:2). Debo ver que Jesús es mi rectitud perfecta. Él vino por el poder de Dios:

*Porque lo que era imposible para la ley, por cuanto era débil por la carne, Dios, enviando a su Hijo en semejanza de carne de pecado y a causa del pecado, condenó al pecado en la carne.*

(Romanos 8:3)

Pero los toques divinos del cielo nunca lo dejan estancado, sino que le incrementa la sed y el apetito para mayores cosas. Algo dentro le hace proseguir hasta que quede vacío de todo lo demás para que usted pueda ser llenado con lo que Dios le quiere dar. Esta justicia o rectitud es el andar con Dios, es una herencia divina. Es buscar el rostro de Jesús hasta que no pueda estar satisfecho sin beber de su Espíritu y siendo desbordado continuamente con sus bendiciones. Yo no puedo estar satisfecho sin la justicia de Cristo. Él nos da la sed por la inmensidad del poder de Dios. Es un problema divino que es resuelto sólo de una manera: recibiéndolo a Él.

*Pensamiento para hoy:* Teniéndolo a Él, lo tenemos todo.

## 4 de mayo

# Un espíritu de misericordia

*Bienaventurados los misericordiosos,*
*porque ellos alcanzarán misericordia* (Mateo 5:7).

*Lectura de las Escrituras:* Oseas 6:1–6; Salmo 85:4–13

Oro para que Dios le traiga a la muerte de sí mismo, y una vida de rectitud, la cual complacerá a Dios en el Espíritu. Así lo entendemos de alguna medida lo que Dios tiene para nosotros en el versículo de Mateo 5: *"Bienaventurado los misericordiosos, porque ellos alcanzarán misericordia".*

Creo que esto es una condición verdaderamente espiritual, que es mayor que la ley de la naturaleza. Algunas veces, cuando nos referimos a la misericordia, pensamos en ser amable, afable o filántropo con los demás. Pensamos que son posiciones respetadas. Si lo son, pero el mundo lo tiene. Estimado, debemos tener todo eso, pero debemos tener mucho más. Nunca entenderemos el significado de la misericordia de Jesús hasta que nos llene de Él. ¡Mi bendito Señor! ¿Puede alguien ser como Él? ¿Puede creer tal rareza, tal belleza, tal auto sacrificio? *"Bienaventurados los misericordiosos".* Usted no puede ser llenado del Señor y no ser misericordioso. Usted no puede bautizarse con poder sin esta misericordia sobrenatural, este toque divino del cielo que detiene las fuerzas satánicas, libera al oprimido, y fortalece al indefenso. Este es el espíritu que Dios quiere darnos. ¡Oh, para que el cielo se doblegue hacia nosotros con este profundo llanto interno por el toque de Él, su majestuosidad, su gloria, su fuerza, su poder!

Esto es algo meramente excepcional que el misericordioso siempre obtiene misericordia. Mire la medida de esta vida espiritual: primero lleno, luego estrujado, luego conmocionado y después rebosado. (Véase Lucas 6:38). Este toque divino del cielo es maravilloso. Es lo más encantador sobre la tierra, lo más dulce de todo. Dios quiere que usted tenga este vino nuevo. Estremece el corazón humano. ¡Cuán poderosamente le eleva hacia el cielo!

Les pido a todos, a las almas en necesidad, que *"vengan confiadamente al trono de la gracia"* (Hebreos 4:16). Vengan y el Señor les bendecirá.

**Pensamiento para hoy:** Debemos recibir de las riquezas celestiales para darle a las almas en pobreza.

# Elegido por Dios

*A los expatriados de la dispersión...elegidos según la presciencia de Dios Padre en santificación del Espíritu* (1 Pedro 1:1–2).

*Lectura de las Escrituras:* 1 Tesalonicenses 1:2–7; 4:3–12

*L*a humanidad, la carne y las cosas naturales, todas están contra las cosas divinas. Los malos poderes trabajan sobre esta posición de la vida humana, especialmente cuando la voluntad no es cedida a Dios. Entonces, los poderes de la oscuridad se alzan contra los poderes de orden divino, pero nunca los derrotan. El orden divino, con frecuencia está en la minoría. Pero siempre en la mayoría. ¿Lo dije correcto? Si, y lo dije con intención, también. Aunque esté en la minoría, siempre triunfa.

Quiero que se fije en el texto del versículo porque dice: *"Dispersión"*. Esto quiso decir que estas personas no tenían mucha libertad para reunirse, por lo que fueron llevados de lugar en lugar. Aun en los días del religioso escoceses John Knox, la gente que servía a Dios tenía que reunirse en habitaciones muy cerradas porque la iglesia romana estaba determinada a destruirlos, los clavaban en sillas de justicias y los destruía en todo tipo de formas. Ellos eran la minoría, pero se movieron en victoria, y el poder romano fue aplastado y destruido. Cuide que tal cosa no suceda otra vez. Dios permita llevarnos a tal orden de perfección para que podamos entender estos días, para que podamos estar en la minoría, pero siempre obtendremos la victoria por medio de Dios.

El Espíritu Santo quiere que comprendamos nuestros privilegios: somos *"elegidos según la presciencia de Dios...en santificación del Espíritu"*. Ahora, esta santificación del Espíritu no está en las líneas de ser limpiado del pecado. Es un orden mayor que la obra de redención. La sangre de Jesús es rica en todas las limpiezas poderosas, y saca otros poderes y nos transforma por medio del poderoso poder de Dios. Pero cuando el pecado se ha ido, si, cuando somos limpios y cuando sabemos que tenemos la Palabra de Dios justo dentro de nosotros y el poder del Espíritu lleva todo a un lugar donde triunfamos, luego viene la revelación por medio del poder del Espíritu, elevándonos a terrenos más altos, a todas las llenuras de Dios, que revela a Cristo de tal manera.

# 5 de mayo

Esto es lo que se llama santificación del Espíritu: santificado por el Espíritu, elegido por Dios. No quiero que tropiece en la palabra *elegir*—esa no es una palabra muy bendecida. Usted puede decir que todos son elegidos. Dios ha planeado que todos los hombres deben ser salvos. Esta es la elección, pero ya sea que acepte y entre en su elección, ya sea que se pruebe a sí mismo ser digno de su elección, ya sea que tenga bien alojado el Espíritu para fortificarle, ya sea que haya hecho esto, yo no lo sé, pero su elección, su santificación, es el estar sentado a la derecha de Dios.

Esta palabra *elección* es muy preciosa para mí. Pre-ordenado, pre-destinado—estas palabras que Dios planeó antes que el mundo haya existido, para llevarnos hacia el triunfo y la victoria en Cristo. Algunas personas juegan con esto y lo toman como una meta. Dicen: "Oh, bien, ya ves, somos elegidos; estamos bien". Sé de muchos que creen en esa condición de elección, y dicen que están bastante bien porque son elegidos y han sido salvos. Creo que estas personas son tan diplomáticas que creen que los demás pueden ser elegidos para ser condenados. ¡Esto no es verdad! Todos somos elegidos para ser salvos, pero el que se meta en ello, es otra cosa.

Muchos no experimentan la salvación porque el dios de este mundo los ha cegado *"para que no resplandezca la luz del evangelio de la gloria"* (2 Corintios 4:4). ¿Qué significa eso? Significa que Satanás ha dominado sus mentes, y prestan oído para escuchar las cosas corruptas. Cuídese de las cosas que no incluyen a Jesús. Algunas veces grito con todas mis fuerzas por Jesús, porque sé que Jesús no está dentro de algunas cosas.

Estimado, quiero que vea esta elección de la que le hablo, de echarle un vistazo al cielo, con su corazón siempre en el ala, donde usted logre entender todo lo espiritual, cuando todo lo divino le haga sentir hambriento por ello.

Esto es por medio de la santificación del Espíritu en la obediencia y el brote de la sangre de Jesucristo. No existe santificación si no hay santificación en la obediencia.

**Pensamiento para hoy:** La maldad puede incrementarse y abundar, pero cuando el Señor levanta su bandera sobre el santo, hay victoria.

## 6 de mayo

# El Espíritu se mueve sobre usted

*Porque de tal manera amó Dios al mundo, que ha dado
a su Hijo unigénito, para que todo aquel que en él cree,
no se pierda, mas tenga vida eterna* (Juan 3:16).

*Lectura de las Escrituras:* Juan 3:5–21

No importa la edad que tenga. Si yo le dijera: "¿Recuerda alguna vez cuando el Espíritu no se manifestaba en usted?", sería maravilloso oír cuántas personas responderían, "No". ¿Cómo le llama a esto? Dios le hace entrar. Su gracia trayéndolo hacia Él.

Cuando pienso en mi propio caso, recuerdo que por parte de la familia de mi papá y de mi mamá no había deseo por Dios, pero en mi infancia fui extrañamente movido por el Espíritu. A la edad de ocho años, fui definitivamente salvado, cuando tenía nueve años de edad, sentí al Espíritu caer sobre mí, justo cuando hablé en lenguas. Yo fue *"elegido según la presciencia de Dios"* (1 Pedro 1:2), y muchos han tenido la misma experiencia.

Es un pensamiento muy bendecido que tengamos un Dios de amor, de compasión y de gracia, que no desea muerte sobre ningún pecador. Dios lo ha hecho posible para que todos los hombres sean salvos por causa de Jesús, su bien amado Hijo, para morir por los pecados de toda la gente. Es verdad que Él llevó nuestros pecados, es verdad que Él pagó el precio de todo el mundo; es verdad que Él se dio a sí mismo como rescate para muchos. (Véase Mateo 20:28). Y usted dice: "¿Para quién?". *"Para quien lo desee, permitirle tomar del agua de la vida gratuitamente"* (Apocalipsis 22:17).

Usted se preguntará, "¿Qué de aquellos que no reciben su regalo de salvación?". Toma su directo rechazo de la sangre de Jesús, tienen que rechazar el tener a Cristo reinando en ellos. Esto es, para *"quienes lo deseen"* en este lado y para quienes no lo deseen en el otro lado. Existe gente viviendo en el mundo que no desean el regalo de Dios. ¿Por qué ellos responden de esa manera? Porque *"el dios de este sigo cegó el entendimiento de los incrédulos, para que no les resplandezca la luz del evangelio de la gloria de Cristo, el cual es la imagen de Dios"* (2 Corintios 4:4).

**Pensamiento para hoy:** Jesús es mayor que cualquier asamblea, aunque Él es lo suficientemente pequeño para llenar cada corazón.

# 7 de mayo

# Paz y esperanza

*Y el Dios de esperanza os llene de todo gozo y paz
en el creer, para que abundéis en esperanza por el poder
del Espíritu Santo (Romanos 15:13).*

**Lectura de las Escrituras:** Efesios 1:2–21

*P*or medio de la santificación del Espíritu, usted entra a un lugar de descanso. Existe una paz en la santificación porque es un lugar de revelación, llevándole hacia reinados celestiales. Dios viene, habla y se hace visible para usted, cuando usted está cara a cara con Dios, recibe una paz *"que sobrepasa todo entendimiento"* (Filipenses 4:7), elevándolo a un estado de asombro inexplicable.

> Oh, esto es como el cielo para mí,
> Esto es como el cielo para mí,
> He cruzado el Jordán hacía la tierra de Canaán;
> Y esto es como el cielo para mí.

Esta santificación del Espíritu nos lleva al alineamiento definitivo con la maravillosa esperanza de la gloria de Dios. La esperanza viva es movimiento; sigue hacia adelante. La esperanza viva deja todo atrás. Mantiene la visión. ¡La esperanza viva mira su venida! Y usted vive en ella—en esta esperanza viva. Usted no está tratando de hacerse sentir que está creyendo, sino que la esperanza viva le llena con gozo y expectativa de la venida del Rey. ¡Alabado sea el Señor! Quiero que sepa que Dios tiene esta experiencia en su mente para usted.

Oro para que Dios Espíritu Santo le mueva de esta manera. Confío en que usted será reconciliado con Dios para que no haya ninguna cosa que pueda interferir con su posesión de esta esperanza viva.

¡Cómo nos ama Él, permaneciendo sobre nosotros, regocijándose en nosotros! ¡Cómo el Señor por medio del Espíritu Santo llena nuestra copa sobreabundante! (Véase Salmo 23.5). *"Porque el gozo de Jehová es vuestra fuerza"* (Nehemías 8:10). Espero que no olvide la esperanza viva. Este es el propósito de Dios para su alma. ¡Es maravilloso! ¡Aleluya!

**Pensamiento para hoy:** La esperanza viva es lo opuesto a la esperanza muerta.

# Regocíjese al ser purificado

*Para que sometida a prueba vuestra fe, mucho más preciosa*
*que el oro, el cual aunque perecedero se prueba con fuego,*
*sea hallada en alabanza, gloria y honra cuando*
*sea manifestado Jesucristo* (1 Pedro 1:7).

**Lectura de las Escrituras:** 2 Corintios 4:7–5:9

*U*sted no tiene idea lo que Dios significará en sus pruebas y tentaciones—esto es la purificación del Espíritu. El oro perece, pero la fe nunca perece; es más precioso que el oro, aunque puede ser probado con fuego. Un día fui a un lugar, y un caballero me preguntó: "¿Le gustaría ahora, ver la purificación del oro?". Respondí, "Si". Trajo algo de oro, lo puso en un crisol y le puso una llama de fuego. Primero, se volvió rojizo como la sangre, luego cambio y cambio. Después, este hombre agarró un instrumento y lo pasó sobre el oro, sacó algo que era extraño para el oro. Hizo esto varias veces hasta que cada parte fue removida. "Mire", dijo, y juntos miramos nuestras caras en el oro. Fue precioso.

Estimado creyente, la prueba de su fe es mucho más preciosa que el oro que perece. Cuando Dios le purifica por medio de las pruebas, malos entendidos, persecuciones y sufrimientos porque usted ha sido juzgado equivocadamente, Jesús le ha dado la clave: regocíjese en ese día. Él está limpiando toda la escoria de su vida, y todo poder maligno, hasta que mire su rostro justo en la vida, hasta que Él mire su rostro en su vida.

*"Llevando en el cuerpo siempre por todas partes la muerte de Jesús, para que también la vida de Jesús se manifieste en nuestros cuerpos"* (2 Corintios 4:10). Este proceso no pareciera, para ninguno de nosotros, ser muy placentero, porque no es aceptable para la carne, pero ya le dije anteriormente que su carne está contra el Espíritu. Su carne y todos sus poderes humanos deben estar perfectamente sometidos al poderoso poder de Dios internamente, para expresar y manifestar su gloria externamente. Pero, usted debe estar dispuesto para el proceso y decirle "Amén" a Dios. Puede ser muy difícil, pero Dios le ayudará.

Es bonito saber que en los momentos de disciplina, en los momentos de mal entendidos y pruebas difíciles cuando usted está en lo correcto y es tratado como si estuviera equivocado, Dios está reunido con usted y le bendice. La gente dice que es el demonio. No importa, deje que el fuego se queme; le hará bien. No empiece a protestar, sino resista la situación gozosamente. Es tan dulce entender que *"el amor es sufrido, es benigno"* (1 Corintios 13:4). ¡Qué lindo es ir a un lugar donde no piense mal, donde no es fácilmente provocado, y puede resistir todas las cosas y tolerarlas! ¡Alabado sea el Señor! ¡Oh, la gloria de eso, el gozo de eso!

Entiendo lo que significa brincar de gozo. Yo pude brincar por gozo debido al Señor.

> Sé que el Señor, sé que el Señor,
> Sé que el Señor ha puesto sus manos sobre mí.

*"A quien amáis sin haberle visto, en quien creyendo, aunque ahora no lo veáis, os alegráis con gozo inefable y glorioso"* (1 Pedro 1:8). Amamos a nuestro Señor Jesucristo, a quien no hemos visto. No existe voz tan gentil, tan suave, tan llena de ternura para mí. No hay voz como la de Él, y no hay toque como el de Él. ¿Es imposible amar a Quien no hemos visto? Dios lo hará posible para todos. *"A quien amáis sin haberle visto, en quien creyendo, aunque ahora no lo veáis, os alegráis con gozo inefable y glorioso"*.

***Pensamiento para hoy:*** Amado, a medida que usted es probado con fuego, el Maestro está purificando todo lo que no pueda reflejar su imagen en usted.

## 9 de mayo

# Embriaguez espiritual

*Porque si estamos locos, es para Dios;*
*y si somos cuerdos, es para vosotros* (2 Corintios 5:13).

*Lectura de las Escrituras:* Salmo 96

Existe un lugar para llegar en el Espíritu Santo que deja perplejo al mundo y a muchas personas que no irán con Dios. He aquí una notable lección. Podemos estar tan llenos del Espíritu, tan cubiertos por Él, tan purificado por dentro, estar listos para el Rapto, que todo el tiempo pareciera como si estuviéramos ebrios.

Cuando entro en contacto con personas que criticarían mi borrachera, estoy sobrio. Puedo estar sobrio un minuto; y puedo estar ebrio en el Espíritu en otro minuto. Le digo, ¡estar ebrio en la presencia de Dios es maravilloso! *"No os embriaguéis con vino, en lo cual hay disolución; antes bien sed llenos del Espíritu"* (Efesios 5:18). En esto existe esperanza viva, llena de indiscreción concerniente a lo que cualquiera piense.

Considere a un hombre que está ebrio. Se detiene en un poste de luz y tiene mucho que decirle. Dice las cosas más tontas posibles, y la gente dice: "Perdió la cabeza".

¡Oh, Señor, que pueda yo estar tan borracho de ti, que no haga diferencia en lo que la gente piense! Estoy hablándole al Señor en himnos y cantos espirituales, haciendo mi jactancia en el Señor. El Señor de las Huestes está en mi derredor, y yo estoy tan libre en el Espíritu Santo que estoy listo para ser llevado al cielo. Pero no me lleva. ¿Por qué? Estoy listo, y es mejor que me vaya, pero por el bien de la iglesia es preferible que me quede. (Véase Filipenses 1:23–25).

Es mejor que yo esté arropado con el Espíritu, viviendo en medio de la gente, sin mostrar desnudez. Necesito estar lleno de pureza, lleno de poder, lleno de revelación por el bien de la iglesia. Es mucho mejor ir al cielo ahora, pero por el bien de la iglesia debo quedarme, porque puedo ser de ayuda, diciéndole a otros cómo pueden obtener cobertura de su desnudes, cómo pueden sus mentes ser arropadas, cómo sus impurezas internas pueden ser puras en la presencia de Dios. Es mejor que esté viviendo, andando y actuando en el Espíritu Santo. Esto pareciera imposible, pero esta es la altura que Dios quiere que alcancemos.

# 9 de mayo

Aquí hay otro versículo para ayudarle: *"Pero si Cristo está en vosotros, el cuerpo en verdad está muerto a causa del pecado, mas el espíritu vive a causa de la justicia"* (Romanos 8:10). No existe tal cosa de tener libre su cuerpo si existe algún pecado. Cuando la justicia está dentro, la justicia abunda. Cuando Cristo está en su corazón, coronado en su vida, y el pecado es destronado, entonces la justicia abunda y el Espíritu Santo tiene gran libertad.

*"Y si hijos, también herederos; herederos de Dios y coherederos con Cristo"* (versículo 17). ¡Cuántos triunfos de altura, de anchura, de profundidad y de amplitud existen en este lugar santo! ¿Dónde está? Justo adentro. La libertad, la pureza, el poder, la separación son nuestros, y ¡estamos listos para la Gran Trompeta!

**Pensamiento para hoy:** La santidad es la habitación de Dios.

## 10 de mayo

# Las riquezas de su gloria

*Y el mismo Dios de paz os santifique
por completo* (1 Tesalonicenses 5:23).

*Lectura de las Escrituras:* 1 Tesalonicenses 5:8–24

*P*ermita que el Señor de las Huestes así nos rodee con revelación y bendición para que nuestros cuerpos vayan al lugar donde puedan apenas contener las alegrías del Señor. Él nos llevará a un lugar tan rico que por siempre sabremos que somos sólo del Señor. ¡Qué bendito estado de gracia el ser llevados, donde sabemos que el cuerpo, el alma y el espíritu son preservados sin manchas hasta la venida del Señor! (Véase 1 Tesalonicenses 5:23).

Dios está grandemente deseoso que tengamos más de su presencia. Tenemos sólo un propósito en mente: fortalecerse, edificarse en la mayor fe santa, y para presentarse por cada buena obra y estar impecable ante Él, apurarse por la fuerza del Espíritu, para que pueda estar preparado para todo lo que Dios tiene para usted en el futuro. Nuestra naturaleza humana puede ser llevada a un lugar donde hay sobreabundancia atendida por Dios que en el cuerpo no conoceremos nada sino al Señor de las Huestes.

Para este final, le invito al banquete que no puede ser agotado, un suministro más allá de todo pensamiento humano, una abundancia más allá de todas las extravagancias humanas.

¿Está usted listo para ser traído por el poder de Dios a su nuevo plan de justicia? ¿Está usted listo para ser capaz, como nunca antes, para dejar atrás las cosas del mundo y empujar hacia el premio del alto llamado? (Véase Filipenses 3:13–14).

¿Está listo para estar muy en el plan de Dios, para que sienta la mano de Dios sobre usted? Usted sabrá que Él le ha escogido, por lo que puede ser una primicia en Dios.

¿Está usted listo para que el Señor haga su elección, para que su voluntad y propósito sean suyos, para que el "Amén" de su carácter pueda limpiarle su mera naturaleza y para que pueda saber, como nunca antes lo haya sabido, que este es el día este es el día de la visita entre usted y Él?

*Pensamiento para hoy:* No importa cómo venga usted hacia la gran fe y creencia en Dios, Dios dice: "Mucho más abundantemente, mucho más".

## 11 de mayo

# De humano a divino

*Que los gentiles son coherederos y miembros*
*del mismo cuerpo, y copartícipes de la promesa*
*en Cristo Jesús por medio del evangelio* (Efesios 3:6).

*Lectura de las Escrituras:* 1 Corintios 15:41–55

Agradezco a Dios por la gloriosa transformación. Él hace en nosotros, nos toma desde la humanidad caída hasta la vida divina. El Dios de toda la gracia nos ve; nos conoce; está informado acerca de nosotros. Está inclinado hacia nosotros para que su placer infinito, glorioso e inagotable pueda movernos hoy. ¿Qué le puede complacer más que ver a sus hijos e hijas cubiertos, en sus cabales juicios (véase Lucas 8:35), escuchando su voz, con sus ojos y oídos alertas, llegando al tesoro del Altísimo?

Si tan sólo pudiéramos hoy comprender más que antes el por qué los gentiles habían sido traídos a las glorias de su tesoro, alimentarse del más vino trigo, beber de las riquezas de sus placeres, ser lleno con el Dios de amor que no tiene medida.

Sin dudas, el mayor misterio de todos los tiempos desde el inicio de la creación hasta ahora, es Cristo hecho manifiesto en carne humana. ¿Qué puede ser mayor que la vida eterna obrando majestuosamente a través de la muerte eterna? ¿Qué puede ser mayor que la naturaleza y la apariencia de Adán siendo cambiado por una nueva naturaleza que es la total expresión del Padre en el cielo?

Todos reconocemos la raza Adámica, pero permitamos que Dios ahora nos llene de entendimiento, de la reflexión divina. Pueda Él ponernos en la posición gloriosa para que podamos ser cambiados—la manifestación viviente del poder de Dios cambiando nuestra apariencia. Pueda Él permitirnos ver la mera expresión del Padre, una vez que lo terrenal acabe, lo celestial vendrá y la justicia de su gloria caerá sobre toda nuestra humanidad. El cielo hará una exhibición con nosotros, como nunca antes lo pudo hacer, y todos los santos serán reunidos. La mera expresión del rostro del Maestro y la mera gloria del Padre estará en nosotros. ¡Oh, que el aliento del cielo nos pueda mover hoy, hasta que sintamos, que suceda lo que suceda, debemos movernos para estar listos y salir!

*Pensamiento para hoy:* Estar conformes con este mundo, es estar perdidos; pero ser transformados de este mundo es tener ganancia.

218

## 12 de mayo

# Una herencia conjunta

*Me fue dada esta gracia de anunciar entre los gentiles el evangelio de las inescrutables riquezas de Cristo* (Efesios 3:8).

*Lectura de las Escrituras:* Gálatas 3:7–29

*L*a totalidad de la expresión del Espíritu Santo hoy nos está dando un vistazo en lo ha sido proveído por el Padre. Sabemos que en el Israel antiguo, desde Abraham, Dios tenía una relación especial con su pueblo escogido.

Pero los gentiles no tenían derecho a ella. El Maestro dijo a la mujer sirofenicia: "¿Debería agarrar el pan de los hijos y echárselos a los perros?". (Véase Marcos 7:27). ¿Quería Jesús decir que los gentiles eran perros? No, lo que quiso decir es que toda la raza de los gentiles sabían que estaban muy bajo del nivel y del orden de aquella gente que pertenecía a la estirpe real de Israel. Todos los samaritanos lo sentían.

"¿Pero no es posible que los perros coman de la migajas?", fue la pregunta de la mujer. (Véase versículo 28). Dios tiene algo entre las migajas. Él había hecho a los gentiles del mismo cuerpo, de la misma herencia que de su pueblo escogido. No tiene que hacer diferencia entre ellos y nosotros, sino que nos ha incluido en las promesas para todos los que somos perdonados por medio de la sangre de Cristo. Pablo habló de ello, sabiendo que "*si vosotros sois de Cristo, ciertamente linaje de Abraham sois, y herederos según la promesa*" (Gálatas 3:29).

¡Gracias Dios! Dios así manifiesta su poder, que nos ha traído a la unidad, y sabemos que estamos compartiéndolo en la gloria. Compartimos en el entendido de que pertenecemos a la aristocracia de la iglesia de Dios.

Es maravilloso saber que estoy en el cuerpo. Es maravilloso saber que los apóstoles, los profetas y todos aquellos han pasado a través de los años, sosteniendo alto la antorcha, yendo de victoria en victoria, todos estaremos en el cuerpo. Pero ¡que maravilloso si pudiéramos estar en el cuerpo para que podamos ser escogidos para ser la novia! Esto será de acuerdo con lo que ha cedido "*según la operación de su poder*" (Efesios 3:7).

**Pensamiento para hoy:** Dios ha llenado las necesidades de todas las naciones, de todos los rangos, de todas las condiciones.

# 13 de mayo

## Su parte en el cuerpo

*Que los gentiles son coherederos y miembros*
*del mismo cuerpo, y copartícipes de la promesa*
*en Cristo Jesús por medio del evangelio* (Efesios 3:6).

*Lectura de las Escrituras:* 1 Corintios 12:12–27

Quiero que mire su lugar en el cuerpo de Cristo. No existe mayor lenguaje que el del Señor, que toda llenura recae en Él. (Véase Colosenses 1:19). Cristo debe ser manifestado totalmente en la humanidad.

No tenga miedo de reclamar su derecho. No es medida que usted debe alcanzar. Recuerde, Juan le vio, y dijo que tenía una medida que no podía ser medida. Cristo llega a nosotros en medida incalculable. Los cálculos humanos no la figuran.

La iglesia se está levantando en toda su visión, destruyendo los poderes de la oscuridad, gobernando entre los poderes de perversidad y transformando la oscuridad en luz por medio del poder de la nueva creación en nosotros. La iglesia está haciendo todo esto para que podamos conocer el poder que está obrando en nosotros por medio de la resurrección de la vida de Cristo.

Por lo que somos enriquecidos con toda la riqueza; completados con todas las bienaventuranzas; cubiertos con todas las gracias; y ahora entramos a todos los misterios para que los dones del Espíritu puedan ser manifestados en nosotros.

La revelación de Pablo que nunca, desde la fundación del mundo, ha sido revelada, es que el Hijo de Dios, la mera personificación de la naturaleza del Más Alto, la mera encarnación de su presencia y poder, pueden llenar una vasija humana hasta su total capacidad, hasta que su mera naturaleza sea limpiada por medio del poder de Dios.

Usted no puede entrar a esta vida sin haber sido ampliado, copioso y superabundante. Todo en Dios es ampliado. Dios nunca quiere que un hijo de Él en el mundo, sea medido. Todas las riquezas de Dios son infinitas y abundantes. No existe tal cosa como la medición de éstas. Si alguna vez mide a Dios, entonces usted será liviano, escaso y diminuto. Usted no puede medir. Usted tiene un lugar que no se agota.

El Hijo de Dios está en usted con todo el poder de desarrollo, hasta que sea enriquecido por esta gracia divina para que viva en el mundo

# 13 de mayo

sabiendo que Dios lo está transformando de gracia en gracia, de victoria en victoria.

El Espíritu en usted no tiene otro fundamento que el de gloria en gloria. En este tercer capítulo de Efesios, Pablo fue tan abundante en el Espíritu que su lenguaje falló en expresar la gloria de Cristo Jesús. Y después, cuando falló para continuar en su lengua, se arrodilló ante el Padre. ¡Oh, esto es supremo! ¡Esto va más allá de lo que puede ser! Cuando el lenguaje falló, cuando la profecía ya no tenía más espacio, pareciera que él llegó a un lugar para arrodillarse. Luego escuchamos la lengua por medio del poder del Espíritu más allá de lo que Pablo podía decir: *"Por esta causas doblo mis rodillas ante el Padre de nuestro Señor Jesucristo, de quien toma nombre toda familia en los cielos y en la tierra"* (Efesios 3:14–15).

Pablo se dio cuenta que estaba uniendo el cielo con la tierra. Son uno, ¡gracias Dios! No existe nada entre nosotros y el cielo. Puede que la gravedad nos sostenga, pero todo en el cielo y en la tierra está unido bajo una sangre, sin división o separación. *"Estar ausentes del cuerpo, y presentes al Señor"* (2 Corintios 5:8).

*Pensamiento para hoy:* Puede que usted mida la tierra, puede que mida su cosecha, pero no puede medir los propósitos de la vida espiritual: son abundantes; son infinitos.

## 14 de mayo

# Persecución después del bautismo

*Se llenaron de celos; y echaron mano a los apóstoles*
*y los pusieron en la cárcel pública* (Hechos 5:17–18).

*Lectura de las Escrituras:* Hechos 5:12–42

*L*as personas fueron dispersadas y había llegado la persecución. Dios conoce—y lo digo reverentemente—que nosotros nunca progresamos cuando la vida es fácil. Puede que usted se establezca en su comodidad y pase por alto el gran plan de Dios.

Un hombre puede ser salvado por muchos años sin saber mucho acerca de la persecución. Un hombre puede ser santificado por muchos años sin saber mucho a cerca de la persecución. Pero es imposible ser bautizado con el Espíritu Santo sin entrar en persecución.

Los discípulos tenían un tiempo maravilloso cuando estuvieron con Jesús. No tenían persecución, pero había Uno en medio de ellos que la gente de Nazaret trató de echarlo de la cumbre del monte. (Véase Lucas 4:16–30).

Miremos que lo que sucedió allá no es severo juicio para nosotros, sin amargura. Hemos sido urgidos, llevados, cambiados por una nueva autoridad, incorruptible de entre lo corrupto. Debemos ver que tenemos vida divina donde hubo muerte, amor donde hubo odio, el poder de Dios reinando en el humano, el Señor alumbrando la luz de su tolerancia con nosotros justo en medio de la muerte, y vida fluyendo como ríos en el desierto.

Los días llegarán cuando su ministerio y su propia vida serán probadas en todas las áreas. Si usted puede ir más allá de su naturaleza, más allá de su línea natural de pensamiento y más allá de sí mismo hacia un nivel de poderosa provisión en su carne, urgido por el Espíritu de Dios, usted sobrevivirá. Será como dice la Palabra de Dios: *"Habiendo acabado todo...estar firmes"* (Efesios 6:13).

*Pensamiento para hoy:* Cuando la prueba está, cuanto todo llega a un punto donde pareciera que es la última hebra de la cuerda, entonces el Señor muy poderosamente lo llevará a una tierra de plenitud.

## 15 de mayo

# Satanás no puede ser santo

*Para esto apareció el Hijo de Dios,*
*para deshacer las obras del diablo* (1 Juan 3:8).

*Lectura de las Escrituras:* 1 Juan 3:1–17

No existe tal cosa como purificar la impureza. Las cosas malas nunca se hacen más puras, sino más viles. Todas las impurezas, todo lo malo debe ser desechado. Usted nunca puede hacer santo a Satanás. El será infernal y cruel por siempre, y cuando el brillo de Dios venga, el demonio estará contento de irse al hoyo y quedarse allí para siempre.

Algunas personas imprudentes dicen que el demonio les salvará y que ellas irán hombro a hombro con él. Es porque no entienden correctamente la Palabra de Dios. Usted nunca purificará el pecado. *"Los designios de la carne...no se sujetan a la ley de Dios, ni tampoco pueden"* (Romanos 8:7). La carnalidad debe ser destruida. Las inclinaciones malignas deben ser erradicadas. El plan de Dios es: "Te daré un corazón puro y un espíritu justo". Y este es el orden de la nueva creación en Dios.

No importa lo que usted diga; si su espíritu humano no es totalmente santificado, siempre estará en peligro. Es en esa posición cuando el demonio tiene espacio para trabajar en usted. Por consiguiente, se nos enseña ir a santificación donde lo sucio y lo corrupto se van, y donde todo tipo de lujuria pierde su poder.

Sólo en la búsqueda de la santificación es que Dios nos bendice en nuestro estado de purificación para que podamos ascender con Él a la gloria. Los santos de Dios, mientras entran en perfección y santidad, y comprenden la mente del Espíritu y la ley de la vida del espíritu, son llevados hacia un lugar muy bendito.

Este es el lugar de la santidad, el lugar de total santificación, el lugar donde Dios reina en el trono del corazón. Es el lugar donde la mente está tan concentrada en el poder de Dios que una persona piensa acerca de las cosas que son puras y viven en una santidad ascendente. El Espíritu puede santificar a su espíritu hasta que no usted no se vanaglorie de sí mismo y jamás diga: "Yo, yo, yo", sino que será "Cristo, Cristo, Cristo". Entonces, Cristo será glorificado.

**Pensamiento para hoy:** La santidad es poder; el pecado es derrota. El pecado es debilidad; la santidad es fortaleza.

223

## 16 de mayo

# Llenura sobrenatural

*El ladrón no viene sino para hurtar y matar*
*y destruir; yo he venido para que tengan vida,*
*y para que la tengan en abundancia* (Juan 10:10).

*Lectura de las Escrituras:* Romanos 8:1–17

*S*i yo no puedo cambiar a una persona que sufre de enfermedades en una persona piadosamente indignada contra esa condición, entonces no le puedo ayudar. Si puedo hacer que cada sufriente sepa que el sufrimiento, la enfermedad y todas esas cosas son obras del demonio, puedo ayudarlo.

Si usted puede ver que el demonio le persigue para matarlo por todo lo que él significa, crea que Cristo está instalado en su corazón para destruir todos los principios del demonio de cada manera. Tenga la certeza de esto; edifíquelo en él por medio de la perfecta sensatez hasta que usted esté en el lugar de perfecta felicidad, porque sabe que Cristo es la perfecta felicidad. Sea así edificado en Él para que no tenga miedo de lo malo. Usted debe tener una llenura que presione desde más allá; usted debe tener una vida que esté llena del poder divino; debe tener una mente que esté perfectamente en Cristo; debe dejar de ser natural y empezar a ser sobrenatural.

¿Está listo para ser cambiado por Dios para que nunca más tenga este temor humano? Recuerde que *"el perfecto amor echa fuera el temor"* (1 Juan 4:18).

Entre a la marea total de la vida de la manifestación de Dios. Su nueva naturaleza no tiene corrupción. La vida eterna no es sólo durante su tiempo de vida; es para siempre. Usted regenerado por el poder de la Palabra de Dios, y está dentro de usted como una fuerza incorruptible, llevándolo de victoria en victoria hasta que la muerte misma pueda ser vencida, hasta que el pecado no tenga autoridad, hasta que la enfermedad no pueda estar en el cuerpo. Este es un hecho viviente por medio de la Palabra de Dios.

Justo en este preciso momento, no existe *"no condenación"* (Romanos 8:1). Esta ley del Espíritu de vida es una ley en el cuerpo; es la ley de la eternidad, es la ley de Dios, una nueva ley. No es la ley de los Diez Mandamientos, sino una ley de vida en el cuerpo, cambiándole hasta que no haya poder de pecado, ni poder de enfermedad, ni poder de muerte.

Usted que desea ir mil millas a través de la fe, más allá donde jamás ha ido antes, láncese. Crea que la sangre de Cristo le limpia; crea que ha entrado a la vida de resurrección. ¡Créalo!

# 16 de mayo

Tratar es un esfuerzo, mientras que creer es un hecho. No ingrese a la Sociedad del Esfuerzo, sino que, entre a la Sociedad de Fe, y brincará a las promesas de Dios, que son *"Sí"* y *"Amén"* (2 Corintios 1:20) para todos los que creen.

No mire bajo su nariz y no murmure más. Tenga un espíritu de regocijo; tenga la alabanza de Dios en su corazón; salga adelante de victoria en victoria; eleve su fe y créalo. Usted no debe vivir en sí mismo; debe vivir en Cristo. *"Poned la mira en las cosas de arriba"* (Colosenses 3:2), y mantenga todo su espíritu vivo en Dios. Permita que su herencia esté muy llena de vida divina para que viva sobre el mundo y todos sus pensamientos y cuidados.

*Pensamiento para hoy:* Dios está en su trono y puede llevarlo a mil millas en un momento. Tenga fe para impulsarse a su plan sobrenatural.

## 17 de mayo

# Lugar para Jesús

*Ella...lo acostó en un pesebre,*
*porque no había lugar para ellos en el mesón* (Lucas 2:7).

*Lectura de las Escrituras:* 1 Tesalonicenses 4:1–12

esús dijo: "*Las zorras tienen guaridas, y las aves del cielo nidos; mas el Hijo del Hombre no tiene dónde recostar su cabeza*" (Mateo 8:20). ¿Es verdad esto? Sí, pero a la misma vez, no es verdad. Él pudo haber tenido docenas de camas. Entonces ¿Por qué no las usó? Por la simple razón de que la gente amó a Jesús y Lo querían, pero no se atrevían a hospedarlo en sus hogares. Si Él hubiera ido a sus casas, dicha verdad convincente de sus labios hubiera salido, y no hubieran podido estar en su presencia. Querían a ese santo, amoroso Jesús, a ese nazareno bello pero a la misma vez no lo querían. Por eso el Hijo del Hombre no tuvo lugar para apoyar su cabeza, por lo que pasó sus noches en el Monte de los Olivos.

El centurión dijo: "*Señor, no soy digno de que entres bajo mi techo; solamente di la palabra, y mi criado sanará*" (versículo 8). El centurión sabía que Jesús no tenía que estar físicamente presente para sanar al siervo enfermo. Creyó que con sólo una palabra de Jesús sería suficiente. Jesús fue un hombre asombroso para la fe de este hombre y Él le dijo al centurión: "*Ve, y como creíste, te sea hecho*" (versículo 13). El sirviente se sanó así como Jesús lo había dicho.

Pero algunos nos quieren que Jesús venga a sus hogares, y no es porque no tenga tan gran fe. No quieren que Él entre por los cambios que tendrían que hacer en sus vidas. Saben que si Jesús fuera a vivir en sus corazones, sus vidas serían totalmente transformadas. Muchos rechazan la salvación porque saben que no pueden continuar sus vidas en la misma vieja manera; por consiguiente, no invitan a Cristo en sus hogares. Amado, no tengamos miedo en pedirle que entre y se quede. Pídale que le de gracia para llegar hasta Él. Él no está buscando mala reputación sino su valor. Todo mi corazón le pide a Dios que yo pueda tocarle de nuevo.

*Pensamiento para hoy:* Sólo hay un paso hacia Jesús.

## 18 de mayo

# Nuestra esperanza viva

*Bendito el Dios y Padre de nuestro Señor Jesucristo, que según su grande misericordia nos hizo renacer para una esperanza viva, por la resurrección de Jesucristo de los muertos* (1 Pedro 1:3).

*Lectura de las Escrituras:* 1 Corintios 15:1–34

*U*n finquero contempla su tierra, ansiosamente escaneando las primeras espigas de maíz asomándose por la tierra. Sabe que los primeros asomos con frecuencia indican la salida de la cosecha. De la misma manera, podemos estar seguros de la resurrección porque Jesucristo se ha levantado de la muerte. Y *"como él es, así somos nosotros en este mundo"* (1 Juan 4:17). Cristo ahora alistando la iglesia para la transformación. En 1 Pedro leemos que *"nuestro Señor Jesucristo...nos hizo renacer para una esperanza viva, por la resurrección de Jesucristo de los muertos"*. ¡Oh, ser cambiados! ¡Qué esperanza viva Él nos da!

Aunque Pablo y Pedro anduvieron juntos muy poco tiempo, ambos estuvieron inspirados para llevarle a la iglesia la visión de esta maravillosa verdad que el viviente ha sido cambiado. Si Cristo no se hubiera levantado nuestra fe sería vana, y todavía seguimos en nuestros pecados. (Véase 1 Corintios 15:17). Pero Cristo se levantó y se convirtió en la primicia (véase versículo 23), y ahora tenemos la esperanza gloriosa que también seremos cambiados. Nosotros que *"no erais pueblo...ahora sois pueblo de Dios"* (1 Pedro 2:10). Hemos sido levantados del lodo para estar entre principies. Amado, Dios quiere que miremos la preciosura de esto. Sacará lo insípido de la vida. Jesús dio todo por este tesoro. Él compró el campo por la perla, *"la perla de gran valor"* (Mateo 13:46). Jesús la compró, y nosotros somos la perla de gran valor de todos los tiempos. Nuestra herencia está en el cielo y en 1 Tesalonicenses 4:18 se nos ha dicho *"alentaos los unos a los otros con estas palabras"*.

¿Qué podría ser mejor que la esperanza de que en un momento, llegará el cambio? Pareciera que hace tan poco tiempo que era un niño. De pronto, seré cambiado por su gracia y ser más que un conquistador con *"una herencia incorruptible, incontaminada e inmarcesible"* (1 Pedro 1:4). La herencia está dentro de usted. Es algo regalado de Dios para usted. Cuando mi hija estuvo en África, con frecuencia escribía de cosas corroídas. Nuestra naturaleza es corruptible, pero mientras lo natural

# 18 de mayo

decae, lo espiritual está obrando. Mientras lo corruptible está haciendo su trabajo, nosotros estamos cambiando.

¿Cuándo será visto esto? Cuando venga Jesús. Lo más lindo de todo es que, seremos como Él. ¿Cuál es el proceso? ¡La gracia! ¿Qué puede funcionar? ¡El amor! No puede ser traducido a frases humanas. Dios amó tanto que dio a su Hijo Jesús. (Véase Juan 3:16).

Hay algo muy maravilloso acerca de presentarnos incorruptos delante de la presencia de mi Rey, para nunca cambiar, sólo para ser embellecidos. A menos que sepamos algo acerca de la gracia y de la omnipotencia de su amor, nunca seremos capaces de asimilar esto. Pero los creyentes podemos decir:

> Un amor, inmensurable como el mar
> Una gracia que fluye para usted y para mí.

**Pensamiento para hoy:** Al igual que en la carne Jesús triunfó por el Espíritu, podremos ser como Él en su victoria.

## 19 de mayo

# Nuestro lugar está reservado

*En la casa de mi Padre muchas moradas hay;*
*si así no fuera, yo os lo hubiera dicho; voy, pues,*
*a preparar lugar para vosotros* (Juan 14:2).

*Lectura de las Escrituras:* Juan 14:1–24

Jesús ha preparado un lindo lugar para nosotros, y no tendremos temor de que alguien más lo agarre; está reservado. Cuando llego a ciertas reuniones, puedo tener una silla reservada. Puedo entrar en cualquier momento y mi silla no estará ocupada. ¿Qué es bueno acerca de tener una reservación? Que tiene un lugar donde puede verlo; es la misma silla que usted haya escogido. ¡Él sabe justo lo que usted necesita! Él ha designado el lugar para usted. Debido a su amor, usted tendrá alegría en vez de discordia por toda la eternidad. ¿Estará allí usted? ¿Será posible perdérsela? Somos *"guardados por el poder de Dios mediante la fe, para alcanzar la salvación que está preparada para ser manifestada en el tiempo postrero"* (1 Pedro 1:5).

¿Qué es lo distintivo de esto? Que será la llenura de la perfección, el ideal del amor. El pobre en espíritu, los que lloran, los mansos, el hambriento y el sediento, el misericordioso, el puro—todos estarán listos ser revelados en la aparición de Jesucristo. Usted no podrá quedarse allá a menos haya experimentado su purificación, perfección y establecimiento. Usted estará listo cuando su voluntad perfecta haya sido obrada en usted. Cuando usted esté lo suficientemente refinado, se irá.

Pero hay algo que debe hacerse para establecerse, hacerse lo más puro. Un gran precio ha sido pagado: *"La autenticidad de su fe…[es] mucho más preciosa que el oro que perece"* (versículo 7). Y nosotros debemos darlo y cederlo todo mientras nuestro Gran Refinador nos pone en el crisol derritiendo una y otra vez. Él hace esto para que perdamos la cascarilla (véase Mateo 3:12), para que el oro puro de su presencia sea claramente visto, y su imagen gloriosa será reflejada.

**Pensamiento para hoy:** Debemos ser persistentes e inmovibles, hasta que todos sus propósitos sean realizados.

## 20 de mayo

# Permanecer firmes a través de las pruebas

*¿Y quién podrá soportar el tiempo de su venida? ¿o quién podrá estar en pie cuando él se manifieste? Porque él es como fuego purificador, y como jabón de lavadores* (Malaquías 3:2).

*Lectura de las Escrituras:* Malaquías 3

Alabar a Dios en una reunión es diferente que agradecerle por las pruebas que usted enfrenta en su vida. No pereceremos aunque seamos probados por fuego. ¿Qué es lo que saldrá con el aparecimiento de Jesús? ¡Fe! Su corazón estará establecido por la gracia del Espíritu, que no estruja, sino que refina; no destruye, sino que engrandece. Oh, amado, el enemigo es un oponente derrotado, y Jesús no sólo conquista sino que también expone los despojos de su conquista. El puro de corazón verá a Dios. (Véase Mateo 5:8). *"Si tu ojo es bueno, todo tu cuerpo estará lleno de luz"* (Mateo 6:22).

¿Qué es esto? Es la lealtad a la Palabra por medio del poder de la sangre. Usted sabe que su herencia interna es más poderosa que todo lo que demás. ¿Cuántos han ido al madero y pasado persecución candente? ¿Lo desearon ellos? La fe tratada por fuego tuvo poder para enfrentar toda la ridiculez, toda la difamación. Necesitamos tener la fe del Hijo de Dios: *"El cual por el gozo puesto delante de él sufrió la cruz"* (Hebreos 12:2). ¡Oh, el gozo de complacerlo a Él!

Ninguna prueba, ninguna oscuridad, nada es muy difícil para mí. Si puedo ver la imagen de mi Señor una y otra vez. En el crisol donde se funde, Él remueve toda la broza hasta que su rostro es visto. Cuándo el metal le refleja, es puro. ¿Quién está viendo dentro de nuestros corazones? ¿Quién es el Refinador? Mi Señor, Él removerá sólo lo que obstaculizará. Oh, se que el amor de Dios está obrando en mi corazón.

**Pensamiento para hoy:** Usted hará más en un año, si está realmente lleno del Espíritu Santo, que lo que pudiera hacer en cincuenta años separado de Él.

## 21 de mayo

# Preparándose para la revisión

*¿Quién podrá estar delante*
*de Jehová el Dios santo?* (1 Samuel 6:20).

*Lectura de las Escrituras:* Romanos 2:1–16

*R*ecuerdo yendo al Palacio de Cristal cuando el General Booth pasó revisión a los representantes de la Armada de Salvación de todos los países. Esto fue una grandiosa vista, mientras compañía tras compañía, con todos sus distintivos característicos pasaron en cierto lugar donde él los podía ver. Fue una escena muy bonita. De la misma manera, nosotros seremos presentados al Señor. Estaremos gozosos de mirar. De estar en su alabanza y gloria. Sólo estarán aquellos que han sido probados por fuego. ¿Vale la pena? Si, mil veces sí. ¡Oh, el éxtasis del glorioso placer! Dios se revela a sí mismo en nuestros corazones.

Pedro habla de *"amor no fingido"* (1 Pedro 1:22). ¿Qué quiere decir el tener *"amor no fingido"*? Quiere decir que aun cuando usted esté utilizado o avergonzado, nunca se altera; este amor lo hace más refinado, haciéndolo más como Él. El *"Amor no fingido"* está lleno de aprecio por aquellos que no se ven ojo a ojo con usted. Jesús lo ilustró en la cruz cuando dijo: *"Padre, perdónalos"* (Lucas 23:34). Y Esteban lo demostró mientras estaba siendo apedreado. Dijo: *"Señor, no les tomes en cuenta este pecado. Y habiendo dicho esto, durmió"* (Hechos 7:60). El *"amor no fingido"* es la mayor cosa que Dios puede darle a mi corazón.

Somos salvos por un poder incorruptible—un proceso siempre refinando, una gracia siempre engrandeciendo, una gloria siempre incrementándose. No somos ni áridos, ni infructíferos en el conocimiento de nuestro Señor Jesucristo. *"Los espíritus de los justos hechos perfectos"* (Hebreos 12:23) son guardados en el tesoro del Más Alto. Somos purificados como hijos y debemos ser tan santos e irreprochables como lo es Él. Por toda la eternidad, Le miraremos con amor puro y genuino. Dios será glorificado así como el himno es cantado: *"Santo, santo, santo, Dios Todopoderoso"* (Apocalipsis 4:8).

¿Cómo podemos estar tristes, agachar nuestras cabezas o estar angustiados? ¡Si tan sólo supiéramos cuán rico somos! ¡Qué el nombre de Dios sea bendecido!

**Pensamiento para hoy:** Nuestras pruebas nos están preparando para el desfile y la presentación delante del Señor.

## 22 de mayo

# Lo que está adentro, saldrá

*Como en el agua el rostro corresponde al rostro, así el corazón
del hombre al del hombre* (Proverbios 27:19).

*Lectura de las Escrituras:* Mateo 15:1–20

Alabamos a Dios porque nuestro glorioso Jesús es el Cristo resucitado. Todos los que hemos probado el poder del Espíritu morando en nosotros sabemos algo de cómo los corazones de aquellos dos discípulos ardían mientras caminaban hacia Emaús en compañía del Señor resucitado. (Véase Lucas 24:13–32).

Preste atención a las palabras de Hechos 4:31: *"Cuando hubieron orado, el lugar en que estaban congregados tembló"*. Existen muchas iglesias donde nunca se hace el tipo de oración como la que acaba de leer. Una iglesia que no sabe cómo orar y gritar, nunca será sacudida. Si usted vive en un lugar como ese, puede que también escriba sobre el umbral: "Icabod"— *"¡Traspasada es la gloria de Israel!"* (1 Samuel 4:21). Es sólo cuando los hombres han aprendido el secreto de la oración, el poder y la alabanza que Dios aparece. Algunas personas dice: "Bueno, yo adoro a Dios en silencio", pero si sus corazones están llenos de alabanzas, usted debe dejarla salir.

La obra interna del poder de Dios debe darse primero. Es Él quien cambia el corazón y transforma la vida. Antes de que haya una autentica evidencia externa, debe haber un flujo de vida divina. Algunas veces de le digo a la gente: "No estuvo en la reunión la otra noche". Ellos contestan: "Oh, sí, estuve en el espíritu". Les respondo: "Bueno, la próxima vez venga también en el cuerpo. No quiero un montón de espíritus por aquí y sin cuerpos. Queremos que venga y sea lleno de Dios". Cuando todas las personas vengan y alaben como lo hicieron estos primeros discípulos, habrá algo que sucederá. La gente que venga será atrapada en el fuego, y querrán volver otra vez. Mas no tendrán nada que hacer en un lugar donde todo se vuelve formal, seco y muerto.

El poder Pentecostés vino para desatar a los hombres. Dios quiere que seamos libres. Hombres y mujeres están cansados de las imitaciones; quieren autenticidad; quieren ver gente que tienen dentro al Cristo vivo, que están llenos del poder del Espíritu Santo.

*Pensamiento para hoy:* El grito no puede salir, a menos que, esté dentro.

# 23 de mayo

## Dios está con usted

*No nos ha sobrevenido ninguna tentación que no sea humana;*
*pero fiel es Dios, que no os dejará ser tentados más de lo que podéis*
*resistir, sino que dará también juntamente con la tentación*
*la salida, para que podáis soportar* (1 Corintios 10:13).

*Lectura de las Escrituras:* Romanos 8:31–39

Se atreve a tomar la herencia de Dios? ¿Se atreve a creer en Dios? ¿Se atreve a quedarse en el registro de su Palabra? ¿Cuál es ese registro? Si usted creyera, verá la gloria de Dios. Usted será tamizado como la harina. Será probado somos si alguna cosa extraña lo haya probado. Usted será puesto en lugares donde tendrá que poner su total confianza en Dios.

Cada prueba es para llevarle a una mayor posición en Dios. La prueba que trata su fe, le llevará al lugar donde sabrá que la fe de Dios estará saliendo en la siguiente prueba. Ningún hombre es capaz de ganar ninguna victoria, excepto por medio del poder del Cristo resucitado dentro de él. Nunca será capaz de decir: "Yo hice esto, o lo otro". Usted deseará darle a Dios la gloria por todo.

Si usted está seguro de su posición, si está contando con la presencia del Cristo viviente dentro de usted, puede reír cuando vea que las cosas se empeoran. Dios quiere que se establezca y se posicione en Cristo y que se vuelva persistente e inmovible en Él. El Señor Jesús dijo: *"De un bautismo tengo que ser bautizado; y ¡cómo me angustio hasta que se cumpla!"* (Lucas 12:50). Con toda seguridad, Él fue obediente a la voluntad de su Padre en Getsemaní, en el salón de juicio, y, después de eso, en la cruz, donde Él *"mediante el Espíritu eterno se ofreció a sí mismo sin mancha a Dios"* (Hebreos 9:14). Dios nos tomará de igual manera, y el Espíritu Santo guiará cada paso del camino. Dios le guió justo hasta la tumba vacía, a la gloria de la Ascensión, a un lugar en el trono.

**Pensamiento para hoy:** El Hijo de Dios nunca estará satisfecho hasta que nos tenga consigo mismo, compartiendo su gloria y compartiendo su trono.

## 24 de mayo

# Hacia adelante

*¡Nunca hemos visto tal cosa!* (Marcos 2:12).

*Lectura de las Escrituras:* Marcos 2:1–17

*S*i algo conmueve mi vida, son palabras como estas: "*¡No hemos visto tal cosa!*". Estas palabras fueron dichas después de la sanidad del paralítico. Sus cuatro amigos quitaron una parte del techo para "*bajaron el lecho en que yacía el paralítico*" (Marcos 2:4). Jesús sanó al hombre y "*se levantó en seguida, tomando su lecho, salió delante de todos*" (versículo 12).

Es algo ideal que la gente crea que cuando piden, reciben. (Véase Mateo 21:22). Pero, ¿cómo pudiera ser de la otra manera? Debe ser cuando Dios lo dice. Ahora, tenemos una maravillosa palabra traída a nosotros en este caso del paralítico, sin esperanza y tan débil que no podía solo ir donde Jesús. Cuatro hombres, cuyos corazones estaban llenos de compasión, cargaron al hombre hasta la casa, pero estaba llena. Oh, puedo ver esa casa ahora, así de llena, atascada y atestada. No había espacio, ni por la puerta. Estaba llena desde adentro hasta afuera.

Algo debió suceder todo el tiempo para que la gente dijera: "No hemos visto tal cosa". Dios se no se satisface con las condiciones estacionarias. Él abre el almacén de las "*inescrutables riquezas de Cristo*" (Efesios 3:8) del Más Alto para nosotros. Dios quiere movernos hacia esta posición divina para que seamos totalmente creaciones nueva. (Véase 2 Corintios 5:17). Usted sabe que "*la carne para nada aprovecha*" (Juan 6:63). Pablo dice en Romanos que "*los designios de la carne son enemistad contra Dios; porque no se sujetan a la ley de Dios, ni tampoco pueden*" (Romanos 8:7). Mientras dejamos de vivir en la vieja vida y pasamos a conocer el poder de la resurrección del Señor, entramos a un lugar de descanso, fe, gozo, paz, bendición y vida perdurable. ¡Gloria a Dios!

Permita el Señor darnos una nueva visión de sí mismo, y toques frescos de vida divina. Que su presencia que nos estremezca para que remueva la vieja vida y nos lleve completamente a su nueva vida. Que Él nos revele la grandeza de su voluntad referente a nosotros, porque no

# 24 de mayo

existe nadie más que nos ame como Él. Si, amado, no existe amor como el de Él, ninguna compasión como la de Él. Él está lleno de compasión y nunca falla en llevar, a quienes Les obedezcan completamente, hacia la Tierra Prometida.

***Pensamiento para hoy:*** Tanta gente se detiene en la puerta cuando Dios en su gran plan les está invitando a entrar a su tesoro.

## 25 de mayo

# El camino a Jesús

*Venid a mí todos los que estáis trabajados y cargados,*
*y yo os haré descansar* (Mateo 11:28).

*Lectura de las Escrituras:* Mateo 7:13–27; 11:25–30

En la Palabra de Dios, siempre hay algo más para continuar, siempre más que conocer. Si tan sólo pudiéramos ser como niños para entrar en el pensamiento de Dios, qué maravillosas cosas sucederían. ¿Aplica usted toda la Biblia en su vida? Es grandioso. No importa aquellos que sólo toman una parte. Usted agárrelo todo. Cuando tenemos tal sed que nada nos puede satisfacer sino Dios, tendremos un tiempo majestuoso.

El hijo de Dios debe ser realista todo el tiempo. Después que el hijo de Dios entra a la dulzura del perfume de la presencia de Dios, tendrá los tesoros escondidos de Dios. Siempre estará alimentando en esa bendición verdadera que hará llenará la vida de gloria. ¿Está usted seco? No existe lugar seco en Dios, sino que todas las buenas cosas salen de los momentos difíciles. Mientras más difícil sea el lugar en donde usted está, más bendición puede salir de allí al entregarse a su plan. Oh, si hubiera conocido el plan de Dios en su totalidad, quizás nunca haya tenido una lágrima en mi vida. Dios es tan abundante, tan lleno de amor y misericordia; no les falta a aquellos que confían en Él. Oro para que Dios nos dé un toque de certeza, para que podamos confiar en Él totalmente.

¡Qué ejemplo de fe tenemos en esta historia de la sanidad del paralítico, dicha en Marcos 2! Cuando los cuatro amigos del hombre enfermo se dieron cuenta que la casa donde Jesús estaba hospedándose estaba llena para entrar, los hombres se preguntaron, "¿Qué haremos?". Pero siempre existe una alternativa. Nunca he visto que la fe falle, ni una sola vez. Permita el Espíritu Santo darnos un toque fresco de fe en el poder ilimitado de Dios. Permita que tengamos una fe viva para atreverse a confiar en Él y decir, "Señor, yo creo".

No existía espacio *"ni aun en la puerta"* (Marcos 2:2), pero esos hombres dijeron, "Subamos al techo". La gente incrédula diría, "¡Oh, eso es tonto, ridículo e insensato!". Pero los hombres de fe dicen: "Debemos ayudar a nuestro amigo a toda costa. No es nada quitar el techo. Subamos y pasémoslo".

## 25 de mayo

Señor, tómanos hoy, y déjanos pasar por esto; permítenos caer justo en los brazos de Jesús. Ese es un lindo lugar donde caer, fuera de su propia santurronería, fuera de su timidez, fuera de su incredulidad. Algunas personas han estado en un lugar de muerte por años, pero Dios puede removerlos de ese lugar. Gracias a Dios, algunos moldes han sido rotos. Es una bendición cuando el viejo molde es roto para que Dios haga uno nuevo.

*Pensamiento para hoy:* Dios puede perfeccionar lo imperfecto por medio de su propio toque amoroso.

# Pagado totalmente

*El Hijo del Hombre vino a buscar*
*y a salvar lo que se había perdido* (Lucas 19:10).

*Lectura de las Escrituras:* Marcos 2:1–12

*L*es digo, amigos, que desde el día en que la sangre de Cristo fue derramada, desde el día de su expiación, pagó el precio para llenar todas las necesidades del mundo y todos los llantos de tristezas. Verdaderamente que Jesús ha llenado las necesidades de los corazones rotos y de los espíritus tristes, extremidades marchitas y cuerpos rotos. El amado Hijo de Dios pago la deuda de todos, porque Él "*tomó nuestras enfermedades, y llevó nuestras dolencias*" (Mateo 8:17). Él fue "*tentado en todo según nuestra semejanza, pero sin pecado*" (Hebreos 4:15). Hoy me gozo en presentarle a Cristo, aunque sea en mi retorcida forma de hablar a lo Yorkshire, y le digo que Él es el único Jesús; Él es el único plan; Él es la única vida; Él es la única ayuda; pero gracias a Dios que ha triunfado en extremo. Él sana a todos los que vienen a Él.

Cuando el paralítico fue bajado por el techo, hubo una gran conmoción, y todas las personas miraron este extraño espectáculo. Leemos: "*Al ver Jesús la fe de ellos, dijo al paralítico: Hijo, tus pecados te son perdonados*" (Marcos 2:5). ¿Qué tiene que ver el perdón de los pecados con la sanidad de este hombre? Tiene mucho que ver. El pecado está en la raíz de la enfermedad. Permita el Señor limpiarnos del pecado externo, y del pecado heredado y que se lleve todos esos poderes que esconden el poder de Dios para que opere a través de nosotros.

"*Estaban allí sentados algunos de los escribas, los cuales cavilaban en sus corazones*" (versículo 6). Ellos preguntaron: "*¿Quién puede perdonar pecados, sino sólo Dios?*" (versículo 7). Pero el Señor respondió los pensamientos de sus corazones, diciendo:

> *¿Qué es más fácil, decir al paralítico: Tus pecados te son perdonados, o decirle: Levántate, toma tu lecho y anda? Pues para que sepáis que el Hijo del Hombre tiene potestad en la tierra para perdonar pecados (dijo al paralítico): a ti te digo: Levántate, toma tu lecho, y vete a tu casa".* (Marcos 2:9–11)

# 26 de mayo

Jesús sanó ese hombre. Él también miró la fe de los cuatro hombres. Hay algo en esto para nosotros, ahora. Muchas personas no serán salvas a menos que algunos estén acostumbrados a removerlos. Recuerde que usted es *"guarda de su hermano"* (Génesis 4:9). Cuando estos hombres cargaron al paralítico, presionaron hasta que pudieran oír la voz del Hijo de Dios, y la libertad llegó al cautivo. Este hombre se volvió fuerte por medio del poder de Dios, se levantó, agarró su cama y se salió delante de todos.

He visto cosas maravillosas como esta, realizadas por el poder de Dios. Nunca debemos pensar de nuestro Dios de pequeñas maneras. Un día, Él pronunció la palabra y se hizo el mundo. Ese es el tipo de Dios que tenemos, y es el mismo hoy. No hay cambio en Él. Es amoroso y precioso por sobre todos los pensamientos y comparaciones. No existe nadie como Él.

*Pensamiento para hoy:* Debemos llevar a nuestro hermano a Jesús.

## 27 de mayo

# Fe como la de Abraham

*A los que habéis alcanzado, por la justicia de nuestro Dios y Salvador Jesucristo* (2 Pedro 1:1).

**Lectura de las Escrituras:** Juan 6:22–51

Mientras somos llenados con el Espíritu Santo, Dios se propone que, como nuestro Señor, amemos la justicia y aborrezcamos lo ilegal. Existe un lugar en Cristo Jesús donde ya no estemos en condenación, sino donde los cielos siempre estén abiertos para nosotros. Dios tiene un reino de vida divina abierto donde hay posibilidades abundantes, poderes ilimitados y recursos inconmensurables para nosotros. Tenemos victoria sobre todo el poder del demonio. Mientras estemos llenos con el deseo de continuar en esta vida de verdadera santidad, deseando sólo la gloria de Dios, nada puede estropear nuestro progreso.

A través de la fe, nos damos cuenta que tenemos una unión bendecida y gloriosa con nuestro Jesús resucitado. Cuando Él estuvo en la tierra, Jesús nos dijo: *"Yo soy el Padre, y el Padre en mí"* (Juan 14:11). *"El Padre que mora en mí, él hace las obras"* (versículo 10). Y oró a su Padre, no sólo por sus discípulos, sino también por aquellos que creerían en Él por medio de sus testimonios: *"Para que todos sean uno; como tú, oh Padre, en mí, y yo en ti, que también ellos sean uno en nosotros; para que el mundo crea que tú me enviaste"* (Juan 17:21). Que herencia nuestra cuando la mera naturaleza, la mera justicia, el mero poder del Padre y el Hijo son reales en nosotros. Este es el propósito de Dios, y de esta manera, nos apoderamos del propósito por fe, siempre estaremos conscientes de que *"Mayor es el que está en [nosotros], que el que está en el mundo"* (1 Juan 4:4). El propósito de toda la Escritura es movernos a este nivel maravilloso y bendito de fe, donde nuestra constante experiencia es la manifestación de la vida de Dios y el poder a través de nosotros.

Pedro continuó escribiendo a todos los que habían obtenido *"como preciosa fe"* diciendo: *"Gracia y paz os sean multiplicadas, en el conocimiento de Dios y de nuestro Señor Jesús"* (2 Pedro 1:2). Podemos tener la multiplicación de esta gracia y paz sólo si vivimos en el reino de fe. Abraham alcanzó el lugar donde se volvió *"amigo de Dios"* porque *"creyó en Dios"* (Santiago 2:23). Él *"creyó en Dios y fue contado por justicia"*

# 27 de mayo

(versículo 23). La justicia le fue reconocida, ninguna otra posición porque *"porque creyó en Dios"*. ¿Puede esto ser verdad en alguien más? Si, puede ser verdad en cada persona en todo el mundo, que es salvo y es bendecido con el fiel Abraham.

Algunas personas están ansiosas porque cuando oran, las cosas que esperan no suceden justo en el momento. Dicen creer, pero se puede observar que están en verdadera incertidumbre por su incredulidad. Abraham creyó en Dios. Usted puede oírle diciéndole a Sara: "Sara, no hay vida en ti, y no hay nada en mí; pero Dios nos ha prometido un hijo, y yo creo en Dios". Ese tipo de fe trae gozo a nuestro Padre celestial.

**Pensamiento para hoy:** Cuando creemos en Dios, no se sabe dónde terminarán las bendiciones de nuestra fe.

## 28 de mayo

# Ojos de fe

*Recorrió Jesús...enseñando...y sanando* (Mateo 4:23).

*Lectura de las Escrituras:* Isaías 58:8–12

Un día, una joven de un lugar llamado Ramsbottom se me acercó para ser sanada de un alargamiento en su glándula tiroides. Antes que ella llegara dijo: "Mamá, seré sanada de este bocio". Después de una reunión ella pasó adelante y se oró por esto. En la siguiente reunión se levantó y testificó que había sido maravillosamente sanada. Dijo: "Seré muy feliz, ir y decirle a mi madre de esta sanidad".

Se fue a su casa y testificó de su maravillosa sanidad. El siguiente año, mientras estábamos en la convención, volvió a llegar. Desde la perspectiva humana, parecía como que aunque el bocio era más grande que antes, pero la joven mujer estaba creyendo en Dios. De pronto estaba de pie dando su testimonio, diciendo: "Estuve aquí el año pasado y el Señor maravillosamente me sanó. Quiero decirles que este ha sido el mejor año de mi vida". Ella parecía muy bendecida en esa reunión, y se fue a casa para testificar más fuertemente que nunca, que el Señor la había sanado.

Ello creyó en Dios. El tercer año, de nuevo asistió a la asamblea, y algunas personas la miraron diciéndole: "¡Qué grande se ha vuelto ese bocio!". Pero cuando llegó el momento para testificar, se levantó y testificó: "Hace dos años, el Señor maravillosamente me sanó de un bocio. Tuve una sanidad maravillosa. Es grandioso ser sanado por el poder de Dios". Ese día alguien le preguntó y dijo: "La gente pensará algo te pasa. ¿Por qué no te miras en el espejo? Verás que tu bocio es más grande que nunca". La joven fue al Señor y dijo: "Señor, maravillosamente me sanaste hace dos años. ¿Por qué no le muestras a toda esta gente que tú me sanaste?". Se fue a dormir apaciblemente esa noche, aun creyendo en Dios. Cuando llegó al siguiente día, no había seña o marca de ese bocio.

**Pensamiento para hoy:** Un débil corazón nunca puede mantener un don. Dos cosas son esenciales: primero, amor; segundo, determinación— una fe denodada hace que Dios cumpla su Palabra.

## 29 de mayo

# El espejo de la fe

*Mas el que mira atentamente en la perfecta ley, la de la libertad, y persevere en ella, no siendo oidor olvidadizo, sino hacedor de la obra, éste será bienaventurado en lo que hace* (Santiago 1:25).

*Lectura de las Escrituras:* Daniel 3:10–30

*L*a Palabra de Dios es *"desde el siglo y hasta el siglo"* (Salmo 90:2). Su Palabra no puede fallar. La Palabra de Dios es verdadera, y cuando descansamos en su verdad, qué resultados poderosos podemos obtener. La fe nunca se mira al espejo. El espejo de la fe es la perfecta ley de libertad.

Para el hombre que mira en esta perfecta ley de Dios, es removida toda la oscuridad. Él mira su totalidad en Cristo. No existe oscuridad en la fe. La oscuridad está sólo en la naturaleza. La oscuridad existe cuando lo natural remplaza lo divino.

La gracia y la paz son multiplicadas para nosotros a través del conocimiento de Dios y de Jesucristo. A medida que realmente conozcamos a nuestro Dios y Salvador, tendremos paz multiplicada como el fuego multiplicado de cientos de miles de Nabucodonosores. Nuestra fe será incrementada aunque seamos echados en foso de leones, y viviremos con gozo en medio de todas las cosas.

¿Cuál fue la diferencia entre Daniel y el rey, aquella noche cuando Daniel fue puesto en el foso de los leones? La fe de Daniel era certera, pero la del rey era experimental. El rey llegó al siguiente día y gritó: *"Daniel, siervo del Dios viviente, el Dios tuyo, a quien tú continuamente sirves ¿te ha podido librar de los leones?"* (Daniel 6:20). Daniel respondió: *"Mi Dios envió su ángel, el cual cerró la boca de los leones"* (versículo 22). Y fue hecho así. Fue hecho cuando Daniel oró con las ventanas abiertas hacia el cielo. La oración nos conecta con nuestro Dios amoroso, nuestro Dios abundante, nuestro Dios multiplicador. ¡Oh, le amo! ¡Él es tan maravilloso!

*Pensamiento para hoy:* Todas nuestras victorias son ganadas antes de que entremos a la batalla.

## 30 de mayo

# La santidad abre la puerta

*Gracia y paz os sean multiplicadas, en el conocimiento de Dios y de nuestro Señor Jesús (2 Pedro 1:2).*

*Lectura de las Escrituras:* 2 Pedro 1:1–11

Fíjese que la gracia y la paz son multiplicadas a través del conocimiento de Dios, pero primero nuestra fe llega por medio de la justicia de Dios. La justicia viene primero y el conocimiento después. No puede ser lo contrario. Si usted espera cualquier revelación de Dios separada de la santidad, sólo tendrá una mezcla. La santidad abre la puerta a todos los tesoros de Dios.

Primero, Él tiene que llevarnos al lugar donde nosotros, como nuestro Señor, "[ama] *la justicia y* [odia] *la maldad*" (Hebreos 1:9), antes que Él nos abra estos buenos tesoros. Cuando nosotros *"miramos la iniquidad* [en nuestros corazones], *el Señor no me habría escuchado"* (Salmo 66:18), y es sólo así que somos hechos justos, puros y santos a través de la preciosa sangre del Hijo de Dios que podemos entrar en esta vida de santidad y justicia en el Hijo. Esta es la justicia de nuestro Señor mismo hecha realidad en nosotros mientras nuestra fe se mantiene en Él.

Después que fui bautizado con el Espíritu Santo, el Señor me dio una revelación bendita. Vi a Adán y Eva salir del huerto por su desobediencia. No fueron capaces de participar del Árbol de Vida, porque el querubín, con su espada flameando los alejó de este árbol. Cuando fui bautizado, vi que empecé a comer de este Árbol de Vida, y vi que esa espada flameando lo rodeaba. Estaba allí para alejar al demonio. Cuán maravillosamente Él nos sostiene para que el Débil no pueda tocarnos. Veo un lugar en Dios donde Satanás no puede llegar. Estamos *"escondidos con Cristo en Dios"* (Colosenses 3:3). Él nos invita a todos a venir y compartir este maravilloso lugar escondido. Moramos *"en el lugar secreto del Más Alto"* y *"moramos bajo la sombra del Omnipotente"* (Salmo 91:1). Dios tiene este lugar para nosotros en su bendito reino de gracia.

**Pensamiento para hoy:** ¡Oh, qué privilegiados somos cuando somos nacidos de Dios!

## 31 de mayo

# La fe clama la victoria

[Por medio de] *las cuales nos ha dado preciosas*
*y grandísimas promesas...llegaseis a ser participantes*
*de la naturaleza divina* (2 Pedro 1:4).

*Lectura de las Escrituras:* Filipenses 3:1–15

El Señor nos ha llamado para compartir su gloria y poder. Mientras nuestra fe reclama sus promesas, veremos esta verdad evidenciada. Recuerdo que un día, yo estaba dirigiendo una reunión. Mi tío vino a esa reunión y dijo: "La tía María quisiera verte antes que muera". Fui a verla, y seguramente muriendo. Dije: "¿Señor, no puedes hacer algo?". Todo lo que hice fue estirar mis manos y ponerlas sobre ella. Pareció como si fue un toque inmediato de la gloria y del poder del Señor. La tía Mary gritó: "Va por todo mi cuerpo". Ese día, ella fue perfectamente mejorada.

Un día estuve predicando, y un hombre trajo un niño que estaba envuelto en vendas. Era imposible que caminara, por lo que les era difícil llevarlo a la plataforma. Lo pasaron sobre unas seis sillas. El poder del Señor estuvo presente para sanarlo y entró en el niño mientras yo ponía mis manos sobre él. El niño gritó: "Papá, va por todo lado". Le quitaron las vendas al niño y no encontraron nada malo en él.

El Señor quiere que seamos letras caminantes de su Palabra. Jesús es la Palabra y es el poder en nosotros. Es su deseo obrar en y a través de nosotros *"por su buena voluntad"* (Filipenses 2:13). Debemos creer que Él está en nosotros. Existen ilimitadas posibilidades para nosotros si nos atrevemos a actuar en Dios y nos atrevemos a creer que el poder maravilloso de nuestro Cristo viviente será hecho claramente a través de nosotros mientras ponemos nuestras manos en el enfermo, en su nombre. (Véase Marcos 16:18).

Siento que el Espíritu Santo está llorando con nosotros cuando sabemos estas cosas pero no tomamos mayores acciones para Dios. ¿Acaso el Espíritu Santo no nos muestra puertas de oportunidades ampliamente abiertas? ¿No dejaremos que Dios nos guíe a mayores cosas? ¿No creeremos que Dios nos lleve a mayores demostraciones de su poder?

*Pensamiento para hoy:* Aparte sus ojos de los hombres, pero ponga sus ojos en el Señor.

## 1 de junio

# Dios es por usted

*Si Dios es por nosotros, ¿quién contra nosotros?* (Romanos 8:31).

*Lectura de las Escrituras:* 1 Juan 4:16–5:5

No importa donde usted esté si Dios está con usted. Él, que está con usted es un millón de veces mayor que todos los que puedan estar contra usted. Oh, si por la gracia de Dios tan sólo pudiéramos ver que las bendiciones del poder divino de Dios llegan a nosotros con tal dulzura, susurrándonos: "Quédate tranquilo, mi hijo. Todo está bien". Quédese tranquilo y vea la salvación del Señor.

¿Qué pudiera suceder si hubiera aprendido el secreto de pedir una vez y luego creer? Qué ventaja habría si llegáramos a un lugar donde sabemos que todo está al alcance de nosotros. Dios quiere que miremos que todo obstáculo puede ser removido. Dios nos lleva a un lugar donde las dificultades están, donde la presión está, donde el giro difícil está, donde todo es tan difícil que usted sabe que no existen posibilidades del lado humano. Dios lo debe hacer. Todos estos lugares están en el plan de Dios. Dios permite las pruebas, pero no hay una tentación o prueba que pueda llegarnos sin que Dios provea una salida. (Véase 1 Corintios 10:13). Usted no tiene la salida; es Dios quien puede sacarlo.

Muchos creyentes se me acercan y quieren que ore por sus sistemas nerviosos. Le garantizo que no existe una persona en todo el mundo que estuviera nervioso si entendiera 1 Juan 4. ¡Crea que Dios le ama!

Toda expresión de amor está en el corazón. Cuando usted empiece a verter su corazón a Dios en amor, su mero ser, todo su ser, le desea a Él. El perfecto amor no puede temer. (Véase 1 Juan 4:18).

*Pensamiento para hoy:* Perfecto amor significa que Jesús está sosteniendo sus intenciones, deseos y pensamientos y que ha purificado todo.

# 2 de junio

# Dios le libertará

*Nuestro Dios a quien servimos puede librarnos del horno de fuego ardiente; y de tu mano, oh rey, nos librara* (Daniel 3:17).

**Lectura de las Escrituras:** Juan 21:15–25

*L*o que Dios quiere es, saturarnos con su Palabra. Su Palabra es verdad viva. Me apena que alguien haya pasado toda la semana sin tentación porque Dios trata sólo con personas que son valiosas. Si usted está pasando por dificultades, las pruebas se incrementan, la oscuridad aparece y todo se vuelve tan denso que no puede ver, ¡aleluya! Dios le verá. Él es un Dios de liberación, un Dios de poder. Él está cerca de usted si tan sólo lo cree. Él puede ungirle con aceite fresco y hacer que su copa rebose. (Véase Salmo 23:5). Jesús es el *"bálsamo en Galaad"* (Jeremías 8:22), la *"rosa de Sarón"* (Cantares 2:1).

Creo que Dios quiere alinearnos con tal perfección de bendición y belleza que diremos: *"Aunque Él me matare, en Él esperaré"* (Job 13:15). Cuando la mano de Dios está sobre nosotros, y la arcilla es fresca en las manos del Alfarero, la vasija será perfectamente hecha mientras usted esté flexible en las manos de Dios. Él puede hoy poner su sello en usted. Puede moldearlo de nuevo y cambiar su visión. Él puede remover la dificultad.

El Señor de las Huestes está aquí, esperando de su atención. Recuerda la pregunta de Jesús: *"Simón, hijo de Jonás, ¿me amas más que eso?"* (Juan 21:15). Si existe cualquier cosa en usted que no esté cedido y flexionado al plan del Todopoderoso, no puede preservar lo que es espiritual, sólo en parte. Cuando el Espíritu del Señor toma perfecto control, entonces empezamos a ser cambiados por la expresión de la luz de Dios en nuestro marco humano. Todo el cuerpo empieza a tener la llenura de su vida manifestada, hasta que Dios así nos tenga para que creamos todas las cosas.

**Pensamiento para hoy:** Dios nunca deja que la vara disciplinante caiga sobre algo excepto en lo que está empañando la vasija.

# Experimente su gozo

*Tened por sumo gozo cuando os halléis*
*en diversas pruebas* (Santiago 1:2).

*Lectura de las Escrituras:* Santiago 1:2–18

uizás usted ha estado contando todas las tristezas cuando las pruebas llegan. No importa. Dígaselo a Jesús ahora. Exprese sus sentimientos más profundos a Él:

Él lo sabe todo, lo sabe todo,
Mi Padre sabe, lo sabe todo,
Las lágrimas amargas, cuán fácil caen,
Él lo sabe, mi Padre lo sabe todo.

La tristeza puede llegar en la noche, pero *"a la mañana vendrá la alegría"* (Salmo 30:5). Muchos creyentes nunca miran hacia arriba. Cuando Jesús resucitó a Lázaro de la muerte, Él levantó sus ojos y dijo: *"Padre, gracias te doy por haberme oído"* (Juan 11:41). Dios quiere que tengamos un toque de resurrección. Nunca use su plan humano cuando Dios habla su Palabra. Usted tiene su recordatorio de una Fuente todopoderosa cuyos recursos nunca se desvanecen. Su tesoro sobre pasa la medida, abundando con extravagancias de abundancia, esperando a ser derramadas sobre nosotros.

Escuche lo que la Escritura dice: *"Dios...el cual da a todos abundantemente y sin reproche"* (Santiago 1:5). La poderosa mano de Dios viene a nuestra debilidad y dice: "Si te atrevieras a creer en mí y no dudar, te satisfaré abundantemente del tesoro de la casa de lo Más Alto". Él perdona, suple, abre la puerta de su llenura y nos hace saber que Él lo ha hecho todo. Cuando usted viene a Él, le da en abundancia y sin medida, una expresión del amor del Padre.

Él puede satisfacer toda necesidad. Él satisface al hambriento con buenas cosas. (Véase Lucas 1:53). ¿Transmitirá usted *"toda ansiedad sobre él, porque él tiene cuidado de vosotros"* (1 Pedro 5:7)? Dios nos ayudará. ¡Gloria a Dios! ¡Cómo satisface las necesidades del hambriento!

**Pensamiento para hoy:** Puede que entremos en cosas que nos traerán tristezas y problemas, pero a través de ellos, Dios nos lleva a un conocimiento más profundo de sí mismo.

## 4 de junio

# Verdadera adoración

*Dios es Espíritu; y los que le adoran, en espíritu y en verdad es necesario que adore* (Juan 4:24).

*Lectura de las Escrituras:* Juan 4:1–30

Apreciamos las catedrales e iglesias, pero Dios no mora en los templos hechos a mano, sino en el santuario del corazón. (Véase Hechos 7:48). El Padre busca *"verdaderos adoradores"* (Juan 4:23) que le adoren *"en espíritu y en verdad"*. La iglesia es el cuerpo de Cristo. Su adoración es un corazón que adore, un anhelo de entrar en la presencia de Dios. Dios mira nuestros corazones y abrirá nuestro entendimiento. El Señor se deleita en su pueblo. Quiere que entremos a un lugar de descanso sin interrupción y paz que está fundada sólo en Dios. Sólo la sencillez nos llevará allí.

Cuando Jesús colocó a un pequeño en medio de los discípulos, dijo: *"De cierto os digo, que si no os volvéis y os hacéis como niños, no entraréis en el reino de los cielos"* (Mateo 18:3). Él no quiso decir que debemos buscar como tener la mente de niño, sino la mansedumbre del niño y el espíritu gentil. Es el único lugar para encontrar a Dios. Él nos dará ese lugar para la adoración.

Cuánto llora mi corazón por una fe viva y una visión profunda de Dios. El mundo no lo puede producir. Es un lugar donde vemos al Señor, un lugar donde oramos y sabemos que Dios nos escucha. Podemos preguntarle a Dios y creer que Él responde, no teniendo temor sino la fe viva de entrar en la presencia de Dios.

*"En* [su] *presencia hay plenitud de gozo; delicias a* [su] *diestra para siempre"* (Salmo 16:11).

**Pensamiento para hoy:** Todo aquel que ha nacido de Dios es mantenido vivo por un poder que no puede ver sino que puede sentir, un poder que es generado en gloria, baja a las vasijas de barro, y regresa al trono de Dios.

# 5 de junio

## Cambiado por Dios

*No amemos de palabra ni de lengua,*
*sino de hecho y en verdad* (1 Juan 3:18).

*Lectura de las Escrituras:* 1 Juan 3:1–17

*D*ios está buscando personas a quienes Él pueda revelarse. Yo solía tener tremendo temperamento, me ponía blanco con pasión. Toda mi naturaleza estaba fuera de Dios en esa manera. Dios sabía que yo no nunca podría estar al servicio del mundo a menos que fuera totalmente santificado. Yo era difícil de complacer. Mi esposa era una buena cocinera, pero yo siempre encontraba algo malo en la comida. La escuché testificar en una reunión que, después que Dios me santificó, estaba complacido con cualquier cosa que ella servía.

Tengo hombres que trabajan para mí, y quiero ser un buen testimonio para ellos. Un día, esperaron después del trabajo y dijeron: "Nos gustaría tener ese espíritu que usted tiene". Existe un lugar de muerte y vida donde Cristo reina en el cuerpo. Luego, todo está bien. Esta Palabra está llena de estímulos. Es por medio de la fe que llegamos a un lugar de gracia. Luego todos pueden ver que hemos sido hechos de nuevo. El Espíritu Santo despierta nuestra atención. Tiene algo especial que decir: Si creen, pueden ser hijos de Dios, como Él en carácter, espíritu, anhelos y acciones hasta que todos sepan que son sus hijos.

El Espíritu de Dios puede cambiar nuestra naturaleza. Dios es el Creador. Su Palabra es creativa, y si usted cree, su poder de creación puede cambiar toda su naturaleza. Usted puede convertirse en *"hijo de Dios"* (Juan 1:12). Usted sólo no puede alcanzar esta altura de fe. Ningún hombre se puede mantener. El Todopoderoso Dios derrama su cobertura sobre usted diciendo *"si puedes creer, al que cree todo le es posible"* (Marcos 9:23). La vieja naturaleza es muy difícil de manejar. Usted ha sido avergonzado por esto muchas veces, pero el Señor mismo ofrece la respuesta. El dice: "Ven y te daré paz y fuerza. Te cambiaré. Operaré en ti por medio de mi poder, haciéndote una *'nueva criatura'* (2 Corintios 5:17) si puedes creer".

Jesús dice: *"Aprended de mi, que soy manso y humilde de corazón; y hallareis descanso para vuestras almas"* (Mateo 11:29). El mundo no

# 5 de junio

descansa. Está lleno de problemas, pero en Cristo, usted puede moverse y actuar en el poder de Dios con la paz que "*sobrepasa todo entendimiento*" (Filipenses. 4:7). Un flujo interno de poder divino cambiará su naturaleza. "*Por esto el mundo no nos conoce, porque no le conoció a El*" (1 Juan 3:1).

¿Qué significa esto? He vivido en una casa por cuarenta años. He predicado desde mi propio umbral; por todo el mundo, la gente me conoce. Me conocen cuando necesitan de alguien para orar, cuando hay un problema, cuando necesitan una palabra de sabiduría. Pero para el tiempo de Navidad, llaman a sus amigos para celebrar, ¿me invitan? No. ¿Por qué? Pueden decir: "Seguro que quiere hacer una reunión de oración, pero nosotros queremos una fiesta".

Donde quiera que Jesús llegue, el pecado es revelado, y los hombres no quieren que el pecado sea revelado. El pecado nos separa de Dios por siempre. Usted está en un buen lugar cuando llora ante Dios, cuando se arrepiente de las últimas cosas. Si usted ha hablado cruelmente, se dio cuenta que no era como el Señor. Su reñida conciencia le ha llevado a orar. Es algo maravilloso el tener una conciencia sensible. Cuando todo está mal, usted clama al Señor. Es cuando estamos cerca de Dios que nuestros corazones son revelados. Dios intenta que vivamos en pureza, buscándole todo el tiempo.

**Pensamiento para hoy:** Nuestro espíritu humano tiene que ser controlado por el Espíritu Santo.

## 6 de junio

# Facultado para el servicio

*Bienaventurado los que padecen persecución por causa de la justicia, porque de ellos es el reino de los cielos* (Mateo 5:10).

**Lectura de las Escrituras:** Romanos 12:1–13

Podemos estar facultados con el poder de Dios. Quiero que mantengan sus mentes fijas en este hecho, porque le ayudará a establecerse. Esto le fortalecerá si piensa en Pablo, que fue "*un abortivo*" (1 Corintios 15:8).

Pablo fue "*un tizón arrebatado del incendio*" (Zacarías 3:2), escogido por Dios para ser apóstol de los gentiles. (Véase Efesios 3:1). Quiero que lo mire, primero como perseguidor, furioso para destruir aquellos que llevaban agradable noticias a la gente. Mire cuan alocado se apresura a meterlos en prisión, urgiéndoles que blasfemaran el santo nombre de Cristo. Luego mire a este hombre cambiado por el poder de Cristo y el evangelio de Dios. Mírelo divinamente transformado por Dios, lleno del Espíritu Santo. Mientras lee el capitulo noveno de Hechos, mira cuan especial fue su llamado. Para que Pablo entendiera cómo era capaz de ministrar al necesitado, el Hijo de Dios le dijo a Ananías: "*le mostrare cuanto le es necesario padecer por mi nombre*" (Hechos 9:16).

No quiero que piense que quiero decir sufrimiento con enfermedad. Quiero decir sufrimiento en persecución, con difamación, disensión, amargura, regaño abusivo y con muchas otras maneras malas de sufrimiento; pero ninguna de estas cosas le dañara. Al contrario, estimulan el fuego de la ambición que está dentro de usted.

Ser perseguido por Cristo es estar unido a gente bendecida, con aquellos escogidos para llorar en el altar, "*¿Cuánto tiempo?*" (Apocalipsis 6:10). Oh, saber que podemos cooperar con Jesús. Si sufrimos persecución, regocijémonos en ese día. Amado, Dios quiere testigos, testigos de verdad, testigos de toda la verdad, testigos de la total redención, testigo de la liberación del poder del pecado y la enfermedad, testigo que puede reclamar su territorio, debido al poder trabajando en ellos, vida eterna maravillosamente, gloriosamente llenando el cuerpo, hasta que el cuerpo sea lleno de la vida del Espíritu. Dios quiere que creamos que podamos ser ministros de ese tipo.

# 6 de junio

Pablo estaba perdido en el celo de su ministerio. Esos primeros discípulos se reunían el primer día de la semana para repartir el pan. (Véase Hechos 20:7). Vea su necesidad de romper el pan. Mientras estaban juntos, fueron atrapados con el ministerio. En Suiza, la gente me preguntó: "¿Cuánto tiempo puede predicarnos?". Les respondí: "¡Cuando el Espíritu Santo cae sobre mí, puedo predicar por siempre!".

Si esto fuera sólo capacidad del hombre o entrenamiento universitario, nos volveríamos locos antes de empezar, pero si es ministerio del Espíritu Santo, seremos tan sonoros como una campana que no tiene defecto. Será el Espíritu Santo al principio, al medio y al final. No quiero pensar en nada durante la prédica para que no refleje nada, excepto lo que "Así lo diga el Señor". La predicación de Jesús es la encarnación bendita, esa gloriosa libertad del cautiverio, ese poder bendito que libera del pecado y los poderes de la oscuridad, esa gloriosa salvación que le salva de la muerte para vivir, y del poder de Satanás al de Dios.

**Pensamiento para hoy:** La copa del sufrimiento desde el cielo está unida con el bautismo de fuego.

## 7 de junio

# Tome toda oportunidad

[Pablo] *porque instrumento escogido me es este,*
*para llevar mi nombre en presencia de los gentiles,*
*y de reyes, y de los hijos de Israel; porque yo le mostrare cuanto*
*le es necesario padecer por mi nombre* (Hechos 9:15–16).

*Lectura de las Escrituras:* Hechos 20:7–12, 17–38

*P*ablo predicó desde la tarde hasta la media noche, y en medio de la noche, algo asombroso sucedió. Si busca en Filipenses, verá una maravillosa verdad donde Pablo dice: "*Si en alguna manera llegase a la resurrección*" (Filipenses 3:11). Escuchar las palabras dichas a Marta, aquel maravilloso dicho cuando Jesús le dijo: "*Yo soy la resurrección y la vida; el que cree en mi, aunque este muerto, vivirá*" (Juan 11:25). Pablo deseaba alcanzar la resurrección de la vida, y es de remarcable evidencia para mí que usted nunca alcanza nada hasta que llegue la oportunidad. En la actividad de la fe, encontrará que Dios traerá tantas cosas antes que usted se dé cuenta que no tendrá tiempo ni para pensarlo. Saltará en ello y traerá autoridad por medio del poder del Espíritu. Si usted tomó tiempo para pensar, puede perder la oportunidad.

Un día estuve en San Francisco, iba por la calle principal. Crucé un grupo en la calle, el conductor se detuvo, y yo salí del carro. Rápidamente crucé hasta donde estaba la conmoción, encontré, mientras me abría paso por la multitud, un cuerpo tirado en el piso aparentemente en tremenda convulsión de muerte. Me bajé y pregunté: "¿Qué pasa?". Él respondió en susurro, "Calambre". Puse mi mano debajo de su cuello y dije: "Sal en el nombre de Jesús", y el muchacho brincó y salió corriendo. Ni siquiera dijo, "Gracias".

De igual manera, encontrará que con el bautismo del Espíritu Santo, usted estará en una posición donde debe actuar porque no tiene tiempo para pensar. El Espíritu Santo trabaja en el poder del origen divino. Es lo sobrenatural, Dios llenando hasta que se vuelva en poder librante por medio de la autoridad del Todopoderoso. Este ve cosas que suceden que no pasaran en ninguna otra manera.

Permítame decir más acerca de la posición de Pablo: es medianoche, y la muerte llega a un joven como resultado de la caída de una ventana. La primera cosa que hace Pablo es lo más absurdo, pero es lo más práctico de hacer en el Espíritu Santo: cayó sobre el joven. Sí, se puso sobre él, lo abrazó, y lo dejó vivo. Algunos dirán que cayó sobre él, que estrujó la vida en él y lo devolvió. Esta es la actividad del Todopoderoso. Debemos ver que en cualquier reunión, el Espíritu Santo puede demostrar su divino poder hasta que nos demos cuenta que estamos en la presencia de Dios. Todo puede ser sanado, donde el poder de la resurrección de Jesucristo es claramente evidente, donde no miramos nada más que a Jesús. Este mismo Jesús está presente hoy.

*Pensamiento para hoy:* Al Hijo de Dios le es dado poder sobre el poder del enemigo; cualquiera que trate falsamente con la Palabra de Dios anula la posición de autoridad que Cristo le ha dado sobre Satanás.

## 8 de junio

# La necesidad de humildad

*Sirviendo al Señor con toda humildad* (Hechos 20:19).

*Lectura de las Escrituras:* Santiago 4

Ninguno de nosotros será capaz de ser ministros del nuevo pacto de la promesa en el poder del Espíritu Santo sin humildad. Está claro para mí que a la medida que la muerte del Señor esté en mí, la vida del Señor abundará en mí. Para mí, el bautismo del Espíritu Santo no es una meta; es una llenura que nos permite alcanzar el nivel más alto, la posición más santa que es posible para que la naturaleza humana la alcance. El bautismo del Espíritu Santo viene a revelar a Aquel que está totalmente lleno con Dios.

Para ser bautizado con el Espíritu Santo, es ser bautizado en la muerte, en la vida, en el poder, en compañía de la Trinidad, donde dejamos de ser y Dios nos toma por siempre. Pablo dijo: *"Con Cristo estoy juntamente crucificado, y ya no vivo yo, mas vive Cristo en mí"* (Gálatas 2:20). Creo que Dios quiere poner su mano sobre nosotros para que podamos alcanzar definiciones ideales de humildad, de impotencia humana, de insuficiencia humana, hasta que ya no descansemos sobre los planos humanos, sino, tener los pensamientos de Dios, la voz de Dios y Dios el Espíritu Santo para que nos hable. Ahora, aquí hay una palabra para nosotros: *"He aquí, ligado yo en espíritu"* (Hechos 20:22). Existe la Palabra. ¿Es esa una posibilidad? ¿Existe la posibilidad para que una persona se alinee completamente así con la voluntad divina de Dios?

Jesús fue hombre, de carne y huesos como nosotros, y a la misma vez Él fue la encarnación de la autoridad divina, el poder y la majestuosidad de la gloria del cielo. Él llevó en su cuerpo la debilidad de la carne humana. Fue tentado *"en todo...según nuestra semejanza, pero sin pecado"* (Hebreos. 4:15). Él es tan amoroso, tan perfecto Salvador. ¡Oh, que podría gritar "Jesús" de tal manera que el mundo pueda oírlo! Existe salvación, vida, poder y libertad a través de su nombre. Pero, amado, veo que *"el Espíritu le impulsó"* (Marcos 1:12), que Él fue *"llevado por el Espíritu"* (Lucas 4:1), y aquí viene Pablo *"ligado en el Espíritu"* (Hechos 20:22).

Que ideal presunción del cielo que Dios debe colocar el asidero de la humanidad y poseerlo con su santidad. Su justicia, su verdad y su fe para que Pablo haya dicho: *"'Voy ligado'* (versículo 22); no tengo elección. La única elección es por Dios. El único deseo o ambición es de Dios. Estoy atado a Dios". ¿Es eso posible, amado?

Si usted mira el primer capítulo de Gálatas, verá cuán maravilloso Pablo se alza a este estado de de embelesa. Si mira el tercer capítulo de Efesios, verá cómo él se volvió *"menos que el más pequeño de todos los santos"* (versículo 8). En Hechos 26, le verá decir: *"Rey Agripa, no fui rebelde a la visión celestial"* (versículo 19). Para mantener la visión, no se entregó a la carne y la sangre. Dios lo sostuvo; Dios lo destinó; Dios lo preservó. Debo decir, sin embargo, que ésta es una maravillosa posición el ser preservado por el Todopoderoso. Debemos verlo en nuestra experiencia cristiana que cuando nos comprometemos con Dios, las consecuencias serán todas buenas. Aquel que *"procure salvar su vida, la perderá; y todo el que la pierda, la salvara"* (Lucas 17:33).

¿Qué es estar destinado por el Todopoderoso, preservado para lo infinito? No existe final para los recursos de Dios. Van justo a la gloria. Nunca se acaban en la tierra. Dios toma control del hombre en el bautismo del Espíritu Santo mientras se entrega a Dios. Existe la posibilidad de haber sido tomado y también dejado—hacerse cargo por Dios y dejado en el mundo para que llevara a cabo sus mandatos. Esa es una de las posibilidades de Dios para la humanidad: ser tomado por el poder de Dios mientras es dejado en el mundo para ser sal como lo describe la Escritura. (Véase Mateo 5:13).

*Pensamiento para hoy:* La manera de levantarse es caerse.

## 9 de junio

# Una visión fresca para cada día

*Nunca decayeron sus misericordias.*
*Nuevas son cada mañana* (Lamentaciones 3:22–23).

*Lectura de las Escrituras:* Salmo 62

Salgo para ganar almas. Es mi asunto buscar al perdido. Es mi asunto hacer a todos hambrientos, insatisfechos, enloquecido o contento. Quiero ver a cada persona llena con el Espíritu Santo. Debo tener el mensaje del cielo para no dejar a la gente como los encontré. Algo debe suceder si somos llenos con el Espíritu Santo. Algo debe suceder en cada lugar. Los hombres deben saber que un hombre lleno con el Espíritu de Dios ya no es un hombre. Un hombre puede ser limpiado por el poder de Dios en su primera etapa de revelación de Cristo, y desde ese momento en adelante, tiene que ser un hombre extraordinario. Para ser lleno del Espíritu Santo, tiene que convertirse en un cuerpo libre para que Dios more en él.

Apelo para que usted que ha sido lleno con el Espíritu Santo: a cualquier costo, deje que Dios haga su manera. Apelo para que usted continúe, que no descanse hasta que Dios haga algo por usted. Dios me ha estado revelando que quien no comete pecado pero se mantiene en la misma posición espiritual por una semana, es un reincidente. Usted dice: "¿Cómo es posible esto?". Porque la revelación de Dios está disponible para todo aquel que incondicionalmente esté comprometido a seguir a Dios.

Quedándose igual por dos días casi que podría indicar que usted ha perdido la visión. El hijo de Dios debe tener una visión fresca cada día. El hijo de Dios debe ser más activo por el Espíritu Santo, cada día. El hijo de Dios debe entrar en línea con el poder del cielo, donde sabe que Dios ha puesto su mano sobre él.

Jesús salió a hacer buenas cosas, porque Dios estaba con Él. Dios le ungió. Amado, ¿no es ese el ministerio por el que Dios nos convirtió en herederos? ¿Por qué? Porque el Espíritu Santo nos debe traer la revelación de Jesús y el propósito de ser lleno del Espíritu Santo es para darnos la revelación de Jesús. Él hará que la Palabra de Dios sea la misma vida que fue dada por el Hijo, como nueva, tan fresca, tan efectiva como si el Mismo Señor estuviera hablando.

# 9 de junio

Me pregunto, ¿cuántos de ustedes son parte de la novia de Cristo? A la novia le gusta escuchar la voz del novio. (Véase Juan 3:29). Aquí está la bendita Palabra de Dios, toda la Palabra, no sólo parte de ella. No, creemos en todo. Día tras día, encontramos que la misma Palabra da vida. El Espíritu del Señor respira a través de nosotros. Hace que la Palabra se vuelva viva en nuestros corazones y mentes. Así es que, tengo entre mis manos, dentro de mi corazón, dentro de mi mente, este bendito reservorio de promesas que es capaz de hacer tantas cosas maravillosas.

Dios definitivamente ha sido manifestado en sí mismo. Debo decirle uno de esos casos. En Oakland, California, sostuve una reunión en el teatro. Sólo para glorificar a Dios, le digo que Oakland estaba en una seria condición. Había muy poca obra pentecostal, por lo que se rentó un gran teatro. Dios obró especialmente en llenar el lugar hasta que tuvimos reuniones sobrepasadas de asistencia. En estas reuniones, tuvimos un creciente flujo de gente siendo salvas al levantarse voluntariamente, por todo ese lugar; siendo salvados en el momento que se levantaron. Luego tuvimos una gran cantidad de personas que necesitaban ayuda en sus cuerpos, incrementándose en fe y siendo sanados.

Uno de ellos fue un hombre anciano que tenía noventa y cinco años de edad. Había estado sufriendo por tres años hasta que gradualmente llegó al momento en que durante tres semanas había consumido sólo líquidos. Estaba en tan terrible condición, pero este hombre era diferente de los demás. Hice que se levantara mientras oraba por él, y regresó a decirnos con tan radiante cara que una nueva vida había entrado en su cuerpo. Dijo: "Tengo noventa y cinco años. Vine a la reunión, estaba lleno de dolor con cáncer en el estómago. He sido sanado por lo que he estado comiendo perfectamente, y no tengo dolor". Similarmente, muchas personas fueron sanadas.

Deseo que usted esté esperando grandes cosas.

**Pensamiento para hoy:** Ningún hombre puede tener la Trinidad viviendo dentro de él y continuar de la misma manera que antes.

## 10 de junio

# Libre de pecado

*Ahora, pues, ninguna condenación hay para los que están en Cristo Jesús, los que no andan conforme a la carne, sino conforme al Espíritu. Porque por la ley del Espíritu de vida en Cristo Jesús me ha librado de la ley del pecado y de la muerte* (Romanos 8:1–2).

**Lectura de las Escrituras:** Romanos 8:1–17

*E*l Espíritu del Señor quiere llevarlo a la revelación. Él lo quiere sin condenación. ¿Qué significará eso? Significará una gran cosa en todas las maneras, porque Dios quiere que todo su pueblo sea testigo claro para que el mundo sepa que Le pertenecemos. Más que eso, quiere que seamos *"la sal de mundo"* (Mateo 5:13); ser *"la luz del mundo"* (versículo 14); ser como ciudades construidas en la cima de una montaña para que no puedan estar escondidas. (Véase versículo 14). Quiere que estemos tan *"en Dios"* (1 Juan 4:15) para que el mundo mire a Dios en nosotros. Luego pueden buscarlo a Él para redención. Esa es la ley del Espíritu. ¿Qué hará esto? *"La ley del Espíritu de vida en Cristo Jesús"* le hará *"libre de la ley del pecado y de la muerte"*. El pecado no tendrá domino sobre usted. (Véase Romanos 6:14). Usted no tendrá deseos de pecar, y será sincero por parte suya como si fuera Jesús cuando dijo: *"Viene el príncipe de este mundo, y el nada tiene en mi"* (Juan 14:30). Satanás no puede influenciar, no tiene poder. Su poder es destruido: *"El cuerpo en verdad está muerto a causa del pecado, mas el espíritu vive a causa de la justicia"* (Romanos 8:10).

Ser llenos de Dios significa que usted es libre. Usted es lleno de gozo, paz, bendición y fuerza de carácter. Usted es transformado por el potente poder de Dios.

Tome nota que existen dos leyes: *"la ley del Espíritu de vida en Cristo Jesús"* que le *"libra de la ley del pecado y de la muerte"*. *"La ley del pecado y de la muerte"* está en usted como antes, pero está muerta. Usted todavía tiene su misma carne, pero su poder sobre usted se ha ido. Usted es la misma persona, pero ha sido estimulado a la vida espiritual. Usted es una *"nueva creación"* (2 Corintios 5:17), creado en Dios nuevamente por la imagen de Cristo. Ahora, amado, algunas personas que se conforman con esta verdad no comprenden su herencia, y caen. En vez de volverse débil, debe levantarse triunfantemente sobre *"la ley del pecado y de la muerte"*. En Romanos, leemos, *"Gracias doy a Dios, por Jesucristo Señor nuestro. Así que, yo mismo con la mente sirvo a la ley de Dios, mas con la carne a la ley del pecado"* (Romanos 7:25).

Dios quiere mostrarle que existe un lugar donde podemos ser libres en el Espíritu y no estar sujetos a la carne. Podemos vivir en el Espíritu hasta que el pecado tenga dominio sobre nosotros. Reinamos en la vida y vemos la cobertura de Dios sobre nosotros en el Espíritu. El pecado reinó sobre la muerte, pero Cristo reinó sobre el pecado y la muere, por lo que nosotros, reinamos con Él en la vida. A través de la agonía que Él sufrió, compró nuestra redención bendita.

**Pensamiento para hoy:** En el huerto del Getsemaní, Dios le restauró todo lo que fue perdido en el huerto del Edén.

# Lleno de Dios

*Para que seas llenos de toda la plenitud de Dios* (Efesios 3:19).

### Lectura de las Escrituras: Efesios 3

Algunas personas vienen con muy pocas expectativas con respecto a la llenura de Dios, y muchas personas son satisfechas con un dedal. Usted puede imaginarse a Dios diciendo: "¡Oh, si tan sólo supieran cuánto pueden llevarse!". Otras personas llegan con un contenedor bien grande y se van satisfechos. Dios está anhelando que tengamos tal deseo por más, deseo que sólo Él puede satisfacer.

Ustedes, mujeres, tendrán una buena idea de lo que quiero decir con la ilustración de un niño gritón siendo pasado de una persona a otra. El niño nunca está satisfecho hasta que llega a los brazos de su madre. Encontrará que no hay paz, ni ayuda, ni medio de fuerza, ni poder, ni vida, nada puede satisfacer el llanto del hijo de Dios, sino la Palabra de Dios. Dios tiene una manera especial de satisfacer los llantos de sus hijos. Está esperando para abrir las ventanas del cielo hasta que se haya movido en las profundidades de nuestros corazones para que todo lo que no se parezca a Él haya sido destruido.

Qué maravillosa y divina posición intenta Dios para que todos nosotros la tengamos, ser llenos con el Espíritu Santo. Es algo tan maravilloso, tan divino; lo es, como lo fue, una gran puerta abierta a todo el tesoro del Más Alto. Mientras el Espíritu viene como *"lluvia sobre la hierba cortada"* (Salmo 72:6), Él vuelve lo árido en verde, fresco y con vida. Su aridez se vuelve primavera, su sequedad se vuelve inundaciones, toda su vida es vitalizada por el cielo, y usted empieza a vivir como nueva creación.

Nadie necesita vivir vacío. Dios quiere que usted sea lleno. Mi madre, mi hermana, Dios quiere que hoy sea como jardín húmedo, lleno con la fragancia de su propio gozo celestial, hasta que sepa por fin que usted ha tocado la inmensa llenura de Dios. El Hijo de Dios vino para ningún otro propósito más que levantar, moldear y volver a moldear hasta que *"tenemos la mente de Cristo"* (1 Corintios 2:16).

### Pensamiento para hoy: El Espíritu del Dios vivo arrasa con todas las debilidades.

## 12 de junio

# Pida directivamente de Dios

*El que cree en mí, como dice la Escritura,*
*de su interior correrán ríos de agua viva* (Juan 7:38).

*Lectura de las Escrituras:* Juan 7:37–8:12

*Se* que las tierras secas pueden ser inundadas. (Véase Isaías 44:3). Mi Dios me previene. Permite Dios prevenirme de alguna vez querer algo menor que una inundación. Por medio de la expiación de Cristo, podemos tener riquezas y riquezas. Necesitamos la atmósfera tibia del poder del Espíritu para acercarnos más y más hasta que nada satisfaga más que Dios. Después podremos tener idea de lo que Dios ha dejado luego de haber tomado todo lo que podemos. Es como un gorrión bebiendo de un océano y luego mirando alrededor diciendo: "¡Qué gran océano! Podría tomar mucho más si tuviera espacio".

Algunas veces usted tiene cosas que puede usar, y no lo sabe. Puede estar muriendo de sed justo en un río de plenitud. Había una vez un barco en la entrada del Río Amazonas. La gente dentro del barco creyó que todavía estaban en el océano. Estaban muriendo de sed, algunos casi cerca de la locura. Vieron un barco y preguntaron si ellos les podían dar algo de agua. Alguien en el barco respondió: "Mete tu cubeta al río; estas en la boca del río". Existen muchas personas hoy, en medio del gran río de vida, pero están muriendo de sed porque no van profundos y toman del río. Estimado amigo, puede que usted tenga la Palabra, pero necesita un espíritu despierto. La Palabra no está viva sino hasta que se mueva por medio del Espíritu de Dios y en el sentido correcto, se vuelve en Espíritu de Vida cuando es tocado sólo por su mano.

Amado: *"Del río sus corrientes alegran la ciudad de Dios, el santuario de las moradas del Altísimo"* (Salmo 46:4). Existe una corriente de vida que hace que todo se mueva. Existe un toque divino de vida y al igual que a través de la Palabra de Dios que llega de ningún otro lugar. Pensamos que la muerte es la ausencia de vida, pero existe semejanza de muerte en Cristo, que está lleno de vida.

No existe tal cosa como un fin para lo que Dios comienza. Debemos estar en Cristo; debemos conocerle. La vida en Cristo no es un toque; no es un respiro; es el poderoso Dios; es una Persona; es el Santo morando en

# 12 de junio

el templo *"no hecho de manos"* (Hebreos 9:11). Oh, amado, Él toca y está hecho. Él es el mismo Dios sobre todo, *"es rico para con todos los que le invocan"* (Romanos 10:12). El Pentecostés es lo último con lo que Dios tiene para tocar la tierra. Si usted no recibe el bautismo del Espíritu Santo, está viviendo débil y empobrecido, lo cual no es bueno para usted, ni para nadie más. Pueda Dios movernos hacia un lugar donde no existe medida para esta llenura que Él quiere darnos. Dios exaltó a Jesús y le dio un nombre sobre todo nombre. Tome nota que todo ha sido puesto bajo Él.

La marea nos está envolviendo. Mirémoslo hoy para que entremos en la marea, porque nos sostendrá. El corazón de amor de Dios está en el centro de todas las cosas. Quite sus ojos de sí mismo; levántelos bien alto y mire al Señor, porque en Él está *"la fortaleza de los siglos"* (Isaías 26:4).

Si usted va donde un médico, entre más le haya hablado de usted, mejor le conocerá. Pero cuando usted va donde el Doctor Jesús, conoce todo desde el principio, y nunca recetará la medicina equivocada. Jesús envía su poder de sanidad y trae su gracia restauradora, por lo que no hay nada que temer. Lo único que es malo, es la concepción equivocada de su redención.

***Pensamiento para hoy:*** No me quedaré con cosas pequeñas cuando tengo un Dios tan grande.

## 13 de junio

# Tome autoridad sobre Satanás

*¡Vete de mi, Satanás!* (Lucas 4:8).

*Lectura de las Escrituras:* Lucas 4:1–13

*J*esús fue herido para que pudiera ser capaz de identificarse con sus debilidades. (Véase Hebreos 4:15). Él tomó su carne y la dejó en la cruz para *"destruir por medio de la muerte al que tenía el imperio de la muerte, esto es, al diablo, y librar a todos los que por el temor de la muerte estaban durante toda la vida sujetos a servidumbre"* (Hebreos 2:14–15).

Usted encontrará que casi todos los ataques que experimenta llegan como resultado de Satanás, y deben ser tratados como satánicos; deben ser echados fuera. No escuche lo que Satanás le dice, porque el demonio es un mentiroso desde el principio. (Véase Juan 8:44). Si la gente escuchara tan sólo la verdad de Dios, se darían cuenta que cada espíritu malo está sujeto a ellas. Encontraran que siempre están en el lugar de triunfo, y que *"reinaran en vida por uno solo, Jesucristo"* (Romanos 5:17).

Nunca viva en un lugar que no sea en el que Dios le haya llamado, y Él le ha llamado desde lo alto para vivir con Él. Dios ha diseñado que cada cosa esté sujeta al hombre. A través de Cristo, Él le ha dado autoridad sobre el poder del enemigo. Él ha trabajado su redención eterna.

En una ocasión estaba terminando una reunión en Suiza. Cuando la reunión finalizó y habíamos ministrado a los enfermos, nos salimos para ver algunas personas. Dos muchachos se nos acercaron y dijeron que había un hombre ciego que asistió a la reunión esa tarde. Él había escuchado todas las palabras del predicador y dijo que estaba sorprendido por no haber estado orando. Fueron a decir que este hombre ciego había escuchado tanto que no se iría hasta que pudiera ver. Y dijo: "Esto es verdaderamente único. Dios hará algo hoy para este hombre".

Fuimos al lugar. El ciego dijo que jamás había visto. Nació ciego, pero debido a la Palabra predicada esa tarde, no se iría a casa hasta que pudiera ver. Si alguna vez tengo gozo, es cuando tengo mucha gente que no se satisfarán hasta obtener todo por lo que llegaron. Con gran gozo le ungí e impuse manos sobre sus ojos. Inmediatamente Dios restauró su visión. Fue muy extraño cómo reaccionó el hombre. Hubo algunas luces eléctricas. Primero las contó; luego nos contó a nosotros. ¡Oh, que placer extasiado que este hombre experimentó en cada momento por su vista! Eso nos hizo a todos, sentir como llorar, bailar y gritar. Luego se quitó el reloj y dijo que por años había estado sintiendo las figuras levantadas del reloj para decir la hora. Pero ahora, podía verlo y decirnos la hora. Luego, mirando como si estuviera despertando de algún adormecimiento profundo, o de algún largo y extraño sueño, se dio cuenta que nunca había visto la cara de su padre o de su madre. Se fue a la puerta y corrió. Esa noche, fue la primera persona en llegar a la reunión. Todos le conocían como el hombre ciego, y yo tenía que darle un largo tiempo para hablar acerca de su nueva vista.

Me pregunto cuánto quiere usted llevarse hoy. Usted no lo puede llevar como si fuese sustancia, pero existe algo acerca de la gracia, el poder y las bendiciones de Dios que pueden llevarse, no importa cuán grande sean. ¡Oh, que Salvador! ¡En qué lugar estamos, por la gracia, de que Él pudo venir en comunión con nosotros! Él está esperando para decirle a cada corazón, *"Calla, enmudece"* (Marcos 4:39), y a cada cuerpo débil *"cobrad ánimo"* (Deuteronomio 31:6). ¿Está yendo a medio camino, o está yendo todo el camino hasta el final?

***Pensamiento para hoy:*** No sea usted engañado por Satanás, sino, crea en Dios.

## 14 de junio

# ¿Cuál es su respuesta?

*Acerquémonos, pues, confiadamente al trono de la gracia,
para alcanzar misericordia y hallar gracia
para el oportuno socorro* (Hebreos 4:16).

*Lectura de las Escrituras:* Hebreos 4

Amigos, es el propósito de Dios que usted se levante hacia el lugar de derecho de hijo. No pierda el propósito que Dios tiene en su corazón para usted. Dese cuenta que Dios quiere de usted las primicias (véase Santiago 1:18) y guardarlo para sí. Dios ha levantado algunos de ustedes una y otra vez. Es maravilloso cómo Dios en su misericordia ha restaurado y restaurado y *"a los que llamo, a estos también justifico, a estos también glorifico"* (Romanos 8:30). La glorificación todavía continúa y va a exceder lo que es ahora.

Dentro de su corazón seguramente debe haber una respuesta a este llamado. No importa quién esté en contra nuestra: *"¿Qué, pues, diremos a esto? Si Dios es por nosotros, ¿Quién contra nosotros?"* (versículo 31). Si hay millones en contra de usted, Dios lo ha predispuesto y le llevara directo hacia la gloria. La sabiduría humana debe estar firme. Esto es que *"con el corazón se cree para justicia"* (Romanos 10:10).

Hermanos y hermanas, ¿qué quiere que Dios haga por usted? Esa es la pregunta. ¿Para qué ha venido aquí? Hemos visto a Dios trabajar en cuerpos con horribles enfermedades. Nuestro Dios es capaz de sanar y de llenar todas sus necesidades. La Escritura dice: *"El que no escatimó ni a su propio Hijo, sino que lo entregó por todos nosotros, ¿cómo no nos dará también con el todas las cosas?"* (Romanos 8:32).

¿Necesita ser sanado de un espíritu crítico? La Escritura advierte: *"¿Quien acusará los escogidos de Dios?"* (versículo 33). Le digo que es mal negocio para aquel hombre que haga daño al ungido de Dios. (Véase 1 Crónicas 16:21–22). *"¿Quién es el que condenará?"* (Romanos 8:34). Cuánto de esto existe ahora: hermano condenando al hermano, todos condenando al otro. Usted mismo se condena. El demonio es el *"acusador de* [los] *hermanos"* (Apocalipsis 12:10). Pero hay poder en la sangre de Cristo para librarnos, para sostenernos y para traernos sanidad.

No permita que el enemigo le paralice y le ciegue. ¿Por qué no cree en la Palabra de Dios? Hay un lugar bendito para usted en el Espíritu

# 14 de junio

Santo. En vez de condenarse, Cristo esta intercediendo por usted. Descanse en esta promesa:

> *Por lo cual estoy seguro de que ni la muerte, ni la vida, ni ángeles, ni principados, ni potestades, ni lo presente, ni lo por venir, ni lo alto, ni lo profundo, ni ninguna otra cosa creada nos podrá separar del amor de Dios, que es en Cristo Jesús Señor nuestro.*
>
> (Romanos 8:38–39)

Amado, usted está en un lugar maravilloso. Porque es hijo y coheredero, tiene derecho de sanidad de su cuerpo y de ser libertado de todo el poder del enemigo.

**Pensamiento para hoy:** Porque Dios le ha llamado y escogido, Él quiere que sepa que usted tiene poder en Él.

## 15 de junio

# Siga el mandato de Dios

*Prosigo a la meta, al premio del supremo llamamiento de Dios en Cristo Jesús* (Filipenses 3:14).

*Lectura de las Escrituras:* Filipenses 3:1–21

*L*a Palabra de Dios es nuestro alimento. Si no nos identificamos con ella, nuestras necesidades no serán llenadas. Prediquemos para que nuestras vidas, acciones, presencia y oración siempre sean palabras vivientes de Cristo. Debemos esforzarnos en ser ejemplos para todos los hombres de la verdad contenida en la Palabra de Dios.

Seguir la verdad y no abandonarla. Siempre estar vigilante por la inspiración divina. Si anduviéramos todo el tiempo con Dios, ¿qué sucedería? Buscar el honor que viene sólo de Dios. Pablo habló acerca del deseo para alcanzarlo. Dijo que alcanzó la *"meta al premio del supremo llamamiento de Dios en Cristo Jesús"* (Filipenses 3:14). No debemos quedarnos inactivos. Somos premiados por el Espíritu.

Abraham dejó su casa y siguió a Dios a una nueva tierra. (Véase Génesis 12:1–4). Nunca entramos a un nuevo lugar hasta que salimos del viejo lugar. Debemos modelar la personalidad de Dios. Nunca podemos estar satisfechos en quedarnos donde estemos espiritualmente, porque la verdad continúa deleitándonos. Debemos movernos, o pereceremos. Debemos ser obedientes al Espíritu Santo que nos guía.

Pablo fue un hombre que guardó la ley impecablemente. Trató de seguir, en su humanidad, un estándar ideal. Después, Pablo vio una luz desde el cielo y fue hecho nuevo. ¿Es usted nuevo? Él no estuvo con los otros apóstoles, sino que se le dijo *"la Palabra de vida"* (1 Juan 1:1). Todavía no había alcanzado estos principios ideales, pero tenía celos. Ante él había un reto. Él debía *"ir a la ciudad"* (Hechos 9:6) donde se le diría lo que debía hacer. El presente no era nada para él; fue motivado a seguir el mandato de Dios. Todo lo que para él antes había sido importante, ahora lo contaba como *"pérdida por la excelencia del conocimiento de Cristo Jesús [su] Señor"* (Filipenses 3:8). Su principal meta fue "ganar a Cristo" (versículo 8).

Cuando Judas y los soldados siguieron a Jesús en el huerto, Jesús habló y los hombres cayeron. (Véase Juan 18:6). Él, el Creador, se entregó a sí mismo a estos hombres. Pero Él dijo: *"dejad ir a estos"* (versículo

8), refiriéndose a los discípulos. Cuando aquellos le abusaron Él no tomó represalias. Pablo entendió estos principios como cristiano. Él reconoció el poder de Cristo, que es capaz de realzar nuestra humanidad.

Los seguidores de Jesús buscaban cómo hacerlo Rey, pero Jesús se retiró a orar. Pablo deseó *"ganar a Cristo y ser hallado en Él"* (Filipenses 3:8–9). ¿Oh, puedo ganarlo? ¿Es posible cambiar y cambiar, teniendo su compasión, su amor?

En un esfuerzo para prevenir que Jesús fuera llevado, Pedro cortó la oreja de Malco (Juan 18:10). Jesús la puso de nuevo. Vea la dignidad de Cristo, quien vino a crear una nueva orden de vida. Ojalá podamos *"ganar a Cristo y ser hallado en Él"* para que podamos tener la *"justicia que es de Dios por la fe"* (Filipenses 3:8–9).

Jesús se identificó con nosotros. Él vino a ser la primicia. (Véase 1 Corintios 15:23). ¡Cuán celoso es el campesino mientras vigila su siembra para ver los primeros brotes y hojas de la cosecha! Jesús fue una primicia, y Dios tendrá su cosecha. ¡Qué bella posición la de ser hijos de Dios, perfectamente ajustados en la presencia de Dios y *"hallados en Él"* (Filipenses 3:9). Usted dice, "Es una mañana con muchas pruebas", o "Estoy en un lugar de necesidad". Él conoce y comprende sus necesidades. Cuando Jesús vio una gran multitud viniendo hacia Él, le dijo a Felipe: *"¿De dónde compraremos pan para que coman estos?"* (Juan 6:5). Jesús sabía de dónde podría llegar el alimento, Él estaba probando la fe de Felipe. Del almuerzo de un niño, Jesús alimentó a cinco mil. Todos fueron saciados y doce cestas de trozos de pan sobraron. (Véase versículo 13).

**Pensamiento para hoy:** Aunque siempre estemos esforzándonos por más de Dios, tenemos un sentimiento de satisfacción en Él.

## 16 de junio

# Experimente el poder de la resurrección

*A fin de conocerle, y el poder de su resurrección,
y la participación de sus padecimientos, llegando
a ser semejante a él en su muerte* (Filipenses 3:10).

*Lectura de las Escrituras:* Filipenses 3

*J*esús tenía lo que Pablo deseaba. Pablo conocía a Jesús por medio de revelación, al igual que nosotros. No le conoció por estar con Él en su ministerio humano como sucedió con los otros apóstoles. Pablo vio que Jesús vivió en el poder de la resurrección. Pablo quería ganar el resto de fe, por lo que rechazó todos los obstáculos y siguió adelante. Quería remover cualquier interferencia que estuviera en el camino de su conocimiento de Cristo. Antes de enfrentar la cruz, Jesús le dijo a sus discípulos *"quedaos aquí y velad"* (Marcos 14:34) mientras continuaba hacia el huerto para orar.

Un día Jesús anduvo en una procesión de funeral. El único hijo de una viuda había muerto, y el gran corazón de Jesús tuvo compasión de ella. Él toco al hijo en su ataúd y dijo: *"Joven, a ti te digo, levántate"* (Lucas 7:14). La muerte no tuvo poder; no pudo quedarse en el joven: *"Se incorporó el que había muerto, y comenzó a hablar"* (versículo 15). Oh, la compasión es mayor que la muerte, mayor que el sufrimiento. Oh, Dios dánosla.

Un día, vi a una mujer con tumores. En la condición en que ella se encontraba, no podía vivir ese día. Le pregunté: *"¿Quieres vivir?"*. Ella no podía hablar, pero era capaz de mover su dedo. En el nombre de Jesús, la ungí con aceite. El señor Fisher, que estaba conmigo, dijo: "¡Se murió!".

Había sido una niñita ciega la que me había llevado a la cama de esta moribunda madre. La compasión quebrantó mi corazón por esa niña. Le había dicho a la madre: "levante su dedo". Llevando a la madre al otro lado de la habitación, la puse contra el armario. La sostuve. Le dije, "En el nombre de Jesús, muerte, sal fuera". Como un árbol caído, hoja por hoja, su cuerpo empezó a moverse. Erguida en vez de muerta, sus pies tocaron el piso. "En el nombre de Jesús, camina", le dije. Ella lo hizo y regresó a su cama.

Conté esta historia en el servicio. Había un doctor que dijo: "Probaré eso". Él la vio y confirmó que la historia era verídica. Ella le dijo al doctor: "Todo es verdad. Estuve en el cielo y vi innumerables como Jesús.

# 16 de junio

Él me apuntó y yo supe que tenía que irme. Luego oí una voz diciendo, 'Camina, en el nombre de Jesús'".

Hay poder en su resurrección. Hay *"justicia que es de Dios por la fe"* (Filipenses 3:9). ¿Somos capaces de comprenderlo? Ese es su amor. Es su vida en nosotros. Es su compasión.

Entienda que usted comprende y posee la justicia de Dios. No la pierda. ¡Oh, no se pierda de conocer a Cristo! Esta es *"la justicia que es de Dios por la fe"*—el resto de fe.

**Pensamiento para hoy:** Estamos aquí en período de probación para acabar al enemigo y destruir los reinos de la oscuridad, para movernos dentro de las fuerzas satánicas y subyugarlas en el nombre de Jesús.

## 17 de junio

# Derecho de hijo

*¡Mirad cuál amor nos ha dado el Padre, para que seamos llamados hijos de Dios; por esto el mundo no nos conoce, porque no le conoció a él!* (1 Juan 3:1).

*Lectura de las Escrituras:* Juan 1:1–13

Dios ha hecho algo maravilloso para el creyente. Él le ha sacado del mundo. Es una palabra extraordinaria la que Jesús dijo: *"No ruego que los quites del mundo...no son del mundo"* (Juan 17:15–16). Esta es una gran verdad para que entendamos. En esta posición gloriosa de la pertenencia de Dios, venimos a un lugar donde sabemos con confianza, lo decimos sin miedo de contradicción desde nuestros propios corazones o de voces externas: *"amados, ahora somos hijos de Dios"* (1 Juan 3:2).

Quiero que nos examinemos a la luz de la Palabra. Dios, definitivamente ha planeado que debemos heredar todas las Escrituras, pero debemos llenar los requisitos necesarios para reclamarlos. Recuerde esto, hay una cantidad de cosas que debe estimar sin poseer la realidad esencial de ellas. Quiero que tengamos algo más que la palabra literal. Las palabras no son de importancia a menos que el creyente tenga la seguridad de atenerse a esas palabras. No puede citar las palabras de las Escrituras sin estar en el lugar de victoria.

Cualquier persona que haya llegado al lugar de esta palabra: *"Mayor es el que está en vosotros, que el que está en el mundo"* (1 Juan 4:4), es más poderoso que todos los poderes de la oscuridad, más poderoso que el poder de enfermedad, más poderoso que sí mismo. Existe algo reinante supremamente mayor en Él, más que lo que está en el mundo cuando está en ese lugar. Pero debemos llegar al lugar del conocimiento. No es suficiente que usted cite la Palabra de Dios. Usted nunca llega al lugar de justicia y verdad hasta que esté en posesión de las promesas contenidas en la Palabra.

Amado, Dios quiere que seamos algo más que gente ordinaria. Recuerde esto: Si usted es ordinario, no ha alcanzado los ideales principios de Dios. Lo único que Dios tiene para el hombre es, ser extraordinario. Dios no tiene espacio para un hombre ordinario. Existen en el mundo millones de gente ordinaria. Pero cuando Dios toma posesión de un hombre, le hace extraordinario en personalidad, poder, pensamiento y actividad.

# 17 de junio

*"Amados, ahora somos hijos de Dios"* (1 Juan 3:2). Es un plan divino diseñado por su divina voluntad. Dios no ha dado nada que Él no haya planeado para que nosotros lo alcancemos. Dios quiere que poseamos todas esas cosas. *"Amado, ahora somos hijos de Dios".* Dios tiene tales propósitos que ejecutar en nosotros que Él tiene el gran deseo de sacar estas palabras en nuestros corazones para que podamos levantarnos, para que podamos satisfacer a menos que no sólo dibujemos la línea sino también vivamos en la línea y reclamemos todas las cosas como nuestras.

Usted nunca alcanzará los propósitos ideales en ninguna manera a menos que se vuelva en epístola viviente de la palabra por medio del poder del Espíritu Santo. Usted se convierte en la fuerza viviente de la revelación de Dios, la encarnación de la personalidad de su presencia en el alma del humano. Entonces es cuando saben que sus hijos. Mire a Cristo. Es el más bello de todos. Él es totalmente glorioso, apasionado por Dios, lleno con toda la llenura de Dios. Vino a la tierra en la gloria de la majestad de su Padre, y estuvo en la tierra en forma humana.

Me gusta pensar acerca de la manifestación del poder de Dios. Dios vino y vivió en carne, en debilidad, bajo la ley—por usted. Él vino en forma humana, adoró así, vivió así, y se movió así. Algunos ni siquiera le reconocieron como el Hijo de Dios.

Amado, existe el principio. La remarcable posición de que cada alma debe ser habitada por Jesús para volverse en una personalidad viviente del Hijo ideal de Dios. Es muy extraordinario y maravilloso. Dios tiene estos planes divinos para nosotros. Muchas personas creen que porque están en la carne, siempre deben estar en el lugar de debilidad. Amigos, su debilidad debe ser tragada con el ideal de Él, que nunca falla.

Cada vez que Él estuvo probando, salía victorioso. Él *"fue tentado en todo según nuestra semejanza, pero sin pecado"* (Hebreos 4:15). El propósito de sus tentaciones era para que Él pudiera ser capaz de ayudar a todos los que son tentados, probados y oprimidos en cualquier manera. Él fue la gran personificación de Dios para la vida humana. Vino para exponer nuestras debilidades para que pudiéramos observar su poderío. A través de Él, podemos ser fuertes en el Señor. ¡Alabado el Señor!

***Pensamiento para hoy:*** Todo está siempre bien cuando Él es Todopoderoso.

# Divinamente ajustado

*Porque con el corazón se cree para justicia* (Romanos 10:10).

*Lectura de las Escrituras:* Salmo 57

*P*ermita Dios mostrarnos que lo único que nos va a ayudar es el corazón. Es en el corazón donde creemos en fe. Es el corazón que es habitado por el Espíritu. Es el corazón que es movido por Dios. La mente siempre es secundaria.

El corazón concibe, la mente reflexiona, y la boca es activada. Pero no trate de revertir el orden. Algunas personas son todas lenguas; no tienen cabeza ni corazón. Pero cuando Él viene, hay orden perfecto. Es tan correcto como la lluvia. ¡Mira, cómo viene! El corazón cree y luego como un ventilador, fluye completamente y agiliza la mente. Entonces la lengua habla de la gloria del Señor.

Las Escrituras son perfectas, el sacrificio es perfecto, la revelación es perfecta. Todo es tan divinamente ajustado por Dios Todopoderoso que cada persona que entra en la infinita revelación tocada por Dios, mira que todo el principio de la Escritura es perfecto desde el inicio hasta el final. Ninguna cosa en las Escrituras se enfrenta o contradice con el Espíritu y crea problemas.

Cuando el poder de Dios surge a través de toda la vida, la palabra se vuelve la personalidad, el sujeto. Nosotros nos volvemos en los sujetos del Espíritu del Dios viviente, y somos movidos por el poder de Dios hasta que *"vivimos y nos movemos, y somos"* (Hechos 17:28) dentro de este flujo de integridad de Dios. ¡Qué maravilloso ajuste por la debilidad! Dios es capaz de sacudirnos completamente, para enviar un viento y soplar las farsas hasta que ya no sean vistas más. Dios es capaz de refinarnos de tal manera que todos desearemos proclamar sus alabanzas:

Es mejor gritar que dudar,
Es mejor levantarse que caerse,
Es mejor dejar relucir la gloria,
Que no tener gloria del todo.

Soy el último hombre en decir algo acerca del ayuno, oración o cualquier cosa que haya sido fuente de bendición para otros. Pero he aprendido

# 18 de junio

por experiencia personal que puedo obtener más de un momento de fe que lo que puedo obtener en el grito de un mes. Puedo obtener más en creer en Dios en un momento de lo que puedo obtener gritando en un mes. También, estoy seguro que la bendición viene del ayuno cuando el ayuno es hecho en la manera correcta. Pero encuentro tantas personas que preparan sus mentes para ayunar, y terminan con cabeza grande, huesos emproblemados y condiciones somnolientas. Estoy convencido de que esa no es la manera de ayudar. La manera de ayunar está descrita en muchas Escrituras.

Orar y ayunar van juntos. El Espíritu le guía para orar. El Espíritu se queda en usted hasta olvida la hora del día y está tan atrapado por el poder del Espíritu que no quiere nada, ni siquiera comer o beber. Entonces Dios cumple todo su plan porque Él le sostiene de principio a fin. Así es que Señor de las Huestes, yo confío en que *"con cánticos de liberación* [nos] *rodearás"* (Salmo 32:7) y nos da revelaciones internas hasta que todo nuestro ser sea fortalecido.

¿Quién se atreve a creer en Dios? ¿Quién se atreve a reclamar sus derechos? ¿Cuáles son sus derechos? *"Ahora somos hijos de Dios"* (1 Juan 3:2). Esta es una posición de absoluto descanso, una posición de fe. Es un lugar de perfecta confianza y perfecto ambiente donde no hay disturbios. Usted lo experimenta como un río. Mira el rostro de Dios. ¡Aleluya! La misma Palabra que viene a juzgar, viene a ayudar.

La ley viene como juicio, pero cuando el Espíritu viene y respira por medio de la ley, Él viene a levantarnos alto y más alto. ¡Aleluya! Debemos ir un poquito más adelante. Dios viene a nosotros y nos dice, "Lo haré todo bien si te atreves a creer".

Todas las grandes cosas de Dios llegan a nosotros cuando reconocemos lo pecaminoso ante Él. En vez de escondernos como Adán y Eva lo hicieron cuando se dieron cuenta que estaban desnudos (véase Génesis 3:7–10), debemos venir a Dios para ser arropados. No podemos asociarnos con lo malo de este mundo. Si usted puede ser atraído por cualquier cosa terrenal, ha perdido la grandiosa asociación que Dios tiene para usted. Si su propiedad, su dinero, sus amigos, o cualquier cosa humana le quitan la atención de Dios, entonces usted no es su Hijo en lo que a esto respecta. Póngase en línea con la Palabra de Dios. Encontrémonos con la Palabra; enfrentemos a Dios y miremos si esto realmente es así.

**Pensamiento para hoy:** Muchas personas se han perdido porque sus mentes les impiden que Dios alcance sus corazones.

## 19 de junio

# Santificado por Dios

*Si alguno oye mi voz y abre la puerta, entraré a él,*
*y cenaré con él, y él conmigo* (Apocalipsis 3:20).

*Lectura de las Escrituras:* Colosenses 1:9–23

Observe el tremendo poder de Dios detrás de nuestra herencia. Primero, somos adoptados; luego recibimos una herencia; después somos coherederos con Jesús. Dios toca nuestras almas, haciendo que todo nuestro cuerpo llore por el Dios viviente.

¿Ama usted a Dios? ¿Quiere adorar en el Espíritu? ¿Quiere andar con Él? ¿Desea comunión con Él? Todo lo demás no es bueno. Quiere la asociación con Dios, y Dios dice: *"entraré a [usted] y cenare con [usted], y [usted] conmigo".* ¡Aleluya! Podemos alcanzar madurez espiritual, llenura de Cristo, un lugar donde Dios se convierte en el perfecto Padre y el Espíritu Santo tiene un lugar legítimo como nunca antes.

El Espíritu Santo respira a través de nosotros, nos permite decir, "Tú eres mi Padre". Debido a que usted ha sido adoptado, *"Dios envió a vuestros corazones el Espíritu de su Hijo, el cual clama: ¡Abba, Padre!"* (Gálatas 4:6). Permita Dios Espíritu Santo concedernos esas riquezas de su placer, ese desarrollo de su voluntad, esa conciencia de su sonrisa sobre nosotros. No existe *"ninguna condenación"* (Romanos 8:1). Encontramos que *"la ley del Espíritu de vida"* nos *"libra de la ley del pecado y de la muerte"* (versículo 2). ¡Gloria!

Si miramos la verdad tan claramente como Dios quiere que la miremos, seremos mucho más ricos, mirando hacia adelante al Bendito que volverá. Aquí estamos, cara a cara con hechos. Dios nos ha mostrado diferentes aspectos del Espíritu. Nos ha mostrado la maqueta de su esplendor. Nos ha revelado el poder de la relación del derecho de hijo. Él nos ha mostrado que aquellos que son hijos de Dios conciben su imagen. Activamente proclaman los derechos de su adopción. Piden y es hecho. Atan las cosas que están sueltas y desatan las cosas que están atadas. (Véase Mateo 16:19). Y la perfección del derecho de hijo es tan evidente que más y más personas se convierten en hijos de Dios.

¿Lo cree usted? Miremos su proceder. Amado, Dios el Espíritu Santo tiene el plan perfecto para hacernos un grupo. Existe diferencia entre grupo y monumento. Un grupo es algo que siempre está activo. Un monumento es algo que es erigido en una esquina y no habla, ni se mueve, pero hay un tremendo poco de hipocresía y tonterías para ponerlo en su lugar. Está en silencio y no hace nada. Un grupo es donde Dios entra al mero ser de una persona, volviéndolo activo para Dios. Es propiedad de Dios, el portavoz de Dios, los ojos de Dios, y las manos de Dios. Dios *"santificará por completo"* (1 Tesalonicenses 5:23).

La santificación de los ojos, las manos, la boca, los oídos—para ser muy controlado por el Espíritu que vive dentro de nosotros—es un maravilloso lugar que Dios nos trae. *"Amado, ahora somos hijos de Dios, y aún no se ha manifestado lo que hemos de ser"* (1 Juan 3:1–2). Qué gran pensamiento: *"coherederos con Cristo"* (Romanos 8:17); para recibir revelaciones y bondades de Dios; para tener a Dios morando dentro del hombre. El creyente es lleno, movido e intensificado hasta que tiene alas. No necesitará de una trompeta para despertarlo, porque ya está en el ala, y aterrizará muy pronto. Oirá la voz de Dios sin importar cuánto ruido le rodee.

Todo lo que le vaya a ayudar, debe tomarlo como suyo. Él ya lo almacenó. Usted no necesita una escalera para agarrarlo. Ya está a la mano para cuando se junte con Él. Amado, es imposible en nuestra condición infinita estimar la amorosa bondad o incalculable mente de Dios. Cuando entramos a conciencia en la Palabra, en vez de buscar la Palabra, empezamos a ver lo que Dios tiene para nosotros en la Palabra. Nuestra oración será:

> Hazme ávido sediento de inspiración,
> Un anhelo, deseo infinito
> Llena mi deseoso corazón.
> Menos que a ti mismo no me des,
> Tal poder dentro de mí vive ahora.
> Ven, con todo lo que tienes.

Dios, por favor, ven y haz posible que yo siempre esté satisfecho, aunque siempre tenga un deseo ávido por ti, el Dios viviente. Entonces no seré dejado atrás. Entonces, estaré listo. Entonces tendré ojos brillantes, llenos con placer mientras miran al Maestro.

### Pensamiento para hoy: ¿Tiritará usted como alguien vacilante a la orilla de una piscina? O ¿se tirará a la omnipotencia y encontrará que las aguas no son tan frías como le dijo la gente?

# El Hijo de Dios revelado

*En esto se ha perfeccionado el amor en nosotros,*
*para que tengamos confianza en el día del juicio; pues como*
*é les, así somos nosotros en este mundo* (1 Juan 4:17).

*Lectura de las Escrituras:* Hebreos 2

*U* sted se preguntará: "¿Podemos ver al Maestro?". Aquí, mírelo. Su Palabra es Espíritu y dador de vida. Este es el aliento, la palabra de Jesús. A través del Espíritu Santo, los hombres han escrito y hablado. Aquí está la vida. Aquí está el testigo. Aquí está la verdad. Aquí está el Hijo de Dios *"revelado por fe y para fe"* (Romanos 11:17), por el corazón para el corazón, por visión para visión, hasta que todos entremos en perfecta unidad de adoración en la llenura de Cristo.

Aquí está, amado. ¡Mire! *"Ahora somos hijos de Dios"* (1 Juan 3:2). Si estamos allí, podemos andar un paso hacia adelante. Pero si usted no está allí, puede oír pero no cruzar. Existe algo acerca de la Palabra de Dios que beneficia al que escucha y tiene fe, pero si quien oye no tiene fe, no le beneficiará.

El futuro es donde usted está hoy, no donde estará mañana. Este es el día cuando Dios hace posible el futuro. Cuando Dios le revela algo hoy, mañana estará lleno de mayor iluminación de posibilidades de Dios para usted.

¿Se atreve entrar al lugar de omnipotencia, de maravilla? ¿Se atreve a decirle a Dios: "Estoy listo para todo lo que tú tengas para mí"? Eso significará vivir una vida pura y santa. Significará vivir una vida santificada, apartada. Significará que su corazón está tan perfecto y sus prospectos están tan divinamente separados para que usted le diga al mundo, "Adiós".

El segundo capítulo de Hebreos describe la posición poderosa y gloriosa para los hijos de Dios. Dios quiere que yo lo anuncie a cada corazón, como un llamado de una gran trompeta. El plan es llevarlo a la gloria como un hijo arropado con el poder de los dones, las gracias, los ministerios y las operaciones. Usted debe ser arropado con lo majestuoso del cielo. Esto es como el cielo para mí. Mi propio cuerpo está lleno con los pensamientos del cielo.

Viendo que las cosas son así, ¿qué tipo de personas deberíamos ser? (Véase 2 Pedro 3:11). Debemos mantener nuestros ojos en Él para que estemos listos para el Rapto. ¡Oh, hermano y hermana, que inmenso placer tiene Dios por nosotros! No existe el límite para el sobrio embeleso que Dios nos da para que seamos capaces de comprender todo lo que Dios ha planeado para nosotros. Oh, para que podamos ver no las cosas que están, sino con ojos de pureza, ver sólo al Hijo invisible. Teniendo todo nuestros cuerpos iluminados por el poder del Espíritu Santo, crecemos en gracia, en fe y como Cristo hasta que no haya diferencia entre nosotros y Él.

¿Está usted preparado para ir todo el camino? ¿Está dispuesto para que su corazón tenga sólo una atracción? ¿Está dispuesto a tener sólo un amor? ¿Está dispuesto que Él sea so Novio perfecto?

Mientras más nos parezcamos a la novia, más queremos escuchar la voz del Novio; mientras menos nos parezcamos a la novia, menos anhelaremos su Palabra. Si usted no puede tener descanso sin ella, si se vuelve en su alimento de día y de noche, si come y bebe de ella, su vida estará en usted y cuando Él aparezca, se irá con Él. ¡Ayúdanos Jesús!

¿Cuántos de ustedes están preparados para mostrarse ante el Rey? ¿Está preparado para rendirse a su llamado, rendirse a su voluntad, rendirse a su deseo? Cuántos dirán, "¡A cualquier precio iré totalmente!", ¿quién lo dice? ¿A quién le importa? ¿Está determinado? ¿Está su alma en el ala? Haga una total consagración a Dios justo ahora. Es entre usted y Dios. Usted entrará ahora a la presencia de Dios.

**Pensamiento para hoy:** ¡Entre limpio entregando todo en la presencia de Dios!

## 21 de junio

# El quebranto precede a la bendición

*Entonces Jesús dijo a sus discípulos: Si alguno quiere venir en pos de mí, niéguese a sí mismo, y tome su cruz, y sígame* (Mateo 16:24).

*Lectura de las Escrituras:* Mateo 10:16–42

*D*ebemos comprender nuestra impotencia y vacío. Aunque trabajar en el Espíritu es doloroso, Dios puede quitarle el obstáculo. He tenido esos días cuando me siento cargado. Lo he tenido esta mañana, pero ahora Dios está levantando la pesadez. Y digo, hermano y hermana, a menos que Dios nos lleve a un lugar de impotencia de espíritu, a menos que Dios nos vuelva a moldear en el gran plan de su voluntad para nosotros, los mejores de nosotros fallaran completamente. Pero cuando seamos totalmente tomados en la mano del poderoso Dios, cambia aun nuestras debilidades en fortalezas. Hace que salga aun ese llanto desolado e impotente, para que los hombres y las mujeres sean nacidos de nuevo en la tribulación. Existe un lugar donde nuestra impotencia es tocada por el poder de Dios y donde salimos relucientes como *"oro refinado en fuego"* (Apocalipsis 3:18).

Fue en la cruz que nuestro Señor murió con el corazón roto. El Pentecostés vino del abucheo y de la burla. Incluyendo el ser burlado, golpeado y al ofrecerle vinagre. Jesús recibió un juicio injusto y una cruz que tuvo que cargar. Pero, gloria a Dios que el Pentecostés ahora suena para usted por medio de las palabras *"consumado es"* (Juan 19:30). Y ahora que está consumado podemos tomar el mismo lugar que Él tomó y resucitar de esa muerte en majestuosa gloria con el toque de resurrección del cielo. La gente sabrá que Dios ha hecho algo por usted.

**Pensamiento para hoy:** No hay esperanza de Pentecostés a menos que vengamos a Dios en nuestra impotencia.

281

## 22 de junio

# Sea hecho nuevo

*Pero cuantas cosas eran para mí ganancia, las he estimado como pérdida por amor de Cristo. Y ciertamente, aun estimo todas las cosas como pérdida por la excelencia del conocimiento de Cristo Jesús, mi Señor* (Filipenses 3:7–8).

*Lectura de las Escrituras:* 2 Corintios 5

*D*iariamente debe haber un toque de resurgimiento en nuestros corazones. Dios nos debe cambiar a su manera. Debemos ser nuevos todo el tiempo. No existe tal cosa como tener toda la gracia y el conocimiento. Dios quiere que empecemos con estas palabras de poder encontradas en Filipenses 3 y nunca parar, sino continuar hacia la perfección. Estoy seguro que ningún hombre puede alcanzar la mente de Cristo excepto por la iluminación del Espíritu.

Dios me ha estado hablando una y otra vez que debo impulsar a la gente para recibir el bautismo del Espíritu Santo. En el bautismo con el Espíritu Santo hay gracia y resistencia ilimitada mientras el Espíritu se nos revela. La excelencia de Cristo nunca puede ser comprendida separada de la iluminación. Debo testificar de Cristo. Jesús le dijo a Tomás: *"Porque me has visto, Tomás, creíste; bienaventurados los que no vieron, y creyeron"* (Juan 20:29).

Existe una revelación que nos lleva a contactarnos con Él, donde obtenemos todo y vemos justo en la llenura de Cristo. Así como Pablo vio las profundidades y las alturas de la grandiosidad, le faltó lo que podía ganar con Él. Antes de su conversión, en su pasión y celo, Pablo no hacía nada más que matar cristianos. Su pasión arrasaba como poderoso león. Mientras iba hacia Damasco, escuchó la voz de Jesús diciendo, *"Saulo, Saulo, ¿por qué me persigues?"* (Hechos 9:4). Cuán conmovedora fue la ternura de Dios.

Amigos, siempre es la ternura de Dios la que nos alcanza. Él se nos acerca sin importar nuestra debilidad y depravación. Si alguien viniera a oponérsenos, nosotros mantendríamos nuestra postura, mas cuando Él viene a perdonarnos, no sabemos qué hacer. ¡Oh, qué bello es ganar a Cristo! Miles de cosas en el núcleo del corazón humano necesitan ser suavizadas mil veces al día. Hay cosas en nosotros que a menos que Dios nos las muestre *"la excelencia del conocimiento de Cristo Jesús"*, no seremos

# 22 de junio

quebrantados y vueltos cenizas. Sin embargo, Dios lo hará. No seremos solamente salvos, sino que ¡seremos salvos miles de veces! Oh, esta regeneración transformadora por el poder del Espíritu del Dios vivo me hace ver que existe un lugar para *"ganar a Cristo"* (Filipenses 3:8), para estar completo ahí. Como Él fue, así también seré yo.

No podemos depender de nuestras obras, sino de la fidelidad de Dios, teniendo la capacidad ser escondidos por Él en todas las circunstancias, cubiertos por la presencia del Todopoderoso Dios. Las Escrituras nos dicen que estamos en Cristo y Cristo está en Dios. (Véase 1 Corintios 3:23). ¿Qué le puede mover de este lugar de poder omnipotente? *"¿Quién nos separará del amor de Cristo? ¿Tribulación, o angustia, o persecución, o hambre, o desnudez, o peligro, o espada?"* (Romanos 8:35). ¡Oh, no! ¿Lo hará la vida, la muerte o los principados y las potestades? (Véase versículo 38). No, *"somos más que vencedores por medio de aquel que nos amó"* (versículo 37).

***Pensamiento para hoy:*** El Espíritu Santo es el gran Iluminador que me hace entender todas sus profundidades.

## 23 de junio

# Hallado en Él

*Y ciertamente, aun estimo todas las cosas como pérdida*
*por la excelencia del conocimiento de Cristo Jesús, mi Señor,*
*por amor del cual lo he perdido todo, y lo tengo por basura,*
*para ganar a Cristo, y ser hallado en él* (Filipenses 3:8–9).

**Lectura de las Escrituras:** 2 Pedro 3:9–18

Existe un lugar de aislamiento, un lugar de descanso y fe en Jesús. No hay nada como esto. Jesús vino a sus discípulos caminando sobre agua, y ellos estaban atemorizados. Mas Él les dijo, *"¡Tened ánimo; yo soy, no temáis!"* (Mateo 14:27). Mi amigo, Él siempre está allí. Él está en la tormenta como en la paz; Él está en la adversidad. ¿Cuándo sabremos que Él está allí? Cuando seamos *"hallados en Él"* sin tener nuestra propia obra, nuestro propio plan, sino descansando en el plan omnipotente de Dios. Oh, ¿es posible que el Hijo de Dios falle? Es imposible que falle porque *"no se adormecerá ni dormirá el que guarda a Israel"* (Salmo 121:4).

Se que existe un lugar secreto en Jesús que está disponible hoy para nosotros. Mi hermano, mi hermana, usted casi que ha sido acabado con los problemas. Casi que lo han estrujado. Algunas veces pensó que nunca saldría de ese lugar de dificultad, pero no tiene idea de que detrás de todo eso, Dios ha estado trabajando en un mayor plan que todo.

Hoy es el día de resurrección. Debemos conocer la resurrección de su poder en quebrantamiento de espíritu: *"A fin de conocerle, y el poder de su resurrección"* (Filipenses 3:10). Jesús le dijo a Martha: *"Yo soy la resurrección y la vida"* (Juan 11:25). Oh, conocer el poder de la resurrección, conocer el resto de fe. Cualquiera de nosotros, sin excepción, puede alcanzar su felicidad en el Espíritu. Existe algo diferente entre decir que usted tiene fe y luego ser presionado contra una esquina y probar que tiene fe. Si se atreve a creer, será hecho de acuerdo con su fe: *"Todo lo que pidiereis orando, creed que lo recibiréis, y os vendrá"* (Marcos 11:24). Jesús es *"la resurrección y la vida"* (Juan 11:25). Con la ayuda de Dios, debemos ganar esta vida. Podemos alcanzarlo sabiendo que Él nos hará tan blancos como la nieve, tan puro y santos como Él, para que vayamos certeros a su *"trono de gracia"* (Hebreos 4:16).

El denuedo está en su santidad. El denuedo está en su justicia. A valentía está en su verdad. No puede tener el denuedo de la fe si usted

# 23 de junio

no es puro. Qué palabras benditas a seguir: *"participación de sus padecimientos"* (Filipenses 3:10). Recuerde que, a menos que esa participación
nos toque, nunca tendremos mucho poder.

Jesús vino en la gloria de su Padre, lleno con toda la plenitud de Dios.
Era el plan de Dios desde antes de *"la fundación del mundo"* (Mateo
25:34). Dios vivió el temor, la impotencia de la raza humana, con todas
las negruras y repugnancias del pecado, y Él proveyó el camino para la
redención. Permita Dios darnos dicha *"participación de sus padecimientos"* (Filipenses 3:10) para que cuando miremos una persona afligida con
cáncer, oremos incesantemente hasta que la enfermedad sea vencida.
Cuando miramos una mujer encorvada e impotente, o un hombre que
está débil y enfermo, permita Dios darnos compasión y amistad con ellos
para que alivienen sus pesadas cargas y hacerlos libres. Con cuanta frecuencia hemos perdido la victoria por no tener compasión en el momento
de necesidad. Fallamos en orar con corazón quebrantado.

¿Hay algo más? Oh, sí, debemos ver lo siguiente. Debemos estar *"semejantes a Él en su muerte"* (Filipenses 3:10). *"si el grano de trigo no
cae en la tierra y muere, queda solo; pero si muere, lleva mucho fruto"*
(Juan 12:24). Dios quiere que mire que, a menos que usted esté muerto
definitivamente, a menos que entre a la perfecta crucifixión, a menos que
muera con Él, usted no está en *"en la participación de sus padecimientos"*
(Filipenses 3:10). Permita Dios moverse sobre nosotros en esta vida para
llevarnos a la muerte absoluta, y no sólo hablar de ella. De esta manera,
pueda la vida de Cristo ser manifestada.

El Señor quiere que comprendamos que debemos llegar al lugar donde nuestra vida natural se termine, y por medio del poder de Dios, resucitar a la vida donde Dios gobierna y reina. ¿Desea conocerle? ¿Desea ser
*"encontrado en Él"*? Su deseo satisfecho ahora. Le pido que entre en la
presencia de Dios. Si usted quiere conocer a Dios, entréguese a su majestuoso poder y obedezca el Espíritu.

**Pensamiento para hoy:** Cuando el Espíritu del Señor se mueva en su
interior, usted será quebrantado y luego edificado.

## 24 de junio

# Reciba el Espíritu Santo

*Para que en Cristo Jesús la bendición
de Abraham alcanzase a los gentiles* (Gálatas 3:14).

*Lectura de las Escrituras:* Juan 16:7–22

Cuando tenemos la actitud correcta, la fe se vuelve increíblemente activa. Pero nunca podrá ser increíblemente active en una vida muertas. Cuando el pecado está fuera, cuando el cuerpo está limpio, y cuando la vida es corregida, entonces el entra el Espíritu, y la fe trae la evidencia.

¿Debemos detenernos o esperar por el Espíritu Santo? ¿Por qué debemos luchar y orar con fe viva para estar listos? Porque necesitamos al Espíritu Santo para condenar el mundo de pecado, para rectitud y juicio—es por esta razón que el Espíritu Santo debe entrar en su cuerpo. Primero que todo, su pecado se ha ido, y puede ver claramente lo que los demás hablan. Pero Jesús no quiere que mire la astilla que está en el ojo del otro mientras usted tiene el tablón en el suyo. (Véase Mateo 7:3–5).

El lugar de ser lleno del Espíritu Santo es el único lugar de operación donde el creyente ata el poder de Satanás. Satanás piensa que tiene derecho y que tendrá poco tiempo para exhibir ese derecho como príncipe del mundo; pero no puede serlo mientras haya una persona llena con el Espíritu Santo. Esta es la razón por la que la iglesia se irá antes de la tribulación.

Ahora, ¿cómo se atreve a resistir entrar al lugar donde será lleno de vida y poder del Espíritu Santo? ¿Cuál es la actitud de su vida? ¿Está usted sediento? ¿Está usted esperando? ¿Está listo para pagar el precio? ¿Está dispuesto a rechazar en vez de tener? ¿Está dispuesto a permitirse morir para que Él pueda vivir? ¿Está dispuesto a que Él tenga el derecho de vía en su corazón, en su conciencia y en todo lo usted es? ¿Está listo para que el diluvio de bendiciones de Dios caiga sobre su alma? ¿Está listo a ser cambiado para siempre, para recibir el Espíritu Santo, para ser lleno para siempre con el poder divino?

*Pensamiento para hoy:* Existen dos lados para el bautismo con el Espíritu Santo: la primera condición es que tenga el bautismo; la segunda es que el bautismo le posea a usted.

## 25 de junio

# Pedir con fe

*Pedid, y se os dará; buscad; y hallaréis;*
*llamad, y se os abrirá* (Mateo 7:7).

*Lectura de las Escrituras:* Hebreos 11:1–40

Muchas personas no reciben el Espíritu Santo porque están constantemente pidiendo y nunca creyendo. *"Porque todo aquel que pide, recibe"* (Mateo 7:8). El que está pidiendo, está recibiendo; el que está buscando, está encontrando. La puerta ha sido abierta justo ahora; esa es la Palabra presente de Dios. La Biblia no dice: "Pide y no recibirás". Crea que pedir es recibir, buscar es encontrar, y para el que llama, la puerta está abierta.

¿Cuándo veremos gente llenada con el Espíritu Santo y cosas hechas al igual que en Hechos de los Apóstoles? Eso será cuando la gente diga: "Señor, eres Dios". Quiero que usted entre al lugar de dicha relación con Dios para que sepa que sus oraciones son respondidas porque así lo prometió Él.

La fe tiene su requisito. La fe lo reclama porque la tiene. *"La fe es la certeza de lo que se espera"* (Hebreos 11:1). Mientras más seguro tenga fe, Dios le dará el derramamiento, y cuando Él entre, usted hablará según el Espíritu le indique. (Véase Hechos 2:4).

Usted debe entrar al lugar de cenizas, al lugar de impotencia, al lugar de sometimiento total donde usted no se refiera a sí mismo. Usted no tiene justificación por sí mismo con respecto a nada. Usted está preparado a ser calumniado, a ser despreciado por todos. Pero por su personalidad dentro de usted, le reserva para sí mismo porque usted es santo, y le pone en lo alto porque ha conocido su nombre. (Véase Salmo 91:14). Él hace que usted sea el fruto de sus entrañas, y que lleve su gloria para usted ya no descanse en usted mismo. Su confianza estará en Dios. Ah, es maravilloso. *"El Señor es Espíritu; y donde está el Espíritu del Señor, allí hay libertad"* (2 Corintios 3:17).

*Pensamiento para hoy:* Si puede creer la mitad de todo lo que le pide, lo recibirá.

# Una vida de perfecta actividad

*Mi Dios, pues, suplirá todo lo que os falta conforme
a sus riquezas en gloria en Cristo Jesús* (Filipenses 4:19).

*Lectura de las Escrituras:* Hechos 5:14–42

*S*ólo crea! Dios no le fallará, amado. Es imposible que Dios falle. Crea en Dios; descanse en Él. La Biblia es el libro más importante en el mundo. Pero algunas personas deben ser comprimidas antes de que puedan ser comprendidas. Oh, esta gloriosa herencia santa de gozo y fe, este glorioso bautismo en el Espíritu Santo—este es el lugar perfecto. *"Todas son hechas nuevas"* (2 Corintios 5:17), porque *"vosotros de Cristo, y Cristo de Dios"* (1 Corintios 3:23).

Dios significa para nosotros el andar en este camino real. Cuando Dios abre una puerta, ningún hombre la cierra. (Véase Apocalipsis 3:8). Juan hizo su camino real, y Jesús anduvo en él. Jesús nos dejo la responsabilidad de permitirle a Él llevarnos hacia mayores obras. (Véase Juan 14:12). Jesús le dejo a sus discípulos con mucho y mucho más para ser agregado hasta que Dios nos reciba en ese Día.

Cuando recibimos poder, debemos movernos con la verdad de que somos responsables de las necesidades a nuestro derredor. Dios suplirá todas nuestras necesidades para que la necesidad del necesitado pueda ser suplida por nosotros. Dios nos ha dado una gran fuerza de poder morando dentro de nosotros. Si no entramos en nuestros privilegios, es una tragedia.

No existe el quedarse quieto. *"Como Él es, así somos nosotros en este mundo"* (1 Juan 4:17). *"Siendo, pues, linaje de Dios"* (Hechos 17:29), y tenemos impulsos divinos. Después que lo hayamos recibido, tendremos poder. Hemos estado demasiado enfocados en sentir el poder. Dios está esperando que actuemos. Jesús vivió su vida en perfecta actividad. Vivió en el reino del divino designio.

Debemos atrevernos a seguir adelante hasta que Dios venga en poderoso poder. Permita Dios darnos el oír de la fe, para que el poder pueda bajar como una nube. Siga adelante hasta que Jesús sea glorificado y las multitudes sean reunidas.

*Pensamiento para hoy:* El descanso de Dios está en un lugar imperturbable donde el cielo se inclina para encontrarse con usted.

## 27 de junio

# Llamado para servir

*Digno de la vocación con que fuisteis llamados* (Efesios 4:1).

*Lectura de las Escrituras:* Gálatas 6:1–10

*S*omos privilegiados de ser capaces de juntarnos para adorar al Señor. El mero pensamiento de Jesús confirmará la verdad, la justicia y el poder en su cuerpo mortal. Hay algo impresionante en Él. Cuando Juan le vio, la impresión que tuvo fue como *"cordero sin mancha y sin contaminación"* (1 Pedro 1:19). Cuando llega la revelación se dice: *"En Él habita toda la plenitud"* (Colosenses 2:9).

Su carácter es lindo. Su muestra de humildad es bella. Su compasión es más grande que ninguna otra en toda la humanidad. Él sintió enfermedades. Ayuda aquello que pasan por pruebas. Se dice de Él lo que de nadie más se ha dicho: "[Él] *fue tentado en todo según nuestra semejanza, pero sin pecado"* (Hebreos 4:15).

Quiero que usted, al igual que el maravilloso escritor de Hebreos dijo: *"Considerad a aquel que sufrió tal contradicción de pecadores contra sí mismo, para que vuestro ánimo no se canse hasta desmayar"* (Hebreos 12:3). Cuando usted está fatigado, tentado, cansado y todos los hombre estén en contra suya, considérelo a Él que ha pasado por todo, para que pueda ser capaz de ayudarle en su prueba mientras la pasa. Él le sustentará en la disensión. Cuando todas las cosas parecieran indicar que usted ha fallado, el Señor de las Huestes, el Dios de Jacob, la salvación de nuestro Cristo le reforzará para que sea más fuerte que cualquier concreto de construcción que se haya inventado.

Pablo fue ejemplo para la iglesia. Fue lleno con la dulzura del carácter del Maestro a través del poder del Espíritu. Fue celoso para que podamos andar dignos. Este es el día del llamado del que él habló; esta es la oportunidad de nuestra vida. Este es el lugar donde Dios incrementa la fuerza o abre la puerta de una nueva manera de ministerio.

*Pensamiento para hoy:* Si existe algo en su vida que de cualquier manera detenga la entrada del poder del Espíritu Santo y de su Palabra en su corazón y en su vida, arrodíllese y clame por misericordia.

## 28 de junio

# Humildad y mansedumbre

*Mas yo estoy entre vosotros como el que sirve* (Lucas 22:27).

*Lectura de las Escrituras:* Juan 15:9–27

*J*esús enfatizó este nuevo mandamiento al dejarnos con: *"Un mandamiento nuevo os doy: Que os améis unos a otros, como yo os he amado, que también os améis unos a otros"* (Juan 13:34). Si pasamos por alto esta instrucción, pasamos por alto toda la instrucción del Maestro. Si pasamos por alto este mandamiento, pasamos por alto todos los demás. Todas las futuras cumbres de gloria son suyas, pues usted ha sido recreado a tomar parte de un orden más profundo por medio de este mandamiento al amor.

Cuando alcanzamos esta actitud de amor, entonces no cometemos ningún error con respecto a la humildad. En el futuro nos someteremos para poder ser útiles los unos a los otros. Y cuando lleguemos al lugar de servir por puro amor, porque la mano del Maestro está sobre nosotros, entonces nos daremos cuenta que nunca fallaremos. El amor nunca falla cuando es divinamente designado. Sin embargo, el supuesto amor que tenemos en la naturaleza humana falla y ha fallado desde el inicio.

Supóngase que un hombre me envía cartas buscando aprender más acerca de mí y buscando entablar amistad. Lo único que sabría decirle al contestar sus cartas sería: "Hermano, todo lo que conozco de Wigglesworth es malo". No hay nada bueno en la naturaleza humana. No obstante, todo lo que se acerca de la nueva criatura en Wigglesworth es bueno. Lo importante es saber si vivimos en la vieja creación o en la nueva creación.

Así que, le imploro que busque la humildad y la sumisión que lleva a la mansedumbre, la cual a su vez le lleva a usted a separarse del mundo, y eso le pone en contacto con el Maestro de manera que usted sabe que está llegando a la presencia de Dios. La sangre de Jesús le limpia de pecado y contaminación. (Véase 1 Juan 1:7). Hay algo en esta posición santa que le deja saber a usted que ha sido libertado del poder del enemigo.

**Pensamiento para hoy:** El más grande plan que Cristo presentara durante su ministerio fue el ministerio de servicio.

## 29 de junio

# Ser como Jesús

*Porque la palabra de Dios es viva y eficaz, y más cortante que toda espada de dos filos; y penetra hasta partir el alma y el espíritu, las coyunturas y los tuétanos, y discierne los pensamientos y las intenciones del corazón* (Hebreos 4:12).

*Lectura de las Escrituras:* Filipenses 2:1–22

Nos falta por ver toda la contundencia de la Palabra de Dios. La Palabra, la vida, la presencia, el poder está en su cuerpo, en el tuétano de sus huesos, y absolutamente todo lo demás debe ser descargado. A veces no reflejamos totalmente esta maravillosa verdad: La Palabra, la vida, el Cristo que es la Palabra le separa de las afecciones del alma, de la debilidad humana, de la depravación. La sangre de Jesús puede limpiarle al punto que su alma es purificada y su naturaleza pecaminosa es destruida por la naturaleza del Cristo vivo.

En Cristo hemos encontrado toques de resurrección divina. En la más grande obra que Dios realizó sobre la faz de la tierra, Cristo fue levantado de entre los muertos por la operación del poder de Dios. A medida que la resurrección de Cristo opera en nuestros corazones, ésta destronará las cosas malas y edificará las cosas buenas. La insensibilidad tendrá que cambiar; la dureza tendrá que desaparecer; todo pensamiento malvado tendrá que huir. En lugar de todo eso habrá un pensamiento humilde.

¡Cuán bella cooperación con Dios en pensamiento, poder y santidad! El Maestro *"se despojó a sí mismo"* (Filipenses 2:7). Él totalmente dejó la gloria del cielo, con todas y sus maravillas. Él se bajó a lo más bajo, a la muerte misma con un propósito: Destruir el poder de la muerte, destruir al diablo, y libertar a aquellos que toda su vida han estado sujetos al miedo—Él los libró del miedo a la muerte y del diablo. (Véase Hebreos 2:14–15).

¿Cómo se cumplirá este maravilloso plan? Por medio de transformación, resurrección, pensamientos de santidad, un celo intenso, un deseo por todo lo que es de Dios, hasta que vivamos y nos movamos en una atmósfera de santidad.

**Pensamiento para hoy:** Si usted deja ir el pasado, Dios le sostendrá y le protegerá.

## 30 de junio

# Vida de resurrección

*Haya, pues, en vosotros este sentir*
*que hubo también en Cristo Jesús* (Filipenses 2:5).

*Lectura de las Escrituras:* Romanos 6:1–14

Alguna vez ha estado usted en un lugar de iluminación? El recibir iluminación quiere decir que su mente, la cual era depravada, tiene ahora la mente de Cristo; la misma naturaleza que antes estaba atada recibe ahora un toque de resurrección. Su cuerpo ha entrado en contacto con la vida de Dios al punto que antes usted estaba perdido pero ahora es hallado, y usted que antes estaba muerto ahora está nuevamente vivo por medio del poder resucitador de la Palabra de la vida de Cristo. ¡Cuán gloriosa herencia del Espíritu!

Creyente, si usted no ha alcanzado todo esto, la escalera se extiende desde el cielo hasta la tierra para llevarlo de la tierra al cielo. No tenga miedo de subir los escalones. Usted no se resbalará. Tenga ge. Experimente la divina vida de resurrección—más divina en pensamiento, más maravillosa en revelación. ¡La vida de resurrección se refiere a vivir en el Espíritu, despertar a su semejanza, ser vivificado por el mismo Espíritu!

Mientras ministrábamos en un lugar, dimos un banquete para las personas que estaban afligidas—personas que eran inválidas y estaban cansadas, ciegos y enfermos de todo tipo. Un apreciado hombre tomó a un chico que estaba envuelto en hierro desde arriba hasta abajo, lo levantó, y lo colocó en la plataforma. Se le impusieron manos al chico en el nombre de Jesús.

"¡Papá! ¡Papá! ¡Papá!", dijo el chico. "¡Está pasando por todo mi cuerpo! ¡Oh, Papá, venga y quíteme este hierro!". Me encanta escuchar a los niños hablar; ellos dicen cosas tan maravillosas. El padre le quitó los hierros, y ¡la vida de Dios recorrió todo el cuerpo del chico!

¿Acaso no sabe usted que ese es el toque de resurrección? Esa es la vida divina; es ahí donde Dios nos ha llevado. ¡Permite, Señor, que pase por todos nosotros el poder del Espíritu Santo—la resurrección del cielo, la dulzura de tu bendición, el gozo del Señor!

**Pensamiento para hoy:** Dios se regocija cuando nosotros manifestamos una fe que lo confirma con su Palabra.

# Unidad del Espíritu

*Solícitos en guardar la unidad del Espíritu
en el vínculo de la paz* (Efesios 4:3).

### Lectura de las Escrituras: Salmo 133

Usted está obligado por siempre a ser leala Dios y ver que no haya división en el cuerpo de la iglesia, para ver que nada entre en la asamblea, como entró en el rebano de David, para rasgar y destrozar el cuerpo. Usted debe ser cuidadoso. Si una persona viene con una profecía y encuentra que está dividiendo y trayendo problemas, denunciarlo conforme; juzgarlo según la Palabra. Usted sabrá que toda verdadera profecía estará perfectamente llena de esperanza. Tendrá compasión; tendrá consuelo, tendrá edificación. Así es que si algo entra a la iglesia que usted sabe que está hiriendo al rebaño y perturbando a la asamblea, debe prestar atención y empezar a orar para que eso sea muerto.

Traer unidad en los lazos de perfección para que la iglesia de Dios reciba edificación. Entonces la iglesia empezará a ser edificada en la fe y en el establecimiento de la verdad, y los creyentes serán uno solo. Hay sólo un cuerpo. Reconozca ese hecho. Cuando la división entra en el cuerpo, los creyentes actúan como si fueran más de un cuerpo.

No olvide lo que Dios significa para nosotros y estar muy fieles a la iglesia para que no permitamos que nada entre a la iglesia a dividir el cuerpo. Usted no puede encontrar nada en el cuerpo en su relación con Cristo donde haya división en él. Cristo vive en el cuerpo—no hay división en eso. Cuando la vida de Cristo entra a la iglesia, no existirá discordia; habrá una mezcla perfecta de corazón y mano, y será estupendo. Procure *"guardar la unidad del Espíritu en el vínculo de la paz"*.

**Pensamiento para hoy:** Cuando pensamos que la iglesia es pobre y necesitada, olvidamos que el espíritu de intercesión puede abrir cualquier caja de seguridad en el mundo.

## 2 de julio

# El Dios que es sobre todos

*Un Dios y padre de todos, el cual es sobre todos,*
*y por todos, y en todos* (Efesios 4:6).

*Lectura de las Escrituras:* Salmo 95

*P*iense en esto! No importa lo que el enemigo le traiga, o trata de traerle; el Padre, que está sobre todos, está sobre usted. ¡El Dios de poder, de majestad y de gloria puede llevarle a un lugar para destronar cualquier otra cosa! ¿Se atreve a creerlo?

Recuerde, Dios nuestro Padre está intensamente deseoso de tener toda la llenura de la manifestación de su poder para que no tengamos necesidad de nada por lo que su Hijo no haya venido. Debemos tener redención perfecta; debemos conocer todos los poderes de la justicia; debemos comprender perfectamente que hemos sido traídos al lugar donde Él está con nosotros en todo su poder, destronando el poder del enemigo.

Dios sobre usted—eso es real. El Dios que está sobre usted es más de un millón de veces mayor que el diablo, que los poderes del mal, que los poderes de la oscuridad. ¿Cómo lo sé? Lea lo que el diablo le dijo a Dios acerca de Job: *"¿No le has cercado alrededor a él?"* (Job 1:10). El diablo no era capaz de acercarse a Job porque había una cerca. ¿Cuál era la cerca? Era el poderoso poder de Dios. No era una cerca espinosa; no era una cerca de cardos. Era la presencia del Señor alrededor de Job. Y la presencia de Dios Todopoderoso está alrededor de nosotros para que diablo no pueda pasar esa cobertura maravillosa.

El diablo está en contra del Cristo viviente y quiere destruirlo a Él; si usted está lleno con el Cristo viviente, el diablo está ansioso de sacarlo del camino para destruir el poder de Cristo. Dígale esto al Señor: "Ahora, Señor, protege esta profecía tuya". Entonces el diablo no puede acercársele. ¿Cuán se le acerca? Cuando usted destrona a Cristo ignorando su posición legítima sobre usted y en usted.

**Pensamiento para hoy:** Usted será fuerte si cree esta verdad: la fe es la victoria—siempre. ¡Gloria a Jesús!

## 3 de julio

# Los dones de Cristo

*A cada uno de nosotros fue dada la gracia conforme*
*a la medida del don de Cristo* (Efesios 4:7).

*Lectura de las Escrituras:* Efesios 4:1–16

El apóstol Pablo habló acerca de la gracia y de los dones de Cristo—no los dones del Espíritu Santo, sino de los dones de Cristo. Usted se ha juntado al cuerpo de Cristo en el momento en que creyó. Por ejemplo: algunos de ustedes puede que tengan hijos, tienen diferentes nombres, pero desde el momento que salieron al mundo, entraron en su familia. En el momento que nacieron, se volvieron parte de la familia.

En el momento que usted es nacido de Dios, está en la familia, está en el cuerpo, así como Él está en el cuerpo, y usted está en el cuerpo colectivamente y particularmente. Después que usted entra en el cuerpo, entonces el cuerpo puede recibir el sello de la promesa, o el cumplimiento de la promesa, que Cristo estará en usted, reinando en usted majestuosamente. El Espíritu Santo vendrá a revelar al Rey en toda su gloria para que pueda reinar allí como Rey, el Espíritu Santo sirviendo de todas las maneras para hacerlo en su Rey.

Usted está en el cuerpo. El Espíritu Santo da dones en el cuerpo. Viviendo en este santo orden, puede que usted encuentre que la revelación le viene y le hace un profeta. Algunos de ustedes puede que tengan un claro entendimiento que han sido llamados para el apostolado. Algunos pueden tener perfecto conocimiento que están para ser pastores. Cuando viene a ser sellado con la promesa del Espíritu, entonces se da cuenta que Jesús contengo y da dones para que la iglesia pueda entrar a una posición perfecta para estar tan mezclados para que no pueda haber división. Jesús quiere su iglesia sea un cuerpo perfecto—perfecto en estatura, perfecto en unidad en Él.

He estado hablando con respecto a esto: para que usted pueda ver el llamado del que Pablo hablaba—humildad de pensamiento, mansedumbre de espíritu, sabiendo que Dios está en usted y a través de usted, sabiendo que el poder del Espíritu está poderosamente llevándole donde no sólo los dones del Espíritu le han sido dados, sino también donde los dones de Cristo, haciéndole elegible para la gran obra que usted debe hacer.

# 3 de julio

Mi propósito no es decirle lo que Dios tiene para usted en el futuro. Siga adelante y reclame sus derechos. Permita que el Señor Jesús sea tan glorificado que le hará dar fruto—fuerte en poder, dándole la gloria a Dios, *"no teniendo confianza en la carne"* (Filipenses 3:3) sino siendo separado de las cosas naturales, ahora en el Espíritu, viviendo totalmente en la voluntad de Dios.

**Pensamiento para hoy:** Permita que toda su alma busque a Dios; atrévase a respirar en el cielo; atrévase a despertar en todos los pensamientos de Dios; escuche el lenguaje del Espíritu Santo.

## 4 de julio

# El clamor del Espíritu

*He aquí el Cordero del Dios* (Juan 1:36).

Lectura de las Escrituras: Juan 1:6–36

*J*uan el Bautista vestía con pelo de camello, su cinturón de cuero, su alimento de langosta y miel silvestre. (Véase Mateo 3:4). Ni ángeles, ni pastores, ni reyes magos, o estrellas señalaron el nacimiento de Juan. Pero, Gabriel, el mensajero celestial, que les había hablado a Daniel y María, también le habló al padre de Juan, Zacarías.

En el desierto, Juan estaba sin alimentos ni ropa de la casa de su padre sacerdote terrenal. Sólo tenía un gemir, un llorar—el llanto del Espíritu. Pero desde el lugar de Juan en el desierto, movió toda la tierra. Dios gritaba por medio de él. Fue el grito del Espíritu—oh, ese feo llanto. Toda la tierra estaba conmovida por ese llanto desgarrador.

Dios le habló a Juan y le dijo acerca de una nueva cosa—el bautismo en agua. Fue un corte limpio; fue un nuevo camino. Había estado con los de la circuncisión; ahora estaba excluido. Fue la ruptura del viejo plan.

El pueblo oyó su clamor—oh, ese grito, el feo llanto del Espíritu—y el mensaje que dio: *"'Arrepentíos, porque el reino de los cielos se ha acercado'* (versículo 2). Hacer caminos derechos—sin pisar a los demás o exigiendo derechos excesivos. *'Hace sendas derechas para vuestros pies'* (Hebreos 12:13)". ¡Todos estaban sobresaltados! Ellos pensaron que el Mesías había llegado. ¡La búsqueda fue tremenda! ¿Es éste Él? ¿Quién puede ser? Juan dijo: *"Yo soy la voz de uno que clama en el desierto: Enderezad el camino del Señor"* (Juan 1:23).

Las personas fueron limpiadas; encontraron propósito. Dios dio vida a través de Juan. Por medio de él, Dios movió multitudes y cambió la situación. Las orillas del Jordán fueron cubiertas de gente. La convicción fue tremenda. Ellos clamaron. El profeta Isaías había predicado *"Los caminos torcidos* [serán] *enderezados; y verá toda carne la salvación de Dios"* (Lucas 3:5–6). La gente, la multitud, clamó y fueron bautizados por Juan, en el Jordán, confesando sus pecados.

Oh, estar a solas con Dios. La Palabra de Dios llegó a Juan cuando estaba a solas: *"Vino palabra de Dios a Juan, hijo de Zacarías, en el*

# 4 de julio

*desierto. Y él se fue por toda la región contigua al Jordán, predicando el bautismo del arrepentimiento para perdón de pecados"* (Lucas 3:2–3).

> ¡Él solo! ¡Él solo!
> ¡Jesús lo llevó todo solo!
> Se dio a sí mismo para salvar a los suyos.
> Sufrió—sangró y murió solo—solo.

Oh, a solas con Dios, para tener su mente, sus pensamientos, y su impresión y revelación de la necesidad de la gente.

No había nada ordinario en Juan—todo fue extraordinario. Herodes fue destronado por Herodías, la esposa de su hermano, y por todas las maldades que Herodes había hecho. La hija de Herodías bailó ante Herodes, quien le prometió la mitad de su reino. Ella le pidió la cabeza de Juan el Bautista. (Véase Mateo 14:3–11).

Este santo hombre estaba solo. Dios tenía a Juan de tal manera que podía expresar ese clamor—la carga de toda la tierra. Podía clamar por los pecados de la gente. Dios es santo. Somos los hijos de Abraham—los hijos de fe. Espantoso juicio vendrá. ¡Clamar! ¡Clamar!

Juan no podía más que clamar por el pecado de la gente. Juan había sido lleno con el Espíritu Santo desde el vientre de su madre. (Véase Lucas 1:15). Él tenía la carga. Fue severo, pero a través de su obra, el camino fue abierto para Jesús. Jesús pasó por ese camino; Él trajo a un nuevo camino.

*"Juan, que ni comía ni bebía"* (Mateo 11:18)—Juan vino clamando. El padre y la madre de Juan fueron dejados atrás. Su corazón sangró en el altar. Él llevó la carga, el clamor, la necesidad del pueblo. En el único lugar donde se podía respirar y ser libre, era en el desierto—la atmósfera del cielo—hasta que regresó con el mensaje para declarar la preparación necesaria. Antes que Jesús viniera, el arrepentimiento vino para abrirle el lugar a la redención.

Al igual que Juan, debe estar la obra del Espíritu en usted; después Dios trabajará por medio de usted para los demás.

**Pensamiento para hoy:** Dios está con la persona que tiene sólo un clamor.

## 5 de julio

# Conociendo su necesidad

*Si tocare tan solamente su manto, seré salva* (Marcos 5:28).

*Lectura de las Escrituras:* Marcos 5:25–6:6

Que privilegio el cuidar del rebaño de Dios, ser usado por Dios para alentar a la gente, para ayudar a permanecer firme contra las pruebas que afectan al necesitado. ¡Qué llamado santo! Cada uno tenemos nuestro propio trabajo, y lo debemos hacer, para que la confianza pueda ser nuestra en el día de la aparición del Maestro, y para que ningún hombre pueda quitarnos la corona. (Véase Apocalipsis 3:11). Ya que el Señor está siempre alentándonos, nosotros debemos alentar a otros. Debemos tener la voluntad, una mente lista, una rendición a la mente del Espíritu. No hay lugar para el hijo de Dios en el gran plan de Dios excepto en la humildad.

Dios nunca puede hacer todo lo que quiere hacer, todo lo que Él vino a hacer a través de la Palabra, hasta que Él nos coloque donde puede confiar en nosotros, y en donde estemos permaneciendo en adoración con Él en su gran plan para la redención del mundo. Tenemos esta verdad ilustrada en la vida de Jacob. Le tomó a Dios veintiún años para llevar a Jacob al lugar de humildad, constricción de corazón y quebrantamiento de espíritu. Aun Dios le dio poder para luchar con fuerza y Jacob dijo: "Creo que puedo manejarlo después de todo", hasta que Dios tocó su tendón, haciéndole saber que era mortal y que estaba tratando con la inmortalidad. Mientras pensemos que podemos salvarnos, trataremos de hacerlo.

En Marcos 5:25–34, tenemos la historia de la mujer que había sufrido muchas cosas de muchos médicos y que había gastado todo lo que tenía. Ella no mejoraba sino que empeoraba. Ella dijo: "*Si tocare tan solamente su manto, seré salva*". Ella reconoció su necesidad. Es cuando estamos vacíos y desechos, cuando venimos a Dios en nuestra inexistencia e impotencia que nos recoge.

*Pensamiento para hoy:* El tener nuestra alacena llena con frecuencia se vuelve nuestro estorbo.

## 6 de julio

# Palabras de sabiduría de Pedro

*Humillaos, pues, bajo la ponderosa mano de Dios,*
*para que Él os exalte cuando fuere tiempo* (1 Pedro 5:6).

**Lectura de las Escrituras:** 1 Pedro 5:1–11

*M*iremos el quinto capitulo de 1 de Pedro. *"Humillaos"* (versícu-lo 6). Mire al Maestro en el Río Jordán, sometiéndose al bau-tismo de Juan, y nuevamente sometiéndose a la cruel cruz. Verdaderamente que los ángeles anhelan mirar estas cosas (véase 1 Pedro 1:12), y todo el cielo está esperando que el hombre queme todos los puentes al pasarlos y le permita a Dios a empezar un plan en justicia, tan lleno, tan sublime, más allá del pensamiento humano, pero de acuerdo a la revelación del Espíritu.

*"Echando toda vuestra ansiedad sobre Él, porque Él tiene cuidado de vosotros"* (1 Pedro 5:7). ¡Él cuida! Algunas veces nos olvidamos de esto. Si bajamos a lo natural, todo va mal, pero cuando confiamos en Él y nos cubrimos bajo su sombra, cuan bendición es esto. Oh, muchas veces he experimentado mi impotencia e inexistencia, y echar mi cuidado en Él, ha demostrado que Él cuida.

El versículo ocho nos dice: *"Sed sobrios, y velad"*. ¿Qué significa estar sobrio? Significa, tener un claro conocimiento de que somos incapaces de operar, pero también tener descanso en la fe. La oportunidad del adver-sario es cuando pensamos que pensamos que somos alguien y tratamos de abrir nuestra propia puerta. Nuestros pensamientos, palabras y accio-nes deben todos estar en el poder del Espíritu Santo. Oh sí, necesitamos estar sobrios—no sólo sobrios, sino también vigilantes. No sólo necesita-mos estar llenos con el Espíritu sino también tener dentro de nosotros un "proseguir", conocimiento de que la presencia santa de Dios está dentro de nosotros. Estar sobrios y vigilantes para tener capacidad para juzgar, discernir y balancear las cosas que difieren—esto es lo que necesitamos.

*"El adversario el diablo, como león rugiente, anda alrededor buscan-do a quien devorar; resistid firmes en la fe"* (versículos 8–9). Debemos resistir en el momento cuando las confabulaciones de Satanás puedan confundirnos, cuando estemos casi caídos y cuando la oscuridad esté so-bre nosotros a tal grado que pareciera como si alguna cosa mala se nos

# 6 de julio

haya adelantado. *"Resistid firmes en la fe"*. *"He aquí, no se adormecerá ni dormirá el que guarda a Israel"* (Salmo 121:4). Dios nos cubre, porque ningún humano puede enfrentar los poderes del infierno.

*"Después que hayáis padecido un poco de tiempo"* (1 Pedro 5:10). Entonces, ¿hay sufrimiento? Pero *"no son comparables con la gloria venidera que en nosotros ha de manifestarse"* (Romanos 8:18). La diferencia es tan grande que nuestro sufrimiento ni siquiera vale mencionarlo. Lo nuestro es gloria eterna, de gloria en gloria, hasta que seamos tragados, hasta que seamos tragados en Él, el Señor de gloria.

**Pensamiento para hoy:** Dios está a la mano para librarnos siempre.

## 7 de julio

# Cuatro ayudas para el corazón

*El Dios de toda gracia, que nos llamó a su gloria eterna en Jesucristo, después que hayáis padecido un poco de tiempo, Él mismo os perfeccione, afirme, fortalezca y establezca* (1 Pedro 5:10).

**Lectura de las Escrituras:** 1 Pedro 5

l Dios de toda gracia quiere hacer lo siguiente en nosotros: primero *"perfeccionar"*, segundo *"afirmar"*, tercero *"fortalecer"*, y cuarto *"establecer"*.

Primero está el *"perfeccionar"*. En el libro de Hebreos, leemos: *"El Dios de paz...os haga aptos* [perfectos] *en toda obra buena para que hagáis su voluntad, haciendo Él en vosotros lo que es agradable delante de Él por Jesucristo"* (Hebreos 13:20–21). Tenga en mente que cuando la perfección es dicha en la Palabra, siempre está unida con cosas eternales. La perfección es el funcionamiento de la voluntad de Dios en nosotros.

Algunos podríamos ponernos nerviosos si pensamos que debemos ser perfectos para recibir la bendición de Dios. Nos preguntamos: "¿Cómo va a suceder?". Sin embargo, encontramos mientras continuamos siguiendo a Dios que el propósito de vida eterna es un progreso, porque somos salvos por la sangre. Nuestras acciones, nuestras mentes, están cubiertas por la sangre de Jesús, y mientras nos entregamos y cedemos, nos encontramos en posesión de otra mente, aun la mente de Cristo (véase 1 Corintios 2:16), que nos provoca a entender la perfección de su voluntad.

Alguien estará diciendo: "¡Nunca seré perfecto! Eso va más allá de mi mayor pensamiento". ¡Usted está en lo correcto! Pero mientras proseguimos, el Espíritu Santo no ilumina y entramos, así como Pablo lo dijo, de acuerdo a la revelación del Espíritu. (Véase Efesios 1:17–18). Soy perfeccionado mientras avanzo en Dios por medio de la fe, su sangre cubriendo mi pecado, su justicia cubriendo mi injusticia, su perfección cubriendo mi imperfección. Este es un hecho muy importante: Soy santo y perfecto en Él.

Segundo está el *"afirmar"*. Usted debe estar afirmado en el hecho de que es su vida, no la de usted. Debe tener fe en su Palabra, fe en su vida. Usted es suplantado por Otra Persona. Usted está desconectado de la tierra, está aislado por fe.

# 7 de julio

Tercero está el *"fortalecer"*. Usted es fortalecido por el hecho de que Dios está haciendo su negocio, no el de usted. Usted está en el plan que Dios está trabajándolo.

Cuarto está el *"establecer"*. ¿Qué significa estar establecido? Significa saber que estoy en unión con su voluntad, que estoy establecido en el reino de eso, que día a día estoy fortalecido. Este es el eterno trabajo de la justicia, hasta que por medio del Espíritu seamos perfeccionados. Primero es una perfección, luego una afirmación, luego un fortalecimiento y un establecimiento. Esto sucede de acuerdo a nuestra fe. Sucede mientras creemos.

Ahora, unas palabras para concluir: *"A Él sea la gloria y el imperio por los siglos de los siglos. Amén"* (1 Pedro 5:11). ¿Cómo puede este versículo ser eficaz en mi caso? Viviendo para su gloria. No debe haber retirada, no renuncia, no ver atrás, sino continuar, seguir, seguir, por su gloria ahora y para siempre. Debemos continuar hasta que, como Enoc, andemos con Dios y desaparecer, porque Dios nos ha llevado. (Véase Génesis 5:24).

*Pensamiento para hoy:* La incredulidad es un lugar derrocador; la fe es un lugar del surgimiento.

# 8 de julio

# La inundadora marea del avivamiento

*¿No volverás a darnos vida,*
*para que tu pueblo se regocije en ti?* (Salmo 85:6).

*Lectura de las Escrituras:* Salmo 85:7–86:13

*D*onde quiera que iba Jesús, las multitudes le seguían, porque Él se movía, respiraba, fue consumido, vestido y llenado por Dios. Era Dios; y como el Hijo del Hombre, el Espíritu de Dios—el Espíritu de la santidad creadora—yacía en Él. Es lindo ser santo. Jesús vino a impartirnos el Espíritu de santidad.

Nosotros solo estamos en el borde de las cosas; el plan poderoso para el futuro es maravilloso. Dios debe hacer algo para incrementarlo. Necesitamos un avivamiento para revivir todo lo que tocamos dentro y fuera de nosotros. Necesitamos una marea de inundación con un diluvio detrás. Jesús dejó 120 hombres para cambiar al mundo. El Espíritu sobre nosotros para cambiar nuestra situación. Debemos continuar; debemos dejar que Dios aumente en nosotros para la liberación de multitudes; y nosotros debemos sufrir dolores de parto hasta que las almas sean nacidas y se apuren a entrar a una nueva relación con el cielo. Jesús tenía la autoridad divina con poder, y la dejó para nosotros. Debemos predicar verdad, santidad y pureza *"en lo íntimo"* (Salmo 51:6). Sed por más de Dios.

Jesús pisó el lagar solo (véase Isaías 63:3), sin importarle la cruz y la vergüenza. Él lo llevó todo solo para que pudiéramos ser *"participantes de la naturaleza divina"* (2 Pedro 1:4), compartidores del plan divino de la santidad. Eso es avivamiento—Jesús manifestando la autoridad divina. Él no tuve pecado. La gente vio al Cordero de Dios de una nueva manera. ¡Aleluya! Vivamos en santidad, y el avivamiento caerá, y Dios nos capacitará para hacer la obra a la cual somos llamados. Todo lo que Jesús dijo se ha cumplido: las señales, las dudas, los actos poderosos. Sólo crea, entréguese y ceda, hasta que toda la visión sea completada.

**Pensamiento para hoy:** Jesús no sólo fue santo, sino que también amó la santidad.

## 9 de julio

# Una fe poderosa

*Auméntanos la fe* (Lucas 17:5).

*Lectura de las Escrituras:* Romanos 4

*D*ios tiene un diseño, un plan, un apoyo en la fe. Somos salvos por medio de la fe y somos mantenidos por medio de la fe. La fe es sustancia; es también la evidencia. (Véase Hebreos 11:1). ¡Dios es! ¡Él es! Y *"galardonador de los que le buscan"* (versículo 6). Estamos para testificar, para llevar el testimonio de lo que conocemos. Saber que lo que conocemos es una posición maravillosa para estar. Somos para ser palabras vivientes, epístolas de Cristo (véase 2 Corintios 3:3), conocidos y leídos por todos los hombres.

Estamos viviendo en la herencia de la fe por la gracia de Dios. Somos salvos por la eternidad por medio de la operación del Espíritu, que trae vida delante Dios. El cielo es traído a la tierra hasta que Dios convierta todas las cosas en bellezas, manifestando su poder en testigos vivos. Dios está en nosotros para el mundo, para que el mundo pueda ser bendecido. Necesitamos poder para mantener la Omnipotencia y para impartir a los demás la Palabra de Vida. Esta es una nueva era con nueva visión y nuevo poder. Cristo en nosotros es más poderoso de lo que sabemos. Todas las cosas son posibles si podemos creer. El tesoro está en vasijas de barro para que Jesús pueda ser glorificado. (Véase 2 Corintios 4:7).

Salgamos dando gloria a Dios. La fe es sustancia, un poder real, un depósito de naturaleza divina y el Dios creador que permanece en nosotros. Desde en el momento que usted cree, está cubierto con un nuevo poder para soñar en la posibilidad y hacerla realidad. La gente le dijo a Jesús: *"Señor, danos siempre este pan"* (Juan 6:34). Jesús respondió: *"El que me come, él también vivirá por mí"* (versículo 57).

Tener la fe de Dios. El hombre que entra en gran sociedad con Dios necesita una medida celestial. La fe es la mayor de todas. Somos salvos por medio de una nueva vida, la Palabra de Dios, una asociación con el Cristo viviente. Una nueva creación continuamente nos lleva a una nueva revelación.

**Pensamiento para hoy:** Existe lo que pareciera ser fe, una aparente fe, pero la fe real cree en Dios hasta el final.

## 10 de julio

# La vida de Dios en nosotros

*Todas las cosas por él fueron hechas* (Juan 1:3).

*Lectura de las Escrituras:* Gálatas 3:1–14

*T*odo fue hecho por la Palabra. Soy engendrado por su Palabra. Hay una sustancia dentro de mí que tiene poderoso poder si me atrevo a creer. La fe sale para ser un hecho, una realidad, un depósito de Dios, una llama poderosa moviéndome para actuar, para que las señales y las maravillas sean manifestadas.

¿Está usted engendrado? ¿Es la fe un hecho dentro de usted? Algunos necesitan un toque; algunos están prisioneros y necesitan libertad. Tantos como Jesús tocó fueron hechos perfectamente santos. La fe le lleva al lugar donde reina Dios, y bebe del almacén abundante de Dios. La incredulidad es pecado, ya que Jesús fue a morir para traernos la luz de vida.

Su vida es manifestada con poder desbordante. Debemos disminuirnos si la vida de Dios debe ser manifestada, (Véase Juan 3:30). No hay espacio en un cuerpo para dos tipos de vida. Morir para vivir—ese es el precio a pagar para el poder manifestado de Dios por medio de usted. Mientras usted muere a los deseos humanos, entra la adoración por dentro, cooperación perfecta, usted disminuye y Dios incrementa. Usted vive por medio de otra vida, la *"fe en el Hijo de Dios"* (Gálatas 2:20)

Mientras el Espíritu Santo revela a Jesús, Él es real—la Palabra viva, efectiva, actuando, hablando, pensando, orando, cantando. Oh, es una vida maravillosa, esta sustancia de la Palabra de Dios, que incluye posibilidad y oportunidad, que le confronta, llevándole a un lugar inmutable. Jesús nos ha dado poder sobre todos los poderes del enemigo. (Véase Lucas 10:19). Él lo ganó en el Calvario para nosotros. Todo debe estar sujeto a su poder. ¿Qué debemos hacer para *"poner en práctica las obras de Dios"* (Juan 6:28)? *"Esta es la obra de Dios, que creáis en el que él ha enviado"* (versículo 9). Todo lo que Él dice, sucederá. Esa es la Palabra de Dios.

**Pensamiento para hoy:** Tengo una fe viva dentro de mi cuerpo terrenal.

## 11 de julio

# El Espíritu Santo—nuestro Consolador

[Dios] *nos consuela en todas nuestra tribulaciones,*
*para que podamos también nosotros consolar a los que*
*están en cualquier tribulación, por medio de la consolación*
*con que nosotros somos consolados por Dios* (2 Corintios 1:4).

*Lectura de las Escrituras:* 2 Corintios 1:3–11

Necesitamos la revelación del mayor poder, una presencia perdurable sosteniéndonos y consolándonos en la hora de prueba, listo en la advertencia del momento, un soplo de Dios en la vida del humano. ¿Qué más necesitamos en estos últimos días cuando tiempos peligrosos están sobre nosotros, que ser llenos, saturados, bautizados con el Espíritu Santo? Bautizados. Bautizados en Él, nunca salirnos. ¡Qué consuelo! ¡Estimulante! ¡Gozoso! Pueda agradarle al Señor el establecernos en este estado de gracia. Que podamos conocer nada más, entre los hombres, excepto a Jesucristo y su crucifixión. (Véase 1 Corintios 2:2). Que podamos ser arropados con su Espíritu—nada fuera del bendito Espíritu Santo. Esto, amado, es el ideal de Dios para nosotros. ¿Estamos aquí en esta experiencia?

> Donde Él me guíe, allá iré,
> Porque he aprendido a confiar en Él así,
> Y recuerdo que fue por mí,
> Que fue asesinado en el Calvario.

Dios me ha escogido para pasar por ciertas experiencias para beneficio de otros. En todas las edades, Dios ha tenido sus testigos, y Él está enseñándome, disciplinándome, corrigiéndome y moviéndome justo al punto de ser capaz de llevarlo, para encontrar el alma necesitada que de otra manera se irá sin dicho consuelo. Toda la disciplina y la penuria están porque somos capaces de soportarlo. No, no somos capaces, pero nos entregamos a Otro—aun al Espíritu Santo. Somos fortalecidos para que podamos resistir y de esa manera poder consolar a otros *"por medio de la consolación con que nosotros somos consolados por Dios"*.

¿Por qué necesitamos quebrantarnos y tener dolores de parto? La razón puede encontrarse en el libro de Salmos: *"antes que fuera yo humillado, descarriado andaba; mas ahora guardo tu palabra"* (Salmo 119:67).

**Pensamiento para hoy:** El Dios en usted no fallará si cree en la Palabra de Dios.

## 12 de julio

# Entregarse al plan de Dios

*Porque de la manera que abundan en nosotros
las aflicciones de Cristo, así abunda también
por el mismo Cristo nuestra consolación* (2 Corintios 1:5).

*Lectura de las Escrituras:* 1 Corintios 12:12–27

*L*a disciplina provoca o nos permite frutos de santidad. Es en los momentos difíciles cuando no vemos ninguna ayuda, cuando clamamos a Dios. Él nos liberta para que podamos ayudar al tentado. Fue dijo de Jesús que Él *"tentado en todo según nuestra semejanza"* (Hebreos 4:15). ¿De dónde recibió Él su consuelo? Fue al final *"con gran clamor y lágrimas"* (Hebreos 5:7), cuando el ángel llegó justo a tiempo, le ministró y le salvó de la muerte. Ahora Él puede enviar ángeles para nosotros. ¿Cuándo? Justo cuando casi estamos cayéndonos. En dicho tiempo en el pasado, ¿No nos estiró la mano Él para ayudarnos?

Dios nos lleva al lugar de necesidad, y antes de que nos apenas nos demos cuenta de eso, somos llenos de consuelo para el necesitado. ¿Cómo? ¡El sufrimiento de Cristo abunda! El ministerio del Espíritu abunda con mucha frecuencia. Es una gran bendición. No sabemos nuestro llamado en el Espíritu. Es mucho mayor que nuestro aprecio. Cuando hablamos una palabra al cansado (véase Isaías 50:4); por aquí y por allá, ministramos, sembrando al lado de todas las aguas como el Espíritu Santo nos dirige nuestros caminos.

Pablo y la gente que el ministró para cooperar unos con otros. Aquí está el valor de testimonio: resulta en un gran flujo de vida de uno para el otro. Juan Wesley se despertó un día y se convenció de la necesidad de la afirmarnos los unos a otros. De esta manera, fue testigo del ministerio del Espíritu y las multitudes fueron nacidas de nuevo en sus reuniones cuando escucharon las maravillosas obras de Dios. Oyeron historias y tuvieron consuelo derramado en ellos por medio de la revelación del Espíritu.

Somos miembros los unos con los otros. Cuando el aliento de Dios está en nosotros y somos precisados por el Espíritu Santo, podemos derramar entre nosotros maravillosos ministerios de gracia y servicio.

**Pensamiento para hoy:** Necesitamos un fuerte ministerio de consolación, no de deterioro o de vivir por debajo de nuestros privilegios.

## 13 de julio

# Consuelo en la tribulación

*Pero si somos atribulados, es para vuestra consolación
y salvación; o si somos consolados, es para vuestra
consolación y salvación* (2 Corintios 1:6).

**Lectura de las Escrituras:** Isaías 51:9–16

Estas consolaciones salen de la privación, de la aflicción y la resistencia. *"Pero tuvimos en nosotros mismos sentencia de muerte, para que no confiásemos en nosotros mismos, sino en Dios que resucita a los muertos"* (2 Corintios 1:9).

¿Hemos ido tan lejos como Pablo? Muy pocos de nosotros lo han hecho. ¿Puede ver cómo Pablo pudo ayudar, consolar y fortalecer, porque le entregó a Dios toda su confianza al igual que lo hizo Jesús? Porque fue rendido al Espíritu Santo para salir de la sentencia de muerte, es que pudo ayudar a otros.

Oro a Dios para que nunca nos encuentre "[dando] *coces contra el aguijón*" (Hechos 9:5). Puede que tengamos que pasar por la prueba; por la sanidad divina, por la pureza de corazón, por el bautismo del Espíritu Santo, y por fuego—somos probados para estas verdades. No podemos salir de estas pruebas. Pero en cada reunión, la gloria se levanta. Bajamos a las pruebas también para ser constantes y traídos para la gloria de Dios. *"Si Dios es por nosotros, ¿quién contra nosotros?"* (Romanos 8:31). *"Porque la leve tribulación momentánea produce en nosotros un cada vez más excelente y eterno peso de gloria"* (2 Corintios 4:17). ¡Oh, el gozo de ser merecedores del sufrimiento! ¿Cómo podré soportar la gloria que vendrá después?

Mucha gente de Dios es victoriosa en el sufrimiento pero fallan o retroceden cuando las cosas están bien. La privación es con frecuencia más fácil que el éxito. Necesitamos una mente sensata todo el tiempo para balancearnos, para que no negociemos nuestra libertad por algo menor.

Tenemos vislumbres de la gloria todo el tiempo. Para Pablo en la gloria, la presencia del Señor fue muy maravillosa. Pero dijo: *"Para que no me exalten…me fue dado un aguijón en mi carne"* (2 Corintios 12:7). Esa fue la misericordia de Dios. *"Sabe el Señor librar de tentación a los piadosos"* (2 Pedro 2:9) y *"salva a los contritos de espíritu"* (Salmo 34:18). ¡Qué revelación para el tiempo venidero! Si Satanás tuviera su manera, pudiéramos ser devorados.

**Pensamiento para hoy:** Usted es probado por las verdades que sostiene.

## 14 de julio

# El Espíritu está sobre mí

*El Espíritu del Señor está sobre mí* (Lucas 4:18).

*Lectura de las Escrituras:* Lucas 4:1–21

Creo que Dios nos está llevando a un lugar donde sabemos que el Espíritu del Señor está sobre nosotros. Si no hemos alcanzado ese lugar, Dios quiere llevarnos al hecho de lo que Jesús dijo en Juan 14: *"Yo rogaré al Padre, y os dará otro Consolador, para que esté con vosotros para siempre"* (versículo 16). Debido a que el Espíritu del Señor cayó sobre Él quien es nuestra Cabeza, debemos verlo para que recibamos la misma unción, y para que el mismo Espíritu esté en nosotros. El diablo nos provocará perder la victoria si le permitimos ser derrotados por él. Pero es un hecho que el Espíritu del Señor está sobre nosotros, y para mí, no tengo ningún otro mensaje más que el mensaje que Él dará, y creo que las señales de las que Él habla vendrán.

Creo en que Jesús era aquel enviado de Dios, y en el sacrificio por los pecados de todo el mundo. (Véase 1 Juan 2:2). Vemos la manifestación del Espíritu cayendo sobre Él para que su ministerio fuera con poder. Permita Dios despertarnos al hecho de que este es el único lugar donde existe cualquier ministerio de poder.

El Consolador ha venido. Él ha venido, y ha venido para esté para siempre ¿Estará usted derrotado por el demonio? No, porque el Consolador ha venido para que podamos recibir y dar las señales que deben seguir, para que nosotros por ningún medio seamos derrotados por los esquemas del demonio. No existe límite para lo que nos convertiremos si moramos y vivimos en el Espíritu. En el Espíritu de oración, somos llevados directo de la tierra al cielo. En el Espíritu, la Palabra de Dios parece aclararse de manera maravillosa, y es sólo en el Espíritu que el amor de Dios es derramado en nosotros. (Véase Romanos 5:5).

*Pensamiento para hoy:* ¿Quién es el hombre que está dispuesto a dejarlo todo para poder tener todo lo que proviene de Dios?

# Corazones encendidos

*Yo hago entrar espíritu en vosotros, y viviréis* (Ezequiel 37:5).

*Lectura de las Escrituras:* Ezequiel 37

*M*ientras hablamos en el Espíritu, sentimos que el fuego que quemó en los corazones de los dos hombres que iban camino a Emaús, cuando Jesús anduvo con ellos, está quemando en nuestros corazones. (Véase Lucas 24:13–32). Es seguro que pasará cuando andamos con Él, nuestros corazones se quemarán; el mismo poder del Espíritu está presente hoy para hacer que suceda. Los dos hombres que iban a Emaús no podían entender lo que había sucedido en el camino, pero en unas pocas horas más tarde, vieron a Jesús partir el pan, y sus ojos fueron abiertos.

Pero, amado, nuestros corazones siempre deben quemarse. Existe un lugar donde podemos vivir en la unción y la cobertura del Espíritu Santo, donde nuestras palabras serán cubiertas con poder. *"No os embriaguéis con vino, en lo cual hay disolución; antes bien sed llenos del Espíritu"* (Efesios 5:18). Siendo lleno con el Espíritu es un privilegio maravilloso.

Fue necesario que Juan estuviera en el Espíritu en la Isla de Patmos para que la revelación fuera hecha clara para él. (Véase Apocalipsis 1:9–10). ¿Qué significa para esta generación el mantenernos en el Espíritu? Todo razonamiento humano y todo conocimiento humano no pueden ser comparados con el poder de la vida que es vivido en el Espíritu. En el Espíritu, tenemos poder para desatar y poder para atar. (Véase Mateo 16:19). Existe un lugar donde el Espíritu Santo puede ponernos donde no podemos estar en ningún otro lado sino en el Espíritu. Pero, es sólo en el Espíritu.

Ahora, leo en Mateo 16:19 que Jesús dice, en esencia, "Te daré poder para atar, y te daré poder para desatar". Este es el poder que muchos de nosotros todavía no hemos reclamado, y no seremos capaces de reclamar esta manifestación del Espíritu a menos que vivamos en el Espíritu. ¿Cuándo será usted capaz de atar y desatar? Esto es sólo en el Espíritu. Usted no puede atar cosas en la fuerza humana o con la mente natural. Este poder nunca faltó en Jesús, pero siento que hay una gran falta de esto en la mayoría de nosotros. ¡Dios, ayúdanos!

# 15 de julio

*"El Espíritu del Señor está sobre mí"* (Lucas 4:18). Amado, hubo un gran propósito en este Espíritu estando en Jesús, y existe un propósito especial en usted siendo bautizado en el Espíritu. No debemos olvidar que somos miembros de su cuerpo, y por medio de este maravilloso poder bautismal, somos participes de su naturaleza divina. (Véase 2 Pedro 1:4)

La revelación vino de esta manera: Vi a Adán y Eva echados del Edén y una espada de fuego en cada lado para evitar que ellos entraran al huerto. Pero, vi que todo alrededor mío había una espada de fuego protegiéndome del mal, y pareciera que esto es verdad si lo reclamo, por lo que dije: "Señor, lo haré". La espada de fuego estaba alrededor mío, liberándome del poder del infierno. En esta manera, somos preservados del mal. Dios es como una muralla de fuego alrededor de nosotros (véase Zacarías 2:5); ¿Por qué debemos temer? ¡Qué maravillosa salvación! ¡Qué maravilloso Libertador!

Fíjese en Ezequiel 37. La única necesidad de Ezequiel era estar en el Espíritu, y mientras estuvo en el Espíritu, le vino la profecía para los huesos secos y dijo: *"Huesos secos, oíd la palabra de Jehová"* (versículo 4). Y profetizó de acuerdo con el mandato del Señor, él vio un *"ejército grande en extremo"* (versículo 10) levantándose ante él. El profeta obedeció la orden de Dios, y todo lo que debemos hacer es exactamente esto: Obedecer a Dios. Lo que es imposible para el hombre, es posible con Dios. (Véase Lucas 18:27).

Oro a Dios para que su espíritu, su alma y su cuerpo puedan estar preservados santos (véase 1 Tesalonicenses 5:23), y para que pueda siempre estar con fuego, siempre estar listo con la unción sobre usted. Si esto no es así, estamos fuera del orden divino, y debemos clamarle a Él hasta que la gloria regrese sobre nosotros.

**Pensamiento para hoy:** Si inhalamos los pensamientos del Espíritu Santo en los nuestros, y vivimos en la unción del Espíritu Santo, como Jesús vivió, entonces habrá evidencias de que estamos en el Espíritu Santo, y que haremos sus obras.

## 16 de julio

# Una puerta para enunciar

[Oro] *a fin de que al abrir mi boca me sea dada palabra*
*para dar a conocer con denuedo el misterio del evangelio,*
*por el cual soy embajador en cadenas; que con denuedo hable*
*de él, como debo hablar* (Efesios 6:19–20).

*Lectura de las Escrituras:* Hechos 26:1–29

*P*ablo sintió, al igual que nosotros, la necesidad de enunciar. Él era bien versado, pero quería enunciar bien. Podemos tener inspiración, operación, lengua, mente corazón—necesitamos todo eso. Dios obra a través de estos en su orden divino para dar la verdad más necesitada para el momento. Pero la suprema necesidad de la hora es orar para enunciar.

Pablo y sus ayudantes fueron hombres enviados por el poder del Espíritu Santo. Pero sin la unción, no podían abrir la puerta o pronunciar la palabra correcta para el momento. Pablo y sus ayudantes fueron desiguales a la necesidad. ¿Era esta una indicación de que algo andaba mal? ¡No! todos dependemos del Espíritu Santo para que respire a través de nosotros.

¿Cómo podemos vivir en este lugar, dependiendo del poder omnipotente? Es por medio del Espíritu del Señor descargándose, hablando a través de nosotros. No es una cosa fácil. Dios le dijo a David: "Es bueno que el deseo esté en tu corazón". (Véase 2 Crónicas 6:8) Pero eso no se aplicará en nosotros los que vivimos en los últimos días cuando Dios está derramando su Espíritu, y ríos de poder están disponibles a nuestro decir. Necesitamos vivir por medio de Marcos 11:22–23: *"Tened fe en Dios... cualquiera...creyere...lo que diga le será hecho"*. Permita que Dios se levante. Permita que Dios respire su Espíritu Santo a través de su naturaleza, a través de sus ojos y su lengua—lo sobre natural en lo natural para la gloria de Dios. Dios levantó a Pablo para este ministerio. ¿Cuál era el medio? Jesús dijo: *"Por la fe que es en mí"* (Hechos 26:18). La fe en Dios.

**Pensamiento para hoy:** Separados de este aliento del Espíritu, el mensaje se vuelve ordinario y no extraordinario.

## 17 de julio

# Prédica inspirada por el Espíritu

*Mi lengua es pluma de escribiente muy ligero* (Salmo 45:1).

*Lectura de las Escrituras:* Isaías 50:4; Salmo 15:1–16:1

Oh, para que más gente crea en Dios *"cantará la lengua del mudo"* (Isaías 35:6) ¿Cuándo será? Cuando crean y llenen las condiciones. Oh, amado, no es fácil. Pero Jesús murió y resucitó de nuevo por la posibilidad. *"Tened fe en Dios"* (Marcos 11:22). El hombre completo necesita estar inmerso en Dios para que el Espíritu Santo pueda operar y para que el mundo perecedero pueda tener el ministerio de la vida por el cual están famélicos.

> *Y si el Espíritu de aquel que levantó de los muertos a Jesús mora en vosotros, el que levantó de los muertos a Cristo Jesús vivificará también vuestros cuerpos mortales por su Espíritu que mora en vosotros.* (Romanos 8:11)

Así como al cuerpo muerto de Cristo le fue dado vida y levantado por el Espíritu Santo, pueda dársenos ojos para ver y oídos para oír, y lengua para hablar como oráculos de Dios. *"Si alguno habla, hable conforme a las palabras de Dios"* (1 Pedro 4:11). Esas son nuestras ordenes: hablar lo que nadie más sabe excepto el Espíritu Santo, como el Espíritu da una enunciación divina—un idioma que nunca vendrá a todos a menos que el Espíritu Santo haya hablado, tomado las cosas de Cristo y nos las haya revelado. ¿Contestó Dios la oración de Pablo para ser capaz de *"dar a conocer el misterio de Cristo"* (Colosenses 4:3)? ¡Sí! *"Con potencia de señales y prodigios, en el poder del Espíritu de Dios...desde Jerusalén, y por los alrededores hasta Ilírico, todo lo he llenado del evangelio de Cristo"* (Romanos 15:19).

Fue la gracia de nuestro Señor Jesucristo, ese gran Pastor de ovejas, que nos trajo redención. Fue por la gracia de Dios—su favor y misericordia, un amor espléndido y un favor no merecido—que Dios trajo salvación. No lo merecíamos.

**Pensamiento para hoy:** El mayor regalo para la humanidad, es ser capaz de decir "¡Cristo vive en mí!".

# Sazonado con sal

*Sea vuestra palabra siempre con gracia,*
*sazonada con sal* (Colosenses 4:6).

### Lectura de las Escrituras: Santiago 3

*L*a sal tiene tres propiedades: primero, pica; segundo, sana; y tercero, preserva. De la misma manera, sus palabras por medio del Espíritu son llenadas con gracia, aunque corten el corazón, y traen preservación. Debemos ser muy cuidadosos de ser salados. La Palabra de Dios no regresará vacía; se cumplirá y prosperará (véase Isaías 55:11)—pero nuestras bocas deben ser limpias y nuestros deseos santos por Dios.

Las palabras de Jesús fueron directas. Para la elite del movimiento de santidad de sus días, les dijo: *"¡Ay de vosotros...hipócritas! Porque sois semejantes a sepulcros blanqueados"* (Mateo 23:27). A otros le dijo: "Ustedes son engañados; tienen la idea de que son hijos de Abraham, pero son hijos del diablo, y hacen sus obras". (Véase Juan 8:39, 44). Su boca estuvo llena de mansedumbre y gentileza y también era tan salada debido a la corrupción de ellos. A menos que conozca el encanto de Cristo, puede que usted piense que está fuera de la obra de su poder eterno. Sin embargo, mire lo que el profeta Isaías dijo: *"No quebrará la caña cascada"* (Isaías 42:3).

*"Para que sepáis cómo debéis responder a cada uno"* (Colosenses 4:6). Esto no es fácil de aprender. Esto es sólo aprendido en el lugar de ser absorbido por Dios. Cuando estamos en ese lugar, buscamos glorificar a Dios y puede dar palabra de reprimenda llena de poder para despertar y salvar. ¡Use la sal, amado! Use convicción; use la sanidad para preservación de ellos.

¡Qué tan sinceros debemos ser! Usted está sazonado con sal. ¡Me encanta! ¡Es inspirador! ¡Es convicción! Así el Espíritu Santo escribe en tablas carnales del templo del Espíritu. (Véase 2 Corintios 3:3). Oh, Señor, amplia nuestros sentidos de tu presencia en el templo para que podamos discernir el cuerpo del Señor en nuestro medio.

**Pensamiento para hoy:** Nadie es tan sordo como aquel que no oye la Palabra de Dios; nadie es tan ciego como aquel que no ve esta verdad.

## 19 de julio

# Lleno de vida

*Para que seáis llenos de toda la plenitud de Dios* (Efesios 3:19).

*Lectura de las Escrituras:* Efesios 3:14–21

Queremos que todo nuestro ser esté tan lleno de la vida del Señor que el Espíritu Santo puede hablar y actuar por medio de nosotros. Queremos vivir siempre en Él. ¡Oh, lo encantador de su plan divino! Clamamos por inspiración del Dios de poder. Queremos actuar en el Espíritu Santo. Queremos exhalar vida divina. Queremos la gloria, los milagros, y las maravillas que trabajan el plan del Más Alto Dios. Queremos ser absorbidos por Dios, y no queremos saber nada de los hombres excepto de Jesús y su crucifixión. (Véase 1 Corintios 2:2). ¡A ti, oh Dios, sea la gloria, el honor y el poder! (Véase Apocalipsis 5:13).

> Si, lleno de Dios,
> Si, lleno de Dios,
> Vaciado del ego y lleno de Dios.

> Porque Él es tan precioso para mí,
> Porque Él es tan precioso para mí;
> El cielo vino
> Para dar a conocer a mi Redentor,
> Porque Él es tan precioso para mí.

¿Puede preguntarse el por qué le amo tanto? Pueda haber el clamor hasta que testifiquemos Hechos 11:15: "*Y cuando comencé a hablar, cayó el Espíritu Santo sobre ellos también*".

> Oh, estar en fuego, estar en fuego,
> Oh, estar en fuego por Dios.
> Oh, estar en fuego, estar en fuego,
> Estar todos e fuego por Dios.

*Pensamiento para hoy:* Vivir dos días seguidos en el mismo plano espiritual es una tragedia.

## 20 de julio

# El ministerio del Espíritu

*Pero de ninguna cosa hago caso, ni estimo preciosa mi vida*
*para mí mismo, con tal que acabe mi carrera con gozo,*
*y el ministerio que recibí del Señor Jesús* (Hechos 20:24).

*Lectura de las Escrituras:* Romanos 13:14–14:19

El ministerio del Espíritu ha sido confiado a nosotros. Debemos estar en el lugar de edificar la iglesia. La ley no es libertad, pero si existe un mover de Dios dentro de usted, Dios ha escrito sus leyes en su corazón para que se pueda deleitar en Él. Dios desea colocar en nosotros una mezcla perfecta de su vida y nuestras vidas para que podamos tener abundancia de gozo interior—un lugar reinante sobre todas las cosas, no un lugar de esfuerzo. Existe una gran diferencia entre un esfuerzo y un deleite.

Dios nos dice: "*Sed santos, porque yo soy santo*" (1 Pedro 1:16). Probar nunca nos causará alcanzar el lugar de santidad, pero existe un lugar, o una actitud, donde Dios nos da fe para descansar en su Palabra, y nos deleitamos internamente por todo. "*El hacer tu voluntad, Dios mío, me ha agradado*" (Salmo 40:8). Existe un lugar de gran gozo. ¿Queremos condenación?

Sabemos que hay algo adentro que ha sido consumado por el poder de Dios, algo mayor de lo que pudiera haber en el orden natural de la carne. Somos los representantes de Jesús. Él fue consumado con celo. (Véase Juan 2:17). Este celo intenso nos cambia por la operación de la Palabra; no descansamos en la letra, sino que permitimos que el bendito Espíritu Santo nos levante por su poder.

Los discípulos estuvieron con Jesús por tres años. Él habló de la abundancia de su corazón hacia ellos. Juan dijo: "Le hemos tocado; nuestros ojos han mirado fijo en sus ojos". (Véase 1 Juan 1:1). ¿Sabía Jesús de Jonás? Sí. ¿Alguna vez lo dijo? No. Cuando Jesús le dijo a los discípulos que uno de ellos le traicionaría, ellos dijeron: "*¿Soy yo, Señor?*" (Mateo 26:22). La esencia del orden divino tener a la iglesia unida para que no haya división en el cuerpo, sino una perfecta mezcla de corazón a corazón.

"*La letra mata, más el Espíritu vivifica*" (2 Corintios 3:6). La espada cortó la oreja de Malco, pero el Espíritu la sanó de nuevo. (Véase Lucas 22:50–51). Nuestro ministerio debe ser en el Espíritu, "*Librado de la ley del pecado y de la muerte"* (Romanos 8:2). Cuando vivimos en el ministerio del Espíritu, somos libres; en la letra estamos obligados. Si fuera *"ojo por ojo"* (Mateo 5:38), hemos perdido el principio. Si debemos llegar al lugar de gran libertad, la ley debe estar al final. Pero, amamos la ley de Dios; amamos hacerlo y no ponemos nada a un lado.

*"Siendo manifiesto que sois carta de Cristo expedida…con el Espíritu de Dios vivo…en tablas de carne del corazón"* (2 Corintios 3:3). Es una adoración de corazón cuando Dios ha hecho la incisión; el Espíritu ha venido mezclarse con la humanidad.

**Pensamiento para hoy:** Lo nuestro no es una sociedad de esfuerzo, sino una que ofrece deleite de vivir en la voluntad de Dios.

## 21 de julio

# Paz a nuestros corazones

*Tú guardarás en complete paz a aquel cuyo pensamiento*
*en ti persevera; porque en ti ha confiado* (Isaías 26:3).

*Lectura de las Escrituras:* Isaías 54:5–55:9

*D*ebemos mantener en la marea espiritual—al Dios supremo, el altar dentro del cuerpo. La fe es la evidencia, el poder, el principio, manteniendo en descanso. Debemos tener el Espíritu del ministerio de unción, intercesión, revelación y gran poder. Ser bautizado en el Espíritu Santo es estar en el plan de Dios—el Espíritu más preeminente, revelando al Cristo de Dios, haciendo viva la Palabra de Dios—algo divino. *"Nuestra competencia proviene de Dios, el cual asimismo nos hizo ministros...del Espíritu; más el Espíritu vivifica"* (2 Corintios 3:5–6).

Conozco un creyente cuyo trabajo es cargar sacos de carbón. Había estado en cama por tres semanas ausente de su trabajo. Le mostré Romanos 7:25: *"Gracias doy a Dios, por Jesucristo Señor nuestro. Así que, yo mismo con la mente sirvo a la ley de Dios, más con la carne a la ley del pecado"*. Le dije: "Mantenga su mente en Dios y vaya a trabajar, declarando victoria". Él lo hizo, y en el primer día fue capaz de cargar 100 sacos, su mente estaba en Dios y se mantuvo en paz. *"Mucha paz tienen los que aman tu ley, y no hay para ellos tropiezo"* (Salmo 119:165).

Si su paz es perturbada, hay algo malo. Aplique la sangre de Jesús, y mantenga su mente puesta en Jehová, donde "los corazones son totalmente bendecidos, encontrando como Él lo prometió, perfecta paz y descanso". Mantenga su mente en Dios, ganando fortaleza en Él, día a día.

*"Pues la ley por medio de Moisés fue dada, pero la gracia y la verdad vinieron por medio de Jesucristo"* (Juan 1:17). Esta es una nueva dispensación, este lugar divino: Cristo en usted, la esperanza y la evidencia de la gloria. (Véase Colosenses 1:27).

Permita Dios ceñirle con la verdad. (Véase Efesios 6:14). Lo elogio en el nombre de Jesús.

**Pensamiento para hoy:** Si usted no es libre en el Espíritu, su mente está en el lugar equivocado.

319

## 22 de julio

# Al servicio del Señor

*Señor, ¿qué quieres que yo haga?* (Hechos 9:6).

*Lectura de las Escrituras:* Hechos 9:1–22

En medio de la persecución de los discípulos del Señor, Saulo fue enfrentado con una luz brillante del cielo. (Véase Hechos 9:3). Una voz le habló diciendo: *"Saulo, Saulo, ¿por qué me persigues?"* (versículo 4). Saulo preguntó quién le estaba hablando, y cuando Jesús se identificó, la respuesta de Saulo fue: *"Señor, ¿qué quieres que yo haga?"*. Tan pronto como Saulo estuvo dispuesto a entregarse, estuvo en condición donde Dios podía llenar su necesidad, donde Dios podía mostrar su poder, donde Dios podía tener al hombre.

Amigo, está usted diciendo hoy, *"¿Qué quieres que yo haga?"*. En el lugar de la rendición es justo donde Dios nos quiere. La gente está diciendo: "Quiero el bautismo del Espíritu Santo. Quiero ser sanado. Me gustaría saber con certeza que soy un hijo de Dios", y no veo nada, absolutamente nada, en el camino, excepto que no se han entregado al plan de Dios.

En Hechos 19:6, la condición fue cumplida para con lo que Pablo exigió, y cuando puso sus manos en los discípulos de Efeso, fueron instantáneamente llenos con el Espíritu y hablaron en otras lenguas y profetizaron. Lo único que necesitaban era justo estar en la condición donde Dios pudiera entrar.

La principal cosa que Dios quiere ahora mismo, es obediencia. Cuando usted empiece a ceder y entregarse a Dios, Él tiene un plan para su vida, y usted viene a ese lugar maravilloso donde todo lo que usted tiene que hacer es comer los frutos de Canaán.

Es el llamando de Dios lo que cuenta. Pablo respondió al llamado de Dios. Yo creo que Dios quiere hoy remover nuestros corazones para la obediencia. Nuestra respuesta debe ser: *"Señor, ¿qué quieres que yo haga?"*.

**Pensamiento para hoy:** Dios está buscando obediencia.

# 23 de julio

# ¿Está usted dispuesto?

*Y hacía Dios milagros extraordinarios*
*por mano de Pablo* (Hechos 19:11).

*Lectura de las Escrituras:* Mateo 16:24–27; Lucas 14:27–35

*P*ablo había encarcelado a muchos creyentes, pero Dios le llevó al lugar de rendición y quebrantamiento que él clamó: "*¿Qué quiere que yo haga?*" (Hechos 9:6). La elección de Pablo fue ser un sirviente atado a Jesucristo.

Amado, ¿está usted dispuesto para que Dios haga su manera ahora? Dios dijo de Pablo: "*Yo le mostraré cuánto le es necesario padecer por mi nombre*" (Hechos 9:16). Pero Pablo vio que estas cosas estaban saliendo "*más excelente y eterno peso de gloria*" (2 Corintios 4:17). ¿Necesita usted un toque de Dios? ¿Está usted dispuesto a seguirle a Él? ¿Le obedecerá a Él?

Cuando el hijo prodigo había regresado y el padre había matado el becerro gordo y hecho un festín para él, el hermano mayor se enojó y dijo: "*Nunca me has dado ni un cabrito para gozarme con mis amigos*" (Lucas 15:29). Pero el padre le dijo: "*Todas mis cosas son tuyas*" (versículo 31). Él podía matar un becerro gordo en cualquier momento. Cuando Dios puede confiar en nosotros, no nos faltará nada.

"*Hacía Dios milagros extraordinarios por mano de Pablo*". Miremos los pañuelos que salían de su cuerpo. Este pasaje indica que cuando Pablo tocó los pañuelos y los enviaba, Dios hacía milagros especiales a través de ellos: las enfermedades salían del enfermo, y los espíritus malos salían de ellos. ¿No es esto lindo? Yo creo que después que ponemos manos en esos pañuelos y oramos sobre ellos, deben ser manejados muy sagradamente. Aun mientras los llevamos, traerán vida, si los llevamos con fe para los sufridos. El preciso efecto, si tan sólo lo cree, sería para cambiar su propio cuerpo mientras carga el pañuelo.

Dios quiere cambiar nuestra fe hoy. Él quiere que miremos que no es obtenido por la lucha, el trabajo o el anhelo. "*El Padre mismo os ama*" (Juan 16:27). "*El mismo tomó nuestras enfermedades, y llevó nuestras dolencias*" (Mateo 8:17). "*Venid a mí todos los que estáis trabajados y cargados y yo os haré descansar*" (Mateo 11:28). ¿Quién es el hombre que

# 23 de julio

tomará el lugar de Pablo y cederse y entregarse hasta que Dios le posea de tal manera que el poder fluirá de su cuerpo para el enfermo y el afligido? Este deberá ser el poder de Cristo el que fluya. No crea que existe algún poder mágico en el pañuelo, o que perderá el poder. Es la fe viviente dentro del hombre que pone el pañuelo en su cuerpo, y el poder de Dios a través de esa fe. Alabado Dios, que podemos sostener esa fe viviente hoy. La sangre nunca ha perdido su poder. Mientras estemos en contacto con Jesús, cosas maravillosas sucederán. ¿Y qué más? Estaremos cerca y más cerca de Él.

*Pensamiento para hoy:* El ministerio siempre empieza tan pronto como la persona se entrega.

## 24 de julio

# El secreto del poder

*A Jesús conozco, y sé quién es Pablo;*
*pero vosotros, ¿quiénes sois?* (Hechos 19:15).

*Lectura de las Escrituras:* Hechos 19:13–20

*L*e implore en el nombre de Jesús, especialmente a aquellos que son bautizados, despertarse al hecho de que tiene poder si Dios está con usted. Pero debe existir una semejanza entre usted y Jesús. El espíritu malo dijo: *"A Jesús conozco, y sé quién es Pablo; pero vosotros ¿quiénes sois?"*. Pablo tenía la semejanza. Usted no obtendrá esta semejanza sin tener su presencia; su presencia le cambia. Usted no será capaz de obtener los resultados sin la marca del Señor Jesús. Usted debe tener el poder divino dentro de sí; los demonios no notaran ningún poder si no ven a Cristo. *"A Jesús conozco, y sé quién es Pablo; pero vosotros ¿quiénes sois?"* La diferencia en estos exorcistas era que no tenían la marca de Cristo, por lo que la manifestación del poder de Cristo no había sido vista.

Si usted quiere poder, no cometa ningún error. Si usted habla en lenguas, no equivoque eso por el poder. Si Dios le ha dado revelaciones a lo largo de ciertas líneas, no equivoque eso por el poder. O si aun ha puesto manos sobre el enfermo y han sido sanados, no equivoque eso por el poder. *"El Espíritu del Señor está sobre mí"* (Lucas 4:18)—eso solo, es el poder. No sea derrotado. Existe un lugar para ser alcanzado donde usted sabe que el Espíritu está sobre usted por lo que será capaz de hacer obras que son cumplidas por este bendito Espíritu de Dios en usted. Luego, la manifestación de su poder será vista, y la gente creerá en el Señor.

Dios quiere que usted tenga un espíritu ministrador, y esto quiere decir, estar cubierto con otro poder. Usted sabe cuando este poder divino está, y usted sabe cuando sale. Amado, podemos alcanzarlo; es una alta marca, pero lograrlo. ¿Se pregunta cómo? Dígale a Dios: *"¿Qué quieres que yo haga?"* (Hechos 9:6). Ese es el plan. Significa una entrega total y perfecta al llamado de Dios, y una perfecta obediencia.

*Pensamiento para hoy:* El bautismo de Jesús debe llevarnos al lugar de tener nuestro enfoque centrado en la gloria de Dios; todo lo demás es tiempo perdido y energía perdida.

# 25 de julio
## Sométase y obedezca

*Someteos a Jehová* (2 Crónicas 30:8).

*Lectura de las Escrituras:* Juan 15:1–14

*U*n estimado joven ruso vino a Inglaterra. No sabía el idioma pero lo aprendió rápidamente y fue majestuosamente usado y bendecido por Dios. Mientras eran vistas las maravillosas manifestaciones del poder de Dios, la gente le preguntó el secreto de su poder, pero sitió que era tan sagrado entre él y Dios que no lo diría. Pero lo presionaron tanto que finalmente se los dijo, "Primero, Dios me llamó, y su presencia fue tan preciosa que le dije a Dios en cada llamado que le obedecería. Me sometí y me entregué y me cedí hasta que me di cuenta que estaba simplemente arropado con otro poder completamente, y me di cuenta que Dios me había tomado—mi lengua, mis pensamientos y todo—y ya no era yo, sino que era Cristo trabajando en mí".

¿Sabe usted que Dios le ha llamado una y otra vez y ha puesto sus manos sobre usted, pero usted no se ha entregado? ¿Ha tenido usted el aliento de su poder dentro de usted, llamándole para orar, y que tiene que confesar que usted ha fallado?

Una tarde, fui a una casa donde me había llamado, y encontré un hombre en la puerta. Me dijo: "Mi esposa no ha salido de la cama por ocho meses; está paralizada. Ella ha estado esperando mucho su venida. Espera que Dios la levante". Entré y reprendí el poder del demonio. Ella dijo: "Se que soy sanada; si se va, me levantarme". Salí de la casa y me fui, sin oír más nada de ella. Fui a una reunión esa noche y un hombre saltó y dijo que tenía algo que quería decir; tenía que ir a abordar un tren pero quería hablar primero. Él dijo: "Vengo a esta ciudad una vez a la semana, y visito a los enfermos de toda la ciudad. Hay una mujer que he estado visitando, y estuve muy preocupado por ella. Estaba paralítica y acostada en su cama por meses. Sin embargo, cuando hoy pasé, estaba levantada haciendo su trabajo". Les cuento esta historia porque quiero que vean a Jesús. Entréguese a Él ahora.

**Pensamiento para hoy:** Si existe cualquier pero en su actitud hacia la Palabra de verdad, hay algo no rendido al Espíritu.

## 26 de julio

# El poder de Dios para obrar milagros

*¿Quién expresará las ponderosas obras de Jehová?*
*¿Quién contará sus alabanzas?* (Salmo 106:2).

*Lectura de las Escritura:* Salmo 106

*U*na carta llegó a nuestra casa diciendo que un hombre joven había estado muy enfermo. Él había estado en nuestra misión unos años antes con un pie muy mal; no había usado zapato pero había amarrado una pieza de cuero alrededor de su pie. Dios lo había sanado ese día. Tres años después de eso, algo más le sucedió. Lo que era, no lo sé, pero su corazón falló y estaba sin esperanzas. No se podía levantar, vestir o hacer algo por sí solo. En esa condición, llamó a su hermana y le dijo que me escribiera para ver si yo podía orar. Mi esposa me dijo que fuera, y creía que Dios me daría esa vida. Me fui, y cuando llegué a ese lugar, me di cuenta que todo el país me estaba esperando. Ellos habían dicho que cuando llegara, este hombre sería sanado.

Le dije a la mujer cuando llegué: "He llegado". "Sí", respondió ella, "pero ya es muy tarde". ¿Está vivo? Pregunté. "Si, casi vivo", dijo. Entré y puse mis manos en él y le dije: "Martín". Él solo respiró un poco y susurró: "El doctor dijo que si me movía de esta posición, nunca me movería otra vez". Yo dije: "¿Sabes que la Escritura dice, *'La roca de mi corazón y mi porción es Dios para siempre'* (Salmo 73:26)?". Él preguntó: "¿Debería levantarme?". Le respondí, "No".

Ese día fue para orar y ministrar la Palabra. Encontré un gran estado de incredulidad en esa casa, pero vi que Martín tenía fe para ser sanado. Su hermana acababa de llegar de un asilo. Dios me mantuvo allí para orar por ese lugar. Le dije a la familia, "Alisten la ropa de Martín; creo que se va a levantar". Sentí la incredulidad.

Fui a la capilla y oré con una gran cantidad de personas alrededor de allí, y antes del medio día ellos, también, creyeron que Martín iba a ser sanado. Cuando regresé, dije: "¿Está su ropa lista?". Ellos respondieron: "No". "Oh, ¿obstaculizarán la obra de Dios en esta casa?". Me fui al cuarto de Martín solo. Dije: "Creo que Dios hará algo nuevo hoy. Creo que cuando ponga manos sobre usted, la gloria del cielo llenará este lugar". Puse mis manos en él en el nombre del Padre, del Hijo y del Espíritu

325

# 26 de julio

Santo, e inmediatamente la gloria del Señor llenó el cuarto, inmediatamente caí al suelo. No ve lo que paso en la cama o en el cuarto, pero este joven empezó a gritar: "¡Gloria, gloria!" y le escuché decir: "Para tu gloria, Señor" y se levantó ante mí perfectamente sanado. Se fue a la puerta y la abrió y su padre se detuvo allí. Le dijo, "Padre, el Señor me ha levantado", y el padre cayó al piso y clamó por salvación. La mujer que salió del asilo estaba perfectamente sanada en ese momento por el poder de Dios en esa casa.

Dios quiere que miremos que el poder de Dios cayendo sobre la gente tiene algo más en ello que lo que hayamos conocido. El poder de sanidad y para bautizar esta disponible, pero usted debe decir: "*¿Señor, qué quieres que yo haga?*" (Hechos 9:6). Usted dice que son cuatro meses antes de la cosecha. Si usted tuviera los ojos de Jesús, podría ver que la cosecha ya está. (Véase Juan 4:35). El Espíritu Santo lo quiere para el propósito de manifestar a Jesús por medio de usted. ¡Oh, puede que nunca sea el mismo otra vez! El Espíritu Santo moviéndose sobre nosotros nos hará ser como Él, y nosotros con certeza diremos: "*Señor, ¿qué quieres que yo haga?*".

**Pensamiento para hoy:** El demonio le dirá que usted no puede tener fe. Dígale que es un mentiroso.

## 27 de julio

# Tierra más alta

*Creed en Jehová vuestro Dios,*
*y esteréis seguros* (2 Crónicas 20:20).

*Lectura de las Escrituras:* Marcos 9:19–29

*E*sta usted listo? "¿Por qué?", pregunta usted. Porque Dios quiere darnos tierras más altas, pensamientos más santos y un ministerio más concentrado y más claro. Dios quiere que estemos en una marea creciente cada día. Esta marea creciente es un cambio de fe; es en la actitud del espíritu donde Dios se levanta más alto y más alto. Él quiere que nosotros lleguemos al lugar donde nunca miremos atrás. Dios no tiene espacio para la persona que mira atrás. (Véase Génesis 19:15–26).

El Espíritu Santo quiere que usted esté listo para extenderse hacia Dios y creer que *"Es galardonador de los que le buscan"* (Hebreos 11:6). Usted no necesita usar repeticiones vanas cuando ora. (Véase Mateo 6:7). Simplemente pida y crea.

La gente viene con sus necesidades, piden, y luego se alejan con sus necesidades porque no esperan fielmente para recibir lo que Dios les ha prometido. Si ellos piden, lo obtendrán.

Muchas personas están perdiendo el orden más alto. Fui donde una persona que estaba llena del Espíritu pero constantemente estaba diciendo: "¡Gloria! ¡Gloria! ¡Gloria!". Le dije: "Usted esta lleno del Espíritu Santo, pero el Espíritu no puede hablar porque usted constantemente habla". Entonces se quedó quieto, y el Espíritu empezó a hablar a través de él. Esta historia ilustra el hecho de que con frecuencia estamos totalmente en el camino de Dios.

Quiero tanto que cambie su operación en Dios para que conozca que Dios está operando a través de usted en este momento y por siempre. Pueda ahora el Espíritu despertarnos para profundas cosas.

¿Está usted listo para mover y ser movido por el gran poder de Dios que no puede ser movido, y ser disciplinado y edificado para que usted esté en el lugar donde no importa hacia donde sopla el viento o qué dificultad llega porque usted está fijo en Dios?

¿Está usted listo para entrar en el plan del Más Alto Dios, creyendo lo que las Escrituras dicen y permaneciendo en lo que es bueno, creyendo que nadie tomará su corona? (Véase Apocalipsis 3:11).

**Pensamiento para hoy:** Crea más, suplique menos.

## 28 de julio

# Cambiado por la Palabra

*¿Con qué limpiará el joven su camino?*
*Con guardar tu Palabra* (Salmo 119:9).

*Lectura de las Escrituras:* Salmo 119:17–40

*D*ios puede cambiarnos tanto por medio de su Palabra, día a día, que somos todos diferentes. David sabía esto. Él dijo: *"Porque tu dicho me ha vivificado"* (Salmo 119:50). *"Envió su palabra, y los sanó"* (Salmo 107:20). ¡Qué lindo que Dios puede hacer que su Palabra abunde! *"En mi corazón he guardado tus dichos, para no pecar contra ti"* (Salmo 119:11).

Es absolutamente desleal e incrédulo el orar por la Palabra de Dios. Crea y reciba la Palabra de Dios tal como es, y siempre estará en tierra segura. Si usted ora acerca de la Palabra de Dios, el diablo estará detrás de todo. Nunca ore por cualquier cosa referente a lo que puede ser dicho: "Así dice el Señor". Usted necesita recibir las palabras de Dios para que le construyan en una nueva base de verdad.

En Romanos 12:1, vemos que Pablo ha estado operando en:

*Así es que, hermanos, os ruego por las misericordias de Dios, que presentéis vuestros cuerpos en sacrificio vivo, santo, agradable a Dios, que es vuestro culto racional.*

Él ha pasado por una tremenda operación en más que solo una mesa de cirugía. Él ha sido cortado en lo más profundo de su ser, hasta que hubo absolutamente alcanzado un lugar en el altar de total rendición. Cuando él llegó a ese lugar, de las profundidades de su experiencia él entregó toda su vida, como lo fue, en resumen.

*Pensamiento para hoy:* La Palabra de Dios no necesita que se le ore: La Palabra de Dios necesita ser recibida.

## 29 de julio

# Reciba la gracia de Dios

*Así, pues, nosotros, como colaboradores suyos,*
*os exhortamos también a que no recibáis*
*en vano la gracia de Dios* (2 Corintios 6:1).

*Lectura de las Escrituras:* Salmo 51

*L*a gente está siendo bendecida todo el tiempo están recibiendo revelación. Van de un lugar a otro, pero no se establecen en lo que Dios los ha traído. Si usted no deja que su corazón sea examinado cuando el Señor viene con bendición o con corrección, si usted no hace de la bendición o de la corrección escalón, o si usted no lo hace en un lugar ascendente, entonces está recibiendo la gracia de Dios en vano. La gente puede ser edificada mucho más en el Señor y ser más maravillosamente establecida si salen algunas veces y piensan en las gracias del Señor.

La gracia será multiplicada en ciertas condiciones. ¿Cómo? En primer capítulo de 2 Timoteo, tenemos estas palabras: *"La fe no fingida que está en ti"* (versículo 5). Cada uno en toda la iglesia de Dios tiene la misma fe preciosa dentro de sí. Si usted permite esta misma fe preciosa que sea primero y último en todo, encontrará que la gracia y la paz son multiplicadas. El Señor llega a nosotros con su misericordia, y si no vemos que el Dios de gracia y misericordia esta abriéndonos la puerta de misericordia y enunciación, entonces estamos recibiendo su gracia en vano.

Cuando usted está en oración, recuerde cuan cercano está del Señor. Orar es un momento durante el cual Dios quiere que usted sea fortalecido, y Él quiere que usted recuerde lo que Él es con usted.

Cuando usted abre las páginas sagradas de la Escritura y la luz entra directo y dice: "Oh, ¡no es maravilloso!", gracias Dios, porque es la gracia de Dios que ha abierto su entendimiento. Cuando usted asiste a una iglesia y sale la revelación y siente que es lo que usted necesitaba, recíbalo como la gracia del Señor. Dios le ha llevado al lugar donde Él puede darle mayores bendiciones.

**Pensamiento para hoy:** Si queremos fortaleza para edificar nuestro carácter espiritual, nunca debemos olvidar nuestras bendiciones.

## 30 de julio

# Salvación constante

*He aquí el tiempo aceptable; he aquí ahora*
*el día de salvación* (2 Corintios 6:2).

*Lectura de las Escrituras:* 1 Juan 1

Existen dos procesos de salvación. Primero, Dios le ayudó cuando el Espíritu le estaba moviendo y cuando el Adversario estaba contra usted, cuando sus vecinos y amigos no querían que usted fuera salvado y cuando todos se levantaron acusándole. Cuando supo que había pleito por dentro y por fuera, Él le ayudó; Él le cubrió hasta que llegó a la salvación. Segundo, Él le mantiene en el plan de su salvación.

Este es el día de salvación. El hecho de que usted ha sido salvo no significa que no fue salvado, sino que significa que usted está siendo cambiado continuamente. En el proceso de regeneración, usted ha sido hecho como Dios; usted ha sido llevado a la operación del poder del Espíritu; usted ha sido hecho como Él.

Este es el día de salvación. Dios le ha ayudado en el momento cuando Satanás quería destruirlo, y Él está con usted ahora. Si permanecemos estáticos, Dios no tiene nada para nosotros. Debemos ver que debemos progresar. El ayer no sirve hoy. Debo agradecer a Dios por el ayer; sin embargo, el mañana está afectado por lo que soy ahora.

Hoy es un día de inspiración e intuición divina, un día en el que Dios está extasiando el corazón, rompiendo todas las costas, teniendo mi corazón en el lugar donde está respondiendo sólo al su clamor, donde vivo y me muevo honrando y glorificando a Dios en el Espíritu. Este es el día de la visitación del Señor. Este es el gran día de salvación, un día para continuar para Dios.

¡Alabaremos y engrandeceremos al Señor, porque Él es valioso para ser alabado! Él nos ha ayudado, y ahora Él está edificándonos; ahora Él está cambiándonos; ahora estamos en la operación del Espíritu Santo. Cada día usted debe subir a tierras más altas. Debe rechazar todo lo que no es puro, santo y separado. Dios quiere que usted sea santo en su corazón. Él quiere su intenso deseo por la santidad.

**Pensamiento para hoy:** Usted debe negarse a sí mismo para seguir a Dios.

## 31 de julio

# En perfecta armonía

*No damos a nadie ninguna ocasión de tropiezo,*
*para que nuestro ministerio no sea vituperado* (2 Corintios 6:3).

*Lectura de las Escrituras:* 2 Corintios 13:4–12

Si usted, siendo miembro de cierta iglesia, está en un lugar donde en vez prefiere ver a una persona salva en su iglesia quiere dos personas salvas en otra iglesia, entonces usted está totalmente equivocado, y usted necesita ser salvo. Usted todavía está fuera del servicio del Espíritu de Dios, y es extraño a la verdad, a la vida santa con Dios.

Dios quiere mostrarnos que debemos vivir en el Espíritu para que el ministerio no sea culpado. Si su ministerio no es culpado, ¿cómo puede ayudar a prevenirlo de ser culpado? Usted tiene que vivir en amor. Verlo para que nunca diga o haga algo que pueda inferir con la obra del Señor, sino, viva en el lugar donde usted está ayudando a todos, levantando a todos, y procurar que todos estén en perfecta armonía. Recuerde, siempre hay una bendición donde hay armonía. "Un acorde" es la nota clave de la victoria que nos vendrá todo el tiempo.

Existen miles de miles diferentes iglesias, pero todas son una sola en el Espíritu al punto que todas reciben la vida de Cristo. Si existe alguna división, siempre es fuera del Espíritu. La vida espiritual en el creyente nunca ha conocido la disensión, porque donde el Espíritu tiene perfecta libertad, hay total acuerdo, y no hay división en el cuerpo.

*"La letra mata, más el Espíritu vivifica"* (2 Corintios 3:6). Cuando hay división, es sólo porque la gente escoge la letra en vez del Espíritu. Si estamos en el Espíritu, tendremos vida. Si estamos en el Espíritu, amaremos a todos. Si estamos en el Espíritu, no existirá división; habrá perfecta armonía.

*Pensamiento para hoy:* Más gracia significa más muerte de sí mismo; más vida significa más sumisión; más revelación significa más humildad.

## 1 de agosto

# Una vida en el ministerio

*No sea, pues, vituperado vuestro bien* (Romanos 14:16).

*Lectura de las Escrituras:* Romanos 14

Reconocemos al Espíritu Santo, pero primero reconocemos al Espíritu dándonos vida, salvándonos de cualquier forma de poder malo, transformando nuestra naturaleza humana hasta que esté en orden divino. Entonces, en ese orden divino, vemos que el Señor de las Huestes puede muy lindamente arreglar la vida hasta que vivamos en el Espíritu y que no esté lleno de lujuria de la carne. (Véase Gálatas 5:16). Cuando el Espíritu Santo está perfectamente a cargo, levanta, alumbra y revela la verdad en una nueva manera hasta que lo comprendemos.

Oh, qué lindo sería si cada uno de nosotros pudiéramos poseer esta palabra en nuestros corazones: *"No sea, pues, vituperado vuestro bien"*. Sé que queremos ser buenos, no hay nada malo en desear que nuestras bondades sean apreciadas. Pero debemos cuidarnos porque este es un día malo (aunque sea el día de salvación), y debemos comprender que en estos días que el Señor quiere disciplinar y llevar al pueblo justo a una posición de total marea.

Creo que es posible sólo para Dios remover un grupo de creyentes justo a la gloria antes del Rapto y durante el Rapto. Es posible que usted sea tomado aunque los demás se hayan ido. Permita Dios darnos un gran interés interno de discernimiento de pureza de nuestros corazones. Queremos ir al cielo—es mucho mejor que vayamos—pero es mucho mejor para la iglesia que nos quedemos. (Véase Filipenses 1:23–24).

Pablo se dio cuenta de la siguiente verdad: *"Partir [hacia] y estar con Cristo...lo cual es muchísimo mejor"* (versículo 23). Entonces existe otro lado. Creyendo que Dios nos hizo para la proclamación del evangelio, para la edificación de la iglesia, diríamos: "Señor, para el propósito de estar más bendecidos por tu nombre y por la iglesia, sólo mantennos llenos e vida para quedarnos". No queremos estar llenos de enfermedades, sino que queremos estar llenos de vida.

Permita el Señor darnos justo ahora una fe viva para creer.

**Pensamiento para hoy:** Tendremos que estar completamente muertos si queremos conocer el poder de la resurrección de Jesús.

## 2 de agosto

# En sufrimiento por la iglesia

*Antes bien, nos recomendamos en todo como ministros de Dios, en mucha paciencia, en tribulaciones, en necesidades, en angustias (2 Corintios 6:4).*

*Lectura de las Escrituras:* 2 Corintios 6:3–7:1

*L*as tribulaciones de las que Pablo habló no son las tribulaciones de varias enfermedades. Pablo estaba muy seguro de este hecho. Él sufrió tribulaciones con la gente al igual que Jesús. Pueden existir muchas tribulaciones dentro nuestra estructura humana cuando sentimos que nuestra influencia espiritual no está trayendo frutos en las vidas de los demás. Usted se siente muy dolido y profundamente estresado porque la iglesia no está captando la visión, y hay tribulación en su sentir.

Dios quiere que estemos muy espirituales para que tengamos perfecto discernimiento del espíritu de la gente. Sin embargo, si en un momento puedo discernir el espíritu en una reunión, ya sea de una vida entregándose, si toda la iglesia esté recibiéndola, ya sea que mi corazón esté movido por este poder, y también luego puedo ver la fe decayendo, eso le traerá tribulación y problemas a mi vida.

Permita Dios darnos comprensión de que estamos tan unidos a la iglesia para que podamos sufrir dolores de parto para levantarla. Pablo dijo que volvió a sufrió dolores de parto, hasta que Cristo sea formado en vosotros. (Véase Gálatas 4:19). Él no estaba en dolores de parto para que volvieran a ser salvos. No, sino que ellos habían carecido de la percepción; había perdido la hermandad divina; por lo que él entró en labor de parto nuevamente para que ellos pudieran ser traídos a esta fraternidad profunda en el Espíritu.

Pueda Dios ayudarnos para ver que podamos entrar en dolores de parto por la iglesia. Bendita es la persona que puede llorar entre la puerta de la iglesia y el altar. Bendito es el pueblo de Dios que puede tomar la iglesia de alguien más en sus corazones y llorar y gemir hasta que la iglesia sea formada de nuevo, hasta que se alce en gloria, hasta que el poder del cielo esté sobre ella, hasta que el conocimiento espiritual se levante alto y más alto, hasta que un canto la levante hasta las alturas.

**Pensamiento para hoy:** Usted debe vivir muy en el Espíritu para que cuando vea que la iglesia no se levanta en su gloria, sufra tribulación por la iglesia.

333

# 3 de agosto

# Poseer su alma en paz

*Y el Señor encamine vuestros corazones al amor de Dios,*
*y a la paciencia de Cristo* (2 Tesalonicenses 3:5).

*Lectura de las Escrituras:* 2 Tesalonicenses 1:3–12

*S*e que estoy escribiendo para gente que tiene muchas responsabilidades en sus iglesias. Si la gente mira que usted ha perdido las bases de su paz, saben que usted se ha salido de la posición de victoria. Usted debe poseer su alma en paz.

Cosas extrañas sucederán en la iglesia. Todas las circunstancias parecerán estar contra la iglesia, y sentirá que el enemigo está ocupado. En ese momento, posea su alma en paz. Deje que la gente sepa que usted está a cuentas con aquel *"quien cuando le maldecían, no respondía con maldición"* (1 Pedro 2:23).

Posea paciencia hasta el punto de que usted pueda sufrir todo por la iglesia, por sus amigos, por sus vecinos, o por cualquiera. Recuerde esto: edificamos carácter en los demás así como nuestro carácter está edificado. Así como somos puros en nuestros pensamientos, somos tiernos y graciosos para otras personas, y poseemos nuestras almas en paz (véase Lucas 21:19), entonces la gente tiene un gran deseo por nuestro compañerismo con el Espíritu Santo.

Ahora, Jesús es un ejemplo para nosotros a lo largo de estas líneas. La gente le vio en paz. Me encanta pensar en Él. Me ayuda tanto porque Él es la mera esencia de ayuda. Oro a Dios para que podamos aprender la lección de cómo mantenernos tanto para que el espíritu nos mezcle, haciendo la armonía maravillosa.

Prepárese para eso. Reclame sus derechos de las promesas de Dios. Crea que las Escrituras son suyas. Crea que el amor le cubre, que su vida fluye a través de usted, que su Espíritu dador de vida le levanta. Deje que la paz que posee entendimiento (véase Filipenses 4:7) sea suya ahora.

**Pensamiento para hoy:** Recuerde esto: usted nunca pierde tanto que cuando pierde su paz.

# 4 de agosto

# No ofenda

*Y por esto procure tener siempre una conciencia
sin ofensa ante Dios y ante los hombres* (Hechos 24:16).

*Lectura de las Escrituras:* Mateo 18:3–18

*S*i diez personas pudieran salvar a Sodoma y Gomorra, diez personas santas en la iglesia pueden mantener el poder del Espíritu hasta que la luz reine. No queremos buscar salvarnos a nosotros mismos; por el contrario, queremos perdernos para que podamos salvar a la iglesia. (Véase Mateo 16:25). No puede dejar de angustiarse por venir; ellos vendrán, y las ofensas vendrán. Pero entristézcase por aquellos que provocan ofensas. (Véase Mateo 18:7). Mire que usted no cause ofensa. Viva en plano más alto. Cuide que su lengua no diga maldades a los demás.

¿Alguna vez ha visto totalmente la imagen presentada en el capitulo veintiséis de Mateo? Jesús dijo: *"Uno de vosotros me va a entregar"* (versículo 21). Los discípulos preguntaron: *"¿Soy yo, Señor?"* (versículo 22). Cada uno de ellos estaba tan consientes de su debilidad humana que ninguno podía decir que no podría ser uno de ellos.

¿Por cuánto tiempo cree usted, que Jesús había sabido quién le iba a traicionar? Jesús había estado con ellos, alimentándoles, andando de un lado a otro con ellos, y nunca le dijo a ninguno que Judas iba a ser su traidor. Aquellos que siguen a Jesús deben estar tan sobrios y sensibles para no hablar contra de nadie más, ya sea que las palabras sean verdaderas o no.

Si Jesús le hubiera dichos a los discípulos que Judas algún día le traicionaría, ¿cuál hubiera sido el resultado? Todos hubieran estado resentidos contra Judas. Así es que Él salvó a sus discípulos por tres años, de haber estado resentidos contra Judas.

¡Qué amor! ¿Puede ver a ese es santo y divino Salvador? Si le vimos claramente, cada uno de nosotros nos tiraríamos a sus pies. Si tuviéramos una corona valorada en millones de dólares, la pondríamos a sus pies y diríamos: "Tu solo eres valioso". ¡Oh, Dios danos tal conocimiento santo, intenso y divino contigo, para que prefiramos morir en vez de llora!

**Pensamiento para hoy:** Oh, para un carácter interno que nos haga decir: "Mil muertes en vez de pecar una vez".

## 5 de agosto

# Lleno de vida

*Ninguno tenga a poco tu juventud, sino sé ejemplo de los creyentes en palabra, conducta, amor, espíritu fe y pureza* (1 Timoteo 4:12).

*Lectura de las Escrituras:* Salmo 148

*E*l Espíritu Santo cayó sobre un joven fuera de la iglesia. Entró a una iglesia, donde estaban todos muy sedados. Si cualquier cosa se movía en esa iglesia fuera de lo ordinario, ¡debía haber sido extraordinario! Este joven, con su plenitud de vida y celo por el Maestro, empezó a gritar y alabar al Señor, manifestando el gozo del Señor; perturbó a los santos viejos.

En esta iglesia, un día un anciano estaba leyendo Salmos silenciosamente. Eso tocó al joven lleno del Espíritu quien estaba sentado detrás de él. El joven grito, "¡Gloria!". El anciano le dijo, "¿Le llamas a eso religión?".

El padre del joven era uno de los diáconos de la iglesia. Los otros diáconos se juntaron a él y le dijeron: "Debes hablar con tu muchacho y hacerle entender que debe esperar hasta que esté establecido antes de manifestar esas cosas". Entonces, el padre sostuvo una larga conversación con el chico y le dijo lo que los diáconos le dijeron. "Tú sabes", le dijo, "debo respetar a los diáconos y me han dicho que no saltarían con tu entusiasmo. Debes esperar hasta que estés establecido".

Mientras se acercaron a sus casas, el caballo hizo una repentina y seca parada. El padre trató de hacerlo mover hacia adelante o hacia atrás, pero el caballo no se movió para nada.

"¿Qué le pasa a este caballo?", preguntó el padre del muchacho. "Padre", respondió el chico, "este caballo se ha establecido".

Oro para que no nos establezcamos de esa manera. Dios, libéranos de esta crítica, cara larga y envenenada tolerancia que no ha visto la luz del día por muchos días. Libéranos de actuar en tan terrible manera. Debemos tener la conciencia rápida sobre natural de que somos sanos y activos y no de ninguna manera adormecida, sino llena de vida, Dios trabajando en nosotros majestuosamente por medio de su Espíritu.

**Pensamiento para hoy:** Dios guarde a los pentecostales de tener raíz seca.

## 6 de agosto

# Amor que soporta a los demás

*Soportándoos con paciencia los unos
a los otros con amor* (Efesios 4:2).

*Lectura de las Escrituras:* Gálatas 6:1–10

Necesitamos soportarnos *"los unos a los otros con amor"*. Qué contraste es esto con la dureza de los corazones de los hombres, contrario a los poderes malos, contario a la mente natural. Este es el amor de Dios hacia usted lo que le da ternura, amor compasivo hacia los demás.

Sólo el corazón roto y afligido ha recibido la marca de Dios. Es en ese lugar apartado donde Él le habla a solas y le anima cuando está triste y apagado. Cuando no hay mano que le estreche, Él le extiende su mano con misericordia y le lleva a un lugar de compasión. Entonces, usted no puede pensar mal; entonces usted no puede, de ninguna manera, actuar groseramente. Dios le ha traído a la tolerancia con ternura y amor.

En la iglesia de Dios, cuando un alma está fogosa, encendida con el amor de Dios, existe un amor más profundo entre mí y ese hermano que el que está entre mí y mi hermano terrenal. Oh, este amor del que hablo es amor divino; no es amor humano. Es más profundo que el amor humano; es más devoto a Dios. No traicionará. Es verdadero en todo. Usted puede contar con él. No cambiará su carácter. En amor divino, usted actuará exactamente como Jesús actuó, porque usted actuará con el mismo espíritu. *"Como él es, así somos nosotros en este mundo"* (1 Juan 4:17)

Así mientras usted íntima con Cristo en la profundidad del Espíritu, mientras anda con Él *"en la luz, como él está en la luz"* (1 Juan 1:7), es cuando la fraternidad se vuelve única en todos sus planos. Oro para que Dios le ayude a comprenderlo para que seamos capaces de acuerparnos (véase 2 Corintios 5:2) como nunca lo hemos estado, con otro toque majestuoso, con otro ideal del cielo.

Nadie puede amar como Dios. Y cuando Él nos toma en este amor divino, entenderemos exactamente esta palabra, este versículo, porque está lleno de petición; está lleno de pasión y compasión; tiene cada toque de Jesús justo en él. Es tan dulcemente: *"Con toda humildad y mansedumbre, soportándoos con paciencia los unos a los otros con amor"* (Efesios 4:2).

# 6 de agosto

¿No es glorioso? No lo puede encontrar en ningún otro lado. Usted no puede tener esta imagen en ningún lugar donde vaya. Le reto a que vaya a cualquier biblioteca del mundo y encuentre palabras acuñadas o dada como estas palabras, a menos que se hayan copiado de esta Palabra. No están en el jardín natural; están en el de Dios. Es el Espíritu explicando, porque sólo Él puede explicar este ideal de bienaventuranzas. Estas palabras son maravillosas; son lindas; están llena de grandeza; son de Dios. ¡Aleluya!

*Pensamiento para hoy:* Usted no puede soportar a los demás hasta que conozca cómo Dios ha soportado por usted.

# 7 de agosto

# *Páselo*

*Por tanto, id, y haced discípulo a todas las naciones,*
*bautizándolos en el nombre del Padre, y del Hijo,*
*y del Espíritu Santo, enseñándoles que guarden todas*
*las cosas que os he mandado; y he aquí yo estoy con vosotros*
*todos los días, hasta el fin del mundo* (Mateo 28:19–20).

*Lectura de las Escrituras:* Hechos 22:1–16

Así como fue sólo por la ruptura de la vida de Pablo que la bendición llegó, así es por el vacío, la ruptura, la rendición de nuestras vidas que Dios puede traer todas sus glorias a través de nosotros para los demás. Así como alguien dijo alguna vez: "A menos que pasemos lo que recibimos, lo perderemos". Si no lo perdimos, se volverá estancado.

La virtud es siempre manifestada por medio de las bendiciones que usted haya pasado. Nada será de ninguna importancia para usted, excepto que lo haya pasado a los demás. Dios quiere que nosotros estemos muy en el orden del Espíritu para que cuando Él rompa la caja de alabastro de unciones, que representa la preciosa unción que Él tiene para cada uno de sus hijos, será llenado con perfumes de incienso santo para el bien de otros. Entonces seremos vertidos para los demás, los otros pueden recibir las gracias del Espíritu, y toda la iglesia puede ser edificada. La iglesia nunca sabrá de un día seco, sino que siempre será frescura y vida que hace que todos nuestros corazones se quemen juntos mientras sabemos que el Señor nos ha tomado una vez más.

Debemos mantener este deseo ardiente por más de Dios. No debemos estar en ningún punto estacionario. Debemos siempre tener el telescopio más poderoso, buscando y apurándonos a lo que Dios nos ha llamado, para que Él pueda perfeccionar eso para siempre.

En estos días, Dios tiene para nosotros una herencia bendita, para que nunca más seamos áridos o infructíferos, sino estar llenos con la llenura, aumentando con lo creciente, teniendo una incalculable medida del poder del Espíritu en el interior del hombre, para que siempre seamos como un gran río que avanza y sana todo lo que va tocando. ¡Oh, permita que sea hoy!

**Pensamiento para hoy:** Debemos estar hambrientos, siempre listos para cada toque de Dios.

## 8 de agosto

# Siendo pacificador

*Solícitos en guardar la unidad del Espíritu*
*en el vínculo de la paz* (Efesios 4:3).

*Lectura de las Escrituras:* Mateo 5:9, 17–24

*D*e todas las cosas por las que Dios nos hizo, Él intenta que seamos pacificadores. No encontrare una Escritura que me ayude a soportar este punto mejor que Mateo 5:23–24:

*Por tanto, si traes tu ofrenda al altar, y allí te acuerdas de que tu hermano tiene algo contra ti, deja allí tu ofrenda delante del altar, y anda, reconcíliate primero con tu hermano, y entonces ven y presenta tu ofrenda.*

La mayoría de los cristianos estamos satisfechos con el primer significado de este pasaje, pero el segundo significado es más profundo. La mayoría cree es perfectamente correcto, si ha ofendido a otro, ir donde esa persona y decir: "Por favor, perdóname", y usted gana a su hermano cuando hace esa parte. Pero esto es de sentido más profundo: "*Si te acuerdas de que tu hermano tiene algo contra ti*", ve y perdónale su transgresión. Es aun más profundo que tomar su propio lado correcto e ir y tomar el lado correcto del otro al perdonarle todo lo que ha hecho.

Eso sería una piedra de tropiezo para la más rica gracia en el área de mantener "*la unidad del Espíritu en el vínculo de la paz*". Alguien puede decir: "No puedo perdonarlos porque ella hizo eso y él dijo lo otro. Usted sabe, ni siquiera me vuelven a ver para nada. Y él ni siquiera me sonríe desde los últimos seis meses". ¡Qué pena! Que Dios le ayude a pasar del informe malo y el bueno (véase 2 Corintios 6:4, 8), Dios nos puede atraparnos si obtenemos el lado correcto de la gracia.

Amigos, cuando llegan al momento de perdonar a su hermano que ha hecho algo contra de usted, se darán cuenta que eso es el mayor ideal para ir a la perfección, y el Señor nos ayudará a "*guardar la unidad del Espíritu en el vínculo de la paz*". El "*vínculo de la paz*" es el vínculo interior entre usted y el otro hijo de Dios. ¡Oh, gloria a Dios!

*Pensamiento para hoy:* Dios quiere que tengamos un amor puro, un amor que siempre ayude a alguien más a su propia costa.

340

## 9 de agosto

# Un cuerpo

*Un cuerpo, y un Espíritu* (Efesios 4:4).

*Lectura de las Escrituras:* Santiago 4:17; 5:1–12

*D*ebemos reconocer que existe sólo un cuerpo. La tolerancia de Dios alcanza a los creyentes que tienen idea que sólo aquellos en sus iglesias están en lo correcto. Esa manera de pensar es imprudente. Es imprudente que la gente se acerque a la mesa de la Comunión y piense que su mesa es la única mesa. ¿Qué pasa con los cientos de otras personas que están sentadas en sus mesas participando del pan y del vino? Amigo, el cuerpo de Cristo está conformado por todos los que están en Cristo.

Las Escrituras definitivamente dicen que todos los que estén en Cristo en su venida serán cambiados. Pareciera que no podemos todos estar en Cristo a menos se haga algo, y Dios sacudirá tantas actitudes que están arruinando nuestra unidad. Debemos alcanzar el lugar del perfecto amor.

¡Oh, el cuerpo apareciendo como un cuerpo! ¡Oh, todo el cuerpo poseyendo el mismo gozo, la misma paz, la misma esperanza! Sin división, ¡Uno solo en Cristo! ¿Quién puede hacer un cuerpo como ese? Este cuerpo está hecho profundo en la cruz. La sangre limpia todas las impurezas y todo lo que pueda empañar la vasija. Dios está haciendo una vasija para honrar, para uso del Maestro (véase 2 Timoteo 2:21), unido a ese cuerpo—un cuerpo.

Seamos cuidadosos para que lo que hagamos, de ninguna manera, corrompa al cuerpo, porque Dios está disciplinando el cuerpo y juntándolo. Existe algo más profundo en espíritu de la persona regenerada cuando las impurezas de la vida y de la carne se caen. ¡Oh, existe semejanza, parecido, perfección de santidad, de amor! Oh Dios, quita la debilidad y todas las depravaciones.

"*Vosotros, pues, sois el cuerpo de Cristo, y miembro cada uno en particular*" (1 Corintios 12:27). Me gusta la palabra "*particular*", nos dice que es justo el lugar correcto para nosotros. Dios nos está haciendo alcanzar en ese lugar para que todo el tiempo vivamos en un lugar maravilloso en ese cuerpo.

**Pensamiento para hoy:** Usted nunca avanzará en el reino a menos que vea que en cada iglesia existe un núcleo que es tan real como el Dios que usted tiene.

# 10 de agosto

# El llamado

*Fuisteis también llamados en una misma esperanza* (Efesios 4:4).

### Lectura de las Escrituras: Juan 3:1–21

Muchas personas que son llamadas, pierden el llamado porque desinteresados por escuchar. Existe algo en el llamado, mi estimado. *"Muchos son los llamados, y pocos los escogidos"* (Mateo 22:14). Y, ¿cómo será hecha la escogencia? La elección siempre es su elección primera. Usted encontrará que los dones son su elección primera. Encontrará que la salvación es su elección. Dios lo ha hecho todo, pero usted debe escoger. Dios quiere que usted haga el llamado interno, para estar en la condición intercesora grande de implorar al Santo para prepararle para ese maravilloso cuerpo espiritual.

¡Llamado! Estimado, sé que hay gente que tiene la idea (y es un gran error) de que no son exitosos en todo lo que tocan, porque han fallado en tantas cosas que desean alcanzar, porque no pareciera que aspiran por la oración como otros lo hacen y quizás no entren a la llenura de lenguas, no hay esperanza en ellos para este llamado. Satanás viene y dice: "¡Mira esa lista negra de tus debilidades e impotencias! ¡Nunca puedes esperar estar en ese llamado!".

¡Si, usted puede, mi estimado! Dios lo dice en las Escrituras. Oh, amado, es la debilidad lo que le hace fuerte. (Véase 2 Corintios 12:9). Es el último quien puede ser el primero. (Véase Mateo 19:30). ¿Qué podría hacer diferente toda la situación? Confesar nuestras impotencias. Dios dice que Él alimenta al hambriento con buenas cosas, pero al satisfecho Él lo regresa vacío. (Véase Lucas 1:53). Si usted quiere crecer en gracia y en conocimiento de la gracia de Dios, vuélvase lo suficientemente hambriento para ser alimentado; vuélvase lo suficientemente sediento para clamar; esté lo suficientemente quebrado para no querer nada más en el mundo a menos que Él mismo venga.

Deje que Dios consuele su corazón. Deje que Él fortalezca su debilidad. Deje que Él le haga llevar al lugar de beneficio. Deje que Él le ayude en el lugar que ha escogido para usted, porque *"muchos son los llamados y pocos los escogidos"* (Mateo 22:14). Pero Dios tiene la gran elección.

**Pensamiento para hoy:** Me alegra no poder medir a Jesús, pero me alegra que pueda tocarle igual.

## 11 de agosto

# La medida del don de Cristo

*Pero a cada uno de nosotros fue dada gracia conforme*
*a la medida del don de Cristo* (Efesios 4:7).

**Lectura de las Escrituras:** Romanos 12

*L*a gracia y los dones son igualmente abundantes en Jesús. Al poner su fortaleza en Jesús, mientras le permite al Espíritu Santo que penetre cada pensamiento, siempre trae a los lienzos de la mente una perfecta imagen de la santidad, pureza y justificación, entra en Él y se vuelve poseedor de todas las riquezas de Dios.

¿Cómo lo mide usted hoy? Dios da una medida. *"A cada uno de nosotros fue dada gracia conforme a la medida del don de Cristo".*

Se que la salvación, al ser una obra perfecta, es aislante que puede tener muchas cantidades de voltios escondidas. En los días en que se ponían los cables pelados, cuando el poder de la electricidad se obtenía por el Niágara, me han dicho que había una ciudad donde de pronto se apagaron las luces. Siguiendo los cables, el electricista llegó al lugar donde un gato se había enredado entre los cables, y las luces habían dejado de funcionar.

Encuentro que la dínamo del cielo puede ser detenido con una pequeña cosa como un gato. Una impureza del pensamiento detiene la circulación. Un acto puede detener el crecimiento del creyente.

Por lo que si voy a tener todas las revelaciones de Jesús para mí, debo esforzarme por todo lo que Dios tiene para mí por medio de un corazón puro y limpio, de pensamientos correctos, y un afecto interno hacía Él. Entonces el cielo revienta a través de mi marco humano, y todos los rayos del cielo fluyen a través de mi cuerpo. ¡Aleluya! ¡Es lindo!

La medida del don de Cristo se mantiene con usted. Yo no puedo continuar con la inspiración a menos que continúe con Dios en perfección. No puedo conocer la mente de la naturaleza y los misterios de cosas escondidas con Dios, a menos que tenga el poder de penetrar todo entre el cielo y yo. Y no hay nada que traspase sino un corazón puro, porque el puro de corazón verá a Dios. (Véase Mateo 5:8).

**Pensamiento para hoy:** Debemos dejar que Él sea Coronado, y luego Él nos levantará al trono.

## 12 de agosto

# Dios perfecciona a su pueblo

*Subiendo a lo alto, llevó cautiva la cautividad,*
*y dio dones a los hombres* (Efesios 4:8).

*Lectura de las Escrituras:* 1 Tesalonicenses 4:1–12

*D*ios tiene dones para los hombres. Usted pregunta: "¿Qué tipo de hombres?". Aun para los rebeldes. ¿Desearon ellos ser rebeldes? No. Algunas veces hay transgresiones que rompen nuestros corazones y nos hace gemir y sentir dolores de parto. ¿Era pecar, nuestro deseo? No. Dios mira justo al mero lienzo de todas las historias de nuestras vidas, y Él ha determinado su mente en nosotros.

Su debilidad debe ser tamizada como la paja ante el viento, y cada semilla brotará grano puro ante la mente de Dios. El fuego consumirá como el horno para quemar lo incipiente (véase Malaquías 4:1), pero el trigo será recogido hacia el granero, el tesoro del Dios Altísimo, y Él mismo nos sostendrá.

¿Para qué es este proceso? Para el perfeccionamiento de los santos. (Véase Efesios 4:11–12). ¡Oh, sólo piense—ese quebrantamiento suyo será totalmente hecho como Él; esa debilidad suya será fortalecida como Él! Usted debe soporta la imagen del Señor en cada detalle. Usted debe tener la mente de Cristo (véase Filipenses 2:5) en perfección, en belleza.

Amado, no falle ni se marchite por la mano de Dios sobre usted, sino dese cuenta que Dios debe purificarlo para la perfección de los santos. Oh, Jesús le ayudará. Amigo, ¿qué hará usted con esta dorada oportunidad, con esta presión interna de un clamor a Dios en su alma? ¿Dejará que otros sean coronados mientras usted pierde la corona? ¿Está usted hoy dispuesto a ser sacado del cautiverio por Dios?

Usted debe decidir algunas cosas. Si usted no es bautizado, debe buscar el bautismo del Espíritu de Dios. Y si existe algo que esté empañando el fruto o interfiriendo con todo su plan, le imploro que debe que la sangre le cubra, deje que la unción de Cristo venga, deje que la visión de Cristo sea tan vista, para que usted tenga la medida para tomar todo lo que Dios tiene para usted.

**Pensamiento para hoy:** No hay *peros* en la santificación del Espíritu. Los *pero* y los *si* se fueron, remplácelos con *debo y haré*.

# La Palabra de Dios en nosotros

*Siendo manifiesto que sois carta de Cristo* (2 Corintios 3:3).

*Lectura de las Escrituras:* Colosenses 3:12–25

*P*iense acerca de estas palabras: *"Siendo manifiesto que sois carta de Cristo"*. Qué posición ideal que ahora los hijos de Dios están siendo manifestados; ahora la gloria está siendo vista; ahora la Palabra de Dios se está volviendo en el propósito expresado en la vida hasta que la Palabra ha empezado a vivir en los hijos de Dios.

Esta posición fue verdaderamente evidente en la vida de Pablo cuando llegó al clímax y dijo: *"Con Cristo estoy juntamente crucificado, y ya no vivo yo, más vive Cristo en mí; y lo que ahora vivo en la carne, lo vivo en la fe del Hijo de Dios"* (Gálatas 2.20)

¿Cómo puede vivir Cristo en usted? No hay manera que Cristo viva en usted excepto por la manifestación de la Palabra en usted, declarando cada día que usted es una carta viviente de la Palabra de Dios.

Este es el Cristo viviente; es la semejanza a Dios; es la expresa imagen de Él. La Palabra es el único factor que funciona e introduce en usted esas glorias de identificación entre usted y Cristo. Es la Palabra ricamente morando en sus corazones por medio de la fe. (Véase Colosenses 3.16).

Podemos empezar en Génesis y seguir por todas las escrituras y ser capaces de recitarla, pero, a menos que sean un poder viviente dentro de nosotros, serán letras muertas. Todo lo que viene a nosotros debe ser acelerada por el Espíritu. *"Porque la letra mata, más el Espíritu vivifica"* (2 Corintios 3:6).

Debemos tener vida en todo. ¿Quién sabe cómo orar excepto como el Espíritu ora? (Véase Romanos 8:26). ¿Qué tipo de oración hace el Espíritu? El Espíritu siempre trae a su recuerdo las Escrituras, y Él saca todos sus llantos y sus necesidades mejores que las palabras. El Espíritu siempre toma la Palabra de Dios y le trae en su corazón, mente, alma, clamor, y necesidad, la presencia de Dios.

Así es que, no somos capaces de orar excepto como el Espíritu ora, y el Espíritu sólo ora de acuerdo con la voluntad de Dios (véase versículo 27), y la voluntad de Dios está toda en la Palabra de Dios. Ningún hombre es capaz de hablar de acuerdo con la mente de Dios y sacar las cosas profundas de Dios por su propia mente.

Dios, nos ayuda a entender esto, porque es del corazón que emanan todas las cosas. (Véase Mateo 12:34). Cuando hayamos entrado en Dios a la mente del Espíritu, nos daremos cuenta que cautiva nuestros corazones.

*"¿O pensáis que la Escritura dice en vano: El Espíritu que él ha hecho morar en nosotros nos anhela celosamente?"* (Santiago 4:5). He estado reflexionando por años acerca ese versículo, pero ahora puedo ver que el Espíritu Santo muy graciosamente, muy extravagantemente, deja todo a un lado para que pueda cautivar nuestros corazones con un gran clamor interno por Jesús. El Espíritu Santo *"anhela celosamente"* por nosotros para que tengamos toda la voluntad divina de Dios en Cristo Jesús justo en nuestros corazones.

Cuando hablo acerca de *"tablas de carne del corazón"* (2 Corintios 3:3), me refiero al amor interno. Nada es más dulce para mí que el corazón anhela con compasión. Los ojos pueden ver, los oídos pueden oír, pero usted puede estar insensible por esas dos líneas a menos que tenga un clamor interno donde *"un abismo llama a otro"* (Salmo 42:7)

Cuando Dios entra a la profundidad de nuestros corazones, purifica toda intención de los pensamientos y de los gozos. Se nos ha dicho en la Palabra que es *"gozo inefable y glorioso"* (1 Pedro 1:8).

Amado, es verdad que los mandamientos fueron escritos en tablas de piedras. Moisés, como un gran amoroso padre de Israel, tenía un corazón lleno de gozo porque Dios le había mostrado un plan para que Israel pudiera participar de las grandes cosas a través de estos mandamientos. Pero Dios dice que ahora la carta de Cristo está *"no en tablas de piedra"* (2 Corintios 3:3), que hico que la cara de Moisés brillara con gran gozo. Es más profundo que eso, más maravilloso que eso: los mandamientos están en nuestros corazones; el amor profundo de Dios está en nuestros corazones; la profundidad de movimientos eternos están corriendo y trayendo a Dios en él. ¡Aleluya!

Oh, amado, deje que hoy Dios el Espíritu Santo tenga su manera de abrirnos todas las grandezas de su gloria. Si, ¡Él es mío! ¡Amado, Él es mío!

*Pensamiento para hoy:* Nadie es perfeccionado o equipado en ninguna área excepto como la Palabra viva se meta en él.

## 14 de agosto

# Nuestra confianza debe estar en Dios

*Y tal confianza tenemos mediante Cristo*
*para con Dios* (2 Corintios 3:4).

*Lectura de las Escrituras:* Salmo 37

Necesitamos llegar al punto donde estamos más allá confiando en nosotros mismos. No es malo tener auto confianza, pero nunca debemos confiar en nada en el humano. El único lugar seguro para confiar es donde usted esté totalmente confiando en Dios.

En su nombre salimos. En Él confiamos. Y Dios nos trae victoria. Cuando nosotros no confiamos en nosotros mismos, sino que toda nuestra confianza descansa en la autoridad del poderos Dios, Él ha prometido estar con nosotros todo el tiempo, para hacer el camino derecho, y para abrir camino a través de todas las montañas. Cuando nosotros comprendemos cómo fue que David pudo decir: *"Tu benignidad me ha engrandecido"* (2 Samuel 22:36).

¡Ah, Dios es el amante de las almas! No tenemos confianza en la carne. Nuestra confianza puede sólo ser puesta y descansar en Aquel que nunca falla, en El que conoce el fin desde el principio, El que es capaz de entrar a la media noche tan fácil como al medio día. De hecho, Dios hace que la noche y el día se parezcan par la persona que descansa completamente en su voluntad con el conocimiento de que *"A los que aman a Dios, todas las cosas les ayudan a bien"* (Romanos 8:28) y confían en Él. Y tenemos dicha confianza en Él.

Esta es la posición que vale; es aquí donde Dios quiere que estén todas las almas. Encontraremos que no correremos a entregar sus mensajes y cometer errores; no estaremos sentados en el lugar equivocado. Sabremos que nuestras vidas están tan aseguradas, de acuerdo con los pensamientos de Dios, como el guía de los hijos de Israel a través del desierto. Y seremos capaces de decir: *"No quitará el bien a los que andan en integridad"* (Salmo 84:11), y *"Todas las promesas de Dios son en él Sí, y en Él Amén, por medio de nosotros, para la gloria de Dios"* (2 Corintios 1:20).

Permita el Señor ayudarle para que tenga menos confianza en sí mismo y confíe totalmente en Él. ¡Bendito sea su nombre!

**Pensamiento para hoy:** Hay tantos fracasos en la auto confianza.

## 15 de agosto

# Viviendo en el Espíritu

*La letra mata, más el Espíritu vivifica* (2 Corintios 3:6).

*Lectura de las Escrituras:* Juan 6:53–71

Al andar con Dios, quiere que yo comprenda todos sus cosas profundas. No podemos definir, separar o investigar profundamente y desarrollar este plan santo de Dios a menos que tengamos la vida de Dios, el pensamiento de Dios, el Espíritu de Dios, y la revelación de Dios. La Palabra de Verdad es pura, espiritual y divina. Si usted trata de discernirla sin la ayuda del Espíritu, terminará con el conocimiento humano limitado.

La gente que es espiritual sólo puede ser alimentada con comida espiritual. Debemos ver que no sólo necesitamos el bautismo del Espíritu, sino también, necesitamos llegar al lugar donde sólo queda el bautismo del Espíritu. En el evangelio de Juan, Jesús dice que no habla o actúa por sí solo: *"Las palabras que yo os hablo, no las hablo por mi propia cuenta, sino que el Padre que mora en mí, Él hace las obras"* (Juan 14:10).

Debemos saber que el bautismo del Espíritu nos sumerge a una intensidad de celo, en un parecido a Jesús; nos hace en metal puro y líquido tan caliente para Dios que viaja como aceite de vasija en vasija. Esta vida divina del Espíritu nos hará ver que hemos cesado, aunque hayamos empezado. Estamos al final para un comienzo.

Dios, ayúdanos a ver que podemos ser llenados con letras sin ser llenados con el Espíritu. Podemos ser llenados con conocimiento sin haber conocimiento divino. Y podemos ser llenados con cosas naturales maravillosas y aun permanecer como hombres naturales. Pero no podemos permanecer como hombres naturales en esta verdad con la que estoy tratando aquí. Nadie es capaz de andar de esta manera a menos que esté en el Espíritu. Debe vivir en el Espíritu, y darse cuenta de todo el tiempo que está creciendo en el mismo ideal que el del Maestro: *"en tiempo y fuera de tiempo"* (2 Timoteo 4:2), siempre manteniendo la cara del Maestro, Jesús. (Véase Mateo 18:10).

**Pensamiento para hoy:** Podemos comprender la Palabra de Dios sólo por medio del Espíritu de Dios.

## 16 de agosto

# Placer de hacer la voluntad de Dios

*¿Cómo no será más bien con gloria*
*el ministerio del Espíritu? (2 Corintios 3:8).*

*Lectura de las Escrituras:* 1 Pedro 1:13–25

Quiera el Señor ayudarnos a comprender su Palabra. Veo la verdad como fue llevada a los israelitas en la ley. Pablo tenía algo para gloriarse cuando mantuvo la ley y era irreprochable, pero dijo que dejaba eso a un lado para ganarlo a Él que es mayor que eso. (Véase Filipenses 3:8).

Ahora llegamos a la pregunta: ¿Qué hay en la ley que no es glorioso? Nada. Era tan glorioso que Moisés fue lleno de gozo en la expectativa de lo que era. Pero ¿qué es nuestro en la excelencia de la gloria? Es esto: vivimos, nos movemos, reinamos sobre todas las cosas. No es "acepto, acepto, acepto"; es "haré, haré, haré". Ya no es "No deberás"; es "Lo haré". *"El hacer tu voluntad, Dios mío, me ha agradado"* (Salmo 40:8). Así es que la gloria está más allá de la expectativa. Y, estimado, en nuestros corazones hay gloria excesiva. ¡Oh, el gozo de este toque celestial!

Oh, sí, la gloria es excesiva. La gloria es excelente. Cuando Pedro estaba describiendo el día maravilloso del Monte de la Transfiguración, dijo: *"Le fue* [a Cristo] *enviada desde la magnífica gloria una voz"* (2 Pedro 1:17). Y por lo tanto, estamos oyendo desde la magnífica gloria. Es tan amorosa.

Si yo le dijera a usted: "Todo lo que haga, debe tratar de ejercer el auto control para ser santo", me lo perdería. Estaría totalmente fuera de su plan. Pero por medio del Espíritu Santo, tomo las palabras de la epístola que dice: *"Sed santos"* (1 Pedro 1:16). Para cuando usted pierda su corazón y el Otro lo agarre, y pierda sus deseos y Él tome los deseos, cuando su vida en ese rayo de felicidad que ningún mortal puede tocar.

La inmortalidad divina absorbe toda la mortalidad natural. Es lindo andar en el Espíritu; entonces no cumpliremos ninguna parte de la ley sin que el Espíritu nos cause vivir seguros, con regocijo interno, alabar a Dios reverentemente y saber que somos una fuerza creciente de inmortalidad tragando vida. ¡Aleluya!

**Pensamiento para hoy:** Es tan fácil como posible ser santo, pero usted nunca puede ser santo tratando de serlo.

349

## 17 de agosto

# Linda justificación

*Porque si el ministerio de condenación fue con gloria, mucho más abundará en gloria el ministerio de justificación* (2 Corintios 3:9).

*Lectura de las Escrituras:* Salmo 11

Nada es más lindo que la justificación. Toda la magnífica gloria está en Él. Todo lo que pertenece a la santidad y a la divinidad, todo lo que se denuncie y conlleve a muerte carnal, todo lo que le hace saber que usted ha cesado de ser por siempre, se encuentra en el conocimiento del poder ilimitado en el Cristo resucitado. Así como Pablo escribió, "*Si alguno está en Cristo, nueva criatura es; las cosas viejas pasaron; he aquí todas son hechas nuevas*" (2 Corintios 5:17).

Cuando usted entra en la mera esencia del ministerio de Cristo, mira la justificación de su propósito. La distinción de su ministerio fue la gloria que le cubrió. Su Palabra fue convincente, inflexible, divina y eterna. Nunca falló.

Oh, la justificación de Dios. Si Cristo lo dijo, allí estuvo. Él lo dijo, y fue hecho. (Véase Salmo 33:9). Fue una condición inalterable con Él. Cuando Dios habló, fue hecho. (Véase versículo 9). Y su justificación se mantiene. Dios debe tenernos en este lugar de justificación. Debemos ser gente de nuestra palabra. Gente obligada a ser capaz de depender en nuestra palabra. Dios está estableciendo justificación en nuestros corazones para que no exageremos en nada.

Jesús fue autentico por dentro y por fuera. Él es "*el camino, la verdad y la vida*" (Juan 14:6), y sobre estas cosas podemos edificar; sobre estas cosas podemos orar; sobre estas cosas podemos vivir. Cuando sabemos que nuestros propios corazones no nos condenan (véase 1 Juan 3:21), podemos decirle a la montaña "*Quítate*" (Mateo 21:21). Pero cuando nuestros propios corazones nos condenan no hay poder en la oración, ni poder en la prédica, ni poder en nada. Sonamos sólo como latones ruidosos y címbalos resonantes. (Véase 1 Corintios 13:1).

Pueda Dios el Espíritu Santo, mostrarnos que debe haber un ministerio de justificación. Debemos sostener por nuestras propias palabras y mantenernos por ellas. Si fuéramos cortados en dos, nuestros perseguidores deberán encontrar oro puro en nosotros. A eso le llamo justificación a todo lo largo y lo ancho. ¡Él es amoroso! ¡Oh, verdadero, Él es lindo!

# 17 de agosto

Una cosa que Dios quiere establecer en nuestros corazones es la importancia de ser como Él. Ser como Él en carácter. No esté muy preocupado en su apariencia externa, sino, esté más concentrado en su corazón. La estructura no cambiara al corazón. Todo el adorno de las sedas y del satín no creará pureza. Amado, si yo estuviera yendo calle abajo viera una cola de zorra atascada en un hueco, no le preguntaría a nadie qué es lo que hay adentro. Y si hubiera algo colgado afuera de nosotros, sabemos lo que hay adentro. Dios quiere justificación en las partes internas, pureza a lo largo y a lo ancho.

La Biblia es la línea vertical de todo. Siendo así, permita Dios el Espíritu Santo llevarnos al bendito ministerio de la justificación. ¡Amén! ¡Gloria a Dios!

**Pensamiento para hoy:** A menos que estemos correctamente alineados con la Palabra de Dios, fallaremos en la medida donde no somos justos.

## 18 de agosto

# Ciudadanía celestial

*Más nuestra ciudadanía está en el cielo* (Filipenses 3:20).

*Lectura de las Escrituras:* Filipenses 3

*L*a ley es verdaderamente *"nuestro ayo, para llevarnos a Cristo, a fin de que fuésemos justificados por la fe"* (Gálatas 3:24). Me alegra que las leyes se hayan establecido en la tierra. La ley es buena cuando ayuda a mantener las cosas en orden dentro de la sociedad.

Pero, estimado, nosotros pertenecemos a una más alta, noble ciudadanía y no es una ciudadanía terrenal, porque *"nuestra ciudadanía está en el cielo"* (Filipenses 3:20). Por consiguiente, debemos ver que existe una magnífica gloria, concerniente a esta posición que sostenemos en Cristo. Por lo que si la ley natural mantiene la ciudad terrenal, de alguna manera en condiciones moderadas, ¿Cuál sería la magnífica gloria con la relación divina de la ciudadanía a donde pertenecemos?

Todos los que están preparándose para esta eternidad gloriosa tienen consciencia de Dios dentro ellos. Dios está trabajando para cambiar sus simples naturalezas, preparándolos para mayores cosas. Sólo existe perfecta purificación al buscar a Dios. Todos los santos de Dios que tienen la visión real de esta maravillosa transformación están viendo cada día que el mundo va de mal en peor. Es maduración para juicio. Dios nos está llevando al lugar donde, nosotros los que somos espirituales, estamos teniendo una clara visión que debemos, a cualquier costo, sacar las obras de la oscuridad; debemos estar listos para el Día glorioso—la magnífica gloria.

Le llamo la magnífica gloria porque eclipsa cualquier otra cosa. Hace que todas las personas sientan ansias de ir al cielo. Lo que hay acerca de la magnífica gloria es esto: La tierra está llena de corazones rotos, pero la magnífica gloria está llena de hombres y mujeres redimidos, llenos de la excelencia de la gracia de la gloria de Dios. ¡Oh, la magnífica gloria es maravillosa! ¡Oh mi alma alaba al Señor! ¡Aleluya!

*Pensamiento para hoy:* No existe gravedad para el espíritu. No existe gravedad para el pensamiento. No existe gravedad para la inspiración. No existe gravedad para la unión divina con Cristo. Está sobre todo; se eleva más alto; se sienta en el trono; reclama su propósito.

## 19 de agosto

# El uso apropiado de la libertad

*Donde está el Espíritu del Señor, allí hay libertad* (2 Corintios 3:17).

*Lectura de las Escrituras:* Gálatas 5:1–15

Nunca debemos abusar de la libertad; debemos estar en el lugar donde la libertad puede usarnos. Si mal usamos la libertad, estaremos tan muertos como sea posible, y nuestros esfuerzos terminaran con una burbuja. Pero si estamos en el Espíritu, el Señor de Vida es el mismo Espíritu. Creo que es correcto brincar de gozo, pero no brincar sino hasta que el gozo le haga brincar, porque si lo hace, brincará en seco. Si usted brinca como el gozo le hace brincar, rebotará una y otra vez.

En el Espíritu, existe un plan divino. Si el pueblo Pentecostés entra en este plan en mansedumbre y en el verdadero conocimiento de Dios, cada corazón en cada reunión será movido por el Espíritu.

La libertad tiene muchos aspectos para esto, pero ninguna libertad le ayudará a la gente tanto como el testimonio. Me encuentro con personas que no saben cómo testificar apropiadamente. Debemos testificar sólo como el Espíritu nos da internamente. Encontramos en el libro de Apocalipsis que *"el testimonio de Jesús es el espíritu de la profecía"* (Apocalipsis 19:10).

Algunas veces nuestra carne nos mantiene abajo, pero nuestros corazones están tan llenos que nos levantan. ¿Alguna vez ha estado usted así? La carne está atada a su silla, pero su corazón está burbujeante. Por lo menos el corazón tiene más poder, y usted se levanta. Entonces, en ese corazón de afecto por Jesús, en el Espíritu de amor y en el conocimiento de la verdad, usted empieza a testificar, y cuando usted terminó, se sienta. La libertad usada equivocadamente continúa después que usted ha terminado diciendo lo que Dios quiere que usted diga, y echa a perder la reunión. No use su libertad excepto, para la gloria de Dios.

Tantas iglesias se arruinan por largas oraciones y largos testimonios. Si esa persona está en el Espíritu, el orador puede decir cuando se debe sentar. Cuando usted empieza a decir sus propias palabras, la gente se cansa y desea que se vaya a sentar. La unción para y usted se va a sentar peor de cómo se levantó.

# 19 de agosto

Es bueno que una persona empiece fría y se vaya calentando mientras prosigue. Cuando atrapa el fuego y se va a sentar en medio de esto, continuará manteniendo el fuego. Pero cuando usted sigue y sigue después de que realmente ya terminó, la gente se casa.

Esta magnífica gloria debe continuar para la liberación de cada uno, y esto prueba que toda la iglesia está en libertad. La iglesia debe estar libre para que la gente siempre se vaya sintiendo, "¡Oh, cuanto deseo que esta reunión se haya terminado una hora más tarde!", o "¡Qué maravilloso momento tuvimos en ese reunión de oración!", o "¡No fue esa reunión de testimonio una revelación!". Esa es la manera de finalizar. Nunca termine con algo que tome mucho tiempo; termine con algo bien corto. Entonces, todos regresan ansiosos de continuar donde lo dejaron.

**Pensamiento para hoy:** No debemos usar la libertad sólo porque debemos usarla, sino que, debemos dejar que la libertad nos use.

## 20 de agosto

# De gloria en gloria

*Por tanto, nosotros todos, mirando a cara descubierta
como en un espejo la gloria del Señor, somos transformados
de gloria en gloria en la misma imagen, como
por el Espíritu del Señor* (2 Corintios 3:18).

*Lectura de las Escrituras:* Salmo 34

*E*xisten glorias sobre glorias, y gozos sobre gozos, extremados gozos y abundante gozo, y una incalculable medida. Estimado, cuando tenemos la Palabra tan maravillosamente en nuestros corazones, nos cambia absolutamente en todo. Mientras ayunamos en la Palabra del Señor, comemos y digerimos la verdad, internamente comemos de Él, somos totalmente cambiados cada día de un estado de gracia a otro.

Mire en el espejo perfecto de la cada del Señor, y usted será cambiado *"de gloria en gloria"*. Nunca encontrará nada más que la Palabra de Dios para que le lleve hasta allí. Por lo que usted darse el lujo de poner aparte la Palabra.

Les imploro, estimados, que no se queden corto en sus propias vidas de ninguna de estas enseñanzas benditas que hemos estado compartiendo. Estas grandiosas verdades de la Palabra de Dios deben ser su testimonio, deben ser su vida, deben ser su patrón. Usted debe estar en la Palabra; de hecho, usted está en la Palabra. Dios le dice a usted por medio del Espíritu que *"está en la carta de Cristo"* (2 Corintios 3:3). Miremos esto, que sacamos todo para que por medio de la gracia de Dios podamos meterlo todo.

Donde exista un nivel que no haya sido alcanzado en su vida, Dios, en su gracia, por medio de su misericordia y de la entrega suya, puede equiparle para ir a ese lugar. Él puede prepararle para ese lugar donde usted nunca puede ser preparado excepto por un corazón roto y un espíritu contristo, excepto por medio del cederse a la voluntad de Dios. Si usted viniera con un corazón entero al trono de la gracia, Dios le encontrará y le edificará en su plan espiritual. Amén. ¡Alabado el Señor!

**Pensamiento para hoy:** Dele todo a Él; deje que Él lo tenga todo: el gozo de su corazón, su misma vida. Deje que Él lo tenga. Él vale la pena. Es el Rey de Reyes. Es el Señor de Señores. Es mi Salvador. Murió para salvarme. Él debe tener la corona.

## 21 de agosto

# La esperanza de la gloria

*Tenemos entrada por la fe a esta gracia en la cual estamos firmes, y nos gloriamos en la esperanza de la gloria de Dios* (Romanos 5:2).

*Lectura de las Escrituras:* Juan 7

Usted debe saber hacia dónde va. La más grande y poderosa obra maestra de todas es el gran plan del Rapto. Es la esperanza de la gloria, de vida divina, la paz de Dios, y el enriquecimiento del alma. Es el *"derramado en nuestros corazones por el Espíritu Santo que nos fe dado"* (Romanos 5:5).

El Espíritu Santo es la manifestación del Hijo de Dios. Él es tan únicamente divino que tiene el poder de vencer. Su poder es puro. Su poder no debe cesar en desarrollarse. El Espíritu Santo está allí para crear desarrollo y para ayudarnos a progresar en nuestra fe al igual que el Señor nos lo hubiera dado. Somos salvos por su vida. Ahora que ya hemos recibido salvación, Él quiere abrir nuestros ojos para comprender lo que Cristo realmente hizo por nosotros. *"a su tiempo"* (versículo 6), cuando no existe otro que nos salve, cuando no existe esperanza, cuando la ley haya fallado, Cristo tomó nuestro lugar, nos liberó de todos los poderes de debilidad y falla humana, y por consiguiente vinieron a nosotros en nuestros pecados. Él nos alcanzó en amor *"siendo aún pecadores"* (versículo 8). Justo en el momento preciso, murió por nosotros para liberarnos del poder del demonio, liberarnos de la muerte, liberarnos del pecado, liberarnos de la sepultura, y para darnos esperanza de inmortalidad a través de su vida. Somos salvos por medio de su vida.

Jesús es eterno. Tiene el poder de impartir dones eternos. Él nos ha sacado de la maldición de la ley y nos hizo libres. ¿Quién ama el evangelio tanto como aquellos que han sido salvos? ¿Qué es el evangelio? Es el *"Poder de Dios para salvación"* (Romanos 1:16). Tiene el poder de traer inmortalidad y vida. A través de su vida en nosotros, somos liberados de todas las cosas y estamos siendo preparados para la gloriosa esperanza de la venida del Señor. Esa es la razón por la que cantamos, "¡Él resucitó! ¡Él resucitó! ¡Aleluya, Cristo resucitó!".

**Pensamiento para hoy:** Todo lo que hay en la casa del Padre es nuestro, pero lo tendremos sólo por medio de la obediencia.

## 22 de agosto

# Mayores obras

*El que en mí cree, las obras que yo hago, él las hará también;*
*y aun mayores hará, porque yo voy al Padre* (Juan 14:12).

*Lectura de las Escrituras:* Juan 14:1–14

*P*or qué la perspectiva de Jesús es tan completa? Porque Jesús vio gran potencial en los discípulos. Él sabía que tenía el material que traería lo que podría probar ser una satisfacción real para el mundo—para el cielo y para el mundo. Las posiciones glorificadas, entrenadas, maravillosamente modificadas y luego otra vez glorificadas de estos pescadores fueron lugares seguramente ideales en donde estar.

¿Qué eran los discípulos? Por una cosa, eran iliteratos. Sin embargo, Dios les enseñó. Es mucho mejor ser enseñados por el Espíritu que por cualquier otra cosas. Ellos eran ignorantes; Él les amplió. Estuvieron cerca de ellos mismos porque habían sido tocados con la vida divina. Si el Más Alto Dios le toca a usted, usted estará cerca de sí mismo. Mientras se mantenga en sí, lo espiritual y lo natural se mezclaran; pero si alguna vez salta de las líneas por el poder de la nueva creación, se dará cuenta que Él le ha mantenido.

La sabiduría divina nunca le hará ser imprudente. La sabiduría divina le dará una mente completa; la sabiduría divina le dará un toque de naturaleza divina. La vida divina está llena de designaciones y equipamiento, y usted no puede ser llenado con el poder de Dios sin una manifestación. Es mi oración que entendamos que el ser llenado con el Espíritu Santo es ser llenado con manifestación, con la gloria del Señor estando en medio de nosotros, manifestando su poder divino.

Jesús sabía que estas personas que tenía ante Él iban a hacer mayores cosas que las que Él había hecho. ¿Cómo podrían hacerlas? Ninguno de nosotros es capaz; ninguno de nosotros es competente. Pero, como creemos en Él, podemos hacer mayores obras porque Él está en el cielo intercediendo por nosotros.

**Pensamiento para hoy:** Nuestra incapacidad debe ser cubierta con su habilidad divina, y nuestra impotencia debe ser llenada con su poder de utilidad.

## 23 de agosto

# El consuelo del Espíritu Santo

*Yo rogaré al Padre, y os dará otro Consolador, para que esté con vosotros para siempre (Juan 14:16).*

*Lectura de las Escrituras:* Juan 14:15–31

*J*esús sabía que se iría y que, si se iba, era oportuno, era necesario, era importante que Otro viniera en su lugar y continuara guiándoles y enseñándoles como Él lo había estado haciendo. (Véase Juan 16:7, 14). *"Vosotros en mí, y yo en vosotros"* (Juan 14:29). Existía un plan de orden divino. Por lo que el Espíritu Santo tenía que venir.

Quiero que mire lo que toma lugar cuando el Espíritu Santo llega:

*Y yo rogaré al Padre, y os dará otro Consolador, para que esté con vosotros para siempre: el Espíritu de verdad, al cual el mundo no puede recibir, porque no le ve, ni le conoce; pero vosotros le conocéis, porque mora con vosotros, y estará en vosotros. No os dejaré huérfanos; vendré a vosotros.* (Juan 14:16–18)

No conozco una palabra que pudiera alcanzar en este momento, en esta palabra *"Consolador"*. Quiero llevarle conmigo a la venida del Espíritu Santo.

Después que Jesús ascendió al cielo, le pidió al Padre que enviara al Consolador. Fue un momento de necesidad, una hora de necesidad, una necesidad. ¿Por qué? Porque los discípulos necesitarían consuelo.

¿Cómo podrían ser confortados? El Espíritu Santo tomaría la palabra de Cristo y se la revelaría. (Véase Juan 16:14). ¿Qué podría ayudarles más que una palabra por el Espíritu? Porque el Espíritu es aliento, es vida, es persona, es poder. Él nos da el aliento de sí mismo, la naturaleza de Él. Qué maravilloso eso, cuando el Espíritu vino, pudo ser llamado el *"Espíritu de verdad"* (Juan 14:17). ¡Oh, si tan solo dejáramos que esa verdad se introdujera profundamente en nuestros corazones!

Algunas personas se han preguntado que si fueran a pedir el bautismo del Espíritu Santo, y que si un poder maligno les viniera en vez, o si un poder maligno les pudiera poseer mientras estuvieran esperando por el Espíritu Santo. ¡No! Cuando usted recibe el Espíritu Santo de

# 23 de agosto

Verdad, el Espíritu es quien da revelación, el Espíritu es quien da las palabras de Jesús y les hace vivir en usted. En su momento de necesidad, Él es el Consolador.

**Pensamiento para hoy:** Cuando el Espíritu Santo entra en su cuerpo, le revela al Rey, para asegurarlo en su presencia.

## 24 de agosto

# La obra del Espíritu Santo

*Tomará de lo mío, y os lo hará saber* (Juan 16:15).

*Lectura de las Escrituras:* Juan 16:5–15

Qué hará el Espíritu Santo? El Espíritu Santo es profético. Él dice: *"Confiad"* (Juan 16:33); *"Llevad mi yugo sobre vosotros, y aprended de mí"* (Mateo 11:29); *"Tened paz los unos con los otros"* (Marcos 9:50). Usted dice: "Pero eso es lo que dijo Jesús". Esto es lo que el Espíritu Santo está teniendo y revelándonos. El Espíritu Santo es el portavoz en estos días, y habla la Palabra. El Espíritu Santo toma las palabras de Jesús, es tan lleno de verdad que nunca le agrega nada. Él le da la inalterada Palabra de Verdad, la Palabra de Vida.

¿Cuáles son sus palabras? Verdades como estas: *"Yo soy la luz del mundo"* (Juan 8:12); *"Porque no envió Dios a su Hijo al mundo para condenar al mundo, sino para que el mundo sea salvo por él"* (Juan 3:17); y *"Venid a mí todos los que estáis trabajados y cargados, y yo os haré descansar"* (Mateo 11:28). El Espíritu Santo toma estas palabras y se las da a usted.

El Espíritu Santo, El Espíritu de Verdad, está trayendo la Palabra de Vida. *"Os haré descansar"*. ¿Descansar? ¡Oh, no existe descanso como ese! Puede venir en su momento de mayor prueba.

Cuando mi querida esposa estaba acostada de muerte, los doctores no podían hacer nada, y me dijeron: "Se acabó; no podemos ayudarle". Mi corazón se conmovió tanto que dije: "¡Oh Dios, no puedo separarme de ella!".

Fui donde ella y le dije: "¡Oh, vuelve, vuelve y háblame! ¡Vuelve, vuelve!".

Y el Espíritu del Señor se movió, y ella volvió y sonrió de nuevo.

Entonces el Espíritu Santo me dijo: "Ella es mía. Su obra es mía; ella es mía".

¡Oh, la palabra consoladora! Nadie más lo pudo haber hecho, pero el Consolador vino. En ese momento, mi querida esposa murió.

**Pensamiento para hoy:** Hoy el Consolador tiene una palabra para nosotros. Hay sólo un Consolador, y Él ha estado con el Padre desde el principio. Él viene sólo para darnos luz.

## 25 de agosto

# Sea específico en lo que pide

*Una cosa he demandado a Jehová, esta buscaré* (Salmo 27:4).

*Lectura de las Escrituras:* Salmo 27

*L*a persona que dice, "Estoy listo para cualquier cosa", nunca lo lograrán. "¿Qué está usted buscando, mi hermano?" "Oh, estoy listo para todo". Usted nunca tendrá *nada*.

Cuando el Señor se le revela que usted debe ser llenado con el Espíritu Santo, busque sólo esa única cosa, y Dios le dará eso única cosa. Es necesario que usted busque una cosa primero.

Nunca olvide, el bautismo siempre será como fue en el principio. No ha cambiado. Y si usted quiere un bautismo real, espere que sea justo lo mismo que los primeros creyentes tuvieron al principio.

"¿Qué tuvieron al principio?", se pregunta.

Bueno, sabían cuando los demás tenían la misma experiencia que ellos habían tenido al principio, porque les oyeron hablar en lenguas. Esa fue la única manera en que lo supieron, porque oyeron a los demás decir la misma cosa en el Espíritu, que ellos habían dicho al inicio. Al igual que fue en el principio, así serpa por siempre.

No digo nada en contra de la ordenación; pienso que es muy bueno. Sin embargo, existe una ordenación que es mejor, y la ordenación con el Rey. Esta es la única ordenación que le equipara para el futuro.

La persona que es pasada por esa ordenación continua con pies fresco—la preparación del evangelio (véase Efesios 6:15); avanza con voz fresca, habla como el Espíritu le indica (véase Hechos 2:4); avanza con mente fresca, su mente siendo iluminada por el poder de Dios (véase Hebreos 8:10); avanza con visión fresca y mira nueva todas las cosas (véase 2 Corintios 5:17).

Cuando el Espíritu Santo viene, le revelará cosas a usted. ¿Ya se las ha revelado? Él lo hará. Espere que Él lo haga. Lo mejor para usted es esperar que Él lo haga ahora.

*Pensamiento para hoy:* El Rey está listo en su trono, necesita ser coronado; cuando el Espíritu Santo viene, corona al Rey dentro de nosotros.

## 26 de agosto

# Sobrellevando los obstáculos

*Y fueron todos llenos del Espíritu Santo,*
*y comenzaron a hablar en otras lenguas* (Hechos 2:4).

*Lectura de las Escrituras:* Hechos 2:1–41

Espere cualquier manifestación del Espíritu cuando usted esté entrando al bautismo. En lo que a mí concierne, usted puede tener el mejor momento en la tierra; usted puede gritar tanto como quiera. Aunque algunas personas son desconfiadas en cómo reaccionaran.

Una mujer en Suiza se me acercó después que yo le había ayudado y pidió hablar conmigo más adelante. "Ahora que siento que estoy sana", dijo, "y esa terrible pasión carnal que me había atado y obstaculizado, se han ido, siento que tengo una nueva mente. Creo que me gustaría recibir el Espíritu Santo, pero cuando oigo a estas personas gritando, siendo como salir corriendo".

Luego de eso, fuimos a otra reunión en Suiza donde un gran hotel había estado adherido al edificio. Al cierre de uno de los servicios matutinos, el poder de Dios cayó—esa es la única manera que puedo describirlo, el poder de Dios cayó. Esta pobre y tímida criatura que no podía soportar oír gritar a nadie, gritó tan alto que todos los meseros en el gran hotel vinieron con sus delantales puestos y con sus bandejas para ver que estaba sucediendo. Nadie estaba especialmente sucediendo. Algo se había caído, y había alterado tanto la situación que esta mujer no podía soportar nada después de eso.

Cuando Dios empieza a tratar con usted acerca del bautismo, empieza en esta línea: Empieza con las cosas que son más difíciles. Empieza con su temor; empieza con su naturaleza humana. Saca su temor; saca la naturaleza humana fuera del camino. Y justo cuando usted lo disuelve, justo como el poder del Espíritu trae un disolvente a la naturaleza humana, en el mismo acto el Espíritu Santo fluye en el lugar donde usted ha sido disuelto, y usted es acelerado justo cuando entra a la muerte.

*Pensamiento para hoy:* Mientras usted muere—naturalmente, humanamente, carnalmente, egoístamente—a cada cosa mala, la nueva vida, el Espíritu Santo, fluye en toda la condición hasta que usted es transformado.

## 27 de agosto

# Controlado por el Espíritu Santo

*Ningún hombre puede domar la lengua* (Santiago 3:8).

*Lectura de las Escrituras:* Salmo 19

Cuando el Espíritu Santo empieza, disciplina todo el cuerpo hasta la lengua, movido por el poder del Espíritu, dice cosas exactamente como el Señor se deleitaría que fueran dichas.

El Espíritu Santo es el Consolador; el Espíritu Santo agarra las palabras necesarias en el momento correcto y se las da a usted. Luego que el Espíritu Santo se hace cargo de usted, es el Consolador que trae pensamientos y lenguaje a su vida, y es maravilloso.

Si llegamos al lugar donde no tenemos pensamientos por nosotros mismos, entonces Dios toma el pensamiento por nosotros; pero mientras tengamos pensamientos propios, estamos de alguna manera, obstaculizándolo en este orden divino de Dios. El no tener pensamientos por sí mismo, ni deseos para su ego humano, no buscar nada para su condición humana sino que Dios será glorificado en su cuerpo y espíritu y Él será el principal Trabajador en cada línea—este es el ordenamiento divino. Este es el orden santo.

Existe un orden santo. Hoy existen sectas que se auto llaman "ordenes santas", pero la única orden santa es donde Dios ha impregnado tanto su naturaleza que la Trinidad viene y se mezcla perfectamente con su naturaleza humana. Donde la naturaleza humana no puede ayudarse, Dios cambió el cautiverio de los controles de la naturaleza y derramó en su poder divino hasta que la naturaleza en sí se volvió en propiedad divina.

*Pensamiento para hoy:* Yo nunca debo, bajo ninguna circunstancia, mientras viva, tomar ventaja de Dios o de Jesús o del Espíritu Santo. Debo ser sometido al poder de Dios.

## 28 de agosto

# Usted tiene una unción

*Pero vosotros tenéis la unción del Santo* (1 Juan 2:20).

*Lectura de las Escrituras:* 1 Juan 2:15–29

tra de las funciones del Espíritu Santo que es necesario para hoy, se encuentra en Juan 14:26:

*Más el Consolador, el Espíritu Santo, a quien el Padre enviará en mi nombre, él os enseñará todas las cosas, y os recordará todo lo que yo os he dicho.*

Jesús dijo algo muy similar en un capítulo más adelante: *"Tomará de lo mío, y os lo* [revelará] *hará saber"* (Juan 16:14). Todo lo que le ha sido revelado a usted fue primero tomado. Entonces, primero, el Espíritu Santo toma lo que es de Cristo y se los revela a usted. Luego, usted llega al lugar donde necesita otro toque. ¿Qué es? En la necesidad de su ministerio, Él le dará a su recuerdo todo lo que necesite en su ministerio. Esa es una cosa importante para los predicadores. Dios nos dará su Palabra, y si hay alguna cosa especial que necesitemos, Él lo traerá a la memoria, también. El Espíritu Santo viene para traer la Palabra a nuestro recuerdo.

Le daré esta palabra como ayuda para futura reflexión: *"recibiréis poder"* (Hechos 1:8). ¡Oh, quiera Dios darnos eso para que no lo olvidemos!

¿Qué quiero decir con eso? Muchas personas, en vez de mantenerse en la roca sólida de la palabra de fe y creer que han recibido el bautismo con su unción y poder, dicen: "¡Oh, si tan sólo pudiera sentir que lo he recibido!".

Con mucha frecuencia, sus sentimientos son un lugar de desaliento. Usted tiene que apartarse y dejar de pensar en los sentimientos o deseos humanos. Los deseos terrenales no son los deseos de Dios. Todos los pensamientos de santidad, todos los pensamientos de pureza, todos los pensamientos de poder del Espíritu Santo son de arriba. Los pensamientos humanos son como las nubes que le pertenecen a la tierra. *"Mis* [de Dios] *pensamientos no son* [sus] *vuestros pensamientos"* (Isaías 55:8).

**Pensamiento para hoy:** Sus sentimientos le roban su mayor lugar de unción.

## 29 de agosto

# Una poderosa unción

*Dios ungió con el Espíritu Santo*
*y con poder a Jesús...* (Hechos 10:38).

*Lectura de las Escrituras:* Hechos 10:24–48

*S*uponga que todos a mi derredor son personas con necesidades: una mujer está muriendo; un hombre ha perdido todos los poderes de sus facultades; otra persona está aparentemente muerta. Aquí están. Veo la gran necesidad, y me arrodillo y clamo. Pero al hacerlo, me pierdo de todo.

Dios no quiere que clame. Dios quiere que trabaje. Dios no quiere que me angustie y sea lleno de ansiedad y de un espíritu de tristeza. ¿Qué quiere Él que yo haga? Sólo creer. Después que usted haya recibido, solo crea. Entre en la autoridad de ello; atrévase a creer. Diga: "¡Yo lo haré!".

Así es que el bautismo del Espíritu Santo me dijo: *"Tenéis la unción"* (1 Juan 2:20). La unción ha venido; la unción se mantiene; la unción está con nosotros. Pero ¿qué pasa si usted no ha vivido en el lugar donde la unción, el ungimiento, puede ser incrementado? Entonces el Espíritu está triste; entonces usted no es movido. Usted es como alguien muerto. Siente que todo el gozo se ha ido.

¿Cuál es el problema? Hay algo entre usted y el Santo; usted no está limpio, ni puro, ni deseoso de sólo Él. Algo más se ha cruzado en el camino. Entonces el Espíritu está triste, y ha perdido la unción.

¿Todavía tenemos al que Unge? Sí. Cuando Él entra, se queda. Él estará o enterrado, lleno de gemido y dolores de parto o le levantará a usted por sobre los poderes de la oscuridad, transformándole por medio de su poder, y llevándole al lugar donde usted puede ser totalmente equipado.

Muchas personas pierden todas las posiciones potenciales de habilidad porque fallan en comprender esto:

*Pero la unción que vosotros recibisteis de él permanece en vosotros, y no tenéis necesidad de que nadie os enseñe; así como la unción misma os enseña todas las cosas, y es verdadera, y no es mentira, según ella os ha enseñado, permaneced en él.*

(1 Juan 2:27)

365

# 29 de agosto

¿A qué "*unción*" se refiere aquí? A la misma unción de Dios que ungió a Jesús, está con usted, "*y no tenéis necesidad de que nadie os enseñe*". La misma unción le enseñará todas las cosas.

¡Oh, amado Jesús! ¡Bendita encarnación de santa demostración! Gracias Dios por la Trinidad mostrada en nuestros corazones ahora. Gracias Dios por esta gloriosa vía abierta. Gracias Dios por la vida a todo lo largo, Alabado Dios por la esperanza de que podamos ser cambiados hoy. ¡Aleluya!

> Paz, paz, dulce paz,
> Cayendo del Padre celestial,
> Paz, paz, maravillosa paz,
> Dulce paz, el don del amor de Dios.

Esta es la mera posición y presencia que llevará a cada uno a una llenura.

**Pensamiento para hoy:** Gracias Dios por la oscuridad que está transformándose en día.

## 30 de agosto

# Una buena base

*Arraigados y cimentados en amor* (Efesios 3:11–22).

*Lectura de las Escrituras:* Efesios 2:11–22

*E*s bastante fácil construir un edificio si la base está segura. Por otro lado, un edificio será inestable si no tiene una base sólida. De igual manera, no es muy fácil subir espiritualmente a menos que tengamos un poder espiritual real trabajando en nosotros. Nunca será bueno para nosotros, estar pesado arriba—la base debe siempre estar muy firmemente puesta. Muchos no hemos continuado en el Señor porque no hemos tenido una base segura en Él, y tendremos que considerar *"la piedra de donde fuisteis* [nosotros] *cortados"* (Isaías 51:1). A menos que entendamos correctamente las guías espirituales, de acuerdo con la mente de Dios, nunca seremos capaces de sostenernos cuando soplen los vientos, cuando las pruebas vengan, y cuando Satanás aparezca como *"ángel de luz"* (2 Corintios 11:14).

Deben existir tres cosas en nuestras vidas, si deseamos continuar con Dios en la llenura del Pentecostés. Primero, debemos estar basados y establecidos en amor; debemos tener un conocimiento real de lo que es el amor. Segundo, debemos tener una clara comprensión de la Palabra, porque el amor manifiesta la Palabra. Tercero, debemos claramente comprender nuestras propias bases, porque es nuestra propia base la que necesita ser cuidada después de todo.

El Señor habla por lo menos dos veces de la buena tierra en donde las semillas fueron sembradas, que también brotaron frutos y dieron cientos, sesenta, a treinta por uno. (Véase Mateo 13:8; Marcos 4:8). Aun en la buena tierra, la semilla dio diferentes porciones de frutos. Permanezco atentamente cuando no hay limitaciones a la abundancia de una cosecha cuando la tierra está perfectamente en las manos del Señor. Así es que, debemos entender claramente que la Palabra de Dios nunca puede salir con todos sus propósitos primarios a menos que nuestra base esté correcta. Pero Dios nos ayudará, así lo creo, a ver que Él puede poner la base en perfecto orden como si fuera puesta en sus propias manos.

**Pensamiento para hoy:** Nunca seremos capaces de permanecer a menos que estemos firmemente fijos en la Palabra de Dios.

## 31 de agosto

# La manera más excelente

*Seguid el amor* (1 Corintios 14:1).

*Lectura de las Escrituras:* 1 Corintios 13

Cuando el amor está en perfecta operación, todas las demás cosas funcionarán en armonía, para la expresión profética no existen valores a menos que estén perfectamente cubiertas con el amor divino. Nuestro Señor Jesús nunca hubiera cumplido su gran plan en este mundo excepto porque estaba tan lleno de amor por su Padre, y amor para nosotros, que su amor nunca falló en cumplir su propósito.

Creo que su amor tendrá que entrar en nuestras vidas. Cristo debe ser la cumbre, el deseo, el plan de todas las cosas. Todos nuestros dichos, hacer y trabajos deben ser bien placentera en y para Él, y entonces, nuestra expresión profética será una bendición a través de Dios; nunca serán temas fuera de moda. No existen imitaciones en un hombre lleno del Espíritu Santo. Las imitaciones son pérdidas cuando el gran plan de Cristo se convierte en el ideal de su vida.

Dios quiere que usted esté balanceado en la unción espiritual para que siempre haga lo que le place a Él, y no lo que le plazca a otras personas o a usted mismo. El ideal debe ser que todo lo que usted haga será para edificación, y su propósito primario será el complacer al Señor.

Cuando alguien se le acercó a Moisés y le dijo que habían dos más en el campo profetizando, Moisés dijo: "*Ojalá todo el pueblo de Jehová fuese profeta*" (Números 11:29). Esta es una clara revelación a lo largo de estas líneas que Dios quiere que estemos en tal lugar espiritual y santo para que pueda tomar nuestras palabras y llenarla con poder divino para que hablemos sólo lo que el Espíritu nos guía en expresiones proféticas.

Amado, existe un lengua espiritual, y también lenguaje humano, que siempre se queda en el plano humano. El divino viene del miso lenguaje que es cambiado por el poder espiritual y trae vida a los que le oyen halar. Pero este divino toque de profecía nunca vendrá de ninguna otra manera, excepto por la llenura del Espíritu.

**Pensamiento para hoy:** Si desea ser cualquier cosa para Dios, no se pierda de su plan.

# 1 de septiembre

# Palabras que edifican

*Y después de esto derramaré mi Espíritu sobre toda carne,*
*y profetizarán vuestros hijos y vuestras hijas; vuestros ancianos*
*soñarán sueños, y vuestros jóvenes verán visiones.*
*Y también sobre los siervos y sobre las siervas derramaré*
*mi Espíritu en aquellos días* (Joel 2:28–29).

*Lectura de las Escrituras:* 1 Corintios 14:1–25

Todos sabemos que la profecía divulgada por Joel se cumplió en el Día de Pentecostés. Esta era la primera manifestación del Espíritu, pero ¿cómo sería ahora si solamente nos despertáramos con las palabras de nuestro Maestro, *"De cierto, de cierto os digo: El que en mí cree, las obras que yo hago, él las hará también y aun mayores hará, porque yo voy al Padre"* (Juan 14:12)?

Oigamos lo que las Escrituras nos dicen: *"Pero cuando venga el Espíritu de verdad, él os guiará a toda la verdad; porque no hablará por su propia cuenta, sino que hablará todo lo que oyere, y os hará saber las cosas que habrán de venir"* (Juan 16:13). El Espíritu Santo es inspiración; el Espíritu Santo es revelación; el Espíritu Santo es manifestación; el Espíritu Santo es operación. Cuando un hombre llega a la plenitud del Espíritu Santo, él está en perfectas condiciones, construido en base a las Escrituras.

No he podido ver a alguien comprender 1 Corintios 12–14 a no ser que hayan sido bautizados con el Espíritu Santo. Pueda ser que hable sobre el Espíritu Santo y sus dones pero su entendimiento es meramente superficial. No obstante, cuando la persona es bautizada con el Espíritu Santo, esta persona ya habla con una convicción interna muy profunda, ya que el poder del Espíritu está trabajando en ella una revelación de esa Escritura. Por otro lado también hay muchas cosas que una persona recibe cuando nace de nuevo. Recibe el primer amor y tiene una revelación de Jesús, *"Pero si andamos en luz, como él está en luz, tenemos comunión unos con otros, y la sangre de Jesucristo su Hijo nos limpia de todo pecado"* (1 Juan 1:7).

Pero Dios quiere que el hombre esté siempre asido para que siempre pueda hablar como un oráculo de Dios. Quiere construir tanto ese hombre sobre los fundamentos de Dios, que quiere que todo aquel que lo oiga y vea pueda decir que es una persona nueva después de la orden del Espíritu.

# 1 de septiembre

*"De modo que si alguno está en Cristo, nueva criatura es; las cosas viejas pasaron; he aquí todas son hechas nuevas"* (2 Corintios 5:17).

Cosas nuevas han de llegar y ahora esa persona está en la orden divina. Cuando un hombre está lleno del Espíritu Santo tiene un poder vital, que logra que las demás personas sepan que ha visto a Dios. Debe estar en un lugar espiritual único, que si entra en la casa del vecino o anda entre las personas, ellas sentirán que Dios está entre ellos.

*"Pero el que profetiza habla a los hombres para edificación, exhortación y consolación. El que habla en lengua extraña, a sí mismo se edifica; pero el que profetiza, edifica a la iglesia"* (1 Corintios 14:3–4). Aquí se mencionan dos edificaciones. ¿Cuál es la primera? Edificarse a sí mismo. Después de que uno ha sido edificado por el Espíritu, uno puede edificar la iglesia a través del Espíritu. Lo que necesitamos es más del Espíritu Santo. Pero regocíjate, no es meramente una medida del Espíritu Santo, es una medida con fuerza; pero tampoco es solamente una medida con fuerza, más bien es una *"medida buena, apretada, remecida"* (Lucas 6:38). ¡Alabado sea Dios!

**Pensamiento para hoy:** Cualquiera puede sostener una copa llena, pero no una copa rebalsada, y el bautismo con el Espíritu Santo es una copa rebalsada.

## 2 de septiembre

# Evidencia bíblica del bautismo, parte uno

*¿Recibisteis el Espíritu Santo cuando creísteis?* (Hechos 19:2).

*Lectura de las Escrituras:* Hechos 19:1–20

*D*éjeme contarle sobre mi propia experiencia al ser bautizado con el Espíritu Santo. Tenía que ser algo basado en Hechos sólidos para poder conmocionarme. Yo estaba seguro que había recibido el Espíritu Santo y estaba muy convencido de ello. Hace muchos años, un hombre se me acercó y me dijo, "Wigglesworth, ¿sabe lo que paso en Sunderland, Inglaterra? La gente está siendo bautizada exactamente de la misma manera como los discípulos en el Día de Pentecostés". "Me gustaría ir", dije.

Inmediatamente tomé un tren, fui a Sunderland y conocí a las personas que se reunían para recibir el Espíritu Santo. Causé disturbios y de forma continua, a tal punto que las personas deseaban que no hubiese llegado. Decían que yo estaba atrofiando las condiciones para que las personas recibieran el bautismo. Pero tenía hambre y sed de Dios, y fui a Sunderland porque había oído que Dios estaba derramando su Espíritu en una forma nueva. Había escuchado que Dios ahora visitaba a su pueblo y manifestaba su poder y que las personas hablaban en lenguas tal como el día de Pentecostés.

Por lo tanto, cuando llegué a Sunderland lo primero que hice fue decirles "No logro entender esta reunión; dejé una reunión en Bradford ya prendida en llamas por Dios, el fuego cayó anoche y todos estábamos a merced del poder de Dios. He venido por lenguas pero no las oigo—no oigo nada".

"¡Oh!", dijeron. "Cuando seas bautizado por el Espíritu Santo hablaras en lenguas".

"¿Oh, eso es todo?", dije. "Cuando la presencia de Dios llegó sobre mí, mi lengua se aflojó, y, cuando regresé al mundo para predicar, en verdad sentí que tenía una lengua nueva".

"Ah, no", dijeron, "no es así".

"¿Y cómo es, entonces?", pregunté.

"Cuando uno es bautizado con el Espíritu Santo—"

# 2 de septiembre

"Yo soy bautizado", interrumpí, "y no hay nadie aquí que puede persuadirme de lo contrario". Así que yo estaba contra ellos y ellos contra mí.

Recuerdo a un señor levantándose dijo, "Saben, hermanos y hermanas, yo estaba aquí ya tres semanas y luego el Señor me bautizó con el Espíritu Santo y empecé a hablar en lenguas".

Yo dije, "Queremos oírlo. Pero eso es que estoy aquí".

Pero no podía hablar en lenguas a su voluntad, solo podía cuando el Espíritu le daba la habilidad, por lo tanto mi curiosidad no estaba satisfecha. Estaba haciendo lo que muchos hacen hoy en día, confundiendo el capítulo duodécimo de 1 Corintios con el segundo capítulo de Hechos. Estos dos capítulos lidian con dos temas diferentes; uno trata sobre los dones del Espíritu y el otro con el bautismo con el Espíritu con la señal adjunta de las lenguas.

Vi que estas personas eran muy serias y yo estaba muy sediento por lenguas. Estaba ansioso por ver esta nueva manifestación del Espíritu, y, como dije, estaría cuestionando todo el tiempo y echando a perder muchas reuniones. Un hombre me dijo, "Soy un misionero, y he venido en busca del bautismo con el Espíritu Santo. Estoy esperando al Señor, pero usted ha venido y lo ha arruinado todo con sus preguntas". Empecé a discutir con él y la discusión llegó a ser tan conflictiva que cuando caminábamos a casa yo caminaba a un lado de la calle y él en el otro.

Esa noche habría otra reunión y me propuse ir. Me cambie de ropa y dejé mi llave en la ropa que me había quitado. Mientras regresábamos de la reunión en medio de la noche, me di cuenta que no tenía mi llave y el misionero dijo, "Tendrá que quedarse conmigo". Pero, ¿creería usted que nos fuimos a dormir esa noche? Oh, no, pasamos la noche en oración. Recibimos una preciosa lluvia desde el cielo. La campana del desayuno sonó pero no era para mí, ya que por cuatro días no quería nada más que de Dios.

**Pensamiento para hoy:** Si tan sólo supiera la indescriptible y maravillosa bendición de ser lleno de la tercera persona de la Trinidad, haría todo a un lado para esperar esa llenura.

## 3 de septiembre

# Evidencia bíblica del bautismo, parte dos

*¿Recibisteis el Espíritu Santo cuando creísteis?* (Hechos 19:2).

*Lectura de las Escrituras:* Marcos 1:1–12

*M*ientras los días pasaban, yo tenía más y más hambre de Dios. Me había opuesto a las reuniones pero Dios fue bondadoso, y siempre recordaré ese último día—el día en que yo me iba. Dios estaba conmigo. Iban a tener una reunión y fui, pero no pude estar tranquilo. Esta campaña iba a tomar lugar en la iglesia Episcopal. Fui a la rectoría para despedirme, y le dije a la hermana Boddy, la esposa del rector, "No puedo estar tranquilo, debo tener esas lenguas".

Ella respondió: "Hermano Wigglesworth, no son las lenguas la que necesita, más bien es el bautismo. Si permite que Dios le bautice lo demás estará bien".

Le contesté, "Mi querida hermana, yo sé que soy bautizado, usted sabe que me tengo que ir a las cuatro en punto. Por favor imponga sus manos para que pueda recibir mis lenguas".

Ella se levantó e impuso sus manos sobre mí y el fuego cayó.

Llegaron varios toques persistentes a la puerta y ella tuvo que salir. Esto fue lo mejor que pudo haber pasado, ya que estaba a solas con Dios. Luego me dio una revelación, ¡oh era maravillosa! Me mostró una cruz vacía y un Jesús glorificado. En verdad le doy gracias a Dios por la cruz vacía, Cristo ya no está en la cruz.

Luego vi que Dios me había purificado. Estaba consciente del poder sanador de la sangre preciosa de Jesús y exclamé: "¡Limpio, limpio, limpio!". Estaba lleno de regocijo al saber que ya había sido limpio. Mientras yo lo ensalzaba, glorificaba y adoraba, estaba hablando en lenguas "*según el Espíritu* [me] *daba que hablase*" (Hechos 2:4). Yo supe entonces que había recibido el verdadero bautismo con el Espíritu Santo.

Era tan bello y pacifico como cuando Jesús dijo *"Calla, enmudece"* (Marcos 4:39). La tranquilidad y el gozo de ese momento sobrepasaron cualquier suceso que había vivido hasta ese momento. Pero ¡aleluya! Estos días han crecido con manifestaciones mayores, más fuertes, maravillosas, divinas y poderosas. Eso era apenas el principio, no hay fin para este tipo de inicio. Nunca llega al final del Espíritu Santo hasta que usted llega a su gloria—hasta que está en la presencia de Dios eternamente y aún entonces siempre estaremos conscientes de su presencia.

¿Que había recibido? Había recibido la evidencia bíblica. Esta evidencia era preciosa para mí. Yo sabía que había recibido la misma evidencia de la llegada del Espíritu que los apóstoles recibieron el día de Pentecostés. Yo sabía que todo lo que había tenido hasta ese momento era de naturaleza unificadora, alineándome con Dios en preparación. A pesar de esto, ahora si sabía que había recibido el bautismo bíblico con el espíritu. Tenía el apoyo de las Escrituras.

**Pensamiento para hoy:** Nunca tiene razón si no tiene los fundamentos de su testimonio en la Palabra de Dios.

## 4 de septiembre
# Evidencia bíblica del bautismo, parte tres

*¿Recibisteis el Espíritu Santo cuando creísteis?* (Hechos 19:2).

*Lectura de las Escrituras:* Isaías 61

Cuando regresé a casa de Sunderland, mi esposa me dijo, "¿Así que piensas que recibiste el bautismo con el Espíritu Santo? Porqué, yo soy bautizada en el Espíritu Santo tal como tú". Juntos nos sentábamos en esa plataforma por más de veinte años, pero esa noche dijo, "Esta noche iras solo". Yo le dije, "Está bien". Mi esposa se fue a los asientos más lejanos del pasillo y se dijo a sí misma, "Lo observaré".

Prediqué esa noche sobre un texto que Dios me dio de Isaías 61. Dije lo que Dios hizo en mí. Les dije a las personas que iba a tener a Dios en mi vida y que gustosamente sufriría mil muertes antes de eliminar esta maravillosa llenura que me ha llegado.

Mi esposa se quedó quieta como si se hubiese sentado en una silla caliente. Se movió de una manera diferente y dijo, "Ese que esta predicando no es mi Smith. Señor, tú has hecho algo por él".

En cuanto terminé, el secretario de la misión se levantó y dijo, "Yo quiero lo que el líder de nuestra misión tiene". El intentó sentarse pero falló en encontrar su silla y cayó al piso. De pronto había catorce de ellos en el piso, mi esposa incluida. No sabíamos que hacer, pero el Espíritu Santo logró controlar la situación y el fuego cayó. Un avivamiento se inició y las multitudes llegaban. Era apenas el principio de las oleadas de bendiciones. Habíamos alcanzado las reservas de vida y poder del Señor y desde entonces, el Señor me ha llevado a diferentes tierras, y he sido testigo de muchas bendiciones y emanaciones del Espíritu Santo de Dios.

**Pensamiento para hoy:** Es cuando se sale de la voluntad de Dios que llegan las dificultades.

# Tres testigos para el bautismo

*Ahora, pues, ¿por qué te detienes? Levántate y bautízate, y lava tus pecados, invocando su nombre* (Hechos 22:16).

*Lectura de las Escrituras:* Gálatas 3:1–14

*Q*uiero llevarlo, a usted, a las Escrituras para demostrar mi posición, de que las lenguas son evidencia del bautismo con el Espíritu Santo. Los hombres de negocios saben que en casos legales en donde hay dos testigos claves, pueden ganar el caso ante cualquier juez. Sobre el claro testimonio de los testigos cualquier juez dará su veredicto. ¿Qué es lo que Dios nos ha dado? Él nos ha dado tres testigos claves sobre el bautismo con el Espíritu Santo—más de que requieren las cortes legales.

El primero está en Hechos 2:4, en el día de Pentecostés: "*Y fueron todos llenos del Espíritu Santo, y comenzaron a hablar en otras lenguas, según el Espíritu les daba que hablasen*".

Aquí tenemos la pauta original. Dios le dio a Pedro la palabra eterna que acompaña esta experiencia con la promesa que vino antes: "*Mas esto es lo dicho por el profeta Joel*" (versículo 16). Dios quiere que usted tenga eso—nada menos que eso. Él quiere que reciba el bautismo con el Espíritu Santo según ésta original conducta Pentecostal.

En Hechos 10, tenemos otro testigo. Cornelius tuvo la visión de un ángel y mando llamar a Pedro. Cuando Pedro llegó y proclamó el mensaje del evangelio, el Espíritu Santo cayó sobre todos aquellos que oyeron sus palabras.

*Y los fieles de la circuncisión que habían venido con Pedro se quedaron atónitos de que también sobre los gentiles se derramase el don del Espíritu Santo.* (Hechos 10:45)

¿Que convenció a estos judíos prejuiciosos de que el Espíritu Santo había llegado? "*Porque los oían que hablaban en lenguas, y que magnificaban a Dios*" (versículo 46). Para ellos no había otra forma. Esta evidencia no podía ser contradicha, ésta es evidencia bíblica.

Si algunas personas tuviesen a un ángel que se les acercara y les hablase, así como a Cornelio, ellos dirían que han sido bautizados. No se engañe con cualquier cosa.

# 5 de septiembre

Hemos escuchado a dos testigos. Ahora veamos en Hechos 19:6 que registra a Pablo ministrando a ciertos discípulos en Éfeso: *"Y habiéndoles impuesto Pablo las manos, vino sobre ellos el Espíritu Santo; y hablaban en lenguas, y profetizaban"*. Estos efesios recibieron la misma evidencia bíblica que los apóstoles recibieron al principio, además ellos profetizaron. En tres ocasiones las Escrituras nos demuestran la evidencia del bautismo con el Espíritu. Yo no glorifico a las lenguas. No. Por la gracia de Dios, yo glorifico al Dador de lenguas, y, sobre todo lo glorifico a Él a quien el Espíritu Santo ha venido a revelarnos, el Señor Jesucristo. Es Él quien envía el Espíritu Santo, y lo glorifico porque no hace distinción entre nosotros y aquellos que creyeron en el principio.

Pero ¿para qué son las lenguas? Observe el segundo versículo de 1 Corintios 14 y verá una verdad muy bendecida: *"Porque el que habla en lenguas no habla a los hombres, sino a Dios; pues nadie le entiende, aunque por el Espíritu habla misterios"* (versículo 2). ¡Aleluya! ¿Ha estado allí, amado? Yo le digo que Dios quiere llevarle allí. El pasaje sigue diciendo, *"El que habla en lengua extraña, a sí mismo se edifica"* (versículo 4).

Entre a las promesas de Dios. Es su herencia. Oro para que pueda ser lleno de Él de tal forma que no pueda moverse sin un avivamiento.

*Pensamiento para hoy:* Esté seguro que lo que recibes es acorde con la Palabra de Dios.

## 6 de septiembre

# La conversión y el bautismo de Pablo, parte uno

*Hermano Saulo, el Señor Jesús, que se te apareció
en el camino por donde venías, me ha enviado para que recibas
la vista y seas lleno del Espíritu Santo. Y al momento le cayeron
de los ojos como escamas, y recibió al instante la vista;
y levantándose, fue bautizado* (Hechos 9:17–18).

*Lectura de las Escrituras:* Hechos 8:1–13

Saulo era probablemente el mayor perseguidor que la iglesia tuvo en sus principios. Saulo odiaba a los cristianos: "*Saulo asolaba la iglesia, y entrando casa por casa, arrastraba a hombres y a mujeres, y los entregaba en la cárcel*" (Hechos 8:3). En Hechos 9, leemos que estaba expresando amenazas y matanza contra los discípulos del Señor. Iba camino a Damasco con el propósito de destruir la iglesia allá. (Véase versículos 1–2).

¿Cómo lidiaba Dios con una persona así? Nosotros hubiésemos lidiado con el enjuiciándolo, pero Dios lidio con él con misericordia. ¡Oh el amor maravilloso de Dios! Él amaba los creyentes de Damasco y la forma en que los preservó fue a través de la salvación del hombre que los quería esparcir y destruir. Él mostró misericordia hacia todos. ¡Si tan sólo nos diéramos cuenta que estamos vivos hoy por la gracia de nuestro Dios!

Más y más veo que es a través de la gracia de Dios que yo soy preservado cada día. Es cuando nos damos cuenta de la bondad de Dios que llegamos al arrepentimiento. Aquí estaba Saulo, con cartas del sumo sacerdote, apresurado hacia Damasco. Fue golpeado y vio una luz, una luz que era más brillante que el sol. Mientras caía perplejo hacia el suelo, escuchó una voz decirle, "*Saulo, Saulo, ¿por qué me persigues?*". Él preguntó, "*¿Quién eres, Señor?*". Le llegó como respuesta, "Yo soy Jesús, a quien tú persigues"; y Saulo clamó, "*Señor, ¿qué quieres que yo haga?*" (Hechos 9:4–6).

No quiero traer palabras de condenación para nadie, pero si sé que muchos han sentido de la misma forma que Saulo se sentía para con los hijos de Dios, especialmente con aquellos que han recibido el bautismo pentecostal. Yo se que muchas personas nos dicen, "están locos", pero la verdad es que los hijos de Dios son los únicos que están verdaderamente contentos. Estamos contentos por dentro y por fuera, y nuestra felicidad fluye desde el interior, Dios nos ha llenado con "*alegráis con gozo*

# 6 de septiembre

*inefable y glorioso"* (1 Pedro 1:8). Estamos tan felices por lo que hemos recibido que, si no fuera por nuestro deseo de comportarnos, estaríamos haciendo cosas muy raras. Así es como se debió haber sentido el apóstol Pablo cuando se refirió a él y sus compañeros al decir *"estamos locos"* (2 Corintios 5:13) en el Señor. El gozo del Espíritu Santo vas más allá de cualquier cosa, y este gozo del Señor es nuestra fortaleza. (Véase Nehemías. 8:10).

*Pensamiento para hoy:* Nuestro Dios se deleita en ser piadoso, y su gracia es dada a pecadores y santos diariamente.

# La conversión y el bautismo de Pablo, parte dos

*El recibió al instante la vista;*
*y levantándose, fue bautizado* (Hechos 9:18).

**Lectura de las Escrituras:** Hechos 8:14–40

Cuando Saulo bajó a Damasco, él pensó que iba a hacer maravillas con ese manojo de cartas que tenía del sumo sacerdote. Creo que las dejó caer en el camino y si quiso recogerlas no pudo hacerlo, pues perdió su vista. Los hombres que lo acompañaban perdieron el habla, pero lo llevaron a Damasco.

Algunas personas tienen la idea de que solamente los predicadores conocen la voluntad de Dios. Sin embargo, este hecho nos demuestra que el Señor tenía un discípulo en Damasco, llamado Ananías, un hombre sencillo, que vivía en un lugar donde Dios podía hablarle. Sus oídos estaban abiertos, él era quien escuchaba cosas desde el cielo. ¡Oh, son más maravillosas que cualquier cosa que pueda usted oír en la tierra! Fue a este hombre a quien el Señor se le apareció en una visión. Le dijo que bajara a la calle llamada Derecha y que preguntara por Saulo. Y le dijo que Saulo había observado en una visión a un hombre llamado Ananías que llegaba y ponía sus manos para que él pudiera recuperar su vista. Ananías protestó.

> *Señor, he oído de muchos acerca de este hombre, cuántos males ha hecho a tus santos en Jerusalén; y aun aquí tiene autoridad de los principales sacerdotes para prender a todos los que invocan tu nombre.* (Hechos 9:13–14)

Pero el Señor le aseguró a Ananías que Saulo fue escogido como un mensajero, y Ananías, sin dudarlo, fue a cumplir el mandado de piedad.

El Señor le dijo a Ananías preocupado por Saulo *"porque he aquí, él ora"* (versículo 11). El Señor nunca desprecia un corazón roto y arrepentido. (Véase Salmo 51:17). A Saulo le fue dada una visión que pronto se volvería realidad, la visión de Ananías llegando a orar por él para que pudiese recuperar su vista.

**Pensamiento para hoy:** La oración de arrepentimiento siempre es escuchada en el cielo.

# La conversión y el bautismo de Pablo, parte tres

*El recibió al instante la vista;
y levantándose, fue bautizado* (Hechos 9:18).

*Lectura de las Escrituras:* Hechos 9:1–9

Ananías fue a la casa en la calle Derecha e impuso manos sobre el que fue una vez un blasfemo y perseguidor. Le dijo, *"Hermano Saulo, el Señor Jesús, que se te apareció en el camino por donde venías, me ha enviado para que recibas la vista y seas lleno del Espíritu Santo"* (Hechos 9:17). Lo reconoció como un hermano cuya alma ya había sido salvada y quien había llegado a una relación con el Padre y con toda la familia de Dios, pero más allá de esto había algo necesario. Sí, el Señor no había olvidado su condición física, por lo que había sanidad para él. Pero también había algo más allá de esto, era la llenura del Espíritu Santo.

Oh, siempre me parece que el evangelio es despegado de su gloria divina cuando no observamos la maravillosa verdad del bautismo con el Espíritu Santo. Ser salvo es maravilloso, una criatura nueva, de haber pasado de la muerte a la vida, tener de testigo al Espíritu de que es nacido de Dios—todo esto es indeciblemente precioso; pero aunque nosotros tenemos la fuente de salvación burbujeando dentro de nosotros, debemos ir hacia nuestro interior a donde fluyen *"ríos de agua viva"* (Juan 7:38). El Señor Jesucristo nos mostró, de forma muy sencilla, que si nosotros creemos en Él, desde nuestro interior fluirán estos *"ríos de agua viva"*. Esto lo habló por medio del Espíritu, el Señor quiere que nos llenemos del Espíritu, para tener la manifestación de la presencia de su Espíritu, la manifestación que en verdad es dada *"para provecho"* (1 Corintios 12:7).

**Pensamiento para hoy:** El Señor quiere que seamos sus voceros y que hablemos como oráculos de Dios.

# La conversión y el bautismo de Pablo, parte cuatro

*El recibió al instante la vista;*
*y levantándose, fue bautizado* (Hechos 9:18).

**Lectura de las Escrituras:** Hechos 9:10–22

*D*ios escogió a Saulo. ¿Qué era él? Un blasfemo, un perseguidor. Esa es la gracia, nuestro Señor es bondadoso y Le gusta mostrar su misericordia a los más viles y peores de los hombres.

Había un personaje notable en el pueblo donde yo vivía, era conocido como el peor del pueblo. Era tan vil y su lengua era tan terrible que hasta los hombres más malos no podían soportarlo. En Inglaterra existe lo que se conoce como un verdugo, quien es el encargado de llevar a cabo todas las ejecuciones. Este hombre me comentó que creía que cuando realizaba la ejecución de hombres que habían cometido asesinato, el poder demoníaco que estaba dentro de ellos se traspasaba a él, por ende, como consecuencia, estaba poseído por legiones de demonios.

Su vida era tan desesperada que él decidió quitarse la vida. Se fue hacia una estación de tren y compró un boleto. Los trenes ingleses son muy distintos a los estadounidenses. En cada vagón hay un número de compartimentos pequeños, y es fácil que cualquier persona que quiera cometer suicidio abra la puerta de su compartimento y lanzarse del tren. Este hombre propuso lanzarse del tren en un túnel específico justamente en el momento cuando en la dirección contraria venía el otro a toda velocidad, él pensó que esto le daría un final rápido a su vida.

Había un joven en la estación esa noche, quien había sido salvo la noche anterior. Estaba en fuego por lograr que otros fueran salvos y se propuso en su corazón que cada día de su vida, iba a lograr salvar a alguien. El vio a este verdugo abatido y empezó a hablarle sobre su alma. Lo trajo a nuestra misión, y allí llego bajo la convicción del pecado, por casi dos horas y media estaba literalmente sudando por la convicción de pecado, se podía ver un vapor salir de él. Al final de esas dos horas y media por gracia fue salvo.

Dije, "Dios, dime que hacer". El Señor dijo, "No lo dejes, ve a casa con él". Fui a su casa y cuando vio a su esposa dijo, "Dios me ha salvado". Su esposa se doblegó, y ella también por gracia fue salva. Yo les digo había una diferencia en esa casa, hasta el gato notó la diferencia. Previo a este episodio el gato siempre huía cuando el verdugo llegada a la puerta. Pero esa noche él fue salvado y el gato saltó a su regazo y se durmió.

Habían dos hijos en esa casa, uno le dijo a la madre, "¿Madre, que pasa en nuestra casa? Nunca ha estado así antes. Es tan pacifico. ¿Qué es?". Ella le dijo, "Tu padre ha sido salvo". El otro hijo también estaba sorprendido por el cambio.

Llevé a este hombre a varios servicios especiales y el poder de Dios estaba con él por muchos días. Él daría sus testimonios y crecía en gracia, deseaba predicar el evangelio. Llegó a ser evangelista y cientos y cientos fueron traídos a la sabiduría salvadora del Señor Jesucristo a través de su ministerio. Dios salvó a Saulo de Tarso en el mismo momento que estaba respirando amenazas y matanza contra los discípulos del Señor y Él redimió a Derry el verdugo. Él lo hará por cientos más en respuesta a nuestras plegarias.

***Pensamiento para hoy:*** La gracia de Dios es suficiente hasta para el más vil y Él puede tomar a los hombres más perversos y hacer de ellos monumentos de su gracia.

## 10 de septiembre

# La conversión y el bautismo de Pablo, parte cinco

*El recibió al instante la vista;*
*y levantándose, fue bautizado* (Hechos 9:18).

*Lectura de las Escrituras:* Hechos 16:16–34

Nótese que cuando Ananías entró a la casa, llamó al que una vez fue enemigo del evangelio *"Hermano Saulo"* (Hechos 9:17). Él reconoció que en esos tres días, una labor bendecida había sido cumplida y que Saulo había sido traído a una relación con el Padre y con el Señor Jesucristo. ¿No era eso suficiente? No, había algo más, y para éste propósito el Señor mandó a Ananías a aquella casa a imponer manos sobre su hermano recién salvo para que Saulo pudiese recibir su vista y ser lleno del Espíritu Santo.

Ahora usted dice, "Pero el pasaje no dice que habló en lenguas". Nosotros sabemos que Pablo hablaba en lenguas, él hablaba en lenguas más que todos los Corintios. (Véase 1 Corintios 14:18). En aquellos días, poco después de aquel derramamiento Pentecostal, nunca estarían de acuerdo con alguien recibiendo el bautismo a no ser que lo recibieran según la norma original dada el día de Pentecostés.

Cuando Pedro estaba relatando lo que había pasado en la casa de Cornelio en Cesarea, dijo, *"Y cuando comencé a hablar, cayó el Espíritu Santo sobre ellos también, como sobre nosotros al principio"* (Hechos 11:15). Más adelante hablando sobre este incidente, dijo, *"Dios, que conoce los corazones, les dio testimonio, dándoles el Espíritu Santo lo mismo que a nosotros; y ninguna diferencia hizo entre nosotros y ellos, purificando por la fe sus corazones"* (Hechos 15:8–9). Todos sabemos de lo ocurrido en la casa de Cornelio cuando cayó el Espíritu Santo, *"Porque los oían que hablaban en lenguas, y que magnificaban a Dios"* (Hechos 10:46).

Muchos piensan que Dios hace distinción entre nosotros y aquellos que vivieron en los principios de la iglesia. Pero no tienen ninguna base bíblica para esto. Cuando alguien recibe el don del Espíritu Santo, con toda seguridad no habrá diferencia entre la experiencia de hoy con la del día de Pentecostés. Y no puedo creer, que, cuando Saulo fue lleno del Espíritu Santo el Señor hizo una diferencia entre la experiencia que le dio a él con la que le dio a Pedro y a los demás un poco antes.

# 10 de septiembre

Así que Saulo fue lleno del Espíritu Santo y en los capítulos posteriores de los Hechos de los Apóstoles, vemos el resultado de esta llenura. ¡Ah pero que diferencia hace!

La gracia de Dios que fue dada al perseguidor Saulo está disponible para usted. La misma llenura que recibió del Espíritu Santo está igualmente lista para usted. Muévase hacia una vida donde pueda recibir más y más del bendito Espíritu de Dios.

***Pensamiento para hoy:*** No descanse satisfecho con una experiencia menos significativa que la del bautismo que los discípulos recibieron en el día de Pentecostés.

## 11 de septiembre

# Recibiendo el bautismo

*Pero recibiréis poder, cuando haya venido*
*sobre vosotros el Espíritu Santo* (Hechos 1:8).

*Lectura de las Escrituras:* Hechos 1:1–11

Yo creo que Dios quiere que sepamos más sobre el bautismo con el Espíritu Santo. También creo que Dios quiere que sepamos la verdad de tal manera que tengamos un entendimiento claro de a lo que Él se refiere al desear que su pueblo reciba el Espíritu Santo.

Jesús, nuestro Mediador e Intermediario fue lleno del Espíritu Santo. Él dio un mandato a sus seguidores con respecto a los días en que estamos y dio instrucciones sobre el tiempo a través del Espíritu Santo. Veo que si nosotros podemos alcanzar algo es porque estamos bajo el poder del Espíritu Santo.

Durante mi vida, he visto muchas fuerzas satanistas, espiritistas y todo tipo de "istas". Les digo que hay un poder que es satánico y hay un poder que es del Espíritu Santo. Recuerdo que después que recibimos el Espíritu Santo y cuando las personas estaban hablando en lenguas según el Espíritu lo permitía—no conocíamos el Espíritu Santo de otra manera—los espiritistas habían escuchado al respecto y llegaron justo a tiempo para llenar dos filas de asientos.

Cuando el poder de Dios cayó sobre nosotros, estos imitadores empezaron a temblar y a estremecerse con expresiones de las fuerzas satánicas. El Espíritu de Dios estaba fuerte sobre mí, me dirigí a ellos y dije, "¡Ahora, ustedes demonios, fuera de aquí!" y se fueron. Los perseguí hasta la calle, y luego se giraron y empezaron a maldecirme. No había importancia; ya estaban fuera.

Le imploro que oigan, que el bautismo con el Espíritu Santo quiere tomar posesión de nosotros para que podamos ser, y continuamente, tan llenos del Espíritu Santo que las expresiones, las revelaciones, la vista y todo lo demás pueda ser controlado magníficamente por el poder de Dios, que vivamos y nos movamos en su gloriosa esfera de utilidad para la gloria de Dios.

*Pensamiento para hoy:* Hay plenitud de Dios donde todos los otros poderes dejan de ser.

## 12 de septiembre

# El don de Dios para todos

*El que cree en mí, como dice la Escritura,*
*de su interior correrán ríos de agua viva* (Juan 7:38).

*Lectura de las Escrituras:* Juan 4:1–14

*D*ios quiere ayudarnos a ver que cada hijo suyo debe recibir el Espíritu de Dios. Amado, Dios quiere que entendamos que esto nos es difícil cuando estamos en el orden correcto. Quiero que vea lo que significa buscar el Espíritu Santo.

Si fuéramos a examinar el evangelio de Juan, veríamos que Jesús predijo todo lo que íbamos a recibir con la llegada del Espíritu Santo. Nuestro Señor dijo que el Espíritu Santo tomaría las cosas de su Palabra y las revelaría a nosotros. (Véase Juan 14:26; 16:14). Él hará que nosotros experimentemos todo lo que Jesús mismo experimentó.

¡Si tan sólo pudiésemos pensar en lo que esto realmente significa! Es uno de los ideales. ¡Qué graduación! Venga a la graduación del Espíritu Santo y usted simplemente superará todo lo que hay en cada universidad que haya existido. Dejarás a todos atrás, así como he visto al sol dejar atrás la neblina en San Francisco. Dejará todo lo que es frío como el hielo y entrará en la luz del sol.

Dios el Espíritu Santo quiere que sepamos la realidad de esta llenura del Espíritu para que no seamos ignorantes ni tengamos conceptos místicos, pero que tengamos una clara e inequívoca revelación de la mente total de Dios para estos días.

Le imploro a usted, amado, en el nombre de Jesús, que entre y vea toda la mente de Dios. Jesús ciertamente dijo, *"Pero recibiréis poder, cuando haya venido sobre vosotros el Espíritu Santo"* (Hechos 1:8).

**Pensamiento para hoy:** Jesús siempre está desplegando a cada uno de nosotros el poder de la resurrección.

## 13 de septiembre

# Entrando a un nuevo reino

*El que cree en el Hijo de Dios,*
*tiene el testimonio en sí mismo* (1 Juan 5:10).

*Lectura de las Escrituras:* 1 Juan 5

Si usted es un hombre de negocios, necesita ser bautizado con el Espíritu Santo. Para cualquier tipo de negocio, necesita conocer el poder del Espíritu Santo, porque si no está bautizado con el Espíritu Santo, Satanás tendrá un poder tremendo para interferir en el progreso de su vida. Si usted llega a recibir el bautismo con el Espíritu Santo, habrá un nuevo reino para su negocio.

Recuerdo un día estando en una reunión en Londres, cerca de las once en punto me dijeron, "Tendremos que concluir la reunión. No tenemos permiso de usar este lugar más allá de las once en punto". Había varios que estaban bajo el poder el Espíritu. Un hombre se levantó y me miró diciendo, "Oh, no te vayas, por favor, siento que no podré soportar ser abandonado. Debo recibir el Espíritu Santo. ¿Vendrías a casa con nosotros?". Su esposa estaba también. Eran dos personas hambrientas que recién despertadas por el poder del Espíritu supieron lo que les hacía falta y que necesitaban el poder de Dios.

Por casi una hora, al fin llegamos a su hermosa casa en el campo. Era invierno. Él empezó a encender el fuego de la chimenea y a colocar carbón y dijo, "Pronto tendremos un fuego tremendo para que nos calentemos. Luego tendremos una hermosa cena". Y supuse que lo siguiente sería ir a dormir.

"No, gracias", dije. "No he venido aquí por su cena o por su cama. Yo pensé que quería que viniera para que usted pudiera recibir el Espíritu Santo".

"Oh", dijo. "¿Orarías con nosotros?"

"No he venido por otra cosa". Yo sabía que podía mantenerme caliente en una reunión de oración sin una fogata.

Casi a las tres y media de la mañana, su esposa estaba llena hasta donde podía, hablando en lenguas. Dios estaba haciendo cosas maravillosas esa noche. Fui al final de la mesa y allí estaba él gimiendo terriblemente. Así que le dije, "Su esposa ha recibido el Espíritu Santo". "Oh",

388

# 13 de septiembre

respondió, "esta va a ser una noche tremenda para mí". Les digo, usted también tendrán noches como este hombre, ya sea que reciba el bautismo o no, si busca a Dios con todo su corazón.

A veces digo que se obtiene más en la búsqueda que en cualquier otra cosa. Tenemos que llegar a un lugar donde sabemos que, a no ser que nos topemos cara a cara con Dios y expulsemos todo lo torcido de nuestra vida, no hay lugar para el Espíritu Santo, para que la presencia de Dios habite en nosotros. Pero cuando le damos a Dios una oportunidad para tratar con nosotros, y por la visión de la sangre de Jesús nos vemos como Dios nos ve, es allí cuando tenemos la revelación. Sin esto, estamos incompletos y somos indefensos.

A las cinco de la mañana, este hombre se levantó y dijo, "He terminado". No había sido bautizado. "Estoy tranquilo", continuó. "Dios me ha tranquilizado, ahora debo descansar algunas horas antes de ir a mi negocio a las ocho de la mañana".

¡Válgame! Fue un día agitado en su negocio. En muchos años había tenido un día como aquel. Andaba en su negocio entre todos sus trabajadores y decían, "¿Qué le pasa al tipo? ¿Qué le pasa al jefe? ¿Qué ha pasado? ¡Ay pero qué cambio!".

Todo el lugar estaba eléctrico. Normalmente era como un león merodeando por allí, pero Dios lo había tocado. El toque de omnipotencia había desboronado a este hombre hasta que en su negocio los trabajadores habían sido tocados por su presencia. Yo les digo, hallamos algo cuando buscamos; hallamos algo cuando esperamos. ¿Qué es? Esto: Dios mata a un hombre para que pueda empezar en un nuevo plano en su vida.

Esa noche como a las diez, él fue bautizado con el Espíritu Santo en una reunión. Un periodo corto después de eso cuando pasaba por el terreno hacia la casa de este hombre, sus dos hijos salieron corriendo hacia donde yo estaba, me abrazaron y me besaron diciendo, "Nos has dado un nuevo padre".

*Pensamiento para hoy:* Dios transforma leones en corderos.

# El bautismo es resurrección

*A fin de conocerle, y el poder de su resurrección* (Filipenses 3:10).

*Lectura de las Escrituras:* Filipenses 3

El poder del Espíritu Santo crea hombres y mujeres nuevos. El Espíritu Santo se lleva los corazones de piedra y les da corazones de carne. (Véase Ezequiel 36:26–27). Y cuando Dios logra lo suyo, hay una tremenda agitación en los huesos viejos. (Véase Ezequiel 37:4–10).

Debemos ver que no somos buenos hasta que Dios se encarga de nosotros. Pero cuando Él tiene verdadero control sobre nosotros, nuestro futuro toma un nuevo rumbo. ¡Qué maravillosa puerta abierta tiene Dios para usarnos!

Amado, debemos buscar este ideal por el Espíritu. ¿Qué debemos hacer? No debemos hacer nada más que ir y recibir el bautismo. Sométase al poder de Dios. Si cede, otras personas serán salvas. Usted morirá a no ser que tenga un poder de resurrección, un toque para los demás. Pero si vive solamente para Dios, entonces otras personas serán levantadas de la muerte y sacadas de todo tipo de maldades para ser bendecidos a través del Espíritu.

Debemos ver que este bautismo con el Espíritu es más grande que cualquier cosa. Usted puede decir lo que quiera, hacer lo que quiera, pero hasta que tenga el Espíritu Santo no sabrá lo que es un toque de resurrección. La resurrección es por el poder del Espíritu, y recuerda, cuando hablo de resurrección, estoy hablando sobre una de las cosas más grandes en las Escrituras. La resurrección es la evidencia de que hemos despertado en una nueva línea de la verdad que no puede dejar de existir, pero que siempre irá con una mayor fuerza e incrementando en poder con Dios.

Recuerde que el bautismo con el Espíritu Santo es resurrección. Si puede tocar este ideal de Dios con su poder de resurrección, verá que nada terrenal puede permanecer; vera que toda enfermedad se disipará. Si es lleno del Espíritu Santo todas las fuerzas satánicas que causan ataques, esas piernas flojas, todas esas aflicciones en los pies, todos esos problemas de riñones y todos esos nervios y sustos se irán. La *resurrección* es la palabra para ello. La resurrección disipa la muerte y respira vida en usted; le deja saber que fue arrebatado de los muertos por el Espíritu y que ha sido hecho como Jesús. ¡Gloria a Dios!

¡Oh, la palabra *resurrección*! Ojalá pudiera decirla al mismo nivel que la palabra *Jesús*. Juntos son muy armoniosos.

**Pensamiento para hoy:** Jesús es resurrección, y conocer a Jesús en este poder resucitador es ver que usted ya no tiene que estar muerto; usted está vivo en Dios por medio del Espíritu.

# 15 de septiembre

## Un nuevo día

*He aquí que yo hago cosa nueva; pronto saldrá a luz;*
*¿no la conoceréis? Otra vez abriré camino en el desierto,*
*y ríos en la soledad* (Isaías 43:19).

*Lectura de las Escrituras:* Apocalipsis 21

Asegúrese de que hoy se enrumbes en una nueva orden del Espíritu, para que nunca más usted esté donde estaba antes. Este es un nuevo día para todos. Usted tal vez dice, "¿Qué hay de las personas que ya han sido bautizadas con el Espíritu?". Oh, también es un nuevo día para aquellos que han sido bautizados con el Espíritu, ya que el Espíritu es una fuente ilimitada de poder. De ninguna manera es inmóvil. Dios no tiene lugar para alguien que es inmóvil. El hombre que va a asir el fuego, sostener la verdad y siempre estar vigilante en la torre, es aquel que será una luz para todos los santos, teniendo una luz mucho mayor a la que tendría naturalmente. Debe ver que la gracia de Dios, la vida de Dios y el Espíritu de Dios sean un millón de veces más brillantes que él.

El hombre que es bautizado con el Espíritu Santo, es bautizado en una nueva orden de una vez. Nunca se puede ser ordinario después de eso. Usted está en un plano extraordinario; fue llevado a la línea con la mente de Dios. Ha logrado ideales en muchas maneras.

Si quiere oratoria, la encuentra en el bautismo con el Espíritu. Si quiere el toque de un sentido rápido que mueve su cuerpo hasta saber que ha sido renovado completamente, es por medio del Espíritu Santo. Y mientras yo digo tanto sobre el Espíritu Santo, retiro todo lo que no pone a Jesús en el lugar que le corresponde. Dado que siempre que hablo del Espíritu Santo, es siempre haciendo referencia a las revelaciones de Jesús. El Espíritu Santo es el Consolador del Cristo poderoso, quien posee todo para que nosotros nunca conozcamos ninguna debilidad. Todas las imitaciones desaparecen y ahora usted está en el lugar donde Dios ha tomado el ideal y le ha movido a su propia velocidad, la cual tiene una velocidad más allá de toda mente y pensamiento humano.

**Pensamiento para hoy:** Nada en Dios es inmóvil.

## 16 de septiembre

# Llegando más alto

*Anunciaré a mis hermanos tu nombre,*
*en medio de la congregación te alabaré* (Hebreos 2:12).

*Lectura de las Escrituras:* Hebreos 2:1–13

*E*l Espíritu de Dios debe tener todo a su manera. ¡Oh, lo que pasaría si todos nos cediéramos un poco! A veces pienso que es casi necesario darle una dirección a aquellos que han sido bautizados con el Espíritu Santo. Siento que, de igual manera que la iglesia de Corintios, podríamos tener, tal como lo fueron, dones y gracias, y que los usáramos todos, pero nos sentamos y no vamos más allá de donde estamos.

Yo sostengo que los dones y las gracias están solo por un motivo: para hacerle desear los dones y las gracias. No pierda de vista lo que estoy diciendo. Cada toque de la vida divina del Espíritu tiene un propósito: hacer que su vida llegue más alto de donde estamos. Amado, si alguien tiene que levantarse de una reunión y decirme cómo fueron bautizados con el Espíritu Santo para que yo lo sepa, yo le digo, "Has caído en desgracia. Tú debes tener tal bautismo para que todos sepan que eres bautizado sin que tengas que decirles que lo eres". Eso traería un nuevo día, eso sería un sermón por sí mismo, no sólo aquí adentro sino también afuera. Luego tendría a personas siguiéndole para saber dónde vive y hacia dónde va. (Véase Juan 3:8). Usted dice, "Yo quiero eso. No descansaré hasta que lo tenga". Dios seguramente se lo dará.

El Espíritu Santo sólo puede venir hacia nosotros (sus templos) cuando nos cedemos completamente a Él, porque el Espíritu *"no habita en templos hechos de mano"* (Hechos 7:48), sino en *"tablas de carne del corazón"* (2 Corintios 3:3). Así que no importa qué tipo de edificio consiga, usted no puede contar que el edificio sea un sustituto para el Espíritu Santo. Todo tendremos que ser templos del Espíritu Santo para que el edificio vaya de acuerdo a la orden del Espíritu Santo.

**Pensamiento para hoy:** El Espíritu Santo nunca llega hasta que haya un lugar listo para Él.

## 17 de septiembre

# ¡Él está llegando!

*Por tanto, hermanos, tened paciencia hasta la venida del Señor.
Mirad cómo el labrador espera el precioso fruto de la tierra,
aguardando con paciencia hasta que reciba la lluvia temprana
y la tardía. Tened también vosotros paciencia, y afirmad vuestros
corazones; porque la venida del Señor se acerca* (Santiago 5:7–8).

*Lectura de las Escrituras:* Santiago 5:1–12

Cual es el *"precioso fruto de la tierra"*? Es la iglesia, el cuerpo de Cristo. Dios no tiene pensamiento para otras cosas. Él hace que la vegetación de la tierra crezca y creó la gloria de la flor. Él pone su atención en la belleza de las flores porque sabe que nos complace. Pero cuando hablamos del *"precioso fruto de la tierra"*, nuestro Señor tiene su mente puesta en usted hoy.

Si desea la venida del Señor, ciertamente debe abogar para que cada creyente sea lleno del Espíritu Santo. El Espíritu Santo no puede venir hasta que la iglesia esté lista. Usted quizás dice, "¿Y cuándo va a estar lista la iglesia?". Si los creyentes tuviesen una actitud de entrega y estuviesen en unidad con Dios y entre ellos, Dios mandaría su aliento ahora mismo para que la iglesia estuviera lista en diez minutos, o menos que eso.

Así que podemos claramente decir que la venida del Señor está cerca, pero estará más cerca si nosotros estamos listos para recibir una manifestación mayor y completa. ¿Cuál será la manifestación de la venida del Señor? Si estuviésemos listos y si el poder de Dios estaría expresando esa verdad hoy, nosotros iríamos unos a otros diciendo, "Él está llegando; sé que está llegando". Cada persona alrededor del mundo estaría diciendo, "Él está llegando", y usted sabría que es verdad.

Esta es la única esperanza para el futuro, nada más que el Espíritu Santo puede preparar el corazón de las personas para su venida. Alaben a Dios, ¡Él vendrá! ¡Él está llegando!

*Pensamiento para hoy:* Mientras una persona tenga más del Espíritu Santo, más lista estará para anticipar la venida del Señor y predicar esta gloriosa verdad.

## 18 de septiembre

# Permita que Dios le use

*Pero tenemos este tesoro en vasos de barro, para que la excelencia del poder sea de Dios, y no de nosotros* (2 Corintios 4:7).

*Lectura de las Escrituras:* 2 Corintios 4

Un día, en Inglaterra, una señora escribió preguntando si podía ir a ayudarle. Dijo que era ciega, con dos coágulos de sangre detrás de los ojos. Yo había estado en Londres recientemente, y no tenía la sensación de querer ir de nuevo. Sin embargo, le mandé una carta, sin saber quién era, diciéndole que iría si estaba dispuesta a entrar en una habitación conmigo, cerrar la puerta y no salir hasta que hubiese recibido su vista de nuevo. Ella respondió, "¡Sí, venga!".

En el momento que llegué a la casa, me trajeron a una mujer ciega. Después de saludarla, me llevó a una habitación, abrió la puerta y me permitió entrar, luego entró y cerró la puerta. "Ahora", dijo, "estamos con Dios".

¿Alguna vez ha estado usted allí? Es un lugar maravilloso.

En hora y media, el poder de Dios cayó sobre nosotros. Corriendo hacia la ventana exclamó, "¡Puedo ver, puedo ver! ¡La sangre se ha ido; puedo ver!". Mientras se sentaba en una silla me preguntó, "¿Puedo recibir el Espíritu Santo?".

"Sí", respondí, "si todo está bien con Dios".

"Usted no me conoce", continuó, "pero por diez años he estado luchando contra su posición. No podía soportar estas lenguas, pero Dios lo aclaró hoy. Quiero el bautismo con el Espíritu Santo".

Luego de orar y arrepentirse sobre lo que dijo de las lenguas, fue bendecida por el Espíritu Santo y empezó a hablar en lenguas.

Cuando usted impone manos para orar por otras personas, usted puede sentir cuando el Espíritu Santo está presente. Y si uno cede ante el Espíritu Santo y permitirle que se mueva, ¡válgame, las cosas que sucederán!

*Pensamiento para hoy:* El Señor Jesús quiere que aquellos que predican la Palabra tengan la Palabra como evidencia en sus vidas.

## 19 de septiembre
# Reciba el Espíritu

*Te alabo, Padre, Señor del cielo y de la tierra,*
*porque escondiste estas cosas de los sabios y de los entendidos,*
*y las revelaste a los niños* (Mateo 11:25).

*Lectura de las Escrituras:* Mateo 19:13–30

Yo me pregunto, ¿cuántas personas están preparadas para ser bautizadas? ¿Ah, usted dice que no puede ser bautizado? Entonces lleva mucho tiempo siendo un adulto. Necesita ser como niño de nuevo. ¿Sabía que hay una diferencia entre ser un bebé y cualquier otra cosa en el mundo?

Muchas personas llevan años esperando por el bautismo, ¿Cuál ha sido el problema? ¿Cuál es la dificultad del sabio? Un sabio es demasiado cuidadoso. Mientras está en la operación del Espíritu, él quiere saber lo que está diciendo. Ningún hombre puede saber lo que está diciendo cuando el Espíritu está sobre él. Su propia mente está inactiva. Si llega a ese lugar en donde usted cerca de Dios, la mente de Cristo llega por el poder del Espíritu. Bajo estas condiciones, Cristo ora y habla en el Espíritu a través de usted según el Espíritu lo permite. Está en la mente y en el plan de Dios que nosotros recibamos el Espíritu Santo.

El hombre natural no puede recibir el Espíritu de Dios. (Véase 1 Corintios 2:14). Pero cuando llega a un lugar sobrenatural, entonces es cuando usted recibe la mente de Dios. De nuevo, ¿cuál es la diferencia entre un nombre y un bebé *"sabio y prudente"*? El hombre toma cautelosamente, pero el bebé toma todo y la madre debe sostener el biberón o alguna parte se irá para abajo también. Esta es la forma en que Dios quiere que seamos con el Espíritu. El bebé mentalmente espiritual no puede caminar, no obstante Dios camina con él. El bebé mentalmente espiritual no puede hablar, pero Dios habla por medio de Él. El bebé mentalmente espiritual no puede vestirse por sí solo, pero Dios lo viste y lo arropa con su justicia.

Oh, amado, si tan sólo pudiéramos ser infantes de ésta manera hoy en día, cosas grandes seguirían las líneas y el pensamiento del Espíritu de Dios. El Señor quiere que todos seamos mentalmente semejantes a Él para que nos pueda poner su sello.

# 19 de septiembre

¿Acaso el bebé pierde su inteligencia? ¿Pierde su sentido común? ¿El bebé que entra en la voluntad de Dios pierde su razón o sus credenciales de alguna manera? No, Dios aumentará sus habilidades y lo ayudará a usted en todo. No me refiero a ser un bebé solamente, me refiero a ser un bebé en el Espíritu. Pablo dijo en 1 de Corintios 14:20, *"Sed niños en la malicia, pero maduros en el modo de pensar"*. Y creo que el Espíritu desea soplar en todos nosotros los atributos del Espíritu, para que así podamos entender lo que nos concierne de la mente del Señor en el Espíritu Santo.

**Pensamiento para hoy:** Si usted llega a ser lo suficientemente como un niño, cede ante Dios y permite que el Espíritu haga su voluntad, Dios lo llenará con el Espíritu Santo.

## 20 de septiembre

# ¿Qué de las manifestaciones?

*Pero a cada uno le es dada la manifestación
del Espíritu para provecho* (1 Corintios 12:7).

*Lectura de las Escrituras:* 1 Corintios 12:1–11

Nunca debemos transgredir por la libertad. Lo que quiero decir es esto: sería mal de mí si fuese oportunista porque el Espíritu Santo está en mí. Sería perfectamente justificable si yo claramente permitiese que el Espíritu del Señor tuviera su libertad conmigo. No obstante, no debemos comportarnos mal en nuestra libertad, ya que la carne es más extravagante que el Espíritu.

Las extravagancias del Espíritu son siempre para edificar, fortalecer el carácter y traernos a todos a conformidad con la vida de Cristo. Pero las extravagancias carnales siempre estropean estas cosas y llevan a los santos a juicio. A medida que el Espíritu del Señor se adueña más de la persona, podemos tener libertad en ello, pero somos puestos a prueba a través de las manifestaciones.

Creo que hemos llegado a una libertad con el Espíritu que es tan pura que nunca traerá un ceño de frustración sobre la mente de otra persona. He visto a muchas personas que están en el poder del Espíritu, pero que exhiben manifestaciones que no son fundamentales o no ayudan. He visto a personas, que bajo el asombroso poder del Espíritu Santo han ondeado sus manos de manera alocada y brincado en el suelo, y llegan a tal estado que cualquiera diría que el cuerpo no está bajo el poder. Sin embargo, allí existía más poder natural que espiritual, y la condición natural de la persona junto con la condición espiritual causaban esas manifestaciones. Aunque sabemos que el Señor estaba allí, esa manifestación no era algo que iba a elevar o complacer a las personas o cederles el deseo de querer más de eso. No era una edificación del Espíritu.

Si aquí hay alguno que tenga estas manifestaciones, quiero ayudarle. No quiero lastimarle. Es bueno que tenga el Espíritu en usted; las personas necesitan ser llenas del Espíritu, pero nunca tiene el derecho de decir que no puede evitar hacer esa o cualquier otra manifestación.

Ninguna manifestación corporal glorifica al Señor excepto la lengua. Si busca ser liberado en la operación de Espíritu a través de la boca, entonces la lengua, que puede estar bajo un control subconsciente del Espíritu, expresa la gloria del Señor y eso, siempre trae consigo la edificación, consolación y consuelo.

Ninguna otra manifestación hará esto. Aun así, creo que es necesario tener todas estas manifestaciones cuando alguien es lleno del Espíritu la primera vez. Cuando el Espíritu está allí, la carne debe buscar una salida, y así, basado en experiencia pasada, permitimos todos estos sucesos al principio. Pero creo que el Espíritu Santo trae una condición mental de cordura, y las esas primeras manifestaciones deben cesar para que la posición divina permanezca.

Así que hay varias manifestaciones, incluyendo puntapiés y agitación de brazos, que toman lugar en la venida del Espíritu Santo cuando la carne y el Espíritu entran en conflicto. Uno debe disminuir y morir. Y lo otro debe incrementar y multiplicarse. Consecuentemente, cuando llega a entender esto, usted en un lugar juicioso y sabe que el Espíritu Santo ha llegado para llevarlo a Dios.

Cuando el Espíritu Santo ha logrado un dominio total sobre la operación de la vida humana, Él siempre obra con sabiduría divina y cuando Él tiene control perfecto sobre una vida, la fuente divina fluye de tal manera que todas las personas puedan recibir la edificación en el Espíritu. Si actúa torpemente después que ha sido enseñado con sabiduría, nadie le dará libertad de acción.

*"Así que, los que somos fuertes debemos soportar las flaquezas de los débiles"* (Romanos 15:1). Algunos que llegan a los servicios eclesiásticos no saben nada acerca del poder del Espíritu Santo. Son salvos y son tocados, y, después que el Espíritu cae sobre ellos, usted verá toda clase de manifestaciones. En el amor y la gracia, usted debe cargar con ellos como recién nacidos en el Espíritu y regocijarse con ellos porque ése es apenas el principio de un fin. El Señor no quiere que seamos nada más que *"fortaleceos en el Señor, y en el poder de su fuerza"* (Efesios 6:10) para ayudar a todos a nuestro alrededor.

**Pensamiento para hoy:** La libertad es maravillosa cuando nunca la usamos para satisfacernos, sino que más bien la usamos en el Señor.

## 21 de septiembre

# Viviendo la vida de ascensión

*Porque asimismo los que estamos en este tabernáculo gemimos con angustia; porque no quisiéramos ser desnudados, sino revestidos, para que lo mortal sea absorbido por la vida* (2 Corintios 5:4).

*Lectura de las Escrituras:* 2 Corintios 5

*Y*o creo que primero, debemos aferrarnos a la verdad que no nos pertenecemos. (Véase 1 Corintios 6:19). En segundo lugar, pertenecemos a una orden espiritual; no pertenecemos a la tierra, y no sólo eso, más bien nuestras mentes y cuerpos—nuestra posición eterna a través del Espíritu—siempre han estado en una posición ascendente.

Durante esta condición transformante, nosotros podremos, mediante el poder del Espíritu y mientras Dios nos brinde revelación, ser elevados a un estado muy bendecido de compañerismo con Dos, de poder con Dios. Y en ese lugar de poder con Dios, tendremos poder sobre todo lo demás, y para tener todo el poder sobre la tierra, primero debemos tener poder con Dios.

Nosotros sabemos que somos ciudadanos celestiales. Sabemos que debemos dejar esta tierra y hemos estado preparándonos para nuestra salida. Pero mientras estamos en la tierra debemos vivir en un lugar donde nos quejemos de todo lo que nos ata de ser libertados del mundo.

¿Qué me detiene? La asociación me mantendrá en el mundo presente. Debo mantener toda relación terrenal a distancia—y usted sabe que tener asociaciones terrenales es muy natural tanto como el vivir, pero nunca debe atarme u obligarme. Nunca debe tener algún tipo de persuasión sobre mí. Oigamos lo que las Escrituras nos dicen, *"Llegando a ser semejante a él en su muerte"* (Filipenses 3:10).

¿Qué significa ser semejante a la muerte de Jesús? Me guía a esa muerte de separación para Dios, de entrega, de intercambio, en donde Dios me lleva con Él y deja mi vieja naturaleza atrás. *"No mirando nosotros las cosas que se ven, sino las que no se ven; pues las cosas que se ven son temporales, pero las que no se ven son eternas"* (2 Corintios 4:18).

Luego podré tener cierta idea de lo que significaría si yo muriese a mí mismo. Quiero que veamos, por la gracia de Dios, que la disolución de los cuerpos terrenales (véase 2 Corintios 5:1) es un pensamiento maravilloso. Hay una posición en Dios que debemos entender: *"Porque no quisiéramos ser desnudados, sino revestidos, para que lo mortal sea ab-sorbido por la vida".*

Aunque la mortalidad es necesaria, es un obstáculo. Si bien la mortalidad ha hecho su parte en producir todo lo que vemos, es un obstáculo si sólo vivimos con ello en mente. Es una posición gratificante si vivimos más allá.

**Pensamiento para hoy:** Descender es ser conformado. Ascender es ser transformado.

## 22 de septiembre

# El morir trae vida

*Porque cuando soy débil, entonces soy fuerte* (2 Corintios 12:10).

*Lectura de las Escrituras:* 2 Corintios 12:1–10; 13:5–9

*D*ebo entender cómo es que la mortalidad puede ser *"absorbida"* (2 Corintios 5:4). Debo saber cómo el cuerpo antiguo, las viejas tendencias de la naturaleza caída, pueden ser absorbidas. Hay un versículo al que debemos ir y nos servirá verlo ahora: *"Llevando en el cuerpo siempre por todas partes la muerte de Jesús, para que también la vida de Jesús se manifieste en nuestros cuerpos"* (2 Corintios 4:10).

¿Qué es la "muerte de Jesús"? Es morir al deseo. En la medida que buscamos ayuda los unos para con los otros, perdemos fe en Dios. Si usted dependiera de cualquier hombre o mujer, de cualquier asistencia humana, para ayudarle, caería fuera del gran propósito que Dios tiene para usted.

Debe aprender que ninguna fuente terrenal puede asistirle en esto. Usted va a este reino de vida sólo cuando su mortalidad es absorbida por la vida: *"Y lo que ahora vivo en la carne, lo vivo en la fe del Hijo de Dios"* (Gálatas 2:20). Es un proceso de morir y vivir.

Esta vida de la cual hablo le arrebata totalmente. Le rompe totalmente las conexiones terrenales, le corta de toda la ayuda terrenal. Y puedo entender esta palabra ahora más que antes: *"Porque aún no habéis resistido hasta la sangre, combatiendo contra el pecado"* (Hebreos 12:4).

El gran esfuerzo hasta el punto de derramar sangre—sangre siendo la mera esencia de la vida—al cual no hemos llegado, pero lo haremos. Sé que las Escrituras nos dicen que no la tenemos, pero sé que eso significa que no hemos llegado a ese punto todavía, gracias a Dios estamos llegando en medida.

**Pensamiento para hoy:** No puede llegar a la vida sin pasar por la muerte misma.

## 23 de septiembre

# Vivo para Dios

*Si morimos con Cristo,*
*creemos que también viviremos con él* (Romanos 6:8).

*Lectura de las Escrituras:* Romanos 6

l apóstol Pablo pudo ver que si tenía alguna comunión con la carne, no podría continuar en el Señor. (Véase Gálatas 1:15–17). Hasta era necesario que la sangre y la carne de Jesús fuesen puestas en este contexto. Jesús dijo,

> *¿Quién es mi madre, y quiénes son mis hermanos? Y extendiendo su mano hacia sus discípulos, dijo: He aquí mi madre y mis hermanos. Porque todo aquel que hace la voluntad de mi Padre que está en los cielos, ése es mi hermano, y hermana, y madre.*
> (Mateo 12:48–50)

La carne no era nada para Jesús. Dios lo trajo al mundo como una semilla de vida. Para Él, aquella creyente obediente era su madre, aquel siervo de Dios era su hermano, aquella seguidora de Cristo era su hermana. Pero este es un ideal mayor; esto requiere de conocimiento espiritual.

Observemos otro ejemplo de morir a sí mismo tomado de la vida de Jesús. En el huerto de Getsemaní, Jesús se enfrentó a su sufrimiento desde dos perspectivas diferentes. Su naturaleza humana imploró instantáneamente, *"Si es posible, pase de mí esta copa"* (Mateo 26:39). Al momento siguiente estaba diciendo con su naturaleza divina, *"No sea como yo quiero, sino como tú"* (versículo 39). También dijo, *"Mas para esto he llegado a esta hora"* (Juan 12:27). Su naturaleza humana no tenía más opciones. Él debía enfrentar la cruz.

Cuando Dios el Espíritu Santo nos lleva a ver estas verdades, nos negaremos a nosotros mismo por causa de la cruz. Nos negaremos de lo que sea que causare que nuestro hermano tropezara. Moriremos a todas las indulgencias carnales, para no perdernos de la gran absorción de vida. (Véase 2 Corintios 5:4). Ni siquiera mencionaremos o pondremos atención a cualquier cosa cercana a las líneas naturales.

Si permitimos que Dios nos gobierne, Él nos llevará a un estado mayor de gracia en el que nunca hemos estado antes. Si los creyentes pudiesen tomar este poder espiritual, podrían soportar cualquier ridiculización que se les presente. ¿Cuándo estamos distraídos y perturbados? Cuando no alcanzamos los ideales del Espíritu; cuando las alcanzamos ¿qué importa?

Una de las razones por la que hay problemas en las iglesias de hoy, es que las personas siempre están murmurando de su condición. La Biblia nos enseña a no murmurar. (Véase Juan 6:43). Si usted llega a alcanzar ese estándar, nunca volverá a murmurar. Dios estará purificándole todo el tiempo y elevándole, y usted sabrá que no es de este mundo. (Véase Juan 15:19).

Si quiere quedarse en este mundo, no puede continuar con Dios. Si no es de este mundo, su posición en esta vida tendrá poco efecto sobre usted. Aun así sabrá que todo obrará para su bien (véase Romanos 8:28) si usted sube la escalera de la fe en Dios, Él mantendrá el mundo en condiciones perfectas y le dará éxito al final.

Pero Dios no puede hacer lo que usted debe hacer; usted está tan envuelto en el mundo que Él no puede lograr llamar su atención. ¿Cómo alguien puede entrar en esta orden divina si está dividido entre ambas cosas: Dios y el mundo? Siendo así no permite que Dios lo tome.

Yo sostengo que, por la gracia de Dios, somos tan ricos, abundantes, tenemos una casa de tesoro, tenemos un almacén de Dios, tenemos una fe ilimitada para compartirla con todo lo que Dios tiene, dado que es nuestra. Somos la crema ya nata de la tierra; somos *"precioso fruto de la tierra"* (Santiago 5:7). Dios nos ha dicho que todas las cosas obrarán para nuestro bien. (Véase Romanos 8:28). Dios ha dicho que seremos *"hijos del Altísimo"* (Lucas 6:35) y que seremos la *"sal de la tierra"* (Mateo 5:13). Esto ha sido declarado por Dios en su Palabra.

¿Cómo voy a tener todos los tesoros del cielo y todos los tesoros de Dios? No por poner mis ojos en cosas que se han visto, dado que esas desvanecerán. Debo ubicar mis ojos en cosas que no se han visto, porque esas permanecerán mientras Dios reine.

Pero ahora un cambio está sucediendo, he leído en las Escrituras: *"Así también vosotros, hermanos míos, habéis muerto a la ley mediante el cuerpo de Cristo, para que seáis de otro, del que resucitó de los muertos, a fin de que llevemos fruto para Dios"* (Romanos 7:4).

Usted está unido a Otro; usted le pertenece a ese Otro. Dios le ha cambiado. ¿Es eso un hecho vivo? Si son sólo palabras, allí mismo terminará. Pero si es un hecho espiritual y usted reina en ello, dirá, "¡Gracias Dios, nunca supe que era tan rico!".

**Pensamiento para hoy:** Nunca alcanzará las bendiciones de Dios si está agarrándose de las cosas más bajas de este mundo; esas lo mantendrán abajo.

## 24 de septiembre

# Disuelto y hecho como Cristo

*Porque sabemos que si nuestra morada terrestre, este tabernáculo,
se deshiciere, tenemos de Dios un edificio, una casa no hecha de
manos, eterna, en los cielos* (2 Corintios 5:1).

*Lectura de las Escrituras:* Apocalipsis 3

l poder de Dios puede vivir en nosotros tanto que puede quemar
todo lo que no es espiritual y disolverlo hasta lograr la perfección y
santidad de Jesús. Jesús fue perfectamente disuelto con respecto
a su naturaleza humana, y vivió en el Espíritu por sobre todas las cosas.
Así como Él es, también nosotros debemos ser. (Véase 1 Juan 4:17).

No deberíamos preocuparnos por la carne. ¿Acaso Jesús lo estaba?
¿No prosiguió con la victoria perfecta? Es imposible que alguna avenida
carnal o algo que toque en su cuerpo le sea útil. Aun sus ojos tienen que
ser santificados por el poder de Dios para que puedan lanzar fuego cada
vez que vea a un pecador, y el pecador sea cambiado.

Seremos vestidos con ropajes de justicia en Dios, para que por donde
sea que caminemos haya una iluminación de efectividad que traerá las
personas a un lugar de convicción del pecado. Ahora dice, "Hay tantas
cosas en mi casa que deberían ser echadas a la basura si Jesús llegase a
mi casa". Yo oro para que entendamos que Él ya está en el hogar de cada
uno todo el tiempo, todo lo que no soporte su mirada debe ser echado de
la casa. Debemos quitar de nosotros toda impresión de nuestro corazón
que pueda meternos en problemas si Él nos viera.

Usted pregunta, "¿Qué debemos hacer?". Debemos ser *"absorbidos
por la vida"* (2 Corintios 5:4). El gran Yo Soy en perfecta santidad no es
sólo un ejemplo, sino que Él nos viste con su propia naturaleza.

Es imposible que nosotros dominemos reinados (véase Hebreos 11:33),
imposible que obras mayores sea cumplidas (véase Juan 14:12), imposible
que el Hijo de Dios esté creando hijos en la tierra a menos que nos colo-
quemos exactamente en su lugar.

**Pensamiento para hoy:** No hay ni un lugar en las Escrituras que Dios
no quiera que poseamos y al cual Él no nos guíe.

## 25 de septiembre

# Dependa de Dios

*Te ruego, oh Jehová, esté ahora atento tu oído
a la oración de tu siervo* (Nehemías 1:11).

*Lectura de las Escrituras:* Nehemías 1

Nehemías se lamentó, ayunó y oró hasta que su humildad y sumisión ante Dios le trajeron la misma cosa que la Palabra de Dios nos trae a nosotros: lo disolvió. Trajo todo lo de su antigua naturaleza a un lugar para ser disuelto, de donde pasó directamente a la presencia de Dios.

Ahora Nehemías era el copero para el rey persa Artajerjes. En el momento en que el nuevo rey vio la expresión de tristeza de Nehemías, le preguntó, "¿Qué sucede Nehemías? Nunca he visto tu semblante cambiar de esta forma". (Véase Nehemías 2:1–2). Nehemías estaba tan cerca de la magnificencia del rey, que podía orar y mover los cielos, y mover al rey y mover al mundo hasta que Jerusalén estuviese restaurado.

Él lloró. Cuando alcanzamos un lugar donde el Espíritu nos lleva a ver nuestras debilidades, nuestra depravación, nuestras fallas; cuando nos lamentamos delante de Dios; seremos disueltos. En la disolución, seremos vestidos conforme a nuestra casa en el cielo. Caminaremos vestidos de blanco; nuestras túnicas serán nuevas, y esta "[mortalidad será] *absorbida por la vida*" (2 Corintios 5:4).

Amado, Cristo nos puede llevar a todos, si lo permitimos, a una dependencia incondicional donde Dios nunca nos fallará sino que reinaremos en vida. Nosotros pasamos por dolores de parto y damos frutos; para Sion, cuando ella sufra dolores de parto, haremos que la casa del infierno tiemble.

¿Llegaremos a alcanzar ese lugar? Nuestro Señor bendito lo alcanzó, cada noche iba solo y alcanzaba los ideales y caminó en el mundo vestido de blanco. Estaba vestido con el Espíritu Santo del cielo.

Daniel entró a las mismas negociaciones con el cielo a través de la misma aspiración interna. Él gimió y tuvo dolores de parto hasta que por tres semanas sacudió los cielos y he hizo que Gabriel bajara. Gabriel pasó por todas las regiones de los condenados para traerle un mensaje.

Había algo tan bello sobre todo ese asunto que, incluso Daniel en su estado santo y bello, llegó a verse como corrupción ante la presencia de

# 25 de septiembre

Gabriel. Y Gabriel fortaleció a Daniel con su mano derecha, lo levantó y le mostró las visiones de la historia del mundo que han de llegar. (Véase Daniel 9–12).

Usted no puede llegar a la vida sin atravesar la muerte, y no puede llegar a la muerte excepto por medio de la vida. Para que la vida natural sea absorbida, no debe haber nada más que impotencia al punto que la vida de Cristo es la que fortalece la vida natural. Con todo, en vez de que sea la vida natural la fortalecida, es la vida espiritual la que surge con abundantes condiciones.

*Pensamiento para hoy:* La única manera de llegar a la plenitud con Dios, es que la vida de Cristo absorba la vida natural.

## 26 de septiembre

# Un estándar superior

*De manera que nosotros de aquí en adelante a nadie conocemos
según la carne; y aun si a Cristo conocimos según la carne,
ya no lo conocemos así* (2 Corintios 5:16).

*Lectura de las Escrituras:* Mateo 16:1–19

El no conocer a ningún hombre según la carne es algo tremendo. Amado, no conoceremos a ningún hombre por las líneas naturales. Desde este momento, lo conoceremos todo basados únicamente en lo espiritual. Las conversaciones deben ser espirituales. Podemos distraernos después de tener una muy buena comida; en vez de no conocer más a ningún hombre de según la carne para que todo vaya en compañerismo y unión espiritual, bajamos el estándar hablando de cosas naturales.

Si usted viajara conmigo por tren, que orar o testificar. De lo contario escuchará mucha habladuría que disminuirá la unción, le brindará un tipo de atadura que usted deseará estar viajando en otro lado del tren. Pero si tiene una reunión de oración, cambiará las cosas. Vaya y ore hasta que sepa que todos han sido tocados por la oración.

Si sale a cenar con alguien hoy en día, no se distraiga poniendo atención a una larga historia sobre el estado del negocio de esa persona. Usted sólo debe conocer un Hombre ahora, y ese es Cristo, y Él no tiene negocios. A pesar de esto, Él es Señor sobre todos los negocios. Viva en el Espíritu y todas las cosas obrarán para su propio bien. (Véase Romanos 8:28). Si vive para su negocio, no conocerá la mente del Espíritu. Sin embargo, si vive en los lugares celestiales, causará que sus negocios y demás cosas salgan de sus dificultades, ya que Dios luchará por usted.

Yo no entraré en nada que esté más abajo de la fidelidad espiritual. Cuando estoy enseñando acerca de pensamientos ungidos, debo ver que estoy elevando a mi pueblo hacia un lugar en donde yo sé que el Espíritu me está llevando a conocer a Jesús.

Supongamos que usted conoce a Jesús. ¿Qué dices? ¿Que salió perdiendo? Claro que no, pero sobre Él cayó un gran peso de manos de quienes dijeron,

*¿No es éste el hijo del carpintero? ¿No se llama su madre María, y
sus hermanos, Jacobo, José, Simón y Judas? ¿No están todas sus*

# 26 de septiembre

*hermanas con nosotros? ¿De dónde, pues, tiene éste todas estas cosas?*         (Mateo 13:55–56)

Ellos dijeron, "El es un hombre ordinario. Nació de la misma manera que todos nosotros. Lo ves. Así que ¿quién es El?".

Usted nunca obtendrá algo de esa manera. Él no era un hombre ordinario si era nacido de los *"lomos de Abraham"* (Hebreos 7:5). Dos hijos fueron nacidos de Abraham: Isaac e Ismael. Uno era el hijo de la promesa, el otro no. Pero Isaac, el hijo de la promesa recibió las bendiciones. Isaac fue un algo parecido a Cristo. Si no es de manera espiritual, usted nunca entrará a las condiciones de Dios.

Por algún tiempo, una nube cubría a Jesús debido a su linaje. Ante los judíos, ésta todavía lo oscurece, porque el velo todavía se encuentra sobre sus ojos; pero el velo será quitado. (Véase 2 Corintios 3:14–16). Con los gentiles el velo ya está quitado.

Nosotros lo vemos como la encarnación, como el Ser Santo de Dios, como el Hijo de Dios como el *"unigénito del Padre, lleno de gracia y de verdad"* (Juan 1:14). Lo vemos como el Llevador de nuestras cargas, como nuestro Santificador, como nuestro Limpiador, nuestro Bautizador. ¡No conozca a ningún hombre según la carne, sino véalo a Él! Mientras lo contemplamos en toda su gloria, seremos levantados; no podremos evitar ser levantados en el poder de Dios.

No conozca a ningún hombre según la carne. Le gente quiere santidad, justicia y pureza. La gente tiene un deseo interno de ser vestidos con el Espíritu Santo.

Que el Señor le lleve hacia el suplir de cualquier necesidad, más allá de lo que pueda *"pedir o entender"* (Efesios 3:20). Que el Señor le bendiga a medida que es llevado a dedicarse a Dios este mismo día.

***Pensamiento para hoy:*** Atraerá a las personas si se niega a seguir siendo contaminado por el mundo.

## 27 de septiembre

# Vida abundante

*Yo he venido para que tengan vida,
y para que la tengan en abundancia* (Juan 10:10).

*Lectura de las Escrituras:* Juan 10:1–18

*D*ios tiene un plan para nosotros en esta vida del Espíritu, esta abundante vida. Jesús vino para que podamos tener vida; Satanás ha venido a robar, matar y destruir (véase Juan 10:10), pero Dios tiene abundancia para nosotros—en medida buena, apretada, remecida, rebosando. (Véase Lucas 6:38). Esta abundancia es Dios que nos está llenando con su propia personalidad y presencia, haciendo de nosotros sal y luz, y dándonos una revelación de Él mismo. Es Dios quien está con nosotros en toda circunstancia, aflicción, persecución y prueba, rodeándonos con la verdad. Cristo el Iniciador, el Dios Trino, está en control, y cada pensamiento, palabra y acción debe estar sintonizado con Él sin ninguna debilidad o fracaso. Nuestra vida está *"escondida con Cristo en Dios"* (Colosenses 3:3). Cuando Él, quien es nuestra vida, es manifestado, nosotros también seremos *"manifestados con él en gloria"* (versículo 4).

> *Porque sabemos que si nuestra morada terrestre, este tabernáculo, se deshiciere, tenemos de Dios un edificio, una casa no hecha de manos, eterna, en los cielos….Porque asimismo los que estamos en este tabernáculo gemimos con angustia; porque no quisiéramos ser desnudados, sino revestidos, para que lo mortal sea absorbido por la vida. Mas el que nos hizo para esto mismo es Dios, quien nos ha dado las arras del Espíritu.*
>
> (2 Corintios 5:1, 4–5)

La Palabra de Dios es tremenda, es una palabra productiva. Ésta produce lo que es—poder. Produce Deidad. Nosotros llegamos al cielo por Cristo, la Palabra de Dios; tenemos paz por la sangre de su cruz. La redención es nuestra a través del conocimiento de la Palabra. Yo soy salvo porque la Palabra de Dios así lo dice: *"Que si confesares con tu boca que Jesús es el Señor, y creyeres en tu corazón que Dios le levantó de los muertos, serás salvo"* (Romanos 10:9).

# 27 de septiembre

Si soy bautizado con el Espíritu Santo, es porque Jesús dijo, "*Pero recibiréis poder, cuando haya venido sobre vosotros el Espíritu Santo*" (Hechos 1:8). Todos debemos tener un sólo pensamiento—ser llenos del Espíritu Santo, ser llenos de Dios.

El Espíritu Santo tiene un plan real, un plan celestial. Él vino a revelar al Rey, a demostrar el carácter de Dios, a revelar la preciosa sangre de Jesús. Dado que tengo el Espíritu Santo dentro de mí, puedo ver a Jesús vestido para la humanidad. Él fue movido por el Espíritu y guiado por el Espíritu. Hemos leído acerca de algunos que han escuchado la Palabra de Dios pero que no se beneficiaron de ella, ya que les hacía falta fe en su interior. (Véase Hebreos 4:2). Debemos tener una fe viva en la Palabra de Dios, una fe que es estimulada por el Espíritu.

**Pensamiento para hoy:** Nuestro Dios es un Dios de poder, luz y revelación que nos prepara para el cielo.

## 28 de septiembre

# *Listo y esperando*

*Por cuanto los designios de la carne
son enemistad contra Dios; porque no se sujetan
a la ley de Dios, ni tampoco pueden* (Romanos 8:7).

*Lectura de las Escrituras:* Romanos 8:6–25

Un hombre puede ser salvo y seguir siendo carnal en su mente. Cuando muchas personas oyen sobre el bautismo con el Espíritu Santo, sus mentes carnales se levantan en contra del Espíritu Santo. Una vez los discípulos de Jesús querían mandar fuego del cielo como castigo contra una villa samaritana por no recibirlos. Pero Jesús les dijo, "*Vosotros no sabéis de qué espíritu sois*" (Lucas 9:55).

*Porque asimismo los que estamos en este tabernáculo gemimos con angustia; porque no quisiéramos ser desnudados, sino revestidos, para que lo mortal sea absorbido por la vida. Mas el que nos hizo para esto mismo es Dios, quien nos ha dado las arras del Espíritu.* (2 Corintios 5:4–5)

Dios debe tener para Él mismo personas quienes están vestidas con una habitación celestial, perfectamente preparados por el Espíritu Santo para el día del Señor. "*Y por esto también gemimos, deseando ser revestidos de aquella nuestra habitación celestial*" (versículo 2).

¿Pablo estaba hablando solamente sobre la venida del Señor? No, pero este estado de preparación terrenal es relacionado con nuestro estado celestial. El Espíritu Santo vendrá a tomar una iglesia que será la novia perfecta. Él debe encontrarnos en perfecta entrega, con cada deseo sujetado a Él. El Espíritu Santo ha venido a revelar a Cristo en nosotros para que el flujo glorioso de la vida de Dios pueda fluir a través de nosotros, llevando ríos de agua viva a la tierra seca.

"*Pero si Cristo está en vosotros, el cuerpo en verdad está muerto a causa del pecado, mas el espíritu vive a causa de la justicia*" (Romanos 8:10).

**Pensamiento para hoy:** Cuando estamos revestidos del Espíritu Santo, nuestra depravación humana es cubierta y todo lo que es contrario a la mente de Dios es destruido.

## 29 de septiembre

# El plan del Espíritu

*Porque todo lo que hay en el mundo, los deseos de la carne,*
*los deseos de los ojos, y la vanagloria de la vida,*
*no proviene del Padre, sino del mundo* (1 Juan 2:16).

*Lectura de las Escrituras:* 2 Timoteo 1:6–14

*H*a pasado un tiempo ya desde que la deuda del pecado fue pagada, nuestra redención fue asegurada y la muerte fue abolida. La mortalidad es un impedimento, pero la muerte ya no tiene poder, y el pecado ya no tiene dominio. Ahora usted reina en Cristo; toma rienda de su obra terminada. Si está en necesidad, no se queje y pase dolores de parto por una semana, *"cree solamente"* (Marcos 5:36). No luche por conseguir algo especial; *"cree solamente"*. Es según su fe que así recibirá. (Véase Mateo 9:29). Dios le bendice con fe, *"Tened fe en Dios"* (Marcos 11:22). Si es libre en Dios, crea, y le será hecho.

*"Si, pues, habéis resucitado con Cristo, buscad las cosas de arriba, donde está Cristo sentado a la diestra de Dios"* (Colosenses 3:1). ¡Agítese, amado! ¿Dónde está? He sido sembrado con Cristo en la semejanza de su muerte y he sido resucitado con Cristo. (Véase Romanos 6:5). Esa fue una bella siembra, estoy sentado con Él en lugares celestiales. (Véase Efesios 2:6). Dios me acredita con justicia a través de la fe en Cristo (véase Romanos 4:5), yo le creo. ¿Por qué debo dudar? Es la fe la que reina; Dios lo hace posible ¿Cuántos reciben el Espíritu Santo y Satanás logra plantar una duda? Nunca dude, crea. Hay poder y fortaleza en Él; ¿quién se atreve a creer en Dios?

Deja de la Calle de la Duda; y vive en la Calle de la Fe y la Victoria. Jesús envió a los setenta y regresaron victoriosos. (Véase Lucas 10:1–18). Se requiere de Dios para que sea real, atrévase a creer hasta que no exista enfermedad, hasta que todo lo que no sea de Dios sea destruido, y la vida de Jesús sea plantada en su ser.

**Pensamiento para hoy:** Somos salvos, llamados con un llamado celestial—llamados a ser santos, puros, como Dios, hijos con poder.

## 30 de septiembre

# Bendiciones de gracia y paz

*Justificados, pues, por la fe, tenemos paz para con Dios por medio
de nuestro Señor Jesucristo; por quien también tenemos entrada
por la fe a esta gracia en la cual estamos firmes, y nos gloriamos
en la esperanza de la gloria de Dios* (Romanos 5:1–2).

*Lectura de las Escrituras:* 1 Corintios 1

*E*s usted justificado. Está siendo llevado a un lugar de paz. Recuerda, la paz de Dios es diferente a cualquier otra paz. Ésta "*sobrepasa todo entendimiento*" (Filipenses 4:7); le ayuda a mantener su compostura, ya que usted no se agita por cosas terrenales. Es una paz profunda, creada por el conocimiento de una fe viva, la cual es un principio vivo del fundamento de toda la verdad. Cristo está dentro de nosotros, como evidencia de esperanza y gloria. (Véase Colosenses 1:27).

Vea que tan rico es usted en Cristo: "*A quienes Dios quiso dar a conocer las riquezas de la gloria; que es Cristo en vosotros, la esperanza de gloria*".

Pedro la llamó una "*fe preciosa*" (2 Pedro 1:1). Ha pasado por Abraham, Jesús, el Padre y el Espíritu Santo. Tenemos el acceso, tenemos el derecho, tenemos una puerta abierta hacia todo lo que el Padre tiene, todo lo que Jesús tiene y todo lo que el Espíritu Santo tiene. Nada puede dejarnos fuera de ello, Jesucristo es el "*Alfa y la Omega, principio y fin*" (Apocalipsis 1:8). Por medio de Él, podremos conocer la gracia, el favor y la misericordia, lo cual nos levantará y nos llevará hacia la gracia y la paz: "*Gracia y paz os sean multiplicadas, en el conocimiento de Dios y de nuestro Señor Jesús*" (2 Pedro 1:2). ¿Quiere que la gracia y la paz sean multiplicadas? Las puede tener si se atreve a creer. Tenemos el derecho a las promesas y el derecho a la herencia de la cual Cristo no ha hecho herederos.

**Pensamiento para hoy:** La debilidad humana puede echar a perder la eficacia de la fe. Las victorias se vuelven inciertas, las oraciones pierden la unción y el poder de conquistar es estropeado. Mas cuando Dios sopla su vida en nosotros, "tenemos entrada por la fe a esta gracia en la cual estamos firmes".

# 1 de octubre

# Dones espirituales

*No quiero, hermanos, que ignoréis acerca*
*de los dones espirituales* (1 Corintios 12:1).

*Lectura de las Escrituras:* Romanos 11:29–12:8

*D*ios quiere que entremos en el descanso de la fe. Él desea que nosotros pongamos toda nuestra confianza en Él. Como objetivo, Él quiere que su Palabra quede establecida en nuestros corazones; y a medida que creamos en su Palabra veremos que *"todo es posible"* (Mateo 19:26).

Hay una gran debilidad en la iglesia de Cristo debido a una terrible ignorancia con respecto al Espíritu de Dios y a los dones que Él viene a entregarnos. Dios quiere que seamos poderosos en todas las formas, por medio de la revelación del conocimiento de su voluntad y la manifestación de su Espíritu. Él desea que continuamente tengamos hambre para recibir más de su Espíritu.

He organizado muchas conferencias en el pasado y me he dado cuenta que es mejor tener en mi plataforma a un hombre que no ha recibido el bautismo, pero que tiene hambre para recibir todo lo que Dios guarda para él, ya que un hombre que ha recibido el bautismo ya está satisfecho, se ha establecido y se ha vuelto inmóvil. Claro preferiría a un hombre que ha sido bautizado en el Espíritu Santo y todavía tiene hambre de Dios.

Es imposible sobreestimar la importancia que tiene el ser lleno del Espíritu. Es imposible que alcancemos las condiciones del día para *"si andamos en luz, como él está en luz"* (1 Juan 1:7), para conquistar reinos, hacer justicia y atar el poder de Satanás, a menos que si seamos llenos del Espíritu Santo.

Nosotros leemos que, en los primeros días de la iglesia, *"perseveraban en la doctrina de los apóstoles, en la comunión unos con otros, en el partimiento del pan y en las oraciones"* (Hechos 2:42). Es importante que sigamos firmes en estas mismas cosas.

Dios quiere que entendamos los dones espirituales y que procuremos *"pues, los dones mejores"* (1 Corintios 12:31). También quiere que entremos a un camino *"más excelente"* (versículo 31) del fruto del Espíritu. Debemos implorarle a Dios por estos dones. Se vuelve algo muy serio recibir el bautismo y aun quedarse inmóvil. Debemos estar dispuestos a negarnos completamente para poder así recibir la revelación de la verdad de Dios y también recibir la plenitud del Espíritu. Solamente eso podrá satisfacer a Dios y nada menos debe satisfacernos a nosotros.

Conocí a un hombre que estaba lleno del Espíritu Santo y que solamente predicaba cuando estaba ungido por el poder de Dios. Una vez se le pidió que predicara en una iglesia Metodista. Se estaba quedando en la casa del ministro y dijo, "Adelántense a la iglesia, yo los seguiré". El lugar estaba repleto de gente pero este hombre no se presentaba. El ministro metodista, ya ansioso, mandó a su hija a averiguar el porqué no había llegado. Cuando la pequeña llegó a la puerta de la habitación lo escuchó decir tres veces, "No iré". Así que la pequeña regresó y le dijo a su padre lo que pasó. El ministro se atribuló por ello, pero de manera casi inmediata el hombre llegó y mientras predicaba esa noche, el poder de Dios se manifestó tremendamente. El predicador luego le preguntó, "¿Por qué le dijo a mi hija que no venia?". Éste le respondió, "Yo sé cuando estoy lleno, soy un hombre ordinario y le dije al Señor que no me atrevía a ir sin tener una llenura fresca del Espíritu y el momento en que la gloria me llenó y me rebalsó vine a la reunión".

Sí, hay un poder, una bendición, una seguridad y un descanso en la presencia del Espíritu Santo. Se puede sentir su presencia y saber que Él está con usted. Usted no necesita pasar una hora sin este conocimiento interno de su santa presencia. Con su poder en usted no puede haber fracaso. Usted estará a la altura todo el tiempo.

**Pensamiento para hoy:** Muchas personas hoy en día están en medio de un gran río de vida, pero mueren de sed porque no se inclinan y la toman.

## 2 de octubre

# Rendirse a Dios

*He aquí que vengo, oh Dios, para hacer tu voluntad* (Hebreos 10:9).

*Lectura de las Escrituras:* Salmo 51

A medida que nos rendimos completamente a Dios, Él se deleitará al entregarnos el don que Él desea que poseamos. Mientras más nos demos cuenta que Dios nos ha provisto un don, más unidos estaremos a Jesús; así las personas estarán más conscientes de Él y no de su don.

Si nada proviene del Espíritu Santo y si no estamos tan perdidos y controlados en el ministerio del don que es solamente para glorificar a Jesús, entonces todo sería un fracaso y llegaría a ser sin valor alguno. Nadie fue tan engreído como los que dijeron *"y en tu nombre echamos fuera demonios"* (Mateo 7:22). Estaban tan controlados por el pensamiento de que lo habían hecho todo, que Dios no estaba en ellos. Mas cuando Él se presenta y lo hace, todo sale bien.

Hay un lugar en el Espíritu Santo en donde no permitiremos que la incredulidad nos afecte, ya que Dios tiene todo el poder sobre el cielo y la tierra. Yo estoy en un lugar en donde mi fe no se limita porque tengo el conocimiento de que Él está en mí y yo en Él.

Algunos de ustedes tienen rotos sus corazones; llevan tiempo esperando por algo que los fortalezca en medios de las condiciones que existen en sus vidas, y esperando por el poder para hacer que estas condiciones sean diferentes. Usted tiene un tremendo poder el cual es mayor que cualquier poder natural. Usted puede tener victoria sobre su hogar, su cónyuge e hijo, pero lo debe a la manera de Dios. Supongamos que en verdad usted logra ver que hay cosas que pueden ser diferentes; si es la cruz que debe llevar, debe hacerlo y convertir eso en una victoria para Dios. Se puede lograr, porque Él que está en usted es más grande que todo el poder del infierno. (Véase 1 Juan 4:4). Considero que alguien que esté lleno del Espíritu Santo es equitativo a una legión de demonios, en cualquier momento. El Espíritu Santo tiene su morada dentro de mí y está estremeciendo mi corazón y vida para adorar a Jesús. Lo demás debe ser dejado atrás; yo debo adorarle a Él.

**Pensamiento para hoy:** Vale la pena recibir el Espíritu Santo.

**417**

# Poder Pentecostal

*Creced en la gracia y el conocimiento*
*de nuestro Señor y Salvador Jesucristo. Amén* (2 Pedro 3:18).

*Lectura de las Escrituras:* Hebreos 12:12–24

Cuando pienso en el Pentecostés, me asombro día a día por su grandeza, su maravilla y por como la gloria lo eclipsa. A veces pienso sobre estas cosas y me hacen sentir que nosotros, apenas hemos empezado a tocar la superficie. En verdad así lo es, pero debemos agradecerle a Dios por haberla tocado. Mas nos debemos rendirnos sólo porque apenas hemos tocado esa superficie. Lo que sea que Dios haya hecho en el pasado, su nombre sigue siendo el mismo. Cuando los corazones están cargados y llegan cara a cara con la necesidad del día, ellos buscan la Palabra de Dios, y ésta les trae una propulsión de poder o de unción que les hace saber que Él realmente les ha visitado.

Fue un día maravilloso cuando Jesús dejó la gloria para venir a la tierra. Puedo imaginarme a Dios el Padre, a todos los ángeles, y a todo el cielo conmovidos de manera asombrosa que ese día cuando los ángeles fueron enviados a contar la maravillosa historia de "en la tierra paz, buena voluntad para con los hombres". (Véase Lucas 2:14). Fue un día maravilloso cuando observaron al Niño la primera vez y Dios también estaba observando. Supongo que se necesitaría un gran libro para contener todo lo que sucedió desde ese día hasta que Jesús cumplió treinta años. Todo en su vida se estaba hilando para cumplir con un gran clímax. La madre de Jesús guardó muchas de estas cosas en su corazón. (Véase versículo 19).

Yo se que el Pentecostés está preparando un clímax en mi vida; no todo es cumplido en un día, todavía quedan muchas aguas que debemos atravesar y todo tipo de experiencias que debemos vivir antes de poder llegar a la verdadera cima. El poder de Dios está aquí para prevalecer. Dios está con nosotros.

**Pensamiento para hoy:** Cuando el Espíritu de Dios esté esperando a la puerta de su corazón, no lo resista; al contrario, abra su corazón al toque de Dios.

## 4 de octubre

# Lo mejor está por venir

*Olvidando ciertamente lo que queda atrás, y extendiéndome a lo que está delante, prosigo a la meta, al premio del supremo llamamiento de Dios en Cristo Jesús* (Filipenses 3:13–14).

*Lectura de las Escrituras:* Colosenses 1:9–18

Cuando Jesús tenia treinta años, llegó el tiempo en que se dio la manifestación en el rió Jordán, demostrando que Él era el Hijo de Dios. ¡Qué manera más asombrosa de hacerlo! Este dato debía ser dado a conocer primeramente a aquel que tenía la visión completa de Dios. La visión llega a aquellos que están llenos de Dios. Cuando Dios lo tiene a usted en su propio plan, ¡qué cambio y cómo operan las cosas! Se ven las cosas con una luz nueva. Dios se glorifica enormemente cuando nos rendimos día a día, pues el Espíritu pareciera sostenernos y llevarnos más allá. Sí, nos da energía para continuar, y, luego Él nos toca con su maravilloso poder, seguido de manifestaciones de su gloria e indicaciones de que cosas mayores están por venir. Estos días en los que vivimos hoy también hablan de mejores días que están por llegar.

¿Dónde estaríamos nosotros si nos hubiésemos detenido, si no hubiésemos cumplido con la visión que Dios nos dio? Estoy pensando en el tiempo en que Cristo envió al Espíritu. Saulo, quien más adelante fue transformado en el apóstol Pablo, no sabía mucho del Espíritu. Su corazón estaba agitado contra los seguidores de Jesús, sus ojos estaban ciegos a la verdad e iba a ponerle fin a la nueva iglesia en poco tiempo; pero Jesús estaba atento. Nosotros apenas podremos entender todo el proceso—según Dios parece enseñarnos—cuando Él nos introduce a su plan y lo pone en función poco a poco.

Nos asombramos por el hecho de que estamos entre las "personas de las lenguas". Algunos de nosotros no estaríamos en este Movimiento Pentecostal si no nos hubiesen atraído, pero Dios tiene maravillosas maneras de atraernos. Pablo nunca quiso ser uno de los discípulos; nunca quiso nada con este Hombre llamado Jesús, pero Dios estaba obrando. De la misma manera, Dios ha estado obrando con nosotros y nos ha traído a este lugar. ¡Es maravilloso! ¡Oh, la visión de Dios, la manifestación maravillosa que tiene Dios para Israel!

# 4 de octubre

Tengo un sólo propósito en mi corazón y de seguro es plan de Dios para mí: Quiero que usted vea que Jesucristo es la manifestación más grande en todo el mundo y que su poder no tiene igual; no obstante, existe solamente una forma de ministrarlo. Después de ver a Pablo hacer maravillas por medio del poder de Cristo, algunas de las personas de Éfeso comenzaron a actuar en forma humana. (Véase Hechos 19). Si quiero hacer algo para Dios, veo que es necesario obtener el conocimiento de Dios. No puedo trabajar por mi propia cuenta, debo tener la visión de Dios. Esa debe ser una revelación divina del Hijo de Dios. Tiene que ser así.

Puedo ver muy claramente que Saulo, en su persecución descontrolada, tenía que ser detenido en su trayecto. Después de ser detenido, y, de recibir la visión y la luz del cielo, de forma inmediata se dio cuenta que estaba actuando mal. Al momento de caer el poder del Espíritu Santo sobre él, éste empezó a caminar de la forma que Dios quería que él siguiera. Es maravilloso cuánto debemos sufrir para llegar al camino. (Véase Hechos 9:15–16). Un Espíritu roto, una vida probada, y ser llevado hacia una esquina como si algo hubiese ocurrido (véase 1 Pedro 4:12)—estas son maneras en las que seguramente llegaremos a conocer el camino de Dios.

*Pensamiento para hoy:* ¿Nunca se le ha ocurrido que no debemos estar demasiado llenos para recibir una visión, que no debemos tener demasiado de Dios?

## 5 de octubre

# Poder en el nombre de Jesús

*No hay otro nombre bajo el cielo, dado a los hombres, en que podamos ser salvos* (Hechos 4:12).

*Lectura de las Escrituras:* Isaías 42:1–13

Pablo nunca tuvo poder propio que lo autorizara a usar el nombre de Jesús en la forma que lo hizo. Sin embargo, cuando tuvo que pasar por las privaciones y las dificultades, y aún cuando todo parecía como si habían naufragado, Dios se mantuvo a su lado y le dejo saber que había Alguien con él, apoyándolo todo el tiempo. Alguien que fue capaz de cargarlo y sacar a flote lo que su corazón estaba deseando por mucho tiempo. Parecía estar tan inconscientemente lleno del Espíritu Santo que lo único que se necesitaban eran los delantales y los pañuelos para mandarlos a sanar y a predicar. Puedo imaginarme a esos exorcistas judíos itinerantes y a esos siete hijos de Esceva en Éfeso buscándolo, viéndolo y diciendo, "Todo el poder parece yacer en el nombre. ¿No ha notado que cuando manda los pañuelos y los delantales dice, 'En el nombre del Señor Jesús, ordeno al espíritu maligno que salga'?". (Véase Hechos 19).

Estas personas habían estado observando y pensaron, "Es solamente el nombre; eso es todo lo que se necesita", así que concluyeron, "Haremos lo mismo". Ellos estaban determinados a hacer que eso funcionara y llegaron a donde un hombre que estaba poseído por un poder maligno. Mientras entraban a la casa iban diciendo, "Te conjuramos en el nombre de Jesús, de quien Pablo predica, que salgas". El demonio les dijo, "*A Jesús conozco, y sé quién es Pablo; pero vosotros, ¿quiénes sois?*" (Hechos 19:15). Entonces el poder maligno saltó sobre ellos y rompió sus ropajes y se fueron desnudos y heridos.

¡Oh, que Dios nos ayude a entender el nombre de Jesús! Hay algo en ese nombre que atrae al mundo entero. Es el nombre, es el mismo nombre, pero usted debe entender que hay un ministerio de ese nombre. Es el Espíritu Santo quien está detrás del ministerio y el poder yace en conocerlo a Él.

**Pensamiento para hoy:** El nombre de Jesús nos da poder sobre los espíritus malignos.

421

## 6 de octubre

# Crea en Cristo

*En mi nombre echarán fuera demonios;*
*hablarán nuevas lenguas;...sobre los enfermos pondrán*
*sus manos, y sanarán* (Marcos 16:17–18).

*Lectura de las Escrituras:* Marcos 16:9–19

Que Dios nos ayude a entender el ministerio de conocer a Cristo. Primero que todo, estoy satisfecho de que el poder está en el conocimiento de su sangre y en su perfecta santidad. Soy limpio de todo pecado y hecho santo en el conocimiento de su santidad. Segundo, a medida que le conozco a Él y a su poder, el mismo poder que obra en mí mientras ministro sólo a través del conocimiento de Él; y a medida que conozco al Cristo que está manifestado por ello; tal conocimiento se volverá eficaz para cumplir exactamente lo que la Palabra de Dios dice: tendrá poder sobre todo mal. Yo ministro hoy con el poder del conocimiento de Él, más allá de eso hay una cierta sensación de que puedo vencer al mundo según mi fe en Él. Soy más que vencedor (véase Romanos 8:37) sobre todas las cosas por medio del conocimiento que tengo de que Él tiene control de todo. Él ha sido coronado por el Padre para traer todo a sujeción. (Véase Efesios 1:22).

Gritando no se logra expulsar a un espíritu maligno; sin embargo, se siente una unción gloriosa que hace que el acto de echar fuera al demonio quede en perfecta armonía con la voluntad de Dios. A veces no podemos evitar el gritar, pero no lo logramos gritando. El poder sobre los espíritus malignos está en el ministerio de conocer que Él está por sobre todos los demonios y por sobre todos los poderes maléficos.

Pablo anduvo vestido en el Espíritu. Esto fue maravilloso. ¿Estaba su cuerpo lleno de poder? ¡No! Él envió pañuelos y delantales que él mismo había tocado, y ellos tocaban a los necesitados, éstos eran sanados y los demonios expulsados ¿Había poder en su cuerpo? ¡No! Había poder en Jesús. Pablo ministraba por medio del poder de la unción del Espíritu Santo y de su fe en el nombre de Jesús.

Algunas veces, se puede lidiar con algunos poderes demoníacos de formas distintas. Pero el ministerio del Espíritu es administrado por la palabra *Jesús*, y su nombre nunca falla en cumplir el propósito de darle a la persona a cargo sabiduría y discernimiento. Esto se da porque junto

# 6 de octubre

con el Espíritu del ministerio, llega también la revelación de la necesidad del que está atado.

El Espíritu ministra el nombre de Jesús de muchas formas. Veo esto ocurrir continuamente. Lo veo obrando, y todo el tiempo el Señor está edificando una estructura de su propio poder por medio de una fe viva en la soberanía del nombre de Jesús. Si me dirijo al evangelio de Juan, puedo entenderlo todo prácticamente en pocas palabras: *"Esta es la vida eterna: que te conozcan a ti, el único Dios verdadero, y a Jesucristo, a quien has enviado"* (Juan 17:3). Debemos tener el conocimiento y el poder de Dios, y el conocimiento de Jesucristo, la encarnación de Dios, para que podamos ser revestidos de Dios.

Están aquellos que han llegado a la línea; tienen al Cristo bendito morando en ellos y el poder del bautismo, el cual es la revelación de Cristo con Dios en el interior. Esto se vuelve muy evidente en la persona que es bautizada con el Espíritu, y Cristo es tan latente, que en el momento que la persona es confrontada por el mal, es instantáneamente susceptible a la naturaleza de esta confrontación y es capaz de lidiar con ella apropiadamente.

La diferencia entre los hijos de Esceva y Pablo era esta: Ellos decían, "Lo importante es sólo el uso del nombre". ¿Cuántas personas sólo usan el nombre? ¿Cuántas veces las personas son derrotadas porque creen que es sólo un nombre? ¿A cuántas personas se les ha roto el corazón porque no funcionó el uso del nombre? Si añado esto en mi texto, "El que cree hablará en lenguas; el que cree echará fuera demonios; el que cree impondrá manos sobre los enfermos y éstos sanarán" (véase Marcos 16:17–18), superficialmente parece muy fácil. No obstante, usted debe entender esto: hay volúmenes que se aplican a la palabra *creer*.

*Pensamiento para hoy:* El creer significa creer en la necesidad de la majestuosidad de la gloria del poder de Dios. Creer en que Cristo tiene todo poder y que trae todos los otros poderes a sujeción.

## 7 de octubre

# ¿Qué significa creer?

*Pero respondiendo el espíritu malo, dijo: A Jesús conozco,*
*y sé quién es Pablo; pero vosotros, ¿quiénes sois?* (Hechos 19:15).

*Lectura de las Escrituras:* Hechos 19:11–20

*Q*ué es creer? Permítame resumirlo en unas cuantas oraciones. Creer es tener conocimiento de Él en quien usted cree. No es creer en la palabra *Jesús*, es más bien creer en la naturaleza de Cristo, en la visión de Cristo, porque todo el poder le fue dado a Él, y más grande es Él quien está en usted en la revelación de fe y no el que está en el mundo. (Véase 1 Juan 4:4). Y yo le digo, no se desaliente si cada demonio no ha sido echado fuera todavía; como tampoco crea que llegó el final del asunto en el mismo momento en que fue echado fuera. Lo que tenemos que ver es que si sólo se requiere usar el nombre de Jesús, esos poderes malignos hubiesen salido cuando los hijos de Esceva usaron el nombre. Pero no es eso, lo que obra es el poder del Espíritu Santo con la revelación de la deidad de nuestro Cristo en gloria; es saber que todo el poder le es dado a Él. A través del conocimiento de Cristo y por la fe de quien Él es, los demonios deben rendirse, los demonios deben salir.

Esto lo digo de forma reverente: Nuestros cuerpos están tan bien estructurados por Dios que nosotros seremos llenos con la revelación divina del Hijo de Dios, al punto que es manifestado a los demonios que confrontamos y éstos se irán. El Maestro ha llegado; ellos ven al Maestro. "*A Jesús conozco, y sé quién es Pablo*". ¡El ministerio del Maestro! Cuánto debemos conocerle hasta que Él se manifieste como Rey por sobre todos los demonios.

Hermanos y hermanas, mi corazón está cargado, y mis más profundos anhelos son por las personas Pentecostales. Mi clamor es que no dejemos pasar por alto la oportunidad del bautismo con el Espíritu Santo, que Cristo pueda ser manifestado en nuestro marco humano (véase 2 Corintios 4:10) hasta que cada poder del mal sea sujeto al Cristo que está manifestado en nosotros.

Hay dos cosas importantes frente a nosotros. Primero debemos rendirnos totalmente a Dios. Luego la personificación del Espíritu cubre gloriosamente nuestras vidas al grado que Jesús es glorificado al máximo.

# 7 de octubre

Así que lo primero es perdernos a nosotros mismos, luego es la llegada del Otro; es glorificándole a Él como se cumplirán las cosas, y, cuando Él toma la rienda de su vida, se pueden cumplir. Cuando Dios toma su vida porque usted se ha entregado a Él de tal manera, Él se deleitará en permitir que Cristo sea manifestado en usted para que el diablo sepa quién es usted.

Estoy satisfecho con el propósito del Pentecostés, el cual es restablecer a Dios en carne humana. ¿Necesito decirlo de nuevo? El poder del Espíritu Santo ha venido a ser enmarcado en la vida humana, al punto que no importa dónde nos encontremos. Cristo es manifestado en el mismo lugar donde están los demonios, en donde están los demonios religiosos, en donde está la falsa religión y donde habita la incredulidad, en donde la religión formal ha tomado el lugar de lo santo y lo justo. Usted debe tener santidad—la justicia del Espíritu del Maestro—para que en el andar de su vida todo lo que no es como nuestro Señor tenga que salir. Eso es lo que necesitamos hoy.

Le pido en el Espíritu Santo que busque un lugar en donde Él está tiene todo poder. *"A Jesús conozco, y sé quién es Pablo; pero vosotros, ¿quiénes sois?"* Que Dios selle este pensamiento en nosotros, dado que el diablo no nos tiene miedo. Que el Espíritu Santo nos haga el terror de los malhechores hoy, dado que el Espíritu Santo vino a nosotros para juzgar el mundo de pecado, de incredulidad y de justicia; ese es el propósito del Espíritu Santo. (Véase Juan 16:7–11). Entonces Jesús nos conocerá y los demonios nos conocerán.

*Pensamiento para hoy:* Es sólo cuando usted es conquistado por Cristo que Él es coronado.

## 8 de octubre

# Cristo en nosotros

*No se ha levantado otro mayor que Juan el Bautista; pero el más pequeño en el reino de los cielos, mayor es que él* (Mateo 11:11).

*Lectura de las Escrituras:* Mateo 11:1–11

*D*ios quiere llevarnos a una realización viva de lo que es la Palabra de Dios, el propósito de lo que el Señor Dios dice, y por lo que podremos esperar si creemos. Estoy seguro que el Señor desea poner ante nosotros un hecho latente que, por medio de nuestra fe, pondrá en acción el principio que está dentro de nuestros propios corazones para que Cristo pueda derrocar todo el poder de Satanás.

Solamente esta verdad revelada a nuestros corazones puede hacernos mucho más grandes de lo que pensábamos. Sólo existe la necesidad de revelación y la de conmovernos para entender la magnificencia que Dios tiene dentro de nosotros. Podemos comprobar lo que Él ha cumplido en nosotros sólo si llevamos a cabo lo que Él ya ha cumplido en nosotros.

Dado que Dios no cumplirá algo en nosotros que se quedará dormido, pero nos ha dado poder, revelación, una vida que es tan grande que creo que Dios nos quiere revelar su grandeza. No hay nada que puedas imaginar que sea más grande que lo que el hombre a cumplido por Él.

Pero todo lo que está basado en humanos es muy limitado, comparado con lo que Dios nos tiene guardado en una base espiritual. Si el hombre puede cumplir mucho en poco tiempo ¿Qué podremos alcanzar si creemos la Palabra revelada y tomarla como verdad que Dios nos ha dado y que Él quiere demostrar en fuerza y revelación?

Noten ustedes que Juan el Bautista era un predecesor de Jesús. Dentro de su corta historia, Juan el Bautista tenía el poder de Dios revelado a él seguramente como a ningún hombre en la dispensación antigua. Él tuvo una maravillosa revelación, tuvo una unción poderosa.

Vea como movió a Israel, vea como el poder de Dios descansó sobre él, vea como tuvo la visión de Jesús y fue con poder y transformó los corazones de Israel para Él. ¡Usted, también, puede hacer cosas grandes para Dios si es parte de su reino!

**Pensamiento para hoy:** ¡Ay, las posibilidades del hombre en manos de Dios!

## 9 de octubre

# Buscando al Mesías

*¿Eres tú aquel que había de venir,*
*o esperaremos a otro?* (Mateo 11:3).

**Lectura de las Escrituras:** Mateo 11:12–24

Quiero que vea como el poder satánico puede trabajar en la mente, Satanás llegó ante Juan cuando estaba en prisión. Yo considero que Satanás puede llegar ante cualquiera de nosotros.

Pero quiero demostrar que nosotros tenemos un poder más grande que el de Satanás—en imaginación, en pensamiento, en todo. Satanás llegó donde Juan el Bautista y le dijo, "¿No crees que has cometido un error? Tú estás en prisión. ¿No hay algo equivocado en todo esto? Después de todo, puede que hayas sido grandemente engañado para ser el antecesor de Cristo".

Encuentro a hombres que pueden ser gigantes de fe, quienes pueden ser líderes de la sociedad, que pueden levantar y conquistar reinos (véase Hebreos 11:33), quienes pueden ser nobles entre príncipes, pero son derrotados porque permiten las sugerencia de Satanás para derrocar su conocimiento del poder de Dios. Que Dios nos ayude.

Juan mandó a dos de sus discípulos a preguntarle a Jesús, "¿Eres el Mesías?". ¿Cómo podía Jesús mandar de regreso a esos hombre con una verdad estimulante, con un poder, personal que agitaría sus corazones al saber que lo conocieron, sobre quien hablaban los profetas? ¿Qué lo declararía? ¿Cómo sabrán? ¿Cómo lo contarán?

> *Respondiendo Jesús, les dijo: Id, y haced saber a Juan las cosas que oís y veis. Los ciegos ven, los cojos andan, los leprosos son limpiados, los sordos oyen, los muertos son resucitados, y a los pobres es anunciado el evangelio.* (Mateo 11:4–5)

Y cuando vieron los milagros y las maravillas y escucharon las palabras que hablaba mientras el poder de Dios descansaba sobre Él, ellos estaban listos para creer.

**Pensamiento para hoy:** A no ser que estemos llenos, o insolados divinamente, con el poder de Dios, podremos derrotar el poder de Satanás.

## 10 de octubre

# Jesús es nuestra vida

*Desde los días de Juan el Bautista hasta ahora, el reino de los cielos sufre violencia, y los violentos lo arrebatan* (Mateo 11:12).

*Lectura de las Escrituras:* Mateo 11:25–30

*E*ste es un mensaje para cada creyente. Cada creyente tiene la vida del Señor dentro de él y si Jesús, *"es nuestra vida"* (Colosenses 3:4), ha de venir, instantáneamente nuestra vida se encontrará con la de Él, porque existimos y consistimos de la vida del Hijo de Dios. (Véase versículo 4). *"vuestra vida está escondida con Cristo en Dios"* (versículo 3).

Si todos los creyentes entendieran este pasaje maravilloso que está en el capitulo vigésimo segundo del evangelio de Lucas, habría más gozo en sus corazones:

*Y les dijo: ¡Cuánto he deseado comer con vosotros esta pascua antes que padezca! Porque os digo que no la comeré más, hasta que se cumpla en el reino de Dios.*          (Lucas 22:15–16)

Todos quienes están en Cristo Jesús estarán allí cuando Él se sienta de primero a repartir el pan hacia el reino del cielo. No es posible para cada hijo de Dios permanecer en la tierra cuando Jesús venga. Que el Señor nos ayude a creerlo.

Entiendo que hay una gran cantidad de especulación sobre la Ruptura y venida del Señor, pero permítame decirles que esperen edificación y comodidad, dado que las Escrituras del Espíritu Santo no me dejan enfocarme en nada más que la edificación, consolación y la comodidad del Espíritu. (Véase 1 Corintios 14:3).

No quiero decir que debemos cubrir el pecado, Dios no lo permitiría, pero debemos revelar la verdad. ¿Qué es la verdad? La Palabra de Dios es la verdad. Jesús dijo, *"Yo soy el camino, y la verdad, y la vida"* (Juan 14:6). *"Escudriñad las Escrituras; porque a vosotros os parece que en ellas tenéis la vida eterna; y ellas son las que dan testimonio de mí"* (Juan 5:39).

¿Qué dice la verdad? Dice que cuando Cristo aparezca, todos los que son de Él en su venida serán cambiados *"en un momento, en un abrir y cerrar de ojos*" (1 Corintios 15:52). Seremos presentados al mismo momento que todos los que se durmieron en Él e iremos todos juntos.

> *Por lo cual os decimos esto en palabra del Señor: que nosotros que vivimos, que habremos quedado hasta la venida del Señor, no precederemos a los que durmieron...y los muertos en Cristo resucitarán primero. Luego nosotros los que vivimos, los que hayamos quedado, seremos arrebatados juntamente con ellos en las nubes para recibir al Señor en el aire, y así estaremos siempre con el Señor. Por tanto, alentaos los unos a los otros con estas palabras.* (1 Tesalonicense 4:15–18)

> *Porque os digo que no beberé más del fruto de la vid, hasta que el reino de Dios venga.* (Lucas 22:18)

Casi dos mil años habrán pasado desde que Dios rompió el pan alrededor de la mesa con sus discípulos. Estoy esperando, los santos esperan, para la gran unión donde millones, miles de millones, cientos de miles de millones se unan a Él en la gran Cena de hermandad. ¡Alabado sea Dios! Pero ahora, ¡qué simulación, qué poder debe estar trabajando diariamente hasta que ese día venga!

**Pensamiento para hoy:** Cada creyente pertenece al reino del cielo.

## 11 de octubre

# Poder más grande que el enemigo

*Fortaleceos en el Señor, y en el poder de su fuerza. Vestíos de toda la armadura de Dios, para que podáis estar firmes contra las asechanzas del diablo* (Efesios 6:10–11).

**Lectura de las Escrituras:** Efesios 6:10–20

*H*ay un poder en usted que es más grande que cualquier otro poder. Por la ayuda del Espíritu uno puede llegar a un lugar de libertad, un lugar de santificación, en donde nos atrevemos a pararnos contra los esquemas del diablo, correrlos y expulsarlos. ¡Qué el Señor nos ayude!

Quiero que Dios le dé un despertar interno, una revelación de verdad en usted, una audacia, una indignación ardiente contra los poderes de Satanás.

Lot tenía una indignación justa—temporalmente—pero llegó muy tarde. Debió tenerla cuando fue a Sodoma, no cuando estaba saliendo; pero no quiero que alguno de ustedes sea abatido porque no tomaron la dirección correcta antes. Siempre sean agradecidos porque están vivos para oír y cambiar la situación.

Ustedes deben obtener el conocimiento interno que Dios es Señor sobre todo el poder de Satanás. No dudo de tu sinceridad sobre ser salvado, sobre ser justificado en Cristo. No es para mí cuestionar la sinceridad de un hombre con respecto a su justicia. Sin embargo, siento que tengo el derecho de decir que hay una sinceridad más profunda por buscar; hay una audacia mayor de fe y hecho por obtener. Hay algo a lo que debes despertar en donde nunca permitirás que la enfermedad lee domine o que el pecado lo mantenga débil o un dolor en tu espalda que domine. Nunca permita que algo que no sea perfecto tenga algo que ver con usted. Aquellos que intentan servir a dos maestros siempre pierden. (Véase Mateo 6:24). Si uno intenta unir a dos cosas—el Señor y el diablo—el diablo ganará al final. Permita que Cristo sea el Señor de tu vida hoy.

**Pensamiento para hoy:** No puede usted oponerse a los demonios si no puede dominarte a usted mismo, porque pronto encontrará que los demonios serán más grandes que usted.

## 12 de octubre

# Un Dios que salva

*Entonces clamaron a Jehová en su angustia,*
*Y los libró de sus aflicciones* (Salmo 107:6).

*Lectura de las Escrituras:* Salmo 50

*S*abe Dios todo sobre usted? ¿Le es usted familiar? ¿Por qué podrías creer, bajo cualquier circunstancia, que estás mejor occiso? Cuando la enfermedad es impureza ¿Por qué deberías creer que podrías santificarte con mas enfermedad?

Algunas personas hablan de que Dios se complace en poner enfermedad sobre sus hijos. "Aquí esta una persona que amo", dice Dios, "le romperé su brazo. Luego para que me ame más, le romperé su pierna y para que ame aún más, le daré un corazón débil".

Algo así no podría soportarse, aún así hay personas que hablan de esta manera y nunca piensan en leer la Palabra de Dios en donde dice, "*Antes que fuera yo humillado, descarriado andaba*" (Salmo 119:67). Nunca han leído las siguientes palabras en sus vidas:

*Fueron afligidos los insensatos, a causa del camino de su rebelión Y a causa de sus maldades; su alma abominó todo alimento, Y llegaron hasta las puertas de la muerte. Pero clamaron a Jehová en su angustia. Y los libró de sus aflicciones.*
(Salmo 107:17–19)

¿Está bien decir, "Sabes, hermano mío, he sufrido tanto en esta aflicción que me ha hecho conocer a Dios mejor"? Bueno, antes que esté de acuerdo, pídale a Dios por más aflicción para que lo llegue a conocer aún mejor. No voy a creer que la primera aflicción lee hizo más puro, porque si así fuese, usted tendría más fe en Él. Aparentemente no tiene en medio de sus aflicciones, es sólo habladuría y las habladurías no cuenta si no son respaldadas por un hecho. Sin embargo si las personas pueden ver que tus palabras son respaldadas por hechos, pueda ser que existan bases para creerlas.

**Pensamiento para hoy:** ¿Por qué no confiar en Dios que sabe todo sobre usted, en vez de personas que sólo conocen lo que les has dicho?

# Siga viendo a Jesús

*Pues a sus ángeles mandará acerca de ti,
que te guarden en todos tus caminos* (Salmo 91:11).

*Lectura de las Escrituras:* Salmo 91

**H**e revisado mi Biblia y no he podido encontrar donde Dios trae enfermedad. Sé que es el poder de Dios que trae le Gloria, pero es el diablo y no Dios quien trae las enfermedades ¿Por qué lo hace? Si se esto: Satanás es el látigo de Dios, si no obedeces a Dios, Él se hará a un lado y Satanás podrá devorarte. Pero Dios solo permitirá que devore una parte, tal como el caso de Job. El Señor le dijo a Satanás, "*He aquí, él está en tu mano; mas guarda su vida*" (Job 2:6).

¿Por qué le es permitido a Satanás traer enfermedad? Porque sabemos mejor de lo que actuamos; si fuéremos rectos con nuestras convicciones y camináramos acordes a la luz que se nos ha dado, Dios podrá verificar su presencia en nuestro ser y sabremos que la enfermedad no puede "*te sobrevendrá mal, ni plaga tocará tu morada. Pues a sus ángeles mandará acerca de ti, Que te guarden en todos tus caminos*" (Salmo 91:10–11).

Cuando Satanás puede llegar a tu cuerpo, hará, de ser posible, lograr que el dolor y la debilidad puedan distraer tanto que llegará a afectar tu mente y arrastrarla hacia donde está el dolor. Cuando eso sucede, uno no tiene la misma libertad en su espíritu para levantar el corazón y gritar y alabar al Señor. La distracción del dolor logra que el poder fundamental, el cual debe estar lleno para alabar a Dios, caiga al cuerpo, y por eso— concerniendo a todos los afectados—"*el reino de los cielos sufre violencia, y los violentos lo arrebatan*" (Mateo 11:12).

**Pensamiento para hoy:** Todo lo que me quita de la posición de alabanza, paz y júbilo; en donde tengo una conciencia de la presencia de Dios; donde hay una fuerza interior del poder de Dios que me permite levantarme y vivir en un mundo como si no perteneciera a él (porque no pertenezco); todo lo que me separa de esa actitud, es maligno, es satánico.

## 14 de octubre

# Que el reino de vida gobierne

*Cada uno de nosotros agrade a su prójimo*
*en lo que es bueno, para edificación* (Romanos 15:2).

**Lectura de las Escrituras:** Romanos 14:12–15:2

*S*i es un dedo o un diente que duele, si es sólo una ampolla en sus pies o lo que sea que en su cuerpo le impide la más alta unión espiritual, el reino de Dios es destituido a cierto grado; *"el reino de los cielos sufre violencia, y los violentos lo arrebatan"* (Mateo 11:12).

Por le Palabra de Dios, estoy demostrando que el reino del cielo está dentro de usted. *"Mayor es el que está en vosotros"* (1 Juan 4:4)—el Hijo de Dios, el reino del cielo está dentro de usted—*"que el que está en el mundo"* (versículo 4)—el poder de Satanás está fuera de usted.

La enfermedad o la debilidad, o cualquier otra distracción en usted, es el poder de la violencia que puede arrebatarle el reino del cielo a la fuerza. El mismo poder espiritual que revelará esto es el mismo que aliviará esto.

Sobre la autoridad de la Palabra de Dios, yo mantengo que *"mayor es el que está en vosotros"* (1 Juan 4:4) que cualquier poder de Satanás que tengas alrededor (versículo 4). ¡Cuánto se haría si reclamas a tu interior tus derechos y deliberaciones!

Yo creo en la Biblia de principio a fin, si, por el poder de Dios, lo pone a usted una audacia, una determinación, para que no permita que Satanás descanse, usted será victorioso ¡Alabado sea Dios!

¿Por qué tomo esta actitud? Porque en cada paso de mi vida desde mi bautismo, he tenido que pagar el precio por los demás. Dios me ha de llevar a través de un lugar para que pueda ser capaz de mostrarle a la gente como hacerlo. Algunas personas se me acercan y dicen, "He estado esperando el bautismo y estoy teniendo problemas. He tenido que pelear por cada centímetro de ello, ¿no es extraño?". No, mil contra uno, Dios le está preparando para que ayude a alguien más que desea recibirlo.

La razón por la cual estoy siendo tan firme en la necesidad de tener el bautismo con el Espíritu Santo y sobre el significado del Espíritu hacienda sus manifestaciones cuando El entra, es esta: yo luche contra ella, fui a la reunión porque había escuchado que las personas estaban

433

hablando en lenguas. Me obligue a captar la atención de aquellos en la reunión como si fuese un hombre loco. Les dije a las personas allí, "Esta reunión de ustedes no es nada, he dejado mejores condiciones en casa. Tengo hambre y sed de algo".

"¿Qué quieres?", preguntaron.

"Quiero lenguas espirituales".

"¿Quieres el bautismo?", me preguntaron.

"No, yo", dije. "Yo tengo el bautismo, quiero lenguas espirituales".

Pude haber peleado con cualquiera, pero la situación era esta: Dios me estaba entrenando para algo más, el poder de Dios cayó sobre mí con tal éxtasis y jubilo que no pude satisfacer el regocijo con mi lengua natural; y allí fue cuando encontré que el Espíritu hablaba otras lenguas en mí.

¿Qué significaba? Yo sabía que había tenido unciones de júbilo antes de eso, expresiones de la actitud bendecida del Espíritu de vida y alegría en el Espíritu Santo; lo había sentido a lo largo de mi vida. Pero cuando la plenitud llega con una marea gigante, con un desbordamiento de vida, yo sabía que era diferente a los demás y sabía que ese era el bautismo, pero Dios tenía que enseñarme.

**Pensamiento para hoy:** La Biblia no tendría ni un átomo de poder si no la practica usted mismo.

## 15 de octubre

# Guerra espiritual

*Porque las armas de nuestra milicia no son carnales, sino poderosas en Dios para la destrucción de fortalezas* (2 Corintios 10:4).

*Lectura de las Escrituras:* 2 Corintios

*L*a gente pregunta, "¿Todos hablan en lenguas?". Claro que no, pero todos pueden mientras según el Espíritu lo permita—tal como en el Aposento Alto, en la casa de Cornelio, y en Éfeso cuando los seguidores de Jesús fueron llenos del Espíritu Santo.

Hay una diferencia entre tener un don y hablar mientras el Espíritu lo hace su voluntad. Si yo hubiese recibido el don de lenguas cuando fui llenado con el Espíritu Santo, entonces podría hablar en lenguas en cualquier momento, por que los dones y los llamados permanecen. (Véase Romanos 11:29). Pero no podía hablar en lenguas después de ser bautizado. ¿Por qué? Era porque había recibido al Espíritu Santo con la evidencia de hablar en lenguas, pero no había recibido el don de lenguas.

De todas maneras, recibí el Espíritu Santo, que es el Dador de todos los dones; y nueve meses después Dios me dio el don de lenguas para que pudiera hablarlas en cualquier momento. ¿Pero, lo hago? ¡Dios lo prohíba! ¿Por qué? Porque ningún hombre ha de usar el don, el Espíritu Santo es quien usa el don.

Tengo una razón por la cual hablo así, las personas siempre se me acercan y me dicen, "Han orado por mi y sigo siendo el mismo". Es suficiente para patearlos y no lo digo literalmente, sería el último en patear a alguien, Dios lo prohíba; pero si logro que usted se enoje contra los poderes de la oscuridad y los poderes de la enfermedad, si logro hacer que despiertes, no iras a la cama hasta que demuestres que hay un Maestro en usted que es más grande que el poder alrededor suyo.

Muchas veces he ido a la casa en donde ha habitado una persona demente y me he encerrado allí para poder liberarlo. He ido determinado que fue liberado. En medio de la noche, a veces a plena luz de día, los poderes demoníacos salen y me muerden y manipulan terriblemente; pero nunca cedo, seria destrozar a un principio mayor rendirse.

Que el Dios de gracia y misericordia nos fortalezca. En medida que destruimos esos poderes maléficos, lo hacemos más fácil para los creyentes débiles. Por cada vez que Satanás vence a un santo, le da la ferocidad para otro ataque, pero si es derrotado ira a un lugar en donde la derrota está escrita en su contra.

En su casa, con su esposo e hijos, tendrás la audacia de determinar, junto con imaginación justa, en contra del poder de la enfermedad y echarlo fuera. Eso vale para usted más de lo que puedes comprar.

**Pensamiento para hoy:** Nadie puede tener un conocimiento interno de Cristo sin tener el sentimiento de que habrá un aumento en las almas salvadas.

## 16 de octubre

# Una llama para Dios

[El] *que hace a sus ángeles espíritus,*
*y a sus ministros llama de fuego* (Hebreos 1:7).

*Lectura de las Escrituras:* Hebreos 1

*L*os ministros de Dios han de ser llamas de fuego! Me parece, que ningún hombre con la visión, especialmente con la visión del poder del Espíritu, puede leer ese maravilloso versículo sin ser calentado por dicha llama de fuego y con la idea que fuese a quemar lo que sea se interponga en su progreso.

¡Una llama de fuego! Es un fuego perpetuo, constante, santo, una llama interna que es exactamente lo que el Hijo de Dios fue en el mundo. ¡Dios no quiere que seamos nada menos que llamas! Me parece, que si el Pentecostés fuese a levantarse, debemos tener una fe viva para que la grandeza y poder de Cristo pueda fluir a través de nosotros hasta que nuestras vidas sean energizadas, movidas y encendidas por Dios.

Lo importante aquí es que el Espíritu Santo vino a hacer Jesús Rey. Me parece que tal semilla, la vida que se nos dio cuando creímos—que es una semilla interna—tiene tanto poder de resurrección que puedo una nueva creación surgir con cualidades de reyes. No solo que el Rey está dentro de nosotros, pero también toda la gloria de sus manifestaciones han de ser puesto ante nosotros. ¡Ay, para el trabajar en esa manera, derritiéndonos, hasta que alguien nuevo surge dentro de nosotros al punto que nos movemos con su compasión! Puede ver que podemos llegar a la orden de Dios en donde la visión se hace mucho más brillante y en donde el Señor manifiesta su gloria con todas sus virtudes y dones; toda su gloria paree llenar el alma de quien está muerto para sí mismo y vivo para Dios. Se habla mucho sobre la muerte, pero hay una muerte que es tan profunda en Dios, que, de esa muerte Dios saca el esplendor de su vida y su gloria.

Una oportunidad de ser llama de fuego para Dios llego cuando iba viajando desde Egipto a Italia. Lo que digo ahora en realidad sucedió. En el barco y en todos lados, Dios ha estado conmigo. Un hombre en el barco colapsó y su esposa estaba en un estado terrible y así parecían muchos. Algunos decían que iba a morir, ¡pero ah, ser una llama, tener al Cristo vivo dentro de usted!

**437**

# 16 de octubre

Estamos en recaída si tenemos que orar por poder, si tenemos que esperar a sentir su presencia. El bautismo con el Espíritu Santo ha llegado: *"pero recibiréis poder, cuando haya venido sobre vosotros el Espíritu Santo"* (Hechos 1:8). Dentro de usted hay un poder más grande que este mundo. (Véase 1 Juan 4:4). ¡Ay para ser despertado de nuestra incredulidad hacia un lugar de atrevimiento de Dios bajo la autoridad del Libro bendito!

Así que en nombre de Jesús, yo refuto al demonio y para el asombro de la esposa del señor, y para él mismo, logró levantarse. Dijo, "¿Qué es esto? Me está recorriendo, nunca había sentido algo así antes". Desde la punta de su cabeza hasta la planta de sus pies, el poder de Dios lo agitó. Dios no ha dado la autoridad sobre el poder de diablo. ¡Oh, que pudiéramos vivir en un lugar donde la gloria sobresale! Eso volvería a cualquiera en una llama de fuego.

**Pensamiento para hoy:** Cuando somos bautizados con el Espíritu Santo, es para coronar a Jesús en nuestras vidas.

# Fieles siervos

*Y su señor le dijo: Bien, buen siervo y fiel; sobre poco has sido fiel, sobre mucho te pondré; entra en el gozo de tu señor* (Mateo 25:21).

*Lectura de las Escrituras:* Mateo 25:14–30

Cristo quien es la imagen expresa de de Dios (véase Hebreos 1:3), ha venido a nuestra debilidad humana para poder cambiarla y a nosotros hacia semejanza divina para que así, por el poder de su fortaleza, no solo podamos vencer sino también podamos regocijarnos en el hecho que somos más que vencedores. Dios quiere que usted sea *"más que vencedor"* (Romanos 8:37). El bautismo con el Espíritu ha venido por nada menos que a poseer nuestra vida entera. Establece a Jesús como Rey y nada puede quedar en su santa presencia cuando es hecho Rey. Todo se marchita en su presencia, la herencia del Espíritu es dada a cada hombre *"para provecho"* (1 Corintios 12:7). ¡Alabado sea Dios! En la orden del espíritu santo, nosotros *"de tal manera que nada os falta en ningún don"* (1 Corintios 1:7).

El mismo Jesús ha venido con un propósito: que Él pueda ser manifestado en nosotros hasta que el mundo Lo vea. Debemos ser luces brillantes y encendidas para reflejar a un Jesús tan santo. No lo podemos lograr con experiencias frías e indiferentes y nunca lo haremos. Mi querida esposa solía decirle a nuestra hija, "Alicia, ¿qué tipo de reunión has tenido?". Alicia diría, "¡Pregúntale a Papá; el siempre la pasa bien!". Sus sirvientes han de ser llamas, Jesús es vida y el Espíritu Santo es el aliento. El respira hacia nosotros la vida del Hijo de Dios y la damos a otros y también esparce vida en todos lados.

¡Saben debieron estar conmigo en Ceylon! Estaba teniendo reuniones en una capilla wesleyana. Las personas de allá dijeron, "Sabe, cuatro días no es mucho para nosotros". "No", dije, "pero es una buena parte". Ellos dijeron, "¿Qué vamos a hacer? No estamos tocando a las personas de aquí para nada". Dije, "¿Pueden tener una reunión temprano a las ocho en punto?". Ellos dijeron que lo harían, así que les dije, "Les diremos a todas las madres que quieren que sus hijos sanen y a todos los mayores de setenta años que vengan. Después de eso, espero poder darles una dirección para que estén listos para el Espíritu Santo".

# 17 de octubre

¡Ay, le hubiese hecho bien ver a cuatrocientas madres con sus bebés! ¡Era espectacular! Y luego ver a ciento cincuenta ancianos afro-americanos con sus cabellos blancos llegando para ser sanados. Creo que necesitas algo más que humo para tocar a las personas; necesitas ser una llama encendida para eso. Sus ministros deben ser llamas de fuego, había miles reunidos afuera de la capilla para oír la Palabra de Dios. Había como tres mil personas pidiendo misericordia a una sola voz. Les digo, era una visión.

Después de eso la asistencia en las reuniones llego a tal extremo que cada noche de cinco a seis mil personas se reunían después de haber predicado, en un clima de 110 grados. Luego debía ministrar a estas personas, pero les digo una llama de fuego puede hacer cualquier cosa. Las cosas cambien en el fuego, esto es el Pentecostés; pero lo que me movió mas fue esto (y lo digo cuidadosamente y con un espíritu roto porque no quiero guiar mal a nadie): habían miles que intentaron tocarme porque estaban impresionados con el poder de Dios que estaba presente, y testificaron por todas partes que, con un toque, fueron sanados. *No* era el poder de Wigglesworth, porque todos tenían la misma fe que estaba con los de Jerusalén que creían que la sombra de Pedro los sanaría. (Véase Hechos 5:14–15).

¿Qué es lo que quiere? ¿Hay algo demasiado difícil para Dios? Dios puede conocerte ahora, Dios ve el interior. Él sabe todo acerca de usted. Para Él no hay nada oculto, y puede testificarle al alma y darle un manantial de bendición eterna que le sostendrá.

*Pensamiento para hoy:* Usted puede recibir algo en tres minutos que lo podrá llevar con usted a la gloria.

# 18 de octubre

## *Gloria*

*Como todas las cosas que pertenecen a la vida y a la piedad nos han sido dadas por su divino poder, mediante el conocimiento de aquel que nos llamó por su gloria y excelencia* (2 Pedro 1:3).

*Lectura de las Escrituras*: 2 Pedro 1:2–17

*E*n el día del Pentecostés, era necesario que los discípulos recibieron no solo el fuego, pero también el viento, la personalidad del Espíritu en el viento. (Véase Hechos 2:1–4). La manifestación de gloria es el viento, o aliento, de Dios.

El hombre interno recibe inmediatamente el Espíritu Santo con gran júbilo y bendición, no lo puede expresar. Luego el Poder del Espíritu, este aliento de Dios, toma las cosas de Jesús (véase Juan 16:14–15) y las manda hacia adelante como un río de la voluntad del Espíritu. Repito, cuando el cuerpo está lleno de júbilo, a veces de manera inexpresable, el lienzo de la mente tiene el gran poder de mover la operación de la lengua y sacar desde lo más profundo el poder del corazón de amar y gozar. Por el mismo proceso el Espíritu, que es el aliento de Dios, nos trae la manifestación de gloria.

Veamos unos cuantos pasajes de la Biblia que pertenecen a la gloria. Primero Salmo 16:9: *"Se alegró por tanto mi corazón, y se gozó mi alma"*. Algo ha hecho que la gloria traiga regocijo. Era porque el corazón del salmista estaba contento.

El segundo es Salmo 108:1: *"Mi corazón está dispuesto, oh Dios; cantaré y entonaré salmos; esta es mi gloria"*. Como verán, cuando el cuerpo está lleno del poder de Dios, lo único que puede expresar la gloria es la lengua. La gloria es presencia y la presencia siempre llega por la lengua, la cual trae las revelaciones de Dios. Dios primero trae su poder hacia nosotros, luego nos da expresiones verbales por el mismo Espíritu que salen de la misma manifestación interna. *"De la abundancia del corazón habla la boca"* (Mateo 12:34).

La virtud debe ser transmitida y la gloria expresada. Por lo tanto, el Espíritu Santo entiendo todo lo que Cristo tiene en gloria y le lleva al corazón del hombre el pensamiento más reciente de Dios. El mundo necesita nuestras manifestaciones, avivamientos y todas las condiciones primero se establecen en el cielo para luego ser usadas en la tierra. Debemos

# 18 de octubre

estar en contacto con Dios Todopoderoso para poder traer a la tierra todas las cosas que Dios tiene en el cielo. Esto es un ideal para nosotros, y que Dios nos ayude a no olvidar la realidad de la santa comunión con Él, al entrar en una oración privada para que Él pueda manifestar su gloria públicamente.

**Pensamiento para hoy:** Al llevarnos con el Espíritu Santo, Dios nos ha traído esta gloria para que dentro de nosotros muchos lleguemos a la gloria.

## 19 de octubre

# Mantenga la visión

*Sin profecía el pueblo se desenfrena; más el*
*que guarda la ley es bienaventurado* (Proverbios 29:18).

*Lectura de las Escrituras:* Hechos 26:1–29

*D*ebemos verle la cara a Dios y entender sus trabajos. Hay cosas que Dios me dice que yo sé deben ocurrir. No importa lo que diga la gente, he estado cara a cara en los momentos de mayor prueba en la vida de algunos hombres, momentos en que habría una gran diferencia de haber guardado la visión de Dios y mantenerme a lo que Dios dijo. Un hombre debe tener una fe inmovible, la voz de Dios debe significar más de lo que uno ve, siente o lo que la gente piense; debe tener una originalidad nacida del cielo y transmitida o expresada de la misma manera, debemos traer el cielo a la tierra.

Al final de Efesios hay tres palabras que ningún humano pudo pensar o escribir por sí mismo. Este pasaje es tan poderoso, tan de Dios cuando habla que Él es capaz de hacer todas las cosas *"mucho más abundantemente de lo que pedimos o entendemos"* (versículo 20). ¡El poderoso Dios de la revelación! El Espíritu Santo dio estas palabras de grandeza para mover nuestros corazones, nuestras afecciones, para transformarnos por completo. Dios nunca ha puesto nada en la punta de un asta donde no la puedas alcanzar. Él ha traído su propio plan para el hombre, y si estamos preparados ¡lo que habrá para nosotros! A veces siento que podemos tener lo que podemos digerir. Con todo, esos trocitos divinos de verdad preciada son presentados a nuestros corazones de tal manera que nos hacen entender que todavía hay alturas y profundidades, longitudes y amplitudes del conocimiento de Dios en espera para que los descubramos. (Véase Efesios 3:17–19). Verdaderamente podremos decir:

> Mi banco celestial, mi banco celestial,
> La casa del tesoro y el almacén de Dios.
> Tengo suficiente ahí; soy un verdadero millonario.

*Pensamiento para hoy:* Es maravilloso no ser tocado por la pobreza nunca más, tener un conocimiento interno de las riquezas de Dios que están almacenadas, poquito a poquito—en expresiones de gloria, en expresiones del Cristo invisible que será visto por los hombres.

## 20 de octubre

# Victorioso en la batalla

*Tened por sumo gozo cuando os halléis*
*en diversas pruebas* (Santiago 1:2).

*Lectura de las Escrituras:* 1 Timoteo 6

*D*eja que el Espíritu le cubra para que puedas ser serio sobre las cosas profundas de Dios. Uno debe estar tan alineado con el Espíritu que tu voluntad, mente y tu corazón están centrados en Dios; para que Él pueda levantarle en el pabellón del esplendor donde escuchará su voz—levantarle hacia el lugar en donde el aliento del Todopoderoso le envíe a orar y a predicar, con el Espíritu del Señor con usted.

Usted está en el banquete de Dios, un banquete en donde nunca se separa de Él, y Él multiplica las bendiciones espirituales y el fruto de su vida. Es un banquete en donde aumenta con lo demás, donde Dios tiene riquezas para usted más allá de todas las cosas—no cosas carnales, más bien manifestaciones, dones, frutos del Espíritu y hermosas bienaventuranzas. Que la bendición de Dios esté siempre con usted. (Véase 2 Corintios 9:10–11).

¿Está listo para entrar a este glorioso lugar, en donde ya no vive para usted? Dios tomará tu vida y te enviará a ganarte a miles de personas en Cristo para que ellas también puedan entrar en la gracia eterna.

Nadie puede hablar de la victoria acerca de la tentación sin pasar por ella. Todas las victorias se ganan en batallas.

Miles de millones de personas en Europa, América y otras partes del mundo muestran sus medallas para demostrar que han estado en batalla, y se regocijan de ello. Deberían tener vergüenza de portar tales medallas si no han estado en una batalla. La batalla es lo que les da el derecho de usar la medalla.

Son aquellos que han sido probados en lo peor los que pueden venir y decirles la historia. Solo fueron Juan, Pedro y Pablo los que estuvieron al frente de la batalla, y quienes nos dijeron como regocijarnos en nuestras pruebas porque bendiciones maravillosas saldrán de ellas. Son en estas pruebas donde nos hacemos.

*Pensamiento para hoy:* Son aquellos que han estado en la lucha los que pueden hablar sobre las victorias.

# Más precioso que el oro

*Para que sometida a prueba vuestra fe, mucho más preciosa
que el oro, el cual aunque perecedero se prueba con fuego,
sea hallada en alabanza, gloria y honra cuando
sea manifestado Jesucristo* (1 Pedro 1:7).

*Lectura de las Escrituras:* 1 Pedro 1

A lgunos de ustedes se preguntan qué sucede cuando uno no se cura en un momento. Dios nunca rompe su promesa, la prueba de tu fe es *"más preciosa que el oro"*.

Dios quiere destruir el poder del diablo y moverte hasta que en los momentos difíciles, puedas alabar al Señor. *"tened por sumo gozo"* (Santiago 1:2). Usted tiene que dar un gran salto hoy; debes saltar a las promesas. Tienes que creer que Dios nunca fallará. Debes creerlo, ya que es imposible que Dios rompa su Palabra, Él es *"desde el siglo y hasta el siglo"* (Salmo 90:2).

> Siempre y por siempre, no por un día,
> Él cumple su promesa siempre;
> A todos los que creen,
> A todos los que obedecen,
> Él cumple su promesa siempre.

No hay variable con Dios, *"no hay mudanza, ni sombra de variación"* (Santiago 1:17). Él es el mismo. Él manifiesta su gloria divina.

Jesús le dijo a María y a Marta, *"¿No te he dicho que si crees, verás la gloria de Dios?"* (Juan 11:40). Debemos entender que habrá tiempos de prueba, pero son solamente para hacernos más parecidos al Maestro. Él fue *"tentado en todo según nuestra semejanza, pero sin pecado"* (Hebreos 4:15). Él perseveró en todas las cosas. Él es nuestro ejemplo.

¡Ay que Dios nos pusiera en una posición seria, en donde la carne y la sangre tengan que ceder el Espíritu de Dios! Nosotros seguiremos adelante; no nos dejaremos llevar por nuestros sentimientos.

Supongamos que un hombre que ha orado el día de hoy y recibe una bendición, pero mañana cuando empiece a murmurar porque no se siente a como quería sentirse. ¿Qué está haciendo? Está reemplazando la palabra de Dios con sus sentimientos. ¡Que desgracia! Deja que Dios haga su trabajo perfecto.

**Pensamiento para hoy:** Dios nos tiene en esta tierra con el propósito de forjar su carácter en usted.

## 22 de octubre

# Dios le guardará

*Tened por sumo gozo* (Santiago 1:2).

*Lectura de las Escrituras:* Job 2:1–10

*E*l versículo no significa "Contar un poco de eso como júbilo" más bien *"Tened por sumo gozo"*. No importa de qué fuente venga la prueba, ya sea su negocio, hogar o lo que sea *"Tened por sumo gozo"*. ¿Por qué? porque *"Y sabemos que a los que aman a Dios, todas las cosas les ayudan a bien, esto es, a los que conforme a su propósito son llamados"* (Romanos 8:28).

Ese es un gran pasaje. Quiere decir que tiene una posición especial. Dios esta electrificando la misma posición que tiene para que el diablo pueda ver que tiene un carácter de Dios y Dios puede decir de usted como lo hizo con Job.

Recuerda la escena. Dios preguntó, *"¿No has considerado a mi siervo Job?"*. Luego el Señor prosiguió, *"No hay otro como él en la tierra"* (Job 1:8).

Satanás contestó, "Si, pero sabes que te quedas con él".

¡Alabado sea el Señor! Me alegra saber que el diablo tiene que decir la verdad, ¿no sabe que Dios puede quedarse con usted también?

*"Pero extiende ahora tu mano y toca todo lo que tiene"*, dijo el diablo, *"y verás si no blasfema contra ti en tu misma presencia"* (versículo 11).

Dios responde, *"He aquí, todo lo que tiene está en tu mano; solamente no pongas tu mano sobre él"* (versículo 12).

Las Escrituras dicen que Jesús fue muerto, pero está vivo y tiene poder sobre la muerte y el infierno. A esto, las Escrituras agregan un gran *"Amen"* (Apocalipsis 1:18). El diablo no puede tomar su vida a no ser que el Señor lo permita, "No podrás tocar la vida de Job", le dijo Dios a Satanás. (Véase Job 2:6).

Satanás pensó que podía destruir a Job y ya sabes la calamidad que le cayó a este hombre justo; pero Job dijo, *"Desnudo salí del vientre de mi madre, y desnudo volveré allá...el nombre de Jehová bendito"* (Job 1:21). ¡Esto es maravilloso! El Señor puede darnos este tipo de lenguaje. No es el lenguaje de la mente; este lenguaje es divino, es conocido del corazón.

Quiero que sepa que nosotros podemos tener este conocimiento del corazón. Aprendí hace mucho tiempo que la bibliotecas suelen crear cabezas hinchadas, pero nada excepto la Biblioteca, la Biblia, puede hinchar corazones. Usted ha de tener corazón hinchado, porque del corazón que está lleno de la fragancia del amor de Dios, la vida del Señor fluye.

Uno debe dejar de existir y eso es difícil—tanto para usted como para mí—pero no es ningún problema cuando se está en las manos del Alfarero. Está equivocado cuando está pataleando, está bien cuando está calmo y Él está formándole de nuevo. Así que permita que Él lo forme, que lo deje como nuevo, en un recipiente para que pueda manejar el estrés.

**Pensamiento para hoy:** Es mucho mejor que hable de la abundancia de su corazón, a que de la abundancia de su mente.

## 23 de octubre

# *Sea perfecto*

*Mas tenga la paciencia su obra completa, para que seáis perfectos y cabales, sin que os falte cosa alguna* (Santiago 1:4).

*Lectura de las Escrituras:* Mateo 27:27–54

*E*s posible que la paciencia puede convertirnos en *"perfectos y completos?"*. Claro. ¿Quién estaba hablando en este versículo? Era el aliento del Espíritu y también el hombre escondido quien tenía el corazón parecido al de su hermano. Este era Juan, el hermano del Señor, quien estaba hablando. Él hablaba mucho como su hermano y cuando leemos estas palabras, es muy probable que nos encontremos con un espíritu parecido con Cristo.

Juan tuvo que aprender la paciencia. No era fácil para el entender que su hermano podría ser el Hijo de Dios y estar en la misma familia con él, Judas y los demás hermanos. (Véase Mateo 13:55). No era algo fácil para él y tenía que ser paciente para ver como resultaba todo.

Hay muchas cosas en su vida que usted no entiende, pero sea paciente. Cuando la mano de Dios está sobre algo, pueda ser que se mueva lentamente, pero formará lo más fino posible si se atreve a esperar hasta que esté completo. No debe patalear hasta que haya pasado por el proceso—y cuando esté lo suficientemente muerto en usted, nunca pataleará del todo. Es una muerte que sufrimos para que podamos llegar a vivir en Dios, es sólo con la muerte que podremos estar ante Dios.

Jesús dijo, "¿La cruz? Puedo soportar la cruz. ¿La vergüenza? Puedo despreciarla". (Véase Hebreos 12:2). El soportó el lenguaje insultante en la cruz: *"si eres Hijo de Dios, desciende de la cruz...y creeremos en él"* (Mateo 27:40, 42). Le golpeaban, pero *"no respondía con maldición"* (1 Pedro 2:23). Él es la imagen para nosotros.

Usted no puede decir lo que Dios tiene en mente para usted. En cuanto nos pongamos ante Dios—bajo sus manos—Él estará trabajando un presagio mayor de lo que uno podría imaginarse en toda su vida.

**Pensamiento para hoy:** Jesús supo que cuando venía hacia el final en la cruz, Él salvaría para siempre a todos aquellos que crean.

## 24 de octubre

# Completos, sin faltar nada

*Mas tenga la paciencia su obra completa, para que seáis perfectos y cabales, sin que os falte cosa alguna* (Santiago 1:4).

*Lectura de las Escrituras:* Salmo 91

Ser "*completo*" implica que usted no es movido por nada, solamente por la divina posición de Dios. Significa que no es movido o cambiado por las cosas que dice la gente. Hay algo sobre el acercamiento divino que es inculcado, es trabajado en el interior de una persona por Dios poderoso y llega a ser como una intuición.

Aceptar a Cristo como Salvador fortalece el carácter de una persona en pureza hasta que su corazón está lleno con el amor divino y tiene nada más que pensamientos de Dios. *"Para que seáis perfectos y cabales, sin que os falte cosa alguna"*.

Cuando estaba en Nueva Zelanda, algunas personas se me acercaron y dijeron, "Nos gustaría darle un regalo de navidad, si nos puede decir lo que le gusta". "No tengo deseo en el mundo", dije. "No puedo decir algo que me gustaría, no tengo deseo más que sólo de Dios".

Un día estaba caminando por la calle con un millonario, me sentía de maravilla por la forma en que el Señor estaba bendiciendo nuestras reuniones. Mientras caminábamos juntos, le dije, "Hermano, no tengo preocupación alguna, ¡soy feliz como un pájaro!".

"¡Vaya!", dijo. "¡Dilo de nuevo, dilo de nuevo!" Y se quedo quieto esperando que lo repitiese. "Hermano, no tengo preocupación alguna. ¡Soy feliz como un pájaro!", exclamó. "¡Daría todo mi dinero, daría todo lo que tengo, para tener eso!"

Para que no le haga falta nada—¡aleluya!

El Espíritu del Señor nos mueve fuertemente para que veamos que esa es una resurrección de poder. Somos plantados con Él y nos hemos levantado con Él. (Véase Romanos 6:5). Nosotros somos de arriba (véase Colosenses 3:1–3); no pertenecemos a lo que es de abajo. Nosotros "reinamos en vida" (Romanos 5:17) por Otro. Es la vida del hijo de Dios que se manifiesta en este cuerpo humano.

*Pensamiento para hoy:* La nueva vida en Dios no es superficial.

## 25 de octubre

# Pídale a Dios por sabiduría

*Y si alguno de vosotros tiene falta de sabiduría,*
*pídala a Dios, el cual da a todos abundantemente*
*y sin reproche, y le será dada* (Santiago 1:5).

*Lectura de las Escrituras:* Santiago 1

Muchas personas se me acercan y preguntan si puedo orar por ellos para que tenga fe. Quiero alentarlos pero no puedo alejarme de la Palabra de Dios; no puedo cederles la fe, pero por el poder del Espíritu, puedo estimularlos hasta que se atrevan a creer y descansar en la autoridad de la Palabra de Dios. El Espíritu del Dios viviente te agita, *"Así que la fe es por el oír, y el oír, por la palabra de Dios"* (Romanos 10:17).

Esta es una palabra viva de fe: *"Si a alguno de ustedes les falta sabiduría, pregúntale a Dios quien da libertad a todos"*. Nunca veras que Dios juzga por la sabiduría que da o por las bendiciones que da. Él lo hace de tal manera que cuando regresas a Él, Él da de nuevo sin preguntar lo que has hecho con lo que dio. Por eso es que Dios da, y *"da a todos equitativamente y sin reproches"*. Así que usted tiene la oportunidad de venir por más. ¿Quieres sabiduría? Pregunta por Dios.

Ahora, debes estar en la condición correcta para preguntar. Esta es la condición: *"Pero pida con fe, no dudando nada"* (Santiago 1:6).

Yo estoy satisfecho que Dios, quien es el constructor de la divina orden, nunca trae confusión a ésta. Es solo cuando las cosas se salen del orden que Dios trae confusión. Trajo confusión sobre aquellos que estaban construyendo la Torre de Babel porque están fuera del orden. (Véase Génesis 11:1–9). ¿Qué estaban haciendo? Estaban tratando de llegar al cielo, de una manera que no era de Dios y recordemos que eran ladrones y asaltantes. (Véase Juan 10:1). Así que transformó sus lenguas en confusión. Hay una forma de llegar al reino del cielo y es a través de la sangre del Señor Jesucristo.

Si usted quiere esta orden divina en su vida, si quieres sabiduría, tienes que llegar a Dios creyendo. Quiero dejar impreso en usted el hecho—y lo estoy aprendiendo cada día—que si pides seis veces por algo, sólo por preguntar, demuestra que eres una persona incrédula. Si en verdad creyeras, le pedirías a Dios y sabrás que tiene abundancia para cada necesidad, pero si usted va directamente a la creencia de preguntar seis veces, Él sabe que en verdad no quieres lo que pides por lo tanto, no lo obtendrás.

Si en verdad pudiese ser serio acerca del bautismo con el Espíritu Santo y pedirle a Dios una vez y definitivamente llenarle, creyéndolo, ¿qué haría? Empezaría por alabarle porque sabría que Él lo ha dado.

Si le pide a Dios una vez por sanidad, lo tendrá; pero si lo pide mil veces al día, no sabe lo que está pidiendo y no lo obtendrá. Si le pidiera a Dios por su sanidad ahora mismo y empezara a alabarle, porque Él nunca falta a su Palabra, saldría de aquí perfecto. *"Crea solamente"* (Marcos 5:36).

Dios nos quiere promover, quiere que salgamos de nuestros propios pensamientos y torpezas, y obtengamos un lugar definitivo, creyendo que Él existe y que *"es galardonador de los que le buscan"* (Hebreos 11:6).

¿Ha llegado usted al lugar donde se atreve a esto? ¿Ha llegado al lugar donde ya no murmurará cuando esté bajo juicio? ¿Irá siempre lamentando y hablando de esos lamentos? ¿O va a decir, "Gracias Dios, por ponerme en la cima"?

Un gran número de ministros y evangelistas dejan de recibir cheques que les envían porque ya no agradecen a sus donantes. Un corazón agradecido es un corazón que recibe, Dios quiere dejarle en un lugar de constante creencia.

> Siga creyendo, Jesús esta cerca,
> Siga creyendo, no hay nada que temer;
> Siga creyendo, esta es la manera,
> Fe en la noche, igual en la mañana.

**Pensamiento para hoy:** Dios no honra la incredulidad, honra la fe.

## 26 de octubre

# Resista la tentación

*Bienaventurado el varón que soporta la tentación;*
*porque cuando haya resistido la prueba, recibirá la corona*
*de vida, que Dios ha prometido a los que le aman* (Santiago 1:12).

*Lectura de las Escrituras:* Salmo 139

*L*as personas no saben lo que obtendrán cuando entran a un lugar de grandes tentaciones; la perseverancia sobre la tentación trae la *"corona de vida"*.

No hay nada fuera de la pureza que no sea pecado. Toda incredulidad es pecado. Dios quiere que usted tenga una fe activa para que usted viva en un lugar ventajoso creyendo en Dios todo el tiempo, para que esté encima de la montaña y cantando, cuando las demás personas están llorando.

Ahora quiero hablar sobre la lujuria y no hablo de las cosas básicas como los deseos carnales. No me refiero tanto sobre el adulterio, fornicación y otras cosas por el estilo, estoy hablando de las cosas que lo alejan de Dios. Él ha estado ofreciendo las mejores cosas todo el tiempo y las has perdido.

Hay tres cosas en la vida, y he notado que muchas personas se satisfacen con solo una. Hay bendición en la justificación, en la santificación y hay una bendición en el bautismo con el Espíritu Santo. La salvación es algo maravilloso y lo sabemos. La santificación es un proceso que nos lleva a un nivel más alto con Dios. La salvación, la santificación y la llenura del Espíritu son procesos.

Muchas personas están satisfechas con el "bueno"—que lo es con la salvación; otras personas están satisfechas con una "mejor"—vida santificada, purificada por Dios y también hay otras personas que se satisfacen con la "mejor"—llenura de Dios con revelaciones desde lo alto. Yo no estoy satisfecho con ninguna de las tres, sólo estoy satisfecho con el "mejoramiento".

De manera que, vengo a usted no con algo bueno, sino con algo mejor, no son algo mejor, sino con lo mejor, pero con un gran mejoramiento—siguiendo hacia delante con Dios. ¿Por qué? Porque, *"Entonces la concupiscencia, después que ha concebido, da a luz el pecado; y el pecado, siendo consumado, da a luz la muerte"* (Santiago 1:15). Cuando algo me ha alejado de Dios, de alguna manera significa muerte.

## 26 de octubre

Cuando Jesús le dijo a los discípulos, "El Hijo del Hombre será puesto en manos de pecadores y crucificado", Pedro lo refutó (véase Mateo 16:21–22), pero Jesús dijo, "*¡Quítate de delante de mí, Satanás!; me eres tropiezo, porque no pones la mira en las cosas de Dios, sino en las de los hombres*" (versículo 23).

Todo lo que me detiene de negarme a mí mismo tomar mi cruz (véase versículo 24) es del diablo; todo lo que impide que me purifique cada día es carnal y es la muerte. Así que le suplico hoy, asegúrese que no haya nada lujurioso en usted que pueda robarle la gloria. Dios le llevara a la cima de la bendición en donde usted será aumentado día a día en su plenitud.

**Pensamiento para hoy:** No niegue la Palabra de Dios; tómese el tiempo para pensar en la Palabra de Dios, es el único lugar de seguridad.

## 27 de octubre

# Entrega incondicional

*Arrepentíos, porque el reino de los cielos
se ha acercado* (Mateo 3:2).

*Lectura de las Escrituras:* 2 Pedro 3:1–9

El Pentecostés me ha hecho regocijarme en Jesús. Dios ha estado confirmando su poder a través de su Espíritu Santo. Tengo un intenso deseo de ver el Pentecostés y no lo estoy viendo, puede ser que sienta un poco de la iluminación, pero lo que necesitamos es un trabajo más profundo del Espíritu Santo para que el mensaje de Dios venga llena de vida, poderosa y más filosa que una *"espada de doble filo"* (Hebreos 4:12). Durante el Pentecostés, Pedro se levantó en nombre del Espíritu Santo y tres mil personas se salvaron y no mucho después de esto, predicó nuevamente y cinco mil personas fueron salvadas.

Estoy seguro de que estamos en el lado equivocado de la cruz; hablamos de amor, amor, amor pero debemos arrepentirnos, arrepentirnos, arrepentirnos. Llegó Juan el Bautista y su mensaje era *"arrepiéntete"*. Jesús vino con el mismo mensaje: *"arrepiéntete"* (Mateo 4:17). El Espíritu Santo vino, y su mensaje era el mismo: arrepiéntete, arrepiéntete, arrepiéntete y crea. (Véase Hechos 2:38). ¿Qué tiene que ver esto con el Pentecostés? ¡Todo! Y es el secreto de nuestro fracaso.

Daniel llevaba en su corazón las cargas de las personas. Se lamentaba por la cautividad de Sion, confesó su pecado y el de las personas y se identifico con Israel hasta que Dios lo convirtió un una llama de fuego. (Véase Daniel 9). El resultado: un regreso remanente a Sion para caminar en la obediencia de Dios.

Nehemías quedó destrozado al darse cuenta de la destrucción de Jerusalén, pidió por meses ante Dios confesando sus pecados y los de su pueblo (véase Nehemías 1), y Dios le abrió el camino y las paredes y portones de la ciudad fueron levantados. Es el espíritu de profundo arrepentimiento lo que se necesita.

Llorar no es arrepentimiento; lamentar no es arrepentimiento. El arrepentimiento es alejarse del pecado y hacer la obra de justicia y santidad, ¿Qué podemos hacer para recibir el bautismo? ¡Arrepentirnos!

**Pensamiento para hoy:** El bautismo con el Espíritu Santo trae profundo arrepentimiento, y un espíritu demolido e empobrecido.

## 28 de octubre

# Compasión por los perdidos

*Después oí la voz del Señor, que decía: ¿A quién enviaré,*
*y quién irá por nosotros? Entonces respondí yo:*
*Heme aquí, envíame a mí* (Isaías 6:8).

*Lectura de las Escrituras:* Isaías 6

*E*s posible que, después de haber sido bautizados con el Espíritu Santo, estemos satisfechos con lo que vemos? ¿Qué fue lo que hizo a Jesús llorar por Jerusalén? El tenía un corazón lleno de compasión. Hay almas enfermas de pecado por todos lados y necesitamos el bautismo de amor para llegar a lo profundo de la enfermedad. Debemos implorar a Dios hasta que nos traiga "*a la medida de la estatura de la plenitud de Cristo*" (Efesios 4:13).

Jesús contó una parábola sobre "*un hombre descendía de Jerusalén a Jericó, y cayó en manos de ladrones, los cuales le despojaron*" (Lucas 10:30). ¿Quién entre aquellos que pasaban y miraban su predicamento era su vecino? Aquel que tuvo piedad sobre él y lo ayudó. (Véase versículos 36–37). ¿Usted se ha dado cuenta del hecho que Dios le ha dado vida eterna? Con el poder que Dios ha puesto a tu disposición, ¿cómo puede descansar al ver a su prójimo? ¡Cómo hemos pecado contra Dios! ¡Cómo nos falta el espíritu de compasión! ¿Acaso lamentamos al ver a los no salvos? Si no, no estamos llenos del pentecostés. Jesús fue movido por compasión. ¿Usted?

Todavía no hemos sujetado la situación de los pecadores. Desde que mi única hija fue a África, tengo una idea menos tenue sobre lo que significó para Dios que tanto amó al mundo, que le entregó a Jesús. (Véase Juan 3:16). Dios entregó a Jesús. ¿Qué significa eso? Compasión. "*Pero recibiréis poder, cuando haya venido sobre vosotros el Espíritu Santo*" (Hechos 1:8). Si no tienes poder, todavía no eres arrepentido. Dices, "Eso es duro". Es la verdad.

¿Quién guarda a su hermano? (Véase Génesis 4:9). ¿Quién es el hijo y su heredero? (Véase Gálatas 4:7). ¿Es usted sal? (Véase Mateo 5:13). ¿Lleva una vida pura? No se engañe; no viva en una posición falsa. El mundo quiere saber cómo ser salvo y el poder está a nuestra disposición. ¿Llegaremos a alcanzar los requerimientos? Dios dice, "Si tu quieres, yo también". Dios lo hará.

Daniel supo el tiempo en el que vivía; respondió a Dios y una nación fue salvada. Nehemías alcanzo las condiciones de Dios para su tiempo y la ciudad fue reconstruida. Dios ha hecho las condiciones y derramará su Espíritu.

Si no proseguimos, llegaremos a enfrentarlo. Pueda ser que dependa de nosotros llevar el evangelio a las naciones. Podemos ganar el mundo por Jesús, podemos girar la llave. ¿Cuál es la condición? Rendición incondicional. *"No con ejército, ni con fuerza, sino con mi Espíritu, ha dicho Jehová de los ejércitos"* (Zacarías 4:6). Aléjese del pecado; la santidad abre las ventanas del cielo. El Espíritu de Dios será derramado sin medida hasta que las personas digan, *"¿Qué debo hacer para ser salvo?"* (Hechos 16:30).

**Pensamiento para hoy:** Con el bautismo del Espíritu Santo llega la demolición entera del hombre y una compasión por el mundo.

## 29 de octubre

# Audacia santa

*Entonces viendo el denuedo de Pedro y de Juan, y sabiendo que eran hombres sin letras y del vulgo, se maravillaban; y les reconocían que habían estado con Jesús* (Hechos 4:13).

**Lectura de las Escrituras:** Hechos 4:1–22

En el día del Pentecostés, *"fueron todos llenos del Espíritu Santo, y comenzaron a hablar en otras lenguas, según el Espíritu les daba que hablasen"* (Hechos 2:4). ¡Que pensamiento más maravilloso saber que el Espíritu Santo tenía una influencia, que todas las palabras eran suyas! Jesús se ubica al frente con semejante gloria divina, y los hombres son impulsados, llenos y guiados perfectamente. Sólo Él satisface las necesidades del mundo.

Podemos ver que hay algo hermoso sobre Pedro y Juan cuando leemos que las personas se daban cuenta *"que habían estado con Jesús"*. Había algo tan real, tan después de la orden del Maestro, sobre ellos.

Había algo más marcado que cualquier cosa en la vida de Jesús, era el hecho que las personas glorificaban a Dios en Él y cuando Dios es glorificado y se tiene el camino correcto junto con la atención completa de su pueblo, todos, como Él, están llenos de Dios. Lo que tenga que ser, déjalo ser. La única cosa que ayudará a las personas es que hablen de la buena nueva que Dios nos ha dado en gloria.

No hay nada fuera de la salvación. Estamos llenos, inmersos y envestidos con el Espíritu. No deben haber sentido, visto o hablado excepto el poder del Espíritu Santo. Somos nuevas criaturas en Cristo Jesús (véase 2 Corintios 5:17), bautizados en una naturaleza nueva. *"El que cree en mí, como dice la Escritura, de su interior correrán ríos de agua viva"* (Juan 7:38). Estamos en el mundo para conocer la necesidad, pero no somos de este mundo ni su espíritu. (Véase Juan 17:15–16). Somos *"participantes de la naturaleza divina"* (2 Pedro 1:4) para manifestar le vida de Jesús al mundo. Esto es Dios encarnado en la humanidad.

**Pensamiento para hoy:** La misma vida del Cristo resucitado debe estar en todo lo que somos y hacemos, llevándonos a hacer su voluntad.

## 30 de octubre

# Nuevo vino

*Mas otros, burlándose, decían:*
*Están llenos de mosto (Hechos 2:13).*

**Lectura de las Escrituras:** Hechos 2:13–41

$\mathcal{E}$ ste nuevo vino tiene frescura! ¡Tiene una belleza! ¡Tiene una cualidad! Crea en otros el deseo del mismo sabor. En el Pentecostés, algunos vieron, pero tres mil sintieron, saborearon y disfrutaron. Algunos vieron; otros debieron con una nueva fe nunca antes vista—una nueva manifestación, una nueva realización divina, algo nuevo. Llego directo del cielo, desde el trono del Señor glorificado. Es el propósito de Dios llenarnos con ese vino para hacernos reventar con nuevos ríos, con energía fresca y sin ningún cansancio.

Dios manifestó en la carne—esto es lo que queremos y es lo que Dios quiere. Todas las personas dijeron, "Nunca hemos visto algo parecido". (Véase Hechos 2:7–12). Los discípulos se regocijaron en lo nuevo; otros *"se compungieron de corazón, y dijeron a Pedro y a los otros apóstoles: Varones hermanos, ¿qué haremos?"* (versículo 37).

¿Qué es lo que debemos hacer todos? ¡Creer! ¡Extenderse! ¡Continuar! Que exista una nueva absorción, una nueva pasión por tenerlo. Debemos estar a la par de nosotros mismos; debemos tomar mucho del nuevo vino para que multitudes puedan ser satisfechos y también encontrar la satisfacción.

El nuevo vino debe tener un nuevo odre—esa es la necesidad de un nuevo camino. (Véase Mateo 9:17). Si algo de lo viejo queda, y no se muere o destruye, habrá mucho rompimiento y destrozo; ya que el vino nuevo y el antiguo contenedor no se llevaran en armonía. Debe ser un vino nuevo y una bota de vino nueva. No habrá nada que descartar cuando Jesús venga.

*Porque el Señor mismo con voz de mando, con voz de arcángel, y con trompeta de Dios, descenderá del cielo; y los muertos en Cristo resucitarán primero. Luego nosotros los que vivimos, los que hayamos quedado, seremos arrebatados juntamente con ellos en las nubes para recibir al Señor en el aire, y así estaremos siempre con el Señor.* (1 Tesalonicenses 4:16–17)

# 30 de octubre

El Espíritu está obrando de forma continua para cambiarnos hasta que llegue el día en que seamos como Él:

[El Señor Jesús Cristo] *cual transformará el cuerpo de la humillación nuestra, para que sea semejante al cuerpo de la gloria suya, por el poder con el cual puede también sujetar a sí mismo todas las cosas.* (Filipenses 3:21)

Yo deseo que todos ustedes estén tan llenos del Espíritu, tan hambrientos y sedientos que nada los podrá satisfacer hasta ver a Jesús. Llegaremos a ser mas sedientos cada día, más y más cada día hasta que vengan las inundaciones y el Maestro llegue, ministrándonos a nosotros y a través de nosotros; en la misma vida que *"como él es, así somos nosotros en este mundo"* (1 Juan 4:17).

Cuando Jesús vino al sacrificio del hombre, estaba con gran angustia, pero fue realizado. Significó *"gran clamor y lágrimas"* (Hebreos 5:7); significó la hombría derrotada y la gloria ensalzada. ¡La gloria descendiendo un una cruz! En verdad, *"grande es el misterio de la piedad"* (1 Timoteo 3:16). Él exclamó, *"¡Consumado es!"* (Juan 19:30). Que el llanto nunca se detenga hasta que el corazón de Jesús sea satisfecho, hasta que su plan por la humanidad sea alcanzado en los hijos de Dios manifestado (véase Romanos 8:19) y que la tierra sea *"llena del conocimiento de la gloria de Jehová, como las aguas cubren el mar"* (Habacuc 2:14). Amén. Amén. Amén.

*Pensamiento para hoy:* Nuestro fin es el inicio de Dios.

## 31 de octubre

# En guardia contra el error

*Nadie que hable por el Espíritu de Dios llama anatema
a Jesús; y nadie puede llamar a Jesús Señor,
sino por el Espíritu Santo* (1 Corintios 12:3).

*Lectura de las Escrituras:* Juan 13:1–20

Muchos espíritus malignos y engañosos han sido enviados en estos días para robarle a Jesús de su señorío y de su lugar merecido. Muchas personas han abierto las puertas hacia estos nuevos demonios, tales como la Nueva Teología, el Pensamiento Nuevo y la Ciencia Cristiana. Estos son cultos malignos que niegan las verdades fundamentales de la Palabra de Dios. Todas niegan el castigo eterno y la deidad de Jesucristo. Nunca verá el bautismo con el Espíritu Santo caer sobre la persona que acepta estos errores. Tampoco verás a alguien que pone a Maria en el lugar del Espíritu Santo recibir el bautismo. Nadie puede decir que esta salvo por hechos, si alguna vez hablas con una persona que cree esto, sabrás que no está en materia de nacer de nuevo. Simplemente no puede; pero también hay otra cosa: nunca encontraras a un Testigo de Jehová bautizado por el Espíritu. Lo mismo va para cualquier miembro de cualquier culto que no cree que el Señor Jesucristo sea preeminente.

Lo más importante es hacer de Jesús el Señor de su vida. Los hombres pueden volverse torcidos por enfatizar la verdad sobre la sanidad divina. Los hombres pueden caer en errores por predicar sobre el bautismo sobre agua todo el tiempo. Pero nunca nos equivocamos cuando exaltamos al Señor Jesucristo, dándole a Él un lugar preeminente y glorificándolo como Señor y Cristo a la vez, como "muy Dios". A medida que somos llenos del Espíritu Santo, nuestro primer deseo es glorificarle. Necesitamos estar llenos con el Espíritu para tener la revelación completa del Señor Jesucristo.

El mandamiento de Dios es que estemos *"llenos del Espíritu"* (Efesios 5:18). No basta con tener una copa llena, debemos tener una copa rebalsada todo el tiempo. Es una tragedia no vivir en la plenitud de la copa rebalsada. Este atento que nunca estés debajo de la marea rebalsante.

**Pensamiento para hoy:** Jesús es el Bautizador, en cuanto esté listo, Él le llenará.

461

## 1 de noviembre

# Grandes posibilidades

*Toda la Escritura es inspirada por Dios, y útil para...instruir en justicia, a fin de que el hombre de Dios sea perfecto, enteramente preparado para toda buena obra* (2 Timoteo 3:16–17).

**Lectura de las Escrituras:** Hebreos 10:11–31

Todos lo que han recibido el Espíritu Santo tiene dentro de sí grandes posibilidades y poder ilimitado. Tienen grandes posesiones, no solo de cosas presentes pero también de cosas que vendrán. (Véase 1 Corintios 3:22). El Espíritu Santo tiene el poder de equiparnos para cada emergencia. La razón por la cual las personas no están equipadas, es porque no reciben y ceden a Él, son tímidos y dudan, y en la medida que dudan caen; pero si cede a ser guiado por Él, sin dudar, le llevará al éxito y la victoria. Usted crecerá en gracia y no solamente tendrá el poder de controlar, sino también el poder de revelar la mente de Dios y el propósito que Él tiene para usted.

Pueda ser que muchos creyentes estén muy anticipados al lugar donde están, pero han dudado. Si por cualquier medio el enemigo puede venir a hacerles dudar, lo hará. Hemos tenido que luchar para mantener nuestra posición en nuestra salvación, ya que el enemigo desea quitárnosla, de ser posible. Está en la cercanía de la asociación y la unidad con Cristo que no hay temor, más bien hay perfecta confianza todo el tiempo. Veo que deberíamos agitar el uno hacia el otro para provocar que hagan buenas obras. (Véase Hebreos 10:24).

El pueblo Pentecostal tiene un "saber" en su experiencia. Nosotros sabemos que tenemos el espíritu de forma permanente en nosotros y si no nos movemos por el Espíritu, nosotros movemos el Espíritu; eso es lo que significa cuando decimos "agitar el Espíritu". Pero a la vez no somos nosotros, más bien es la fe viva que llevamos dentro—es el Espíritu que se agita a sí mismo.

**Pensamiento para hoy:** El hijo de Dios no necesita regresar al pasado para obtener una experiencia, porque la presencia del Señor está con él y el Espíritu Santo dentro de él, con tremendo poder, si todos creyéramos.

# Use los dones sabiamente

*Por tanto procuramos también...serle agradables* (2 Corintios 5:9).

*Lectura de las Escrituras:* 2 Corintios 5:1–17

Aunque es correcto desear urgentemente los mejores dones, uno debe reconocer que todo-lo-importante es ser llenado con el poder del Espíritu Santo mismo. Nunca tendrá problemas con personas que están llenos con el poder del Espíritu Santo pero sí tendrá muchos problemas con las personas que tienen dones pero no poder. El Señor no quiere que "*os falta*" con cualquier don (1 Corintios 1:7). Pero al mismo tiempo, Él quiere que nos llenemos tanto que será el mismo Espíritu Santo manifestándose a través de los dones. Donde la gloria de Dios por si sola es deseada, puede esperar que cada don necesitado sea manifiesto. Para glorificar a Dios es mejor no idolatrar los dones. Preferimos el Espíritu de Dios antes cualquier don; pero podemos ver la manifestación de la Trinidad en los dones: diferentes dones pero el mismo Espíritu, diferentes administraciones pero el mismo Señor, diversidades de operaciones pero el mismo Dios trabajando en todo. (Véase 1 Corintios 12:4–6). ¿Puedes concebir lo que significaría para nuestro Dios trino manifestarse en su plenitud en nuestras asambleas?

Imagínense una larga caldera de una locomotora que está llenándose de vapor, uno puede ver al motor soltar un poco de ese vapor al momento que se queda estacionario. Pareciera como si fuese a estallar. Uno puede ver a ciertos creyentes que son de esa manera, empiezan gritando pero eso no edifica a nadie. No obstante, cuando una locomotora avanza, sirve al propósito por la cual fue construida y jala a cuanto vagón con sus bienes. Así es igual con los creyentes cuando están operando los dones del Espíritu de manera apropiada.

Cuando uno la pasa bien, uno debe ver que las condiciones espirituales en el lugar se prestan para ello y que las personas están sintonizando con usted. Es allí cuando lo encuentras una bendición.

**Pensamiento para hoy:** Debemos tener cuidado de no pasarla bien en el Señor a expensas de los demás.

# 3 de noviembre

# ¿Cuál es su motivo?

*Pedís, y no recibís, porque pedís mal,*
*para gastar en vuestros deleites* (Santiago 4:3).

**Lectura de las Escrituras:** Efesios 1:3–14

*D*ios dice, *"Todo aquel que pide, recibe"* (Mateo 7:8). ¿Qué es lo que pide? ¿Cuál es su motivo? Hay una necesidad por los dones y Dios revelará lo que usted debe tener y nunca deberá estar satisfecho hasta que lo reciba.

Es importante que sepamos que no podemos hacer nada en nosotros mismos, aunque, podremos saber que estamos vestidos con el poder de Dios de tal forma que, en cierto sentido, no estamos en el hombre natural. Mientras avanzamos en su poder las cosas tomarán lugar a como tomaron durante los días de los discípulos.

Cuando nací de nuevo a los ocho años de edad fue tan precioso y lindo, y desde entonces nunca ha perdido el conocimiento sobre mi aceptación con Dios. Luego, hermanos y hermanas, Dios hizo un trabajo maravilloso en mí cuando esperé por el bautismo.

Estaba en una extraña posición, por dieciséis años había testificado sobre recibir el bautismo en el Espíritu Santo, pero en verdad había recibido la unción del Espíritu. De hecho no podía predicar sin tener la unción. Mi esposa llegaría donde mi y decir, "Están esperando por ti para que salgas y hables con la gente". Yo diría, "No puedo y no saldré sin la unción del Espíritu".

Ahora puedo ver que estaba llamando la unción del bautismo, pero cuando el Espíritu Santo entró en mi cuerpo, Dios tomó su lengua y hable mientras el Espíritu me lo permitía, lo que me trajo perfecta satisfacción. Cuando Él entra, permanece. Luego empecé a avanzar según el Espíritu Santo me mostraba.

**Pensamiento para hoy:** Debemos estar dispuestos a negarnos todo para recibir la revelación de la verdad de Dios y a recibir la plenitud del Espíritu. Solo esto satisface a Dios y nada menos debe satisfacernos.

## 4 de noviembre

# Reclame el don

*Te ruego que una doble porción*
*de tu espíritu sea sobre mí* (2 Reyes 2:9).

*Lectura de las Escrituras:* 2 Reyes 2:1–14

En el llamado del profeta Eliseo, Dios vio la voluntad de obediencia del joven. Las doce yuntas de bueyes, el arado y todo lo demás llegaron a ser nada; todos los puentes detrás de él tenían que quemarse. (Véase 1 Reyes 19:19–21). Amigo, el Señor le ha llamado también a usted. ¿Está separado de las viejas cosas? No puede ir sino lo está.

Mientras Eliseo fue donde el profeta Elías, el joven ya había escuchado maravillas sobre su ministerio y había deseado por mucho que el tiempo le llegara de tomar el lugar de su maestro. Ahora el tiempo se acercaba. Su maestro le dijo, "Hoy voy para Gilgal, quiero que permanezcas aquí". "Maestro", le respondió, "debo ir contigo". Otras personas sabían algo al respecto ya que le dijeron a Elías, "¿Sabes que tu maestro te será llevado de ti hoy?". El dijo, "Mantenga su paz; lo sé". Más tarde Eliseo dijo, "Quiero ir a Betel, quédate aquí". Algo había sido revelado a Eliseo. A lo mejor de cierta forma, Dios le está atrayendo hacia algo; lo siente.

Luego Elías dijo, "El Señor me ha enviado a Jordán, tú quédate aquí". Era el espíritu del anciano que estaba agitando al del joven, si ve celo en alguien, alcáncelo; es para usted. He llegado a darme cuenta que Dios quiere que todos los miembros de su cuerpo estén juntos. En estos días Él nos está haciendo sentir que cuando una persona está cayendo hacia Dios, debemos restaurar ese miembro.

Cuando llegaron al Jordán, Elías golpeó su capa y cruzaron. Sin duda Elías dijo, "Debo seguir este camino". Y cuando llegaron a otro lado, el anciano dijo, "Has hecho bien; no te quedarás atrás. ¿Cuál es el verdadero deseo de tu corazón? Siento que te voy a dejar atrás. Pregunta lo que quieras ahora, antes de dejarte". "Maestro", dijo, "he visto todo lo que has hecho, Maestro, quiero el doble de lo que tienes".

En verdad creo que los cobardes son los que no obtienen mucho. Mientras subían la montaña, iba bajando una carroza de fuego, se acercaba cada vez más y más, y cuando llegó, el anciano se subió y el joven decía, "Padre, Padre, Padre", y se vino la capa.

# 4 de noviembre

¿Qué es lo que ha pedido? Está satisfecho en continuar en un camino antiguo ahora que el Espíritu Santo ha venido a darle una fuente ilimitada de poder y dice, "¿Qué es lo que tendrá?". Porque vemos que Pedro estaba tan lleno del Espíritu Santo que su sombra sanaba a los enfermos cuando los tocaba. (Véase Hechos 5:15).

¿Qué es lo que usted quiere? Eliseo pidió y recibió. Bajó y dijo, "No me siento diferente". Sin embargo, tenía el conocimiento que de los sentimientos no iban a contar como algo, algunos de ustedes buscan sentimientos todo el tiempo. Él llegó a las aguas del Jordán como un hombre ordinario. Luego, en el conocimiento del cual poseía la capa (sin ningún sentimiento por éste), dijo, "¿Dónde está el Dios Elías?". Y golpeó·las aguas con la capa. Las aguas se partieron y Eliseo puso sus pies en el río y cruzó al otro lado. Cuando pone sus pies en el suelo y dice que va a tener una porción doble, la obtendrá (siempre llegan donde está el poder), y luego dijeron, "El espíritu de Elías descansa en Eliseo". (Véase 2 Reyes 2:1–15).

Ustedes han de tener los dones y reclamarlos. El Señor ciertamente cambiará sus vidas y serán nuevos hombres y mujeres. ¿Estás pidiendo doble porción? Yo confió que nadie "os falta" en cualquier don (1 Corintios 1:7). Usted dice, "He pedido, ¿cree que Dios estará satisfecho si pido de nuevo?". Si, hágalo ante Él, pida de nuevo y podremos seguir adelante en el Espíritu de la capa. Después de eso no estaremos trabajando bajo nuestra propia fuerza, sino bajo la del Espíritu Santo luego veremos y conoceremos su poder porque creemos.

**Pensamiento para hoy:** Muchas personas se pierden de muchas cosas maravillosas porque están siempre pensando que esas cosas son para otra persona.

## 5 de noviembre

# Orando en el Espíritu

*Oraré con el espíritu, pero oraré también*
*con el entendimiento* (1 Corintios 14:15).

*Lectura de las Escrituras:* Hebreos 7:11–28

Ahora voy a darles una palabra muy importante sobre la utilidad de orar en el Espíritu. Muchas personas no entienden lo que es orar en el Espíritu. Les voy a contar una historia que les ayudará a ver lo necesario que es, que se pierdan en la orden del Espíritu Santo que terminarán orando en el Espíritu Santo.

Nuestro trabajo de misioneros en el centro de África fue inaugurada por los hermanos Burton y Salter, el segundo siendo el esposo de mi hija. Cuando fueron hacia allá habían cuatro de ellos: los hermanos Burton y Salter, un señor mayor que quería ayudarles a construir y un joven que creyó que fue llamado para ir. El hombre mayor murió y el joven no siguió, así que quedábamos dos.

Trabajaron y obraron, Dios estaba con ellos de una manera maravillosa; pero cuando Burton se enfermó, todas las esperanzas se fueron. Las fiebres son tremendas allá, los mosquitos enjambran; hay muchos demonios allá. Así que allí estaba él, acostado y no había esperanza. Lo taparon y salieron muy tristes salieron ya que él en verdad fue in misionero pionero. Estaban con mucha angustia y pronunciaban palabras como: "Ha predicado su último sermón".

Cuando estaban en ese estado, sin aviso alguno, el hermano Burton se levantó y se paró en medio de ellos, se había levantado de su cama y camino hacia afuera y ahora se paraba en medio de ellos. Quedaron atónitos y preguntaron cómo y que sucedió.

Todo lo que pudo decir fue que había despertado de un dormir profundo con un calorosa emoción que se andaba en su cabeza, bajó a su cuerpo, directo a sus pies

"Me siento tan bien", dijo. "No sé nada de mi enfermedad".

Quedó como un misterio, más adelante, cuando estaba en Inglaterra visitando, a una señora le dijo, "Hermano Burton, ¿tiene un diario?".

"Sí", dijo.

"No abra el diario", dijo, "hasta que hable con usted".

# 5 de noviembre

"Está bien".

Esta es la historia por contar.

"Cierto día, a cierta hora el Espíritu del Señor se movió sobre mí. Fui tan movida por el poder del Espíritu que me fui sola a un lugar a orar. Mientras iba a ese lugar creyendo que, como siempre, iba a abrir mi boca y orar, el Espíritu cayó sobre mí y estaba orando en el Espíritu—sin entender, pero orando en el Espíritu.

"Mientras oraba, vi directamente a África; lo vi a usted desesperado y, para las apariencias, aparentemente muerto. Oré hasta que el Espíritu me levantó, yo sabía que estaba en victoria y lo vi levantándose de esa cama.

"Observa su diario, ¿puede?"

El miró en su diario y observó que fue el mismo día.

Así que hay rivales por venir; hay cosas maravillosas por hacerse cuando podemos estar perdidos en el Espíritu hasta que el Espíritu ora a través de la victoria.

**Pensamiento para hoy:** La oración no tiene metas si no viene acompañada de fe.

## 6 de noviembre

# La palabra de sabiduría

*Porque a éste es dada por el Espíritu palabra*
*de sabiduría* (1 Corintios 12:8).

*Lectura de las Escrituras:* 1 Corintios 2:6–16

*L*as Escrituras nos dicen "el don de sabiduría", más bien dicen la *"palabra de sabiduría"*. Uno debe *"usa bien la palabra de la verdad"* (2 Timoteo 2:15). El don de la palabra de la verdad es necesario en muchas instancias, por ejemplo: cuando uno quiere construir otro edificio de la iglesia, a lo mejor uno más grande del que tienes para que todos puedan hablar y ser escuchados sin ningún problema, una palabra de sabiduría se requiere sobre cómo construir el lugar para el servicio de Dios.

Cuando se enfrentas con la decisión y se le hace difícil saber en qué dirección ir, esa palabra puede llegar hacia usted en el momento y puede prepararle para el camino correcto.

El don de la palabra de sabiduría esta dirigida para un momento de necesidad, cuando uno se encuentra bajo mucho estrés con respecto a una decisión de negocios: cuando es una transición agradable, le puede pedir a Dios sobre el qué hacer y recibirá sabiduría.

He estado tratando de demostrar que si usted es lleno del Espíritu Santo, se puede manifestar cualquier don. Al mismo tiempo no debe olvidar que la Palabra de Dios le urge a desear ansiosamente los mejores dones; así que el mejor don puede ser la palabra de sabiduría, o cualquier otro don, no debe faltarle ningún don.

Esta es una gran declaración de mi parte, pero las Escrituras se prestan para que yo sea extravagante. Cuando Dios me habla, me dice, *"pedid todo lo que queréis"* (Juan 15:7). Cuando Dios habla sobre la salvación del mundo, Él dice, *"para que todo aquel que en él cree"* (Juan 3:16). Así que tengo un Dios extravagante con una lengua extravagante que me hace una persona extravagante—en sabiduría.

A este punto, debemos orar para que Dios nos muestre por qué en verdad necesitamos la palabra de sabiduría y como podemos estar en un lugar en donde sabremos con certeza que es de Dios.

**Pensamiento para hoy:** El problema con tantas personas es que nunca han salido para que Él pueda entrar.

469

## 7 de noviembre

# Una palabra cuestionable, parte uno

*Porque a éste es dada por el Espíritu palabra
de sabiduría* (1 Corintios 12:8).

*Lectura de las Escrituras:* Eclesiastés 7:1–12

Un día, salí de mi casa y vi a un amigo mío llamado Juan que vive en el lado opuesto al mío. Él cruzó la calle, se me acercó y dijo, "Smith, ¿cómo estás?".

"Muy bien, Juan", dije.

"Bueno", respondió, "mi esposa y yo hemos estado orando y hablando acerca de vender nuestra casa y cada vez que pensamos en eso de cualquier forma, tu nombre es lo único que se nos viene a la mente".

Ahora eso era extraño para mí.

"¿La comprarías?", me preguntó.

Si recuerdan, cuando David se descarrió, se descarrió porque violó la santa comunión y el conocimiento que lo mantenía. ¿Qué era? ¿Cuál habría sido la palabra que lo salvaría? *"No codiciarás la mujer de tu prójimo"* (Éxodo 20:17). Él tenía que romper esa ley para cometer pecado.

No estaba lidiando con el pecado; sin embargo, ahora que lo veo, observo que había muchas cosas cuestionables sobre esa situación, así que si lo hubiese pensado por un momento, me habría salvado de muchas semanas de tristeza y lamento.

¿Qué hubiese sido lo primero que me habría preguntado? "¿Puedo vivir en dos casas? No, entonces, una es suficiente".

Lo siguiente era, "¿Tengo el dinero para comprar una casa? No".

Eso por sí mismo es suficiente, dado que Dios no quiere a nadie en deudas y cuando aprendes ese secreto, te salvará de muchas noches de insomnio. Pero era como muchas personas; todos estamos aprendiendo, ninguno de nosotros es perfecto. Sin embargo, le doy gracias a Dios porque somos llamados a la perfección, sea que lleguemos de una vez o no. Si pierde los marcos de la santidad diez veces al día, fortifíquese para creer que Dios quiere que usted sea santo y luego sea levantado.

**Pensamiento para hoy:** No se rinda cuando pierda los marcos.

# 8 de noviembre

# Una palabra cuestionable, parte dos

*Porque a éste es dada por el Espíritu palabra
de sabiduría* (1 Corintios 12:8).

*Lectura de las Escrituras:* Eclesiastés 7:13–29

*H*ay un dicho que se menciona algo parecido a: "Ningún hombre falla por tener éxito en la vida porque se equivoca; es cuando se equivoca dos veces". Ninguna persona al fallar una vez pierde su *"supremo llamamiento"* (Filipenses 3:14). Por tanto la Palabra de Dios dice que cuando uno se arrepiente con arrepentimiento divino, nunca lo harás de nuevo. (Véase 2 Corintios 7:9–11).

No es de usted rendirse; tiene que fortificarse. El día es joven; las oportunidades inmensas. Que Dios te ayude a no rendirte, cree que Dios puede hacerle nuevo y convertirle en otra persona.

Ahora, ¿cuál era el problema en mí? Era que no había discutido esta transacción con Dios. Muchos de ustedes están en el mismo lugar. ¿Qué hacemos después? Empezamos a buscar una salida, así que empecé a trabajar el asunto.

"¿Cuánto pides por ella?", pregunté.

Dijo el precio y me dije a mi mismo—este era un pensamiento humano—"Ahora, la sociedad bancaria me dará todo lo que pida, saben muy bien quien soy; por eso no hay problema".

Así que el oficial de préstamos vino a ver la casa.

"Es una casa hermosa", dijo. "Es muy razonable. No perderás nada en esto si la vendes, está a nivel con su valor, pero no puedo dar nada sin recibir al menos quinientos dólares".

No tenía quinientos dólares; no podía salirme del negocio que tenia en ese momento, pero lo intenté de forma humana. No fui con Dios, de haberlo hecho me hubiese salido; pero traté de buscar una salida.

Lo primero que hice fue intentar con parientes. ¿Alguna vez ha hecho eso? ¿Qué mal estaba? Todos estaban felices de verme, pero siempre llegaba o muy tarde o muy temprano; simplemente lo perdí, todos querían prestarme el dinero pero llegué en el momento equivocado.

Tuve otro plan humano; intenté con mis amigos y sucedió lo mismo.

Luego fui donde mi amada esposa. ¡Vaya que era un amor! ¡Era santa! Fui donde ella y le dije, "Ay, Madre, estoy en una situación difícil".

471

"Lo sé", me dijo. "Te voy a decir lo que no has hecho, mi querido".

"¿Qué?"

"Nunca has ido a Dios ni una vez sobre este asunto".

Fue entonces que supe que ella sabía lo que yo iba a obtener si iba a orar.

"Está bien, mi querida, iré a orar".

Es lindo tener un lugar para ir a orar—esos lugares en donde abre los ojos para ver si Lo puede ver en realidad, porque Él está tan cerca. ¡Ah, caminar con Dios!

"Padre", dije, "ya sabes todo sobre el asunto. Si me perdonas esta vez, nunca te molestaré mientras vivo con algo así".

Allí fue cuando llegó la palabra de sabiduría. Él la tiene. Aun así fue lo más ridículo que había escuchado en toda mi vida. El Señor dijo, "Ve con el hermano Webster".

Bajé las escaleras y dije, "Él ha hablado".

"Yo sabia que lo haría".

"Si pero, verá que me dijo algo tan ridículo".

"Créelo", ella dijo. "Todo estará bien cuando Él habla, tú sabes que eso significa que todo estará bien".

"Pero Madre, uno apenas podría pensar que todo va a estar bien, me dijo que fuese donde el hermano Webster".

"Ve", ella dijo.

**Pensamiento para hoy:** Cuando se sale de la voluntad de Dios, es cuando intenta las cosas a su modo.

## 9 de noviembre

# Una palabra cuestionable, parte tres

*Porque a éste es dada por el Espíritu palabra
de sabiduría (1 Corintios 12:8).*

*Lectura de las Escrituras:* Eclesiastés 9:13–10:10

E l hermano Webster era un hombre interesante. Lo más que ganaba en una semana, a mi conocimiento, fue $3.50. Usaba pantalones de corduroy un par de botas grandes de trabajo; pero era un hombre de Dios.

Temprano en la mañana, me subí a mi bicicleta y me dirigí a su casa. Llegué a las ocho en punto.

"Vaya, hermano Wigglesworth, ¿qué lo trae tan temprano?", preguntó.

"Estaba hablando con el Señor anoche sobre un problema", le dije, "y Él me dijo que viniera a verle".

"Si ese es el caso", dijo, "podemos ir a mi casa y hablamos con el Señor".

Fuimos a la casa y le puso candado a la puerta.

"Ahora dígame", me dijo.

"Bueno, hace tres semanas, hice arreglos para comprar una casa, me di cuenta que me hacían falta quinientos dólares. Lo he intentado todo y sé que he fallado. Mi esposa me dijo anoche que fuese con Dios y mientras estaba allí Él me dijo, 'Ve a donde el hermano Webster'. Así que aquí estoy".

"¿Hace cuánto que los necesita?"

"Tres semanas".

"¿Y nunca había venido a verme ante?"

"No, Dios nunca me lo dijo".

De haber ido con Dios, habría sabido al día siguiente, pero intente a mi manera y fui a donde cada hombre posible sin haber ido directamente ante Dios. Espero que ustedes no hagan eso, ahora que tienen la palabra de sabiduría que Dios les ha dado.

El hermano Webster me dijo, "Por veinte años he estado apartando un poco más de medio dólar cada semana en una sociedad cooperativa; hace tres semanas me dijeron que tenía quinientos dólares y que los debía retirar porque no estaba haciendo negocios con ellos. Así que lo traje a casa y lo puse debajo de los colchones, debajo de las tablas del piso, en el techo, en todos lados. ¡He estado tan atribulado con esto! Si van a ayudarle, se los doy".

"Me ha dado tanto problema", dijo el hermano Webster, "que lo llevé al banco para deshacerme de él, si los puedo sacar hoy, se los podrá llevar".

Él fue al banco y preguntó, "¿Cuánto puedo retirar?".

"Bueno es suyo", dijeron. "¿Lo puede sacar todo?"

Cuando salió, me lo entregó y me dijo, "¡Aquí está! Si es de tanta bendición para usted como ha sido problema para mi, pues tendrá muchas bendiciones".

Así es, amado, Él sabe exactamente lo que necesita. ¿Acaso no sabe si hubiese ido al lugar correcto de forma inmediata, nunca habría pasado por tantos problemas? Lo que yo debía saber era: yo no tenía necesidad de la casa en lo absoluto.

No podía descansar, así que me deshice de la casa, tomé el dinero y se lo regresé al hermano Webster y dije, "Tómelo; tome el dinero de vuelta. Me traerá problemas si me quedo con él, tómelo".

¡Ah, estar en la voluntad de Dios!

No ve, amado, existe la palabra, la palabra de sabiduría. Una palabra es suficiente; no se necesita de mucho. Una pequeña palabra de Dios es todo lo que se necesita y puede contar con que nunca fallará. Mostrará lo que Dios ha deseado.

Que el Señor le de sabiduría para que pueda decir *"usa bien la palabra de verdad"* (2 Timoteo 2:15), caminar en el *"temor de Jehová"* (2 Crónicas 19:7), y ser el ejemplo para otros creyentes. (Véase 1 Timoteo 4:12).

He llegado a la conclusión de que es maravilloso, en mi estimación que una vez pensé que poseía el Espíritu Santo; pero he llegado a la conclusión de que Él tiene que ser el Poseedor de mí.

Dios puede domar su lengua. Dios puede reservarle para Él mismo y que su cuerpo entero sea operado por el Espíritu Santo.

*Pensamiento para hoy:* Nunca tome ventaja del Espíritu Santo, pero permita que el Espíritu tome ventaja de usted.

# El poder de la fe

*Sobre todo, tomad el escudo de la fe, con que podáis apagar
todos los dardos de fuego del maligno* (Efesios 6:16).

*Lectura de las Escrituras:* Gálatas 5:1–15

Oh, esta maravillosa fe del Señor Jesús. Nuestra fe llega a un fin y muchas veces he estado en el lugar donde he tenido que decirle a Dios, "He usado toda la fe que tengo", y luego es cuando Él mismo pone la fe de Él en mi.

Uno de mis compañeros de trabajo en el ministerio me dijo durante Navidad", Wigglesworth, nunca estuve tan cerca del final de mi finanzas en mi vida". Yo contesté, "Gracias a Dios que estas en la apertura de Sus tesoros". Es cuando poseemos nada que podemos poseer todo. El Señor siempre va a su encuentro cuando está en la orilla de vivir.

Una vez estaba en Irlanda y fui hacia una casa donde una señora contestó la puerta, "¿Está el hermano Wallace aquí?". Ella contestó, "Oh, se ha ido a Bangor, pero Dios te ha enviado para mi. Lo necesito, entre". Ella misma había recibido el bautismo del Espíritu cuando era miembro de la iglesia Presbiteriana, pero no lo aceptaban como si viniese de Dios. La gente de su iglesia le dijeron a su esposo, "Esto no puede seguir, no queremos que seas decano y tu esposa no es deseada en la iglesia".

El hombre estaba muy enojado y se enfurecía contra su esposa, parecía como si un espíritu maligno lo hubiese poseído y ese hogar que una vez fue pacifico, se transformó en un lugar terrible. Finalmente se fue de la casa sin dejarle dinero a su esposa. La mujer me preguntó que debía hacer.

Entramos en oración y antes de orar por cinco minutos la mujer se llenó vigorosamente con el Espíritu Santo y le dije a ella, "Siéntate y déjame hablarte. ¿Usualmente está en el Espíritu de esta manera?". Ella dijo, "Si, y ¿qué puedo hacer con el Espíritu Santo ahora?". Le dije a ella, "La situación es suya. La Palabra de Dios dice que usted tiene el poder para santificar a su esposo. (Véase 1 Corintios 7:14). Atrévase a creer la Palabra de Dios, ahora, lo primero que debemos hacer es orar para que su esposo regrese esta noche". Ella dijo, "Sé que no lo hará". Yo le respondí, "Si lo acordamos juntos, será hecho". Y ella respondió,

# 10 de noviembre

"Estoy de acuerdo". Luego le dije, "Cuando él venga a casa, demuéstrele todo el amor posible; llénelo de halagos. Si no oye lo que le dice déjelo ir a la cama. La situación es tuya. Vaya con Dios y reclámelo para el Señor, entre en la gloria así como entró hoy y mientras el Espíritu de Dios ora por medios suyo, encontrará que Dios concederá todos los deseos de su corazón".

Un mes después vi a esa hermana en una conferencia. Ella me dijo que su esposo había regresado esa noche, se fue a la cama, pero ella siguió orando hasta llegar a la victoria, y luego impuso sus manos sobre él y oró. Él clamó por piedad, el Señor lo salvó y lo bautizó con el Espíritu Santo. El poder de Dios va más allá de nuestro concepto. El problema es que no tenemos el poder de Dios en su manifestación completa por culpa de nuestros pensamientos limitados. Pero nunca iras a ningún lado a no ser que estar en la constante búsqueda del poder de Dios.

**Pensamiento para hoy:** No hay límite para lo que nuestro Dios ilimitado hará en respuesta a una fe ilimitada.

# 11 de noviembre

# Una fe inquebrantable

*Y la oración de fe salvará al enfermo,*
*y el Señor lo levantará* (Santiago 5:15).

*Lectura de las Escrituras:* Santiago 5:7–18

Un día llegue a mi hogar y vi que mi esposa no estaba, me dijeron que estaba donde los Mitchell. Yo había visto a Mitchell ese día y sabía que estaba al borde de la muerte, yo sabia que era imposible que sobreviviera un día sin que el Señor se encargara de él.

Hay muchos que se rinden en la enfermedad y no toman parte de la vida del Señor Jesucristo, que fue entregada a ellos. Me apuré para llegar a la casa de los Mitchell, y mientras llegaba escuchaba gritos terribles, sabía que algo había pasado. Vi a la Sra. Mitchell en las gradas y le pregunté, "¿Qué ha pasado?". Ella me respondió, "¡Se ha ido! Se ha ido!". Pasé cerca que ella y me dirigí al cuarto. Inmediatamente vi que Mitchell se había ido. No podía entenderlo pero empecé a orar; mi esposa siempre tenía el temor de que me dejaría llevar demasiado, así que me tomó y me dijo, "¡No, Padre! ¿No ves que esta muerto?". Pero continué orando. Fui hasta donde pude con mi propia fe y luego, Dios me tomó. Oh, fue un asir que pude haber creído para recibir cualquier cosa. La fe del Señor Jesús me tomó y una paz sólida entro en mi corazón. Grité, "¡Él vive, Él vive, Él vive!", y esta vivo hoy.

Hay una diferencia entre nuestra fe y la fe del Señor Jesús. Se necesita de la fe del Señor Jesús ya que su fe puede llevarle a un lugar de prevaricación. La fe de Cristo nunca duda. Cuando tiene su fe, todo es concluido, cuando tiene esa fe, nunca verá las cosas como son. Verá que las cosas naturales darán lugar a las cosas del Espíritu; verá lo temporal devorado por lo eterno.

Mientras nos quedemos quietos e inmovibles en las bases de la fe, veremos en una manifestación perfecta lo que hemos estado creyendo.

**Pensamiento para hoy:** Es cuando estamos en nuestros últimos recursos que podemos entrar en las riquezas de los recursos de Dios.

## 12 de noviembre

# El don de la fe

*Pero todas estas cosas las hace uno y el mismo Espíritu, repartiendo a cada uno en particular como él quiere* (1 Corintios 12:11).

*Lectura de las Escrituras:* Efesios 3

*L*as personas me dicen, "¿No tiene el don de la fe?" yo digo que es un don muy importante, pero que es mas importante para nosotros que hacer un avance en Dios a cada instante. Al escudriñar la Palabra de Dios, me doy cuenta que sus realidades son más grandes de lo que fueron ayer. Es la verdad mas sublime, jubilosa, que trae crecimiento, siempre crecimiento. Nada muerto, seco o barrido está en esta vida del Espíritu; Dios siempre nos esta moviendo hacia algo mas elevado, y mientras no movemos en el Espíritu, nuestra fe siempre se alzará para alcanzar a la ocasión.

Así es como se manifiesta el don de la fe. Uno ve algo y sabe que su propia fe no es nada en esa situación. Un día, estaba yo en San Francisco, sentado en un coche y vi a un joven en una agonía tremenda. Me dirigí rápidamente hacia donde estaba. Su agonía era por calambres en el estomago; puse mis manos en su estomago en el nombre d Jesús. El niño saltó y me observó atónito, se dio cuenta que estaba instantáneamente sin dolor. El don de la fe mira atrevidamente la cara de todo. Es mientras que estemos en el Espíritu, que el Espíritu de Dios operara sus dones en cualquier lugar y a cualquier hora.

Cuando el Espíritu de Dios esta operando ese don dentro de una persona, le hace saber a uno lo que Dios hará. Cuando el hombre con la mano marchita entró a la sinagoga, Jesús logró que todas las personas observaran lo que iba a pasar. El regalo de la fe siempre sabe los resultados. Jesús le dijo al hombre, *"Extiende tu mano"* (Mateo 12:13). Sus palabras tenían una fuerza curativa, Él no vivía al borde de la especulación. Él habló y algo sucedió. El es el Hijo de Dios y ha venido a traernos hacia la hermandad. El fue *"primicias" de sus criaturas* de la Resurrección (1 Corintios 15:20), y nos llama a ser *"primicias de sus criaturas"* (Santiago 1:18), a ser como El.

**Pensamiento para hoy:** Dios no puede confiarles a algunas personas un don, pero se lo confía a aquellos con un corazón humilde, quebrantado y arrepentido. (Véase Isaías 66:2).

## 13 de noviembre

# Un espíritu humilde

*Pero miraré a aquel que es pobre*
*y humilde de espíritu* (Isaías 66:2).

*Lectura de las Escrituras:* Romanos 2:1–16

Un día, estaba yo en una reunión donde habían muchos doctores, hombres eminentes y muchos ministros. El poder de Dios llegó a esta reunión. Una humilde muchacha quien serbia como mesera abrió su corazón al Señor y fue llenada inmediatamente con el Espíritu Santo e inició a hablar en lenguas. Todos esos grandes hombres estiraron sus cuellos para ver lo que ocurría y decían, "¿Quién es?". Luego se dieron cuenta que era la "sirvienta". ¡Nadie recibió excepto la sirvienta! Estas cosas están escondidas de *"los sabios y de los entendidos"* (Mateo 11:25), pero los niños, los humildes, son los que reciben. No podemos tener fe si no eliminamos la deferencia con que vemos a los demás. Un hombre que esta de la mano con Dios no aceptará el honor e sus hermanos. Dios honra a la persona que tiene un espíritu arrepentido. ¿Cómo puedo llegar a un lugar así?

Muchas personas quieren hacer cosas grandes y ser vistos haciéndolas, pero Dios usará solamente al que está dispuesto a hacer lo que se le ordene, y uno nunca debe hacer algo sin compasión. Nunca podremos remover un cáncer hasta que estemos inmersos en el poder del Espíritu Santo que la compasión de Cristo se estará moviendo dentro de nosotros.

Me doy cuenta que todo lo que hacia mi Señor, decía que Él no lo hacia, más bien las obras las hacia el Otro que estaba en Él. (Véase Juan 14:10). ¡Que sumisión tan santa! Él era solamente un instrumento para la gloria de Dios. ¿Hemos alcanzado el lugar en donde nos atrevemos a ser confiado con un regalo de Dios? Veamos en 1 Corintios 13, si yo tengo la fe para mover montañas y no tengo amor, todo fallara. Cuando mi amor es tan profundo en Dios, que solo me muevo para la gloria de Dios, es cuando los dones se manifiestan. Dios quiere manifestarse y manifestar su gloria en aquellos que son humildes.

**Pensamiento para hoy:** Movámonos y vivamos en el reino de la fe y permitamos que Dios haga su voluntad.

## 14 de noviembre

# Los dones de sanidad

*Y a otro, dones de sanidades
por el mismo Espíritu* (1 Corintios 12:9).

*Lectura de las Escrituras:* Salmo 65

Ahora vamos a hablar sobre el don mismo. En realidad son "dones" de sanidad, no el "don". Los dones de sanidad pueden lidiar con cada caso tipo de enfermedad, cada malestar que existe. Estos dones son tan grandes que van mas allá de la expresión humana, pero uno llega a la plenitud de ellos conforme la luz trae la revelación.

Tengo a personas que continuadamente se me acercan y me dicen, "Cuando estas predicando, puedo ver un aureola alrededor de ti", o "Cuando estas predicando, he visto a ángeles a la par de ti".

Oigo estas cosas de vez en cuando y soy agradecido porque las personas tengan tal visión espiritual. Y no tengo ese tipo de visiones; no obstante, tengo la gloria de Dios que me cubre, la labor interna e intensa de su poder, hasta que cada vez que me pongo ante ustedes he sabido que no tengo que escoger las palabras que hablo. El idioma se ha escogido, los pensamientos se han escogido y he hablado en profecía en más de una manera.

La única visión que he tenido en una sanidad divina fue la siguiente: en ocasiones, cuando he puesto mis manos sobre personas, he visto dos manos ponerse delante de las mías. Esto ha ocurrido muchas, muchas veces.

La persona que tiene el don de sanar, no se detiene a ver qué es lo que está pasando. Usted notará que después de ministrar, muchas cosas son manifestadas pero no me mueven a mí. No me mueve nada de lo que veo.

Los dones divinos de sanidad son tan profundos en la persona que los tiene, que no existe tal cosa como la duda y no puede haber; lo que sea que suceda no cambiará la opinión de la persona, sea pensamiento o hecho. Él espera lo mismo que Dios quiere que él tenga a medida que impone manos sobre el que busca.

Donde sea que voy, la manifestación divina de la sanidad es considerablemente mayor después que me retiro del lugar que cuando estaba allí. ¿Por qué? Porque es el plan de Dios para mí. Dios tiene una gracia mayor sobre mí, cosas maravillosas se han cumplido y las personas me han dicho de las cosas que ocurren cuando estaba en el lugar; pero estas cosas me son ocultadas. Dios tiene una razón por la cual esconde esas cosas de mí.

Cuando pongo mis manos sobre las personas para una razón específica, yo les digo, esa razón sucederá. Yo creo que será y nunca despego mis oídos u ojos del hecho. Tiene que ser.

Los dones de la sanidad divina son más que una audacia; son más que una unción. Ahora, esos son dos grandes cosas; pero, los dones de sanidad son la prueba sólida sobre la naturaleza divina de una persona avanzando sobre la naturaleza y actividad del Señor, como si Él estuviese allí. Estamos en este lugar para glorificar el Padre, y el Padre será glorificado en el Hijo ya que no tenemos miedo de esta acción en este día.

Los dones de sanidad son un hecho, son una producción; son una fe; son confianza desmedida; son seguridad; son dependencia.

A veces las personas se me acercan muy preocupadas, dice, "Yo tuve los dones de sanidad una vez, pero algo pasó y no los tengo ahora".

Nunca los tuvieron. *"Porque irrevocables son los dones y el llamamiento de Dios"* (Romanos 11:29), y permanecerán bajo cada circunstancia excepto esta: si uno cae de la gracia y usa el don, éste trabajará en tu contra. Si usas las lenguas sin la voluntad de Dios, la interpretación te condenará. Si has sido utilizado y el don ha sido usado y luego has caído de tu lugar en lo alto, éste trabajara en contra tuya.

*Pensamiento para hoy:* Si no tiene condena, estó en un lugar donde puede orar.

# Ministrando sanidad

*Y a otro, dones de sanidades*
*por el mismo Espíritu* (1 Corintios 12:9).

*Lectura de las Escrituras:* Salmo 32

*L*os dones de sanidad son muy variados. Podrás ir a ver a diez personas y cada caso es diferente. No soy mas feliz que cuando estoy en un cuarto con una persona enferma. He tenido mas revelaciones sobre la presencia del Señor cuando es estado con el enfermo junto a su cama comparado con cualquier otro momento. Es mientras que uno va en busca de los necesitados de compasión que Dios manifiesta su presencia. Uno es capaz de discernir sus condiciones, es en ese momento que sabes que debes ser llenado del Espíritu para poder lidiar con las condiciones ante ti.

Cuando las personas están enfermas, usted podrá observar que usualmente son ignorantes en materia de las Escrituras. Aunque si se saben tres pasajes: saben sobre lo de Pablo y su *"aguijón en* [su] *carne"* (2 Corintios 12:7); saben que Pablo le dijo a Timoteo que tomara *"un poco de vino por causa de* [su] *estómago"* (1 Timoteo 5:23); y saben que Pablo dejo a algún enfermo, pero no saben su nombre o el lugar y tampoco en cual capitulo de la Biblia se encuentra. (Véase 2 Timoteo 4:20). Muchas personas piensan que tiene un aguijón en la carne. El punto más importante cuando se lidia con una persona enferma es poder discernir cual es su condición exacta. Mientras se encuentra ministrando bajo el poder del Espíritu, el Señor le hará ver que será lo más útil y lo más inspirador para esa persona.

Cuando estaba en el negocio de la plomería, yo disfrutaba el orar por los enfermos. Llamadas urgentes caían y no tendría tiempo de lavar mis manos. Todas negras, mis manos, yo predicaría a estos enfermos y mi corazón se iluminaría con amor. Tu corazón debe estar en el amor para poder orar por los enfermos. Uno debe llegar a lo profundo del cáncer con una compasión divina y luego veras los dones el Espíritu mientras laboran.

Me llamaron a las diez de la noche para orar por un joven que estaba muriendo de tuberculosis y que el médico ya se había rendido. Cuando observé, me di cuenta que a menos que Dios interviniera sería imposible

# 15 de noviembre

que ella viviese. Me dirigí hacia la madre y le dije, "Bueno madre, tendrás que ir a la cama". Ella respondió, "Oh, no he cambiado mi ropa en tres semanas". Les dije a las hijas, "Tienen que ir a la cama", pero no querían irse al igual que el hijo. Así que me puse mi abrigo y les dije, "Adiós, me retiro". Todos respondieron, "No nos deje". Yo les contesté, "No puedo hacer nada aquí". Todos me dijeron, "Si se queda, nos iremos a la cama".

Yo sabia que Dios no se movía en una atmósfera de mera simpatía e incredulidad. Todos se fueron a la cama y me quedé; estoy seguro que mientras me arrodillaba, estaba frente a frente con la muerte y el diablo. Pero Dios puede cambiar las situaciones más difíciles y transformarlas a tal punto que sabrás que Él es todopoderoso.

Luego llego la pelea, pareciera como si los cielos eran brazas, oré desde las 11:00 p.m. hasta las 3:30 a.m. Vi una luz tenue sobre la cara del enfermo y vi como ella murió. El diablo decía, "Ahora ya estás terminado, has venido desde Bradford y la niña ha muerto en tus manos". Yo dije, "No puede ser. Dios no me ha enviado por nada. Es momento de cambiar de fuerzas". Recordaba el pasaje que decía, *"orar siempre, y no desmayar"* (Lucas 18:1). La muerte había tomado el lugar, pero sabía que mi Dios es todopoderoso y que Él, quien partió el Mar Rojo, es el mismo hoy. Era un momento en que no podía aceptar un "No" y Dios dijo "Sí".

Me asomé por la ventana y, por el momento, vi el rostro de Jesús. Pareciera como que un millón de rayos de luz estaban saliendo de su rostro y mientras miraba a la que apenas acababa de morir, el color regresó a su cara; se acostó a un lado y se fue a dormir. Luego la pasé de maravilla. En la mañana ella se levantó temprano, se puso un vestido y caminó hacia el piano, empezó a entonar y a cantar un lindo cántico. Todos, la madre, hermana y el hermano bajaron para oírla. El Señor había intervenido. Un milagro había sido obrado.

El señor nos llama al sendero. Le doy gracias a Dios por los casos difíciles. El Señor nos ha llamado a una unión de corazón con Él mismo, Él quiere que su novia tenga un corazón y un Espíritu con Él. Ese caso tenia que ser un milagro. Los pulmones habían fallado; estaban destrozados. Aun así el Señor le restauró sus pulmones dejándolos perfectamente sanos.

***Pensamiento para hoy:*** Después que el Espíritu Santo llega, usted está en el lugar de mando.

## 16 de noviembre

# El ministerio de la paciencia

*Mas tú, Señor, Dios misericordioso y clemente, lento para la ira,*
*y grande en misericordia y verdad* (Salmo 86:15).

*Lectura de las Escrituras:* Gálatas 5:19–6:3

Un fruto del Espíritu que debe acompañar a los dones de sanidad es la paciencia. La persona que siempre está perseverando con Dios, debe estar lista para una palabra de consuelo, si la persona enferma está en desesperación y no ve nada ojo a ojo con usted, debe aguantar con él. Nuestro Señor Jesucristo fue llenado de compasión, vivió y se movió con paciencia, y nosotros tendremos que llegar a este lugar para poder ayudar a los más necesitados.

Hay momentos en que cuando uno ora por los enfermos, pareciera que usted es duro con ellos. Pero no está lidiando con la persona; está lidiando con fuerzas satánicas que están doblegando a la persona. Su corazón está lleno de amor y compasión hacia todos; sin embargo, usted es llevado a una ira santa al momento que ve en donde el diablo ha tomado el cuerpo del enfermo y lo enfrenta con verdadera fuerza.

Un día una mascota siguió a una señora hasta la salida de su casa y corrió por sus pies. Ella le dijo al perrito, "Mi querido, no puedo llevarte conmigo hoy". El perro meneó su cola e insistió. Ella dijo, "Ve a casa querido". Pero el perro no se iba. Hasta que la señora gritó, "Vete a casa", y se fue. Algunas personas tratan así con el diablo, el diablo le gusta toda la comodidad que usted le dé. ¡Échelo fuera! No está lidiando con la persona, está lidiando con el diablo. El poder demoníaco debe ser desterrado en el nombre del Señor.

Siempre tendrás razón en tratar a las enfermedades como el diablo. Muchas de las enfermedades son causa de alguna mala conducta; hay algo malo; hay negación por algún lado y Satanás tuvo la oportunidad de entrar. Es necesario arrepentirse y confesar en donde le has dado lugar al diablo (véase Efesios 4:27), y luego se tratará con él, es nuestro privilegio en el poder de Dios liberar a aquellos prisioneros de Satanás y dejar a los oprimidos libres.

Tome su posición de la primera epístola de Juan y declara, "*Mayor es el que está en vosotros, que el que está en el mundo*" (1 Juan 4:4). Luego reconozca que no es usted el que debe lidiar con el poder del diablo, más bien Él es quien está en usted. ¡Ay, lo que significa estar lleno de Él! No puedes hacer nada por usted mismo, pero Él quien está en usted ganará la victoria. Usted es un templo del Espíritu; su boca, su mente, su ser completo puede ser usado, y el Espíritu de Dios puede obrar en usted.

Debemos despertar y esforzarnos a creer en Dios. Antes que Dios me trajera a este lugar, Él me quebrantó miles veces, he llorado, lamentado y sufrido muchas noches hasta que Dios me quebrantó. Nunca podremos tener los dones de sanidad y del obrar milagros sin estar en el poder divino que Dios nos da, a no ser que creamos en Dios y "*acabado todo*" (Efesios 6:13), todavía creemos.

Hemos sido testigos de milagros maravillosos y con apenas una pequeña muestra de lo que seguiremos viendo. Creo que estamos justamente en la balanza de cosas maravillosas, pero quiero enfatizar que todas estas cosas serán solamente a través del poder Espíritu de Dios. Nunca deberás creer que estos regalos caerán como cerezas maduras. En cierto sentido, debe pagar un precio por lo que obtiene. Debemos desear los mejores dones de Dios y decir "Amén" a cualquier cosa que Dios nos somete. De esta forma, seremos humildes, contenedores útiles por los cuales Él puede operar por medio del poder del Espíritu.

**Pensamiento para hoy:** Me parece, que sino es hasta que Dios le ha recortado, nunca podrá tener esta paciencia por los demás.

# Profecía testimonial

*Yo me postré a sus pies para adorarle. Y él me dijo: Mira,
no lo hagas; yo soy consiervo tuyo, y de tus hermanos que retienen
el testimonio de Jesús. Adora a Dios; porque el testimonio
de Jesús es el espíritu de la profecía (Apocalipsis 19:10).*

*Lectura de las Escrituras:* Apocalipsis 19

Hay una profecía, que es el testimonio de una persona salvada gracias a lo que Jesús ha hecho por él. Todos, cada alma recién nacida tiene esta profecía. A través del renacimiento que resulta en justicia, Dios nos ha dado una unción del Espíritu, una verdadera unción con el Espíritu de Cristo. Nosotros queremos que todos sean salvos cuando nosotros ya sentimos así. La fijación mental debe ser continua: el mundo entero puede ser regenerado por el Espíritu de la profecía mientras testifiquemos nuestra salvación en Cristo.

Esta es la misma profecía de la que habló Pablo en 1 Corintios 14:1: *"Seguid el amor; y procurad los dones espirituales, pero sobre todo que profeticéis"*. Este versículo identifica a la profecía como algo más importante que cualquier don. Piénselo; la profecía ha de ser escogida y deseada sobre los demás dones; el mayor don entre todos es la profecía.

¿Por qué profecía? Porque la profecía por el poder del Espíritu es el único poder que salva a la humanidad. Se nos ha dicho en la Palabra de Dios que el evangelio que es presentado a través de la profecía tiene el poder de traer inmortalidad y luz. (Véase 2 Timoteo 1:10). La inmortalidad es lo que perdura para siempre. La luz es lo que abre el entendimiento de tu corazón. La luz y el evangelio llegan por el evangelio.

La profecía debe ser deseada sobre todas las cosas y cada cristiano debe tenerla. Cada creyente puede tener dones, aunque hay muy pocos que si; sin embargo, cada creyente tiene profecía testimonial.

Viendo en Apocalipsis 19:10, veamos lo que es la profecía testimonial y como se presenta. *"Yo me postré a sus pies"*. ¿Quién es este habitante del cielo? El que le habla a Juan es un hombre que ha estado en la tierra mucho tiempo. Muchas personas son engañadas por el diablo por pensar que, al morir sus almas quedarán descansando en la tumba; esto es completamente contradictorio a la Palabra de Dios. ¿Acaso no sabe usted que si aunque viviese para ver la venida del Señor, el cuerpo en que habita debe ser cambiado por otro porque no puede entrar al cielo en su cuerpo actual?

Este hombre ha estado en la tierra, en cuerpo, y ahora está en el cielo, en espíritu y quiere que oiga lo que tiene que decir: "*Yo soy consiervo tuyo, y de tus hermanos que retienen el testimonio de Jesús...porque el testimonio de Jesús es el espíritu de la profecía*". ¿Cuál es el testimonio de Jesús? El testimonio es: "Jesús me ha salvado". Lo que el mundo quiere saber que como ser salvado.

Testifique que es salvo. Puede que sus rodillas le tiemblen, o que todo usted tiemble mientras testifica, pero cuando lo haga, usted entrará en el espíritu de profecía. Antes que sepa dónde está, estará diciendo cosas que el Espíritu está diciendo.

Hay miles de cristianos que nunca han recibido el bautismo con el Espíritu Santo pero que tienen el maravilloso espíritu de la profecía. Personas alrededor del mundo están siendo salvadas por el testimonio de tales creyentes. Si deja de testificar, lamentará el momento cuando deba entregar cuentas de su vida ante Dios. (Véase Romanos 14:12). Mientras testifica, usted es el conducto por el cual el poder de Dios puede traer salvación a las personas. (Véase Romanos 1:16). Testifique donde sea que esté.

Viva en el lugar donde el Señor su Dios se mueva, no el moverse de casa en casa, tampoco hablar de persona en persona, mas bien hacia donde el Señor le dirige; dado que Él tiene a la persona en necesidad de la verdad esperando recibir ese riego. No olvide que somos "*embajadores en nombre de Cristo*" (2 Corintios 5:20).

**Pensamiento para hoy:** El espíritu de la profecía es el testimonio de que usted es salvo por la sangre del Cordero.

## 18 de noviembre

# Discernimiento versus juzgar

*A otro, discernimiento de espíritu* (1 Corintios 12:10).

*Lectura de las Escrituras:* Romanos 2:1–13

*E*l discernimiento es un don muy necesario de entender. Muchas personas piensan que es el discernimiento de una persona humana. Es asombroso hallar que muchas personas con las que me encuentro tienen la tremenda capacidad de "discernir" a los demás. Si pone este discernimiento en práctica por doce meses en su vida, nunca más lo intentará con los demás. Vera tantas fallas en usted que dirá, "Oh, Dios, ¡hazme correcto!".

Hay una inmensa diferencia entre el discernimiento natural y el espiritual. Esta declaración de Jesús es maravillosa:

> *¿O cómo dirás a tu hermano: Déjame sacar la paja de tu ojo, y he aquí la viga en el ojo tuyo? ¡Hipócrita! saca primero la viga de tu propio ojo, y entonces Verás bien para sacar la paja del ojo de tu hermano.* (Mateo 7:4–5)

Recuerde que si empieza a juzgar, acarreará juicio. (Véase versículos 1–2). Si empieza a usar el discernimiento para medir las personas por sus estándares, le llevará a juzgar. Desde que Dios me mostró Romanos 2:1–3, he sido muy cuidadoso al examinarme antes de empezar a juzgar. Balancee eso en su corazón y le mantendrá de juzgar.

Muchas personas alrededor del mundo han llegado a humillar a otra y encontrar una falla. Siempre son personas que buscan fallas y juzgan directamente y siempre veo que caen en el fango. Si las empezara a mencionar por nombre, sabrás que lo que digo es verdad.

¡Dios sálvanos del criticismo! Cuando somos puros de corazón, solo pensamos en cosas puras. Cuando somos impuros del corazón, hablamos, actuamos y pensamos a como somos en nuestros corazones. El puro de corazón verá la pureza.

**Pensamiento para hoy:** Que Dios nos dé ese deseo interno de pureza para que Él pueda eliminar el juzgar.

# Espíritus discernientes

*Amados, no creáis a todo espíritu,*
*sino probad los espíritus si son de Dios* (1 Juan 4:1).

*Lectura de las Escrituras:* 1 Juan 4:1–11

De ocasión en ocasión, mientras he visto a una persona bajo el poder maligno, le he dicho a la fuerza satánica que está dentro de la persona poseída, "¿Acaso vino Jesús en la carne?", de inmediato me responden que no. dicen no o no dicen nada, rechazando en su conjunto reconocer que el Señor Jesucristo vino en la carne. Es en un tiempo como este que recuerdo lo que dice Juan, "*Mayor es el que está en vosotros, que el que está en el mundo*" (1 Juan 4:4), y puede, en el nombre del Señor Jesucristo, lidiar con los poderes malignos y ordenarles que se vayan. Debemos conocer las tácticas del maligno y debemos ser capaces de dislocarlo y desubicarlo de su posición.

En Australia, fui a un lugar donde habían hogares destrozados y quebrantados. Las personas estaban tan diluidas por el poder maligno de Satanás, que los hombres habían dejado a sus esposas y las esposas habían dejado a sus esposos. ¡Ese es el diablo! Que Dios nos libere de tales males en estos días. No hay mejor compañía que la que Dios nos ha dado. He visto a tantos corazones destrozados y tantos hogares destruidos. Necesitamos una verdadera revelación sobre estos espíritus seductores que llegan a fascinar por los ojos y destruyen vidas, trayendo la obra de Dios en ruptura. Pero siempre está la carne detrás de esto, nunca es limpia; es impura, satánica, diabólica y el infierno lo respalda. Si el enemigo llega a tentarte en cualquier forma, te imploro que veas instantáneamente al Señor Jesús. El puede liberarte de cualquier poder satánico. Debe estar separado en todas las formas si va a tener fe.

El Espíritu Santo nos dará el poder de discernimiento si lo deseamos, hasta entonces podremos percibir la revelación de los poderes malignos que nos llegan destruir. Podemos llegar a alcanzar esta unción del Espíritu que nos revelará esas cosas a nosotros.

Busqué al Señor, y Él santificará cada pensamiento, cada acción hasta que su ser completo sea una llamarada con pureza santa y su único deseo que sea por Él, quien nos creó en santidad. ¿Podemos ser puros? Sí

# 19 de noviembre

podemos. Cada pecado debe irse. Dios puede limpiar cada pensamiento maligno. ¿Podemos tener odio por el pecado y amor por lo justo? Si, Dios creará en ti un corazón puro. El se llevará tu corazón de piedra y te dará un corazón de carne. Regara con agua limpia y serás limpiado de toda tu suciedad. (Véase Ezequiel 36:25–26). ¿Cuándo lo hará? Cuando lo busque pidiendo esa pureza interna.

*Pensamiento para hoy:* Para discernir espíritus, debemos descansar en Él que es santo, y Él nos dará la revelación de desenmascarar al poder satánico, cualquiera que sea.

# Liberación, parte uno

*Sal de este hombre, espíritu inmundo* (Marcos 5:8).

*Lectura de las Escrituras:* Marcos 5:1–20

*D*éjeme contarle lo que podría parecerle una historia terrible, no obstante, es en una situación en donde el discernimiento es necesario. Esto sucede todo el tiempo y le doy gracias a Dios porque me esta enseñando a como ministrar a las personas en Dios.

Los mensajes me llegaban una y otra vez por telégrafo, cartas y otros medios, pidiéndome ir a Londres. Contesté con una nota y carta pero las muchas llamadas seguían llegando y ninguna me daba razón porqué debía ir. Lo único que decían era que estaban en muchos problemas.

Cuando llegué, el padre y la madre del necesitado me llevaron de la mano y se descompusieron y lloraron.

"Seguramente este es un lamento profundo del corazón", dije.

Me llevaron al balcón y me señalaron una puerta que estaba abierta un poco y ambos me dejaron. Entré por esa puerta vi una luz como nunca antes. Vi a una hermosa mujer que era tan bella pero tenia a cuatro hombres sujetándola al piso y su ropa estaba rasgada de pelear.

Cuando entré a la habitación, miré en sus ojos y los giró hacia dentro pero no podía hablar. Ella estaba exactamente como aquel hombre en la Biblia que salió de las tumbas y corrió hacia Jesús cuando lo vio. En cuanto llegó a Jesús no podía hablar, pero los poderes demoníacos hablaron. (Véase Marcos 5:1–13). Y los poderes demoníacos en esta joven hablaron y dijeron, "Te conozco. No puedes echarnos a todos; somos muchos".

"Sí", dije, "se que son muchos pero mi Dios Jesús los echará a todos".

Fue un momento maravilloso; fue en momento en donde sólo El podía hacerlo.

El poder de Satanás era tan grande sobre esta hermosa joven que ella se retorcía y hasta le ganaba a algunos de los hombres.

El Espíritu del Señor estaba maravilloso en mi, fui directamente donde ella y le vi la cara. Vi los poderes malignos; sus mismos ojos parpadeaban con poder demoníaco.

## 20 de noviembre

"En el nombre de Jesús", dije, "les ordeno que se vayan. Aunque son muchos, les ordeno que se vayan en este momento, en el nombre de Jesús".

Casi de inmediato la joven se enfermó y empezó a vomitar. Ella vomitó treinta y siete espíritus y daba sus nombres mientras salían. Ese día ella fue hecha perfecta como cualquier persona. ¡Alabado sea el Señor!

**Pensamiento para hoy:** El don del discernimiento no es crítico.

## 21 de noviembre

# Liberación, parte dos

*Sal de este hombre, espíritu inmundo* (Marcos 5:8).

*Lectura de las Escrituras:* Isaías 58:1–12

Con el don del discernimiento, uno esta en la persecución del pensamiento divino, del carácter divino y de la santa intuición interna que nos guía sabiendo lo que debemos hacer. El Señor de Huestes está en usted y con usted.

Una vez estaba predicando en Donacaster, Inglaterra, y un número de personas fueron liberadas. Un hombre llamado Jack estaba muy interesado se movió por lo que vio. El mismo sufría de una rodilla inmóvil. Después que llegó a su casa, le dijo a su esposa, "He tomado el mensaje de Wigglesworth, y ahora voy a actuar en él y recibir mi liberación. Esposa mía, quiero que seas la audiencia". Tomo su rodilla y dijo, "Sal, demonio, en el nombre de Jesús". Luego se quitó las yardas y yardas de vendaje y llegó a ver que estaba bien.

La siguiente noche se fue a la pequeña iglesia Metodista primitiva donde él asistía. Había muchos jóvenes que estaban en malas situaciones y Jack tenia un tremendo ministerio liberando a sus amigos en el nombre de Jesús. El logró una gran debilidad es nada mas que una operación del enemigo; pero su fe también se había alzado y vio que en el nombre de Jesús había un poder que no era rival del enemigo.

Luego en una reunión en Gottenberge, Suecia, un hombre cayó por completo en el marco de la puerta. El poder maligno lo tiró al suelo, manifestándose y perturbando la reunión entera. Sujete a este hombre y grité hacia el espíritu maligno dentro del él, "¡Sal, demonio! En el nombre de Jesús, te expulsamos como un espíritu del mal". Lo levanté y le dije, "Ponte de pie y camina en el nombre de Jesús". No se si nadie en la reunión entendía salvo por el interprete, pero los demonios sabían lo que había dicho, yo hablé en mi idioma pero esos demonios salieron.

*Pensamiento para hoy:* No busque los dones a no ser que proponga quedarse en el Espíritu Santo.

## 22 de noviembre

# Liberación, parte tres

*Sal de este hombre, espíritu inmundo* (Marcos 5:8).

*Lectura de las Escrituras:* Filipenses 4:1–13

*E*l diablo se aventurará en fascinarle a las personas a través de los ojos y la mente. Una vez, me trajeron una linda y hermosa mujer que estaba encaprichada con un predicador; solo porque él no estaba interesado en casarse con ella, el diablo se aprovechó de la situación y la hizo delirar. Había sido traída por amigos por casi 250 millas en esa condición. Previamente había recibido el bautismo en el Espíritu Santo.

Preguntas, "¿Hay lugar para el enemigo en alguien que ha sido bautizada en el Espíritu Santo?". Nuestra única salvación es estar con Dios y ser llenado constantemente con el Espíritu Santo. No debes olvidarte de Demas. Seguramente debió haber si bautizado en el Espíritu Santo porque era la mano derecha de Pablo, pero el enemigo lo llevó a un lugar donde amaba este mundo presente y cayó. (Véase 2 Timoteo 4:10).

Cuando me trajeron esta joven, pude discernir el poder malévolo de inmediato y echarlo fuera en el nombre se Jesús. Fue de gran júbilo poder presentarla a todos, en su mente correcta de nuevo.

Hay una vida de liberación perfecta y aquí es donde Dios te quiere. Si me doy cuenta que mi paz es perturbada de cualquier manera, yo se que es el enemigo que esta ocupándose de mi. ¿Cómo se esto? Porque el Señor ha prometido mantener su mente en perfecta paz cuando se enfoca en Él. (Véase Isaías 26:3). Pablo no dijo que presentáramos nuestros cuerpos como *"sacrificio vivo, santo, agradable a Dios, que es vuestro culto racional"* (Romanos 12:1). El Espíritu Santo también hablo a través de Pablo: *"No os conforméis a este siglo, sino transformaos por medio de la renovación de vuestro entendimiento, para que comprobéis cuál sea la buena voluntad de Dios, agradable y perfecta"* (versículo 2).

**Pensamiento para hoy:** A medida que pensamos en lo que es puro, nos haremos puros. A medida que pensamos en lo que es santo, nos haremos santos, y, a medida que pensamos en nuestro Señor Jesucristo, no haremos como Él. Nos transformamos en semejanza a lo que nuestros pensamientos desean.

## 23 de noviembre

# Obstáculos para el discernimiento

*Por tanto, es necesario que con más diligencia atendamos a las cosas que hemos oído, no sea que nos deslicemos* (Hebreos 2:1).

*Lectura de las Escrituras:* Hebreos 2

Nunca podrás discernir o lidiar con los poderes del mal mientras exista algo en usted que el diablo pueda tocar. Antes que Satanás pueda traer sus espíritus maléficos, debe haber una puerta abierta. Pon atención a lo que dice la Escritura: *"el maligno no le toca"* (1 Juan 5:18), y *"Jehová te guardará de todo mal; El guardará tu alma"* (Salmo 121:7). ¿Cómo logra Satanás una entrar? Cuando el creyente deja de orar, deja de leer la Palabra y de lugar al apetito carnal. Es allí cuando Satanás llega. Muchas veces una enfermedad es el resultado de la desobediencia. David dijo, *"Antes que fuera yo humillado, descarriado andaba"* (Salmo 119:67).

Nunca podrá estirar su mano y destruir el poder de Satanás mientras exista un deseo humano o atadura dentro de usted. Es en la muerte de la muerte que logras la vida en la vida. No te engañes; no te pierdas. Nunca pienses que Dios no observa los pecados, los pecados tienen que ser resueltos y la única manera que Dios lidia con los pecados es por destruir su poder. Uno puede llegar a ser tan limpio que el diablo vendrá y no podrá ver nada en usted. (Véase Juan 14:30). Luego es que tienes poder por el poder de Dios sobre lo poderes de Satanás.

Discernir no es mental o visual, es una intuición. Tu corazón sabe exactamente a lo que se enfrenta y tu estas lidiando con el por tu corazón puro va contra le malévolo y lo sucio.

Dios continúa purificándome. Puedo decir con seguridad que a no ser por el Poder el Espíritu que me purga una y otra vez, no podría ayudarte. Primero que todo antes de darte cualquier vida, la vida debe estar en mí y recuerda, les Escrituras son muy claras: la muerte trabaja en nosotros para que esa vida trabaje en usted. (Véase 2 Corintios 4:12).

Ahora, la muerte que esta trabajando es completamente carnal, malévola y sensual. No olvides lo asombroso que las Escrituras nos indican; hay sesenta y seis cosas maléficas enumeradas en la Biblia, como el asesinato, la codicia y las tendencias malignas, pero estoy aquí por el poder

# 23 de noviembre

de Dios para decirle que un fruto destruirá todo lo perverso. *"Mas buscad primeramente el reino de Dios y su justicia, y todas estas cosas os serán añadidas"* (Mateo 6:33).

**Pensamiento para hoy:** Usted solamente puede hacer lo que Dios quiere que haga mientras se acerca a las profundidades de la muerte misma; de tal manera que la vida sobrenatural de Cristo está dentro de usted destruyendo los poderes del mal.

# 24 de noviembre

# Probando a los espíritus

*Probad los espíritus si son de Dios; porque muchos falsos profetas han salido por el mundo* (1 Juan 4:1).

*Lectura de las Escrituras:* Juan 8:31–59

*L*os creyentes deben probar a los espíritus. Uno debe ver si vienen de Dios, uno podrá decir la verdadera revelación y la verdadera revelación siempre llegará y santificará tu corazón; nunca vendrá con un "y si". Cuando el diablo llegó ante Jesús, tenia un "y si" por dentro, *"Si eres Hijo de Dios"* (Mateo 4:3), y *"échate abajo...si postrado me adorares"* (versículo 9). El Espíritu Santo nunca llega con un "y si".

De vez en cuando he lidiado con gente bajo poderes maléficos, gente bajo ataques y otras cosas tan controlados por los poderes del mal que cada vez que quieren hablar, son los poderes del mal que hablan. Es una condición muy peligrosa pero es cierta: la gente es poseída por el diablo.

¿Recuerdan la historia bíblica sobre el hombre de las tumbas que estaba tan afligido por los poderes que mal? (Véase Marcos 5:2–15). Cadenas y cuerdas no lo podían domar. Día y noche estaba en las tumbas, *"andaba dando voces...y hiriéndose con piedras"* (versículo 5). Jesús llegó los poderes provocaron que el hombre corriera y en cuanto llegó donde Jesús el espíritu malévolo dijo, *"¿Has venido acá para atormentarnos antes de tiempo?"* (Mateo 8:29). Este hombre no tenía ningún poder de liberarse, pero estos espíritus estaban tan atormentados por la presencia de Jesús que exclamaron, *"¿Has venido acá para atormentarnos antes de tiempo?"*.

Gracias a Dios por Jesús. El nos quiere bajo su poder, tan controlados y llenos del Espíritu Santo que el poder de autoridad en usted podrá resistir todo mal.

Hay muchos creyentes que no están en guardia, cada creyente debe alcanzar el lugar en el Espíritu Santo en donde no exista deseo más que el de Dios. El Espíritu Santo debe poseernos hasta que estemos llenos de la divinidad del Espíritu. Es algo poderoso ser llenado con el Espíritu Santo.

*Pensamiento para hoy:* No desee guiar a Jesús; si Él le guía, usted llegará a la verdad.

# Recibiendo impresiones

*Sígueme* (Mateo 9:9).

*Lectura de las Escrituras:* Salmo 63

Gente por los cientos llegan donde mi con sus dificultades, con sus extraños pero a la vez nobles deseos, en donde dos caminos se unen y no saben cuál tomar. Algunos han recibido impresiones en sus mentes y corazones, pero quieren demostrar lo que llega por impresión.

Una señora se me acercó y dijo, "No sabe, el Espíritu de Dios está en mi; debo ir a predicar el evangelio".

Dije, "No hay nada malo en ello".

"Quiero saber hacia dónde dedo ir a predicar, así que he venido ante usted para ver si el Señor le ha dicho donde debo ir yo".

"Sí, debe iniciar en el hogar, inicie en Jerusalén y si tiene éxito, vaya Judea; luego si tiene éxito, Dios le enviará a los rincones más escondidos de la tierra". (Véase Hechos 1:8).

Dios no le mandara a las partes más lejanas del mundo si no ha tenido éxito en Jerusalén. Tenemos un trabajo inmenso; y vale la pena hacerlo y querer hacerlo bien. Quiero contarles la diferencia entre hacerlo de manera correcta y la incorrecta, la manera de discernir las voces y pensamientos que puedan entrar en sus mentes.

Tienes las Escrituras y tienes al Espíritu Santo. El Espíritu santo tiene sabiduría y Él no espera que seamos tontos. El Espíritu santo tiene la visión del conocimiento y la sabiduría, y la verdad traerá equilibrio.

Uno siempre necesita algo que sea removido de usted: ser temeroso, cuando el temor se va, el poder y la confianza llegan a su lugar. También debes tener algo que permanezca, es el amor: amor para poder obedecer a Dios en vez de tus propias inclinaciones para hacer algo; pero si Dios quiere transformarte en alguien, eso es diferente.

Mi esposa intentó lo más que pudo en cambiarme, pero no lo pudo hacer. Su corazón estaba en lo correcto, su amor también y ella hizo lo mejor para hacerme un predicador. Solía decir, "Lo podrías hacer si quisieras, y yo quiero que prediques el próximo domingo".

# 25 de noviembre

Hice todo para estar listo; lo intenté todo. No se que fue lo que no intenté—seria mejor no decirles lo que intenté. Tenía tantas notas que podrían ayudarle a un clérigo por una semana.

El corazón de mi esposa, su amor, sus deseos, todo estaba bien; pero cuando me levantaba a predicar entregaba mi texto y decía "Si alguien puede predicar, ahora es su momento, yo he terminado". Eso no paso una, sino varias meces. Ella estaba determinada y yo estaba dispuesto. Cuando yo ministré a aquellos que habían llegado para arrepentirse y recibir a Jesús, fácilmente lo podía traer al reino. Podía cuidar los niños mientras mi esposa predicaba y estaba satisfecho haciéndolo. Pero no saben, cuando el Espíritu Santo llego, yo estaba listo. Luego las habilidades para predicar no fueron mías, más bien del Señor. Todo debe ser para Jesús.

Les digo, sea lo que piensen sobre el asunto, que no hay nada sin Jesús. Cualquiera puede venir a esta plataforma y decir, "Yo tengo razón". Pero cuando no tienes confianza, entonces Jesús es toda la confianza que requieres. Dios debe tener a hombres y mujeres prendidos por Él. Dios los anticipará en la unción del Espíritu, y los pecadores se sentirán convictos, pero nunca será cumplido si tiene en su mente que será algo. El bautismo es un bautismo de muerte, y vives solamente para Dios.

***Pensamiento para hoy:*** Ser lleno del Espíritu Santo es estar lleno de equipamiento divino.

## 26 de noviembre

# El Espíritu Santo versus voces engañosas

*En esto conoced el Espíritu de Dios: Todo espíritu*
*que confiesa que Jesucristo ha venido en carne, es de Dios;*
*y todo espíritu que no confiesa que Jesucristo ha venido*
*en carne, no es de Dios* (1 Juan 4:2–3).

*Lectura de las Escrituras:* 1 Juan 4:1-6

*M*uchas personas son molestadas por voces. Algunos se molestan tanto que llegan a desesperarse. Algunas personas piensan que es algo grande; que es algo maravilloso, y se descarrilan. Se descarrilan por profecías tontas y algunos son tan tontos para creer que tienen lenguas y pueden interpretar y que pueden saber que es lo que deben hacer. Todo esto por fuera del plan de Dios y bordea la blasfemia.

No predico mis propias ideas. De hecho, nunca voy a decir lo que pienso, porque todos podemos pensar. Puedo decir lo que se, por lo tanto lo que debe hacer es oír lo que sé para que lo pueda aprender. Luego le puede decir a otros lo que ha aprendido y aprenderán también.

¿Cómo puedo yo dislocar el poder de Satanás? ¿Cómo puedo lidiar con el poder satánico? ¿Sé cuando una voz es de Dios o no? ¿Hay voces que no vienen de Dios? Si, estoy aquí creyendo que estoy en el lugar correcto para edificar en usted la autoridad de la Palabra de Dios.

Ya sabe que un ejecutivo de negocios es aquel que tiene el derecho de declarar todo ante el comité ejecutivo, y el Jefe Ejecutivo del mundo es el Espíritu Santo. Él está aquí hoy como una comunicación para nuestros corazones, nuestras mentes, nuestros pensamientos sobre lo que Dios quiere que sepamos. Así que este Santo Ejecutivo que está dentro de nosotros puede hablar palabras maravillosas.

Ahora estoy lidiando con lo que debe saber cuando usted sea lleno del Espíritu Santo. El Espíritu le enseñará; Él *"recordará todo lo que yo os he dicho"* (Juan 14:26). Ahora no necesitas de ningún hombre que te enseñe, pero la unción queda. (Véase 1 Juan 2:27). Esta es la oficina del Espíritu Santo, este es el poder de su comunicación. A esto se refería Juan cuando dijo, *"Dios es amor"* (1 Juan 4:8). Jesús, quien es gracia, en ti. Pero el Espíritu Santo es el que habla y habla todo lo que respecta a Jesús.

# 26 de noviembre

Pueda ser que existan personas que oyen voces, y los ha puesto en situaciones que han causado tremendo revuelo en sus vidas o traído una gran cantidad de estrés y los ha llevado a la confusión y problemas ¿Por-qué? No sabían como juzgar a las voces.

Si una voz viene y le dice qué hacer, si una persona viene y dice que tiene una profecía especial que Dios le ha dado para usted, tiene tanto derecho de preguntarle a Dios sobre esa profecía así como ellos tienen de dársela, y usted tiene tanto derecho de juzgar esa profecía según la Palabra de Dios. Usted debe hacer esto, ya que hay personas por allí tratando de ser personas grandes y están llevando a las personas al borde de la locura porque creen en sus profecías tontas, la cuales no son de Dios más bien son del diablo. Estoy siendo muy severo sobre este tema. Dios no me deja descansar; debo lidiar con estas cosas porque me encuentro por todo lado a gente en un estado terrible debido a estas voces. ¿Cómo sabremos la diferencia entre la voz de Dios y la de Satanás? Las Escrituras nos dicen. (Véase 1 Juan 4:2–3).

*Pensamiento para hoy:* No necesita de maestros pero necesitas al Maestro, quien es el Espíritu Santo, que traerá todas las cosas a su memoria.

## 27 de noviembre

# Engañado por una voz, parte uno

*Amados, no creáis a todo espíritu,*
*sino probad los espíritus si son de Dios* (1 Juan 4:1).

*Lectura de las Escrituras:* Jueces 6:36–7:22

*D*os hermanas fueron salvas en nuestras reuniones y fueron llenadas del Espíritu Santo. Eran mujeres muy lindas, llenas de pureza, verdad y justicia. Nadie podía verlas sin admirarlas.

Ambas trabajaban en la oficina del telégrafo y ambas querían ser misioneras. Estaban tan ansiosas de ser misioneras que estaban apartando dinero para tener todo listo para cuando salieran al campo.

Una de ellas estaba operando el telégrafo cuando oyó una voz en su cabeza que decía algo así como: "¿Me obedecerás? Si me obedeces te haré la mejor misionera que haya existido". Ay amado, pruebe las voces, pruebe los espíritus; sólo el diablo promete tal cosa, pero ella no sabía esto; no entendía. Eso era exactamente lo que quería; era el deseo de su corazón ¿Lo ve? Y siempre fue movida por esto. La voz agregó, "Y encontraré todo el dinero que necesites". Nunca he visto que este tipo de "declaración" se haga verdad, y nunca lo verá mientras viva.

Por ejemplo, una vez, un hombre se me acercó y me dijo, "Tengo en mis manos una comida para inválidos; eso podría resultar en millones de dólares para los misioneros". Y le dije, "No quiero nada que con eso". Estas cosas no son de éxito, Dios no obra de esa forma. Si Dios quisiera darle oro, Él lo haría llover sobre su casa mientras usted andaba fuera. Él tiene todo el oro y los miles de ganados en las colinas son de Él. (Véase Salmo 50:10).

Cuando alguien predica en el nombre del Reino, Dios le proveerá. Busque solamente a Dios y la lluvia caerá. Él dote de poder se manifestará sobre su cuerpo mortal si en verdad camina en el Espíritu.

**Pensamiento para hoy:** Busque como ser lleno del Espíritu Santo, no sólo por su propio bien, sino por el de los demás.

## 28 de noviembre

# Engañado por una voz, parte dos

*Amados, no creáis a todo espíritu,*
*sino probad los espíritus si son de Dios* (1 Juan 4:1).

**Lectura de las Escrituras:** Isaías 26:1–15

A hora la joven estaba tan ansiosa que su hermana lo notó y se acercó a ella. "¿Qué pasa?", preguntó. "¡Oh! Dios me está hablando", dijo, "me dice cosas maravillosas".

Se emocionó tanto que le pidieron permiso a su supervisor para salir un rato, así que les dieron el permiso y se fueron a una sala. La primera hermana se emocionó tanto con los mensajes, creyendo que eran de Dios, que su blusa blanca empezó a mancharse con puntos de sangre cuando se pinchaba su piel con sus uñas.

Eso nunca es de Dios. ¿Qué leo acerca de la sabiduría de Dios? Yo leo de que está llena de paz y gentileza; está dispuesto a someter; es imparcial; está llena de bondad y verdad. (Véase Santiago 3:17). Recuerde, si conoce algo de Dios, será la paz. Si sabe algo del mundo, será el desorden. La paz de Dios, la cual sobrepasa todo el entendimiento (véase Filipenses 4:7), llega al corazón después de ser salvos. Somos *"justificados por la fe"*, y *"tenemos paz para con Dios por medio de nuestro Señor Jesucristo"* (Romanos 5:1). La paz continúa hasta que nos llena de la *"esperanza de la gloria de Dios"* (versículo 2).

Dios me enseñó hace un buen tiempo, y no ha salido de mi mente, que si yo fuese perturbado en mi espíritu y no estaba en paz, había fallado el plan. ¿Cómo puede confundirse con eso? De tres formas.

Primero, puede confundirse porque estaba con el yugo de otra persona. Siempre se le ha dicho que ponga su carga en el Señor. (Véase 1 Pedro 5:7). Cualquier cantidad de personas sufren de mucha tristeza porque están llevando la carga de otra persona. Eso es incorrecto, usted debe enseñarles a ellos y a usted mismo, que deben dejar las cargas en el Señor.

Segundo, si no tiene paz quiere decir que usted se ha salido de la voluntad de Dios en alguna manera. Pueda ser que no haya pecado porque uno puede salirse de voluntad de Dios sin pecar. Uno puede salirse de la voluntad de Dios si no tiene progreso. Si usted no ha progresado desde la mañana de ayer, usted es un reincidente. Todos los que no van con Dios

# 28 de noviembre

son reincidentes. Usted es un reincidente si no en el carácter divino de Cristo. Debe moverse de estado a estado, *"gloria en gloria"* (2 Corintios 3:18), por es Espíritu del Señor.

Puede perder su paz por perderse de un plan divino de Dios, puede perder su paz porque tiene su mente en algo natural. Algo natural es algo carnal. La Palabra de Dios dice que las cosas carnales deben ser destruidas porque no son sujetas a la ley de Dios. (Véase Romanos 8:7). Todo lo carnal debe ser destruido.

Así que se puede perder el plan, ahora ¿cuál es el plan? *"Tú guardarás en completa paz a aquel cuyo pensamiento en ti persevera; porque en ti ha confiado"* (Isaías 26:3). Examínese para ver donde está. Si no está en una paz perfecta, está fuera de la voluntad de Dios.

Por lo tanto las voces pueden robarle su paz, sabrá que no son de la voluntad de Dios; pero si el Espíritu habla, traerá armonía y gozo. El Espíritu siempre trae tres cosas: consuelo, exhortación y edificación. Él hará que usted cante *"cánticos en la noche"* (Job 35:10). Le elevará a lugares altos y no tendrá miedo de declarar las obras de Dios. Cuando el Espíritu de Dios está usted y muy activamente, usted podrá ir de *"poder en poder"* (Salmo 84:7), alabando al Señor.

**Pensamiento para hoy:** Nada le hace más insensato que rechazar la Palabra de Dios, si quiere ser un insensato aléjese de la Palabra de Dios y se encontrará en un paraíso de insensatos.

# Engañado por una voz, parte tres

*Amados, no creáis a todo espíritu,*
*sino probad los espíritus si son de Dios* (1 Juan 4:1).

*Lectura de las Escrituras:* Salmo 115

Mi esposa y yo estábamos visitando la casa de estas pequeñas hermanas cuando llegaban del trabajo ese día. Vimos la desesperación, vimos la condición loca. Si está demente, ese es el diablo. Si usted va faltándole la respiración a buscar en la Biblia confirmación de esa voz, ese es el diablo. La Palabra de Dios trae luz, debo usarla como Palabra de Luz, debo verla como la Palabra de Luz. Debo tenerla como la Luz.

Debo ser sabio, porque si yo digo que soy bautizado con el Espíritu Santo, si digo que soy un hijo de Dios, debo actuar de tal manera para que las personas puedan ver que ha estado con Dios. (Véase Hechos 4:13). Si hay algo que me gustaría resonar como trompeta seria: *"No sea, pues, vituperado vuestro bien"* (Romanos 14:16).

Bueno, ¿qué le sucedió a la joven? La voz llegó con tal fuerza que ella no podía liberarse. Intenta en los espíritus, Dios nunca haría algo así. Él nunca enviará un mensaje irrazonable e inmanejable.

El momento en que esta joven se obsesionó con lo que la voz decía, ¿Qué dijo el diablo después? "Manténlo en secreto, no le digas a nadie, si confías en alguien, que sea tu hermana, porque ella te entiende". Así que ambas se confiaban a si mismas.

Ahora eso de seguro es tan satánico como cualquier otra cosa que as escuchado en tu vida, porque cada verdad, cada cosa santa nunca debe guardarse en secreto bajo ninguna circunstancia. Todo lo que es santo puede ser dicho en lo más alto de las casas; Dios quiere que seas capaz de decirles a todos.

Mi esposa y yo intentamos ayudarlas. "Oh, ¡Dios me está hablando!", decía la joven y no podíamos cambiarla. Es noche ella dijo que el poder del mal continuaba hablando diciendo, "No le digas a nadie excepto a tu hermana. Ve a la estación esta noche y espera por el tren. El tren llegará a las siete con treinta y dos minutos. Compra dos boletos para Glasgow y después que los compres, te quedarán seis peniques".

# 29 de noviembre

Esto podía ser confirmado y nadie tenía que saber más que su hermana. Fueron a la estación, el tren llegó a la hora exacta y les quedaba solamente seis peniques después de comprar el boleto. ¡Asombroso! ¡Maravilloso! Esto seguramente era lo correcto.

"¡Mira!", dijo la joven. "Después de comprar los boletos tengo la cantidad exacta que la voz dijo que tendría". El tren llegó y la voz dijo que en uno de los vagones iba a estar un hombre que les daría todo el dinero que necesitarían. Directamente lo opuesto a este señor, había una mujer con gorro de enfermera. El hombre le daría todo el dinero y lo llevarían a cierto banco de cierta esquina en Glasgow.

Había una falta de pensamiento y análisis. No hay ningún banco abierto a las siete y media y, después de investigarlo, tampoco había un banco en esa dirección. ¿Entonces que causaba que la joven obedeciera la voz? Se apoderó de su oído, y le voy a decir cuál es el peligro, si tuviese solamente cinco minutos le diría esto: Si no se puede razonar con usted, está equivocado. Si usted está en lo correcto y los demás están equivocados, no me importa quién usted sea, si no puede soportar una exanimación, si no puede soportar la luz de la verdad, usted está equivocado. Ayudaría mucho si solamente pensara.

Usted podrá decir, "Oh, pero sé, que *sé*". Es algo muy serio cuando nadie más que usted sabe lo que usted sabe. Que Dios nos libere de tal condición. Si cree que tiene una especialidad, no es única; puede ser repetida.

El tren llegó, ellas corrieron de un extremo a otro pero no vieron a nadie con esa descripción. Luego la voz dijo, "En la siguiente plataforma, el siguiente tren". Salieron corriendo. ¿Creería que estas dos jóvenes andaban de plataforma en plataforma por esas voces hasta las nueve y media?

*Pensamiento para hoy:* Las personas se salen del plan de Dios cuando confían solamente en su propio juicio.

# 30 de noviembre

# Engañado por una voz, parte cuatro

*Amados, no creáis a todo espíritu,*
*sino probad los espíritus si son de Dios* (1 Juan 4:1).

*Lectura de las Escrituras:* Mateo 4:1–11

*L*as voces continuaron, esas voces malévolas. ¿Cómo sabremos si son de Dios? Cuando Dios habla, Él habla de sabiduría. Cuando el diablo llegó donde Jesús le dijo, "*Si eres Hijo de Dios*" (Mateo 4:3). El diablo sabia que Jesús era el hijo de Dios y también lo sabia Jesús, y le contestó, "*Porque escrito está: Al Señor tu Dios adorarás, y a él sólo servirás*" (versículo 10).

¿Había algo malo sucediendo con estas dos muchachas? Lo malo fue que la primera muchacha debió juzgar a los espíritus. De haber preguntado, "¿Jesús vino en la carne?", la vos hubiera contestado que no. Ninguna voz satánica, ningún médium o espiritualista va a reconocer que Jesús vino en la carne.

El mismo poder le dijo a la joven, "Ahora que se que me obedeces en todo, haré de ti la mejor misionera del mundo".

¿Cómo podían saber en ese momento, estas dos muchachas, que la voz era falsa? Podían haber sabido según la palabra de Dios. ¿Qué es lo que dice? "*Muchos falsos profetas han salido por el mundo*" (1 Juan 4:1). ¿A quienes persiguen esto falsos profetas? A lo mejor a aquellos con sinceridad, fervor, honestidad y pureza. ¿Quién sabe? Estos poderes maléficos lo saben, pero éstas debieron ser las preguntas que, las muchachas, debieron mantener en sus mentes: ¿Por qué vivo? ¿Cuál es la esperanza de mi vida? Debo ser el mejor misionero del mundo o Jesús necesita ser glorificado en mi vida para que Él puede hacer su voluntad en mi? La uva nunca es más perfecta y madura como cuando está a punto de marchitarse. El hijo de Dios nunca está tan cerca de Dios a menos que el diablo venga y diga, "¡Eres maravilloso!".

Es satánico el sentir que Dios tiene un mensaje especial para usted y que usted es alguien más especial que los demás. Cada lugar que Dios nos lleva, en una marea de perfección, es un lugar de humildad, de quebrantamiento y de sumisión total, en donde sólo Dios gobierna con autoridad. No es un lugar en donde usted es alguien, es donde Dios es todo y usted vivirá para su gloria.

# 30 de noviembre

Fueron tres duros meses antes de que estas jóvenes se deshicieran de sus ilusiones, pero Dios las libertó y más adelante les abrió las puertas para que fuesen misioneras en China. Gracias a Dios, el plan de diablo fue derrotado pero a un precio tremendo, casi con el de sus vidas.

¿Cómo podían saber que era una voz falsa? ¿Cómo uno puede saber? Cuando una voz llega, no importa cómo le parezca, debe ser probada. Cuando persiste en que haga algo y no puede concebir cómo eso va a ser posible, tiene el poder de la Palabra de Dios para decirle a ese poder malévolo, *"¿Ha venido en carne?"* (1 Juan 4:3). Y el poder satánico dirá que no, pero el Espíritu del Dios vivo, el Espíritu Santo, siempre dice que sí y así usted podrá saber la diferencia. Debemos habitar en un lugar conociendo las Escrituras y escuchando su voz, para que podamos discernir si estas cosas son de Dios o no.

¿Vino Jesús en la carne? Sí, y ahora el Cristo vivo está en usted. Cristo entró en usted en el momento en que usted creyó. Hay una manifestación de ello, usted podrá vivir de tal manera que su lenguaje, sus expresiones, acciones y todo, hable de Cristo. *"Les reconocían que habían estado con Jesús"* (Hechos 4:13). Uno puede vivir de tal manera que la personalidad de Cristo es exactamente lo que dijo Pablo: *"Ya no vivo yo, mas vive Cristo en mí"* (Gálatas 2:20).

Que la vida de Cristo, el poder de Cristo, la personalidad de su presencia pueden ser tan latentes en usted que no podrá dudar de la Palabra de Dios.

**Pensamiento para hoy:** Las obras del Espíritu siempre son contrarias a las obras de la carne.

# 1 de diciembre

# No crea en cada espíritu

*No seas vencido de lo malo,*
*sino vence con el bien el mal* (Romanos 12:21).

*Lectura de las Escrituras:* 2 Pedro 2

$\mathcal{U}$no necesita la Palabra de Dios en su corazón para poder sobrepasar al mundo. Podemos vivir, a tal punto en esta comunión divina con Cristo, que podremos sentir el mal en cualquier parte del mundo. En este mundo presente, los poderes del mal están en aumento. El plan de Dios es que estemos tan metidos en Él, que estaremos a nivel en cualquier ocasión.

"*Amados*" (1 Juan 4:1). Es una palabra buena. Significa que ahora estamos en un lugar donde Dios ha puesto su amor sobre nosotros. Él quiere que oigamos lo que tiene que decir porque cuando sus amados oyen su voz, ellos entienden lo que El les tiene.

Dios lidia con nosotros como hijos; nos llamó "*amados*". Somos la verdad pero también queremos saber la verdad de forma que nos mantendrá libres. (Véase Juan 8:32). Quiero ayudar a las personas que han tenido tantos problemas con las voces y con las cosas que sucedieron, que sintieron como si no tenían control sobre ellas. También quiero ayudar a aquellos que están atados de muchas maneras y que siempre están intentando liberarse de cualquier manera.

El cuarto capítulo de 1 de Juan nos dice específicamente como tratar con los poderes del mal, con voces malignas. Nos dice como podemos derrotarlas y estar en un lugar donde esteremos por encima de ellas. Nos enseña como podemos vivir en un mundo sin tener miedo, ni estar sujetos, ni sentir dolor, más bien estar en un lugar donde estamos derrotando a los poderes del mal, gobernando sobre ellos, reinando en el mundo por la vida en Cristo. De esta manera seremos libres desde el cielo y lo sabremos. No estaremos sujetos a este mundo, pero podremos reinar en el mundo en donde la enfermedad, el pecado y la muerte no tienen dominio.

Un punto clave que corre por todas las Escrituras es que Jesús ha vencido y superado a todos lo poderes del diablo y ha destruido su poder, hasta el poder de la muerte. Ya sea que lo vamos a creer o no, esto es para nosotros. Dios envía un reto, y dice, "Si lo crees, así será".

# 1 de diciembre

¿Qué nos estorba? Nuestra naturaleza humana. La obra de Dios será entorpecida cuando la voluntad humana no se rinde completamente, cuando hay alguna mezcla, parte espíritu parte carne, en donde hay una división en su propio corazón.

En una casa donde hay dos hijos, uno podrá desear obedecer a su madre y padre, y es amado y tratado muy bien. El otro es amado en igual medida pero la dificultad es esta: el niño rebelde que quiere las cosas a su manera hace muchas cosas para fastidiar a sus padres y éstos le castigan. Ambos son criaturas de la casa; uno recibe castigo, el otro obtiene las bendiciones sin el castigo.

Cualquier cantidad de los hijos de Dios están siendo azotados sabiendo que lo que están haciendo no es lo mejor. Así que quiero despertar en usted lo que usted sabe que se debe hacer. El pecado nunca es cubierto por la apariencia que usted tenga, su presencia, sus oraciones o sus lágrimas. El pecado sólo se puede eliminar por medio del arrepentimiento. Cuando uno se arrepiente profundamente, encontrará que el pecado se va para siempre, nunca cubra el pecado, los pecados deben ser juzgados. Deben ser traídos ante la sangre de Cristo. Es asombroso ver como las oraciones son elevadas cuando existe una confianza perfecta entre usted y Dios. Uno se enciende, se llena de fervor y la inspiración es tremenda. Uno se da cuenta que el Espíritu ora a través de usted y usted vive en un estado de bendición.

*Pensamiento para hoy:* El hombre que vive en Dios no le teme a nada.

## 2 de diciembre

# Médiums obstaculizados

*Mayor es el que está en vosotros,*
*que el que está en el mundo* (1 Juan 4:4).

*Lectura de las Escrituras:* Juan 6:47–58

Un día, me encontré con un amigo mío en la calle y le dije, "Fred, ¿a dónde vas?".

"Voy a—. Creo que no puedo decirte", dijo. "Es un secreto entre el Señor y yo".

"Mira, hemos orado juntos, hemos tenido noches de comunicación, hemos vivido juntos en el Espíritu", dije. "De seguro no hay ningún secreto que debe ser guardado entre tu y yo".

"Esta bien", dijo. "Voy a una reunión de espiritismo".

"¿No crees que es peligroso? No creo que sea sabio que los creyentes vayan a esos lugares", le dije.

"Me siento obligado a probarlo según las Escrituras", me dijo. "Están trayendo a unos médiums especiales desde Londres".

Quiso decir que estaban trayendo a personas desde Londres que estaban más llenos del diablo que los espiritistas que teníamos en nuestra ciudad de Bradford. Era demonios especiales.

"Voy a ir", continuó, "y voy con el conocimiento claro que estoy bajo la sangre de Jesús".

"Me dices los resultados, ¿sí?"

"Sí, claro".

Ahora, amado, le recomiendo que nunca vaya a esos lugares.

Mi amigo se sentó en el centro de la sesión de espiritismo, y el médium empezó a cobrar el control. Las luces se opacaron, todo estaba en un estado lúgubre. Mi amigo no habló, pero se mantenía bajo el poder de la sangre, murmurando la preciosidad de la sangre de Cristo. Éstos, más poseídos de los demonios, estaban en la plataforma y por más de una hora lo intentaron todo para tener el control, pero luego las luces regresaron. El líder dijo, "No podemos hacer nada esta noche, hay alguien aquí que cree en la sangre de Cristo".

¡Aleluya! ¿Amado, cree usted en la sangre?

**Pensamiento para hoy:** Mantenga prueba bíblica de todo lo que obtenga y después usted estará en una posición donde nadie podrá moverle.

## 3 de diciembre

# Mas grande es Él que está en usted

*Jehová es mi luz y mi salvación; ¿de quién temeré?*
*Jehová es la fortaleza de mi vida;*
*¿de quién he de atemorizarme?* (Salmo 27:1).

**Lectura de las Escrituras:** Salmo 27

Manténgase listo para ser retado por el diablo. No tenga miedo. Será liberado del miedo, si cree. Usted puede tener "*oídos para oír*" (Mateo 11:15) u oídos para no oír. Los oídos que oyen son los oídos de la fe y sus oídos estarán tan abiertos que todo lo que es espiritual será captado.

Cuando la Palabra de Dios llega a ser la naturaleza y vida en usted, hallará que en el momento que usted la abre para escudriñarla, ésta se transforma en vida para usted; hallará también que usted ha sido unido a la Palabra. Usted deber ser epístola de Cristo. (Véase 2 Corintios 3:3). Esto quiere decir que Cristo es la Palabra y Él será conocido por sus frutos. (Véase Mateo 7:16–20). Él es la vida y naturaleza en usted. Es una nueva naturaleza: una nueva vida, un nuevo aliento, una nueva atmósfera espiritual. No hay limitante para este estándar, pero en todo lo demás usted es limitado. "*Mayor es el que está en vosotros, que el que está en el mundo*" (1 Juan 4:4). Cuando la Palabra de vida cobra vida en usted, porque esa es su vida, ésta es promulgada y hace cumplir lo que Dios siempre ha deseado. Cuando citamos algo de las Escrituras, debemos tener el cuidado de vivir de acuerdo a ellas. La Palabra de Dios tiene quee habitar en usted, ya que la Palabra es vida y trae vida, y esta es la vida que nos libra "*de la ley del pecado y de la muerte*" (Romanos 8:2).

**Pensamiento para hoy:** La Palabra no solamente nos da un fundamento, sino también nos pone en un lugar donde se puede permanecer y después de una batalla, seguir allí.

## 4 de diciembre

# Cómo probar a los espíritus

*Sois fuertes, y la palabra de Dios permanece*
*en vosotros, y habéis vencido al maligno* (1 Juan 2:14).

*Lectura de las Escrituras:* 1 Juan 2:14–29

*H*ay pensamientos malévolos y hay pensamientos del mal. Los pensamientos malévolos son sugestivos del maligno. Debemos entender bien lo que es el mal y como lidiar con ello. La Palabra de Dios nos hace fuertes. Todos los poderes del mal son débiles. "*Sois fuertes, y la palabra de Dios permanece en vosotros*" (1 Juan 2:14).

¿De dónde vienen los pensamientos del mal? Vienen del creyente sucio, del hombre que no ha sido santificado completamente. El diablo no conoce sus pensamientos; es allí donde se le puede detener. Dios conoce sus pensamientos; Dios sabe todas las cosas. Satanás solamente puede sugerir pensamientos malévolos y tratar de manipular su naturaleza carnal.

Con todo, si usted es perturbado por pensamientos malévolos, si usted está atribulado o deprimido, entonces usted está en un lugar maravilloso. Si no le dice a nadie acerca de sus pensamientos malévolos y no se siente atribulado por ellos; entonces, el poder carnal no ha sido destruido en usted. Sin embargo, si usted le dice a alguien, eso es prueba de que usted es limpio, ya que usted llora porque es purificado. Si usted no es perturbado, si no tiene convicción, es porque su corazón no está limpio.

¿Cómo puede el creyente creer sin que sea atormentado? ¿Cómo podemos dominar la situación? Debemos conocer este pasaje: "*Todo espíritu que confiesa que Jesucristo ha venido en carne, es de Dios*" (1 Juan 4:2). ¿Vino Jesús en carne? María produjo un Hijo en la semejanza de Dios. De manera similar, la semilla eterna que llegó a nosotros cuando creímos produce vida, una persona, que es "*Cristo en vosotros*" (Colosenses 1:27), que se levanta en nosotros hasta que el reflejo del Hijo de Dios se demuestra en todo lo que hacemos. María produjo un Hijo para la redención. La semilla de Dios en nosotros produce un hijo de redención perfecta, hasta que vivimos en Él, nos movemos por Él. En el nombre de Jesús, eche fuera el yo y será instantáneamente libertado.

**Pensamiento para hoy:** No hay nade fuerte en el diablo. Con la sola mención del nombre de Jesús, el creyente más débil puede destronar al enemigo.

# 5 de diciembre

# Una vida arruinada, parte uno

*Por la gracia que me es dada, a cada cual que está entre vosotros,*
*que no tenga más alto concepto de sí que el que debe tener,*
*sino que piense de sí con cordura, conforme a la medida*
*de fe que Dios repartió a cada uno* (Romanos 12:3).

*Lectura de las Escrituras:* Marcos 13:5–20

Muchas personas han caído de la misma manera como un joven arruinó su vida, del cual les voy a contar. Por muchos años después de yo ser bautizado, el Señor me ayudó mucho. Había impuesto manos sobre personas y ellas recibían el Espíritu Santo. Le doy gracias a Dios que ese poder no se ha detenido. Yo creo en pedirle a Dios, en elevar mis manos y decir, "Padre, concédele el Espíritu Santo a quien sea que le imponga mis manos".

Personas me llamaban de varios lugares para que les ayudara cuando tenían a otras personas que querían recibir el Espíritu Santo. Una vez, un grupo de York, Inglaterra, me mandó a decir que tenían a catorce personas que querían ser bautizadas con el Espíritu Santo y que si you iría a ayudarles. Todos habían sido salvos la última vez que estuve allí.

Así que fui. Nunca había visto a un grupo de gente tan intoxicados con el Espíritu, el poder de Dios estaba en ellos. Justamente en medio de ellos había un joven, que había desarrollado un don en la enseñanza y un don para hacer que las personas vinieran a Dios a través del poder del Espíritu, al punto que ellos que decían que no había otro hombre parecido en toda Inglaterra.

Me regocijé con ellos por este joven. Cuando Jesús empezó su ministerio, Él impuso sus manos sobre once quienes llegaron a ser hombres muy asombrosos, aun siendo todos ellos menores que Él. Cuando Pablo fue traído al conocimiento de la verdad, él era un joven. Jesús inició el gran ministerio de un avivamiento mundial con una vida muy joven. La Primera Guerra Mundial nos demuestra que cualquier hombre mayor de cuarenta no era lo suficientemente bueno para esa guerra. Necesitaban de sangre joven que pudiera soportar el frío, el calor y todo tipo de cosas.

**Pensamiento para hoy:** Dios busca a personas jóvenes llenas del poder de Dios para que vayan al campo de la cosecha, porque ellos pueden soportar el estrés.

## 6 de diciembre

# Una vida arruinada, parte dos

*Por la gracia que me es dada, a cada cual que está entre vosotros,*
*que no tenga más alto concepto de sí que el que debe tener,*
*sino que piense de sí con cordura, conforme a la medida*
*de fe que Dios repartió a cada uno* (Romanos 12:3).

*Lectura de las Escrituras:* Marcos 13:21–37

En cuanto llegué a York, las personas se me acercaban y decían, "¡Oh, lo tenemos! ¡Lo tenemos! Lo único que hace falta es que reciba el Espíritu Santo y en cuanto lo reciba, sabremos que lo tenemos". Hablaban de un joven al que le observaron un potencial inusual para ser un líder espiritual. Cuando el joven habló en lenguas, casi enloquecen. Ellos gritaron, lloraron, ¡estaban emocionados!

Los líderes estaban contentísimos por el bautismo de este joven. Yo decía, "Estén tranquilos, el Señor hará su obra".

En un corto tiempo, fue traído al Espíritu y todos se regocijaban y aplaudían. Allí cayeron en un gran error, Dios nunca ha permitido que ningún ser humano sea aplaudido por hacer la obra de Dios.

Este joven estaba en el poder del Espíritu y era maravilloso; pero se le acercaban, tomándole de la mano y diciendo, "Ahora tenemos el mejor maestro que existe".

¿Era esto malo? Estaba muy bien, pero fue lo peor que pudieron haber hecho; debieron ser agradecidos en sus corazones. Quiero recordarle que el diablo no conoce los pensamientos suyos, y si no deja sus pensamientos al aire, estarán a salvo. Él puede sugerir un pensamiento; puede sugerir pensamientos malévolos, pero eso no es pecado; todas esas cosas son externas a usted. El diablo puede sugerir cosas malas para que las reciba, pero si usted es puro, será como el agua en el lomo de un pato.

Una mujer se me acercó y me dijo, "No me sorprendería si fueses otro Juan el Bautista".

Nuevamente, antes que nos fuéramos, ésta mujer se nos acercó y dijo, "¿Lo creerías? Es una profecía que recibí, en donde serás Juan el Bautista".

Gracias a Dios que él lo rechazó; ¡pero qué satánicas, diabólicas, perversas y falsas eran sus palabras!

Esa noche, mientras él caminaba a su casa por una carretera rural, una voz llegó, más estruendosa que la de la mujer: "¡Tu eres Juan el Bautista!".

515

# 6 de diciembre

De nuevo el joven logró protegerse. En medio de la noche fue despertado de su sueño y la voz vino de nuevo: "Levántate, eres Juan el Bautista. ¡Decláralo!".

Y este pobre muchacho no podía lidiar con ello. No sabía lo que les estoy diciendo. Les digo con un corazón destrozado que, por horas, él pasó toda la mañana gritando, "¡Yo soy Juan el Bautista!" por todo York. Nada podía hacerse. Él estaba atado.

¿Quiénes lo hicieron? Pues, las personas por supuesto.

Usted no tiene ningún derecho de venir a mí o a cualquier otra persona y decir, "¡Usted es maravilloso!". Eso es satánico. Les digo que tenemos suficiente del diablo para que los demás estén levantando a miles de demonios más para que vengan a ayudar. Necesitamos sentido común.

¿Cómo podía ese joven haberse liberado? Pudo haber dicho ¿Jesús vino por la carne? El poder demoníaco contestaría que no, y después el Consolador hubiese llegado.

Señor llévanos a un lugar de humildad y de quebrantamiento donde veremos el peligro de los poderes satánicos.

No piense que el diablo es un monstruo grande y feo; él llega como un ángel de luz. (Véase 2 Corintios 11:14). Él llega en los momentos en que usted ha hecho bien y le halaga. Él llega para hacerle sentir como fuese alguien. El diablo es un demonio exaltado. ¡Oh, mire al Maestro!

**Pensamiento para hoy:** Quiera Dios darnos la mente de las Bienaventuranzas (véase Mateo 5:3–12) donde seremos quebrantados y humillados, y vueltos al polvo; entonces Dios nos llevará a un lugar superior.

## 7 de diciembre

# ¿Por qué las lenguas?

*Así que, las lenguas son por señal, no a los creyentes,*
*sino a los incrédulos; pero la profecía, no a los incrédulos,*
*sino a los creyentes* (1 Corintios 14:22).

*Lectura de las Escrituras:* 1 Corintios 14:26–40

or qué Dios trajo este don de lenguas? Hay una razón, si no hubiese una razón, no estarían allí. ¿Por qué Dios las diseñó? Deben ver conmigo que el don de lenguas nunca fue evidencia antes de la llegada del Espíritu Santo. La vieja dispensación era maravillosa en enunciaciones proféticas. Cada persona, quien quiera que sea, que reciba el Espíritu Santo, tendrá enunciaciones proféticas en el Espíritu para con Dios o en lenguaje humano que llega sobrenaturalmente para que todas las personas sepan que eso es del Espíritu.

Por esta razón es que queremos que todas las personas se llenen del Espíritu Santo: serán proféticos. Cuando una profecía es dada, significa que Dios ha tenido un pensamiento, una palabra en temporada, que nunca ha estado en fuera de tiempo—en cosas nuevas y viejas. ¡El Espíritu Santo hace que las cosas ocurran!

Así que cuando Dios cumplió su promesa y cuando el tiempo era correcto, el Espíritu Santo llegó y llenó a los apóstoles. El don nunca había sido utilizado y ese día llegó maravillosamente en el Aposento Alto, y por primera vez en toda la historia, los hombres estaban hablando en un nuevo orden; no era un lenguaje antiguo más bien un lenguaje a ser interpretado.

Esto es profundo porque reconocemos que es Dios quien habla, ningún hombre puede entenderlo. El Espíritu habla y el Espíritu abre la revelación que han de tener sin alteración.

Las lenguas son una maravillosa muestra de esto; son para revivir a las personas; son para dar nuevas profundidades en el pensamiento.

Si alguna vez usted quiere saber porqué el Espíritu Santo es tan necesario, lo encontrará en el tercer capítulo de Efesios. Quedará asombrado, el idioma es maravilloso. Pablo dijo que era *"menos que todos los santos"* (Efesios 3:8), aun así, Dios lo llamó para que fuese un *"ministro"* (versículo 7). Su lenguaje es maravilloso, aun con todo, él sentía que había algo mayor en su corazón y vida, que el Espíritu lo tenía y dobló sus rodillas ante el Padre. (Véase versículo 14).

# 7 de diciembre

No encontrará en todas las Escrituras palabras con un fruto de tanta profundidad como las que suenan en los versículos de Pablo y su maravillosa oración en el Espíritu Santo. El oró *"para que seáis llenos de toda la plenitud de Dios"* (Efesios 3:19), y *"para que...seáis plenamente capaces de comprender con todos los santos"* (versículos 17–18). El oró para que fuese capaz de preguntar y pensar, y de pensar y preguntar; y no sólo que será abundante, más bien *"más abundantemente"* de lo que *"pedimos o entendemos"* (versículo 20). Hay un hombre recibiendo cuando el Espíritu Santo está orando.

**Pensamiento para hoy:** El Espíritu Santo no ha venido a exaltarle a usted; Él vino para que pueda exaltar al Señor.

# Ceda al Espíritu Santo, parte uno

*Procurad profetizar, y no impidáis el hablar lenguas; pero hágase todo decentemente y con orden* (1 Corintios 14:39–40).

*Lectura de las Escrituras:* 1 Corintios 14:1–25

No debe considerar, bajo ninguna circunstancia, que porque tiene un don espiritual lo pueda usar, a no ser que la unción del Espíritu esté sobre usted. A no ser que se adhiera a la palabra, cada asamblea a la cual vaya, será desboronada y causará problemas. Sino hasta que llegue al entendimiento correcto de las Escrituras, nunca agradará a Dios.

Usted tiene que ser muy cuidadoso de no usar las lenguas y la interpretación de lengua para confundir a la profecía. Cuando la profecía se lleva cabo, la verdad se está revelando y todas las personas la reciben con gusto hasta ser elevados en donde no hay lugar para lenguas o interpretación. Justo en el momento cuando la lengua en mi corazón es muy grande para expresarla, allí es cuando las lenguas llegan y Dios lo endereza todo. Obtenemos un propósito nuevo en eso.

Así que usted tiene este don maravilloso de lenguas y debe ver que nunca se rompa el lugar en donde el Espíritu está obrando su perfección; pero cuando el Espíritu está trabajando y usted sabe que hay una línea de verdad que el Señor quiere expresar, es allí que el nombre de Dios será glorificado.

Verá, Dios quiere que todos estemos en un orden perfecto por el Espíritu. Por eso Pablo dijo, "*Si habla alguno en lengua extraña, sea esto por dos, o a lo más tres*" (1 Corintios 14:27). Nunca me encontrará hablando si ya tres han hablado antes que yo, y nunca me verá interpretar palabra alguna de las lenguas si tres personas lo han hecho. Esto es para que los lazos de paz permanezcan en el cuerpo, porque hay personas que no saben nada sobre lo que es correcto.

A no ser que usted entre en la Palabra de Dios, siempre estará en confusión y juicio. Dios no quiere que estemos en confusión y juicio, más bien quiere que seamos edificados por las Escrituras, ya que éstas son claras.

Si el Señor me revela una verdad a mí y si hubiese dicho algo previo en relación a esto que no fuese completamente escrito, no lo diría más. Yo

# 8 de diciembre

permito que la Palabra de Dios sea mi juicio, y si encuentro algo que he dicho no es de las Escrituras me arrepiento ante Dios. Ya que Dios es mi juez nunca digo nada a no ser que sea verdad; pero si me doy cuenta más adelante que eso no está perfectamente bajo la Palabra de Dios, nunca más lo digo.

*Pensamiento para hoy:* Que el Señor nos ayude a ser veraces ante Dios; luego, si somos veraces ante Dios, seremos veraces con nosotros mismos.

## 9 de diciembre

# Ceda al Espíritu Santo, parte dos

*Procurad profetizar, y no impidáis el hablar lenguas; pero hágase todo decentemente y con orden* (1 Corintios 14:39–40).

*Lectura de las Escrituras:* 1 Tesalonicenses 5:11–24

*E*n 1 Corintios 14:30 leemos, *"Y si algo le fuere revelado a otro que estuviere sentado, calle el primero"*. En verdad deseo que algún día la iglesia pueda estar en toda su belleza que si yo estoy predicando y usted tiene una revelación, una revelación profunda de Dios, usted se pondrá de pie y yo me detendré por ese momento. ¿Por qué? Porque las Escrituras dicen que si cuando un profeta habla y algo es revelado a alguien en la audiencia, que le primero guarde su paz y permita que el otro hable.

Cuando la Escritura dice, *"Porque podéis profetizar todos uno por uno, para que todos aprendan, y todos sean exhortados"* (versículo 31), se refiere al que está predicando. El puede mantener su paz mientras el que está en la congregación expresa su pensamiento divino; luego después de terminar, otro puede tener la profecía, puede levantarse y así sucesivamente hasta que se puede llegar a tener varios profetizando y tener tales revelaciones que tendrán a la iglesia en llamas. Yo creo que Dios nos ayudará para que seamos sobrios en mente, derechos en pensamiento, santos en juicio, unidos a Dios y uno en el Espíritu.

Permítame decirle esto, y después lo puede analizar. De hecho no están en el lugar correcto si no analizan lo que digo y tampoco han de tragarse todo lo que digo; usted ha de juzgar todo lo que digo basado en las Escrituras pero debe siempre tener buen juicio. Tener buen juicio no es juzgar a través de la condenación, más bien es juzgar algo según la Palabra de Dios. De esta forma la iglesia puede recibir la edificación para que todas las personas puedan ser edificadas según la Palabra de Dios.

A lo mejor no todos afirmarán lo que yo estoy diciendo. Sin embargo, en verdad lo creo, porque Dios me lo ha revelado, que las palabras *"sea esto por dos, o a lo más tres, y por turno"* (versículo 27) significan que el exponente no habrá terminado su mensaje después de brindar su primera expresión. Muchas veces veo en una asamblea de creyentes que la primera persona ha hablado y el Espíritu del Señor estaba muy fuerte en él,

# 9 de diciembre

pero que la unción es tal que no pudo terminar su mensaje de verdad la primera vez. Se da cuenta que su mensaje no se expresó completamente, de nuevo habla en el Espíritu y sentimos que la ola es mas grande. Luego habla una tercera vez y la ola es aun más grande, y luego se detiene.

Esto me ha llegado a creer que *"cada turno"* (1 Corintios 14:27) significa que se le permite a una persona hablar, tres veces, en lenguas en cada reunión. En nuestras conferencias en Inglaterra, usualmente teníamos nueve pronunciamientos en lenguas, pero sólo había tres personas hablando. Uno puede tener nueve pero no es necesario, a no ser que el Señor lo esté permitiendo. En ocasiones encuentro que el Espíritu nos lleva en la profecía de tal manera que habrá no uno, sino dos personas hablando. Si estoy en lo correcto, y yo creo que lo estoy al decir esto, cuando estamos llenos de la profecía, el Espíritu ha tomado nuestros corazones, y los mueve por su poder. Cuando esto me pasa a mí, yo hablo lo más rápido que puedo, pero no estoy expresando mis propios pensamientos. El Espíritu Santo es el pensamiento, el lenguaje y todo lo demás; El poder del Espíritu está hablando, y, cuando el poder del Espíritu Santo habla así, no hay necesidad de lenguas ni interpretaciones porque usted está recibiendo directamente del trono el mismo idioma del corazón y del hombre. Luego cuando la lengua de la persona se expresa el Señor dará lenguas e interpretación y todo el lugar se levantará.

*"Lo más tres"*. No diga cuatro cinco, al menos tres. El Espíritu Santo lo dice.

**Pensamiento para hoy:** Un juicio correcto no se basa en crítica, un juicio correcto juzga la verdad sobre algo.

## 10 de diciembre

# Un profeta fuera de la voluntad de Dios

*Así que, el que piensa estar firme,*
*mire que no caiga* (1 Corintios 10:12).

*Lectura de las Escrituras:* Filipenses 3:3–21

*H*ay personas que hoy en día han llevado vidas santas, predicado la santificación y su idioma en lenguas ha sido útil, pero algo sucede en el camino. Han perdido el celo y su fuego, pero todavía se mantienen en el lenguaje y esto puede suceder en la vida de cualquiera.

Quiero que sepan que el exponente no vale nada si no se juzga a sí mismo diariamente. Si yo no me juzgo a mí mismo, yo seré juzgado. (Véase 1ra Corintios 11:31). No es bien para mi si me veo bien para usted, si hay algo entre Dios y yo, no me atrevería a hablarle a los demás sin saber que Dios me ha hecho puro, ya que aquellos que llevan los utensilios deben ser santos en el Señor. (Véase Isaías 52:11). Yo alabo a Dios porque yo se que:

> Su sangre puede limpiar al más vil,
> Su sangre puede limpiar al más vil,
> Su sangre es provechosa para mí,
> Su sangre es provechosa para mí.

Uno no puede asumir que alguien aún está viviendo en el centro de la voluntad de Dios, porque soy apenas un hombre. Es posible que me aflija en el Espíritu. Si fuese a hablar en un lenguaje formal sin la unción, eso no moverá a la gente. En este tipo de situación, alguien dentro del lugar—y para esto son las lenguas—alguien en el lugar que está sediento de Dios y no puede descansar porque no tiene la crema de la verdad, empezará a gemir y sollozar en el Espíritu y hablar en lenguas. Alguna otra persona de la misma manera, estará recibiendo la interpretación de esas lenguas, y se levantará y dará esa interpretación, por ende levantando a las personas donde el profeta no pudo porque ya estaba fuera de la voluntad de Dios.

**Pensamiento para hoy:** No es suficiente para mí tener tu palabra de voluntad; debo tener la palabra de voluntad del Maestro.

## 11 de diciembre

# Un camino más excelente

*Todo lo que respira alabe a Jah. Aleluya* (Salmo 150:6).

*Lectura de las Escrituras:* Salmo 150

Si alguna vez usted llega a un lugar en donde no pueda adorar a Dios, sería una calamidad en su vida, y una calamidad para las personas alrededor suyo. Si quiere llevar la bendición a los hogares y hacer que las personas alrededor sepan que tiene algo más que una vida ordinaria, debe saber que Dios ha venido a suplantarle y poner dentro de usted una adoración perfecta.

Dios tiene un lugar excelente para nosotros, tanto así, que su voluntad puede ser hecha y nosotros podremos estar sujetos a su voluntad perfecta. Lo que llegue a suceder, nadie puede saber, ya que Jesús alcanzó el lugar más alto cuando Él dijo, *"Porque he descendido del cielo, no para hacer mi voluntad, sino la voluntad del que me envió"* (Juan 6:38). De manera que hayamos algo bueno cuando cedemos para que Dios pueda tenernos como suyos.

Dios desea que nos perdamos en Él como nunca antes. Quiero provocarle amor para que pueda ingresar a este lugar de bendición.

Amado, crea hoy que Dios tiene un camino para usted. A lo mejor nunca ha ido por ese camino antes. Dios tiene un camino más allá de su forma de pensar. Él tiene un plan para usted.

Hay una gran necesidad hoy, las personas tienen hambre de la verdad, tienen sed, queriendo conocer a Dios mejor. Hay miles en el *"valle de la decisión"* (Joel 3:14), queriendo que alguien los lleve a las profundidades de Dios.

¿Está listo para orar? Usted dice, "¿Por qué debo pedir?".

A lo mejor no sabe por lo que va a pedir, pero si empieza, el Espíritu conocerá el deseo de su corazón y Él orará conforme a la mente de Dios. Usted no sabe, pero Dios lo sabe todo y Él conoce todo en usted y desea promoverle.

Así que digo, "¿Está listo?", y usted me responde, "¿Para qué?". ¿Está listo para llegar a la presencia de Dios para que pueda pedir en este día como nunca antes? Pida en fe, sin dudar nada, pero crea que Dios está en el trono esperando para ungirle como nuevo hoy.

# 11 de diciembre

¿Está usted listo? ¿Para qué? ¿Está listo para ser llevado al banquete en la casa de Dios, así como Ester llegó ante el Rey Asuero? Dios extenderá el cetro y todo lo que su corazón desea, Él lo dará. (Véase Ester 5–7).

Padre, en el nombre de Jesús venimos ante ti para ver tu majestuosidad, por el poder de tu mano que nos mueve, castiga y edifica. Que la Palabra de Dios se hunda en nuestros corazones en este día. Haznos, oh Dios, dignos del nombre que llevamos, que podamos andar como verdaderos santos de Dios. Así como estabas en la tierra, llénanos con tu unción, tu poder y tu gracia. Amén.

**Pensamiento para hoy:** Dios quiere que usted sea bendecido para que luego sea de bendición.

## 12 de diciembre

# Humildad y compasión

*Estando en la condición de hombre, se humilló*
*a sí mismo, haciéndose obediente hasta la muerte,*
*y muerte de cruz* (Filipenses 2:8).

*Lectura de las Escrituras:* Filipenses 2:1–18

*E*s muy importante ministrar los dones del Espíritu de una manera apropiada. No hay unción como la que viene de la muerte, cuando estamos muertos en Cristo. Es esta posición la que nos hace vivir en Él. Si nos hemos conformado con su muerte, entonces, es esa misma muerte, como con Pablo, que nos haremos como Él en su poder de resurrección. (Véase Filipenses 3:10–11).

No olvide que Dios es coigual con el Padre y que Él no se hizo ninguna reputación cuando se hizo hombre y llegó a la tierra. (Véase Filipenses 2:6–7). Él no vino a decir que era esto o lo otro. No, esa no era su posición. Jesús tenía todos los dones. Cuando el hijo muerto estaba entrando por las puertas de la ciudad de Naín, Él pudo perfectamente levantarse y decirle a Pedro, a Juan, a Jacobo, y a los demás (véase Lucas 7:11–15), "Hazte a un lado Pedro, abre paso Juan, dame lugar Tomás. ¿No saben quién soy? Soy coigual con el Padre. Tengo todo el poder, tengo todos los dones, todas las gracias. Háganse a un lado; ¡les enseñaré como levantar a los muertos!".

¿Fue así cómo lo hizo? ¡No! ¡Nunca! ¿Entonces qué fue lo que pasó? Él fue observador, los discípulos estaban allí pero no tenían la misma observación. ¿Qué fue lo que vio? Él vio a la viuda y supo que ella estaba llevando al entierro toda su ayuda, toda su vida. Su amor estaba ligado a ese hijo y allí estaba, destrozada e inclinada en dolor, todas sus esperanzas arruinadas.

Jesús tuvo compasión de ella, y la compasión de Jesús es mayor que la muerte. Su compasión era tan maravillosa que fue más allá de los poderes de la muerte y de todos los poderes de los demonios ¿Acaso no es un Jesús amoroso? ¿Un salvador precioso?

*Pensamiento para hoy:* La observación llega de una llama interna encendida por Dios.

526

# Una manera perfecta

*Si yo hablase lenguas humanas y angélicas,*
*y no tengo amor, vengo a ser como metal que resuena,*
*o címbalo que retiñe* (1 Corintios 13:1).

*Lectura de las Escrituras:* 1 Corintios 13

lguna vez ha leído un versículo como éste? Es como el estado de ser traído a una tesorería. ¿Sabe usted lo que es una tesorería? Una tesorería es un lugar donde se guardan cosas preciosas.

Dios nos pone en la tesorería para poder tener o manipular los dones preciosos del Espíritu, para que así no fallemos en usarlos correctamente. Él nos da una imagen sobre cómo usarlos.

¡Qué posición de autoridad y gracia habla Dios en este versículo! *"Hablase lenguas humanas y angélicas"*. ¡No es esto maravilloso!

Hay hombre que tiene grande calificaciones para hablar, su conocimiento en el reino natural es tan sorprendente que muchas personas van para oír sus mensajes elocuentes porque son maravillosos de escuchar. Aun así, a través del Espíritu Santo, Dios nos pone justo en el centro de ellos y dice que nos ha dado la capacidad para hablar como hombres, con el poder del pensamiento y del lenguaje a nuestra disposición, para que poder decir lo que sea.

Las personas le están fallando a Dios todo el tiempo alrededor del mundo porque están enfocados es su propia elocuencia, y Dios no está en ella. Están perdidos en sus pretensiones de su gran autoridad sobre el lenguaje, y lo usan con el propósito de jugar con los oídos y las sensaciones de las personas, y eso no es de utilidad. No es nada. Se marchitará y las personas que lo usan también.

Pero Dios ha dicho que hay una manera. Ahora, ¿cómo es que manejando lenguas *"humanas y angélicas"* se llegará a ser prospero?

Cuando usted lloraba por una victoria, era capaz de lograr lo que sea. Estaba tan deshecho que si no hubiera sido por Dios que le ayudó, no lo hubiese logrado. Usted estaba tan quebrantado en el espíritu que su cuerpo entero parecía estar en su fin, hasta que Dios le levantó. Luego vino la unción y cada palabra glorificaba a Jesús. Cada oración levantaba a las personas y las edificaba mientras escuchaban, "¡Seguramente Dios está en este lugar! Ha enviado su Palabra y nos sanó". (Véase Salmo

# 13 de diciembre

107:20). No vieron a ningún hombre, sólo a Jesús, y estaba tan manifestado que todos dijeron, "¡Oh, era Jesús quien nos hablaba esta mañana!".

Si uno ministra de esta manera nunca llegará a ser nada. Las lenguas de los hombres y de los ángeles llegarán a nada. Pero si usted habla con la lengua de los hombres y de los ángeles que están bañados con el amor de Dios, hasta que sea Él por quien usted habla; luego será escrito para siempre en la historia de la gloria. Que el Señor nos ayude a saber cómo actuar en el Espíritu Santo.

*Pensamiento para hoy:* Cuando usted vive solamente y únicamente para el deseo de la gloria de Dios, sus hechos, su vida, ministerio, y su poder serán gravados eternamente en la gloria del cielo—por lo mismo que los Hechos de los Apóstoles fueron grabados en la gloria.

# 14 de diciembre

# Profecía y bondad

*Y si tuviese profecía, y entendiese todos los misterios y toda ciencia,*
*y si tuviese toda la fe, de tal manera que trasladase los montes,*
*y no tengo amor, nada soy* (1 Corintios 13:2).

**Lectura de las Escrituras:** Salmo 31

Muchas personas desean tener fe; muchas desean tener profecía; otras desean saber misterios. ¿Quién conoce los misterios? *"La comunión íntima de Jehová es con los que le temen"* (Salmo 25:14). No cambie las Escrituras. *"Por la fe vivirá"* (Romanos 1:17). No altere las Escrituras.

No olvide lo maravilloso de la profecía cuando entienda el principio de ésta. La profecía es el sexto don mencionado en 1 Corintios 12. ¿Qué fruto o gracia cree que coincide con la profecía? La bondad claro.

¿Por qué la bondad? Porque si usted está viviendo en santidad, en santificación, y perfección, nunca tomará ventaja del Espíritu Santo y hablará mientras el Espíritu dé profecía. Usted nunca dirá cosas humanas sólo porque tiene el don de profecía, hablará acorde al Espíritu, dando profecía porque ha sido santo.

Cuando usted habla en lo natural después de haber recibido el don de profecía, es porque ha llegado a ser nada; usted es nada; no es contado en el gran plan del propósito de Dios. Pero si se resguarda en Cristo y su corazón entero es perfecto en Dios, y sólo profetiza cuando el Espíritu de Dios está sobre usted, es allí cuando será algo que perdura para siempre. Las personas serán bendecidas por siempre, y Dios será glorificado por siempre.

Supongamos que tengo toda la fe que pueda mover montañas. Ahora supongamos que tengo una gran granja, pero parte de mis tierras no son muy rentables. Es muy pedregoso, hay muchas piedras así como unas pocas montañas que son incultivables. Pero porque tengo fe sin amor, digo, "Usaré mi fe para mover estas tierras. No me importa donde vayan, siempre y cuando mi tierra esté limpia".

Así que usé mi fe para limpiar mi tierra. Al día siguiente, mi pobre vecino llega y me dice, "Estoy en problemas, toda tu tierra deshecha y pedregosa ha tapado la mía, y ahora mi tierra buena está arruinada".

# 14 de diciembre

Y yo, que tengo fe sin amor le respondí, "¡Consigue un poco de fe y muévalo de vuelta!".

Eso no es de ningún beneficio. Si Dios nos trae a un lugar de fe, que sea para la gloria de Dios. Luego cuando usted ora, Dios contestará; nada dificultará que sea usado por Dios para lo que Dios se complace en usarnos.

Los dones no sólo se dan; también son aumentados para aquellos que son usados, quienes se mantienen en un lugar de utilidad. Dios se queda con aquellos que ceden, y ellos son suplantados continuamente—a un lugar que es más profundo, alto, santo, rico y celestial.

Para terminar, los dones no son solamente utilizables, sino que también Dios es glorificado en Jesús cuando usted eleva la oración de fe. Jesús mismo dijo, "Cuando oren y crean, el Padre será glorificado en el Hijo". (Véase Juan 14:12–13).

*Pensamiento para hoy:* Se requiere de un hombre justo para vivir por la fe.

## 15 de diciembre

# El sacrificio no es nada sin amor

*Y si repartiese todos mis bienes para dar de comer a los pobres,*
*y si entregase mi cuerpo para ser quemado, y no tengo amor,*
*de nada me sirve* (1 Corintios 13:3).

*Lectura de las Escrituras:* Marcos 6:30–56

Aunque pueda poner mis manos en un millón de dólares, aunque pueda hacer todo tipo de cosas con ese dinero, aun así, después de usarlo todo, puedo mostrarle más a las personas por darles mi cuerpo para ser quemado diciendo, "¡Les mostraré de lo que estoy hecho!". Esto es nada, ¡nada! Cinco dólares dados en el nombre del Señor tienen más valor que miles sin reconocerlo a Él.

Un hombre se me acercó y tuvimos largas pláticas acerca del Señor. Me dijo, "Yo estaba en una situación muy difícil. Había trabajado mucho en la iglesia y había dado todas mis fuerzas...".

Ay, yo veo a personas tan de Dios, tan santas, haciendo más de lo que deberían, por tanto desperdiciándose. ¿Acaso no sabe que su cuerpo le pertenece a Dios (véase 1 Corintios 6:19–20), y que, si lo sobrecarga, le juzgará por ello? Tenemos que ser cuidadosos porque el cuerpo que nos fue dado es para exhibir su poder y su gloria, y no podemos hacer esto si solamente nos entregamos al trabajo, trabajo, trabajo y a pensar que esa es la única forma. No lo es.

Las Escrituras nos enseñan que Jesús tuvo que ir y renovar su visión espiritual y poder a solas con su Padre (véase Marcos 1:35), y que era necesario que los discípulos se hicieran a un lado y descansaran por un rato. (Véase Marcos 6:30–31). ¿No podía Jesús darles todo lo que necesitaban? Mi querido hermano, lo que sea que Dios da, nunca se llevará su sentido común.

Supongamos que, tontamente, sobreexcedí mi cuerpo y sabiendo yo que lo hice. ¿Cómo podría pedir que alguien orara por mí sin que me arrepintiera? Debemos tener cuidado, nuestros cuerpos son templos del Espíritu Santo, Él debe habitar en ellos y deben ser para su propósito en el mundo. No trabajamos para nosotros mismos; Dios ha de ser glorificado en nuestros cuerpos. Muchos hoy en día, están completamente marchitos, años antes de su tiempo, porque fueron más allá de su conocimiento.

*Pensamiento para hoy:* Los dones que usted tiene perecerán a no ser que ellos sean usados para la gloria de Jesús.

531

## 16 de diciembre

# Los dones

*Y a aquel que es poderoso para guardaros sin caída,*
*y presentaros sin mancha delante de su gloria con gran alegría,*
*al único y sabio Dios, nuestro Salvador, sea gloria y majestad,*
*imperio y potencia, ahora y por todos los siglos* (Judas 24–25).

### Lectura de las Escrituras: Judas

Es muy necesario que recibamos el Espíritu Santo ante todo; después de recibirlo, debemos desear ardientemente los dones. Luego, después de recibir los dones, nunca debemos olvidar que el don es confiado a nosotros para llevar las bendiciones de Dios al pueblo.

Por ejemplo, la sanidad divina es un don para ministrar las necesidades de las personas. El don de la sabiduría es una palabra en un momento de necesidad, para enseñarle a usted lo que debe hacer. El don de ciencia, o la palabra de ciencia, son para inspirarle y traer vida y jubilo. Esta es la intención de Dios.

Luego está el don del discernimiento. No debemos discernirnos unos a los otros, más bien debemos discernir los poderes del mal, lidiar con ellos y mandarlos de regreso a la cueva de donde salieron. Con respecto al don de los milagros, la intención de Dios es que lleguemos al lugar donde veremos los milagros realizados y también quiere que entendamos que las lenguas son útiles solamente cuando exaltan y glorifican al Señor ¡y sobre todo que en verdad sepamos lo que significa cuando el don de interpretación es dado! No es simplemente tener una sensación bella y pensar que es interpretación, más bien, el hombre que la tiene no sabe lo que viene, porque si lo supiera no sería interpretación. La interpretación es no saber lo que uno va a decir, más bien es estar en el lugar en donde dice exactamente lo que Dios quiere decir. Así que cuando yo tengo que interpretar un mensaje, intencionalmente alejo mi mente de cualquier cosa que lo pueda dificultar. A veces digo, "Alabado sea el Señor", y "Aleluya", para que así todo sea una palabra por el Espíritu y no mi palabra, ¡será la palabra del Señor!

Podemos tener estos dones perfectamente balanceados por el amor divino, siendo así serán una bendición todo el tiempo. Sin embargo, hay en momentos un deseo en la carne de hacer algo llamativo. ¡Cómo la gente escucha y ansía la profecía divina, al momento en que llega la interpretación! ¡Cómo emociona! No hay nada de malo en ello; es hermoso. Agradecemos a Dios por el oficio y el propósito por lo cual ha venido, pero

# 16 de diciembre

debemos ser cuidadosos en terminar cuando estamos encaminados y no salir por nuestra cuenta. Así es como la profecía se desperdicia. No caiga, amado, porque las personas notan la diferencia. Ellos saben lo que está lleno de vida, lo que es de verdad.

Pero repito, es lo mismo con respecto a una persona que está orando. Nos encanta que las personas oren en el Espíritu Santo; nos encanta oírlas decir las primeras oraciones porque el fuego está allí. Sin embargo, lo que desperdicia aun a la persona más santa en la oración es cuando, después que el espíritu de la oración ha llegado y la persona continúa, las demás personas dicen, "Me gustaría que se detenga", y la iglesia se vuelve silenciosa. Luego dicen, "Me gustaría que ese hermano se detenga. ¡Qué lindo que empezó, pero ahora está seco!". Pero no, la persona no se detiene.

Un predicador se estaba divirtiendo una vez, y la gente disfrutaba; sin embargo, después de haber terminado, él continuó, luego un hombre llegó a la puerta y preguntó, "¿Ya terminó?". "Sí", dijo el hombre, "¡ya era hora, no se detenía!". Dios nos libre de eso. La gente sabe cuando uno está orando en el Espíritu. ¿Por qué tomarse el tiempo y desperdiciarlo todo porque el lado natural se entrometió? Esa nunca es la intención de Dios. Dios tiene un lado sobrenatural; ese es el lado verdadero y ¡qué bello es! En ocasiones las personas saben más que uno, y también nosotros lo sabríamos si fuéramos más cuidadosos.

Que el Señor nos conceda la revelación; necesitamos del discernimiento; necesitamos intuición. Es la vida interna, es la salvación interna, que limpia y llena; es todo lo interno. La revelación es interna y es para ser exhibida externamente pero siempre recuerde que es interna. El Hijo de Dios dijo mucho cuando dijo, "Los puros de corazón verán a Dios". (Véase Mateo 5:8). Hay una visión interna de Dios y es pura en el corazón del que ve a Dios, que el Señor nos mantenga puros para que no bloqueemos el camino.

**Pensamiento para hoy:** Si usted continúa profetizando por su cuenta después de la unción, está usando un fuego falso.

## 17 de diciembre

# *Acatar a Cristo*

*Yo soy la vid, vosotros los pámpanos; el que permanece en mí,*
*y yo en él, éste lleva mucho fruto; porque separados*
*de mí nada podéis hacer* (Juan 15:5).

*Lectura de las Escrituras:* Juan 15:1–17

*A*mado, es maravilloso estar en la voluntad de Dios. Pero, ¿cómo podemos hacerlo? Sólo siendo nada, recibiendo al Espíritu Santo nada más, estando en el lugar donde podemos ser dirigidos por Dios y llenos de su poder.

¡Lo que debe ser tener la habilidad de hablar, tener un lenguaje bello, como muchos hombres! Es maravilloso tener la lengua de un ángel para que las personas que oigan, sean movidas por el uso de su lenguaje. Aun así lloraría, mi corazón se destrozaría si llegase ante ustedes con un lenguaje bello pero sin poder.

Si yo tuviese el idioma de un ángel y que las personas fuesen conmovidas por lo que diga, pero sin que Jesús se glorificara del todo, eso sería un desperdicio, borrado e infortuito. Yo mismo debería ser nada, pero si digo, "Señor, déjalos que oigan tu voz. Señor, que sean forzados a oír tu verdad. Señor, de cualquier modo, de cualquier forma, escóndeme hoy", es allí donde Él es glorioso, y todas las personas dicen, "¡Hemos visto a Jesús!".

Cuando estuve en California, pasé muchos días con el hermano Montgomery siempre que tenía la oportunidad. Durante este tiempo un hombre le escribió. Este hombre había sido salvo pero había perdido su júbilo; había perdido todo lo que tenía. Él escribió, "Estoy harto de todo, no vuelvo a tocar esto nunca más; estoy harto". El hermano Montgomery le escribió de vuelta y le dijo, "Si me escucha una vez más, nunca voy a intentar persuadirle. Hay un hombre de Inglaterra, y, si usted está dispuesto a escucharlo sólo una vez, pagaré todos sus gastos". Así que vino, escuchó y al final me dijo, "Les digo la verdad, he visto al Señor a la par de usted y he escuchado su voz. Nunca lo vi a usted".

"Yo tengo mucho dinero", continuó, "y tengo un valle de quinientas millas de largo. Si habla la palabra conmigo, yo iré abriré mi valle para el Señor".

Yo he predicado en varios de sus lugares, y Dios lo ha usado maravillosamente para hablar en el valle. ¡Lo que hubiese perdido de haber llegado el primer día, si hubiese estado haciendo algo propio y no algo del Señor estando aquí hablando sus palabras a través de mí! Que nunca nos deje hacer algo para perder este amor divino, este afecto en nuestros corazones que dice, "¡No yo, sino Cristo; no yo, sino Cristo!".

Pierda usted su identidad en el Hijo de Dios. Déjelo ser todo en todo. Busque solamente al Señor y permítale ser glorificado. Usted tendrá dones; gracia y sabiduría. Dios está esperando a la persona que dejará todo en el altar por cincuenta y dos semanas, tres cientos sesenta y cinco días al año y luego continúa perpetuamente en el Espíritu Santo.

**Pensamiento para hoy:** Olvídese de sí mismo, y piérdase en Él.

# 18 de diciembre

## La Palabra preciosa

*Así también vosotros; pues que anheláis dones espirituales, procurad abundar en ellos para edificación de la iglesia* (1 Corintios 14:12).

*Lectura de las Escrituras:* Lucas 8:4–18

Este pasaje es la Palabra de Dios, y es muy importante, que cuando leamos la Palabra, lo hagamos de tal manera que tengamos propósito de obedecer todos sus preceptos. No tenemos derecho de abrir la Palabra de Dios de forma descuidada o indiferente. Yo no tengo derecho de venir ante ustedes con cualquier mensaje sin que esté absolutamente en el perfecto orden de Dios. Creo que estamos en el orden adecuado para tratar un tema del cual grandemente necesitamos ser informados en estos días. Muchas personas están recibiendo el bautismo con el Espíritu Santo, pero no saben en qué dirección ir.

Tenemos una gran necesidad hoy de ser abastecidos con la revelación de acuerdo con la mente del Señor, que podamos ser instruidos por la mente del Espíritu Santo, que podamos trazar correctamente la Palabra de verdad (véase 2 Timoteo 2:15), y, que no seamos novatos, considerando el hecho de que el Espíritu del Señor nos ha llegado en revelación. Debemos estar alerta a cada toque de lo divino e iluminación espiritual.

Debemos considerar con mucho cuidado lo que el apóstol Pablo nos dijo: *"Y no contristéis al Espíritu Santo de Dios, con el cual fuisteis sellados para el día de la redención"* (Efesios 4:30). El sello del Espíritu es muy maravilloso, y le ruego a Dios que ninguno de ustedes pierda la herencia divina que Dios ha escogido para ustedes, la cual es más grande de lo que podrán escoger sus mentes si tuviesen sus facultades multiplicadas por diez. La mente de Dios es mayor que la suya, sus pensamientos están más altos que los cielos sobre su cabeza (véase Isaías 55:9), así que no debe temer.

**Pensamiento para hoy:** Cuando la Palabra está en su corazón, ésta le guardará de desear el pecado.

## 19 de diciembre

# Conducta digna

*Estando persuadido de esto, que el que comenzó
en vosotros la buena obra, la perfeccionará hasta
el día de Jesucristo* (Filipenses 1:6).

*Lectura de las Escrituras:* Filipenses 1

*T*engo un amor muy grande por mis hijos y mi hija, pero no es nada comparado con el amor que Dios tiene para nosotros. El amor de Dios quiere que caminemos por la tierra como su hijo lo hizo: vestido, lleno y radiante con el fuego saliendo de nuestros rostros, manifestando el poder del Espíritu para que las personas salten a la libertad.

Pero hay una ignorancia deplorable entre aquellos que tienen los dones. No es correcto que piense que porque tiene un don, lo puede ondear delante de la gente para que se enfoque en eso, porque si lo hace, usted estará fuera de la voluntad de Dios. Los dones y los llamados, en el cuerpo de Cristo, pueden ser irrevocables (véase Romanos 11:29), pero recuerde que Dios llama para que administremos correctamente el don, de una forma espiritual después de haberlo recibido. No son entregados para adornarlo a usted, más bien para sostener, construir, edificar y bendecir a la iglesia. Cuando Dios ministra por medio de un miembro del cuerpo de Cristo y la iglesia recibe la edificación, todos los miembros llegan a regocijarse juntos. Dios se mueve en nosotros como su descendencia, como sus escogidos y como frutos de la tierra. Quiere que seamos vestidos elegantemente, así como nuestro Maestro lo es.

Sus obras en nosotros pueden ser muy dolorosas, pero el sabio santo sabe que, entre aquellos que Dios castiga, está aquel a quien Dios entrenó en ese castigo porque *"da fruto apacible de justicia a los que en ella han sido ejercitados"* (Hebreos 12:11). Por tanto, permítale que haga lo que Le parece bien, porque Él tiene sus manos sobre usted; no las quitará voluntariamente hasta que haya hecho lo que Él sabe que usted necesita. Así que si Él viene a cribarte, esté listo. Si viene con castigo, esté listo para el castigo. Si viene con corrección, esté listo para corrección. Cualquiera que sea que su voluntad, déjele hacerla y le llevará a una tierra de plenitud. ¡Oh, vale la pena estar bajo el poder del Espíritu Santo!

# 19 de diciembre

Si no le castiga, si avanza lentamente sin incidente, sin cruces, sin persecuciones ni juicios, recuerde que *"si se os deja sin disciplina, de la cual todos han sido participantes, entonces sois bastardos, y no hijos"* (Hebreos 12:8). Por lo tanto, *"examinaos a vosotros mismos si estáis en la fe"* (2 Corintios 13:5). Nunca olvide lo que Jesús dijo: "Los que oyen mi voz, me siguen". (Véase Juan 10:27).

**Pensamiento para hoy:** Jesús quiere que usted tenga un tono claro en su testimonio.

## 20 de diciembre

# Una talla perfecta

*Hay diversidad de dones, pero el Espíritu
es el mismo* (1 Corintios 12:4).

*Lectura de las Escrituras:* Romanos 12:3–13

La variación entre la humanidad es tremenda. Las caras son diferentes y de igual manera los físicos. Pueda ser que su cuerpo esté construido de cierta manera, que un don en particular no pueda serle útil, más bien ese mismo don puede servirle a alguien más.

Así que la Palabra de Dios lidera con una variedad de dones, significando que estos dones alcanzan perfectamente la condición de cada creyente. Este es el plan de Dios. Puede ser que una persona sea llevada a reclamar todos los dones. Sin embargo, no tema; las Escrituras son definitivas. Pablo dijo que uno no tiene que empezar corto en un don. (Véase 1 Corintios 1:7). Dios tiene cosas maravillosas para usted, las cuales van más allá de lo que imagina. El Espíritu Santo está tan lleno de operaciones proféticas y poder divino, que es maravilloso lo que puede suceder cuando el Espíritu Santo llega.

¡Cómo me libertó! No soy nada sin el Espíritu Santo. El poder del Espíritu Santo ha aflojado mi lengua. Yo era como mi madre, no tenía la habilidad para hablar; si empezaba a contar una historia, no la podía terminar y mi padre le diría, "Madre, tendrás que empezar de nuevo". Yo era así, no podía contar una historia, estaba atado. Tenía muchos pensamientos pero ningún lenguaje, pero ¡ah, después que vino el Espíritu Santo!

Cuando llegó, tuve un gran deseo por los dones. Así que el Señor provocó en mí ver que es posible para cada creyente vivir en una unción santa, una comunión divina, con medida remecida (véase Lucas 6:38) por el poder del Espíritu Santo, cada don puede ser así.

Pero, ¿no hay un desconcierto vasto con respecto a poseer los dones? Puede preguntarle a un montón de creyentes, escogidos al azar de casi cualquier iglesia, "¿Tiene alguno de los dones del Espíritu?". La respuesta de todos será, "No", y será en un tono que denotará que el creyente no se sorprende por no tener alguno de los dones, que no los espera, y que no espera buscarlos. ¿No es eso terrible, aun cuando la Palabra viva específicamente nos dicta *procurad, pues, los dones mejores* (1 Corintios 12:31)?

# 20 de diciembre

Así que para que los dones puedan ser un todo y evidenciales, debemos ver que no cedamos a vivir sin su gloria. Él obra en nosotros y nosotros obramos con Él—cooperando, trabajando juntos. Esto es divino, seguramente es el plan de Dios.

Dios le ha traído al banquete y quiere mandarle de regreso lleno. Estamos en un lugar donde Dios quiere darnos visiones, estamos en in lugar donde, en Su gran amor, nos está bañando en besos. ¡Qué maravilloso es el beso de Jesús, la expresión de su amor!

Venga, busquémosle pidiendo por los mejores dones, y, luchemos para ser sabios y trazar justamente la Palabra de verdad (véase 2 Timoteo 2:15), dándola en poder para que la iglesia pueda ser edificada y los pecadores salvados.

**Pensamiento para hoy:** Mire en el Espíritu Santo para que le enseñe a usar los dones, para que nunca usted los use sin el poder del Espíritu.

## 21 de diciembre

# Transformado por Dios

*He aquí que yo hago cosa nueva* (Isaías 43:19).

*Lectura de las Escrituras:* Tito 3

racias a Dios por su Palabra. Vívala y muévase en ella, ya que seremos anémicos sin la Palabra. No somos nada bueno si nos apartamos de la Palabra. Cuando los cielos y la tierra sean derretidos, será tan brillante como el día debido a la Palabra de Dios.

Sabemos que es rápida, poderosa y más filosa que cualquier espada de doble filo, dividiendo el alma y espíritu, las coyunturas, médula y pensamientos del corazón. (Véase Hebreos 4:12). La Palabra de Dios es como una espada que penetra, la Palabra está definitivamente para nosotros. Tómela, medite en ella. Es la verdad.

Cuando me iba a Nueva Zelanda y Australia, había muchas personas despidiéndome. Un doctor hindú iba conmigo en el mismo coche y abordó el mismo barco. Era muy callado e interiorizaba todo lo que se estaba diciendo en el navío. Empecé a predicar, claro, y el Señor empezó a trabajar entre las personas. En la segunda clase de la nave había un joven y su esposa quienes eran ayudantes de una señora, y un caballero en primera clase. Estos dos jóvenes me oyeron hablarles en privado, y quedaron impresionados. Luego de eso, la señora a la que atendían cayó muy enferma, y en su enfermedad y soledad no podía encontrar alivio. Llamaron al doctor y éste no le daba esperanzas.

Luego, en este extraño dilema—aunque ella era una gran Científica Cristiana, una predicadora de ello, y había ido a muchos lugares predicándolo—pensaron en mí. Sabiendo las condiciones y para lo que ella vivía, sabiendo que era tarde ese día, en esa condición de su mente, ella solamente podría recibir la palabra más sencilla. Le dije, "Ahora está muy enferma, no hablaré de nada más excepto esto: oraré por usted en el nombre de Jesús y en ese momento, quedará sana".

Y justamente en el momento que oré, ella sanó. Eso era *"una fe igualmente preciosa"* (2 Pedro 1:1) obrando. Más tarde ella estaba perturbada, le mostré el estado terrible en que estaba y señalé todas sus falsedades, y las fallas de su posición. Le mostré que no había algo en la Ciencia

**541**

# 21 de diciembre

Cristiana que no sea una mentira de principio a fin y que era una de las últimas agencias del infierno. En fin es una mentira: predicando una mentira y produciendo una mentira.

Luego ella llegó a la normalidad. Ella quedó tan arrepentida y quebrantada. Pero lo que la había agitado al principio era que tenía que ir a predicar un simple evangelio de Cristo cuando había predicado la Ciencia Cristiana. Me preguntó si ella tenía que dejar ciertas cosas. No las voy a mencionar porque son muy viles. Le dije, "No, lo que debe hacer es ver a Jesús y tomar a Jesús". Cuando ella vio al Señor en su pureza, todo lo demás tuvo que irse. En la presencia de Jesús, lo demás se va.

Esto abrió la puerta. Tuve que predicarles a todos en el barco y eso me dio una grandiosa oportunidad. Mientras predicaba, el poder de Dios cayó, la convicción llegó y pecadores fueron salvos. Me seguían a mi cabina, uno por uno. Dios estaba obrando allí.

De repente entra este doctor hindú. Me dice, "¿Qué debo hacer? Tus prédicas me han cambiado, pero debo tener una base. ¿Pasarías un tiempo conmigo?".

"Claro que sí".

Nos fuimos solos, y Dios quebrantó el suelo improductivo. Este doctor hindú iba directo a su casa pero como un hombre nuevo. Él había dejado una clínica allá. Él me contó de esa gran práctica que él tenía. Ahora él iba de regreso a su clínica para predicar de Jesús.

**Pensamiento para hoy:** Una cosa es manejar la Palabra de Dios; otra es creer lo que Dios dice.

## 22 de diciembre

# *Nuestra herencia*

*Como todas las cosas que pertenecen a la vida y a la piedad nos han sido dadas por su divino poder, mediante el conocimiento de aquel que nos llamó por su gloria y excelencia* (2 Pedro 1:3).

*Lectura de las Escrituras:* Mateo 21:33–44

Muchas personas elaboran testamentos y asignan a alguien para que lleve a cabo sus peticiones finales. Después que la persona muere, comúnmente las personas que pensaron tenían algún tipo de propiedad nunca la obtienen debido a un administrador infiel que quedó a cargo. Pero hay un testamento que queda pendiente, y el que hizo el testamento completo es nuestro Señor Jesucristo. Después de morir, Él se elevó para llevar a cabo su propio testamento y ahora podemos tener todo lo que Él nos dejó; toda la herencia; todas las bendiciones; todo el poder; toda la vida y toda la victoria. Todas sus promesas son nuestras porque Él se elevó. Yo creo que el Señor quiere que conozcamos nuestra herencia.

Jesús nos invita, *"Venid a mí todos los que estáis trabajados y cargados, y yo os haré descansar"* (Mateo 11:28). Dios está dispuesto, en su gran misericordia, a tocarle con su poder; si Él está dispuesto a hacer esto, ¡qué tan ansioso estará Él para liberarle del poder de Satanás y hacerle un hijo del Rey! ¡Qué más hace falta para que sea sanado de su enfermedad en el alma más que de los padecimientos de su cuerpo!

Porque Él es elevado como un Sumo Sacerdote, Él está aquí para ayudarnos a entender sus principios divinos. Que Dios nos provea de un conocimiento claro de lo que Él significa para estos días. Él nos ha llamado al gran banquete y quiere que lleguemos con mucho apetito a la mesa.

Es algo muy serio llegar al banquete del Señor y no poder comer algo. Debemos tener condiciones muy sedientas y almas hambrientas. Luego podremos tener lo que se nos ha preparado. Podemos *"ser fortalecidos con poder en el hombre interior por su Espíritu"* (Efesios 3:16). Que Dios nos tome en sus tesoros ahora.

*Pensamiento para hoy:* Debemos experimentar un poder actual, una bendición actual, un Dios actual, un cielo actual, una gloria actual y una virtud actual.

# 23 de diciembre

## Más allá de la imaginación

*Que habite Cristo por la fe en vuestros corazones,*
*a fin de que, arraigados y cimentados en amor,*
*seáis plenamente capaces de comprender con todos los santos,*
*y de conocer el amor de Cristo* (Efesios 3:17–19).

**Lectura de las Escrituras:** Romanos 8

Somos hijos de las circunstancias o somos hijos de fe? En nuestra humanidad, es posible que nos atormentemos por los vientos contrarias. Mientras sopla, murmura miedo; pero si usted es *"arraigado y cimentado"*, podrá soportar la prueba y es sólo allí que será capaz *"de comprender...sea la anchura, la longitud, la profundidad y la altura; y de conocer el amor de Cristo que excede a todo conocimiento"* (Efesios 3:18–19). Es una adición para satisfacer cada necesidad, para mostrar el poder de Dios y para engrandecer la fe.

¿Qué quiere decir Pablo con, la anchura del amor de Cristo? Eso es reconocer que Dios tiene suficiente para cada circunstancia. La longitud de su amor indica que Dios es todo, ¡Dios está en las profundidades y en las alturas! Dios siempre está elevándole, y la verdad en este versículo es suficiente para que cualquiera triunfe. Él *"es poderoso para hacer todas las cosas mucho más abundantemente de lo que pedimos o entendemos"*, no tan acorde a lo que Pablo pensaría pero *"según el poder que actúa en nosotros"* (versículo 20). La simplicidad del corazón puede abrir la perspectiva de uno, pero esta plenitud es un poder ideal de Dios en el alma humana, aumentando cada parte. Dios está allí para llenar, y usted es lleno mientras su fe llega a ser completada con la plenitud de Dios.

El poder del Señor estaba presente para sanar, su plenitud de poder fluye de unos discípulos a otros. En Hechos 1, vemos que el poder de Dios fue revelado a Jesús mientras era levantado al lugar donde estaba antes—en la presencia de Dios. Jesucristo demostró el poder de Dios en carne humana. La Deidad es manifestada grandemente en Jesús. (Véase Colosenses 2:9). Juan dijo que *"en él estaba la vida, y la vida era la luz de los hombres"* (Juan 1:4). Su sustancia reveló la plenitud de Dios. ¿Cómo puede ser derramado en usted? Las Escrituras proveen la respuesta: Él es *"poderoso para hacer todas las cosas mucho más abundantemente de lo que pedimos o entendemos"* (Efesios 3:20). Allí está, lleno en la gloria, pero eso es algo tremendo, Dios tendrá que algo hacer. Amado, no es

# 23 de diciembre

según la mente de nuestra, sino de acuerdo a la mente de Dios, acorde a la revelación del Espíritu que es *"mucho más abundantemente de lo que pedimos o entendemos"*. La sangre ha sido derramada.

En verdad no somos dignos, pero Él es digno. Él hará más de lo que pedimos. ¿Cómo puede ser posible? Dios lo pone en su corazón, lo puede hacer. Escuchamos mucho sobre tasas de interés. Pero si sigue fielmente a Dios, Él le agregará, alargará y levantará todo el tiempo, sumando un interés compuesto. ¿Cinco por ciento? ¡No! ¡Mil por ciento, un millón! Si usted está dispuesto, si la santidad es el propósito de su corazón, se hará, dado que Dios está en su lugar. ¿Va a estar en el plan *"según el poder que actúa en nosotros"* (Efesios 3:20)? Sea como sea que usted se encuentre en cualquier momento, será su poder el que le levante, controle y lleve a un lugar de constante descanso y paz; es *"según el poder que actúa en nosotros"*. Que todos digan: *"A él sea gloria en la iglesia en Cristo Jesús por todas las edades, por los siglos de los siglos. Amén"* (versículo 21).

*Pensamiento para hoy:* Muchas personas no reciben bendiciones porque no le agradecen a Dios por la bendición anterior.

# Bendiciones abundantes

*Porque Cristo, cuando aún éramos débiles,*
*a su tiempo murió por los impíos* (Romanos 5:6).

*Lectura de las Escrituras:* Romanos 5

Por la desobediencia de un hombre, por su pecado, la muerte vino a reinar. Luego el Otro vino. Adán fue el primer hombre; Cristo el segundo. Uno era terrenal; el otro celestial. Mientras el pecado y la muerte eran gobernados por uno, así el nuevo hombre, el Cristo-hombre nos despertará a la justicia, paz y abundancia en Dios. Tal como la muerte tenía su poder a través del hombre, la vida debe tener su poder y victoria. A través del Dios-hombre venimos a una nueva orden divina.

"No puedo entender esta verdad, Wigglesworth". No, amado amigo, nunca lo hará. Es mil veces mayor que su mente; pero la mente de Cristo replantada en su orden natural le dará la visión para que usted pueda ver lo que no entiende. Lo que nunca puede entender, Dios entiende completamente, Él nos bendice en abundancia.

Ya sabe como el pecado es abundante, como nos detiene, nos derrota, como gemimos. ¿El pecado es abundante? Ahora la gracia, la vida y el ministerio abundan en nosotros.

Tome el paso de fe para que nunca más sepa lo que es una derrota. Romanos 5 es un capítulo de sanidad divina; de verdadera ascensión divina; es un capítulo de resurrección poderosa. Elimina sus limitaciones. Nos mueve de nuestro antiguo lugar, hacia un lugar de codiciada gracia. Él toma sus debilidades y pecados, y abunda con usted en la expiación. Le revela todo lo que Adán tenía, eso que le ata a usted. Le revela todo lo que Cristo tenía y tundra, eso que abunda y se dirige a usted para libertarlo de todo lo que es humano, y llevarlo a todo lo que es divino. Esta es la gloriosa libertad del evangelio de Cristo:

*Y con el don no sucede como en el caso de aquel uno que pecó;*
*porque ciertamente el juicio vino a causa de un solo pecado para*
*condenación, pero el don vino a causa de muchas transgresiones*
*para justificación.* (Romanos 5:16)

# 24 de diciembre

Hemos sido perdidos y condenados. ¡Cómo destruye la naturaleza humana! Todos sabemos que el pecado tuvo su reinado, pero hay justificación. Dios obra en el orden inferior con su majestuoso poder superior. Él toca la debilidad humana con un toque de infinito y glorioso poder de resurrección. Él le transforma:

> *Pues si por la transgresión de uno solo reinó la muerte, mucho más reinarán en vida por uno solo, Jesucristo, los que reciben la abundancia de la gracia y del don de la justicia.*
>
> (Romanos 5:17)

Que ricos somos. La muerte-vida ha sido reemplazada, ahora hay vida justa. Antes usted estaba en la muerte y era una muerte-vida, pero ahora ha recibido la vida justa. ¿Cuánto ha adquirido de ella? ¿Ha recibido una *"abundancia de la gracia"*? Su gracia se había agotado hace años, mi gracia fue empobrecida hace años, pero me di cuenta que por medio de la revelación del Espíritu, su gracia tomará el lugar de mi gracia. Su poder me cubre en donde yo no puedo, Él está conmigo cuando estoy seguro de caer. Donde el pecado es abundante, la gracia y su amor son abundantes. Él extendió su mano en misericordia; nunca ha fallado. Siempre está allí cuando estoy seguro de caer, la gracia abunda. ¡Cuánta misericordia y abundancia sin límites del amor de Dios en nosotros!

Deseo que lo reciba, que florezca triunfante en él. Espero que llegue al lugar para que se vea salir victorioso. Dios debe darle estos atributos divinos para que usted pueda alcanzar su mente en su provisión maravillosa.

***Pensamiento para hoy:*** Si hay abundancia de alabanza en su corazón, su boca no puede hacer más que hablar de ello.

## 25 de diciembre

# Dios está cerca

*He aquí, una virgen concebirá y dará a luz un hijo, y llamarás su nombre Emanuel, que traducido es, Dios con nosotros* (Mateo 1:23).

*Lectura de las Escrituras:* Mateo 1:18–25; Filipenses 2:5–11

Ser salvo es una realidad. Hay mucha verdad al tener la paz de Dios. Hay mucho conocimiento en saber que es libre, y que hay una maravillosa manifestación del poder para mantenerle libre. Pero he visto que Satanás derroca hasta los más amorosos, porque los atrapa en un momento que no estaban preparados. Me encuentro con estas pobres almas siendo engañadas constantemente por el poder de Satanás.

Escuchen esta palabra: cuando Satanás está cerca, Dios está más cerca con su medida abundante de gracia. Cuando usted se siente casi derrotado, Él tiene una bandera para cubrirle. Él cubre con su gracia, con su justicia. Es la misma naturaleza del Hijo de Dios.

Es imposible permanecer en un cuerpo natural cuando usted experimenta la vida de Dios. Cuando estás intoxicado con el Espíritu, éste fluye a través de las avenidas de su mente y la percepción agudizada de su corazón con pulsaciones profundas. Usted es lleno de la pasión de la gracia de Dios hasta que es iluminado con el poder del nuevo vino, el vino del Reino. Esta es la ruptura, ningún cuerpo natural puede soportar este proceso. Tendrá que dejar el cuerpo, pero el cuerpo será preservado hasta que los hijos de Dios sean maravillosamente manifestados. El derecho de hijos es una posición de herencia legítima. Los hijos tienen derecho al primer reclamo de la voluntad.

Me gustaría que entienda que la redención es tan perfecta que provoca que usted deje de juzgarse a sí mismo. Crea que Dios tiene un juicio justo para ti. Huya de los poderes del diablo. Puede tener una abundancia de gracia, justicia, libertad para el alma, y una transformación en la mente. Usted puede ser levantado de tu lugar terrenal para llegar al poder de Dios y su autoridad.

**Pensamiento para hoy:** Jesús dejó el cielo cuando tenía el derecho a quedarse.

## 26 de diciembre

# Esperando por el Novio

*Y a la medianoche se oyó un clamor:*
*¡Aquí viene el esposo; salid a recibirle!* (Mateo 25:6).

*Lectura de las Escrituras:* Mateo 25:1–13

Dios me fascina con su Palabra. La leo y la leo, y aún así es nueva, siempre, tan maravillosa y bendita. Me doy cuenta de la verdad de este pasaje, "La novia se regocija al oír la voz del novio". (Véase Juan 3:29). La Palabra es su voz, y mientras más nos acercamos a Jesús entenderemos que Él vino a tomar para sí un pueblo que pasara a ser su novia. Esto no solamente significa ser salvo, más bien que existe un destino eterno esperándonos en la gloria. Dios en su misericordia nos ha dado esta revelación bendita sobre como Él vivió, amó y tuvo el poder de decirles a aquellos discípulos, "Algunos de ustedes no verán la muerte sino hasta que el reino de Dios haya venido con poder". (Véase Marcos 9:1).

Ay, ese Cristo bendito, quien podía orar hasta que su semblante cambiaba y llegaba a ser glorioso, hasta que su vestidura llegaba a ser blanca y reluciente. Él dijo, *"Tengo poder para ponerla, y tengo poder para volverla a tomar"* (Juan 10:18). Es cierto que por manos crueles, Él fue arrebatado y crucificado, pero Él tuvo que estar dispuesto, ya que Él tenía todo el poder y pudo haber llamado a legiones de ángeles para liberarlo de la muerte. Pero oh, ese Cristo bendito tenía propuesto salvarnos y llevarnos en hermandad y unión con Él mismo. Él atravesó la muerte para que pudiese impartirnos la reconciliación bendita entre Dios y el hombre.

Así que es el Hombre Jesucristo, quien es la expiación del mundo entero, quien es el Hijo de Dios, es también amigo del pecador. *"Mas él herido fue por nuestras rebeliones"* (Isaías 53:5). Este Cristo bendito le dio a sus discípulos la gloria que Él tenía con el Padre antes de que el mundo existiera. (Véase Juan 17:5). Dios quiere que nosotros sepamos que Él nos sostendrá. *"No quitará el bien a los que andan en integridad"* (Salmo 84:11), incluyendo la salud, la paz, el júbilo en el Espíritu Santo y una vida en Cristo Jesús.

**Pensamiento para hoy:** Debemos estar listos para nuestro Rey.

## 27 de diciembre

# Nuestro Ayudador

*Nadie puede llamar a Jesús Señor,*
*sino por el Espíritu Santo* (1 Corintios 12:3).

*Lectura de las Escrituras:* Juan 14:16–31

l Espíritu Santo tiene un plan maestro, un plan celestial. Él vino a revelar al Rey, a mostrar el carácter de Dios, a revelar la sangre preciosa. Desde que tengo al Espíritu Santo en mí veo a Jesús revestido de humanidad. Él fue movido y guiado por el Espíritu. Leemos sobre algunos que oyeron la Palabra pero no se beneficiaron de ella, porque les faltaba fe. (Véase Romanos 9:6–8). Debemos tener una fe viva en la Palabra de Dios, una fe que debe ser vivificada por el Espíritu.

Un hombre puede ser salvo y todavía mantener un espíritu humano. En muchas personas que escuchan sobre el bautismo en el Espíritu Santo, el espíritu humano se levanta inmediatamente por sobre el Espíritu Santo. El espíritu humano no es, ni será nada para la ley de Dios. (Véase Romanos 8:7). Los discípulos en una ocasión querían que bajara fuego del cielo, y Jesús les dijo, *"Vosotros no sabéis de qué espíritu sois"* (Lucas 9:55). El espíritu humano no es contrincante para la ley de Dios.

El Espíritu Santo ha venido para un único propósito: para revelar Jesús a nosotros. Jesús se *"despojó a sí mismo"* (Filipenses 2:7), y el fue obediente hasta la muerte (véase versículo 8), para que Dios lo pudiese tener siempre como ejemplo de sumisión. Dios lo exaltó y le dio un nombre por sobre todos los nombres. *"Mas el que nos hizo para esto mismo es Dios, quien nos ha dado las arras del Espíritu"* (2 Corintios 5:5). Con el revestimiento del Espíritu, la depravación humana es cubierta, y todo lo que es contrario a la mente de Dios es destruido. Dios debe tener cuerpos para sí mismo, perfectamente preparados por el Espíritu Santo para el Día del Señor. *"Y por esto también gemimos, deseando ser revestidos de aquella nuestra habitación celestial"* (versículo 2).

¿Estaba Pablo hablando sobre la venida del Señor? ¡No! Sin embargo, esta condición de preparación es de mucha relevancia. El Espíritu Santo está llegando para retomar la iglesia y hacer de ella una novia perfecta. El Espíritu Santo debe encontrarnos en perfecta sumisión, con cada deseo humano sujeto a Él. *"Y nadie puede llamar a Jesús Señor, sino por*

550

# 27 de diciembre

*el Espíritu Santo*" (1 Corintios 12:3). Él ha venido a nosotros para revelarnos a Cristo en nosotros, para que el glorioso fluir de la vida de Dios pueda traernos ríos de agua viva a la tierra sedienta de nuestro interior.

El Espíritu debe respirar una nueva ocupación, un nuevo orden, y ha venido a darnos la visión de una vida en la cual Jesús es perfeccionado. Es Cristo *"quien nos salvó y llamó con llamamiento santo, no conforme a nuestras obras, sino según el propósito suyo y la gracia que nos fue dada en Cristo Jesús antes de los tiempos de los siglos"* (2 Timoteo 1:9).

Nosotros, que somos salvos, hemos sido llamados por un llamado santo; llamados a ser santos—a ser puros, castos, como Dios; a ser hijos con poder. Ha pasado mucho tiempo desde que fue establecido y la muerte fue abolida. La muerte ya no tiene poder y esto fue dado a conocer en el evangelio que fue traído en inmortalidad. La mortalidad es un obstáculo, y el pecado ya no tiene dominio sobre usted. Usted reina en Cristo y hace uso justo de su obra terminada. No se lamente y gima por una semana, si está en necesidad, *"crea solamente"* (Marcos 5:36). No se apresure en tener algo especial, *"crea solamente"*. Es acorde a su fe que Dios le bendice con más fe. *"Tened fe en Dios"* (Marcos 11:22). Si es libre en Dios, ¡crea! Crea y le será dado más aún mientras vaya creyendo. (Véase Mateo 9:29).

*"Despiértate, tú que duermes"* (Efesios 5:14); encienda una luz y abra los ojos. *"Si, pues, habéis resucitado con Cristo, buscad las cosas de arriba, donde está Cristo sentado a la diestra de Dios"* (Colosenses 3:1). ¡Agítense amados! ¿Donde están? Yo soy aumentado en Cristo, sembrado en Él, ese fue un siembro hermoso. Estoy sentado con Él, Dios me da crédito y le creo. ¿Por qué he de dudar?

Atrévase a creer hasta que la vida de Jesús sea implantada en su alma. *"No obstante, proseguirá el justo su camino"* (Job 17:9). Dios ha reservado a aquel que es piadoso consigo mismo. (Véase Salmo 4:3). Por tanto, levante su cabeza.

**Pensamiento para hoy:** El diablo le recuerda el día en que falló, aunque diera el mundo para olvidarlo; pero Dios olvida cuando Él perdona.

## 28 de diciembre

# Dios es todo lo que usted necesita

*Me gozo en las debilidades, en afrentas, en necesidades,*
*en persecuciones, en angustias; porque cuando soy débil,*
*entonces soy fuerte* (2 Corintios 12:10).

*Lectura de las Escrituras:* 2 Corintios 12:1–10

Cuando Dios entra en su vida, usted encontrará que Él es suficiente. Cuando Israel se acercó, el sol brilló sobre él, y él tuvo poder sobre todas las cosas del mundo de Esaú. Esaú se encontró con él, mas ahora no hubo pleito; hubo reconciliación. Ellos se besaron. Cuán cierto es que *"Cuando los caminos del hombre son agradables a Jehová, aun a sus enemigos hace estar en paz con él"* (Proverbios 16:7). Las cosas materiales no importaban mucho después de la noche de la revelación. ¿Quién trajo el cambio? Dios.

¿Puede usted aferrarse a Dios como lo hizo Jacob? Ciertamente puede si es sincero, dependiente y débil. Usted es fuerte cuando es débil, pero si es santurrón, orgulloso y altivo, no puede recibir nada de Él. Si usted se vuelve tibio, en vez de estar en fuego por Dios, usted puede ser una decepción para Él. Por lo que dice, *"te vomitaré de mi boca"* (Apocalipsis 3:16).

Pero hay un lugar de santidad, un lugar de mansedumbre, un lugar de fe de donde puede llamar a Dios, *"No te dejaré, si no me bendices"* (Génesis 32:26). Y en respuesta Él bendecirá *"mucho más abundantemente de lo que pedimos o entendemos"* (Efesios 3:20).

A veces somos tentados a pensar que Él nos ha abandonado, pero no. Él prometió nunca dejarnos o abandonarnos. (Véase Deuteronomio 31:6). Él prometió no abandonar a Jacob y no rompió su promesa. Él ha prometido nunca dejarnos y Él no fallará. Jacob perseveró hasta que la bendición le llegó; nosotros podemos hacer lo mismo.

Si Dios no nos ayuda, no servimos para las necesidades de este mundo; ya no somos la sal y perdemos a nuestro Salvador. Pero mientras pasamos tiempo a solas con Dios e imploramos su bendición, Él nos da nueva sal. Él nos da nuevo poder, pero también nos lleva al quebrantamiento, y nos mueve hacia la órbita de su voluntad perfecta.

Oh, la bienaventuranza de ser traído hacia una vida de dependencia del poder del Espíritu Santo. A partir de entonces sabemos que no somos nada sin Él; somos completamente dependientes de Él. Yo soy

# 28 de diciembre

absolutamente nada sin el poder y la unción del Espíritu Santo. ¡Oh, por una vida de absoluta dependencia! Es a través de una vida de dependencia que hay una vida de poder. Si usted no está allí, vaya a solas con Dios y si debe, pase toda una noche a solas con Dios y permita que Él lo cambie y transforme. Nunca lo deje ir hasta que Él lo haya bendecido, hasta que usted sea convertido en un Israel, un príncipe con Dios.

*Pensamiento para hoy:* Son aquellos que han visto el rostro de Dios y que han sido quebrantados por Él los que pueden encontrarse con las fuerzas del enemigo y tirar abajo los baluartes del reino de Satanás.

# 29 de diciembre

# Sin condenación

*Ahora, pues, ninguna condenación hay para los que están en Cristo Jesús, los que no andan conforme a la carne, sino conforme al Espíritu* (Romanos 8:1).

*Lectura de las Escrituras:* Romanos 8:1–17

Nada puede ayudarle a alcanzar la madurez espiritual o vivir esta vida mayor, excepto la vida divina, la cual siempre le ayudará si cede completamente en allá. No solamente somos ejercitados por esa vida divina sino que también estamos en perfecto descanso. Es muy necesario, en este día, ya que las personas en todos lados están satisfechos con las cosas naturales. No hay ninguna plegaria u oración definitiva dentro del alma que está logrando que las personas se detengan e imploren por Dios y la venida del Hijo.

Estoy muy ansioso de que por algún medio yo logre inspirarle a ver lo que el Espíritu tiene guardado para usted. La vida en Cristo es absolutamente diferente a la muerte. La vida es lo que muchas personas desean debido a sus posibilidades; la muerte es de lo que muchas personas se alejan debido a su finalidad. Dios nos ha diseñado para que vivamos libres de la ley del pecado y muerte.

Esta verdad viene de la mente divina del Maestro. Él dijo que aquel que vive para sí mismo morirá. Aquel que busca vivir, morirá, pero aquel que está dispuesto a morir vivirá. (Véase Lucas 17:33). Dios quiere que veamos que hay una vida contraria a esta vida.

El Espíritu del Señor nos revela lo siguiente en su Palabra: "*El que cree en el Hijo tiene vida eterna; pero el que rehúsa creer en el Hijo no verá la vida*" (Juan 3:36). La persona incrédula está viviendo y caminando sin ver la vida. Hay una vida que siempre está ligada a la condenación, la cual es vida en muerte. Hay una vida que es libre de condenación—vivir en la Vida.

El plan del Hijo de Dios para nosotros es mucho más grande de lo que podamos comprender. El plan de Dios no es para que yo me quede igual que ayer. Él desea que la revelación espiritual me brinde un toque de la armonía divina. Dios quiere que yo alcance algo mayor. Mis ojos ven hacia arriba, mi corazón ve hacia arriba. Mi corazón es engrandecido en la presencia de Dios, ya que sólo quiero oír una palabra de Dios: "Sube más alto". Dios nos lo dará—el privilegio de llegar más alto en una relación santa con Él.

La persona que no está en condenación tiene los cielos abiertos sobre él. Esta persona tiene la sonrisa de Dios sobre él; esta persona ha llegado al reino de la fe y júbilo, y sabe que sus oraciones serán contestadas. Dios el Espíritu Santo nos hará entender que hay un lugar en el Espíritu Santo donde no existe la condenación. Este es un lugar de santidad, pureza, justicia, tierra más alta, perfección; en donde Dios nos lleva a vivir de tal forma que Él pueda sonreír a través de nosotros y actuar en nosotros hasta que nuestros cuerpos sean llamas encendidas con la Omnipotencia. Este es el plan de Dios para nuestra herencia; este lugar divino es para nosotros hoy.

No hay tal condenación. Dios quiere que veamos nuestra cobertura, esta seguridad bendita de ser fortalecido, ese conocimiento de que la Roca excavó un lugar para mí, ¡ese lugar donde sé que estoy! ¡Y ese júbilo sin límites donde yo sé que ni demonios, ni ángeles, ni principados, ni otros poderes pueden interferir con esa vida en Cristo! (Véase Romanos 8:38–39). ¡Eso es maravilloso!

*"Ninguna arma forjada contra ti prosperará"* (Isaías 54:17). El poder del Altísimo Dios nos ha puesto en Cristo. Si tuviésemos que ponernos nosotros mismos, sería diferente. Estamos en el mundo pero Dios nos ha tomado del mundo y nos pone en Cristo. Hoy Dios, por medio del Espíritu, quiere que veamos cómo este poder regenerativo, este glorioso principio de la consideración de Dios, es para nosotros. Dios quiere que nos perdamos en su dulzura, hay un poder glorioso detrás de nosotros cuando Dios está ahí; hay un suceso maravilloso cuando Él llega a nosotros. Él dijo, "Iré antes que ti, yo cuidaré tu espalda". (Véase Isaías 52:12). Y así, veo que Dios el Espíritu Santo me quiere hoy para penetrarme o llevarme o demostrarme el júbilo glorioso que hay en esta encarnación maravillosa del Espíritu para todos nosotros en Cristo Jesús. ¡Gloria a Dios!

*Pensamiento para hoy:* Dios nos hace a prueba del diablo.

## 30 de diciembre

# Por la fe

*Porque por gracia sois salvos por medio de la fe;*
*y esto no de vosotros, pues es don de Dios* (Efesios 2:8).

*Lectura de las Escrituras:* Hebreos 11

*Por la fe Abel ofreció a Dios más excelente sacrificio que Caín*" (Hebreos 11:4); "*Por la fe Enoc fue traspuesto para no ver muerte*" (versículo 5); "*Por la fe Noé...preparó el arca en que su casa se salvase*" (versículo 7); "*Por la fe Abraham, siendo llamado, obedeció para salir al lugar que había de recibir como herencia*" (versículo 8).

Sólo hay una manera de llegar a todos los tesoros de Dios, y ese es el camino de la fe. Todas las cosas son posibles, incluso el cumplimiento de todas las promesas es posible para aquel que cree. (Véase Marcos 9:23).

Habrá fracaso en nuestras vidas si no construimos sobre la base, la Roca, Cristo Jesús. Él es la única manera; Él es la verdad; Él es la vida. (Véase Juan 14:6). Y la Palabra que nos da es dadora de vida. A medida recibimos la Palabra de vida, nos vivifica, nos llena, nos mueve, nos cambia, y nos lleva al lugar en donde nos atrevemos a decir amén a todo lo que Dios dice. Amado, hay mucho en un amén. Usted no llegará a ningún lado hasta que tenga un amén por dentro. Esa es la diferencia entre Zacarías y María. Cuando el Señor llegó ante Zacarías, éste estaba lleno de incredulidad al punto que el ángel dijo, "*Y ahora quedarás mudo...por cuanto no creíste mis palabras*" (Lucas 1:20). María dijo, "*Hágase conmigo conforme a tu palabra*" (versículo 38). El Señor estaba complacido porque ella creyó lo que Él había dicho. Cuando creemos lo que Dios dice, habrá resultados.

Podremos elevar muchas oraciones y plegarias, pero no recibimos por eso mismo: recibimos porque creemos. Aun así, le toma a Dios mucho tiempo para llevarnos a través de los lamentos y plegarias antes de que podamos creer.

Yo sé que ningún hombre puede cambiar a Dios con sus oraciones, dado que no lo puede cambiar. Charles Finney dijo, "¿Puede un hombre que está lleno de pecado y de todo tipo de ruina en su vida cambiar a Dios cuando empieza a orar?". No, es imposible, pero cuando un hombre laborar en oraciones, él se lamenta porque sus tremendos pecados le presionan, y se quebranta en la presencia de Dios. Cuando es fundido apropiadamente, él perfectamente llega al plan divino de Dios, y luego Dios puede trabajar con esa arcilla. No podía hacerlo antes. La oración cambia los corazones pero nunca cambia a Dios, Él es el mismo ayer, hoy y siempre: lleno de amor, de compasión, de misericordia, de gracia y listo para otorgar y comunicar todo esto a nosotros mientras llegamos a Él en fe.

Crea que cuando llega ante la presencia de Dios, obtendrá todo por lo que llegaba. Usted puede tomarlo y usarlo ya que todo el poder de Dios está disponible en respuesta a su fe. El precio ya fue pagado con la sangre de Jesucristo en el Calvario. ¡Oh, Él es el Dios vivo, Aquel que tiene el poder para cambiarnos! *"El nos hizo, y no nosotros a nosotros mismos"* (Salmo 100:3). Y es aquel cuyo propósito es transformarnos para que la grandeza de su poder pueda obrar a través de nosotros. Oh, amado, Dios se regocija en nosotros, y, cuando los caminos del hombre agradan a Dios, Él hace que todas las cosas se muevan según su voluntad bajo su propósito bendito.

*Pensamiento para hoy:* Todas las personas nacen con una fe natural, pero Dios nos llama a una fe sobrenatural que es un don dado por Él mismo.

## 31 de diciembre

# En sintonía con Dios

*Mas buscad primeramente el reino de Dios y su justicia,*
*y todas estas cosas os serán añadidas* (Mateo 6:33).

### Lectura de las Escrituras: 2 Pedro 1

*U*na cosa que puede dificultar nuestra fe es una conciencia cauterizada. Existe una conciencia que es sin espíritu y existe otra que está tan abierta a la presencia de Dios que hasta las cosas más pequeñas del mundo son presentadas a Dios. Lo que necesitamos es una conciencia tan sintonizada con Dios que ni una cosa puede entrar y quedarse en nuestras vidas para estorbar nuestra confraternidad con Dios y quebrantar nuestra fe en Él. Y cuando podamos llegar ante la presencia de Dios con nuestras conciencias limpias y con una fe genuina, sin que nuestros corazones nos condenen, es en ese momento que tenemos confianza en Dios (véase 1 Juan 3:21), *"cualquiera cosa que pidiéremos la recibiremos de él"* (versículo 22).

En Marcos 11:24 leemos, *"Por tanto, os digo que todo lo que pidiereis orando, creed que lo recibiréis, y os vendrá"*. El versículo veintitrés habla sobre las adversidades y montañas que fueron removidas. Dorar la píldora no servirá de nada. Debemos tener la realidad, la verdadera obra de Dios, debemos conocer a Dios. Debemos ser capaces de ir y conversar con Dios. Debemos también conocer la mente de Dios para con nosotros, para que todas nuestras peticiones siempre estén alineadas con su voluntad.

Así, esta *"fe igualmente preciosa"* (2 Pedro 1:1) llega a ser parte de suya, lo cambiaré de tal forma que usted se atreverá a hacer cualquier cosa. Ahora recuerde, Dios quiere seguidores atrevidos que sean fuertes en Él, y que se atrevan a hacer hazañas. ¿Cómo alcanzaremos este lugar de fe? Deje ir sus pensamientos y aférrese a los de Dios, a la Palabra de Dios. Si usted se construye sobre imaginaciones, le irá mal. Usted tiene la Palabra de Dios, y eso es suficiente.

Un hombre dio este testimonio maravilloso acerca de la Palabra de Dios: "Nunca comparen este Libro con otros. Nunca digan o piensen que este Libro contiene la Palabra de Dios. Es la Palabra de Dios, es sobrenatural en su origen, eterno en duración, de inexpresable valor, de alcance infinito, regenerador en poder, infalible en autoridad, universal en interés, personal en aplicación e inspirado en totalidad. Léala, escríbala, ora sobre ella, póngala por obra y luego pásela".

En verdad la palabra de Dios cambia a una persona al punto que se vuelve "*carta de Cristo*" (2 Corintios 3:3). Transforma la mente, cambia el carácter, lo mueve de gracia en gracia, lo hace a uno heredero de la mera naturaleza de Dios. Dios entra, habita, camina, y cena con aquél que abre su ser a la Palabra de Dios, y recibe el al Espíritu Santo que lo inspiró.

Si usted ha perdido su hambre por Dios, si no siente el tener que implorar por más de Dios, en verdad está pasando por alto el plan. De nosotros debe salir un clamor que no pueda ser satisfecho con nada más que con Dios. Él quiere darnos la visión del premio a recibir, que es algo mucho más grande de lo esperado. Si usted se detiene en cualquier punto, continúe por donde se quedó y reinicie bajo la luz que refina, y bajo el poder del cielo. Dios irá a su encuentro. Y mientras Él le lleva a usted a hacer conciencia de su propia fragilidad, y lo lleva a un quebrantamiento de espíritu, su fe quedará aferrada a Él y a todos los recursos divinos. Su luz y compasión se manifestarán a través de usted y El enviará la lluvia.

¿No deberíamos dedicarnos nuevamente a Dios? Algunos dicen, "Me dediqué a Dios anoche". Cada revelación nueva trae una nueva decisión, busquémosle.

**Pensamiento para hoy:** No permita que una acción, un pensamiento, o cosa alguna interfiera con el Rapto. Pídale a Dios que cada momento sea de purificación.

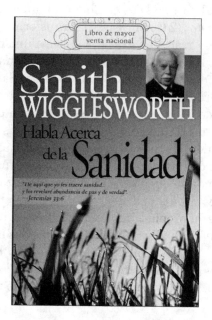

*Smith Wigglesworth habla acerca de la sanidad*
Smith Wigglesworth

Conozca a una esposa de ministro con solamente un día de vida, una novia que moría de apendicitis, un esposo traicionado que iba camino a matar a su esposa, una mujer que estaba completamente paralizada. Por medio de las palabras y el ministerio de Smith Wigglesworth, usted descubrirá lo que ocurrió en sus vidas y lo que puede ocurrir en la suya. Usted descubrirá cómo puede personalmente recibir el toque sanador de Dios y cómo Dios puede usarlo para llevar sanidad a otros, al igual que lo hizo con Smith Wigglesworth. El poder transformador de Cristo y Su gracia le cambiarán la vida de ordinaria a extraordinaria.

ISBN: 978-1-60374-021-0 ✦ Rústica ✦ 256 páginas

WHITAKER
HOUSE